Conheça o
Saraiva Conecta

Uma plataforma que apoia o leitor em sua jornada de estudos e de atualização.

Estude *online* com conteúdos complementares ao livro e que ampliam a sua compreensão dos temas abordados nesta obra.

Tudo isso com a **qualidade Saraiva Educação** que você já conhece!

Veja como acessar

No seu computador
Acesse o *link*

https://somos.in/CDDCIPNB2

No seu celular ou tablet
Abra a câmera do seu celular ou aplicativo específico e aponte para o *QR Code* disponível no livro.

Faça seu cadastro

1. Clique em **"Novo por aqui? Criar conta".**

2. Preencha as informações – insira um *e-mail* que você costuma usar, ok?

3. Crie sua senha e clique no botão **"CRIAR CONTA".**

Pronto! Agora é só aproveitar o conteúdo desta obra!*

Qualquer dúvida, entre em contato pelo *e-mail* **suportedigital@saraivaconecta.com.br**

Confira o material da professora
Amanda Athayde
para você:

https://somos.in/CDDCIPNB2

* Sempre que quiser, acesse todos os conteúdos exclusivos pelo *link* ou pelo *QR Code* indicados. O seu acesso tem validade de 24 meses.

AMANDA ATHAYDE

CURSO DE
DEFESA COMERCIAL
E INTERESSE PÚBLICO
NO BRASIL
TEORIA E PRÁTICA

2ª EDIÇÃO
2024

Av. Paulista, 901, Edifício CYK, 4º andar
Bela Vista – São Paulo – SP – CEP 01310-100

SAC sac.sets@saraivaeducacao.com.br

Diretoria executiva	Flávia Alves Bravin
Diretoria editorial	Ana Paula Santos Matos
Gerência de produção e projetos	Fernando Penteado
Gerência de conteúdo e aquisições	Thais Cassoli Reato Cézar
Gerência editorial	Livia Céspedes
Novos projetos	Aline Darcy Flôr de Souza
	Dalila Costa de Oliveira
Edição	Ana Carolina de Souza Gomes
	Samantha Gonçalves
Design e produção	Jeferson Costa da Silva (coord.)
	Verônica Pivisan
	Alanne Maria
	Lais Soriano
	Rosana Peroni Fazolari
	Tiago Dela Rosa
Planejamento e projetos	Cintia Aparecida dos Santos
	Daniela Maria Chaves Carvalho
	Emily Larissa Ferreira da Silva
	Kelli Priscila Pinto
Diagramação	Fabricando Ideias Design Editorial
Revisão	Lilian Moreira Mendes
Capa	Lais Soriano
Produção gráfica	Marli Rampim
	Sergio Luiz Pereira Lopes
Impressão e acabamento	Gráfica Paym

DADOS INTERNACIONAIS DE CATALOGAÇÃO NA PUBLICAÇÃO (CIP)
ODILIO HILARIO MOREIRA JUNIOR – CRB-8/9949

A865c Athayde, Amanda
       Curso de Defesa Comercial e Interesse Público no Brasil / Amanda Athayde. – 2. ed. – São Paulo : SaraivaJur, 2024.
       744 p.
       ISBN: 978-65-5362-872-4 (impresso)
       1. Direito. 2. Concorrência. 3. Defesa comercial. 4. Organização mundial do comercio. I. Título.

2024-381
CDD 382
CDU 339.5

Índices para catálogo sistemático:
1. Comércio exterior   382
2. Comércio exterior   339.5

Data de fechamento da edição: 12-03-2024

Dúvidas? Acesse www.saraivaeducacao.com.br

Nenhuma parte desta publicação poderá ser reproduzida por qualquer meio ou forma sem a prévia autorização da Saraiva Educação. A violação dos direitos autorais é crime estabelecido na Lei n. 9.610/98 e punido pelo art. 184 do Código Penal.

CÓD. OBRA 715646   CL 611510   CAE 862957

OP 236240

"A escrita é a voz do ausente", Freud[1].

"Escrevo-vos uma longa carta porque não tenho tempo de a escrever breve",
Voltaire.

---

[1] FREUD, Sigmund (2010). O mal-estar na civilização. In: S. Freud. *Obras Completas* (P. C. Souza, trad., vol. 18). São Paulo: Companhia das Letras. (Trabalho publicado originalmente em 1930.)

A Marcelo, Pedro, Lucas e Farofa. Vocês são a minha vida inteirinha.
Pai, Mãe, Lelé, Zazá, Ledics e Sandra. Vocês são minha base.

Novembro de 2022

APRESENTAÇÃO DA SEGUNDA EDIÇÃO DO LIVRO PELA AUTORA

Dois anos se passaram entre o período em que escrevi o livro (março a junho de 2022) e esta segunda edição, revista, atualizada e ampliada (março de 2024).

De minha parte, saí do serviço público e ingressei na iniciativa privada, o que me permitiu experimentar e sentir as dores e as delícias de estar nos dois lados da mesa. Pude discutir com colegas de profissão, clientes e pesquisadores, publicar artigos, participar de debates, pesquisar novos temas e incluí-los neste livro. Pude, assim, avançar em novas argumentações jurídicas sobre defesa comercial e interesse público no Brasil.

Nessas quase 100 páginas adicionais da segunda edição do livro, publicada em 2024, apresento novas decisões promulgadas pela autoridade de defesa comercial brasileira entre 2022 e 2024, reaplicações de direitos anteriormente suspensos pelo art. 109 do Decreto Antidumping Brasileiro, a nova regulamentação de interesse público que entrou em vigor em 2023, propostas sobre a incorporação dos *trustees* na prática da defesa comercial, defesa comercial, reflexões sobre a tentativa dos Estados Unidos de incorporação de argumentos de *direitos humanos, trabalho e proteção ambiental* na defesa comercial, dentre outros tantos temas instigantes e atuais.

Que o livro siga sendo útil e, quem sabe, toque (positivamente) a vida de ainda mais leitores.

Amanda Athayde
11 de março de 2024

APRESENTAÇÃO DA PRIMEIRA EDIÇÃO DO LIVRO PELA AUTORA

Sempre senti curiosidade sobre as razões de as pessoas dedicarem uma parcela (relevante) do seu (precioso) tempo para escrever um artigo ou um livro. Muitas dessas histórias me permearam e me tocaram. Para alguns, o artigo ou o livro é resultado de uma pesquisa acadêmica concreta: uma monografia de conclusão da graduação, uma dissertação de mestrado, uma tese de doutorado, uma tese de livre-docência. Para outros, uma maneira de marcar uma posição, de apresentar uma ideia. Mas e quando não há um orientador da pesquisa ou um organizador do livro cobrando, quando não há um prazo obrigatório de entrega, porque nem sequer a editora ou a revista para a qual se enviará está definida, o que motiva alguém a parar e a escrever um artigo ou um livro?

Não consigo definir exatamente as razões individuais de escrita de cada um, e tenho algumas primeiras impressões sobre as minhas próprias razões. Compartilho-as com vocês em primeira mão essa minha reflexão mais ampla, ainda em primeiras linhas, escrevendo a lápis. Tenho na escrita uma espécie de catarse, uma forma de manifestação mais ampla de mim mesma, um momento meu, de encontro comigo mesma, com minhas ideias, com minhas reflexões, sobre o mundo real, sobre o mundo que entendo ser o ideal. É, curiosamente, um momento de relaxamento, apesar de todo o estresse envolvido nesse processo e de toda a minha já usual autocobrança. A adrenalina de cada página escrita, a alegria de cada conceito complexo devidamente explicado e compreensível, a idealização de o leitor conseguir (finalmente) entender algo que até então tentava entender, mas não tinha conseguido, ou até que achava que tinha entendido, mas que, depois que leu, conseguiu entender melhor e ter novos *insights*, incentivando assim futuras pesquisas e aplicações concretas, numa realidade que demanda reflexões com aplicações práticas. Ou seja, a escrita e os desenhos surgem como uma forma de me organizar e, quem sabe, auxiliar a organizar o raciocínio do leitor. Tenho na escrita uma espécie de tentativa de legado durante a vida, uma percepção, ainda que audaciosa, de que posso contribuir para a construção do raciocínio jurídico no Brasil. Uma tentativa, quem sabe, de democratizar o conhecimento e de ajudar a construir uma base sólida para que futuras discussões e aprimoramentos possam ser feitos sem ter que necessariamente "reinventar a roda", mas sim "sobre ombros de gigantes".

Pode parecer pretencioso, mas se não fosse assim, se eu não pensasse que o livro poderia servir para outras pessoas e tocar (de algum modo, espero que positivamente) a vida desses leitores, qual seria a razão de "perder" meu precioso tempo (especialmente o tempo em família) escrevendo? Manteria aquelas reflexões apenas para mim, mantendo aquela posição antiga de que quem tem o conhecimento deve guardá-lo para si, pois é este o seu diferencial. Pois eu ouso entender diferente, que conhecimento deve ser compartilhado, debatido, para assim ser aprimorado. E assim me forço a escrever, a compartilhar, a fazer reflexões, a reconhecer autores que escreveram antes de mim, a dar voz a outras vozes, a dividir o "palco" com os mais jovens e com visões menos enviesadas pela experiência. Em um exercício de colocar-se no próprio lugar e reconhecer nossa inexorável pequenez diante da vastidão de escritos, ao mesmo tempo em que, ainda assim, tento colocar um tijolo nessa construção. A escrita é, portanto, uma outra forma de existência de mim mesma, um refúgio, um espaço do meu contorno, de minha própria constituição.

Percebi, ao longo dos anos, como aluna, professora e pesquisadora, que há muitos estilos de escrita. E tentei encontrar o meu. Tento escrever de um modo simples, fluido e direto, com o uso de elementos visuais para facilitar a compreensão. Se alcanço tal meta? Não sei, então vocês é que poderão me dizer, pessoalmente, por escrito, mentalmente. Adoraria ouvi-los. Me lembro de um *TED Talk*[2] em que o apresentador diz que, se você não consegue desenhar algo que está explicando, você ainda não conseguiu entender aquilo completamente. E esse livro foi um esforço, reconheço, maçante, de escrever em palavras e desenhar em imagens aquilo que é chamado, por muitos, como a linguagem árida, o caráter hermético, as "discussões técnicas e algo bizantinas"[3] da defesa co-

---

[2] Ted Talks. How drawing helps you think. Em tradução livre: "Como o desenho ajuda você a pensar". 17 jan. 2019. Disponível em: <https://www.youtube.com/watch?v=ZqlTSCvP-Z0>. Acesso em: 20 jun. 2022.

[3] DO PRADO, Victor. Apresentação do livro ATHAYDE, Amanda; MARSSOLA, Julia; VIEGAS, Maria Augusta; LEITE, Victor. *Defesa comercial e direito societário*: partes relacionadas em investigações antidumping. Belo Horizonte: Ed. Fórum, 2021. "Nem sempre se entende, mesmo entre iniciados nas regras da OMC, a importância do Acordo sobre Antidumping. Não é raro ouvir, nos corredores da sede da Organização em Genebra, comentários sobre o caráter hermético dessa disciplina, ou a avaliação de que se trata de um conjunto de regras de caráter meramente processual. O vocabulário peculiar, a redação obscura e gramaticalmente duvidosa do Acordo, as discussões extremamente técnicas e algo bizantinas no Comitê de Antidumping da OMC muitas vezes causam certa alergia intelectual nos diplomatas e negociadores. Nada mais enganoso: o Acordo sobre Antidumping é um pilar essencial do Direito do Comércio Internacional. E também objeto de um embate politicamente explosivo, nos tempos que correm. Interpretações contestadas de certas regras sobre Antidumping por parte do Órgão de Apelação da OMC, em procedimentos de Solu-

Apresentação da primeira edição do livro pela autora

mercial e do interesse público. Foi assim que elaborei, com muito trabalho braçal e intelectual, cada uma dessas imagens, que por vezes eram manuscritas e depois levadas para o Canva, por vezes eram refletidas diretamente em frente ao computador.

Depois de ter atuado por mais de 3 (três) anos na liderança da equipe do Departamento de Defesa Comercial e Interesse Público (DECOM)[4] da Secretaria de Comércio Exterior (SECEX), da Secretaria Especial de Comércio Exterior e Assuntos Internacionais (SECINT) do Ministério da Economia (ME), me dei conta de que não poderia deixar todo o aprendizado apenas guardado em mim. Tudo que tive oportunidade de discutir, refletir, com uma equipe incrivelmente competente e dedicada, nos eventos e debates em que participei no Brasil e no exterior, com pessoas do setor público e privado, não poderia se reverter em meu único e exclusivo proveito. Decidi então tirar um tempo para escrever. E escrever livremente, sem as amarras obrigatórias (e necessárias) de ser autoridade pública, defendendo um ponto de vista institucional e governamental. Pude fazer reflexões mais amplas, como acadêmica que sou (e amo ser), buscando soluções para o mundo do dever ser, sempre me baseando no mundo que é, em termos de regras e casos, pois possuo esse estilo pragmático. Lembro-me bem da sensação de alívio que tive quando pude escrever o *Manual dos Acordos de Leniência no Brasil*, e então apresentar em voz alta (ainda que por escrito) várias das minhas reflexões. E aqui estou eu, novamente, sentindo essa sensação que é escrever um livro sobre defesa comercial e interesse público no Brasil.

Recordo-me de uma das conversas durante minha orientação do doutorado com a minha queridíssima orientadora Professora Paula Forgioni, em que eu apresentava uma proposta de categorização as práticas anticompetitivas no varejo supermercadista, sempre com várias tabelas, classificações, letras e números. E a Professora Paula, com a sabedoria que lhe é peculiar, me diz algo como isso: "Amanda, você acredita que essas categorias explicam sua tese? Se sim, devem constar no documento. Não existem categorias certas ou erradas. Existem

---

ção de Controvérsias, são apontadas como uma das razões para a crise e inatividade desse órgão. As regras sobre Antidumping e sobre Subsídios e Medidas Compensatórias estão no centro das relações conturbadas entre grandes potências comerciais na OMC. Uma melhor compreensão e um entendimento mais profundo das regras são, portanto, não somente necessários do ponto de vista interno, mas podem ajudar a aliviar ou, pelo menos, equacionar certas tensões internacionais."

[4] Entre 2019 e 2022, a autoridade de defesa comercial e interesse público no Brasil foi intitulada Subsecretaria de Defesa Comercial e Interesse Público (SDCOM). Por uma questão de padronização, e considerando que, em 2023, voltou a ser denominada Departamento de Defesa Comercial e Interesse Público (DECOM), utilizaremos, como padrão neste livro, a sigla DECOM.

XIII

Curso de Defesa Comercial e Interesse Público no Brasil: teoria e prática

aquelas que são úteis ou inúteis, então você verá que a sua proposta deu certo se ela for útil". Pois aqui estou eu novamente, exercendo minha vulnerabilidade, apresentando uma série de conceitos na melhor extensão que pude, propondo categorias, classificações, reflexões, cotejando com precedentes, apresentando tudo isso em forma de imagens, como (eu pelo menos) nunca tive a oportunidade de ler em outro lugar, e que poderia ter me ajudado e ajudado meu time à época nas discussões durante meus 3 anos de SDCOM (2019/2022). Que assim seja, então. Que esse meu livro possa ser útil, que fomente novas discussões e aprimoramentos, e, se não for pedir demais, que toque (positivamente) a vida de cada um dos leitores.

Amanda Athayde
16 de junho de 2022
Em voo
Com acréscimos em 16 de novembro de 2022
Novamente em voo

AGRADECIMENTOS

Escrever um livro nunca é trivial. Escrever um livro sobre um tema ao qual você se dedicou profissionalmente com muito afinco durante três intensos anos fica mais fácil? Não sei. Mas sei que tudo isso só foi possível porque contei com apoio, de todas as formas, razão pela qual agradeço.

Agradeço inicialmente aos meus filhos, Pedro, de quase 5 anos, e Lucas, de 3 anos, que são minha força motriz, que me trazem o incentivo para ser uma pessoa melhor todos os dias. E em igual proporção, agradeço ao meu marido, Marcelo, que é o maior parceiro e apoiador de todas as minhas (inúmeras) empreitadas. Se existe alguém que é capaz de incentivar e motivar o outro, identificando com clareza, sensatez e uma dura ternura, este é o meu amor. Agradeço ainda ao meu "cãopanheiro" Farofa, que dormiu no meu pé ao longo de toda a redação de mais este livro, e que, quando se entediava, vinha para o lado da poltrona com sua pata pedindo carinho.

Agradeço também àqueles pesquisadores que se dedicaram durante um intenso mês para me ajudar a incluir notas de rodapé, a explicar os casos apresentados como precedentes, a encontrar erros de escrita, compreensão etc. Os ilustres pesquisadores colaboradores Gabriela Leoni e Ciro Alvarenga, assim como os pesquisadores assistentes Caroline Matsura, Fernanda Oppermann, Gabriel Andrade, Luísa Diniz e Roney Olimpio. Sem vocês certamente o resultado do livro não teria sido o mesmo, nem teríamos conseguido concluir todas as micropendências em tão pouco tempo.

Agradeço ainda a quem apresentou comentários às versões preliminares dos capítulos, dedicando parte do seu precioso tempo a mim. Para uma pessoa como eu, que tem Tempo de Qualidade como a linguagem do amor, o tempo dedicado por vocês a este livro me tocou e muito me alegrou. Nominalmente, agradeço aos comentários ao Capítulo 1, sobre parte geral de defesa comercial e interesse público, apresentados por Marina Egydio, Leonor Cordovil e Newton Costa. Aos comentários ao Capítulo 2, sobre investigações antidumping, apresentados por Amanda Serra Fonseca, Márcio Hissa, Renê Medrado e Leonor Cordovil. Aos comentários ao Capítulo 3, sobre investigações antissubsídios,

Curso de Defesa Comercial e Interesse Público no Brasil: teoria e prática

apresentados por Newton Costa, Hearle Calvão e Leonor Cordovil. Aos comentários ao Capítulo 4, sobre investigações de salvaguardas, apresentados por Victor Leite, Vera Kanzas, Zahra Gadelha e Leonor Cordovil. Aos comentários ao Capítulo 5, sobre avaliações de interesse público, apresentados por Dilso Marvell Marques, Francisco Negrão e Leonor Cordovil.

SUMÁRIO

1 Defesa comercial e interesse público **1**

  1.1. Breve histórico internacional sobre defesa comercial no contexto multilateral 7

  1.2. Breve histórico internacional sobre interesse público no contexto multilateral 12

  1.3. Breve histórico nacional sobre defesa comercial no Brasil 16

  1.4. Breve histórico nacional sobre interesse público no Brasil 22

  1.5. Estrutura e fluxo decisório sobre defesa comercial e interesse público no Brasil 27

  1.6. Estrutura governamental de apoio ao exportador brasileiro investigado em processos de defesa comercial no exterior 37

2 Investigações antidumping – teoria e prática **43**

  2.1. Legislação antidumping no contexto multilateral e no Brasil 43

  2.2. Aspectos conceituais gerais 48

  2.2.1. Produto objeto (*product under consideration*) e produto similar (*like product*) 48

  2.2.2. Indústria nacional, indústria doméstica, representatividade, grau de apoio, indústria subnacional e indústria fragmentada 59

  2.2.3. Análise das importações 85

  2.3. Do dumping 92

  2.3.1. Valor normal 94

  2.3.2 Preço de exportação 110

  2.3.3. Margem de dumping 117

  2.4. Do dano 124

  2.4.1. Dano: dano material, ameaça de dano material e atraso material à implantação 125

  2.4.2. Indicadores de dano da indústria doméstica 131

  2.5. Do nexo de causalidade 138

  2.5.1. Impacto das importações objeto de dumping na indústria doméstica 138

  2.5.2. Outros fatores de dano – não atribuição 142

XVII

Curso de Defesa Comercial e Interesse Público no Brasil: teoria e prática

2.6.	Da medida antidumping	147
	2.6.1. Direitos antidumping provisórios	148
	2.6.2. Garantias	150
	2.6.3. Direitos antidumping definitivos	151
	2.6.4. Compromissos de preço	171
2.7.	Das diferenças entre investigações originais e das revisões de final de período	190
	2.7.1. Aspectos distintivos entre as investigações originais e as revisões de final de período	190
	2.7.2. Análises realizadas em revisões de final de período	191
2.8.	Outros tipos de revisões em investigações antidumping	231
	2.8.1. Revisão por alteração das circunstâncias	233
	2.8.2. Revisão de novo exportador	237
	2.8.3. Revisão anticircunvenção	248
	2.8.4. Revisão de restituição	265
	2.8.5. Avaliação de escopo	267
	2.8.6. Redeterminação	270
2.9.	Aspectos processuais das investigações antidumping	273
	2.9.1. Prazos processuais nas investigações originais	274
	2.9.2. Prazos processuais nas revisões de final de período	280
	2.9.3. Verificações *in loco* e verificações de elementos de prova	286
	2.9.4. Confidencialidade	291
	2.9.5. Dos roteiros e dos questionários	296
	2.9.6. Sistema Processual de Investigações – SEI/ME	297
	2.9.7. Breves notas sobre partes relacionadas em investigações antidumping	297
3	**Investigações antissubsídios – teoria e prática**	**303**
3.1.	Legislação antissubsídios no contexto multilateral e no Brasil	303
3.2.	Aspectos conceituais gerais	308
	3.2.1. Produto objeto e produto similar	308
	3.2.2. Indústria nacional, indústria doméstica, representatividade, grau de apoio, indústria subnacional e indústria fragmentada	315
	3.2.3. Análise das importações	339
3.3.	Do subsídio	346
	3.3.1. Do conceito de subsídio	346
	3.3.2. Classificações dos subsídios	369
	3.3.3. Cálculo do montante do subsídio acionável	382
3.4.	Do dano	393

XVIII

Sumário

	3.4.1. Dano: dano material, ameaça de dano material e atraso material à implantação	393
	3.4.2. Indicadores de dano da indústria doméstica	399
3.5.	Do nexo de causalidade	408
	3.5.1. Impacto das importações do projeto objeto da investigação na indústria doméstica	408
	3.5.2. Outros fatores de dano – não atribuição	410
3.6.	Da medida compensatória	413
	3.6.1. Direitos compensatórios provisórios, prestadas garantias por depósito em espécie ou por fiança bancária	414
	3.6.2. Direitos compensatórios definitivos	415
	3.6.3. Compromissos	422
	3.6.4. Vedação ao duplo remédio (*double remedy*)	427
3.7.	Das diferenças entre investigações antissubsídios originais e das revisões de final de período	434
	3.7.1. Aspectos distintivos entre as investigações antissubsídios originais e as revisões de final de período	434
	3.7.2. Análises realizadas em revisões de final de período	436
3.8.	Outros tipos de revisões em investigações antissubsídios	444
	3.8.1. Revisão por alteração das circunstâncias	446
	3.8.2. Revisão acelerada	450
	3.8.3. Revisão anticircunvenção	457
	3.8.4. Revisão de restituição	469
	3.8.5. Avaliação de escopo	470
	3.8.6. Redeterminação	474
3.9.	Aspectos processuais das investigações antissubsídios	476
	3.9.1. Prazos processuais nas investigações antissubsídios originais	476
	3.9.2. Prazos processuais nas revisões de final de período	481
	3.9.3. Verificações *in loco* e verificações de elementos de prova	488
	3.9.4. Confidencialidade	491
	3.9.5. Dos roteiros e dos questionários	496
	3.9.6. Sistema Processual de Investigações – SEI/ME	498
	3.9.7. Breves notas sobre partes relacionadas em investigações antissubsídios	499
4	**Investigações de salvaguardas – teoria e prática**	**503**
4.1.	Legislação de salvaguardas no contexto multilateral e no Brasil.	503
4.2.	Aspectos conceituais gerais	510
	4.2.1. Produto objeto e produto similar ou diretamente concorrente	510

XIX

Curso de Defesa Comercial e Interesse Público no Brasil: teoria e prática

4.2.2.	Indústria nacional, indústria doméstica, representatividade, grau de apoio, indústria subnacional e indústria fragmentada	513
4.3.	Aumento significativo das importações	515
4.4.	Do prejuízo grave	517
4.4.1.	Do prejuízo grave ou da ameaça de sua ocorrência	517
4.4.2.	Indicadores de prejuízo grave ou da ameaça de sua ocorrência	518
4.5.	Do nexo de causalidade	524
4.5.1.	Impacto das importações na indústria doméstica	525
4.5.2.	Outros fatores – não atribuição	527
4.6.	Da medida de salvaguardas	530
4.6.1.	Formas de aplicação das salvaguardas	530
4.6.2.	Duração da medida de salvaguardas e salvaguardas provisórias	535
4.6.3.	Compensações e retaliações	539
4.7.	Aspectos processuais das investigações de salvaguardas	542
4.7.1.	Prazos processuais nas investigações	543
4.7.2.	Verificações *in loco* e verificações de elementos de prova	544
4.7.3.	Confidencialidade	544
4.7.4.	Dos roteiros e dos questionários	549
4.7.5.	Sistema Processual de Investigações – SEI/ME	550
4.8.	Distinções entre salvaguardas globais e salvaguardas preferenciais em Acordos de Livre Comércio	551

5	**Avaliações de interesse público em defesa comercial – teoria e prática**	**559**
5.1.	Legislação de interesse público em defesa comercial no contexto multilateral e no Brasil	559
5.2.	Legislação de interesse público em defesa comercial em outras jurisdições	568
5.3.	Interesse público em defesa comercial: uma análise sobre o conceito	570
5.4.	Critérios materiais (econômico-sociais) de interesse público no Brasil: características do produto, da cadeia produtiva e do mercado do produto sob análise	583
5.4.1.	Características do produto sob análise	583
5.4.2.	Cadeia produtiva do produto sob análise	585
5.4.3.	Substitutibilidade do produto sob análise	587
5.4.4.	Concentração do mercado do produto sob análise	592

XX

5.5.	Critérios materiais (econômico-sociais) de interesse público no Brasil: oferta internacional do produto sob análise.......................	597
	5.5.1. Origens alternativas do produto sob análise....................	598
	5.5.2. Barreiras tarifárias e não tarifárias ao produto sob análise	605
5.6.	Critérios materiais (econômico-sociais) de interesse público no Brasil: oferta nacional do produto sob análise	615
	5.6.1. Consumo nacional aparente de produto sob análise.......	615
	5.6.2. Risco de desabastecimento e de interrupção do fornecimento em termos quantitativos...	621
	5.6.3. Risco de restrições à oferta nacional em termos de preço, qualidade e variedade...	630
5.7.	Critérios materiais (econômico-sociais) de interesse público no Brasil: impactos da medida de defesa comercial na dinâmica do mercado nacional..	634
	5.7.1. Impactos na indústria doméstica.....................................	635
	5.7.2. Impactos na cadeia a montante..	638
	5.7.3. Impactos na cadeia a jusante/no consumidor final	641
	5.7.4. Modelos econômicos..	644
5.8.	Outros critérios materiais possíveis em avaliações de interesse público (incluindo o político-estratégico)..	648
5.9.	Aspectos processuais das avaliações de interesse público...........	654
	5.9.1. Possíveis resultados de uma avaliação de interesse público em defesa comercial: manutenção, suspensão, alteração ou extinção da medida (e outros?)......................	654
	5.9.2. Procedimentos posteriores à suspensão por interesse público de uma medida de defesa comercial	675
	5.9.3. Confidencialidade...	680
	5.9.4. Prazos processuais nas investigações	682
	5.9.5. Dos roteiros e dos questionários......................................	686
	5.9.6. Sistema Processual de Investigações – SEI/ME	689

Anexo I... **691**

Anexo II **695**

Referências... **697**

Curso de Defesa Comercial e Interesse Público no Brasil: teoria e prática

As imagens presentes neste livro estão disponíveis na plataforma Saraiva Conecta. Caso deseje visualizá-las com maior nitidez, acesse o QR Code ou o link abaixo:

https://somos.in/CDDCIPNB2

1

DEFESA COMERCIAL E INTERESSE PÚBLICO

Os agentes econômicos de mercado não estão inseridos no vácuo. Estão, sim, embebidos no mercado, que é definido pela ordem jurídica[1]. Essa ordem jurídica do mercado, do ponto de vista internacional, pode se ver diante de regras no comércio multilateral. É assim com as regras advindas da Organização Mundial do Comércio (OMC), aplicáveis de modo multilateral a todos os seus Membros, bem como com as regras plurilaterais, regionais ou bilaterais podem definir regras próprias para o comércio internacional aplicáveis a países ou blocos econômicos parceiros.

As regras de defesa comercial estão inseridas nesse contexto mais amplo do comércio internacional, impactando os agentes econômicos de mercado, definitivamente não inseridos no vácuo, já que cada vez mais interconectados em suas cadeias globais de produção e distribuição. Na prática, a defesa comercial está baseada em três instrumentos multilaterais distintos, fundamentados em três acordos específicos da OMC. Tais acordos multilaterais estabelecem a base jurídica sob a qual cada País-Membro da OMC irá elaborar suas próprias regras, definindo conceitos, prazos e procedimentos de investigação. Caso existam conflitos quanto ao cumprimento das regras multilaterais, os Países-Membros poderão valer-se do Sistema de Solução de Controvérsias da OMC[2]. Assim, defesa

---

[1] IRTI, Natalino. A ordem jurídica do mercado. *Revista de Direito Mercantil, Industrial, Econômico e Financeiro*. São Paulo, n. 145, p. 44- 49, jan./mar. 2007.

[2] O Sistema de Solução de Controvérsias da OMC está baseado no Acordo de Solução de Controvérsias, no termo em inglês *Dispute Settlement Understanding (DSU)*, e representa um dos pilares da Organização. Para compreender uma visão geral do sistema de solução de controvérsias da OMC, recomenda-se o vídeo institucional da OMC, disponível em inglês: <https://www.youtube.com/watch?v=Mg-ZVIk0x-Q>. Acesso em: 2 jun. 2022. A última instância desse sistema é representada pelo Órgão de Apelação. Para compreender uma visão geral do sistema de solução de controvérsias da OMC, recomenda-se o vídeo institucional da OMC, disponível em inglês: <https://youtu.be/Mg-ZVIk0x-Q>. Acesso em: 2 jun. 2022.

Curso de Defesa Comercial e Interesse Público no Brasil: teoria e prática

comercial pode ser entendida como a expressão que abarca o conjunto de medidas antidumping, compensatórias e de salvaguardas, que visam a resguardar a indústria nacional de práticas desleais de comércio (dumping e subsídios) ou de surtos de importações (salvaguardas), através da aplicação de remédios adequados e em justa medida, com fins de assegurar uma competição justa entre produtores domésticos e estrangeiros.

As medidas antidumping têm como objetivo neutralizar situações nas quais a indústria doméstica de um país experimente dano, ou ameaça de dano, em decorrência de importações de produtos similares realizadas a preço de dumping[3] pelo país exportador. As regras que regem as medidas antidumping estão previstas, em nível multilateral, no Acordo sobre a implementação do art. VI do Acordo Geral sobre Tarifas e Comércio 1994 (GATT 1994)[4] – Acordo Antidumping da OMC, ao passo que, em nível nacional, constam no Decreto n. 8.058, de 26 de julho de 2013 (doravante Decreto n. 8.058/2013).

Por sua vez, as medidas compensatórias consistem em remédio adequado para compensar situações nas quais a indústria doméstica de um país experimente dano decorrente da importação de um produto similar, cuja fabricação, produção, exportação ou transporte tenha, direta ou indiretamente, recebido subsídio no país exportador. As regras que regem as medidas compensatórias estão previstas, em nível multilateral, no Acordo sobre Subsídios e Medidas Compensatórias da OMC, ao passo que, em nível nacional, constam no Decreto n. 10.839, de 18 de outubro de 2021 (doravante Decreto n. 10.839/2021).

Já as medidas de salvaguarda consistem em instrumentos de restrição temporária ao comércio internacional que podem ser aplicados quando a indústria doméstica de um país experimente prejuízo grave ou ameaça de prejuízo grave decorrente do aumento das importações, em quantidade, em termos absolutos ou em relação à produção nacional, com o intuito de que durante o período de vigência de tais restrições a indústria doméstica se ajuste, aumentando a sua competitividade. As regras que regem as salvaguardas estão previstas, em nível multilateral, no Acordo sobre Salvaguardas da OMC, ao passo que, em nível nacional, constam no Decreto n. 1.488, de 11 de maio de 1995.

---

[3] Para a conceituação de dumping, *vide* Capítulo 2 deste livro.

[4] O Acordo sobre a Implementação do Artigo VI prevê algumas diretrizes adicionais para a verificação da ocorrência de dumping e a determinação do "valor normal" e da margem de dumping de um produto. Além disso, apresenta uma descrição das regras específicas para a investigação por parte das autoridades administrativas dos danos causados. CHANG, Winston W. Antidumping, countervailing, and safeguard measures. GITAM Review of International Business, Forthcoming, 2008.

1 • Defesa comercial e interesse público

As medidas de defesa comercial constituem, portanto, um remédio adequado para neutralizar eventuais prejuízos decorrentes de importações sob condições desleais de comércio. A natureza de remédio dessas medidas está embutida na nomenclatura em língua inglesa, *"trade remedy"*, salientando um afastamento de uma postura protecionista, e uma aproximação de um anseio de equalização das condições comerciais em âmbito global. Para cada prática há, portanto, um remédio comercial adequado para sua reparação[5-6]. A imagem abaixo resume os elementos fundamentais de cada um dos instrumentos de Defesa Comercial:

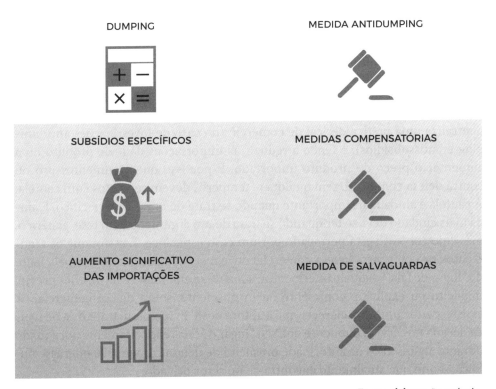

Imagem – Instrumentos de defesa comercial

Fonte: elaboração própria.

---

[5] Para compreender uma visão geral de cada um dos Acordos Multilaterais sobre Defesa Comercial no âmbito da OMC, recomenda-se o vídeo institucional da OMC, disponível em inglês: <https://www.youtube.com/watch?v=zkJbVa2L5bg>. Acesso em: 2 jun. 2022.

[6] MATSUSHITA, Mitsuo; MAVROIDIS, Petros C.; SCHOENBAUM, Thomas J. *The World Trade Organization*: Law, Practice, and Policy. 2. ed. Nova Iorque: Cambridge University Press, 2008, p. 9.

Curso de Defesa Comercial e Interesse Público no Brasil: teoria e prática

Longe de ser consensual, defesa comercial é um tema altamente conflitivo[7]. E o conflito é natural, pois advém da própria natureza do instrumento, que conta com a participação de partes com interesses econômicos antagônicos:

(i) Por um lado, a indústria doméstica beneficiada pela aplicação do instrumento de defesa comercial tende a ser favorável a esse instituto, normalmente argumentando o preenchimento dos requisitos da legislação multilateral e nacional.

(ii) Do outro lado, estão os produtores/exportadores afetados pela medida e os usuários do produto afetado pela medida de defesa comercial (como as indústrias nos elos a jusante na cadeia produtiva e os consumidores finais), que serão afetados pelo consequente aumento dos preços recorrentes da medida adicional, e que tendem a ser contrários à defesa comercial.

Com efeito, a medida de defesa comercial resulta, em termos amplos, em um adicional, de natureza não tarifária, ao imposto de importação do produto, de modo que a aplicação tende a ser aplaudida pela indústria brasileira, dado que neutraliza uma prática desleal de comércio (no caso de investigações antidumping e antissubsídios), e tende a reduzir as importações daquele produto ou a aumentar o preço do produto importado. É por isso que argumentos pró ou contra defesa comercial, sem qualquer "tempero", devem ser vistos com cautela. A cautela é ainda mais importante quando se trata de um caso específico. E ainda mais cuidado deve se ter quando se trata de um argumento, em tese, genérico, mas cujo contexto está permeado por um caso específico. É assim que os argumentos pró ou contra defesa comercial devem ser sempre analisados pela lente do "lugar de fala"[8] daquele interlocutor, a fim de se entender se há um viés prévio, implícito ou explícito, consciente ou inconsciente, sobre defesa comercial. A esse respeito cumpre esclarecer que a autora deste livro possui trajetória de mais de década no serviço público, e que seu "lugar de fala", explicitamente, foi situado durante alguns anos na autoridade brasileira de defesa comercial e interesse público, sendo que atualmente encontra-se no setor privado.

---

[7] As primeiras reflexões apresentadas sobre esse tema pela autora deste livro podem ser encontradas neste artigo: ATHAYDE, Amanda; BOAVENTURA, Elisa. Novos temperos no direito do comércio internacional e no direito da concorrência: interfaces, obstáculos e ressignificados. In: TIMM, Luciano B.; FRANÇA, Maria Carolina (Orgs.). *A nova regulação econômica*. São Paulo: IDP, 1. ed., 2022. p. 17-58.

[8] Aqui a autora intencionalmente utiliza a expressão "lugar de fala", do livro da autora Djamila Ribeiro, para que se tenha sempre em mente o contexto ao qual cada autor pró ou contra defesa comercial está inserido. RIBEIRO, Djamila. *O que é lugar de fala?*. Belo Horizonte: Letramento, 2017. 112 p. (Feminismos Plurais).

1 • Defesa comercial e interesse público

É justamente nesse contexto de conflito de visões de mundo que surge a cláusula de interesse público, que traz ao país usuário do instrumento de defesa comercial a possibilidade de avaliar a repercussão mais ampla da aplicação do instrumento de defesa comercial para a sociedade. Ou seja, longe de ser um contraponto obrigatório aos argumentos da indústria doméstica favoráveis à defesa comercial, e longe de ser uma concordância imediata com os argumentos daqueles contrários à defesa comercial, a cláusula de interesse público tem a difícil missão de ser o "fiel da balança" quando da aplicação ou não de uma medida de defesa comercial. A cláusula de interesse público deve almejar o efeito em toda a sociedade, incluindo aqueles setores ou consumidores dispersos, que não têm voz em disputas altamente complexas como as de defesa comercial. O interesse difuso, portanto, não só pode, como deve ser ouvido, ainda que seu som seja, normalmente, pouco vocal, justamente pela baixa capacidade de organização. Igualmente os setores usuários dos produtos afetados pelas medidas de defesa comercial, que podem se ver diante "da cruz e da espada", pois dependem do fornecedor para adquirir sem insumos e, por isso mesmo, podem ter receio em manifestar-se contrariamente em uma investigação.

Neste sentido, Cordovil[9] explica que o interesse público serve de justificativa para se negar a aplicação de mecanismos de defesa comercial nos casos em que "se entender que os benefícios gerados, por estas medidas, à indústria doméstica, são menores do que os prejuízos provocados aos agentes diversamente afetados (consumidores, usuários industriais do produto, importadores, sociedade em geral etc.)". A autora destaca que o termo "interesse público" é considerado indeterminado, e, justamente devido a sua indeterminação, passou a ser utilizado de forma ampla, pois possibilita a sua constância ao longo dos anos e a sua adaptação às mudanças[10]. Ademais, Cordovil[11] destaca que "a

---

[9] CORDOVIL, Leonor. O interesse público no antidumping. Tese de doutorado. Disponível em: <https://www.teses.usp.br/teses/disponiveis/2/2133/tde-20102011-131305/pt- br.php>. Acesso em: 1º jul. 2021. p. 48.

[10] Cordovil critica o termo "interesse público" pela sua carga excessivamente expressiva, que demanda das autoridades competentes (i) o reconhecimento do interesse de todos os cidadãos da nação, a fim de obter uma resposta definitiva sobre suas importações; e (ii) a discussão sobre o bem comum, que envolve, para além da questão econômica, aspectos políticos e sociais. Diante disso, a autora sugere a substituição do termo pelas expressões "balanço econômico" ou "teste de proporcionalidade". TÔRRES, Adelmar. O interesse público e as medidas antidumping: análise quantitativa da experiência brasileira (1995-2017). In: ATHAYDE, Amanda; GUIMARÃES, Marcelo; SILVEIRA, Paulo (Orgs.). *Comércio internacional e concorrência*: desafios e perspectivas atuais – Volume I. Brasília: Faculdade de Direito – UnB, 2018.

[11] CORDOVIL, Leonor. O interesse público no antidumping. Tese de doutorado. Disponível em: <https://www.teses.usp.br/teses/disponiveis/2/2133/tde-20102011-131305/pt- br.php>. Acesso em: 1º jul. 2021. p. 94.

Curso de Defesa Comercial e Interesse Público no Brasil: teoria e prática

maioria dos países adota o termo [interesse público], ou alguma outra semelhante, em suas legislações nacionais. Em todos eles, há um interesse ou vontade maior do que as vontades individuais, que forma o caminho pelo qual deve seguir o Estado na realização de suas políticas e princípios", configurando outro motivo pelo qual utiliza-se o "interesse público" para justificar a suspensão ou revogação de medida de defesa comercial. Assim, além de ser uma expressão quase universal, possui definição indeterminada, de modo que pode se adaptar em relação às mudanças.

Assim, Cordovil ainda destaca que, por mais que sejam criadas normas e parâmetros técnicos para averiguar a ocorrência ou não de prática em face da qual é possível aplicar medida de defesa comercial, em última instância, cabe à autoridade decidir se esta é aplicável. Em alguns casos, a aplicação de medidas de defesa comercial não é considerada benéfica para o mercado nacional, optando-se por sua suspensão ou revogação, sendo que a autoridade muitas vezes justifica sua decisão informando que age conforme o interesse público. Tendo isso em consideração, Cordovil[12] entende que há certa discricionariedade na aplicação ou não de medidas de defesa comercial, assim como a sua manutenção, pois a autoridade, em consonância com o caso concreto, pode optar ou não por aplicá-las, tendo em vista a sua natureza facultativa.

Cumpre esclarecer que a discricionariedade administrativa na aplicação ou não das medidas de defesa comercial origina-se diretamente das normas multilaterais da Organização Mundial do Comércio (OMC), e não se configura uma "jabuticaba" brasileira. O que o normativo multilateral traz é a possibilidade, não a obrigação de se utilizar uma medida de defesa comercial. Nesse sentido, registre-se que a viabilidade de se realizar uma avaliação de interesse público no bojo das medidas antidumping advém do próprio artigo 9.1 do Acordo Antidumping[13], que prevê expressamente que o Membro "poderá" aplicar a medida de defesa comercial, mas não é obrigado a fazê-lo. Os Acordos Antidumping, de Subsídios e Medidas Compensatórias e de Salvaguardas, portanto, sinalizam que, preenchidas determinadas condições, os países "podem" aplicar uma medida, sem a obrigação de, ao final, implementá-la (*vide* artigo 19.1 do Acordo sobre Subsídios e

---

[12] Ibidem. p. 49.

[13] Artigo 9 – Imposição e Cobrança de Direitos Antidumping (1) São da competência das autoridades do Membro importador a decisão sobre a imposição ou não de direito antidumping, quando estiverem preenchidos os requisitos necessários, e a decisão, sobre se o montante do direito antidumping a ser imposto será a totalidade da margem de dumping ou menos do que esse valor. E desejável que o direito seja facultativo no território de todos os Membros e que seu montante seja menor do que a margem de dumping, caso tal valor inferior seja suficiente para eliminar o dano à indústria nacional.

Medidas Compensatórias e o artigo 3.1 do Acordo sobre Salvaguardas). A fim de que haja, portanto, redução do escopo da discricionariedade administrativa, e jamais resulte em arbitrariedade administrativa, esta autora entende que são essenciais os esforços em incremento da previsibilidade e da segurança jurídica, tanto pelo lado da defesa comercial, quanto do lado do interesse público.

Diante do exposto, o presente livro seguirá a seguinte estrutura: neste Capítulo 1, será apresentado o histórico internacional e nacional sobre defesa comercial e interesse público, bem como a estrutura decisória da defesa comercial no Brasil e a estrutura do apoio ao exportador brasileiro investigado em processos de defesa comercial no exterior. Já o Capítulo 2 tratará das principais questões teóricas e práticas referentes a investigações antidumping. Em seguida, o Capítulo 3 tratará das principais questões teóricas e práticas referentes a investigações antissubsídios e medidas compensatórias. Ainda, o Capítulo 4 tratará das principais questões teóricas e práticas referentes a investigações de salvaguardas. E por fim o Capítulo 5 tratará das principais questões práticas referentes a avaliações de interesse público em defesa comercial.

1.1. Breve histórico internacional sobre defesa comercial no contexto multilateral

Em 1994 nasce a Organização Mundial do Comércio (OMC) e seus acordos que fundamentam a defesa comercial, mas o ecossistema que impulsionou esse nascimento remete ao final da Segunda Guerra Mundial, em 1945[14].

O sistema multilateral de comércio foi pensado em um momento de reconstrução das relações econômicas internacionais, sob a consciência da eminente necessidade de criar organizações supranacionais onde os países pudessem organizar sua convivência, acordar em práticas e endereçar seus conflitos. Como lembra Nottage[15], foi uma resposta direta à guerra e ao desejo de que tais eventos nunca se repitam. Pode-se dizer, portanto, que a busca pela paz e pela segurança impulsionou a criação do sistema econômico global, inclusive no âmbito do comércio[16].

---

[14] Para compreensão da história do sistema multilateral de comércio, recomenda-se o vídeo institucional da OMC, disponível em: <https://www.youtube.com/watch?v=KRmUPHT-2Vyo>. Acesso em: 19 maio 2022.

[15] NOTTAGE, Hunter. Trade in War's Darkest Hour: Churchill and Roosevelt's daring 1941 Atlantic Meeting that linked global economic cooperation to lasting peace and security. Disponível em: <https://www.wto.org/english/thewto_e/history_e/tradewardarkhour41_e.htm>. Acesso em: 19 maio 2022.

[16] ORGANIZAÇÃO MUNDIAL DO COMÉRCIO, página eletrônica, About WTO – History of the multilateral trading system. Disponível em: <https://www.wto.org/english/thewto_e/history_e/history_e.htm>. Acesso em: 17 maio 2022.

Curso de Defesa Comercial e Interesse Público no Brasil: teoria e prática

Nesse contexto, em 1945, cerca de 50 países uniram esforços para criar a Organização Internacional do Comércio (OIT), iniciativa que, embora malsucedida, configurou o ponto de partida do sistema multilateral de comércio que conhecemos hoje. Em outubro de 1947, os esforços resultaram na assinatura do Acordo Geral sobre Tarifas e Comércio (GATT 1947)[17] entre 23 países, envolvendo 45.000 cortes tarifários destinados a impulsionar a liberalização do comércio.

O GATT 1947, portanto, é o primeiro marco multilateral de comércio e é sucedido por diversas rodadas de negociações multilaterais, que começaram com temas exclusivamente tarifários, mas que com o tempo foram ampliando seu escopo. A imagem abaixo resume as rodadas multilaterais de negociação:

Imagem – Resultados multilaterais desde 1947

RODADA	PERÍODO	PAÍSES	TEMAS
Genebra	1947	23	Tarifas
Annecy	1949	13	Tarifas
Torquay	1950 – 1951	38	Tarifas
Genebra	1955 – 1956	26	Tarifas
Dilon	1960 – 1961	26	Tarifas
Kennedy	1964 – 1967	62	Tarifas, antidumping e de subsídios e medidas compensatórias
Tóquio	1973 – 1979	102	Tarifas, antidumping e de subsídios e medidas compensatórias, medidas não tarifárias, cláusula de habilitação
Uruguai	1986 – 1994	123	Tarifas, agricultura, serviços, popriedade intelectual, medidas de investimento, defesa comercial, novo marco jurídico da OMC (Acordo de Marraquexe)
Doha	2001 – ?	164	Tarifas, agricultura, serviços, facilitação de comércio, regras para solução de controvérsias

Fonte: elaboração própria.

Foi na Rodada Kennedy (1964-1967) que os instrumentos antidumping e as medidas compensatórias foram estabelecidos, inaugurando a defesa comercial no âmbito multilateral. Na Rodada Tóquio (1973-1979) houve sucessivos

---

[17] O GATT foi originalmente resultante dos acordos bilaterais dos EUA, firmados no período entre guerras. Tratava-se, em suma, de um mecanismo recíproco de redução de tarifas, a fim de proteger e preservar o delicado equilíbrio das concessões tarifárias pactuado entre as "partes contratantes". CHO, Sungjoon. The nature of remedies in international trade law. *U. Pitt. L. Rev.*,v. 65, p. 763, 2003.

1 • Defesa comercial e interesse público

trabalhos de interpretação do Acordo Antidumping e de Medidas Compensatórias, incluindo questões teóricas e práticas, como o conceito de causalidade, por exemplo.

Em 1986 iniciaram-se as negociações da Rodada Uruguai (1986-1994), que durou duas vezes mais tempo do que o planejado, e deu continuidade aos trabalhos sobre defesa comercial, embora esses não tenham sido protagonistas. Cordovil[18] observa que a Rodada Uruguai foi palco de discussões decorrentes da complexidade de cada mercado, a forma com que cada país interpretava o Acordo Antidumping, e o aumento dos acionamentos do Órgão de Solução de Controvérsias[19]. Em 1987, sete anos antes do encerramento definitivo da rodada, foram aprovados os Códigos Antidumping e de Subsídios e Medidas Compensatórias do GATT[20].

Craig Angrasstek[21] explica que na segunda metade da Rodada Uruguai surge, por iniciativa do Canadá e da União Europeia, o ímpeto de criar uma nova organização, que transformasse a estrutura do sistema multilateral até então estabelecida pelo GATT 1947. Essa iniciativa prevaleceu, e em 1994 foi assinado o Acordo de Marraquexe, por meio do qual os países adotaram todos os acordos negociados na rodada Uruguai[22], inclusive uma nova versão do Acordo Geral de Tarifas e Comércio, que ficou conhecido como GATT 1994, e vincularam todos esses acordos a uma nova organização: a Organização Mundial do Comércio (OMC)[23].

---

[18] Op. cit.

[19] A autora explica, ainda, que uma dificuldade encontrada à época era "a terrível crença de que antidumping era uma matéria a ser discutida entre empresas privadas, ao passo que medidas compensatórias (aplicadas para neutralizar os subsídios) interessavam aos governos. CORDOVIL, Leonor. O interesse público no antidumping. Tese de doutorado. Disponível em: <https://www.teses.usp.br/teses/disponiveis/2/2133/tde-20102011-131305/pt-br.php>. Acesso em: 21 maio 2022. p. 23.

[20] Texto disponível em: <https://www.wto.org/gatt_docs/English/SULPDF/91330018.pdf>. Acesso em: 22 maio 2022.

[21] ANGRASSTEK Craig. The History and Future of the World Trade Organization, WTO Publications, 2013, Disponível em: <https://www.wto.org/english/res_e/booksp_e/historywto_e.pdf>. Acesso em: 18 maio 2022.

[22] BRASIL, Ata final que incorpora os resultados das negociações comerciais multilaterais da Rodada Uruguai, 1994. Disponível em: <http://www.planalto.gov.br/ccivil_03/decreto/1990-1994/anexo/and1355-94.pdf>. Acesso em: 21 maio 2022.

[23] Em 1995, foram estabelecidos o Compromisso Único da OMC, a plena integração dos Acordos sobre Antidumping, Subsídios e Medidas Compensatórias e Salvaguardas, bem como o Entendimento sobre a Solução de Controvérsias. Com isso, os remédios comerciais passaram a ser alvos frequentes da solução de controvérsias, diferentemente da tendência anterior (até

Curso de Defesa Comercial e Interesse Público no Brasil: teoria e prática

Em outras palavras, a OMC tem como marco jurídico um acordo "guarda-chuva", que acomoda uma variedade de outros acordos estabelecidos pelos países-membros através do consenso (*single undertaking*)[24]. Os acordos que constituem a OMC foram celebrados com o objetivo de promover o comércio internacional através da redução de barreiras comerciais[25], e tem como alicerce princípios de não discriminação – Nação Mais Favorecida (MFN)[26] e Tratamento Nacional[27] – e de transparência, com a imposição de limites sobre a gestão do comércio exterior pelos países-membros. Ficou também instituído um sistema de solução de controvérsias próprio, que fornece aos países-membros a possibilidade resolver suas disputas comerciais em fórum neutro e, segundo a OMC[28], representa uma contribuição única para a estabilidade da economia global.

Como pode ser observado na imagem acima, a rodada Doha (2001-?) nunca teve um desfecho. A regra do consenso (*single undertaking*) tem se mostrado impraticável diante do aumento de Países-Membros (164 até o momento)[29], con-

---

os anos 1990), qual seja a de contestações formais pouco frequentes, como demonstra Chad Bown em: Trade remedies and World Trade Organization dispute settlement: why are so few challenged?, *The Journal of Legal Studies*, v. 34, n. 2, p. 515-555, 2005.

[24] THORSTENSEN, Vera. *OMC – Organização Mundial do Comércio*: as regras do comércio internacional e a nova rodada de negociações multilaterais, 2. ed., 2001.

[25] IRWIN, Douglas; MAVROIDIS, Petros C.; SYKES, Alan O. *The Genesis of the GATT*. Nova Iorque: Oxford University Press, 2006, p. 176. Nesta obra, os autores discutem o GATT 1947. As conclusões a que os autores chegam para explicar as razões de teoria econômica para a celebração do GATT 1947 podem ser aplicadas à OMC uma vez que esse acordo constitui uma das bases do sistema multilateral de comércio.

[26] O Princípio da Nação Mais Favorecida, em inglês *Most-Favoured-Nation* (MFN) está previsto no artigo 1.1 do GATT 1994, e estabelece que os Países-Membros da OMC não podem estabelecer diferenças no tratamento de parceiros comerciais. Ou seja, esse princípio impede que um País-Membro conceda a outro condições especiais de comércio (como uma taxa alfandegária mais baixa para um de seus produtos) sem que isso seja igualmente concedido para todos os outros Membros da OMC.

[27] O Princípio do Tratamento Nacional está previsto no artigo 3.1 do GATT 1994, em inglês *National Treatment*, estabelece que as mercadorias importadas devem receber o mesmo tratamento das mercadorias nacionais.

[28] ORGANIZAÇÃO MUNDIAL DO COMÉRCIO, Settling Disputes – A unique contribution. Disponível em: <https://www.wto.org/english/thewto_e/whatis_e/tif_e/disp1_e.htm>. Acesso em: 17 maio 2022.

[29] Isso, porque, segundo esse princípio, nenhuma negociação deve ser concluída até que se alcancem acordos sobre todas as questões em discussão. O consenso é importante em acordos multilaterais para assegurar que todas as nações tenham *trade-offs* nas negociações, de modo que não haja países sem benefícios e países completamente beneficiados sob o mesmo acordo. Entretanto, os entraves criados pelo princípio do *single undertaking* têm levado os Países-Membros do GATT a considerar novas práticas. FUKAHORI, Yasukata. *The Doha Development Round of the WTO Negotiations*: A Possible Future Direction, 2013.

1 • Defesa comercial e interesse público

figurando o que se denomina "crise do multilateralismo". Em 2017, a crise alcançou até mesmo o Órgão de Solução de Controvérsias da OMC, que em dias atuais sofre com a paralisação do seu Órgão de Apelação[30].

Nesse contexto, os Acordos relativos a temas de defesa comercial firmados na Rodada Uruguai (a última rodada bem-sucedida) residem sob esse guarda--chuva da OMC e operam sob as suas regras. Esses acordos preveem mecanismos por meio dos quais os Membros podem, temporariamente ou de forma permanente, desviar-se dos compromissos de não discriminação sem implicar violação aos acordos. De forma simples, trata-se de uma "válvula de escape" que forneceu a flexibilização necessária para que os Membros pudessem, à época, alcançar o necessário consenso quanto à liberalização ampla do comércio. Esse consenso enfrentou, ainda assim, controvérsias, na medida em que alguns países acreditavam que o instrumento do antidumping seria contrário a esse espírito mais amplo de liberalização comercial[31].

Na prática, a defesa comercial está baseada em três instrumentos distintos, cada qual sob um acordo específico da OMC. Abarca os instrumentos dos direitos antidumping (nos termos do Acordo sobre a implementação do artigo VI do acordo geral sobre tarifas e comércio 1994 (GATT 1994) – Acordo Antidumping da OMC), das medidas compensatórias (nos termos do Acordo sobre Subsídios e Medidas Compensatórias da OMC) e das salvaguardas (Acordo sobre Salvaguardas da OMC), que visam a resguardar, respectivamente, a indústria nacional de práticas desleais de comércio (dumping e subsídios) ou de surtos de importações (salvaguardas), através da aplicação de remédios adequados e em justa medida, com fins de assegurar uma competição justa entre produtores domésticos e estrangeiros. A imagem a seguir resume a base legal multilateral para os instrumentos de defesa comercial:

---

[30] Para se ter uma visão atual sobre a chamada "paralisia" do órgão de solução de controvérsias da OMC, recomenda-se o *podcast* do Women Inside Trade (WIT): <https://anchor.fm/wo-meninsidetrade/episodes/WITcast--WTO-Dispute-Settlement--a-Holistic-Approach-Ge-neve-Trade-Week-Debate-ekntkd>. Para compreender as soluções intermediárias que vêm sendo utilizadas, recomenda-se o artigo LEONI, Gabriela. Arbitragem e comércio internacional: resultados e perspectivas a partir do WTO Multi-party Interim Appeal Arrangement (MPIA), 2022. Disponível em: <https://www.amandaathayde.com.br/_files/ugd/62c611_fd-cbecf7132b4e2491dda423bf36816b.pdf>.

[31] Bruce Blonigen recorda que Reino Unido e outros países apresentaram argumentos contrários ao instrumento do antidumping nesse momento de definição de uma ampla liberalização comercial. BLONIGEN, Bruce A. Antidumping. Working Paper 8398. 2001. Disponível em: <https://www.nber.org/system/files/working_papers/w8398/w8398.pdf>. Acesso em: 10 jun. 2022.

Imagem – Base legal multilateral para os instrumentos de defesa comercial

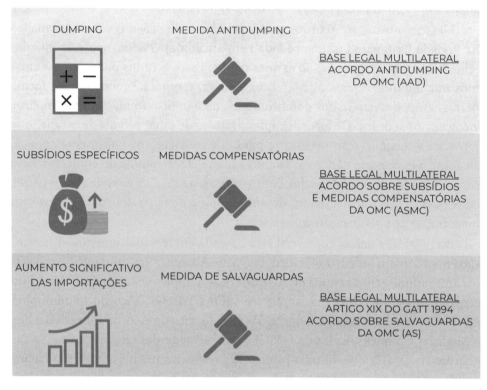

Fonte: elaboração própria.

1.2. Breve histórico internacional sobre interesse público no contexto multilateral

A Organização Mundial do Comércio (OMC) não possui uma normativa multilateral específica a respeito da cláusula de interesse público em defesa comercial. Apesar disso, a própria redação dos acordos multilaterais evidencia que a aplicação de uma medida de defesa comercial é uma faculdade do Membro da OMC, não uma obrigação, ainda que preenchidos todos os requisitos para a sua aplicação. Cumpre esclarecer que a discricionariedade administrativa na aplicação ou não das medidas de defesa comercial origina-se diretamente das normas multilaterais da Organização Mundial do Comércio (OMC), e não se configura uma "jabuticaba" brasileira, dado que há outros Membros com dispositivos semelhantes (*vide* Cap. 4 deste livro). O que o normativo multilateral traz é a possibilidade, não a obrigação de se utilizar uma medida de defesa comercial.

1 • Defesa comercial e interesse público

Cordovil[32] explica que as negociações multilaterais acerca do interesse público ocorreram de forma bastante ativa de 1989 em diante, a partir de uma proposta apresentada por Hong Kong[33] no âmbito das negociações do Acordo Antidumping. Segundo a autora, a proposta gerou euforia entre os Membros, mas também dúvidas quanto à extensão da prerrogativa do interesse público. De um lado, diversos países se manifestaram favoráveis a levar em consideração interesses mais abrangentes do que àqueles das partes interessadas das investigações, existindo efeitos para a sociedade em geral. Em contrapartida, foram registradas preocupações em permitir que os países considerassem fatores muito amplos, considerando os riscos inerentes a essa possibilidade[34].

Cordovil explica, ainda, que grande opositor do movimento foram os Estados Unidos, defendendo que as considerações sobre interesse público deveriam ser objeto de legislações domésticas, e não uma imposição multilateral, sob o argumento de que a consideração do interesse público no processo decisório abriria margem para que a ação dos lobistas afetasse a análise objetiva dos fatos, uma preocupação que marcou o posicionamento dos Estados Unidos em suas participações nas negociações multilaterais[35].

---

[32] CORDOVIL, Leonor. O interesse público no antidumping. Tese de doutorado. Disponível em: <https://www.teses.usp.br/teses/disponiveis/2/2133/tde-20102011-131305/pt- br.php>. Acesso em: 21 maio 2022. p. 49.

[33] Principles and Purposes of Anti-dumping provisions: communication from the delegation of Hong Kong, MTN.GNG/NG8/51, 3 de julho de 1989. Disponível em: <https://www.worldtradelaw.net/document.php?id=history/urad/W46.pdf&mode=download>. Acesso em: 21 maio 2022.

[34] Nesse contexto, destaca Marina de Carvalho, os países desenvolvidos, de uma forma geral, mantiveram-se contrários à previsão de uma cláusula de interesse público, enquanto os países em desenvolvimento, amplamente afetados pelas investigações daqueles, mostravam-se favoráveis à inclusão dessa cláusula. Entretanto, com o início do processo de abertura comercial de diversas nações, na década de 1990, esses mesmos países em desenvolvimento passaram a se valer das medidas de defesa comercial para proteger setores específicos de seus mercados internos, de modo que a discussão acerca da previsão do interesse público perdeu forças. DE CARVALHO, Marina Amaral Egydio et al. Documento de Trabalho 007/2021-Defesa da Concorrência e Defesa Comercial: benchmarking internacional sobre a estrutura, funções e inter-relações das instituições. Conselho Administrativo de Defesa Econômica (Cade), Departamento de Estudos Econômicos, 2021. Disponível em: <https://cdn.cade.gov.br/Portal/centrais-de-conteudo/publicacoes/estudos-economicos/documentos--de-trabalho/2021/Documento-de-Trabalho_Defesa-da-Concorencia-e-Defesa-Comercial_benchmarking-internacional-sobre-a-estrutura-funcoes-e-inter-relacoes-das-instituicoes.pdf>. Acesso em: 3 jun. 2022.

[35] Para melhor compreensão do que Cordovil denomina "batalha dos lobbies" na postura dos Estados Unidos, sugere-se a leitura da análise histórica de Ha-Joon Chang sobre o país, onde observa-se que a prática política do país é marcada por pressões exercidas por grupos

Curso de Defesa Comercial e Interesse Público no Brasil: teoria e prática

Fato é que prevaleceu a ausência de obrigatoriedade da cláusula de interesse público em âmbito multilateral, muito embora essa prerrogativa resida no espaço de autonomia de cada País-Membro. Passa-se, então, a analisar cada um dos acordos de defesa comercial para ilustrar a natureza facultativa embutida na redação dos acordos, que configura, em última instância, a possibilidade do País-Membro da OMC não aplicar a medida ainda que atendidos todos os requisitos para tanto.

No Acordo sobre a Implementação do Artigo VI do Acordo Geral de Tarifas e Comércio 1994 (GATT 1994) (doravante "Acordo Antidumping"), o art. 9.1 é expresso sobre a competência das autoridades do Membro importador a decisão sobre a imposição ou não de direito antidumping, quando estiverem preenchidos os requisitos necessários, e a decisão, sobre se o montante do direito antidumping a ser imposto será a totalidade da margem de dumping ou menos do que esse valor. Ou seja, há uma indicação clara de que da competência de cada Membro "impor ou não" a medida antidumping. A justificativa para a não aplicação de uma medida antidumping, quando preenchidos todos os requisitos necessários, portanto, consiste na argumentação do interesse público, ainda que não expressamente redigido no Acordo Antidumping[36].

Similarmente, no Acordo sobre Subsídios e Medidas Compensatórias tem-se, no art. 19.2, a previsão expressa sobre a competência das autoridades do Membro importador as decisões sobre impor ou não direito compensatório naqueles casos em que todos os requisitos para o fazer tiverem sido preenchidos e sobre se o montante do direito compensatório deve ser igual ou menor do que a totalidade do subsídio. Novamente, registra-se a indicação clara de que da competência de cada Membro "impor ou não" a medida compensatória. A justificativa para a não aplicação de uma medida compensatória, quando preenchidos todos os requisitos necessários, portanto, consiste na argumentação do interesse público, ainda que não expressamente redigido no Acordo sobre Subsídios e Medidas Compensatórias.

Por sua vez, o Acordo sobre Salvaguardas é explícito sobre a existência de considerações de interesse público. Nos termos do art. 3.1, um Membro só po-

---

interessados e intrincadas barganhas. CHANG, Há-Joong. *Chutando a escada*: a estratégia de desenvolvimento em perspectiva histórica. São Paulo: Unesp, 2004, p. 60.

[36] Reconhece-se que existe argumentação contrária, no sentido de que o art. 9.1 do Acordo Antidumping, ao não ser expresso sobre interesse público, seria a base tão somente para a aplicação da regra do menor direito (*lesser duty*), de modo que interesse público e menor direito seriam conceitos distintos e não interrelacionados. A nosso ver, apesar de distintos os conceitos, o art. 9.1 não deixa de ser a base para o interesse público no âmbito multilateral, na medida em que tão somente faculta a aplicação da medida de defesa comercial, e não a obriga. *Vide*: Comentários ao art. 9.1 OMC TN/RL/W/232. comentários de Membros da OMC. "Various delegations emphasized the view that public interest and lesser duty are distinct concepts and should not be traded off against each other." Disponível em: <https://www.wto.org/english/tratop_e/rulesneg_e/rules_may08_annexa_e.doc>. Acesso em: 31 maio 2022.

derá aplicar uma medida de salvaguarda após investigação conduzida por suas autoridades competentes de conformidade com procedimentos previamente estabelecidos e tornados públicos nos termos do Artigo X do GATT 1994. Tal investigação compreenderá a publicação de um aviso destinado a informar razoavelmente todas as partes interessadas, assim como audiências públicas ou outros meios idôneos pelos quais os importadores, os exportadores e outras partes interessadas possam apresentar provas e expor suas razões, e ter ainda a oportunidade de responder a argumentação das outras partes e apresentar suas opiniões, inclusive, entre outras coisas, sobre se a aplicação da medida de salvaguarda seria ou não do interesse público. Ou seja, a parte final deste artigo explicita de maneira límpida a possibilidade de serem apontados argumentos de interesse público na aplicação de uma medida de salvaguarda.

A imagem abaixo resume a base legal multilateral para as avaliações de interesse público:

Imagem – Base legal multilateral para interesse público em defesa comercial

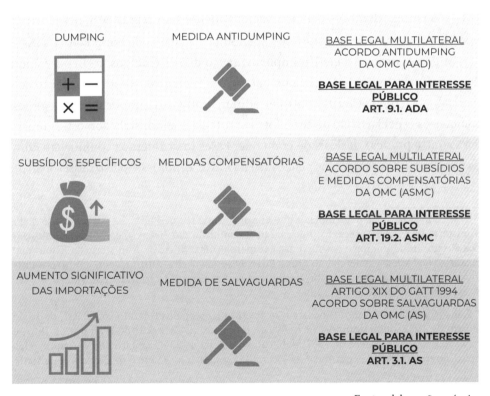

Fonte: elaboração própria.

1.3. Breve histórico nacional sobre defesa comercial no Brasil

O Brasil se tornou signatário dos Códigos Antidumping e de Subsídios e Medidas Compensatórias do GATT em abril de 1979, ao final da Rodada Tóquio, mas esses acordos só foram ratificados, ou seja, se tornaram parte integrante do arcabouço jurídico nacional[37], em 1987[38]. Assim, em 1987, com a aprovação dos Códigos Antidumping e de Subsídios e Medidas Compensatórias do GATT, o Brasil passou a dispor de instrumentos de política comercial que a experiência internacional indicava serem adequados para a proteção à indústria doméstica contra as práticas desleais de comércio.

Uma vez que o sistema de defesa comercial tem como fundamento acordos multilaterais no âmbito da OMC, a sua aplicação no âmbito doméstico de cada País-Membro da OMC exige a internalização desse acordo no respectivo ordenamento jurídico, através de um processo comumente conhecido como "ratificação"[39]. Através da ratificação de cada um dos acordos – Acordo Antidumping, Acordo sobre Subsídios e Medidas Compensatórias e Acordo sobre Salvaguardas –, os Países-Membros definem nacionalmente suas regras de aplicação.

De acordo com o Ministério da Economia[40], a lacuna de tempo entre a assinatura dos Acordos e a efetiva implementação desses Códigos no Brasil foi influenciada pela vigência à época no país de outros mecanismos de proteção comercial, tais como severos controles administrativos de importação e regimes aduaneiros especiais, que de certa forma protegiam a indústria doméstica brasileira contra práticas desleais de comércio. Esses instrumentos conflitavam com os compromissos assumidos pelo Brasil na OMC e, por isso, o uso desses instru-

---

[37] Nesse contexto, ficou determinado que a antiga Comissão de Política Aduaneira (CPA), do Ministério da Fazenda, seria responsável pela condução das investigações e pela aplicação dos direitos antidumping e das medidas compensatórias. BRASIL, Ministério da Economia. Histórico de Defesa Comercial no Brasil, 2016. Disponível em: <https://www.gov.br/produtividade-e-comercio-exterior/pt-br/assuntos/mdic/comercio-exterior/sistemas-on-line-54>. Acesso em: 20 maio 2022.

[38] A incorporação dos acordos ocorreu, respectivamente, pelos Decretos n. 93.941, de 16 de janeiro de 1987, publicado no *Diário Oficial da União* (DOU) de 2 de fevereiro de 1987, e n. 93.962, de 22 de janeiro de 1987, publicado no DOU de 23 de janeiro de 1987, aprovados pelo Congresso Nacional por meio do Decreto Legislativo n. 20, em 5 de dezembro de 1986.

[39] Ver MAZZUOLI, Valerio de Oliveira. *Curso de Direito Internacional Público*, 2020, p. 173.

[40] BRASIL. Ministério da Economia. Histórico de Defesa Comercial no Brasil, 2016. Disponível em: <https://www.gov.br/produtividade-e-comercio-exterior/pt-br/assuntos/mdic/comercio-exterior/sistemas-on-line-54>. Acesso em: 10 jun. 2022.

1 • Defesa comercial e interesse público

mentos se mostrou fonte de desgaste permanente para o Brasil na sua atuação nos foros internacionais.

Ainda assim, o recurso a esses mecanismos por parte da indústria brasileira tornou-se mais efetivo apenas a partir do início dos anos 1990, com a abertura comercial e a extinção dos controles administrativos, a eliminação de diversos regimes especiais de importação e a adoção de um cronograma de desgravação tarifária.

Em 1990, no início do governo Collor de Mello, efetuou-se uma ampla reforma da estrutura da Administração Pública Federal, tendo a gestão governamental do comércio exterior sido transferida para o Departamento de Comércio Exterior (DECEX), subordinado à Secretaria Nacional de Economia (SNE) do Ministério da Economia, Fazenda e Planejamento (MEFP). No governo Itamar Franco foi criado o Ministério da Indústria, Comércio e Turismo (MICT), ao qual estaria subordinada a Secretaria de Comércio Exterior (SECEX), que assumiu as funções anteriormente atribuídas ao DECEX/SNE/MEFP.

Em 1994, o Congresso Brasileiro aprovou a Ata Final que Incorpora os Resultados da Rodada Uruguai de Negociações Multilaterais do GATT, incluindo os novos Acordos Antidumping, de Subsídios e Medidas Compensatórias e de Salvaguardas, bem como o Acordo de Marraquexe, que criou a Organização Mundial do Comércio (OMC).

Em 1995, já no governo Fernando Henrique, com o objetivo de aumentar a capacitação técnica e operacional para a atuação governamental na aplicação das legislações antidumping, de subsídios e medidas compensatórias e de salvaguardas, foi criado, no âmbito da SECEX, o Departamento de Defesa Comercial (DECOM), como órgão especializado para a condução das investigações da espécie[41]. Naquele mesmo ano, foi aprovada a União Aduaneira no âmbito do Mercado Comum do Sul (Mercosul) e adotada uma Tarifa Externa Comum

---

[41] O DECOM era a autoridade investigadora brasileira, a qual competia: examinar a procedência das petições de abertura de investigações de dumping, subsídios e salvaguardas; propor e conduzir as investigações para aplicação de medidas antidumping; recomendar a aplicação de medidas de defesa comercial de acordo com os acordos da OMC; acompanhar as discussões relativas a tais normas; participar das negociações internacionais relativas ao tema, bem como acompanhar as investigações abertas por terceiros países contra as exportações brasileiras, prestando assistência à defesa do exportador nacional, juntamente com outros órgãos governamentais e com o setor privado. NAKAMURA, Beatriz Lie W.; RAMOS, Daniele. Medida antidumping: uma análise da aplicação do departamento de defesa comercial brasileiro. Disponível em: <https://downloads.editoracientifica.org/articles/201202482.pdf>. Acesso em: 20 maio 2022.

(TEC) pelos quatro Países-Membros. Também naquele ano foram publicadas as normativas infralegais para os três instrumentos de defesa comercial no Brasil: para antidumping, o Decreto n. 1.602/1995; para subsídios e medidas compensatórias, o Decreto n. 1.751/1995; e para salvaguardas, o Decreto n. 1.488/1995. Além disso, houve a promulgação da Lei n. 9.019/95, e com as alterações introduzidas pela Medida Provisória n. 2.158-35, de 24 de agosto de 2001, e pelo Decreto n. 4.732, de 10 de junho de 2003, ficaram estabelecidas as competências da CAMEX para deliberação final sobre a aplicação ou não de medidas de defesa comercial.

A competência para aplicação de medidas de defesa comercial, que inicialmente era comum dos Ministros da Indústria, Comércio e Turismo (posteriormente Desenvolvimento, Indústria e Comércio Exterior) e da Fazenda, foi transferida, a partir de 2001, para a Câmara de Comércio Exterior (CAMEX). Nesse mesmo ano, foi publicada a Circular SECEX 59/2001, que regulamentou os trâmites processuais para investigações antidumping, de subsídios e de salvaguardas.

O ano de 2013 foi marcado por uma série de novas mudanças legislativas. Com o advento do Decreto n. 8.058/2013, que revogou o antigo decreto antidumping, o Decreto n. 1.602/1995, houve uma ampla atualização da normativa infralegal, tendo sido publicada uma série de Portarias SECEX, sobre os temas de petições antidumping originais (Portaria SECEX n. 41/2013), petições antidumping de revisão de final de período (Portaria SECEX n. 44/2013), anticircunvenção (Portaria SECEX n. 42/2013) e sobre compromissos de preços (Portaria SECEX n. 36/2013).

Ao longo dos anos, houve complementos infralegais sobre petições de avaliação de escopo (Portaria SECEX n. 42/2016), sobre petições de redeterminação (Portaria SECEX n. 72/2018) e sobre indústria fragmentada (Portaria SECEX n. 42/2018). Esta última foi uma decorrência do Decreto n. 9.107/2017, que dispôs de prazos e requisitos aplicáveis às indústrias fragmentadas no âmbito de investigações de defesa comercial.

No ano de 2019, com a mudança na estrutura administrativa nos Ministérios, houve mudanças também na estrutura e no fluxo decisório sobre defesa comercial e interesse público (*vide* Seção 1.5)[42]. Ademais, em 2020, em decor-

---

[42] A respeito de algumas dessas alterações, recomenda-se: JUNQUEIRA, Carla Amaral de Andrade; SANCHES, Ana Luiza. O sistema de defesa comercial no novo governo brasileiro no contexto das guerras comerciais. *Revista de Direito do Comércio Internacional*, n. 1, 2019. Disponível em: <https://enlaw.com.br/revista/576/ler?page=229>. Acesso em: 27 jun. 2022.

rência da pandemia da Covid-19, foram necessários ajustes para notificar as partes interessadas (Portaria SECEX n. 21/2020), além de adaptações nos procedimentos de verificação de dados (Instrução Normativa SECEX n. 1/2020).

Em seguida, em 2021 foi realizada uma ampla mudança do sistema de condução dos processos de defesa comercial e interesse público, havendo a transição do então vigente Sistema Decom Digital (SDD) para o Sistema Eletrônico de Informações do Ministério da Economia (SEI/ME), por meio da Portaria SECEX n. 103/2021. Também foi possível avançar e arrefecer algumas das adaptações nos procedimentos de verificação de dados (Instrução Normativa SECEX n. 3/2021). Ainda, após consultas públicas, foram publicadas as Portarias sobre pré-pleito (Portaria SECEX 150/2021), sobre preço provável (Portaria SECEX n. 151/2021), sobre prorrogação do direito com imediata suspensão nos termos do art. 109 do Decreto n. 8.058/2013 (Portaria SECEX n. 152/2021) e sobre prorrogação do direito em montante inferior ao em vigor (Portaria SECEX n. 154/2021). Ademais, após mais de oito anos de tramitação, foi finalmente publicado o novo Decreto de Subsídios e Medidas Compensatórias (Decreto n. 10.839/2021), que modernizou a normativa com a melhor prática nacional e internacional, e revogou o anterior Decreto n. 1.751/1995.

Já em 2022, com os esforços de simplificação e maior eficiência administrativa, foram consolidadas todas as normativas sobre defesa comercial e interesse público. Assim, para temas gerais, publicou-se a Portaria SECEX n. 162/2022. Para a regulamentação antidumping, tem-se a Portaria SECEX n. 171/2022; para a regulamentação de subsídios e medidas compensatórias, tem-se a Portaria SECEX n. 172/2022; e, para a regulamentação de salvaguardas, tem-se a Portaria SECEX n. 169/2022. Assim, atualmente a legislação em vigor sobre defesa comercial e interesse público no Brasil está consolidada no documento #SDCOM-Mecum[43], que consolida, como em um Vade Mecum, todas as normas aplicáveis à matéria. Em 2023, com a reestruturação dos ministérios, a competência decisória da Camex para decisões de defesa comercial e interesse público foram definidas nos termos do Decreto n. 11.428/2023. A imagem a seguir explicita as normas atualmente vigentes sobre defesa comercial especificamente:

---

[43] SDCOMMecum. Consolidação das normas de defesa comercial e interesse público no Brasil. Ministério da Economia, 2022. Disponível em: <https://www.gov.br/produtividade-e-comercio-exterior/pt-br/assuntos/comercio-exterior/defesa-comercial-e-interesse-publico/arquivos/guias/copy2_of_SDCOMMECUM_VERSOFINAL.pdf>. Acesso em: 6 abr. 2022.

Imagem – Legislação sobre defesa comercial e interesse público no Brasil

Parte A – Normas gerais de defesa comercial
- Decreto Legislativo n. 30, de 15 de dezembro de 1994.
- Lei n. 9.019, de 30 de março de 1995.
- Lei n. 12.995, de 18 de junho de 2014.
- Decreto n. 9.107, de 26 de julho de 2017.

Parte B – Normas específicas de antidumping
- Acordo sobre a implementação do artigo VI do acordo geral sobre tarifas e comércio 1994 – acordo antidumping.
- Decreto n. 8.058, de 26 de julho de 2013.
- Lei n. 12.546, de 14 de dezembro de 2011 (art. 43).
- Portaria SECEX n. 171, de 9 de fevereiro de 2022.

Parte C – Normas específicas de subsídios e medidas compensatórias
- Acordo sobre subsídios e medidas compensatórias.
- Decreto n. 10.839, de 18 de outubro de 2021.
- Portaria SECEX n. 172, de 15 de fevereiro de 2022.

Parte D – Normas específicas de salvaguardas
- Acordo de salvaguardas.
- Decreto n. 1.488, de 11 de maio de 1995.
- Decreto n. 1.936, de 20 de junho de 1996.
- Decreto n. 2.667, de 10 de julho de 1998 (Mercosul).
- Portaria SECEX n. 169, de 25 de janeiro de 2022.

Fonte: DECOM/ME.

Ao longo dos anos, portanto, as legislações brasileiras referentes à defesa comercial foram sendo atualizadas, conforme linha do tempo não exaustiva apresentada a seguir (*vide* Anexo I):

1 • Defesa comercial e interesse público

Imagem – Evolução histórica da legislação nacional sobre defesa comercial no Brasil

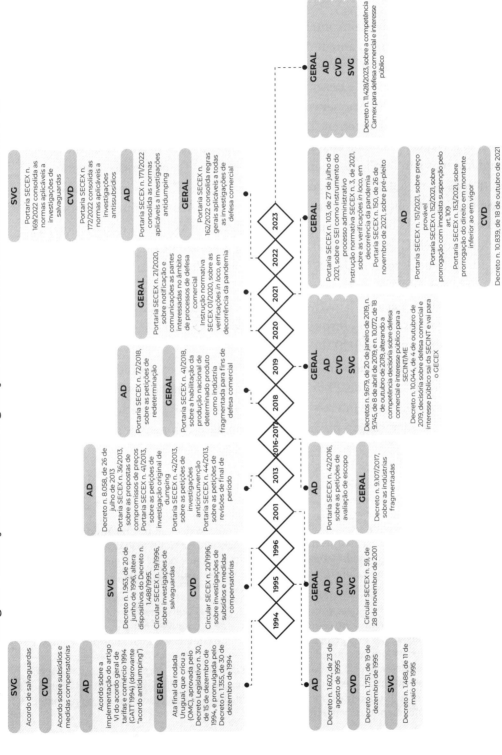

Fonte: elaboração própria.

1.4. Breve histórico nacional sobre interesse público no Brasil

No Brasil, a cláusula de interesse público está prevista no ordenamento jurídico brasileiro desde o ano de 1995, com a publicação do Decreto n. 1.602, de 23 de agosto de 1995 (artigo 64, § 3º)[44], referente às medidas antidumping e do Decreto n. 1.751, de 19 de dezembro de 1995 (artigo 73, § 3º)[45], referente às medidas compensatórias. Naquele momento, tal prerrogativa era denominada "interesse nacional". O Decreto n. 1.488, de 11 de maio de 1995, referente às medidas de salvaguardas, mais enxuto, não deixava expressa a cláusula de interesse público, mas sim implícita, ao utilizar, em seu art. 1º, a expressão "poderão ser aplicadas as medidas de salvaguardas", e não "deverão". Registre-se, ainda, que isso já estava explicitamente previsto no art. 3.1 do Acordo sobre Salvaguardas, incorporado à ata final da Rodada Uruguai, que criou a Organização Mundial do Comércio (OMC). Essa ata final foi aprovada no Brasil pelo Decreto Legislativo n. 30, de 15 de dezembro de 1994, e promulgada pelo Decreto n. 1.355, de 30 de dezembro de 1994. A menção expressa à cláusula de interesse público (e não mais "interesse nacional") permaneceu nas atualizações das legislações antidumping e antissubsídios, respectivamente nos arts. 3º do Decreto n. 8.058/2013 e 3º do Decreto n. 10.839/2021.

Em termos de regulamentos, foi só a partir de 2012, com a publicação da Resolução CAMEX n. 13, de 29 de fevereiro de 2012[46], que foi instituído o Grupo Técnico de Avaliação de Interesse Público ("GTIP"), com o objetivo de analisar a suspensão ou alteração de medidas antidumping e compensatórias definitivas,

---

[44] Decreto n. 1.602, de 23 de agosto de 1995. "Art. 64. As determinações ou decisões, preliminares ou finais, relativas à investigação, serão adotadas com base em parecer da SECEX. (...) § 3º Em circunstâncias excepcionais, mesmo havendo comprovação de dumping e de dano dele decorrente, as autoridades referidas no art. 2º poderão decidir, por razões de interesse nacional, pela suspensão da aplicação do direito ou pela não homologação de compromissos de preços, ou, ainda, respeitado o disposto no parágrafo único do art. 42, pela aplicação de direito em valor diferente do que o recomendado, e, neste caso, o ato deverá conter as razões que fundamentaram tal decisão."

[45] Decreto n. 1.751, de 19 de dezembro de 1995. "Art. 73. As determinações ou decisões, preliminares ou finais, relativas à investigação, serão adotadas com base em parecer da SECEX. (...) § 3º Em circunstâncias excepcionais, mesmo havendo comprovação de subsídio acionável e de dano dele decorrente, as autoridades referidas no art. 2º poderão decidir, em face de razões de interesse nacional, pela suspensão da aplicação do direito ou pela não homologação de compromissos, ou, ainda, respeitado o disposto no parágrafo único do art. 52, pela aplicação de direito em valor diferente do que o recomendado, e, nestes casos, o ato deverá conter as razões que fundamentaram a decisão."

[46] BRASIL. Resolução CAMEX n. 13, de 29 de fevereiro de 2012.

bem como a não aplicação de medidas antidumping e compensatórias provisórias, por razões de interesse público. No mesmo ano foi publicada a Resolução CAMEX n. 50, de 5 de julho de 2012[47], com roteiro de análise do interesse público.

A análise de interesse público foi, então, novamente regulamentada em 2015, primeiramente pela Resolução CAMEX n. 27, de 29 de abril de 2015[48], sobre procedimentos de análise de pleitos de interesse público, que também atribuiu o GTIP à Secretaria de Acompanhamento Econômico do Ministério da Fazenda (SEAE/MF). Posteriormente, houve regulamentação do interesse público pela Resolução CAMEX n. 93, de 24 de setembro de 2015[49].

Em 2016, houve uma troca na atribuição do GTIP, que passou para a Secretaria de Assuntos Internacionais do Ministério da Fazenda (SAIN/MF), nos termos da Resolução CAMEX n. 30, de 31 de março de 2016. Posteriormente, por meio da Resolução CAMEX n. 29, de 11 de abril de 2017, foram previstos os prazos e trâmites processuais. Nesses casos, a decisão final sobre defesa comercial e interesse público era do Conselho de Ministros da Câmara de Comércio Exterior (CAMEX)[50], nos termos do art. 2º, incisos XV a XII, do Decreto n. 4.732, de 10 de junho de 2003, sem hipótese de recurso. A decisão poderia ser tomada *ad referendum* pelo Gecex, que era parte da estrutura hierárquica da CAMEX, nos termos do seu art. 5º, § 4º, inciso II.

---

[47] BRASIL. Resolução CAMEX n. 50, de 5 de julho de 2012.

[48] BRASIL. Resolução CAMEX n. 27, de 29 de abril de 2015.

[49] BRASIL. Resolução CAMEX n. 93, de 24 de setembro de 2015.

[50] Criada em 1995, originalmente a Camex estava vinculada ao Conselho de Governo da Presidência da República, porém ainda sem poderes deliberativos ou operacionais. Possuía um conselho de ministros composto pelos principais ministérios que tratavam de temas afins ao comércio exterior e era presidida pelo chefe da Casa Civil. Em 1998, com a criação do Ministério do Desenvolvimento, Indústria e Comércio Exterior, a Câmara passou a integrar sua estrutura. O Decreto n. 8.807, de 12 de julho de 2016, mudou um aspecto importante na institucionalidade da Camex, que passou então a ser presidida pelo Presidente da República e enquanto a Secretaria Executiva passou ao Ministério das Relações Exteriores (MRE). Em 2017 a Camex foi transferida novamente do MRE para o MDIC, que passou a indicar o secretário-executivo da Câmara. Em 2019 foi publicado o Decreto n. 10.044, de 2019, e desde então a Câmara de Comércio Exterior – Camex tem a atribuição de formular, adotar, implementar e coordenar as políticas e atividades relativas ao comércio exterior brasileiro, à atração de investimentos estrangeiros diretos, a investimentos brasileiros no exterior, aos temas tarifários e não tarifários e ao financiamento às exportações com o objetivo de promover o aumento da produtividade e da competitividade das empresas brasileiras no mercado internacional. Disponível em: <https://www.gov.br/produtividade-e-comercio-exterior/pt-br/assuntos/camex/sobre-a-camex/sobre-a-camex>. Acesso em: 8 abr. 2022. Em 2023, foi publicada a nova estrutura do Decreto Camex, nos termos do Decreto n. 11.428/2023.

Em 2019, com a entrada em vigor dos Decretos n. 9.679, de 2 de janeiro de 2019, n. 9.745, de 8 de abril de 2019, e n. 10.072, de 18 de outubro de 2019, houve a alteração da competência para as avaliações de interesse público, que passaram a ser desempenhadas pelo Departamento de Defesa Comercial e Interesse Público (DECOM), e não mais pelo GTIP. A decisão final a respeito da suspensão ou alteração de medidas antidumping e compensatórias definitivas, bem como de não aplicação de medidas antidumping e compensatórias provisórias, por sua vez, passou a ser, temporariamente, entre janeiro e outubro, de competência da Secretaria Especial de Comércio Exterior e Assuntos Internacionais (SECINT) do Ministério da Economia, nos termos do art. 77, inciso VI, do Decreto n. 9.679, de 2 de janeiro de 2019, confirmado pelo art. 82, inciso V, do Decreto n. 9.745, de 8 de abril de 2019. A competência da SECINT para essa tomada de decisão vigorou entre janeiro e outubro, e o recurso administrativo era dirigido ao Ministro da Economia.

Com a promulgação do Decreto n. 10.044, de 4 de outubro de 2019, a competência para, ao final, decidir sobre a suspensão ou alteração da exigibilidade de direitos antidumping e medidas compensatórias passou a ser do Comitê Executivo de Gestão da Câmara de Comércio Exterior (GECEX), que não alterou as respectivas competências do DECOM e da SECEX, previstas no Decreto n. 9.745, de 8 de abril de 2019, mas alterou a competência anteriormente atribuída à SECINT. Não foi prevista qualquer hierarquia entre GECEX e o Conselho de Estratégia Comercial (CEC) no texto do Decreto n. 10.044, de 4 de outubro de 2019, mas o entendimento jurídico prevalecente foi de que, por se tratar de processo administrativo, sujeito a contraditório e ampla defesa, seria necessário, para cumprir a Lei de Processo Administrativo e a Constituição Federal, a existência de instância recursal das decisões do GECEX. Assim, os recursos administrativos têm seguido para o CEC para deliberação.

Em 2023, com a reestruturação dos ministérios, a competência decisória da Camex para decisões de defesa comercial e interesse público foi definida nos termos do Decreto n. 11.428/2023. Nos termos do art. 3º, VII, desse novo decreto, ficou expressa a competência recursal do CEC com relação às decisões do Gecex. Dúvida pode ser levantada, quanto à redação do decreto, se a competência recursal seria apenas para defesa comercial, já que a redação é "decidir, em última instância, acerca de recursos administrativos interpostos em face de decisões do Comitê Executivo de Gestão em matéria de defesa comercial", ou se poderia abarcar também os temas de interesse público levados a recurso. A nosso ver, é forçosa a interpretação de que cabe ao CEC analisar todos os temas recursais da decisão do GECEX, não apenas pela lógica do direito administrativo, mas também porque a avaliação de interesse público é um sucedâneo processual da análise principal de defesa comercial.

Para maiores detalhes sobre a estrutura e o fluxo decisório sobre defesa comercial e interesse público no Brasil, recomenda-se a seção 1.5 deste livro, *infra*.

Nesse contexto de alteração das estruturas decisórias, no início de 2019, foi realizada alteração nos trâmites processuais, a fim de atualizar a avaliação de interesse público em defesa comercial com as novas legislações em vigor. Em 17 de abril de 2019, foi publicada a Portaria SECEX n. 8, de 15 de abril de 2019, e, após consulta pública, foi publicada em 30 de janeiro de 2020 a Portaria SECEX n. 13, de 29 de janeiro de 2020. Em 2023, foi realizado ajuste na Portaria SECEX n. 13/2020 pela Portaria SECEX n. 237, de 7 de março de 2023, e posteriormente houve a revogação de ambas pela Portaria n. 282/2023, atualmente em vigor. A imagem abaixo explicita as normas atualmente vigentes sobre defesa comercial e interesse público:

Imagem – Base legal nacional para defesa comercial e interesse público em defesa comercial

Parte A – Normas gerais de defesa comercial
- Decreto legislativo n. 30, de 15 de dezembro de 1994.
- Lei n. 9.019, de 30 de março de 1995.
- Lei n. 12.995, de 18 de junho de 2014.
- Decreto n. 9.107, de 26 de julho de 2017.
- Portaria SECEX n. 162, de 6 de janeiro de 2022.

Parte B – Normas específicas de antidumping
- Acordo sobre a implementação do artigo VI do acordo geral sobre tarifas e comércio 1994 – acordo antidumping.
- Decreto n. 8.058, de 26 de julho de 2013.
- Lei n. 12.546, de 14 de dezembro de 2011 (art. 43).
- Portaria SECEX n. 171, de 9 de fevereiro de 2022.

Parte C – Normas específicas de subsídios e medidas compensatórias
- Acordo sobre subsídios e medidas compensatórias.
- Decreto n. 10.839, de 18 de outubro de 2021.
- Portaria SECEX n. 172, de 15 de fevereiro de 2022.

Parte D – Normas específicas de salvaguardas
- Acordo de salvaguardas.
- Decreto n. 1.488, de 11 de maio de 1995.
- Decreto n. 1.936, de 20 de junho de 1996.
- Decreto n. 2.667, de 10 de julho de 1998 (Mercosul).
- Portaria SECEX n. 169, de 25 de janeiro de 2022.

Parte E – Normas gerais de interesse público
- Acordo sobre a implementação do artigo VI do acordo geral sobre tarifas e comércio 1994 – acordo antidumping (art. 9.1).
- Decreto n. 8.058, de 26 de julho de 2013 (art. 3º).
- Acordo sobre subsídios e medidas compensatórias (art. 19.2).
- Decreto n. 10.839, de 18 de outubro de 2021 (art. 4º).
- Acordo sobre salvaguardas (art. 3.1).
- Decreto n. 1.488, de 11 de maio de 1995 (art. 1º).
- Portaria SECEX n. 282, de 16 de novembro de 2023.

Fonte: elaboração própria.

Ao longo dos anos, portanto, as legislações brasileiras referentes a interesse público foram sendo atualizadas, conforme linha do tempo não exaustiva apresentada a seguir (*vide* Anexo II):

Imagem – Evolução histórica da legislação nacional sobre interesse público no Brasil

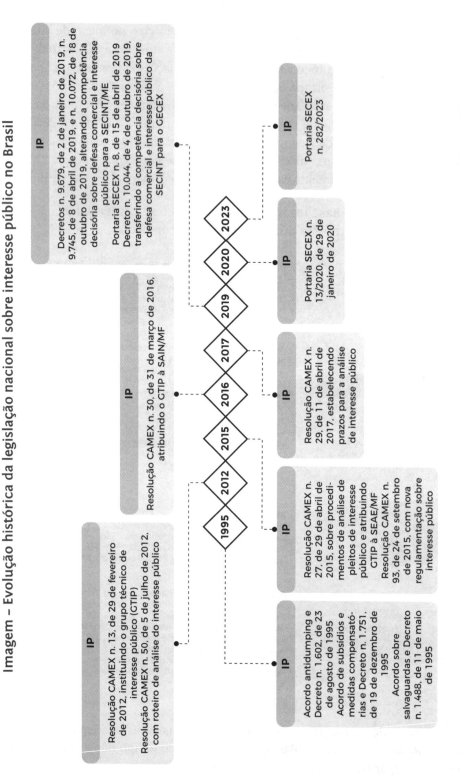

Fonte: elaboração própria.

1 • Defesa comercial e interesse público

Diante do histórico multilateral e nacional apresentado nas seções anteriores, retoma-se a pesquisa de Athayde e Boaventura, que buscaram responder à seguinte pergunta: é possível compreender defesa comercial e interesse público como políticas públicas convergentes ou antagônicas?[51]. Segundo as autoras, a regulação econômica no comércio internacional realizada pelo DECOM tem garantido a convergência entre ambas as políticas públicas – defesa comercial e interesse público –, que apesar de serem naturalmente conflituosas, não são mais antagônicas. E isso é observado por meio dos resultados positivos alcançados em prol do incremento de previsibilidade, segurança jurídica e transparência, que garantem que defesa comercial e interesse público sejam utilizados, ambos, com racionalidade, de modo que a própria aplicação da defesa comercial possa ser vista como atendimento ao interesse público. Assim, concluem as autoras no sentido de que não é apenas possível, mas sim necessário compreender defesa comercial e interesse público como políticas públicas convergentes. Naturalmente que essa nova regulação econômica, caracterizada por avanços institucionais importantes, aporta novos desafios aos usuários por ela afetados.

1.5. Estrutura e fluxo decisório sobre defesa comercial e interesse público no Brasil

Em paralelo às mudanças legislativas descritas na seção 1.3. e 1.4., a estrutura administrativa em defesa comercial e interesse público também foi sendo alterada ao longo dos anos. Criada em 1995 pelo Decreto n. 1.389/1995, a Câmara de Comércio Exterior (Camex) estava vinculada ao Conselho de Governo da Presidência da República, porém ainda sem poderes deliberativos ou operacionais. Ou seja, a Camex possuía um conselho de ministros composto pelos principais ministérios que tratavam de temas afins ao comércio exterior e era presidida pelo chefe da Casa Civil, possuindo a competência de aplicar as medidas de defesa comercial, nos termos da Lei n. 9.019/95. Em 1998, com a criação do Ministério do Desenvolvimento, Indústria e Comércio Exterior (MDIC), a Camex passou a integrar sua estrutura organizacional, mas continuou não sendo órgão subordinado ao MDIC. Em 2001, a Lei n. 9.019/95 sofreu alterações introduzidas pela Medida Provisória n. 2.158-35, de 24 de agosto de 2001, alterando dispositivos sobre a aplicação de medidas de defesa comercial.

A estrutura da Camex foi alterada ao longo dos anos, havendo uma série de decretos tratando sobre o tema, com repercussões em suas competências

---

[51] ATHAYDE, Amanda; BOAVENTURA, Elisa. Novos temperos no direito do comércio internacional e no direito da concorrência: interfaces, obstáculos e ressignificados. In: TIMM, Luciano B.; FRANÇA, Maria Carolina (Orgs.). *A nova regulação econômica*. São Paulo: IDP, 1. ed., 2022. p. 17-58.

sobre o tema de defesa comercial: Decreto n. 1.389/1995, Decreto n. 3.756/2001, Decreto n. 3.981/2001 e Decreto n. 4.732/2003. O Decreto n. 8.807, de 12 de julho de 2016, mudou um aspecto importante na institucionalidade da Camex, que passou então a ser presidida pelo Presidente da República e a Secretaria Executiva passou ao Ministério das Relações Exteriores (MRE). Em 2017, a Camex foi transferida novamente do MRE para o MDIC, que passou a indicar o secretário-executivo da Câmara. A CAMEX sempre foi, portanto, ao longo dos anos, a instância máxima para as tomadas de decisão no âmbito administrativo, de modo que não havia recurso hierárquico administrativo sobre defesa comercial. Apesar de estar formalmente vinculada a uma estrutura administrativa de um Ministério normalmente, não há hierarquia entre a CAMEX e este(s) Ministério(s).

Nesse contexto, as avaliações de interesse público em defesa comercial inicialmente eram conduzidas pelo então Ministério da Fazenda (MF), ao passo que as investigações de defesa comercial eram realizadas pelo então Ministério de Desenvolvimento, Indústria e Comércio Exterior (MDIC). As tomadas de decisão, por sua vez, eram realizadas diretamente pela Câmara de Comércio Exterior (CAMEX), existindo a possibilidade de o Gecex decidir *ad referendum* da Camex. Com esta estrutura, notou-se uma polarização muito acentuada entre as recomendações do então Departamento de Defesa Comercial (DECOM/MDIC) com as recomendações da Secretaria de Assuntos Internacionais (SAIN/MF), o que tornou a política pública insegura para os usuários.

Em 2019, nos termos do Decreto n. 9.745/2019 (que aprova a estrutura do Ministério da Economia), posteriormente alterado pelo Decreto n. 10.072/2019, a competência para defesa comercial foi temporariamente da Secretaria de Comércio Exterior e Assuntos Internacionais (SECINT), que admitia recurso hierárquico ao Ministro da Economia.

Com o Decreto n. 10.044/2019 (que dispõe sobre a Câmara de Comércio Exterior), houve uma completa reestruturação da Camex, que passou a contar com dois órgãos principais autônomos: o Conselho de Estratégia Comercial (CEC), que define as grandes linhas de atuação da Camex, e o Comitê-Executivo de Gestão (Gecex), que toma efetivamente as decisões que serão implementadas para as políticas de comércio exterior. Assim, apesar de não haver expressamente previsão no Decreto n. 10.044/2019, há o reconhecimento de que as decisões de defesa comercial previstas pelo Gecex são passíveis de recurso administrativo ao CEC (conforme inclusive expresso na legislação mais recentemente publicada no Brasil sobre defesa comercial, no art. 167 do Decreto n. 10.839/2021, que a nosso ver se pode se aplicar por analogia aos demais instrumentos de defesa comercial). Difere-se, portanto, da previsão anterior, de que apesar de haver o pedido de reconsideração, não permitia recurso administrativo, dada a inexistência de órgão hierarquicamente superior.

Em 2023, com a reestruturação dos ministérios, a competência decisória da Camex para decisões de defesa comercial e interesse público foi definida nos termos do Decreto n. 11.428/2023. Nos termos do art. 3º, VII, desse novo decreto, ficou expressa a competência recursal do CEC com relação às decisões do Gecex. Dúvida pode ser levantada, quanto à redação do decreto, se a competência recursal seria apenas para defesa comercial, já que a redação é "decidir, em última instância, acerca de recursos administrativos interpostos em face de decisões do Comitê Executivo de Gestão em matéria de defesa comercial", ou se poderia abarcar também os temas de interesse público levados a recurso. A nosso ver, é forçosa a interpretação de que cabe ao CEC analisar todos os temas recursais da decisão do GECEX, não apenas pela lógica do direito administrativo, mas também porque a avaliação de interesse público é um sucedâneo processual da análise principal de defesa comercial.

A imagem a seguir apresenta breve evolução histórica sobre a estrutura administrativa sobre defesa comercial no Brasil:

Imagem – Evolução histórica da estrutura administrativa em defesa comercial no Brasil

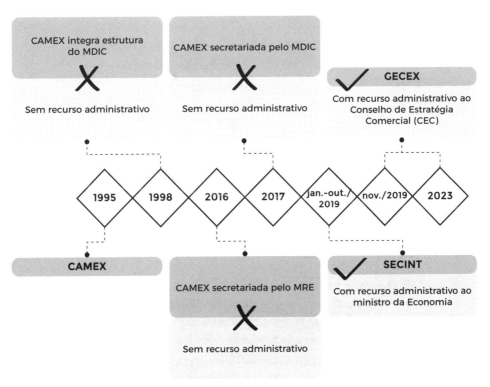

Fonte: elaboração própria.

Curso de Defesa Comercial e Interesse Público no Brasil: teoria e prática

Similarmente, em paralelo às mudanças da estrutura decisória da Camex, a estrutura administrativa para tratar sobre interesse público em defesa comercial foi sendo alterada, conforme linha do tempo não exaustiva apresentada a seguir. Importante dizer que, mesmo sem um procedimento claro e uma estrutura administrativa estabelecida previamente a 2012, essas análises já eram realizadas de modo *ad hoc*, e submetidas à deliberação sobre a aplicação ou não da medida de defesa comercial:

Imagem – Linha do tempo da estrutura administrativa de interesse público no Brasil

Fonte: elaboração própria.

Assim, atualmente compete ao Departamento de Defesa Comercial e Interesse Público (DECOM), nos termos do art. 96 do Decreto n. 9.745/2019, alterado pelo Decreto n. 10.072/2019:

> I – examinar a procedência e o mérito de petições de abertura de investigações e revisões de dumping, de subsídios e de salvaguardas, inclusive as preferenciais, previstas em acordos multilaterais, plurilaterais, regionais ou bilaterais, com vistas à defesa da produção doméstica;
>
> II – propor a abertura e conduzir as investigações e as revisões, por meio de processo administrativo, sobre a aplicação de medidas antidumping, compensatórias e de salvaguardas, inclusive as preferenciais, previstas em acordos multilaterais, plurilaterais, regionais ou bilaterais;

1 • Defesa comercial e interesse público

III – propor a aplicação de medidas antidumping, compensatórias e de salvaguardas, inclusive as preferenciais, previstas em acordos multilaterais, plurilaterais, regionais e bilaterais;

IV – examinar a conveniência e o mérito de propostas de compromissos de preço previstos nos acordos multilaterais, plurilaterais, regionais ou bilaterais;

V – examinar a procedência e o mérito de petições, propor a abertura e conduzir investigação sobre a existência de práticas elisivas que frustrem a cobrança de medidas antidumping e compensatórias;

VI – propor a extensão a terceiros países e a partes, peças e componentes dos produtos objeto de medidas antidumping e compensatórias vigentes;

VII – propor a regulamentação dos procedimentos relativos às investigações de defesa comercial e às avaliações de interesse público;

VIII – elaborar as notificações sobre medidas de defesa comercial previstas em acordos internacionais;

IX – acompanhar as negociações internacionais referentes a acordos multilaterais, plurilaterais, regionais e bilaterais pertinentes à aplicação de medidas de defesa comercial e formular propostas a respeito, com vistas a subsidiar a definição da posição brasileira;

X – participar das consultas e das negociações internacionais relativas à defesa comercial;

XI – acompanhar e participar dos procedimentos de solução de controvérsias referentes a medidas de defesa comercial, no âmbito multilateral, plurilateral, regional e bilateral, e formular propostas a respeito, com vistas a subsidiar a definição de proposta brasileira;

XII – acompanhar as investigações de defesa comercial abertas por terceiros países contra as exportações brasileiras e prestar assistência à defesa do exportador, em articulação com outros órgãos e entidades públicas e privadas;

XIII – elaborar material técnico para orientação e divulgação dos mecanismos de defesa comercial;

XIV – examinar a procedência e o mérito de petições de redeterminação das medidas de defesa comercial, propor a abertura e conduzir os procedimentos para alterar a forma de aplicação ou o montante da medida de defesa comercial;

XV – examinar a procedência e o mérito de petições de análise de escopo das medidas de defesa comercial, propor a abertura e conduzir os procedimentos para determinar se um produto está sujeito a medidas de defesa comercial;

XVI – examinar a procedência e o mérito de petições de revisão administrativa, propor a abertura e conduzir os procedimentos, para determinar a eventual restituição de valores recolhidos em montante superior ao determinado para o período da revisão;

XVII – examinar a procedência e o mérito de petições de análise de interesse público com vistas a avaliar o impacto das medidas de defesa comercial sobre a economia nacional;

Curso de Defesa Comercial e Interesse Público no Brasil: teoria e prática

XVIII – propor a suspensão ou a alteração de aplicação de medidas antidumping ou compensatórias em razão de interesse público; e

XIX – exercer as atividades dos extintos:

a) Grupo Técnico de Defesa Comercial; e

b) Grupo Técnico de Avaliação de Interesse Público.

Por sua vez, compete à Secretaria de Comércio Exterior (SECEX), nos termos do art. 91 do Decreto n. 9.745/2019, alterado pelo Decreto n. 10.072/2019, quanto aos temas de defesa comercial e interesse público:

II – representar o Ministério nas negociações e nos foros internacionais relativos ao comércio exterior nos temas de bens, inclusive do setor automotivo, serviços, investimentos, compras governamentais, regime de origem, barreiras técnicas, facilitação de comércio, defesa comercial, solução de controvérsias, propriedade intelectual, comércio digital e outros temas tarifários e não tarifários nos âmbitos multilateral, plurilateral, regional e bilateral;

(...)

VII – implementar os mecanismos de defesa comercial;

VIII – regulamentar os procedimentos relativos às investigações de defesa comercial e às avaliações de interesse público;

IX – decidir sobre a abertura de investigações e revisões relativas à aplicação de medidas antidumping, compensatórias e de salvaguardas, inclusive preferenciais, previstas em acordos multilaterais, regionais ou bilaterais e sobre a prorrogação do prazo da investigação e o seu encerramento sem a aplicação de medidas;

X – decidir sobre:

a) a abertura de investigação da existência de práticas elisivas que frustrem a cobrança de medidas antidumping e compensatórias;

b) a prorrogação do prazo da investigação de que trata a alínea "a" e o seu encerramento sem extensão de medidas; e

c) a abertura de avaliação de interesse público;

XI – decidir sobre a aceitação de compromissos de preço previstos nos acordos multilaterais, regionais ou bilaterais na área de defesa comercial;

XII – apoiar o exportador submetido a investigações de defesa comercial no exterior;

Por fim, compete ao GECEX[52], nos termos do art. 7º do Decreto n. 10.044/2019, quanto aos temas de defesa comercial e interesse público:

---

[52] As competências atribuídas ao GECEX, no período entre 30 de janeiro e 6 de outubro de 2019, foram desempenhadas pela Secretaria Especial de Comércio Exterior e Assuntos Internacionais (SECINT), conforme disposto no art. 82, incisos V a VII, do Decreto n. 9.745/2019. Guia externo [de] investigações antidumping [recurso eletrônico] / Ministério da Economia,

VI – fixar direitos antidumping e compensatórios, provisórios ou definitivos, e salvaguardas;

VII – decidir sobre a suspensão da exigibilidade dos direitos provisórios;

VIII – homologar o compromisso previsto no art. 4º da Lei n. 9.019, de 30 de março de 1995;

IX – estabelecer diretrizes e medidas destinadas à simplificação e à racionalização de procedimentos do comércio exterior;

X – estabelecer as diretrizes para investigações de defesa comercial;

Registre-se que, nos termos do art. 8º do Decreto n. 10.044/2019, o Gecex é composto pelos seguintes Membros: I – Ministro da Economia, que o presidirá; II – um representante da Presidência da República (cuja função é atualmente desempenhada pelo Ministério da Defesa); III – dois representantes do Ministério das Relações Exteriores (MRE); IV – dois representantes do Ministério da Agricultura, Pecuária e Abastecimento (MAPA); V – Secretário Especial de Comércio Exterior e Assuntos Internacionais do Ministério da Economia (SECINT/ME); VI – Secretário Especial de Produtividade, Emprego e Competitividade do Ministério da Economia (SEPEC/ME); VII – Secretário Especial da Receita Federal do Brasil do Ministério da Economia (SRFB/ME); VIII – Secretário Especial de Fazenda do Ministério da Economia (SEF/ME); e IX – Secretário-Executivo da Camex (SE-CAMEX, que não tem direito a voto). Ainda, nos termos do art. 10 do Decreto n. 10.044/2019, representantes da Agência Brasileira de Promoção de Exportações e Investimentos (Apex-Brasil) e do Conselho Administrativo de Defesa Econômica (Cade) integrarão o Comitê-Executivo de Gestão como convidados, em caráter permanente, sem direito a voto[53].

Em 2023, com a reestruturação dos ministérios, a competência decisória da Camex para decisões de defesa comercial e interesse público foi definida nos termos do Decreto n. 11.428/2023. Nos termos do art. 4º do Decreto n. 11.428/2023, o Gecex é composto pelos seguintes Membros: "I – Vice-Presidente da República, que o presidirá; II – Ministro de Estado da Casa Civil da Presi-

---

Secretaria Especial de Comércio Exterior e Assuntos Internacionais, Secretaria de Comércio Exterior, Subsecretaria de Defesa Comercial e Interesse Público – 2. ed. – Brasília: DECOM/ Ministério da Economia, 2020. Disponível em: <https://www.gov.br/produtividade-e-comercio-exterior/pt-br/assuntos/comercio-exterior/defesa-comercial-e-interesse-publico/arquivos/guias/guia-ad-consolidado-final.pdf>. Acesso em: 20 maio 2022.

[53] Tal decreto modificou a CAMEX, de modo que o CADE (autoridade de defesa concorrencial) passou a integrar o GECEX (autoridade de defesa comercial). Com isso, as decisões acerca da aplicação das medidas de defesa comercial levam em consideração as preocupações concorrenciais expostas. BUSSMAN, Tanise. Qual o peso do CADE nas avaliações de interesse público em defesa comercial após o Decreto 10.044/2019 da CAMEX? Uma análise dos processos de interesse público entre 2019 e junho de 2021. In: ATHAYDE, Amanda; CINTRA DE MELO, Lílian (Orgs.). *Comércio internacional e concorrência*: desafios e perspectivas atuais – Volume III. Brasília: Faculdade de Direito – UnB, 2021. Disponível em: <https://www.amandaathayde.com.br/livros-organizados>. Acesso em: 7 abr. 2022.

dência da República; III – Ministro de Estado do Desenvolvimento, Indústria, Comércio e Serviços; IV – Ministro de Estado das Relações Exteriores; V – Ministro de Estado da Fazenda; VI – Ministro de Estado da Agricultura e Pecuária; VII – Ministro de Estado do Planejamento e Orçamento; VIII – Ministro de Estado da Gestão e da Inovação em Serviços Públicos; IX – Ministro de Estado da Defesa; e X – Ministro de Estado de Minas e Energia". Nota-se, portanto, que não há mais as representações da Agência Brasileira de Promoção de Exportações e Investimentos (Apex-Brasil) e do Conselho Administrativo de Defesa Econômica (Cade) como convidadas, mesmo que sem direito a voto.

Ainda, compete à Receita Federal do Brasil, nos termos do art. 63 do Decreto n. 9.745/2019, alterado pelo Decreto n. 10.072/2019, quanto aos temas de defesa comercial e interesse público: VIII – planejar, dirigir, supervisionar, orientar, coordenar e executar os serviços de fiscalização, lançamento, cobrança, arrecadação e controle dos tributos e das demais receitas da União sob sua administração.

Com a modificação da estrutura e do fluxo decisório, além de outros aprimoramentos referentes à prática de defesa comercial e interesse público, que serão destacados em seus respectivos capítulos, foi possível perceber um aprimoramento na institucionalidade e na governança. Sobre o tema, Bussmann identifica que houve, entre 2019 e junho de 2021, 100% de alinhamento entre as recomendações do DECOM e as decisões finais do GECEX[54].

Assim, em breve síntese, a imagem abaixo auxilia na compreensão da estrutura decisória sobre defesa comercial e interesse público no Brasil:

- ao Departamento de Defesa Comercial e Interesse Público (DECOM) analisar o mérito das petições e conduzir as investigações técnicas, recomendando as tomadas de decisão aos órgãos superiores.
- à Secretaria de Comércio Exterior (SECEX) decidir pela abertura das investigações e pelo encerramento dessas investigações sem aplicação das medidas.
- ao Comitê-Executivo de Gestão da Câmara de Comércio Exterior (Gecex/Camex) decidir pelo encerramento da investigação com a aplicação de medidas, bem como suspender direitos com fundamento em interesse público e homologar compromissos de preço.
- à Receita Federal do Brasil realizar a cobrança das medidas aplicadas.

---

[54] BUSSMAN, Tanise Brandão. Qual o peso do CADE nas avaliações de interesse público em defesa comercial após o Decreto 10.044/2019 da CAMEX? Uma análise dos processos de interesse público entre 2019 e junho de 2021. In: ATHAYDE, Amanda; CINTRA DE MELO, Lílian (Orgs.). *Comércio internacional e concorrência*: desafios e perspectivas atuais – Volume III. Brasília: Faculdade de Direito – UnB, 2021. Disponível em: <https://www.amandaathayde.com.br/livros-organizados>. Acesso em: 7 abr. 2022.

Imagem – Estrutura decisória sobre defesa comercial e interesse público no Brasil

DECOM	SECEX	GECEX	RFB
• EXAMINA A PROCEDÊNCIA E O MÉRITO DE PETIÇÕES DE ABERTURA DE INVESTIGAÇÕES E REVISÕES;	• DECIDE SOBRE A ABERTURA DE INVESTIGAÇÕES ORIGINAIS E REVISÕES DE FINAL DE PERÍODO;	• DECIDE PELO ENCERRAMENTO DA INVESTIGAÇÃO COM A APLICAÇÃO DE MEDIDAS;	• REALIZA A COBRANÇA DO DIREITO ANTIDUMPING PROVISÓRIO OU DEFINITIVO.
• RECOMENDA A ABERTURA DE INVESTIGAÇÕES ORIGINAIS E REVISÕES DE FINAL DE PERÍODO;	• DECIDE SOBRE A PRORROGAÇÃO DO PRAZO DA INVESTIGAÇÃO;	• FIXA DIREITOS PROVISÓRIOS E DEFINITIVOS;	
• CONDUZ INVESTIGAÇÕES ORIGINAIS E REVISÕES DE FINAL DE PERÍODO; • PROPÕE A APLICAÇÃO DE MEDIDAS PROVISÓRIAS E DEFINITIVAS;	• DECIDE PELO SEU ENCERRAMENTO DA INVESTIGAÇÃO SEM A APLICAÇÃO DE MEDIDAS.	• DECIDE SOBRE A SUSPENSÃO DA EXIGIBILIDADE DOS DIREITOS PROVISÓRIOS; • HOMOLOGA COMPROMISSO DE PREÇOS.	
• EXAMINA A CONVENIÊNCIA E O MÉRITO DE PROPOSTAS DE COMPROMISSOS DE PREÇO;			
• PROPÕE A SUSPENSÃO OU A ALTERAÇÃO DE APLICAÇÃO DE MEDIDAS EM RAZÃO DE INTERESSE PÚBLICO.			
DEMAIS AUTORIDADES (ME, SECINT, SECAMEX, SEAE)	• SUPERVISIONAM, MONITORAM E MANIFESTAM-SE OPORTUNAMENTE.		

Fonte: elaboração própria.

Adicionalmente, registre-se a menção a outras autoridades que, de algum modo, podiam orbitar essa tomada de decisão sobre defesa comercial e interesse público no Brasil, nos termos do Decreto n. 9.745/2019, alterado pelo Decreto n. 10.072/2019, ainda que de forma indireta:

(i) o próprio Ministério da Economia, a quem compete, nos termos do art. 1º, XXVI, a aplicação dos mecanismos de defesa comercial;

(ii) a Secretaria Especial de Comércio Exterior e Assuntos Internacionais (SECINT/ME), a quem compete, nos termos do art. 82, II, supervisionar as matérias de competência do Ministério, como a: c) aplicação dos mecanismos de defesa comercial;

(iii) a Subsecretaria de Estratégia Comercial da Secretaria-Executiva da CAMEX, a quem compete, nos termos do art. 84: VIII – acompanhar e analisar os impactos de medidas relativas às alterações tarifárias, ao acesso a mercados e à defesa comercial; e IX – promover a aproximação das práticas internas de alteração tarifária, de acesso a mercados e de defesa comercial com as práticas internacionais;

(iv) a Subsecretaria de Advocacia da Concorrência, a quem compete, nos termos do art. 120, I, propor, coordenar e executar as ações do Ministério relativas à gestão das políticas de promoção da concorrência no contexto da Lei n. 12.529, de 2011 , e, especialmente: f) manifestar-se, de ofício ou quando solicitada, a respeito do impacto concorrencial de medidas em discussão no âmbito de fóruns negociadores relativos às atividades de alteração tarifária, ao acesso a mercados e à defesa comercial, ressalvadas as competências dos órgãos envolvidos;

(v) o CADE[55] e a APEX, que participam das reuniões sem direito a voto.

Conforme já mencionado, em 2023, com a reestruturação dos ministérios, a competência decisória da Camex para decisões de defesa comercial e interesse público foi definida nos termos do Decreto n. 11.428/2023. Nota-se, portanto, que não há mais as representações da Agência Brasileira de Promoção de Exportações e Investimentos (Apex-Brasil) e do Conselho Administrativo de Defesa Econômica (Cade) como convidadas, mesmo que sem direito a voto.

A imagem a seguir auxilia na compreensão do fluxo decisório sobre defesa comercial e interesse público no Brasil, diante da multiplicidade de autoridades envolvidas.

---

[55] A respeito da atuação do CADE nos fluxos decisórios de defesa comercial e interesse público, remete-se a: CARVALHO, Marina Amaral Egydio. Documento de Trabalho DEE/Cade n. 007/2021. Defesa da Concorrência e Defesa Comercial: benchmarking internacional sobre a estrutura, funções e inter-relações das instituições, 2021. Disponível em: <https://cdn.cade.gov.br/Portal/centrais-de-conteudo/publicacoes/estudos-economicos/documentos-de-trabalho/2021/Documento-de-Trabalho_Defesa-da-Concorencia-e-Defesa-Comercial_benchmarking-internacional-sobre-a-estrutura-funcoes-e-inter-relacoes-das-instituicoes.pdf>. Acesso em: 3 maio 2022.

Imagem – Fluxo decisório sobre defesa comercial e interesse público no Brasil

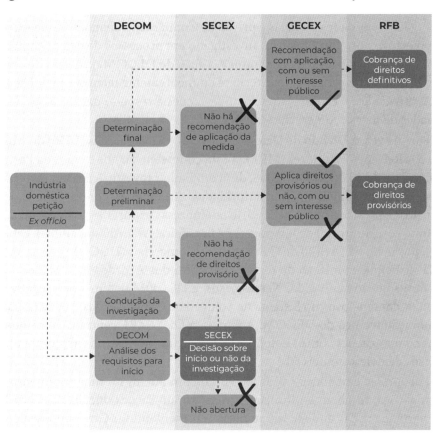

Fonte: elaboração própria.

1.6. Estrutura governamental de apoio ao exportador brasileiro investigado em processos de defesa comercial no exterior

Similarmente ao que acontece internamente no Brasil, as demais jurisdições também possuem estruturas de defesa comercial e interesse público em seus respectivos países. Assim, quando são conduzidas investigações de defesa comercial que afetam exportações brasileiras, há uma estrutura governamental nacional que presta suporte a esta(s) empresa(s) brasileira(s) que é(são) investigada(s) em processos de defesa comercial no exterior.

Conforme já mencionado, o DECOM é a autoridade investigadora brasileira e possui atribuição legal, nos termos do inciso XII do art. 96 do Decreto n. 9.745/2019. O Decreto n. 10.072/2019 realizou ajustes no decreto anterior, mas não modificou a competência exclusiva do DECOM para acompanhar as inves-

Curso de Defesa Comercial e Interesse Público no Brasil: teoria e prática

tigações de defesa comercial iniciadas por terceiros países contra as exportações brasileiras e prestar assistência à defesa do exportador, em articulação com outros órgãos e entidades públicas e privadas. Como mencionado no Guia externo de apoio ao exportador brasileiro investigado em processos de defesa comercial no exterior do Ministério da Economia[56], a ação do DECOM na defesa do exportador brasileiro investigado no exterior é eminentemente técnica e inclui, dentre outras atividades, a elaboração de manifestações a respeito das decisões de autoridades de defesa comercial estrangeiras[57].

Por sua vez, a Divisão de Defesa Comercial e Salvaguardas (DDF) do Ministério das Relações Exteriores (MRE) possui competência, nos termos da Portaria MRE n. 212, de 30 de abril de 2008, de acompanhar investigações em matéria de defesa comercial iniciadas por autoridades estrangeiras contra exportadores brasileiros e prestar o apoio necessário às empresas exportadoras brasileiras, em conjunto com a autoridade investigadora brasileira. Além disso, também cabe ao MRE, por meio da Divisão de Contenciosos Comerciais (DCCOM), atuar quando há suspeita de violação de regras no âmbito dos Acordos da OMC e não se encontra solução negociada. Nesses casos, a DCCOM detém a prerrogativa de conduzir contenciosos no Sistema de Solução de Controvérsias da OMC, com a colaboração técnica do DECOM. Ademais, a DDF/MRE centraliza e compartilha as comunicações com as embaixadas brasileiras que estiverem acompanhando casos de defesa comercial.

Por fim, as embaixadas brasileiras também atuam no monitoramento das investigações, recebem e retransmitem as comunicações oficiais das autoridades, participam das audiências públicas representando o Governo brasileiro e fazem gestões diretas junto às autoridades de defesa comercial estrangeiras. Consoante o Guia externo de apoio ao exportador brasileiro investigado em pro-

---

[56] Guia externo de apoio ao exportador brasileiro investigado em processos de defesa comercial no exterior. Ministério da Economia, Secretaria Especial de Comércio Exterior e Assuntos Internacionais, Secretaria de Comércio Exterior, Subsecretaria de Defesa Comercial e Interesse Público – 2. ed. – Brasília: DECOM/ Ministério da Economia, 2020. Disponível em: <https://www.gov.br/produtividade-e-comercio-exterior/pt-br/assuntos/comercio-exterior/defesa-comercial-e-interesse-publico/arquivos/guias/guia-externo-apoio-exportador>. Acesso em: 6 abr. 2022.

[57] A SDCOM tem a contribuir com a defesa do exportador brasileiro investigado por autoridades de defesa comercial no exterior por meio de seu conhecimento da legislação internacional, seu contato com esses exportadores, os *benchmarks* com a atuação de autoridades estrangeiras, sua atuação e intervenção ativa nas investigações de outros países e seu trabalho conjunto com o Ministério das Relações Exteriores e suas práticas diplomáticas. BRASIL. Ministério da Economia, Secretaria Especial de Comércio Exterior e Assuntos Internacionais, Secretaria de Comércio Exterior, Subsecretaria de Defesa Comercial e Interesse Público. Apresentação sobre o trabalho da SDCOM. Brasília, 2019.

1 • Defesa comercial e interesse público

cessos de defesa comercial no exterior do Ministério da Economia[58], é de fundamental importância o papel realizado pelas embaixadas no sentido de acompanhar as atuações das autoridades de defesa comercial estrangeiras e de notificar a DDF/MRE e o DECOM com a máxima brevidade. Isso porque, tendo em vista os prazos das investigações previstos nos Acordos e nas regulamentações locais de cada autoridade investigadora, a comunicação fluida e expedita entre os atores envolvidos auxilia no sentido de que as exportações brasileiras não sejam prejudicadas pela perda de prazos e ritos processuais.

O Guia externo de apoio ao exportador brasileiro investigado em processos de defesa comercial no exterior do Ministério da Economia[59] explica que as principais atividades do DECOM, da DDF/MRE e das embaixadas envolvem o suporte aos exportadores brasileiros potencialmente envolvidos em investigações de dumping, de subsídios e de salvaguardas realizadas por autoridade investigadora de defesa comercial estrangeira ou que se encontram sujeitos a medidas de defesa comercial decorrentes dessas investigações, incluindo: (i) o compartilhamento imediato, por parte da DDF/MRE para o DECOM, das informações recebidas das embaixadas do Brasil no exterior acerca das investigações em curso contra exportações brasileiras; (ii) a acreditação, pelas embaixadas brasileiras no exterior, do Governo brasileiro como parte interessada nos processos de investigação contra exportações brasileiras; (iii) a identificação, pelo DECOM, das empresas exportadoras brasileiras potencialmente afetadas pela investigação; (iv) o contato, por parte do DECOM, com as empresas exportadoras brasileiras potencialmente afetadas pela investigação (por carta, e-mail e/ou ligação), com a notificação inicial a respeito dos prazos e das principais fases do processo de investigação iniciado, bem como a prestação de esclarecimentos acerca das regras multilaterais aplicáveis à investigação; (v) a sensibilização, pelo DECOM, das empresas exportadoras brasileiras sobre a importância de participarem ati-

---

[58] Guia externo de apoio ao exportador brasileiro investigado em processos de defesa comercial no exterior. Ministério da Economia, Secretaria Especial de Comércio Exterior e Assuntos Internacionais, Secretaria de Comércio Exterior, Subsecretaria de Defesa Comercial e Interesse Público – 2. ed. – Brasília: DECOM/ Ministério da Economia, 2020. Disponível em: <https://www.gov.br/produtividade-e-comercio-exterior/pt-br/assuntos/comercio-exterior/defesa-comercial-e-interesse-publico/arquivos/guias/guia-externo-apoio-exportador>. Acesso em: 6 abr. 2022.

[59] Guia externo de apoio ao exportador brasileiro investigado em processos de defesa comercial no exterior. Ministério da Economia, Secretaria Especial de Comércio Exterior e Assuntos Internacionais, Secretaria de Comércio Exterior, Subsecretaria de Defesa Comercial e Interesse Público – 2. ed. – Brasília: DECOM/ Ministério da Economia, 2020. Disponível em: <https://www.gov.br/produtividade-e-comercio-exterior/pt-br/assuntos/comercio-exterior/defesa-comercial-e-interesse-publico/arquivos/guias/guia-externo-apoio-exportador>. Acesso em: 6 abr. 2022.

Curso de Defesa Comercial e Interesse Público no Brasil: teoria e prática

vamente dos processos em que são partes interessadas, submetendo respostas aos questionários e enviando as demais informações solicitadas pelo governo do país importador; (vi) a disponibilização, pelo DECOM, de agenda para audiências com as partes interessadas que queiram esclarecer dúvidas; (vii) a elaboração conjunta, pelo DECOM e pela DDF/MRE, de manifestações técnicas a serem submetidas documentalmente à autoridade investigadora de defesa comercial estrangeira, em nome do Governo brasileiro. As manifestações se restringem a aspectos relacionados à legalidade e ao cumprimento de acordos multilaterais; (viii) a coordenação da coleta de informações e consolidação das respostas de programas governamentais e políticas públicas brasileiras, em casos de investigação de subsídios acionáveis por autoridades estrangeiras; a participação presencial, pelo DECOM e/ou pela DDF/MRE e/ou pela embaixada, em audiências das investigações conduzidas pela autoridade de defesa comercial estrangeira, bem como em verificações *in loco* nas empresas exportadoras brasileiras, quando solicitado por tais empresas; a realização, pelo DECOM e/ou pela DDF/MRE e/ou pela embaixada, de consultas diretas com a autoridade de defesa comercial estrangeira no acompanhamento da investigação; (ix) realização, pela DDF/MRE e/ou pela embaixada, de gestões políticas em foros bilaterais, regionais e multilaterais, conforme o caso; e (x) a realização, pelo DECOM e/ou pela DDF/MRE e/ou pela embaixada, de reuniões bilaterais técnicas presenciais ou a distância com a autoridade de defesa comercial estrangeira.

Assim, em breve síntese, o acompanhamento das investigações de defesa comercial iniciadas por terceiros países é realizado por três principais atores:

- o Departamento de Defesa Comercial e Interesse Público do Ministério da Economia (DECOM), por meio da sua Coordenação-Geral de Antidumping, Salvaguardas e Apoio ao Exportador (CGSA);
- a Divisão de Defesa Comercial e Salvaguardas (DDF), do Ministério das Relações Exteriores (MRE), sediada em Brasília; e
- as embaixadas e outras missões diplomáticas brasileiras no exterior, também subordinadas ao MRE, localizadas nos países das autoridades investigadoras estrangeiras.

A imagem abaixo auxilia na compreensão sobre a estrutura governamental de apoio ao exportador brasileiro investigado em processos de defesa comercial no exterior.

40

1 • Defesa comercial e interesse público

Imagem – Estrutura governamental de apoio ao exportador brasileiro investigado em processos de defesa comercial no exterior

DECOM	DDF/MRE	EMBAIXADAS
• ACOMPANHA, EM COORDENAÇÃO COM O MRE, INVESTIGAÇÕES INICIADAS CONTRA EXPORTAÇÕES BRASILEIRAS;	• ACOMPANHA, EM CONJUNTO COM O DECOM, INVESTIGAÇÕES INICIADAS CONTRA EXPORTAÇÕES BRASILEIRAS;	• MONITORAM AS INVESTIGAÇÕES DAS AUTORIDADES DE DEFESA COMERCIAL ESTRANGEIRAS;
• NOTIFICA OS EXPORTADORES BRASILEIROS E PRESTA ASSISTÊNCIA À DEFESA DO EXPORTADOR;	• CENTRALIZA E COMPARTILHA COM O DECOM AS COMUNICAÇÕES COM AS EMBAIXADAS BRASILEIRAS ACERCA DAS DECISÕES NO ÂMBITO DE PROCESSOS DE DEFESA COMERCIAL;	• RECEBEM E RETRANSMITEM TODA A COMUNICAÇÃO OFICIAL DAS AUTORIDADES ESTRANGEIRAS RELACIONADAS A CASOS CONTRA EXPORTADORES BRASILEIROS;
• ELABORA, EM CONJUNTO COM O MRE, MANIFESTAÇÕES TÉCNICAS A RESPEITO DAS DECISÕES DE AUTORIDADES ESTRANGEIRAS;	• COORDENA EVENTUAIS GESTÕES BILATERAIS EM NÍVEL POLÍTICO SOBRE MEDIDAS QUE AFETAM O BRASIL;	• PARTICIPAM DE AUDIÊNCIAS PÚBLICAS E FAZEM GESTÕES DIRETAS JUNTO ÀS AUTORIDADES DE DEFESA COMERCIAL ESTRANGEIRAS.
• COORDENA A COLETA DE INFORMAÇÕES E CONSOLIDA AS RESPOSTAS EM CASOS DE INVESTIGAÇÃO DE SUBSÍDIOS ACIONÁVEIS.	• COORDENA MANIFESTAÇÕES NAS PLENÁRIAS DOS COMITÊS DE REGRAS DA OMC;	
	• DIRECIONA PARA A DCCOM/MRE A EVENTUAL ATUAÇÃO EM CONTENCIOSOS NA OMC EM CASOS DE VIOLAÇÃO DE REGRAS DOS ACORDOS DA ORGANIZAÇÃO.	

Fonte: elaboração própria.

2

INVESTIGAÇÕES ANTIDUMPING – TEORIA E PRÁTICA

Para que se entenda a teoria e a prática sobre as investigações antidumping no Brasil, inicialmente será apresentada a legislação antidumping no contexto multilateral e nacional (2.1). Em seguida, serão explicados aspectos conceituais gerais (2.2), para que se possa então avançar para os detalhamentos sobre dumping (2.3), dano (2.4) e nexo de causalidade (2.5). Após, serão trazidas considerações sobre as medidas antidumping (2.6) e algumas das diferenças entre as investigações originais e as revisões de final de período (2.7). Feito isso, será possível diferenciar a revisão de final de período de todos os outros tipos de revisões em investigações antidumping (2.8). Finalmente, serão apresentadas breves explicações sobre aspectos processuais das investigações antidumping (2.9).

2.1. Legislação antidumping no contexto multilateral e no Brasil

O Acordo sobre a Implementação do Artigo VI do Acordo Geral de Tarifas e Comércio 1994 (GATT 1994) (doravante "Acordo Antidumping") é a legislação multilateral antidumping. Consistente em um dos documentos negociados e incorporados à ata final da Rodada Uruguai, que criou a Organização Mundial do Comércio (OMC), essa ata final foi aprovada no Brasil pelo Decreto Legislativo n. 30, de 15 de dezembro de 1994, e promulgada pelo Decreto n. 1.355, de 30 de dezembro de 1994[1].

---

[1] Para Cordovil (2011), o início da aplicação das medidas antidumping na década de 1990 resultou da pressão da indústria brasileira sobre o governo diante da liberalização do comércio e do incentivo às importações decorrente da paridade com o dólar americano, entre 1994 e 1998. DE OLIVEIRA PRESTES, Valdeir; BATISTA, Camila Lais Ramalho; KRAJEVSKI, Luis Claudio. Do antidumping ao dumping: a sobretaxa no setor de leite brasileiro. 58º Congresso da Sociedade Brasileira de Economia, Administração e Sociologia Rural (SOBER). Foz do Iguaçu-PR, 2020. Disponível em: <https://www.researchgate.net/profile/Valdeir-De-

Curso de Defesa Comercial e Interesse Público no Brasil: teoria e prática

Inicialmente foi promulgado o Decreto n. 1.602, de 23 de agosto de 1995, para regulamentar as investigações antidumping em sede nacional. Posteriormente, em 2013, foi publicado o Decreto n. 8.058, de 26 de julho de 2013[2], que é o principal documento que regulamenta os procedimentos administrativos brasileiros relativos à investigação e à aplicação de medidas antidumping, detalhando prazos, metodologias e critérios de análise a serem seguidos durante tais procedimentos[3]. Destaque-se que esse Decreto não apenas incorpora a normativa multilateral acordada em sede da OMC, mas também define exigências adicionais (conhecidas como regras "OMC *Plus*") para as investigações antidumping brasileiras.

Em termos de regulamentos, a Portaria SECEX n. 171, de 9 de fevereiro de 2022, dispõe e consolida as normas referentes a investigações antidumping. Nos termos do art. 386 dessa Portaria, foram revogadas diversas outras portarias anteriormente vigentes referentes a investigações antidumping no Brasil, de modo a viabilizar a consolidação normativa:

> I – a Portaria SECEX n. 36, de 18 de setembro de 2013, publicada no *Diário Oficial da União* de 19 de setembro de 2013 [que tratava das propostas de compromissos de preços];
>
> II – a Portaria SECEX n. 41, de 11 de outubro de 2013, publicada no *Diário Oficial da União* de 14 de outubro de 2013 [que tratava das petições de investigação original de dumping];

-Prestes/publication/352102511_DO_ANTIDUMPING_AO_DUMPING_A_SOBRETA-XA_NO_SETOR_DE_LEITE_BRASILEIRO_FROM_ANTIDUMPING_TO_DUMPING_THE_EXCHANGE_RATE_IN_THE_BRAZILIAN_MILK_SECTOR_Grupo_de_Trabalho_GT_1_-Mercado_Agricola_e_Comercio_Exteri/links/60b90003458515218f89de41/DO-ANTIDUMPING-AO-DUMPING-A-SOBRETAXA-NO-SETOR-DE-LEITE-BRA-SILEIRO-FROM-ANTIDUMPING-TO-DUMPING-THE-EXCHANGE-RATE-IN-THE--BRAZILIAN-MILK-SECTOR-Grupo-de-Trabalho-GT-1-Mercado-Agricola-e-Comercio--Exteri.pdf>. Acesso em: 31 maio 2022.

[2] O principal objetivo era alterar os procedimentos a fim de tornar a investigação antidumping mais ágil. Para tanto, os prazos de análise foram diminuídos e a interposição de direito provisório foi facilitada durante o processo de investigação. GOLDBAUM, Sergio; PEDRO-ZO, Euclides. Impacto do Decreto n. 8.058/2013 sobre investigações antidumping no Brasil. *Revista Direito GV*, v. 15, 2019. Disponível em: <https://www.scielo.br/j/rdgv/a/tdGvRSMT-n4Fy6CkShR9SKyJ/?format=pdf&lang=pt>. Acesso em: 31 maio 2022. Sobre os primeiros anos de aplicação do Decreto n. 8.058/2013, Kanas e Muller fazem um balanço preliminar. KANAS, Vera; MULLER, Carolina. The New Brazilian Anti-Dumping Regulation: a balance of the first years. *Global Trade and Customs Journal*, vol. 12, Issue 11&12, Nov./Dec. 2017.

[3] O novo decreto concentrou o ônus do envio de dados nas empresas, em conformidade com a Portaria n. 46/2011, de modo a adquirir informações extras na fase pré-reclamação, o que influenciou na velocidade das investigações. POERSCHKE, Rafael Pentiado; HENKIN, Hélio; DA SILVA, Ricardo Dias. The reform of the brazilian antidumping regime: a partial review of the determinants and the implications of decree 8,058/2013. *AUSTRAL: Brazilian Journal of Strategy & International Relations*, v. 10, n. 19, 2021. Disponível em: <https://www.seer.ufrgs.br/index.php/austral/article/view/111922/63500>. Acesso em: 31 maio 2022.

III – a Portaria SECEX n. 42, de 17 de outubro de 2013, publicada no *Diário Oficial da União* de 18 de outubro de 2013 [que tratava das petições de investigações anticircunvenção];

IV – Portaria SECEX n. 44, de 29 de outubro de 2013, publicada no *Diário Oficial da União* de 30 de outubro de 2013 [que tratava das petições de revisões de final de período];

V – a Portaria SECEX n. 42, de 14 de setembro de 2016, publicada no *Diário Oficial da União* de 15 de setembro de 2106 [que tratava das petições de avaliação de escopo];

VI – a Portaria SECEX n. 72, de 19 de dezembro de 2018, publicada no *Diário Oficial da União* de 20 de dezembro de 2018 [que tratava das petições de redeterminação];

VII – a Portaria SECEX n. 151, de 26 de novembro de 2021, publicada no *Diário Oficial da União* de 29 de novembro de 2021 [que tratava sobre preço provável];

VII – a Portaria SECEX n. 152, de 26 de novembro de 2021, publicada no *Diário Oficial da União* de 29 de novembro de 2021 [que tratava sobre a recomendação de prorrogação do direito antidumping com imediata suspensão de sua aplicação e da eventual recomendação da retomada imediata da cobrança, com base no art. 109 do Decreto n. 8.058/2013]; e

IX – a Portaria SECEX n. 153, de 26 de novembro de 2021, publicada no *Diário Oficial da União* de 29 de novembro de 2021 [que tratava da prorrogação do direito antidumping em montante inferior ao do direito em vigor].

Ademais, conforme se analisará detalhadamente no Capítulo 5, as investigações antidumping podem contar com avaliações de interesse público, de modo que se tem o seguinte quadro da legislação antidumping multilateral e nacional:

Imagem – Legislação antidumping multilateral e no Brasil

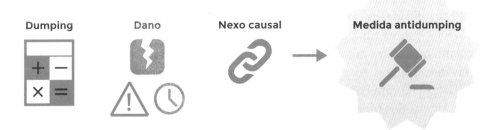

Fonte: elaboração própria.

Ademais, as regras gerais e consolidadas aplicáveis a todas as investigações de defesa comercial estão previstas na Portaria SECEX n. 162, de 6 de janeiro de 2022. Nos termos do art. 70 dessa Portaria, foram revogadas diversas outras portarias anteriormente vigentes referentes a investigações de defesa comercial no Brasil, de modo a viabilizar a consolidação normativa:

I – a Portaria SECEX n. 41, de 27 de julho de 2018, publicada no *Diário Oficial da União* de 31 de julho de 2018 [sobre a habilitação da produção nacional de determinado produto como indústria fragmentada para fins de defesa comercial];

II – a Portaria SECEX n 21, de 30 de março de 2020, publicada no *Diário Oficial da União* de 31 de março de 2020 [sobre notificação e comunicações às partes interessadas no âmbito de processos de defesa comercial];

III – a Portaria SECEX n. 103, de 27 de julho de 2021, publicada no *Diário Oficial da União* de 28 de julho de 2021 [sobre a utilização do sistema eletrônico de informação – SEI, como instrumento do processo administrativo];

IV – a Instrução Normativa SECEX n. 3, de 22 de outubro de 2021, republicada no *Diário Oficial da União* de 3 de novembro de 2021 [sobre as adaptações necessárias aos procedimentos das investigações de defesa comercial, notadamente nas verificações *in loco*, em decorrência da pandemia da COVID-19]; e

V – a Portaria SECEX n. 150, de 26 de novembro de 2021, publicada no *Diário Oficial da União* de 29 de novembro de 2021 [sobre pré-pleito].

Para além da legislação mencionada, cumpre indicar que a Lei n. 9.019, de 30 de março de 1995, prevê a forma de aplicação e de cobrança dos direitos antidumping provisórios e definitivos, bem como as competências para a apuração da margem de dumping, fixação e cobrança dos direitos e suspensão de sua exigibilidade, celebração de compromisso de preços e hipóteses de extensão de medidas antidumping em caso de constatação de práticas elisivas.

Athayde e Campos[4] apontam, quanto à legislação estrangeira, a consulta pública realizada em maio de 2023, pelo Departamento de Comércio dos EUA ("USDoC"), sobre uma proposta normativa que altera diversos dispositivos dos regulamentos norte-americanos referentes a antidumping e medidas compensatórias de subsídios. As autoras apontam que vários aspectos dos regulamentos de AD/CVD foram contemplados na proposta de revisão apresentada pelo USDoC. Alguns dos tópicos são mais procedimentais, como o tratamento de referências, citações e hiperlinks fornecidos nas submissões ou a utilização de memorandos de análise e cálculos de processos anteriores. Outros tópicos, no

---

[4] ATHAYDE, Amanda; CAMPOS, Mírian. EUA: entrelinhas da proposta de alteração dos regulamentos de antidumping e subsídios. *Portal Conjur*, 3 dez. 2023. Disponível em: <https://www.conjur.com.br/2023-dez-03/entrelinhas-da-proposta-de-alteracao-dos-regulamentos-de-antidumping-e-subsidios-dos-eua/>. Acesso em: 21 dez. 2023.

entanto, parecem ter impacto substancial para as investigações e a metodologia de cálculo dos direitos antidumping e das medidas compensatórias aplicadas pelo USDoC, merecendo análise, nas entrelinhas, do que pode estar por vir. As autoras trataram, no artigo, de três principais controvérsias: (1) inações de governos estrangeiros que beneficiariam produtores estrangeiros; (2) *Particular Market Situation*; e (3) subsídios transnacionais.

Uma das propostas mais controversas consiste no que o USDoC chamou de (1) "inações de governos estrangeiros que beneficiariam produtores estrangeiros" ("*foreign government inaction that benefits foreign producers*"). De acordo com o departamento, "A inação do governo estrangeiro pode resultar em custos e preços que são injustificadamente suprimidos e criar condições desiguais entre produtores e fornecedores em países nos quais os governos fornecem propriedade fraca, ineficaz ou inexistente (incluindo propriedade intelectual), direitos humanos, proteção trabalhista e ambiental, e produtores e fornecedores em países nos quais os governos fornecem e aplicam tais proteções". Isso incluiria, por exemplo, o não pagamento de taxas, multas e penalidades, assim como a inexistência, a inefetividade ou a não aplicação de regras de propriedade intelectual, direitos humanos, direitos trabalhistas e direito ambiental. O DoC considera que a falta dessas proteções impacta os custos e os preços dos produtos, criando condições de concorrência desiguais para os produtores norte-americanos. A consequência dessa "inação do governo estrangeiro", portanto, seria a possível adequação do custo das empresas investigadas com base em métodos alternativos de cálculo, a fim de ajustar o custo ao que o USDoC entende que seria apropriado se os produtores efetivamente cumprissem a legislação que inexiste ou não é aplicada. Nesse caso, a tendência é o uso da chamada melhor informação disponível ("*best information available*", ou "BIA", na sigla em inglês), que, nos termos da experiência do USDoC, tende a ser a pior informação do ponto de vista da empresa investigada. Com isso, a estimativa dos custos e preços normais do país exportador pode ser majorada, resultando em maiores margens de dumping.

Outro tema polêmico é a proposta de novos regramentos sobre (2) Situações Particulares de Mercado ("*Particular Market Situation*" ou "PMS", na sigla em inglês), estabelecendo os elementos que o USDoC consideraria na determinação de situações particulares de mercado que distorcem os custos de produção. Nesse sentido, o USDoC apresentou 12 exemplos de cenários em que ocorreria a PMS, que não constituem, contudo, uma lista exaustiva. A proposta atual do USDoC é baseada em uma consulta anterior, em que foram discutidos três tópicos principais: (i) quais informações deveriam ser consideradas na determinação da PMS que distorce os custos de produção; (ii) quais informações não deveriam ser obrigatoriamente consideradas na determinação da PMS; e (iii) quais ajustes que o USDoC poderia fazer em seus cálculos quando determinada a existência de PMS. Duas das 12 situações exemplificadas pelo USDoC envolvem contextos em que o governo estrangeiro deixa de cobrar taxas ou impostos sobre insumos rele-

Curso de Defesa Comercial e Interesse Público no Brasil: teoria e prática

vantes aplicados no produto investigado. Nesses casos, a quantificação da distorção de mercado consistiria exatamente no valor do imposto ou taxa não cobrados. Os demais casos exigiriam uma análise mais qualificada por parte do USDoC, que teria de determinar se é possível estimar o valor da distorção de mercado nos cálculos do custo de produção. De acordo com a proposta, caso não seja possível quantificar as distorções com precisão a partir das informações apresentadas nos autos, o USDoC poderia utilizar qualquer metodologia "razoável", com base em informações relevantes disponíveis, para ajustar os cálculos.

A terceira polêmica diz respeito aos (3) subsídios transnacionais, isto é, subsídios conferidos pelo governo de um país que não o país de origem do produto investigado. Nesse caso, o USDoC pretende excluir o dispositivo normativo que o impede de considerar como subsídio o benefício conferido por um governo que não o do país de origem do produto investigado. Assim, seria eliminada a restrição atual a esse tipo de investigação, o que permitiria novas investigações de subsídios transnacionais pelo USDoC. A justificativa para essa proposta é a de que o USDoC teria notado ocorrências frequentes de países oferecendo subsídios a produtores estrangeiros, e que permitir essa prática seria inconsistente com o próprio propósito da legislação antissubsídio.

Além dessas, Athayde e Campos apontam para outras propostas controversas, como as que dizem respeito aos seguintes temas: mandatos; tratamento de empréstimos como subvenções (após três anos sem pagamentos de juros e principal); determinação do benefício de aportes de capital; determinação do benefício de um perdão da dívida; tratamento de certos benefícios relativos a subsídio de imposto de renda; questões relacionadas ao prêmio cobrado no seguro de crédito à exportação; e utilização de metodologias alternativas na atribuição de subsídios à exportação e subsídios internos a determinados produtos exportados e/ou vendidos por uma empresa.

2.2. Aspectos conceituais gerais

A fim de que se possa compreender uma investigação antidumping, é necessário inicialmente apresentar os conceitos de (2.2.1.) produto objeto e produto similar, (2.2.2.) indústria doméstica, e (2.2.3.) importações.

2.2.1. Produto objeto (product under consideration) e produto similar (like product)

Os conceitos de "produto objeto" (*product under consideration*) e "produto similar" (*like product*) são distintos entre si, apesar de conexos. Estruturalmente falando, ambos os conceitos estão mencionados dentro da análise sobre a apuração da margem de dumping nos normativos.

O Acordo Antidumping menciona a expressão *product under consideration*, apesar de não apresentar diretrizes acerca da sua definição do termo. Em seu

Artigo 2.6. aponta que "Ao longo deste Acordo o termo produto similar (like product – produit similaire) deverá ser entendido como produto idêntico, i.e., igual sob todos os aspectos ao produto que se está examinando ou, na ausência de tal produto, outro produto que embora não exatamente igual sob todos os aspectos apresenta características muito próximas às do produto que se está considerando". Segundo THORSTENSEN e OLIVEIRA, essa ausência de definição expressa no Acordo Antidumping confere aos Membros da OMC discricionariedade para definirem o escopo da investigação.

Na perspectiva nacional, o art. 10 do Decreto n. 8.058/2013, consistente em regra "OMC *Plus*", determina que o termo "produto objeto da investigação" englobará produtos idênticos ou que apresentem características físicas ou composição química e características de mercado semelhantes. De modo exemplificativo, o § 1º explica que o exame objetivo das características físicas ou da composição química do produto objeto da investigação levará em consideração a matéria-prima utilizada, as normas e especificações técnicas e o processo produtivo. Também de modo exemplificativo, o § 2º explica que o exame objetivo das características de mercado levará em consideração usos e aplicações, grau de substitutibilidade e canais de distribuição.

Nota-se, assim, que o produto objeto da investigação é aquele originário dos países nos quais se localizam os produtores ou exportadores investigados, conforme imagem abaixo:

Imagem – Produto objeto nos termos do Decreto n. 8.058/2013

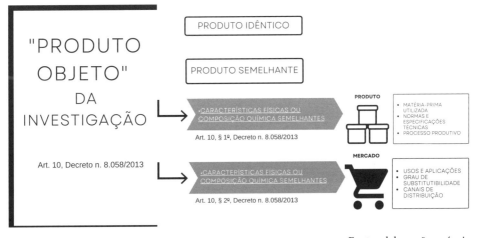

Fonte: elaboração própria.

Na prática, os produtos são delimitados pela peticionária em sua petição, normalmente com a indicação dos códigos em que os produtos são comumente classificados a partir da Nomenclatura Comum do Mercosul (NCM), sendo ainda possível estabelecer exclusões do escopo de determinados produtos, conforme estabelecido na seção III do Capítulo II da Portaria SECEX n. 171/2022. A referida Portaria é o regulamento infralegal estabelecido pelo Brasil, cujo Capítulo II estabelece maior detalhamento quanto aos critérios que devem ser observados pela indústria doméstica na elaboração da petição de uma investigação antidumping, incluindo informações acerca do produto objeto da investigação, como matérias-primas; composição química; características físicas; normas e especificações técnicas; processo de produção; usos e aplicações; grau de substitutibilidade; canais de distribuição; ou outros critérios relevantes para a identificação do produto objeto da investigação. Não se deve confundir, portanto, NCM com produto objeto. Apesar de o produto objeto ser normalmente classificado por meio de uma NCM, essa indicação é meramente indicativa, não sendo ela quem define se determinado produto está ou não incluído no escopo da investigação e, consequentemente, sujeito a eventual medida antidumping.

MEDIDAS ANTIDUMPING – PNEUS
RESOLUÇÃO GECEX N. 540, DE 15 DE DEZEMEBRO DE 2023

A diferença entre produto objeto e NCM ficou evidente nos termos dessa Resolução GECEX, que acrescentou artigo interpretativo em várias publicações anteriores que aplicaram e/ou prorrogaram medidas antidumping ao produto objeto pneus.

Segundo seus termos, a medida antidumping incide sobre todas as importações que correspondam à descrição do produto de pneus novos de borracha, não sendo vinculativa ou restrita aos subitens da NCM indicados nas respectivas decisões originais. A resolução acrescentou, portanto, artigo interpretativo acerca da aplicação das medidas antidumping sobre as importações brasileiras de pneus de borracha na Portaria SECINT n. 505, de 23 de julho de 2019 (pneus para automóveis originários da China); na Resolução GECEX n. 18, de 18 de novembro de 2019 (pneumáticos novos de borracha e outros produtos originários da China, da Tailândia e do Vietnã); na Resolução GECEX n. 3, de 14 de janeiro de 2020 (pneus novos de borracha dos tipos utilizados em automóveis de passageiros e outros produtos originários do Reino da Tailândia, da República da Coreia e do Taipé Chinês); na Resolução GECEX n. 13, de 17 de fevereiro de 2020 (pneus novos de borracha para bicicleta, originários da República Popular da China, República da Índia e República Socialista do Vietnã); na Resolução GECEX n. 176 de 19 de março de 2021 (pneus radiais para ônibus ou caminhão, originários de Coreia do Sul, Japão, Rússia e Tailândia); na Resolução GECEX n. 198, de 3 de maio de 2021 (pneus de construção radial, originários da China); e na Resolução GECEX n. 452, de 16 de fevereiro de 2023 (pneus agrícolas, originários da República Popular da China).

Fonte: Resolução GECEX n. 540, de 15 de dezembro de 2023[5].

---

[5] BRASIL. Resolução GECEX n. 540, de 15 de dezembro de 2023. Disponível em: <https://www.in.gov.br/en/web/dou/-/resolucao-gecex-n-540-de-15-de-dezembro-de-2023-531390200#msdynttrid=_6577C36_10Dm6KBxgWX2rYYLcH5ii8ZbRFIz8U5zJk>. Acesso em: 20 dez. 2023.

2 • Investigações antidumping – teoria e prática

De acordo com o Guia de Investigações Antidumping DECOM[6], caso o produto objeto da investigação apresente diversos modelos, devem ser criados Códigos de Identificação do Produto (CODIPs). O CODIP é representado por uma combinação alfanumérica que reflete as características do produto em ordem decrescente de importância, começando pela mais relevante e incluindo os principais elementos que influenciam o custo de produção e o preço de venda. Os arts. 25 a 27 da Portaria SECEX n. 171/2022 trazem maiores orientações para construção do CODIP. Em resumo, portanto, o objetivo da construção de um CODIP é permitir uma comparação adequada entre preços ou entre preços e custos, principalmente quando a investigação tem como foco produtos heterogêneos, em maior ou menor grau.

Importante destacar que conforme já apontado no âmbito de diversas investigações antidumping[7], não existe nenhuma normativa internacional que defina como deve ser determinado o produto objeto da investigação. As diretrizes contidas no Decreto n. 8.058/2013 determinam que tais critérios não constituem lista exaustiva e nenhum deles, isoladamente ou em conjunto, será necessariamente capaz de fornecer indicação decisiva.

> ### 🔍 UNITED STATES – FINAL DUMPING DETERMINATION ON SOFTWOOD LUMBER FROM CANADA (US – SOFTWOOD LUMBER V)
>
> Nenhuma normativa, internacional ou nacional, exige que a definição de produto objeto da investigação atente para a gama de produção da indústria doméstica, até porque o produto objeto da investigação traz a definição do que seja o produto importado. Nesse sentido, destaca-se o entendimento do Órgão de Solução de Controvérsias da OMC, conforme se depreende do Relatório do Painel, no caso US – Softwood Lumber V. Veja-se, em tradução livre:
>
> *Portanto, o artigo 2.6 define a base sobre a qual o produto a ser comparado ao "produto em consideração" deve ser determinado, ou seja, um produto que seja idêntico ao produto em consideração, ou na ausência de tal produto, outro produto que tenha características muito parecidas com as do produto em consideração. Como a definição de "produto similar" implica uma comparação com outro produto, parece-nos claro que o ponto de partida só pode ser o "outro produto", sendo o produto supostamente descartado. Portanto, uma vez definido o produto em consideração, o "produto similar" ao produto em consideração*

---

[6] Guia de Investigações Antidumping do DECOM, 2022. Disponível em: <https://www.gov.br/produtividade-e-comercio-exterior/pt-br/assuntos/comercio-exterior/defesa-comercial--e-interesse-publico/guias>. Acesso em: 3 maio 2022.

[7] BRASIL. Resolução CAMEX n. 51, de 23 de junho de 2016. *Diário Oficial da União*, 24 jun. 2021; BRASIL. Resolução CAMEX n. 10, de 4 de março de 2015. *Diário Oficial da União*, 5 mar. 2015.

> *deve ser determinado com base no Artigo 2.6. Entretanto, em nossa análise do Acordo AD, não conseguimos encontrar nenhuma orientação sobre a forma como o "produto em consideração" deve ser determinado. (para.7.153)*

Fonte: WT/DS264/R, parágrafos 7.152-7.153[8], 7.156-7.157[9].

Por sua vez, "produto similar" (*like product – produit similaire*) deverá ser entendido, nos termos do art. 2.6 do Acordo Antidumping, como produto idêntico, i.e., igual sob todos os aspectos ao produto que se está examinando ou, na ausência de tal produto, outro produto que, embora não exatamente igual sob todos os aspectos, apresenta características muito próximas às do produto que se está considerando. De forma similar à normativa multilateral, o art. 9º do Decreto n. 8.058/2013 impõe que seja considerado similar o produto idêntico, igual sob todos os aspectos ao produto objeto da investigação, ou, em sua ausência, outro produto que, embora não exatamente igual sob todos os aspectos, apresente características muito próximas às do produto objeto.

Assim, nota-se que a regra da similaridadeestá intrinsecamente relacionada ao produto objeto. A similaridade do produto será avaliada com base em critérios objetivos, nos termos do § 1º do art. 9º do Decreto n. 8.058/2013, tais como: matérias-primas; composição química; características físicas; normas e especificações técnicas; processo de produção; usos e aplicações; grau de substitutibilidade; canais de distribuição; ou outros critérios definidos na investigação.

---

[8] "Article 2.6 therefore defines the basis on which the product to be compared to the "product under consideration" is to be determined, that is, a product which is either identical to the product under consideration, or in the absence of such a product, another product which has characteristics closely resembling those of the product under consideration. As the definition of "like product" implies a comparison with another product, it seems clear to us that the starting point can only be the "other product", being the allegedly dumped product. Therefore, once the product under consideration is defined, the "like product" to the product under consideration has to be determined on the basis of Article 2.6. However, in our analysis of the AD Agreement, we could not find any guidance on the way in which the "product under consideration" should be determined. (para.7.153)."

[9] OMC. United States – Final Dumping Determination on Softwood Lumber from Canada (US – Softwood Lumber V). WT/DS264/R, paras. 7.152-7.153, 7.156-7.157. Disponível em: <https://docs.wto.org/dol2fe/Pages/FE_Search/FE_S_S006.aspx?DataSource=Cat&query=@Symbol=WT/DS264/R&Language=English&Context=ScriptedSearches&languageUIChanged=true >. Acesso em: 24 maio 2022. WT/DS513/R. Disponível em: <https://docs.wto.org/dol2fe/Pages/FE_Search/FE_S_S006.aspx?DataSource=Cat&query=@Symbol=WT/DS513/R*&Language=English&Context=ScriptedSearches&languageUIChanged=true>. Acesso em: 26 maio 2022.

Imagem – Produto similar nos termos do Decreto n. 8.058/2013

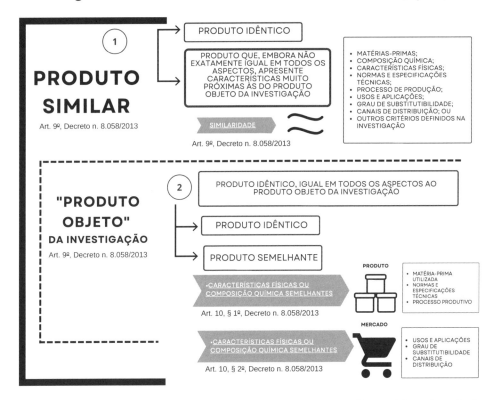

Fonte: elaboração própria.

Não se confundem, portanto, pelo menos do ponto de vista conceitual, a similaridade, típica da defesa comercial, e a substitutibilidade (maiores detalhes disponíveis no item 5.4.3.), típica de uma análise concorrencial. Apesar disso, Vieira de Melo[10], em análise empírica, verificou que, no âmbito do CADE, houve alguma menção à similaridade (ou aos critérios objetivos elencados no Decreto n. 8.058/2013 para a análise de similaridade) em 27 processos decididos entre 2012 e 2021. Destes, em 22 foram utilizados critérios objetivos de avaliação de similaridade para se concluir pela existência de substitutibilidade entre produtos e/ou serviços. Ainda, 3 casos tratavam similaridade e substitutibilidade como termos sinônimos; 1 como termos complementares; e 1 como fator de análise de conduta anticompetitiva. Nota-se, a partir dessa pesquisa, que a especificidade do termo "similaridade", para fins de defesa comercial, ainda não é assim assimilada pela autoridade concorrencial brasileira, o CADE.

---

[10] VIEIRA DE MELO, Letícia. *As interfaces entre direito antitruste e defesa comercial*: os conceitos de substitutibilidade e similaridade. Tese de Láurea – Universidade de São Paulo, São Paulo, 2021.

MEDIDA ANTIDUMPING – LONA DE PVC – INVESTIGAÇÃO ORIGINAL – COREIA DO SUL E CHINA
RESOLUÇÃO CAMEX N. 51, DE 23 DE JUNHO DE 2016

Trata-se de investigação original que resultou na aplicação de direito antidumping definitivo às importações de lona de policloreto de vinila (PVC) com reforço têxtil revestido em ambas as faces, provenientes da Coreia do Sul e China.

Especificamente sobre a discussão de produtos similares, a Resolução CAMEX conclui que os produtos fabricados no território nacional são similares ao objeto da investigação. Com base nas informações obtidas na petição e trazidas pelas demais partes interessadas, corroboradas durante o procedimento de verificação *in loco*, destaca-se que ambos:

(i) são produzidos a partir das mesmas matérias-primas, quais sejam: PVC e reforço têxtil normalmente composto de fios de poliéster ou poliamida, podendo também ser utilizados outros tipos de fios sintéticos, artificiais ou naturais;

(ii) possuem processos produtivos semelhantes e compartilham dos mesmos usos e aplicações;

(iii) possuem composição semelhante, dado que as matérias-primas são as mesmas, podendo haver variação quanto às aditivações, a dizer: antichamas e/ou antifungos e as relativas à resistência da lona de PVC frente à exposição a raios ultravioletas, baixas temperaturas e hidrocarbonetos, bem como as que conferem ao produto propriedades antioxidantes;

(iv) estão sujeitos às mesmas normas técnicas nacionais e internacionais;

(v) possuem as mesmas características físicas quando destinadas ao mesmos usos e aplicações;

(vi) apresentam alto grau de substitutibilidade, com concorrência baseada principalmente no fator preço, não havendo razões de ordem técnica ou operacional que possam determinar preferência pelo produto importado;

(vii) produtos são destinados a clientes comuns; e

(viii) são vendidos através dos mesmos canais de distribuição, podendo ser diretamente ao cliente ou via distribuidores.

Fonte: Resolução CAMEX n. 51, de 23 de junho de 2016[11].

MEDIDA ANTIDUMPING – N-BUTANOL – 2ª REVISÃO – EUA
RESOLUÇÃO GECEX N. 507, DE 16 DE AGOSTO DE 2023

Trata-se de revisão de final de período referente à aplicação de direito antidumping definitivo às importações brasileiras de n-butanol, originárias dos Estados Unidos. No que se refere à similaridade, o DECOM descartou argumento no sentido de que a existência de grau de pureza/presença de contaminantes seria um elemento suficiente para descaracterizar a similaridade entre o produto importado e o produto similar nacional.

Fonte: Resolução GECEX n. 507, de 16 de agosto de 2023[12].

---

[11] BRASIL. Resolução CAMEX n. 51, de 23 de junho de 2016. Disponível em: <http://www.camex.gov.br/resolucoes-camex-e-outros-normativos/58-resolucoes-da-camex/1650-resolucao-n-51-de-23-de -junho-de-2016>. Acesso em: 23 maio 2022.

[12] BRASIL. Resolução GECEX n. 507, de 16 de agosto de 2023. Disponível em: <https://www.

Assim, "produto objeto" é o produto objeto de dumping, que é o produto investigado exportado para o Brasil. Todos os demais produtos considerados na investigação serão considerados "produto similar". Assim, poderão ser considerados similares ao produto objeto da investigação: (i) os produtos brasileiros considerados na análise do dano e na produção nacional, (ii) os produtos importados das demais origens não investigadas, (iii) os produtos comercializados no mercado interno do país exportador, considerados para fins de cálculo do valor normal e (iv) o produto do país exportador investigado comercializado para terceiros países, que também pode servir de base para a apuração do valor normal, com base no Art. 2.2. do Acordo Antidumping da OMC c/c Art. 14, inciso I, do Decreto n. 8.058/2013. Assim, a compreensão do termo produto similar pode variar no âmbito de uma investigação antidumping, a depender dos aspectos que estão sendo observados pela autoridade investigadora, dumping ou dano. A imagem abaixo resume:

Imagem – Produto objeto e produto similar nas análises de dumping e dano

Fonte: elaboração própria.

---

in.gov.br/en/web/dou/-/resolucao-gecex-n-507-de-16-de-agosto-de-2023-503894853>. Acesso em: 21 dez. 2023.

Tabela – Produto objeto e produto similar nas análises de dumping e dano

"PRODUTO SIMILAR" PARA FINS DA ANÁLISE DO DUMPING	"PRODUTO SIMILAR" PARA FINS DA ANÁLISE DO DANO
"Produto similar" é aquele que será usado para a comparação necessária para fins da determinação de dumping.	"Produto similar" é aquele produzido e ofertado pelos produtores domésticos que estão sendo lesados pelo produto objeto de dumping.
Na prática são os produtos considerados para fins de cálculo do valor normal (produto confeccionado pelo produtor/exportador da origem investigada vendido no mercado interno do país de origem ou exportado para terceiros países).	**Na prática** são os produtos brasileiros considerados na análise do dano (confeccionados e vendidos pela indústria doméstica) e na produção nacional (confeccionados pelos outros produtores nacionais).
	Na prática são também os produtos importados das demais origens não investigadas.

Fonte: elaboração própria.

Nessa comparação entre o produto objeto e o produto similar nacional, é importante que haja comparabilidade entre os produtos e objetividade na análise[13]. Assim, novamente podem ser relevantes os já mencionados CODIPs. Caso o produto objeto da investigação também apresente diversos modelos, devem ser apresentados pelo produtor ou exportador os Códigos de Identificação do Produto (CODIPs), de modo a espelhar a proposta realizada pela indústria doméstica em sua petição. Recorde-se que o CODIP é representado por uma combinação alfanumérica que reflete as características do produto em ordem decrescente de importância, começando pela mais relevante e incluindo os principais elementos que influenciam o custo de produção e o preço de venda. A Portaria SECEX n. 171, de 9 de fevereiro de 2022, traz maiores orientações para construção do CODIP.

Para fins exemplificativos, o Guia de Investigações Antidumping apresenta, na tabela abaixo, um caso em que houve a composição do CODIP[14]. Para objetos

---

[13] Normalmente se usa a expressão "justa comparação" ou "*fair comparison*" no contexto de comparação entre valor normal e preço de exportação. Para fins de subcotação, costuma-se mencionar "comparabilidade" entre os produtos e "objetividade" na análise.

[14] Informações públicas a respeito da composição dos CODIPs utilizados nas investigações antidumping podem ser encontradas nos questionários que são disponibilizados nas páginas das investigações no seguinte endereço: <https://www.gov.br/produtividade-e-comercio-exterior/pt-br/assuntos/comercio-exterior/defesa-comercial-e-interesse-publico/roteiros-e--questionarios>.

de louça para mesa[15], por exemplo, a característica "A" identifica a matéria-prima utilizada (cerâmica ou porcelana), a característica "B" indica a cor do produto e a característica "C", a forma de apresentação (peça avulsa ou aparelho). Dessa forma, um jogo de pratos de porcelana branco seria classificado no CODIP A2B1C2. Por sua vez, uma xícara avulsa de cerâmica decorada por baixo do esmalte seria classificada no CODIP A1B2C1.

Imagem – Exemplo de CODIP

CARACTERÍSTICA	EXPLICAÇÃO
A	A1 – cerâmica (posição 6912 da NCM)
	A2 – Porcelana (posição 6911 da NCM)
B	B1 – Branco
	B2 – Decorado baixo esmalte
	B3 – Decorado sobre esmalte
C	C1 – Peça avulsa
	C2 – Aparelho

Fonte: elaboração própria. Dados do Ministério da Economia/DECOM.

Uma vez aplicada, a medida antidumping incide sobre um escopo, que é justamente o escopo do produto objeto da investigação original. As medidas antidumping têm vigência de até 5 anos, período após o qual poderá ser conduzida revisão de final de período no intuito de avaliar a extinção, prorrogação ou suspensão da medida. O produto objeto de revisão de final de período é normalmente igual ao produto objeto de uma investigação antidumping original, muito embora isso não seja uma regra absoluta. Existe a possibilidade de redução do escopo do produto objeto na revisão, o que pode ocorrer por motivos variados[16]. O que não é possível, sob nenhuma hipótese, é o aumento do escopo do produto objeto na revisão, uma vez que isso equivaleria a estender a aplicação de uma medida antidumping para produtos que não foram analisados anteriormente, o que requer uma nova petição de início de investigação antidumping contendo esses produtos.

---

[15] Objeto do processo MDIC/SECEX n. 52272.002151/2018-33. Informações acerca desta revisão de final de período podem ser acessadas em <https://www.gov.br/produtividade-e-comercio-exterior/pt-br/assuntos/comercio-exterior/defesa-comercial-e-interesse-publico/medidas-em-vigor/medidas-em-vigor/objetos-de-louca-para-mesa>.

[16] Dois exemplos mencionados no Guia de Investigações Antidumping são: (i) a possibilidade de a própria indústria doméstica considerar que não há necessidade de manter o mesmo escopo da investigação original; (ii) a autoridade investigadora concluir, inclusive *ex officio*, com base nos elementos de prova presentes nos autos, que a redução de escopo se justifica.

> **MEDIDA ANTIDUMPING – ALTO-FALANTES – 2ª REVISÃO – CHINA**
> **RESOLUÇÃO CAMEX N. 16, DE 26 DE NOVEMBRO DE 2019**
>
> Trata-se de investigação referente à prorrogação de direito antidumping (segunda revisão) aplicado às importações de alto-falantes para uso em veículos automóveis terrestres, provenientes da China, excluídos os alto-falantes do tipo buzzers, de aplicação em painéis de instrumentos de veículos automotores.
>
> Especificamente no que se refere à redução de escopo do produto, trata-se de preocupação decorrente de dúvidas geradas já no âmbito da investigação original, após o endereçamento não apenas de importadores e da indústria nacional, mas pela própria Receita Federal. Diante da segunda revisão e constatada a impossibilidade de se definir o escopo do produto com base em critérios mais objetivos como peso, dimensão ou potência, buscou-se adotar definição que levaria em conta os usos e aplicações. Note-se que com relação à medida antidumping originária, foram conduzidas as alterações seguintes de escopo:
>
> (i) alteração do escopo da investigação, contemplando, no que se refere ao seu uso e aplicação, apenas os veículos automóveis terrestres;
>
> (ii) exclusão do escopo da medida, os alto-falantes que apresentem peso inferior a um limite de 18 gramas; e
>
> (iii) exclusão dos alto-falantes do tipo buzzers, de aplicação em painéis de instrumentos de veículos automotores.

Fonte: Resolução CAMEX n. 16, de 26 de novembro de 2019[17].

No que se refere a subtipos de produto sem fabricação nacional, discute-se a possibilidade de excluí-los do rol da própria investigação originária. Trata-se de pedido apresentado em diversos casos, ainda que de caráter contestável, uma vez que a indústria doméstica por vezes não fabrica todos os subtipos de produto. Com base no conceito de produto similar, já discutido ao longo deste capítulo, a medida não precisa abarcar apenas produtos idênticos aos importados, já que assim a legislação não exige. Em casos bastante específicos, cabem ponderações sobre a razoabilidade de manter determinado subtipo no escopo, sem que haja fabricação nacional, uma vez que em tese a importação daquele produto sequer seria capaz de causar dano aos produtores nacionais. Em tais casos, cabe avaliar as aplicações específicas e impossibilidade de substituição por outros modelos.

---

[17] BRASIL. Resolução CAMEX n. 16, de 26 de novembro de 2019. Disponível em: <http://www.camex.gov.br/resolucoes-camex-e-outros-normativos/58-resolucoes-da-camex/2512-resolucao-n-16-de-26-de-novembro-de-2019>. Acesso em: 26 maio 2022.

MEDIDA ANTIDUMPING – FILMES PET – INVESTIGAÇÃO ORIGINAL – BAREINE E PERU
PORTARIA SECINT N. 473, DE 28 DE JUNHO DE 2019

Trata-se de investigação antidumping (originária), referente às importações de filmes PET, originárias do Bareine e do Peru. Em tal investigação, também se encerrou avaliação de interesse público sem a suspensão, no entanto, da aplicação dos direitos antidumping aplicados.

Especificamente no que se refere à possibilidade de exclusão de subtipos de produto sem fabricação nacional, optou-se pela exclusão dos produtos seguintes do escopo da investigação: filmes PET com coating de EVA e os filmes de PET com coating de PE. Entre os fatores apresentados pela autoridade investigadora para tanto, figuram os seguintes:

(i) existência de um mercado bastante limitado com relação a tais subprodutos, já que possuem aplicação bastante específica, além de características físicas diferenciadas;

(ii) ainda que também sejam destinados ao mercado gráfico, a indústria doméstica não comprovou fabricar produtos semelhantes; e

(iii) produtos fabricados com EVA ou PE possuem custo mais elevado que os demais.

Fonte: Portaria SECINT n. 473, de 28 de junho de 2019[18].

2.2.2. Indústria nacional, indústria doméstica, representatividade, grau de apoio, indústria subnacional e indústria fragmentada

O art. 4 do Acordo Antidumping da OMC trata da definição de indústria doméstica. O termo "indústria doméstica" é definido como a totalidade dos produtores nacionais do produto similar, ou como aqueles entre os quais a produção conjunta do mencionado produto constitua proporção significativa da produção nacional total do produto.

ARGENTINA – DEFINITIVE ANTI-DUMPING DUTIES ON POULTRY FROM BRAZIL

"7.337 O artigo 4.1 prevê na parte relevante:
(b) Avaliação pelo Painel 7.337 O artigo 4.1 prevê na parte relevante: 'Para os fins deste Acordo, o termo 'indústria nacional' deve ser interpretado como referindo-se aos produtores nacionais como um todo de produtos similares ou àqueles cuja produção coletiva dos produtos constitui uma proporção importante da produção nacional total desses produtos...'.
(...)

---

[18] BRASIL. Portaria SECINT n. 473, de 28 de junho de 2019. Disponível em: <http://www.camex.gov.br/resolucoes-camex-e-outros-normativos/124-portarias-secint/2247-portaria-n- 473-de-28-de -junho-de-2019>. Acesso em: 24 maio 2022.

Curso de Defesa Comercial e Interesse Público no Brasil: teoria e prática

> 7.340 Quanto ao significado comum da expressão 'proporção maior', o Brasil afirma que o termo 'proporção maior' é sinônimo de 'parte maior', que por sua vez é definido como 'a maioria'. 219 O Brasil afirma que 'a maioria' é entendida como 'o maior número ou parte'. O Brasil afirma que 46% da produção doméstica total não pode ser considerada como a maior parte de 100% da produção doméstica total. As Comunidades Europeias e os Estados Unidos afirmam que a palavra 'maioria' não significa necessariamente 'maioria', mas também pode significar 'extraordinariamente importante, séria, ou significativa'.
>
> 7.341 Ao considerar estas diferentes definições do dicionário, notamos que a palavra 'major' também é definida como 'importante, séria ou significativa '222. Além disso, o Artigo 4.1 não define a 'indústria doméstica' em termos de produtores da maior proporção da produção doméstica total. Em vez disso, o Artigo 4.1 se refere aos produtores de uma proporção importante da produção doméstica total. Se o Artigo 4.1 tivesse se referido à proporção maior, a exigência teria sido claramente definir a 'indústria doméstica' como os produtores que constituem mais de 50% da produção doméstica total. 224 Entretanto, a referência a uma proporção maior sugere que pode haver mais de uma 'proporção maior' para fins de definição de 'indústria doméstica'. No caso de múltiplas 'proporções maiores', é inconcebível que cada 'proporção maior' individual possa – ou deva – exceder 50 por cento. Isto, portanto, apoia nossa conclusão de que é admissível definir a 'indústria doméstica' em termos de produtores domésticos de uma proporção importante, séria ou significativa da produção doméstica total. Por estas razões, concluímos que o Artigo 4.1 do Acordo AD não exige que os Membros definam a 'indústria nacional' em termos de produtores nacionais que representem a maioria, ou 50+ por cento, da produção doméstica total. (...)". [tradução livre]

Fonte: WT/DS241/R, parágrafos 7.337, 7.340, 7.341[19-20].

---

[19] Definitive Anti-Dumping Duties on Poultry from Brazil
7.337 *Article 4.1 provides in relevant part:*
(b) Evaluation by the Panel 7.337 Article 4.1 provides in relevant part: "For the purposes of this Agreement, the term "domestic industry" shall be interpreted as referring to the domestic producers as a whole of the like products or to those of them whose collective output of the products constitutes a major proportion of the total domestic production of those products ...
(...)
7.340 Regarding the ordinary meaning of the phrase "major proportion", Brazil asserts that the term "major proportion" is synonymous with "major part", which in turn is defined as "the majority".219 Brazil submits that "the majority" is understood to mean "the greater number or part". Brazil submits that 46 per cent of total domestic production cannot be considered as the greater part of 100 per cent of total domestic production. The European Communities and the United States assert that the word "major" does not necessarily mean "majority", but may also mean "unusually important, serious, or significant".
7.341 In considering these different dictionary definitions, we note that the word "major" is also defined as "important, serious, or significant".222 Accordingly, an interpretation that defines the domestic industry in terms of domestic producers of an important, serious or significant proportion of total domestic production is permissible.223 Indeed, this approach is entirely consistent with the Spanish version of Article 4.1, which refers to producers representing "una proporción importante" of domestic production. Furthermore, Article 4.1 does not define the "domestic industry" in terms of producers of the major proportion of total domestic production.

> **DS241: ARGENTINA – DEFINITIVE ANTI-DUMPING DUTIES ON POULTRY FROM BRAZIL**
>
> "(...)
> 7.361 Outro apoio contextual para nossa abordagem do artigo 9.3 é encontrado no artigo 9.3.1, que prevê a cobrança de direitos antidumping em uma base

---

Instead, Article 4.1 refers to producers of a major proportion of total domestic production. If Article 4.1 had referred to the major proportion, the requirement would clearly have been to define the "domestic industry" as producers constituting 50+ per cent of total domestic production.224 However, the reference to a major proportion suggests that there may be more than one "major proportion" for the purpose of defining "domestic industry". In the event of multiple "major proportions", it is inconceivable that each individual "major proportion" could – or must – exceed 50 per cent. This therefore supports our finding that it is permissible to define the "domestic industry" in terms of domestic producers of an important, serious or significant proportion of total domestic production. For these reasons, we find that Article 4.1 of the AD Agreement does not require Members to define the "domestic industry" in terms of domestic producers representing the majority, or 50+ per cent, of total domestic production. (...)
(...)
7.361 Further contextual support for our approach to Article 9.3 is found in Article 9.3.1, which envisages the collection of anti-dumping duties on a retrospective basis. By definition, the retrospective collection of duties presupposes the calculation of dumping margins on the basis of information for individual shipments or for time-periods outside of the initial investigation period. Furthermore, in emphasising the importance of the margin of dumping established during the investigation, we consider that Brazil has diminished the contextual importance of the refund mechanism provided for in respect of prospective anti-dumping duties. The first sentence of Article 9.3.2 provides that "[w]hen the amount of the anti-dumping duty is assessed on a prospective basis, provision shall be made for a prompt refund, upon request, of any duty paid in excess of the margin of dumping. A refund of any such duty paid in excess of the actual margin of dumping shall normally take place within 12 months ..." (emphasis added). Thus, Article 9.3.2 provides for a refund of anti-dumping duties collected in excess of the actual margin of dumping. The word "actual" is defined inter alia as "existing now; current".231 Accordingly, we understand that the Article 9.3.2 refund mechanism would include refunds of anti-dumping duties paid in excess of the margin of dumping prevailing at the time the duty is collected. This therefore further undermines Brazil's argument that the only margin of dumping relevant until such time that there is an Article 11.2 review is the margin established during the investigation. If the basis for duty refund is the margin of dumping prevailing at the time of duty collection, we see no reason why a Member should not use the same basis for duty collection. Brazil has noted that refunds do not imply modification of the duty, and are only available if requested by the importer.232 While these points may be correct, they do not change the fact that the refund mechanism operates by reference to the margin of dumping prevailing at the time of duty collection. It is this aspect of the refund mechanism that renders it contextually relevant to the issue before us. Accordingly, we see no reason why it is not permissible233 for a Member to levy anti-dumping duties on the basis of the actual margin of dumping prevailing at the time of duty collection.

[20] OMC. Argentina — Definitive Anti-Dumping Duties on Poultry from Brazil. WT/DS241/R, paras. 7.337, 7.340, 7.341. Disponível em: <https://docs.wto.org/dol2fe/Pages/SS/directdoc.aspx?filename=Q:/WT/DS/241R-00.pdf& Open=True>. Acesso em: 31 maio 2022.

Curso de Defesa Comercial e Interesse Público no Brasil: teoria e prática

> retrospectiva. Por definição, a cobrança retroativa de direitos pressupõe o cálculo de margens de dumping com base em informações para remessas individuais ou para períodos fora do período inicial de investigação. Além disso, ao enfatizar a importância da margem de dumping estabelecida durante a investigação, consideramos que o Brasil diminuiu a importância contextual do mecanismo de reembolso previsto em relação aos direitos antidumping prospectivos. A primeira frase do artigo 9.3.2 prevê que 'quando o montante do direito antidumping for avaliado de forma prospectiva, será previsto um reembolso imediato, mediante solicitação, de qualquer direito pago em excesso à margem de dumping'. O reembolso de qualquer direito pago em excesso à margem de dumping real deverá ocorrer normalmente dentro de 12 meses... (grifo nosso). Assim, o Artigo 9.3.2 prevê um reembolso dos direitos antidumping cobrados que excedam a margem de dumping real. A palavra 'real' é definida inter alia como 'existente agora; atual'. 231 Assim, entendemos que o mecanismo de reembolso do Artigo 9.3.2 incluiria reembolsos de direitos antidumping pagos em excesso da margem de dumping prevalecente no momento da cobrança do direito. Isto, portanto, enfraquece ainda mais o argumento do Brasil de que a única margem de dumping relevante até o momento em que haja uma revisão do Artigo 11.2 é a margem estabelecida durante a investigação. Se a base para o reembolso de direitos é a margem de dumping prevalecente no momento da cobrança de direitos, não vemos razão para que um Membro não deva utilizar a mesma base para a cobrança de direitos. O Brasil observou que o reembolso não implica modificação do direito, e só está disponível se solicitado pelo importador. 232 Embora estes pontos possam estar corretos, eles não alteram o fato de que o mecanismo de reembolso opera por referência à margem de dumping prevalecente no momento da cobrança de direitos. É este aspecto do mecanismo de reembolso que o torna contextualmente relevante para a questão que temos diante de nós. Portanto, não vemos razão para que não seja permitido 233 a um Membro cobrar direitos antidumping com base na margem de dumping real prevalecente no momento da cobrança de direitos. (...)."

Fonte: WT/DS241/R, parágrafo 7.361[21].

Assim, quando o termo "indústria doméstica" abarca a totalidade dos produtores nacionais do produto similar, o seu conceito coincide com o de "indústria nacional". Caso não seja possível abarcar a totalidade, a indústria doméstica passa a se referir a apenas uma parte da indústria nacional, consistente em uma parcela inferior à totalidade dos produtores nacionais do produto similar, desde que esta constitua proporção significativa da produção nacional. Neste caso, a indústria nacional será composta pela indústria doméstica e pelos chamados "outros produtores nacionais".

---

[21] WT/DS241/R. Argentina – Definitive Anti-Dumping Duties on Poultry from Brazil – Report of the Panel.

Imagem – Conceito de indústria doméstica

QUANDO ABARCA TODOS OS PRODUTORES NACIONAIS...

INDÚSTRIA NACIONAL **INDÚSTRIA DOMÉSTICA**

QUANDO ABARCA PARCELA INFERIOR À TOTALIDADE, MAS É SIGNIFICATIVA DA PRODUÇÃO NACIONAL

INDÚSTRIA NACIONAL **INDÚSTRIA DOMÉSTICA** **OUTROS PRODUTORES NACIONAIS**

Fonte: elaboração própria.

Ademais, infere-se que o art. 34 do Decreto n. 8.058/2013, no mesmo sentido da norma multilateral, determina que o termo "indústria doméstica" será interpretado como a totalidade dos produtores do produto similar doméstico. Quando não for possível reunir a totalidade dos produtores referidos, e desde que devidamente justificado, o termo poderá ser definido como o conjunto de produtores cuja produção conjunta constitua proporção significativa da produção nacional total do produto similar doméstico[22].

O parágrafo 1(i) do art. 4 do Acordo Antidumping apresenta uma exceção à regra geral, permitindo que sejam excluídos da definição de indústria doméstica os produtores que sejam relacionados aos exportadores ou aos importadores ou sejam eles próprios importadores do produto a preços de dumping. Nessa hipótese, as partes podem ser desconsideradas para fins da definição da "indústria doméstica", que poderá ser interpretada como referente ao restante dos produtores. Essa delimitação para a aplicação de uma definição mais restritiva do conceito de indústria doméstica consta da nota de rodapé 11 do Acordo Antidumping

---

[22] Para Anna Carolina Nogueira e Naiana Magrini, a definição do termo "indústria doméstica", presente no Acordo Antidumping e incorporada à legislação brasileira pelo art. 34 do Decreto n. 8.058/2013, é uma das razões da concentração das medidas antidumping em setores específicos, tais como o de metais, produtos químicos e plásticos em geral. Isso, porque, segundo as autoras, a previsão expressa da lei de que é necessário a totalidade, ou, ao menos, a proporção significativa, dos produtores do produto similar doméstico para a constituição da "indústria doméstica", pleiteante legítima do direito antidumping, garante aos setores concentrados maior vantagem. MAGRINI, Naiana; NOGUEIRA, Anna Carolina. *Concentração setorial na aplicação de medidas antidumping no Brasil*: análise de fatores jurídicos e econômicos. ATHAYDE, Amanda; CINTRA DE MELO, Lílian (Orgs.). *Comércio internacional e concorrência: desafios e perspectivas atuais* – Volume III. Brasília: Faculdade de Direito – UnB, 2021. Disponível em: <https://c91ba030-1e79-4eb0-b196-35407d130c35.filesusr.com/ugd/62c611_766e7608b5b34862aefd5b7769850100.pdf>. Acesso em: 31 maio 2022.

da OMC e foi reproduzida pela norma brasileira. São os seguintes os parâmetros para a caracterização de partes relacionadas que compõem a indústria doméstica nos termos da nota de rodapé 11 do art. 4.1(a) do Acordo Antidumping da OMC.

Imagem – Parâmetros para a caracterização de partes relacionadas que compõem a indústria doméstica nos termos da nota de rodapé 11 do art. 4.1(a) do Acordo Antidumping da OMC

Fonte: elaboração própria, com base em ATHAYDE, MARSSOLA, VIEGAS, LEITE et al.[23].

Desse modo, alguns produtores do produto similar poderão ser excluídos do conceito de indústria doméstica, nos termos do art. 35 do Decreto n. 8.058/2013: I – os produtores domésticos associados ou relacionados aos produtores estrangeiros, aos exportadores ou aos importadores; e II – os produtores cuja parcela das importações do produto alegadamente importado a preço de dumping for significativa em comparação com o total da produção própria do produto similar. Trata-se, assim, de um critério qualitativo para fins de configuração da indústria doméstica.

---

[23] ATHAYDE, Amanda; MARSSOLA, Julia; VIEGAS, Maria Augusta; LEITE, Victor. *Defesa comercial e direito societário*: partes relacionadas em investigações antidumping. Belo Horizonte: Ed. Fórum, 2021.

O § 1º do art. 35 do Decreto n. 8.058/2013 determina que os produtores domésticos serão considerados associados ou relacionados aos produtores estrangeiros, aos exportadores ou aos importadores somente no caso de: I – um deles controlar[24] direta ou indiretamente o outro; II – ambos serem controlados direta ou indiretamente por um terceiro; ou III – juntos controlarem direta ou indiretamente um terceiro.

A exclusão do produtor associado ou relacionado do conceito de indústria doméstica somente poderá ocorrer se houver suspeita de que esse vínculo levaria o referido produtor a agir diferentemente da forma como agiriam os produtores que não têm tal vínculo. A razão da norma é a de que o produtor nacional, caso seja relacionado ao exportador investigado ou ao importador, pode apresentar um comportamento que privilegie os interesses do grupo societário de que faz parte em detrimento dos seus interesses individuais como produtor afetado pelas importações a preço de dumping. Recordam-se os parâmetros para a caracterização de partes relacionadas que compõem a indústria doméstica nos termos da nota de rodapé 11 do art. 4.1(a) do Acordo Antidumping da OMC. É o que se visualiza na imagem abaixo:

Imagem – Incisos do art. 35, § 1º, do Decreto n. 8.058/2021 sobre partes relacionadas que compõem a indústria doméstica

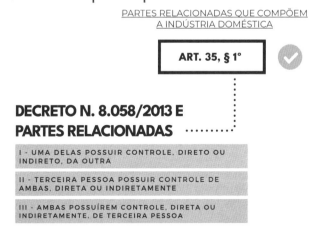

Fonte: elaboração própria, com base em ATHAYDE, MARSSOLA, VIEGAS, LEITE et al.[25].

---

[24] Nos termos do § 2º do art. 35 do Decreto n. 8.058/2013, será considerado que uma pessoa controla outra quando a primeira está em condições legais ou operacionais de restringir ou de influir nas decisões da segunda.

[25] ATHAYDE, Amanda; MARSSOLA, Julia; VIEGAS, Maria Augusta; LEITE, Victor. *Defesa comercial e direito societário:* partes relacionadas em investigações antidumping. Belo Horizonte: Ed. Fórum, 2021.

Curso de Defesa Comercial e Interesse Público no Brasil: teoria e prática

Caso não esteja presente essa suspeita de um comportamento que privilegie os interesses do grupo societário de que faz parte em detrimento dos seus interesses individuais como produtor pertencente à indústria doméstica, não haverá fundamento legal para que determinado produtor nacional seja excluído do conceito de indústria doméstica. Trata-se de norma que tem por objetivo a proteção dos demais produtores nacionais[26], cuja petição antidumping poderia sofrer oposição em razão do relacionamento. Nesse sentido, a atenção da norma não se volta às razões que levaram a empresa a apoiar a petição mesmo sendo relacionada a exportadores ou a importadores. O objetivo é defender os interesses da empresa doméstica que poderiam ser restringidos pela conveniência de grupos econômicos que compartilham interesses na produção doméstica e no comércio internacional do produto. Assim, o objetivo do dispositivo consiste em impedir que uma petição da investigação "tenha o seu requisito de apoio à indústria doméstica frustrado em razão da participação (ou recusa de participação) de produtores domésticos que tenham como real intenção favorecer as suas partes associadas ou relacionadas"[27].

Nota-se que as hipóteses elencadas envolvem apenas o relacionamento entre empresas (incisos I, II e III do § 1º do art. 35 do Decreto n. 8.058/2013), diferentemente do art. 14, que trata também do relacionamento entre empresas e pessoas físicas, porém para fins de determinação de dumping.

Ademais, é importante analisar a nomenclatura utilizada, para começar a definir blocos de análise desses incisos do art. 35, § 1º, do Decreto n. 8.058/2013. Como será possível observar, há um único grande elemento caracterizador do relacionamento entre as partes: "controle" (mencionado nos incisos I, II e III), sem a identificação daquelas hipóteses mais sutis de relacionamento previstas no art. 14, § 10, do Decreto n. 8.058/2013.

---

[26] A esse respeito, cumpre a distinção entre indústria doméstica e indústria nacional, constante na pergunta 42 do Guia de investigações antidumping do DECOM. "Para fins de investigação antidumping, o conceito de indústria doméstica poderá ser distinto daquele de indústria nacional, uma vez que o termo 'indústria nacional' corresponde necessariamente à totalidade dos produtores nacionais do produto similar, enquanto a expressão 'indústria doméstica' pode corresponder à parcela inferior à totalidade dos produtores nacionais do produto similar, desde que esta constitua proporção significativa da produção nacional. Por essa razão, indicadores da indústria nacional (ex.: 'produção nacional') poderão diferir de indicadores da indústria doméstica (ex.: 'produção da indústria doméstica')" DECOM/SECEX/ME. Guia de investigações antidumping. Disponível em: <https://www.gov.br/produtivida-de-e-comercio-exterior/pt-br/assuntos/comercio-exterior/defesa-comercial-e-interesse-publico/guias>. Acesso em: 2 jun. 2021.

[27] DECOM/SECEX/ME. Guia de investigações antidumping. Disponível em: <https://www.gov.br/produtividade-e-comercio-exterior/pt-br/assuntos/comercio-exterior/defesa-comercial-e-interesse-publico/guias>. Acesso em: 2 jun. 2021.

Imagem – Art. 35, § 1º, do Decreto n. 8.058/2021, sobre partes relacionadas que compõem a indústria doméstica por característica de relacionamento com empresa ou indivíduo

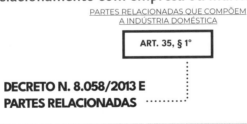

Fonte: elaboração própria, com base em ATHAYDE, MARSSOLA, VIEGAS, LEITE et al.[28]

Imagem – Noção de controle ou formas mais sutis de relacionamento nos incisos do art. 35, § 1º, do Decreto n. 8.058/2021 sobre partes relacionadas investigadas pela prática de dumping

Fonte: elaboração própria, com base em ATHAYDE, MARSSOLA, VIEGAS, LEITE et al.[29]

---

[28] ATHAYDE, Amanda; MARSSOLA, Julia; VIEGAS, Maria Augusta; LEITE, Victor. *Defesa comercial e direito societário:* partes relacionadas em investigações antidumping. Belo Horizonte: Ed. Fórum, 2021.

[29] ATHAYDE, Amanda; MARSSOLA, Julia; VIEGAS, Maria Augusta; LEITE, Victor. *Defesa*

Registre-se novamente, portanto, que essas hipóteses do art. 35, § 1º, são bastante mais restritas do que aquelas previstas no art. 14, § 10, do Decreto n. 8.058/2013, sendo que a redação dos incisos I, II e III do art. 35 é extremamente semelhante à dos incisos V, VI e VII do § 10 do art. 14, que também versam sobre controle. Veja-se o comparativo, com a análise realizada até o presente momento.

Imagem – Noção de controle ou formas mais sutis de relacionamento nos arts. 14, § 1º, e 35, § 1º, do Decreto n. 8.058/2013, sobre partes relacionadas investigadas pela prática de dumping

Fonte: elaboração própria, com base em ATHAYDE, MARSSOLA, VIEGAS, LEITE et al.[30]

Sobre o tema de relacionamento entre empresas para fins de investigações de defesa comercial, Athayde, Marssola, Viegas e Leite[31] realizaram estudo da experiência internacional e verificaram que as jurisdições com tratamento mais

---

comercial e direito societário: partes relacionadas em investigações antidumping. Belo Horizonte: Ed. Fórum, 2021.

[30] ATHAYDE, Amanda; MARSSOLA, Julia; VIEGAS, Maria Augusta; LEITE, Victor. *Defesa comercial e direito societário:* partes relacionadas em investigações antidumping. Belo Horizonte: Ed. Fórum, 2021.

[31] ATHAYDE, Amanda; MARSSOLA, Julia; VIEGAS, Maria Augusta; LEITE, Victor. *Defesa comercial e direito societário:* partes relacionadas em investigações antidumping. Belo Horizonte: Ed. Fórum, 2021.

sofisticado de partes relacionadas, como Estados Unidos, União Europeia, Canadá e Austrália, preveem também outras hipóteses de caracterização que vão além da noção de controle, podendo estar relacionadas tanto a vínculos societários quanto não societários, como familiares e laborais. A configuração de relacionamento que impacte na definição de indústria doméstica, portanto, é bastante mais restrita do que aquela entre partes investigadas, que pode impactar em outros aspectos da investigação.

Como consequência, caso seja configurado relacionamento ou associação entre os produtores domésticos e os produtores estrangeiros, poderá haver a exclusão do produtor associado ou relacionado do conceito de indústria doméstica se houver suspeita de que o vínculo induza o referido produtor a agir diferentemente da forma como agiriam os produtores que não têm tal vínculo (art. 35, § 3º, do Decreto n. 8.058/2013). A lógica por trás dessa previsão é garantir que haja uma possibilidade de defesa da produção doméstica do país importador, incluindo um mecanismo para que interesses de grupos econômicos não prevaleçam sobre os interesses da produção local.

> **MEDIDA ANTIDUMPING – TUBOS DE PLÁSTICO PARA COLETA DE SANGUE A VÁCUO – 1ª REVISÃO – CHINA, ESTADOS UNIDOS DA AMÉRICA E REINO UNIDO**
> *RESOLUÇÃO GECEX N. 193, DE 28 DE ABRIL DE 2021*
>
> Trata-se de investigação referente à prorrogação de direito antidumping (primeira revisão) aplicado às importações de tubos de plástico para coleta de sangue a vácuo, originárias da China, Estados Unidos da América e do Reino Unido. A Resolução GECEX em referência manteve vigente a suspensão, por interesse público, dos direitos antidumping aplicado às importações brasileiras de tubos de plástico para coleta de sangue a vácuo estabelecida pela Resolução Gecex n. 147, de 15 de janeiro de 2021, tendo por objetivo facilitar o combate à pandemia do Corona Vírus / Covid-19.
>
> Especificamente no que se refere à exclusão de determinadores produtores do conceito de indústria doméstica, a Resolução em referência determina em seu item 4.2 a exclusão da empresa BD do Brasil, empresa responsável pela revenda dos produtos importados da BD US, dos Estados Unidos da América, e da BD UK, do Reino Unido, no mercado brasileiro. Entre tais razões, destacam-se:
>
> (i) as vendas de fabricação própria da empresa (BD do Brasil) foram muito inferiores ao volume de revendas do produto importado do produtor/exportador relacionado (o volume de vendas próprias representou apenas 4,18%); e
>
> (ii) a subsidiária brasileira foi responsável por praticamente a totalidade de importações ao Brasil, provenientes dos EUA e do Reino Unido. Isto na condição de revendedora relacionada do Grupo BD (o total importado correspondeu a 753,86% do volume fabricado do produto similar no período).

Fonte: Resolução GECEX n. 193, de 28 de abril de 2021[32].

---

[32] BRASIL. Resolução GECEX n. 193, de 28 de abril de 2021. Disponível em: <http://www.camex.gov.br/resolucoes-camex-e-outros-normativos/58-resolucoes-da-camex/3043-resolucao-gecex-n-193-de-28-de-abril-de-2021>. Acesso em: 24 maio 2022.

> **MEDIDA ANTIDUMPING – VIDROS AUTOMOTIVOS – CHINA**
> *RESOLUÇÃO CAMEX N. 5, DE 16 DE FEVEREIRO DE 2017*
>
> Trata-se de investigação referente à aplicação de direito antidumping (investigação originária) aplicado às importações de vidros automotivos temperados e laminados originárias da China.
>
> Neste caso, uma das duas empresas que compunham a indústria doméstica (Saint Gobain do Brasil Produtos Industriais e para Construção Ltda.) era relacionada a um dos produtores/exportadores estrangeiros investigados (Saint Gobain Hanglas Sekurit (Shanghai) Co., Ltda.). A existência do relacionamento, no entanto, não impediu que a empresa apresentasse petição de início de investigação e que a empresa compusesse a indústria doméstica. Como a Saint Gobain Hanglas Sekurit (Shanghai) Co., Ltda. não respondeu ao questionário, seu direito foi calculado com base na melhor informação disponível.

Fonte: Resolução CAMEX n. 5, de 16 de fevereiro de 2017[33].

Conforme apontam Athayde, Marssola, Viegas e Leite[34], o impacto da exclusão de outros produtores nacionais do conceito de indústria doméstica opera-se qualitativamente no exame de admissibilidade da petição e na titularidade do procedimento. Os demais produtores nacionais relacionados não podem se opor à apresentação da petição e tampouco podem requerer o encerramento voluntário da investigação sem aplicação de medidas. Nesse sentido, a indústria doméstica, definida pelo conjunto dos produtores nacionais e excluídos aqueles cujo relacionamento poderia levar a adotar postura de defesa dos interesses do grupo econômico de que faz parte, tem seu direito de petição resguardado, na medida em que se excluem os demais produtores do conjunto de produtores que possuem legitimidade para requerer o início ou a continuação da investigação.

E qual a consequência prática dessa conceituação de indústria doméstica? Pode-se vislumbrar pelo menos duas: (i) uma na operacionalização da petição apresentada pela indústria e no início da investigação, e (ii) outra na configuração do dano.

---

[33] BRASIL. Resolução CAMEX n. 5, de 16 de fevereiro de 2017. Disponível em: <http://www.camex.gov.br/resolucoes-camex-e-outros-normativos/58-resolucoes-da-camex/1785-resolucao-n-05-de-16-de-fevereiro-de-2017#:~:text=Aplica%20direito%20antidumping%20definitivo%2C%20por,da%20Rep%C3%BAblica%20Popular%20da%20China>. Acesso em: 24 maio 2022.

[34] ATHAYDE, Amanda; MARSSOLA, Julia; VIEGAS, Maria Augusta; LEITE, Victor. *Defesa comercial e direito societário:* partes relacionadas em investigações antidumping. Belo Horizonte: Ed. Fórum, 2021.

A consequência prática dessa conceituação de indústria doméstica (i) quanto à operacionalização da petição de investigação antidumping apresentada pela indústria e o início da investigação é que, nos termos do art. 37, § 2º, do Decreto n. 8.058/2013, a petição não será considerada como feita "pela indústria doméstica ou em seu nome" quando os produtores domésticos que manifestaram expressamente apoio à petição representem menos de 25% da produção nacional do produto similar durante o período de investigação de dumping[35]. Mesmo que a petição seja apresentada por empresas que representem ao menos 25% da produção nacional total (ou seja, uma representatividade maior ou igual a 25% dos produtores domésticos que manifestaram expressamente apoio à petição), a petição não será admitida caso as empresas que se oponham à investigação representem mais de 50% daquelas que se manifestaram à consulta de apoio à petição.

Por "apoio expresso/rejeição expressa à petição" entende-se um documento, normalmente como uma carta, respondendo à comunicação do DECOM, com a apresentação de seus dados (pelo menos dados de volume ou de valor de produção e dados de volume de vendas no mercado interno durante o período de análise de dano), para contribuir com a investigação, não sendo necessário apresentar todos os dados para compor a análise de dano nem necessariamente passar a compor o conceito de indústria doméstica. Caso haja tão somente a manifestação por escrito, mas sem a apresentação dos dados mínimos, não se entende que foi realmente prestado apoio expresso/rejeição expressa à petição. Apresenta-se abaixo esquema visual que tenta organizar a explicação sobre indústria doméstica e os testes necessários para a operacionalização da petição apresentada pela indústria e o início da investigação:

---

[35] O Acordo Antidumping da OMC não prevê quais seriam os períodos de investigação de dumping e dano. Existe a Recomendação do Comitê Antidumping (documento G/ADP/6) sugerindo 1 ano em geral, mas nunca menos de 6 meses, para o período de análise de dumping, e também de 3 anos pelo menos para o período de análise de dano. O art. 48 do Decreto n. 8.058/2013 fixou esses prazos em 12 meses para o dumping e em 60 meses para o dano. Ademais, fixou objetivamente quando iniciam e terminam tais períodos, de acordo com a data de protocolo da petição. Assim, trata-se de regra OMC *Plus*.

Imagem – Composição da indústria doméstica

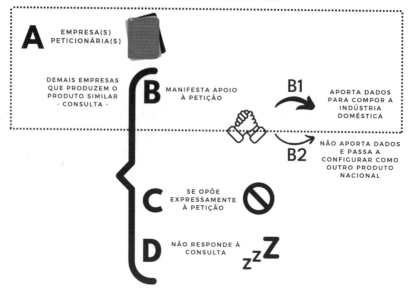

Fonte: elaboração própria.

Imagem – Testes para a indústria doméstica

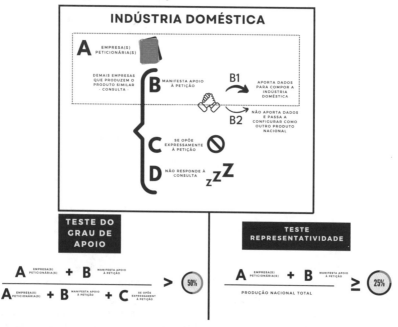

Fonte: elaboração própria.

Para que seja realizado o "teste do grau de apoio" de mais de 50% da produção total do produto similar daqueles que tenham manifestado apoio na consulta, é preciso analisar qual é a postura das demais empresas diante da consulta sobre a petição, dado que o denominador do cálculo é justamente aquele computado por quem se manifestou na consulta, seja favorável ou negativamente. Quem não responde à consulta não faz parte do denominador deste primeiro teste. Ou seja, a fórmula do teste do grau de apoio é a seguinte:

Imagem – Teste do grau de apoio

Fonte: elaboração própria.

Veja, portanto, como a resposta à consulta pode ser decisiva para a aceitação ou não de uma petição por meio do teste do grau de apoio. Suponha, por exemplo, que a empresa peticionária Alfa detenha 30% da produção nacional do produto objeto. Além desta, existe outra empresa, Beta, com 42% da produção nacional, e a empresa Gama, com 18% da produção nacional. Encaminhados os ofícios para as empresas Beta e Gama, nenhuma delas responde ao DECOM. Nesse caso, percebe-se que a empresa peticionária Alfa, ainda que detenha 30% da produção nacional do produto objeto, passará pelo teste do grau de apoio, dado que ela representa 100% daqueles que tenham manifestado apoio na consulta.

Imagem – Exemplo de teste do grau de apoio sem resposta à consulta

Fonte: elaboração própria.

No mesmo exemplo, caso a empresa Beta tivesse respondido à consulta se pondo expressamente contrária à petição, a situação seria diversa. Isso porque a produção da empresa Beta passaria a compor o denominador, e, portanto, não se alcançariam os 50% necessários no teste do grau de apoio.

Imagem – Exemplo de teste do grau de apoio com oposição expressa à petição

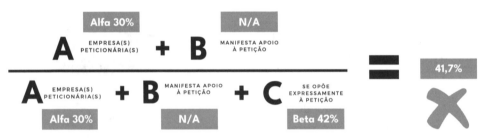

Fonte: elaboração própria.

Nesse caso, a peticionária poderia questionar essa oposição expressa, caso houvesse argumentos referentes ao relacionamento entre a empresa Beta e outras empresas investigadas, conforme mencionado acima, ou caso Beta fosse uma importadora do produto objeto da investigação. Sobre esse ponto, menciona-se a hipótese de exclusão de importadores do conceito de ID, independentemente da existência de relacionamento com produtor/exportador, principalmente quando se explica a lógica de conferir efetividade ao direito de petição.

Para além deste primeiro teste do grau de apoio, o art. 37, § 2º, do Decreto n. 8.058/2013, a petição não será considerada como feita "pela indústria doméstica ou em seu nome" quando os produtores domésticos que manifestaram expressamente apoio à petição representem menos de 25% da produção nacional do produto similar durante o período de investigação de dumping, consistente no "teste de representatividade" (ou seja, precisa de uma representatividade maior ou igual a 25% dos produtores domésticos que manifestaram expressamente apoio à petição).

Veja que nesse caso a existência ou não de resposta à consulta sobre a petição não é mais relevante para fins do denominador da fórmula, mas tão somente para o numerador[36]. O que se objetiva é verificar se a petição foi apresentada por proporção significativa da produção nacional total do produto similar doméstico. Ou seja, a fórmula do teste de representatividade é a seguinte:

Imagem – Teste da representatividade

Fonte: elaboração própria.

Retoma-se o exemplo acima, em que a empresa peticionária Alfa detenha 30% da produção nacional do produto objeto. Além desta, existia outra empresa, Beta, com 42% da produção nacional, e a empresa Gama, com 18% da produção nacional. Percebe-se que a peticionária Alfa sozinha já preencheria esse teste, já que com os 30% já se sobrepõe aos 25% exigidos pela legislação, mesmo que não contasse com o apoio das outras empresas produtoras nacionais.

---

[36] Situação limítrofe poderia se dar caso a empresa Beta manifestasse apoio expresso à petição, mas não aportasse dados para a análise de dano da indústria doméstica. Não foram identificados precedentes com essa situação.

Imagem – Exemplo de teste da representatividade

Fonte: elaboração própria.

Em outro exemplo mais limítrofe, suponha que a empresa peticionária Alfa determina 15% da produção nacional do produto objeto. Além desta, existe a empresa Beta, com 15% da produção nacional, a empresa Gama, com 30%, e a empresa Delta, com 40% da produção nacional. Caso nenhuma das outras empresas produtoras nacionais se manifestem expressamente favoráveis à petição apresentada pela empresa Alfa, a investigação não poderá prosseguir, já que os 15% de Alfa não preenchem o teste de representatividade.

Imagem – Exemplo de teste da representatividade

Fonte: elaboração própria.

Todos esses exemplos são relevantes para evidenciar que a apresentação de uma petição e a sua aceitação como indústria doméstica não são necessariamente simples. Tal situação, porém, tende a ser mitigada diante do fato de que, na prática, conforme constatam Nogueira e Magrini, as pleiteantes de investigações de defesa comercial estão em setores concentrados, que terão mais facilidade em cumprir tais requisitos e apresentar seus pleitos, por serem indústrias monopolistas ou oligopolistas[37]. Similarmente, Athayde, Marssola, Viegas

---

[37] NOGUEIRA, Anna Carolina; MAGRINI, Naiana. Concentração setorial na aplicação de medidas antidumping no Brasil: análise de fatores jurídicos e econômicos. In: ATHAYDE, Amanda; CINTRA DE MELO, Lílian (Orgs.). *Comércio internacional e concorrência*: desa-

e Leite[38] reconhecem que os setores que tradicionalmente utilizam os instrumentos de defesa comercial são altamente concentrados, fato que se reflete no perfil de peticionamento dos casos perante a autoridade de defesa comercial.

No histórico de investigações de defesa comercial no Brasil, apenas em dois casos a indústria doméstica foi representada por empresas com participação menor do que 50% da produção nacional, ainda que em percentuais elevados (entre 45-46%), circunstâncias em que seria possível que os demais produtores nacionais bloqueassem a investigação ao se opor à investigação.

MEDIDA ANTIDUMPING – LONA DE PVC – INVESTIGAÇÃO ORIGINAL – COREIA DO SUL E CHINA
RESOLUÇÃO CAMEX N. 51, DE 23 DE JUNHO DE 2016

Trata-se de investigação referente à aplicação de direito antidumping (investigação originária) às importações de lona de policloreto de vinila (PVC) com reforço têxtil revestido em ambas as faces, originárias da Coreia do Sul e China.

Especificamente no que se refere à definição da indústria doméstica, considerou-se a linha de produção de lona de PVC da empresa Sansuy S/A Indústria de Plásticos em Recuperação Judicial, cuja produção, entre outubro de 2013 e setembro de 2014, representou 46,3% da produção nacional do produto similar doméstico.

Fonte: Resolução CAMEX n. 51, de 23 de junho de 2016[39].

A consequência prática dessa conceituação de indústria doméstica na (ii) configuração do dano, importante mencionar que apenas irão compor a análise de dano os indicadores da indústria doméstica, ou seja, daquelas empresas peticionárias que apresentarem todos os seus dados ao DECOM (ou até mesmo aquelas empresas que manifestaram apoio e apresentaram, mesmo que de modo não obrigatório, seus dados). Ou seja, para fins de composição do cenário de dano, os dados analisados serão aqueles da peticionária adicionados àqueles produtores que apresentarem seus dados, compondo, portanto, a indústria doméstica. Os demais produtores nacionais, tenham eles manifestado apoio (apresentando tão somente dados de volume ou valor de produção e volume de vendas no mercado interno durante o período de análise de dano para fins de composição do mercado domés-

---

fios e perspectivas atuais – Volume III. Brasília: Faculdade de Direito – UnB, 2021. Disponível em: <https://www.amandaathayde.com.br/livros-organizados>. Acesso em: 7 abr. 2022.

[38] ATHAYDE, Amanda; MARSSOLA, Julia; VIEGAS, Maria Augusta; LEITE, Victor. *Defesa comercial e direito societário:* partes relacionadas em investigações antidumping. Belo Horizonte: Ed. Fórum, 2021.

[39] BRASIL. Resolução CAMEX n. 51, de 23 de junho de 2016. Disponível em: <http://www.camex.gov.br/resolucoes-camex-e-outros-normativos/58-resolucoes-da-camex/1650-resolucao-n-51-de-23-de-junho-de-2016>. Acesso em: 24 maio 2022.

tico), e aqueles demais produtores nacionais que se opuseram expressamente ou que não responderam não irão compor essa análise do dano. Ou seja, no limite, pode ser que a indústria doméstica esteja com indicadores de dano bastante severos, mas que isso não reflita a realidade de todas as empresas que possuem produção nacional. Isso não impacta a análise em si dos indicadores de dano da indústria doméstica, mas poderá sinalizar, eventualmente, a existência de um outro fator de dano que não apenas as importações objeto da investigação, mas eventualmente uma situação de concorrência nacional que configure, assim, um critério de não atribuição do dano, a afetar a análise de causalidade.

MEDIDA ANTIDUMPING – PNEUS AGRÍCOLAS – INVESTIGAÇÃO ORIGINAL – CHINA
RESOLUÇÃO CAMEX N. 3, DE 16 DE FEVEREIRO DE 2017

Trata-se de investigação referente à aplicação de direito antidumping (investigação original) às importações de pneus agrícolas, originárias da China.

Especificamente no que se refere à definição da indústria doméstica, não tendo sido possível reunir a totalidade dos produtores do produto similar doméstico, definiu-se como indústria doméstica, para fins de determinação final de dano, a linha de produção de pneus agrícolas da empresa TP Industrial, que representou 45,8% da produção nacional do produto similar doméstico de julho de 2014 a junho de 2015.

Fonte: Resolução CAMEX n. 3, de 16 de fevereiro de 2017[40].

MEDIDA ANTIDUMPING – PORCELANATOS – 1ª REVISÃO – CHINA
RESOLUÇÃO GECEX N. 254, DE 24 DE SETEMBRO DE 2021

Trata-se de investigação referente à prorrogação (primeira revisão) do direito antidumping definitivo aplicado às importações de porcelanato técnico, originárias da China.

Especificamente no que se refere à análise de probabilidade de continuação ou retomada do dano, consideraram-se fatores específicos relacionados à modificação da indústria doméstica. Ainda que esta tenha apresentado melhora em grande parte de seus indicadores – tais como aqueles relacionados ao produto similar, em especial os volumes de produção, de vendas e de faturamento quando considerado o período de análise da revisão –, determinados indicadores, por outro lado, apresentaram piora, em especial aqueles relacionados a rentabilidade, como resultados e margens. Referidos indicadores negativos explicaram-se em grande parcela, pelas alterações observadas nas condições do mercado brasileiro, especialmente àquelas relacionadas a um novo entrante, que aumentou a oferta de produtos por meio de volumes relevantes de produção, vendidos a preços mais competitivos que os anteriormente observados na indústria doméstica.

Fonte: Resolução GECEX n. 254, de 24 de setembro de 2021[41].

---

[40] BRASIL. Resolução CAMEX n. 3, de 16 de fevereiro de 2017. Disponível em: <http://www.camex.gov.br/resolucoes-camex-e-outros-normativos/58-resolucoes-da-camex/1782-resolucao-n-03-de-16-de-fevereiro-de-2017>. Acesso em: 24 maio 2022.

[41] BRASIL. Resolução GECEX n. 254, de 24 de setembro de 2021. Disponível em: <https://www.in.gov.br/web/dou/-/resolucao-gecex-n-254-de-24-de-setembro-de-2021-347589296>. Acesso em: 24 maio 2022.

2 • Investigações antidumping – teoria e prática

Existe ainda a possibilidade excepcional de se definir uma "indústria subnacional", nos termos do art. 4.1(b) do Acordo Antidumping da OMC. Segundo seus termos, (b) em circunstâncias excepcionais, o território de um Membro poderá, no caso do referido produto, ser dividido em dois ou mais mercados competitivos; os produtores em cada um desses mercados poderão ser considerados como indústrias independentes se: (a) os produtores em atividade em um desses mercados vendem toda ou quase toda sua produção do bem em questão no interior deste mesmo mercado e (b) a demanda nesse mercado não é suprida em proporção substancial por produtores daquele mesmo bem estabelecidos em outro ponto do território. Em tais circunstâncias, dano poderá ser encontrado mesmo quando proporção significativa da produção nacional não esteja sofrendo dano, desde que haja concentração das importações a preços de dumping no interior daquele mercado específico e, mais ainda, desde que as importações a preços de dumping estejam causando dano aos produtores de "toda ou quase toda a produção efetuada dentro daquele mercado"[42]. Verifica-se, portanto, a necessidade de existir paralelismo entre o território em que se concentram as importações e o território em que se constata o dano. Igualmente, eventual medida aplicada incidiria apenas aos produtos importados para fins de consumo final naquela área correspondente à definição de indústria subnacional (art. 4.2 do Acordo Antidumping da OMC e art. 81 do Decreto n. 8.058/2013).

 ARGENTINA — DEFINITIVE ANTI-DUMPING DUTIES ON POULTRY FROM BRAZIL

"7.337 O artigo 4.1 prevê na parte relevante:

(b) Avaliação pelo Painel 7.337 O artigo 4.1 prevê na parte relevante: 'Para os fins do presente Acordo, o termo 'indústria nacional' deve ser interpretado como referindo-se aos produtores nacionais como um todo de produtos similares ou àqueles cuja produção coletiva dos produtos constitui uma proporção importante da produção nacional total desses produtos...'.

(...)

7.340 Quanto ao significado comum da expressão 'proporção maior', o Brasil afirma que o termo 'proporção maior' é sinônimo de 'parte maior', que por sua vez é definido como 'a maioria'. 219 O Brasil afirma que 'a maioria' é entendida como 'o maior número ou parte'. O Brasil afirma que 46% da produção doméstica total não pode ser considerada como a maior parte de 100% da produção doméstica total. As Comunidades Europeias e os Estados Unidos afirmam que a palavra 'maioria' não significa necessariamente 'maioria', mas também pode significar 'extraordinariamente importante, séria, ou significativa'.

---

[42] A este respeito, sugere-se a interpretação de que o dano incorrido em um caso de indústria subnacional parece ter que afetar "toda ou quase toda a produção efetuada dentro daquele mercado", diferentemente de um caso tradicional de conceituação de indústria doméstica, que afeta apenas uma "proporção significativa".

Curso de Defesa Comercial e Interesse Público no Brasil: teoria e prática

> 7.341 Ao considerar estas diferentes definições do dicionário, notamos que a palavra 'major' também é definida como 'importante, séria ou significativa'. 222 . Além disso, o Artigo 4.1 não define a 'indústria doméstica' em termos de produtores da maior proporção da produção doméstica total. Em vez disso, o Artigo 4.1 se refere aos produtores de uma proporção importante da produção doméstica total. Se o Artigo 4.1 tivesse se referido à proporção maior, a exigência teria sido claramente definir a 'indústria doméstica' como os produtores que constituem mais de 50% da produção doméstica total. 224 Entretanto, a referência a uma proporção maior sugere que pode haver mais de uma 'proporção maior' para fins de definição de 'indústria doméstica'. No caso de múltiplas 'proporções maiores', é inconcebível que cada 'proporção maior' individual possa – ou deva – exceder 50 por cento. Isto, portanto, apoia nossa conclusão de que é admissível definir a 'indústria doméstica' em termos de produtores domésticos de uma proporção importante, séria ou significativa da produção doméstica total. Por estas razões, concluímos que o Artigo 4.1 do Acordo AD não exige que os Membros definam a 'indústria nacional' em termos de produtores nacionais que representem a maioria, ou 50+ por cento, da produção doméstica total. (...)" [tradução livre]

Fonte: WT/DS241/R, parágrafos 7.337, 7.340, 7.341[43-44].

---

[43] *7.337 Article 4.1 provides in relevant part:*
(b) Evaluation by the Panel 7.337 Article 4.1 provides in relevant part: "For the purposes of this Agreement, the term "domestic industry" shall be interpreted as referring to the domestic producers as a whole of the like products or to those of them whose collective output of the products constitutes a major proportion of the total domestic production of those products ..."
(...)
7.340 Regarding the ordinary meaning of the phrase "major proportion", Brazil asserts that the term "major proportion" is synonymous with "major part", which in turn is defined as "the majority".219 Brazil submits that "the majority" is understood to mean "the greater number or part". Brazil submits that 46 per cent of total domestic production cannot be considered as the greater part of 100 per cent of total domestic production. The European Communities and the United States assert that the word "major" does not necessarily mean "majority", but may also mean "unusually important, serious, or significant".
7.341 In considering these different dictionary definitions, we note that the word "major" is also defined as "important, serious, or significant".222 Accordingly, an interpretation that defines the domestic industry in terms of domestic producers of an important, serious or significant proportion of total domestic production is permissible.223 Indeed, this approach is entirely consistent with the Spanish version of Article 4.1, which refers to producers representing "una proporción importante" of domestic production. Furthermore, Article 4.1 does not define the "domestic industry" in terms of producers of the major proportion of total domestic production. Instead, Article 4.1 refers to producers of a major proportion of total domestic production. If Article 4.1 had referred to the major proportion, the requirement would clearly have been to define the "domestic industry" as producers constituting 50+ per cent of total domestic production.224 However, the reference to a major proportion suggests that there may be more than one "major proportion" for the purpose of defining "domestic industry". In the event of multiple "major proportions", it is inconceivable that each individual "major proportion" could – or must – exceed 50 per cent. This therefore supports our finding that it is permissible to define the "domestic industry" in terms of domestic producers of an important, serious or significant proportion of total domestic production. For these reasons, we find that Article 4.1 of the AD Agreement does not require Members to define the "domestic industry" in terms of domestic producers representing the majority, or 50+ per cent, of total domestic production. (...).

No mesmo sentido da norma multilateral, o art. 36 do Decreto n. 8.058/2013 determina que em circunstâncias excepcionais, nas quais o território brasileiro possa ser dividido em dois ou mais mercados distintos, o termo "indústria doméstica" poderá ser interpretado como o conjunto de produtores domésticos de cada um desses mercados separadamente. Sendo que esse conjunto de cada um dos referidos mercados poderá ser considerado indústria doméstica subnacional se: I – os produtores venderem toda ou quase toda a produção do produto similar no mesmo mercado; e II – a demanda no mercado não for suprida em proporção substancial por produtores do produto similar estabelecidos fora desse mercado. Nessa hipótese, poderá ser determinada a existência de dano mesmo quando parcela importante da indústria nacional não estiver sendo afetada, desde que haja concentração das importações do produto objeto da investigação no mercado e que estas estejam causando dano à indústria doméstica subnacional (definida neste caso como "toda ou quase toda a produção subnacional").

INVESTIGAÇÃO ANTIDUMPING – CIMENTOS – PRIMEIRA REVISÃO – MÉXICO E VENEZUELA
PORTARIA INTERMINISTERIAL MICT/MF N. 46, DE 12 DE JULHO DE 2000
RESOLUÇÃO CAMEX N. 18, DE 25 DE JULHO DE 2006

Trata-se de investigação referente à aplicação de direitos antidumping às importações de cimento portland, originárias do México e da Venezuela, encerrada em 2011.

No que se refere à consideração de indústria doméstica como subnacional, trata-se daquela relacionada ao cimento Portland. No caso, a peticionária logrou comprovar, no curso da investigação, que efetivamente representava a indústria de cimento Portland do mercado competidor constituído pelos estados do Acre (AC), Amazonas (AM), Roraima (RR) e pela região compreendida a oeste do estado do Pará (PA), limitada pelo meridiano 53º. No período de investigação de dano, a empresa vendeu nesse mesmo mercado a quase totalidade de sua produção. Ademais, tendo em vista a participação das vendas de produtores estabelecidos em outros pontos do território nacional no mesmo mercado, concluiu-se que a demanda não era suprida por eles em proporção substancial. Finalmente, constatou-se a concentração das importações a preços de dumping, originárias do México e da Venezuela no mercado competidor.

Fonte: Portaria Interministerial MICT/MF n. 46, de 12 de julho de 2000[45];
Resolução CAMEX n. 18, de 25 de julho de 2006[46].

---

[44] OMC. Argentina — Definitive Anti-Dumping Duties on Poultry from Brazil. WT/DS241/R, paras. 7.337, 7.340, 7.34. Disponível em. <https://docs.wto.org/dol2fe/Pages/SS/directdoc.aspx?filename=Q:/WT/DS/241R-00.pdf&Open=True>. Acesso em: 31 maio 2022.

[45] BRASIL. Portaria Interministerial MICT/MF n. 46, de 12 de julho de 2000. Disponível: <http://www.comexresponde.gov.br/portalmdic/arquivos/dwnl_1221842744.pdf >. Acesso em: 24 maio 2022.

[46] BRASIL. Resolução CAMEX n. 18, de 25 de julho de 2006. Disponível em: <http://www.camex.gov.br/component/content/article/62-resolucoes-da-camex/566>. Acesso em: 24 maio 2022.

Curso de Defesa Comercial e Interesse Público no Brasil: teoria e prática

Ainda, cumpre mencionar a possibilidade de se definir a indústria doméstica como "indústria fragmentada". Nos termos do § 1º do art. 1º do Decreto n. 9.107, de 2017, para fins de investigações de defesa comercial, considera-se indústria fragmentada aquela que envolve um número especialmente elevado de produtores domésticos. Não há uma métrica específica sobre o quantitativo que representa ou não uma indústria fragmentada na legislação. Ou seja, não há um número que automaticamente é configurado como indústria fragmentada no Brasil. O § 4º do art. 1º do Decreto n. 9.107/2017 sinaliza que a decisão pela configuração de uma indústria fragmentada será motivada e levará em conta, entre outros fatores, o grau de pulverização da produção nacional do produto em questão e a sua distribuição por parte dos produtores nacionais. Assim, caberá ao DECOM habilitar a produção nacional de determinado produto como indústria fragmentada para fins de investigações de defesa comercial, conforme previsto no § 2º do art. 1º do Decreto n. 9.107/2017, e nos arts. 9º, § 2º, e 133, § 2º, da Portaria SECEX n. 171/2022, de modo que essa habilitação permanecerá válida até decisão em contrário do DECOM.

As informações necessárias para a habilitação da produção nacional de determinado produto como indústria fragmentada podem ser encontradas na Portaria SECEX n. 171/2022. Entre outras disposições, essa portaria estabelece quem pode solicitar a habilitação, o conteúdo que deve ser apresentado na solicitação de habilitação como indústria fragmentada e os prazos do procedimento de habilitação. Registre-se que, nos casos de indústrias fragmentadas, devido ao nível de desagregação da indústria doméstica e à maior dificuldade de coordenação entre seus agentes, os prazos para protocolo de petições e de informações complementares a petições e as informações exigidas nessas petições poderão ser flexibilizadas. Assim, o que se concede na regulamentação hoje em vigor às indústrias fragmentadas é, substancialmente, um tratamento processual diferenciado. Ou seja, deferida a habilitação, a petição da respectiva investigação de defesa comercial deverá ser apresentada de acordo com o prazo definido pelo DECOM, o qual nunca será superior a dez meses do encerramento do período de investigação. Trata-se, assim, de prazo mais alongado do que para as demais indústrias domésticas que não sejam fragmentadas. Ademais, há o tratamento de se demonstrar o grau de apoio expresso ou rejeição expressa à petição por meio de procedimento de amostragem estatisticamente válido (nota de rodapé 13 do AAD e art. 37, § 3º, do Decreto n. 8.058/2013).

Uma vez iniciada a investigação de defesa comercial de uma indústria doméstica que foi habilitada como fragmentada, as demais partes interessadas podem se manifestar sobre o tema, por meio da apresentação de recurso sobre a decisão do DECOM de habilitar a produção nacional de determinado produto como indústria fragmentada. Caso sejam apresentados elementos que justifiquem a não configuração daquela indústria doméstica como fragmentada, não apenas a sua habilitação será reconsiderada, mas toda a investigação será imediatamente encerrada, sem análise do mérito.

Cumpre ainda mencionar que a habilitação da produção nacional de determinado produto como indústria fragmentada poderá ser utilizada para o peticionamento de outros procedimentos de defesa comercial em momento posterior ao prazo previsto na Portaria SECEX n. 171/2022, mediante prévia consulta ao DECOM. Ou seja, ainda que a petição tenha sido indeferida ou a investigação tenha sido encerrada posteriormente ao seu início (por outras razões que não a sua configuração como fragmentada), a indústria doméstica que foi habilitada como fragmentada poderá aproveitar essa habilitação anterior para um novo peticionamento, seja de uma nova investigação original seja para uma avaliação de escopo, por exemplo.

 MEDIDA ANTIDUMPING – MEIAS – INVESTIGAÇÃO ORIGINAL – CHINA, PARAGUAI E HONG KONG
CIRCULAR SECEX N. 54, DE 27 DE AGOSTO DE 2021

Trata-se de investigação iniciada para averiguar a existência de dumping nas exportações da China, Paraguai e de Hong Kong para o Brasil. O procedimento foi encerrado sem julgamento de mérito, dada a falta de acurácia e inadequação das informações prestadas pela indústria doméstica. Encerrada também a avaliação de interesse público relacionada, em razão de falta de objeto.

No que se refere à habilitação como indústria fragmentada, reconheceu-se a pulverização da produção nacional, o elevado número de produtores nacionais e a distribuição da produção em todas as regiões do País. No entanto, após análise minuciosa das explicações fornecidas pela peticionária e levando em conta as manifestações de todas as partes interessadas, observaram-se problemas nos procedimentos de coleta, tratamento, análise crítica e revisão de dados utilizados para a instrução da petição de início da investigação, por meio da aplicação de questionários junto às 35 empresas que compuseram a indústria doméstica fragmentada.

Fonte: Circular SECEX n. 54, de 27 de agosto de 2021[47].

 MEDIDA ANTIDUMPING – CALÇADOS – 2ª REVISÃO – CHINA
RESOLUÇÃO GECEX N. 303, DE 23 DE FEVEREIRO DE 2022

Trata-se de investigação referente à prorrogação (segunda revisão) de medida antidumping aplicada às importações de calçados, originárias da China. No que se refere à habilitação como indústria fragmentada, o DECOM concluiu que a produção nacional

---

[47] BRASIL. Circular SECEX n. 54, de 27 de agosto de 2021. Disponível em: <https://www.gov.br/produtividade-e-comercio-exterior/pt-br/acesso-a-informacao/legislacao/circulares-secex/2021/circular-secex-54_2021.pdf/view>. Acesso em: 24 maio 2022.

de calçados apresentou características de indústria fragmentada, o que ensejou a habilitação como indústria fragmentada para fins de defesa comercial.

Entre as informações apresentadas pela peticionária (Abicalçados), da produção nacional, tendo em vista o elevado número de produtores nacionais de calçados (as informações apresentadas na petição relativa a 2018 indicaram haver 6.095 produtores nacionais de calçados) e a distribuição da produção em todas as regiões do país, ainda que se observe concentração nas regiões Sul (39%) e Sudeste (48,7%). Verificou-se, ainda, significativa pulverização da produção, tendo em conta o porte das empresas fabricantes de calçados (foram identificadas 4.704 microempresas, 1.044 pequenas empresas, 276 médias empresas e 71 grandes empresas), bem como seu volume de produção e vendas (observou-se, com base nas estimativas da produção nacional, que um total de 104 empresas identificadas individualmente representariam, em conjunto, apenas 49% da produção nacional estimada).

Fonte: Resolução GECEX n. 303, de 23 de fevereiro de 2022[48].

 MEDIDA ANTIDUMPING – MALHAS DE VISCOSE – 1ª REVISÃO (EM CURSO) CHINA
CIRCULAR SECEX N. 9, DE 16 DE FEVEREIRO DE 2022

Trata-se de investigação referente à revisão do direito antidumping aplicado às importações brasileiras de malhas de viscose, originárias da República Popular da China.

No que se refere à habilitação como indústria fragmentada, o Departamento de Defesa Comercial e Interesse Público – DECOM considerou que foram cumpridas as exigências dispostas na Portaria SECEX n. 41, de 2018, e concluiu que a produção nacional de malhas de viscose apresentou características de indústria fragmentada no período de janeiro a dezembro de 2020, o que ensejou a habilitação da produção nacional de malhas de viscose como indústria fragmentada para fins de defesa comercial. Entre as informações apresentadas pela ABIT (peticionária), destacou-se aparente concentração da produção nacional nas regiões Sul e Sudeste, a significativa pulverização da produção nacional, tanto considerando o número de produtores nacionais, como considerando o porte destas empresas; o volume da produção nacional e o volume de vendas no mercado brasileiro.

Fonte: Circular SECEX n. 9, de 16 de fevereiro de 2022[49].

 MEDIDA ANTIDUMPING – ALHOS – 4ª REVISÃO – CHINA
PORTARIA SECINT N. 4.593, DE 2 DE OUTUBRO DE 2019

Trata-se de investigação referente à prorrogação do direito antidumping (4ª revisão) aplicado às importações de alhos frescos ou refrigerados, originárias da China.

---

[48] BRASIL. Resolução GECEX n. 303, de 23 de fevereiro de 2022. Disponível em: <https://www.in.gov.br/web/dou/-/resolucao-gecex-n-303-de-23-de-fevereiro-de-2022-383062511>. Acesso em: 24 maio 2022.

[49] BRASIL. Circular SECEX n. 9, de 16 de fevereiro de 2022. Disponível em: <https://www.in.gov.br/en/web/dou/-/circular-n-9-de-16-de-fevereiro-de-2022-380784182>. Acesso em: 26 maio 2022.

> No que se refere à habilitação como indústria fragmentada, ainda que os elementos constantes na Portaria apontassem para o caráter fragmentário da indústria de alhos no Brasil, a peticionária não se utilizou do procedimento de habilitação como indústria fragmentada específico, o que – conforme apontado acima – lhe garantiria prazos mais flexíveis para protocolo de petições e informações complementares e análise de informações. Importante destacar observação disposta na Portaria que mesmo que reconhecido o caráter fragmentário da indústria, não é necessário que a petição inicial do caso contenha os dados referentes a produtores responsáveis por menos de 25% da produção nacional – o que tratar-se-ia de leitura equivocada acerca da normativa brasileira.

Fonte: Portaria SECINT n. 4.593, de 2 de outubro de 2019[50].

Ressalte-se, por fim, que a indústria nacional poderá ser definida de modo diferente quando houver bloco econômico que adquira características de mercado único, *vide* art. 4.3 do Acordo Antidumping da OMC. Nessa hipótese, a indústria contida na totalidade da área integrada será considerada como a indústria nacional quando dois ou mais países tiverem atingido tal nível de integração, como previsto no disposto no parágrafo 8(a) do Artigo XXIV do GATT 1994.

2.2.3. Análise das importações

A análise das importações é um dos elementos necessários para a determinação do dano. Conforme o art. 30 do Decreto n. 8.058/2013, a determinação de dano será baseada em elementos de prova e incluirá o exame objetivo do: I – volume das importações objeto de dumping; II – efeito das importações objeto de dumping sobre os preços do produto similar no mercado brasileiro; e III – consequente impacto de tais importações sobre a indústria doméstica.

Nos termos do § 1º deste art. 30 do Decreto n. 8.058/2013, o exame do volume das importações do produto objeto da investigação considerará se houve aumento significativo dessas importações tanto em termos absolutos quanto em relação à produção ou ao consumo no Brasil (ou seja, em termos relativos), durante o período de investigação do dano[51]. Cumpre frisar que as importações do produto objeto da investigação correspondem às importações do produto origi-

---

[50] BRASIL. Portaria SECINT n. 4.593, de 2 de outubro de 2019. Disponível em: <http://www.camex.gov.br/resolucoes-camex-e-outros-normativos/124-portarias-secint/2478-portaria-secint-n-4-593-de-2-de-outubro-de-2019>. Acesso em: 26 maio 2022.

[51] O Acordo Antidumping da OMC não prevê quais seriam os períodos de investigação de dumping e dano. Existe a Recomendação do Comitê Antidumping (documento G/ADP/6) sugerindo 1 ano, em geral, mas nunca menos de 6 meses, para o período de análise de dumping, e também de 3 anos pelo menos para o período de análise de dano. O art. 48 do Decreto n. 8.058/2013 fixou esses prazos em 12 meses para o dumping e em 60 meses para o dano. Ademais, fixou objetivamente quando iniciam e terminam tais períodos, de acordo com a data de protocolo da petição. Assim, trata-se de regra OMC *Plus.*

nárias dos países sujeitos à investigação. Assim, a análise dos volumes de importação em termos absolutos e relativos pode ser assim resumida:

Imagem – Análise das importações em termos absolutos e relativos

Fonte: elaboração própria.

Conforme Guia das Investigações Antidumping do DECOM[52], na análise das importações em termos absolutos, observa-se o comportamento do volume e do valor: i) das importações do produto originárias dos países investigados, ii) das importações do produto originárias dos demais países e iii) das importações totais do produto. Esses comportamentos são analisados individualmente, bem como em comparação um com o outro, a fim de avaliar se houve aumento absoluto significativo das importações do produto objeto da investigação, se houve aumento da participação dessas importações nas importações totais do produto e se houve aumento dessas importações em relação às importações do produto provenientes das demais origens. Cumpre esclarecer que o DECOM analisa a evolução de cada um dos indicadores supracitados ao longo dos cinco subperíodos de investigação de dano (via de regra)[53].

---

[52] Guia de Investigações Antidumping do DECOM, 2022. Disponível em: <https://www.gov.br/produtividade-e-comercio-exterior/pt-br/assuntos/comercio-exterior/defesa-comercial-e-interesse-publico/guias>. Acesso em: 3 maio 2022.

[53] O Acordo Antidumping da OMC não prevê quais seriam os períodos de investigação de dumping e dano. Existe a Recomendação do Comitê Antidumping (documento G/ADP/6) sugerindo 1 ano, em geral, mas nunca menos de 6 meses, para o período de análise de dumping, e também de 3 anos pelo menos para o período de análise de dano. O art. 48 do Decreto n. 8.058/2013 fixou esses prazos em 12 meses para o dumping e em 60 meses para o dano. Ademais, fixou objetivamente quando iniciam e terminam tais períodos, de acordo com a data de protocolo da petição. Assim, trata-se de regra OMC *Plus*.

Imagem – Análise das importações (volume, valor e preço) em termos absolutos

IMPORTAÇÕES TOTAIS (VOLUME, VALOR E PREÇO)						
	P1	P2	P3	P4	P5	P1 – P5
Origem investigada 1						
Origem investigada 2						
Total (sob análise)						
Origem investigada 3						
Origem investigada 4						
Total (exceto sob análise)						
Total geral						

Fonte: elaboração própria.

Por sua vez, na análise das importações em termos relativos, avalia-se se houve aumento significativo das importações do produto objeto da investigação no mercado brasileiro e em relação à produção e ao consumo no Brasil. Assim, para compreender a análise em termos relativos, é preciso apresentar o conceito de mercado brasileiro, apresentado a seguir:

Imagem – Conceito de mercado brasileiro

ALTERNATIVAMENTE...

Fonte: elaboração própria.

Curso de Defesa Comercial e Interesse Público no Brasil: teoria e prática

Assim, na análise das importações em termos relativos ao mercado brasileiro e em termos da produção, portanto, tipicamente é realizada uma análise nos seguintes termos:

Imagem – Análise das importações (volume) em termos relativos ao mercado brasileiro

IMPORTAÇÕES TOTAIS (VOLUME, VALOR E PREÇO)						
	P1	P2	P3	P4	P5	P1 – P5
Mercado brasileiro (A+B+C)						
A. Vendas internas – indústria doméstica						
B. Vendas internas – outras empresas						
C. importações totais						
C1. Importações – origens sob análise						
C2. Importações – outras origens						
PARTICIPAÇÃO NO MERCADO BRASILEIRO						
Participação das vendas internas da indústria doméstica {A/(A+B+C)}						
Participação das vendas internas de outras empresas {B/(A+B+C)}						
Participação das importações totais {C/(A+B+C)}						
Participação das importações – outras origens {C2/(A+B+C)}						
REPRESENTATIVIDADE DAS IMPORTAÇÕES DE ORIGENS SOB ANÁLISE						
Participação no mercado brasileiro {C1/(A+B+C)}						
Participação nas importações totais {C1/C}						
F. Volume de produção nacional {F1+F2}						
F1. Volume de produção – indústria doméstica						
F2. Volume de produção – outras empresas						
Relação com o volume de produção nacional {C1/F}						

Fonte: elaboração própria.

Incumbe destacar que, caso haja consumo cativo, a análise das importações em termos relativos poderá ser dividida em duas partes, quais sejam: análise em relação ao mercado brasileiro e análise em relação ao consumo nacional aparente. É necessário, portanto, diferenciar ambos os conceitos, para que se possa avançar:

- Para fins de determinação do mercado brasileiro, são considerados: i) o volume total de vendas no mercado interno brasileiro do produto similar doméstico de fabricação própria, líquido de devoluções, bem como ii) o volume das importações totais do produto, independentemente de sua origem. Note-se que as revendas de produtos importados por produtores nacionais não são consideradas no volume total de vendas desses produtores no mercado interno brasileiro, uma vez que já estão incluídas no volume das importações totais do produto, evitando-se, assim, dupla contagem. Destaque-se que o volume de vendas no mercado interno inclui tanto aquele referente às vendas do produto similar de fabricação própria das empresas que apresentaram a petição quanto aquele referente às vendas do produto similar de fabricação própria de outras empresas produtoras nacionais. A mesma lógica se aplica ao consumo cativo na determinação do consumo nacional aparente, de modo que é considerado tanto o consumo cativo dos peticionários quanto o de outras empresas nacionais produtoras do produto similar, caso tais outras empresas tenham apresentado os dados necessários.

- Para fins de determinação do consumo nacional aparente, são considerados: i) no mercado brasileiro do referido produto acrescido ii) do volume total do produto similar fabricado no Brasil e destinado para consumo cativo. O consumo nacional aparente, portanto, pode ser maior que o mercado brasileiro, uma vez que também considera parte da demanda nacional que apenas pode ser suprida por produtos fabricados pelo próprio demandante (consumo cativo). Ou seja, o consumo nacional aparente também considera o produto similar de fabricação própria que, embora consumido no Brasil, não é destinado à venda no mercado interno brasileiro. Por essa razão, o consumo nacional aparente pode incluir, por exemplo, o volume produzido do produto similar utilizado como matéria-prima ou insumo na fabricação de outros produtos pela própria empresa produtora nacional, sem emissão de nota fiscal de venda, do produto similar de fabricação própria entre plantas da mesma empresa.

Imagem – Conceito de consumo nacional aparente

Fonte: elaboração própria.

Curso de Defesa Comercial e Interesse Público no Brasil: teoria e prática

Assim, na análise das importações em termos relativos são avaliadas tanto a evolução: i) do mercado brasileiro, ii) do consumo nacional aparente (se houver consumo cativo); iii) da produção nacional do produto similar, separadamente, ao longo do período de investigação de dano, quanto à evolução; iv) da participação das importações do produto objeto da investigação no mercado brasileiro; v) da participação das importações do produto objeto da investigação no consumo nacional aparente; e vi) da relação dessas importações com a produção nacional no período supracitado. Na análise das importações em termos relativos ao consumo nacional aparente, portanto, tipicamente é realizada uma análise nos seguintes termos:

Imagem – Análise das importações (volume) em termos relativos ao consumo nacional aparente

DO MERCADO BRASILEIRO E DA EVOLUÇÃO DAS IMPORTAÇÕES (EM VOLUME)						
	P1	P2	P3	P4	P5	P1 – P5
Mercado brasileiro (A+B+C)						
A. Vendas internas – indústria doméstica						
B. Vendas internas – outras empresas						
C. importações totais						
C1. Importações – origens sob análise						
C2. Importações – outras origens						
CONSUMO NACIONAL APARENTE						
CNA {A+B+C+D}						
D. Consumo cativo						
REPRESENTATIVIDADE DAS IMPORTAÇÕES DE ORIGENS SOB ANÁLISE						
Participação no mercado brasileiro {C1/(A+B+C)}						
Participação no CNA {C1/(A+B+C+D)}						
Participação nas importações totais {C1/C}						
F. Volume de produção nacional {F1+F2}						
F1. Volume de produção – indústria doméstica						
F2. Volume de produção – outras empresas						
Relação com o volume de produção nacional {C1/F}						

Fonte: elaboração própria.

2 • Investigações antidumping – teoria e prática

Mas como são obtidos os dados referentes às importações do produto objeto da investigação e do produto similar estrangeiro? O Guia das Investigações Antidumping do DECOM[54] explica que, pós o recebimento da petição, o DECOM solicita à Secretaria Especial da Receita Federal do Brasil (RFB) os dados de importação do produto investigado de todas as origens, com base na sua classificação na Nomenclatura Comum do Mercosul (NCM), a qual é informada na petição. Logo, são solicitados dados de importação do produto objeto da investigação (importações provenientes das origens investigadas) e do produto similar estrangeiro (importações provenientes das demais origens).

Na maior parte das investigações antidumping conduzidas pelo DECOM, a classificação tarifária do produto objeto da investigação também engloba outros produtos. Faz-se necessário, portanto, depurar[55] os dados de importação recebidos da RFB, para que sejam identificadas apenas as operações do produto objeto da investigação e do produto similar estrangeiro. Essa depuração é feita com base nas descrições detalhadas das mercadorias contidas nos dados de importação da RFB e considera não somente a descrição do produto apresentada na petição, mas também outras informações sobre ele apresentadas pelas partes interessadas no decorrer da investigação, tal como respostas aos questionários do DECOM. Assim, a análise da evolução das importações no início da investigação será realizada com base nas informações trazidas pelo peticionário e nos dados fornecidos pela RFB.

Já as determinações preliminares e finais serão realizadas com base nessas informações e naquelas fornecidas pelas outras partes após o início da investigação. Por exemplo, um importador pode comprovar que seus produtos não se enquadram na definição de produto investigado, o que afetará o volume e o valor das importações do produto objeto da investigação e do produto similar estrangeiro, entre outros indicadores. Por essa razão, os dados de importação constantes dos pareceres e notas técnicas do DECOM podem variar ao longo da investigação.

---

[54] Guia de Investigações Antidumping do DECOM, 2022. Disponível em: <https://www. gov. br/produtividade-e-comercio-exterior/pt-br/assuntos/comercio-exterior/defesa-comercial -e-interesse-publico/guias>. Acesso em: 3 maio 2022.

[55] Na prática, como a depuração é feita com base na descrição do produto importado, conforme consignada pelo importador na Declaração de Importação (DI), muitas vezes não é possível identificar, para fins de início, se se trata de produto objeto da investigação ou não. Quando isso ocorre, os produtos para os quais houve dúvida são "classificados", diga-se especialmente para fins de início, como sujeitos à investigação. A lógica desse procedimento é possibilitar a participação dos importadores desses produtos, que receberão o questionário do importador e poderão trazer esclarecimentos aos autos da investigação.

Curso de Defesa Comercial e Interesse Público no Brasil: teoria e prática

2.3. Do dumping

Para que seja aplicada uma medida antidumping, é necessária a comprovação da prática do dumping, da existência de dano, e do nexo de causalidade entre ambos[56]. Esta seção se concentrará no primeiro desses três pilares. Dessa forma, a determinação de dumping envolve: Apuração do valor normal (2.3.1); Apuração do preço de exportação (2.3.2); Comparação entre o preço de exportação e o valor normal e Determinação da margem de dumping (2.3.3). Pode-se entender, em grandes linhas, o dumping como a diferença entre o valor normal e o preço de exportação[57] no país de origem, conforme imagem a seguir.

---

[56] Para Thomas Klitgaard e Karen Schiele, os procedimentos de análise das alegações de dumping são bastante questionáveis. Isso, pois, segundo os autores, considera-se, como evidência de um comportamento ilegal por parte do mercado estrangeiro, as mesmas práticas de preços comuns ao comércio doméstico. Exemplo disso é a redução de preços, com queda no lucro, para construção de um mercado para novos produtos ou para o combate às vendas vacilantes desse mesmo produto, que no mercado doméstico é uma prática comum e, em um contexto estrangeiro, configura uma forte evidência de dumping. KLITGAARD, Thomas; SCHIELE, Karen. Free versus fair trade: the dumping issue. *Current Issues in Economics and Finance*, v. 4, n. 8, 1998. Disponível em: <https://deliverypdf.ssrn.com/delivery.php?ID=708020093087021085090078075085099109059004061032064017118120015005089095031084107089101045036122006102119124127115030117007060000030048065113127124011081002093004042050070105077086025019004103117127023122127126084002065089072025091030080089093110&EXT=pdf&INDEX=TRUE>. Acesso em: 31 maio 2022.

[57] Julio Nogues e Elias Baracat, ao analisarem a política econômica de antidumping e de salvaguardas na Argentina, observam um fator interessante. Segundo os autores, as disciplinas da OMC sobre esses remédios comerciais perdem sua eficácia quando a taxa de câmbio está sobrevalorizada. Isso, pois, nessa situação de prejuízo grave a todos, a métrica básica prevista para a análise das medidas antidumping e de salvaguardas perde sua capacidade de distinguir as indústrias, não sendo possível, portanto, limitar suas aplicações. Desse modo, as disciplinas da OMC, segundo os autores, tornam-se mais aparentes do que reais. NOGUÉS, Julio J.; BARACAT, Elías. Political economy of antidumping and safeguards in Argentina. *World Bank Publications*, 2005. Disponível em: <https://books.google.com.br/books?hl=pt-BR&lr=&id=NFWOZKPsRbIC&oi=fnd&pg=PA1&dq=NOGU%C3%89S,+Julio+-J.%3B+BARACAT,+El%C3%ADas.+Political+economy+of+antidumping+and+safeguards-+in+Argentina.+&ots=Iu8sNPJiYp&sig=bP9IJe3iKDxN7_ATpqpdqnBLFXs#v=onepage&q=NOGU%C3 %89S%2C%20Julio%20J.%3B%20BARACAT%2C%20El%C3%ADas.%20Political%20economy%20of%20antidumping%20and%20safeguards%20in%20Argentina.&f=false>. Acesso em: 31 maio 2022.

Imagem – Conceito de dumping

VALOR NORMAL

PREÇO DE EXPORTAÇÃO

MARGEM DE DUMPING

Fonte: elaboração própria.

Segundo o art. 2.1 do Acordo Antidumping da OMC, considera-se haver prática de dumping, isto é, oferta de um produto no comércio de outro país a preço inferior a seu valor normal, no caso de o preço de exportação do produto ser inferior àquele praticado no curso normal das atividades comerciais para o mesmo produto quando destinado ao consumo no país exportador. Exemplo: se a empresa A, localizada no país X, vende um produto nesse país por US$ 100 e exporta-o para o Brasil, em condições comparáveis de comercialização (volume, estágio de comercialização, prazo de pagamento), por US$ 80, considera-se que há prática de dumping e que a margem corresponde a US$ 20.

Barral e Brogini[58] apontam que a prática de *dumping* não é uma medida condenável *per se*, pois, é preciso identificar se esta prática de fato causa danos à indústria doméstica. Deste modo, quando é verificada a prática de *dumping* e o nexo de causalidade desta com o dano à indústria doméstica, que produz produto similar àquele importado, e após o início e a condução da devida investigação, em conformidade com a legislação vigente, uma medida antidumping, que em geral consiste na cobrança de valores adicionais para a importação do produto, poderia ser aplicada pelo governo brasileiro. Ressalte-se, aqui, porém, o caráter discricionário da aplicação da medida de defesa comercial, já que não há obrigação na normativa multilateral ou nacional de se aplicar a medida antidumping provisória ou ao final da investigação.

Importante, ainda, destacar que, apesar de haver uma convenção multilateral no sentido de que a prática de dumping é uma prática desleal de comércio,

---

[58] BARRAL, Welber; BROGINI, Gilvan. *Manual prático de defesa comercial*. São Paulo: Aduaneiras, 2007. p. 37.

não se trata de um ilícito. Ou seja, não se trata de uma prática ilegal, mas tão somente desleal para fins do comércio internacional.

Assim, a presente seção apresentará inicialmente o (2.3.1) valor normal, em seguida passará para o (2.3.2) preço de exportação e, finalmente, para (2.3.3) a margem de dumping.

2.3.1. Valor normal

Para fins da apuração do valor normal, a primeira pergunta a ser respondida é se este cálculo se refere a um país de economia de mercado (2.3.1.1) ou não economia de mercado (2.3.1.2), dado que as metodologias de apuração dependem dessa resposta prévia.

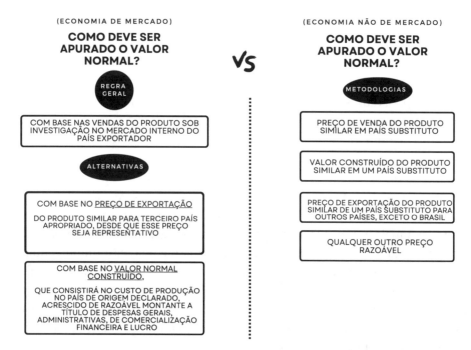

Fonte: elaboração própria.

Recorde-se que, em revisões de final de período (quando já há medida antidumping aplicada), é possível que as importações tenham continuado em volume representativo ou que elas tenham cessado/reduzido para proporção não significativa (*vide* item 2.7.2.1). Neste último caso, tem-se um cenário de análise de probabilidade de retomada de dumping, justamente pela ausência de importações ou de importações em volume não representativo. Por essa especificidade, em casos de revisões de final de período com análise de probabilidade de retomada de dumping, não será calculada margem de dumping, dado que não há fluxo comercial para que se calcule efetivamente uma margem. Em tais casos, nos termos do § 3º do art. 107 do Decreto n. 8.058/2013, será avaliada pelo DECOM a probabilidade de retomada do dumping, comparando-se o valor normal médio internalizado no mercado brasileiro com uma das duas alternativas trazidas nos incisos I e II do § 3º desse art. 107: i) o preço médio de venda do produto similar doméstico no mercado brasileiro, ou ii) o preço de exportação médio de outros fornecedores estrangeiros para o mercado brasileiro em transações feitas em quantidades representativas. Nesse caso, é avaliado se, caso a medida fosse extinta, haveria a probabilidade de as exportações voltarem e serem praticadas a preços de dumping. Caso o valor normal internalizado seja superior a qualquer das alternativas descritas, considera-se que há possibilidade de retomada do dumping, dado que o produtor/exportador teria que praticar preço de exportação para o Brasil inferior ao valor normal para competir no mercado brasileiro.

2.3.1.1 Valor normal em economias de mercado

Em se tratando de um país de economia de mercado, o termo "valor normal" refere-se ao preço do produto similar, em "operações comerciais normais" e em "quantidade suficientes", destinado ao consumo no mercado interno do país exportador, normalmente no termo de venda *ex fabrica* (arts. 8, 12 e 22 do Decreto n. 8.058/2013). Verifica-se, portanto, uma hierarquia entre as metodologias previstas para apuração do valor normal, devendo este, sempre que possível, ser determinado com base nas vendas do produto similar no mercado interno do país exportador.

**Imagem – Apuração do valor normal:
regra geral em economias de mercado**

(ECONOMIA DE MERCADO)
COMO DEVE SER APURADO O VALOR NORMAL? COM BASE NAS VENDAS DO PRODUTO SOB INVESTIGAÇÃO NO MERCADO INTERNO DO PAÍS EXPORTADOR

Fonte: elaboração própria.

Caso, porém, (i) não existam vendas do produto similar em operações comerciais normais no mercado interno do país exportador ou (ii) quando, (ii.a) em razão de condições especiais de mercado ou (ii.b) de baixo volume de vendas do produto similar no mercado interno do país exportador, não for possível comparação adequada com o preço de exportação, o valor normal será apurado, conforme previsto no art. 14 do Decreto n. 8.058/2013, com base no: I – preço de exportação do produto similar para terceiro país apropriado, desde que esse preço seja representativo; ou II – valor construído, que consistirá no custo de produção no país de origem declarado, acrescido de razoável montante a título de: a) despesas gerais; b) despesas administrativas; c) despesas de comercialização; d) despesas financeiras; e e) lucro.

Fonte: elaboração própria.

Destaque-se que não há, aparentemente, hierarquia entre as metodologias quando da apuração do valor normal para fins de início da investigação, mesmo com a indicação do art. 5.2.(iii) do Acordo Antidumping da OMC[59]. A me-

---

[59] Art. 5.2(iii) do Acordo Antidumping da OMC. "5.2 An application under paragraph 1 shall include evidence of (a) dumping, (b) injury within the meaning of Article VI of GATT 1994 as interpreted by this Agreement and (c) a causal link between the dumped imports and the alleged injury. Simple assertion, unsubstantiated by relevant evidence, cannot be considered sufficient to meet the requirements of this paragraph. The application shall contain such information as is reasonably available to the applicant on the following: (...) (iii) information on prices at which the product in question is sold when destined for consumption in the

2 • Investigações antidumping – teoria e prática

todologia de apuração do valor normal a ser utilizada em cada investigação antidumping dependerá das informações protocoladas pelas partes interessadas no âmbito de cada processo. Ou seja, ainda que haja, em tese, uma hierarquia entre as metodologias, com base no Acordo Antidumping da OMC, o que provavelmente aconteceria é que a peticionária argumentaria que não tem acesso a dados dos concorrentes estrangeiros, o que já seria suficiente para usar outro método de apuração do valor normal, levando, portanto, ao fim e ao cabo, a uma ausência de hierarquia entre as duas metodologias alternativas. Ademais, cumpre frisar que a forma de apuração do valor normal poderá variar ao longo de uma mesma investigação, conforme novas informações sejam juntadas aos autos do processo.

Cabe ainda salientar que o valor normal não será apurado com base nas informações relativas ao país de origem declarado do produto objeto da investigação quando, nos termos do art. 24 do Decreto n. 8.058/2013: "ocorrer mero trânsito do produto nesse país; o produto não for produzido nesse país; ou não houver preço comparável para o produto nesse país".

Verifica-se, portanto, uma hierarquia entre as metodologias previstas para apuração do valor normal, devendo este, sempre que possível, ser determinado com base nas vendas do produto similar no mercado interno do país exportador (2.3.1.1.). Alternativamente, poderá ser apurado com base no preço de exportação para terceiro país (2.3.1.2) ou com base em valor normal construído (2.3.1.3.), inexistindo hierarquia entre estas últimas duas.

2.3.1.1.1. *Apuração com base nas vendas do produto sob investigação no mercado interno do país exportador*

O Decreto n. 8.058/2013 estabelece uma preferência pela apuração do valor normal com base no preço de venda no mercado interno do país exportador. Esse preço será apurado com base na própria resposta fornecida pelos produtores/exportadores ao questionário enviado pelo DECOM, consistente no envio, dentre outras informações, de um apêndice com suas vendas no mercado interno, de acordo com os dados constantes das faturas por ela emitidas e do seu sistema contábil. Caso não haja resposta apropriada do produtor ou exportador

---

domestic markets of the country or countries of origin or export (or, where appropriate, information on the prices at which the product is sold from the country or countries of origin or export to a third country or countries, or on the constructed value of the product) and information on export prices or, where appropriate, on the prices at which the product is first resold to an independent buyer in the territory of the importing Member".

ao questionário, ou não ocorra validação desses dados em sede de verificação *in loco*, esta metodologia não será mais adequada.

Além da possibilidade de apuração do valor normal a partir de evidências concretas do preço de venda no mercado interno, é possível também essa apuração a partir de dados contidos em publicações especializadas, da qual constam cotações de venda.

MEDIDA ANTIDUMPING – N-BUTANOL – 2ª REVISÃO – EUA
RESOLUÇÃO GECEX N. 507, DE 16 DE AGOSTO DE 2023

Trata-se de investigação referente à prorrogação (segunda revisão) de medida antidumping aplicada às importações de n-butanol, originárias dos EUA, para avaliar a hipótese de indícios de continuação de dumping nas importações originárias dos EUA (havia importações consideradas em quantidades representativas durante o período de revisão).

O valor normal dos EUA, para fins de início, foi apurado com base no preço de venda no mercado interno dos EUA, constantes da publicação especializada *Independent Commodity Information Service – London Oil Reports* (ICIS-LOR), da qual constam cotações de venda por contrato e *spot* do n-butanol no mercado daquele país, ambos na condição *delivered*. As referidas cotações foram obtidas com base na média anual das cotações semanais para o período de análise de continuação de dumping. Na sequência, para apuração do valor normal, foi calculada média simples das referidas cotações. Além de considerar a média das cotações mensais para vendas "contrato" e "*spot*", a peticionária, de forma conservadora, considerou apenas cotações medianas ("*mid*") para evitar discrepâncias que poderiam ser causadas por extremos de preço (cotações "*low*" e "*high*").

Fonte: Resolução GECEX n. 507, de 16 de agosto de 2023[60].

Para que a metodologia de apuração do valor normal com base no preço de venda no mercado interno do país exportador, a partir de dados concretos do produtor/exportador, seja adotada, é necessário o preenchimento de duas condições *sine qua non*:

- Condição 1: operações de venda da produtora/exportadora destinadas ao mercado interno são adequadas, ou seja, são operações comerciais normais.
- Condição 2: operações comerciais normais foram realizadas em quantidade suficiente.

---

[60] BRASIL. Resolução GECEX n. 507, de 16 de agosto de 2023. Disponível em: <https://www.in.gov.br/en/web/dou/-/resolucao-gecex-n-507-de-16-de-agosto-de-2023-503894853>. Acesso em: 21 dez. 2023.

2 • *Investigações antidumping – teoria e prática*

Imagem – Resumo da apuração do valor normal pela regra das vendas do produto sob investigação no mercado interno do país exportador – economia de mercado

Fonte: elaboração própria.

Na análise da condição 1 de cálculo do valor normal com base nas vendas do produto sob investigação no mercado interno do país exportador, que exige que se considere apenas as operações comerciais normais para apuração do valor normal, o § 1º do art. 14 do Decreto n. 8.058/2013 determina que não serão consideradas como operações comerciais normais e serão desprezadas na apuração do valor normal quando realizadas a preços inferiores ao custo de produção unitário do produto similar estrangeiro/produto objeto da investigação. Assim, para determinar quais vendas ocorreram abaixo do custo de produção, realiza-se um primeiro teste, denominado "teste de vendas abaixo do custo". Segundo o Guia de Cálculo da Margem de Dumping em Investigações Antidumping no Brasil do DECOM[61],

---

[61] Guia de Cálculo da Margem de Dumping em Investigações Antidumping no Brasil do DECOM. Disponível em: <https://www.gov.br/produtividade-e-comercio-exterior/pt-br/assuntos/comercio-exterior/defesa-comercial-e-interesse-publico/guias>. Acesso em: 3 maio 2022.

Curso de Defesa Comercial e Interesse Público no Brasil: teoria e prática

esse teste consiste na comparação entre o preço líquido (para fins de teste de vendas abaixo do custo) de cada uma das operações reportadas com o custo de produção unitário do produto similar (considerando os diversos tipos de produtos). Esse teste de vendas abaixo do custo é dividido em duas etapas: (i) comparação do preço líquido (para fins de teste de vendas abaixo do custo) com o custo de produção unitário mensal e (ii) verificação se as vendas realizadas abaixo do custo unitário mensal foram realizadas a preços que permitem recuperar os custos dentro de período razoável de tempo[62]. Caso sejam identificadas vendas abaixo do custo por meio de ambas as etapas acima identificadas, essas vendas serão descartadas e, por conseguinte, não serão utilizadas para a apuração do valor normal[63].

Ainda na análise da condição 1, e após superado o "teste de vendas abaixo do custo", será realizado um segundo teste, o de análise das vendas a partes relacionadas, para determinar se se trata de "operações comerciais normais". Nos termos do § 5º do art. 14 do Decreto n. 8.058/2013, não serão consideradas operações comerciais normais e serão desprezadas, na apuração do valor normal, as transações entre partes associadas ou relacionadas ou que tenham celebrado entre si acordo compensatório. Exceção ocorre se comprovado que os preços e custos relativos a transações entre partes associadas ou relacionadas sejam comparáveis aos das transações efetuadas entre partes não associadas ou relacionadas. É estabelecido que o preço médio ponderado relativo às transações entre partes associadas ou relacionadas não é comparável ao das transações efetuadas entre partes independentes quando aquele for três por cento superior ou inferior ao preço médio ponderado das vendas a partes independentes. Ocorrida essa situação, as vendas às partes relacionadas ou associadas não podem ser consideradas operações comerciais normais. Para a realização dessa comparação, considera-se a totalidade das vendas ao mercado

---

[62] Para fins de teste de recuperabilidade, em regra, considera-se como período razoável de tempo 1 ano, coincidente com P5. Ou seja, o teste de recuperabilidade consiste em verificar se aquelas operações com preço inferior ao custo mensal possuem preço superior ao custo médio de P5.

[63] Para que se parta para a etapa da recuperabilidade, precisa-se primeiramente que o volume de vendas com preço abaixo do custo mensal represente, pelo menos, 20% das vendas para o mercado interno do país exportador ou que o preço médio de venda seja inferior ao custo médio (dificilmente isso ocorrerá se nem 20% das vendas estiverem abaixo do custo). Se não passar nesse teste de 20%, nem se analisa recuperabilidade, já que não se pode descartar nenhuma venda da apuração do valor normal em razão de preço inferior ao custo. *Vide* nota de rodapé 5 do Acordo Antidumping da OMC e art. 14, § 3ª, do Decreto n. 8.058/2013.

interno reportadas pelo produtor/exportador, realizadas durante o período de investigação de dumping, e não apenas aquelas que cumpriram com os critérios do teste de vendas abaixo do custo. Além disso, leva-se em consideração o preço líquido de todos os tributos, descontos e abatimentos, despesas de vendas (diretas e indiretas), custo financeiro e despesa de manutenção de estoques, qual seja o mesmo preço considerado no teste de vendas abaixo do custo. O Guia de Cálculo da Margem de Dumping em Investigações Antidumping no Brasil do DECOM[64] traz o passo a passo para essa análise. Para maiores detalhes sobre partes relacionadas em investigações antidumping, remete-se à seção 2.9.7 deste livro.

Ainda na análise da condição 1, e após superados o "teste de vendas abaixo do custo" e a análise de vendas a partes relacionadas, será realizado um terceiro teste, o de análise de outras operações, que podem não ser consideradas como operações comerciais normais e que devem, portanto, ser desconsideradas do cálculo do valor normal, nos termos do § 7º do art. 14 do Decreto n. 8.058/2013. Estas incluem, por exemplo, amostras; vendas para empregados; doações; vendas amparadas por contratos envolvendo industrialização para outras empresas – *tolling*[65] ou troca de produtos – *swap*; consumo cativo; ou outras operações, estabelecidas pela SECEX. O Guia de Cálculo da Margem de Dumping em Investigações Antidumping no Brasil do DECOM[66] traz o passo a passo para esta análise.

Após todos os testes, pode-se chegar à conclusão de quais vendas são caracterizadas como operações comerciais normais e, portanto, poderão ser utilizadas para fins de apuração do valor normal, conforme imagem a seguir.

---

[64] Guia de Cálculo da Margem de Dumping em Investigações Antidumping no Brasil do DECOM. Disponível em: <https://www.gov.br/produtividade-e-comercio-exterior/pt-br/assuntos/comercio-exterior /defesa-comercial-e-interesse-publico/guias>. Acesso em: 3 maio 2022.

[65] *Tolling* pode ser entendido como o processo de produção utilizando-se da infraestrutura e do know-how de outras empresas.

[66] Guia de Cálculo da Margem de Dumping em Investigações Antidumping no Brasil do DECOM. Disponível em: <https://www.gov.br/produtividade-e-comercio-exterior/pt-br/assuntos / comercio-exterior/defesa-comercial-e-interesse-publico/guias>. Acesso em: 3 maio 2022.

Imagem – Testes de "operações comerciais normais" para a apuração do valor normal pela regra das vendas do produto sob investigação no mercado interno do país exportador – economia de mercado

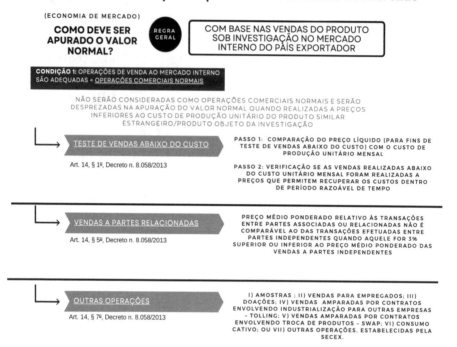

Fonte: elaboração própria.

Assim, é possível seguir para a condição 2 de cálculo do valor normal com base nas vendas do produto sob investigação no mercado interno do país exportador, que exige que se considerem para apuração do valor normal apenas as operações comerciais normais realizadas em quantidade suficiente[67]. Determina o § 1º do art. 12 do Decreto n. 8.058/2013 que as vendas do produto similar destinadas ao consumo no mercado interno do país exportador serão consideradas como em quantidade suficiente para a apuração do valor normal quando constituam 5% ou mais das vendas do produto objeto da investigação exportado para o Brasil, admitindo-se percentual inferior quando for demonstrado que, ainda assim, ocorreram vendas no mercado interno do país exportador em quantidade suficiente para permitir comparação adequada.

---

[67] Segundo a nota de rodapé 7 do Acordo Antidumping da OMC, em seu art. 2.2, serão normalmente consideradas como em quantidade suficiente para a determinação de valor normal as vendas de produto similar destinadas ao consumo do mercado interno do país exportador que constitua 5% ou mais das vendas do produto em questão ao país importador admitindo-se percentual menor quando for demonstrável que vendas internas nesse percentual inferior ocorrem, ainda assim, em quantidade suficiente que permita cooperação adequada.

Para tanto, na prática, compara-se o volume vendido do produto similar estrangeiro no mercado interno, durante o período de investigação de dumping, segmentado por tipo de produto e categoria de cliente[68] (normalmente consumidor final e distribuidores, também chamados de *trading companies* em alguns casos), com o volume de produto objeto da investigação exportado ao Brasil, no mesmo período, do mesmo CODIP e para a mesma categoria de cliente. Caso o volume vendido no mercado interno constitua 5% ou mais do volume exportado ao Brasil, é considerado que aquele constitui quantidade suficiente para apuração do valor normal. Ressalte-se que caso seja apurada quantidade insuficiente (abaixo do patamar de 5% mencionado no parágrafo anterior), admite-se a utilização de tais informações quando for demonstrado que, ainda assim, ocorreram vendas no mercado interno do país exportador em quantidade suficiente para permitir comparação adequada.

Após esta comparação, pode-se chegar à conclusão se as operações comerciais normais são consideradas suficientes e, portanto, poderão ser utilizadas para fins de apuração do valor normal, conforme imagem a seguir.

Imagem – Testes de "suficiência" para a apuração do valor normal pela regra das vendas do produto sob investigação no mercado interno do país exportador – economias de mercado

Fonte: elaboração própria.

---

[68] Apesar de o Decreto n. 8.058/2013 mencionar apenas modelos de produto, o DECOM tende a realizar os cálculos também por categoria de cliente, a fim de manter a justa comparação.

Curso de Defesa Comercial e Interesse Público no Brasil: teoria e prática

Uma vez superadas ambas as condições, passa-se efetivamente à apuração do valor normal com base no preço de venda no mercado interno. Nos termos do art. 22 do Decreto n. 8.058/2013, há preferência pela comparação entre o preço de exportação e o valor normal no termo de venda *ex fabrica*. Para tanto, do preço bruto informado pelo produtor/exportador são deduzidos os tributos incidentes sobre a venda, descontos e abatimentos, despesas diretas de vendas (ressalte-se que as despesas indiretas de venda não serão deduzidas), custo financeiro, despesa de manutenção de estoques e eventuais ajustes relacionados ao nível de comércio, além de somados, se for o caso, receita com juros e reembolso de tributos (*drawback*).

De posse das informações do preço *ex fabrica* das vendas do produto similar estrangeiro no mercado interno em operações comerciais normais que tenham ocorrido em quantidade suficiente, parte-se para a apuração do valor normal médio ponderado de cada binômio CODIP-categoria de cliente com base no preço de venda no mercado interno.

2.3.1.1.2. *Apuração com base no preço de exportação para terceiro país*

Caso, porém, não seja possível apurar o valor normal pela regra geral descrita no item 2.3.1.1.1, ou seja, existindo ou não vendas do produto similar em operações comerciais normais no mercado interno do país exportador, ou quando, em razão de condições especiais de mercado ou de baixo volume de vendas do produto similar no mercado interno do país exportador, não for possível comparação adequada do preço do produto similar destinado ao consumo no mercado interno com o preço de exportação ao Brasil, o art. 14 do Decreto n. 8.058/2013 determina que o valor normal poderá ser apurado com base no preço de exportação para terceiro país apropriado (inciso I, descrito nesta seção), ou em valor construído, descrito a seguir na seção 2.3.1.3.

Para tanto, será necessária a apresentação dos dados relativos às vendas do produto similar estrangeiro nas exportações a terceiros países. Dessa forma, são realizados os mesmos testes e considerações aplicáveis à apuração do valor normal com base no preço de vendas no mercado interno, descritos na seção 2.3.1.1. Na verificação de "operações comerciais normais", realizar o teste de vendas abaixo do custo, a análise de vendas a partes relacionadas e a análise de outras operações. Na verificação de "suficiência", deve-se realizar a comparação de volumes.

2 • Investigações antidumping – teoria e prática

Imagem – Resumo da apuração do valor normal pela alternativa do preço de exportação do produto similar para terceiro país apropriado

(ECONOMIA DE MERCADO)

COMO DEVE SER APURADO O VALOR NORMAL? — REGRA GERAL — COM BASE NAS VENDAS DO PRODUTO SOB INVESTIGAÇÃO NO MERCADO INTERNO DO PAÍS EXPORTADOR

CASO, PORÉM, (I) NÃO EXISTAM VENDAS DO PRODUTO SIMILAR EM OPERAÇÕES COMERCIAIS NORMAIS NO MERCADO INTERNO DO PAÍS EXPORTADOR
OU
(II) QUANDO, EM RAZÕES ESPECIAIS DE MERCADO OU DE BAIXO VOLUME DE VENDAS DO PRODUTO SIMILAR NO MERCADO INTERNO DO PAÍS EXPORTADOR, NÃO FOR POSSÍVEL SUA COMPARAÇÃO ADEQUADA COM O PREÇO DE EXPORTAÇÃO:

ALTERNATIVAS

CONDIÇÃO 1: OPERAÇÕES DE VENDA AO TERCEIRO PAÍS SÃO ADEQUADAS = OPERAÇÕES COMERCIAIS NORMAIS

TESTE DE VENDAS ABAIXO DO CUSTO

COM BASE NO PREÇO DE EXPORTAÇÃO
DO PRODUTO SIMILAR PARA TERCEIRO PAÍS APROPRIADO, DESDE QUE ESSE PREÇO SEJA REPRESENTATIVO

VENDAS A PARTES RELACIONADAS

OUTRAS OPERAÇÕES

CONDIÇÃO 2: OPERAÇÕES DE VENDA AO TERCEIRO PAÍS FORAM REALIZADAS EM QUANTIDADE SUFICIENTE

COMPARAÇÃO DE VOLUMES

VALOR NORMAL NO TERMO DE VENDA *EX FABRICA*

(VALOR NORMAL MÉDIO PONDERADO DE CADA BINÔMIO CODIP-CATEGORIA DE CLIENTE COM BASE NO PREÇO DE VENDA AO TERCEIRO PAÍS)

Fonte: elaboração própria.

 MEDIDA ANTIDUMPING – FILMES PET – INVESTIGAÇÃO ORIGINAL – BAREINE E PERU
PORTARIA SECINT N. 473, DE 28 DE JUNHO DE 2019

Trata-se de investigação antidumping (originária), referente às importações de filmes PET, originárias do Bareine e do Peru. Em tal investigação, também se encerrou avaliação de interesse público sem a suspensão, no entanto, da aplicação dos direitos antidumping aplicados. Especificamente no que se refere à apuração do valor normal com base no preço de exportação para terceiro país, destaca-se:

(i) Apuração do valor normal com base no preço de exportação do Bahrain para os Estados Unidos: a peticionária apresentou o preço médio de filmes PET exportados para os Estados Unidos da América, apontado como principal país de destino das exportações do Bareine no período considerado para a investigação.

Em razão do disposto, o governo do Bareine destacou que a utilização das exportações do Bareine para os Estados Unidos teria sido rejeitada em investigação anterior, argumento o qual a Portaria SECINT dispõe que não há respaldo fático.

105

Curso de Defesa Comercial e Interesse Público no Brasil: teoria e prática

> Nesse sentido, a portaria destaca que tal processo de investigação mencionado pelo governo do Bareine utilizou, para fins de apuração do valor normal ao início da investigação, exatamente a mesma informação utilizada na investigação ora em curso (o preço de exportação do Bareine para os Estados Unidos da América). Além disso, para fins de determinação preliminar e final, foi adotado o valor normal construído com base nas informações fornecidas pela própria empresa bareinita. A SECEX reforçou que não haveria, portanto, que se falar em qualquer inconsistência, tampouco em ausência de fundamentos para início da investigação, uma vez ter-se-ia constatado que os EUA consistiam no principal destino das exportações Bareinitas.
>
> (ii) Apuração do valor normal com base no preço de exportação do Peru para a Colômbia: a peticionária apresentou o preço médio de filmes PET importados pela Colômbia originárias do Peru. A escolha da Colômbia pela peticionária como país destino das exportações se deu em função do grau de integração dessas economias, ambas integrantes da Comunidade Andina, sendo a Colômbia o principal país de destino das exportações peruanas no bloco em questão. Apesar de posições contrárias apresentadas pelo governo do Peru e pela OPP Film (um dos exportadores), a autoridade investigadora considerou razoáveis, para fins de início da investigação, os argumentos trazidos pela peticionária para que as exportações do Peru para a Colômbia servissem de base para a apuração do valor normal daquele país. A despeito das informações pela Terphane (peticionária) terem consistido em indícios suficientes para fins de início da investigação, interessante destacar que a Autoridade Investigadora considerou que as informações fornecidas pela OPP Film (um dos exportadores peruanos) restaram por constituir fontes primárias de informações, cuja análise permitiu apurar, com exatidão, o valor normal para determinação preliminar e final de dumping.

Fonte: Portaria SECINT n. 473, de 28 de junho de 2019[69].

Deve-se mencionar, porém, que esta metodologia, apesar de prevista, não é muito usual. Isso porque as exportações para o terceiro país também podem estar sendo objeto de dumping, razão pela qual tais exportações não poderiam ser consideradas adequadas para a comparação com o preço de exportação ao Brasil. Ademais, considera-se que a escolha de um terceiro país invariavelmente envolve um maior nível de subjetividade. Assim, a peticionária tende a não apresentar essa metodologia, optando, normalmente, pela apuração do valor normal com base no valor normal construído.

---

[69] BRASIL. Portaria SECINT n. 473, de 28 de junho de 2019. Disponível em: <http://www.camex.gov.br/resolucoes-camex-e-outros-normativos/124-portarias-secint/2247-portaria-n-473-de-28-de-junho-de-2019>. Acesso em: 26 maio 2022.

2.3.1.1.3. Apuração com base no valor normal construído

Caso não seja possível apurar o valor normal pela regra geral descrita no item 2.3.1.1., ou seja, caso não existam vendas do produto similar em operações comerciais normais no mercado interno do país exportador ou quando, em razão de condições especiais de mercado ou de baixo volume de vendas do produto similar no mercado interno do país exportador, não for possível comparação adequada do preço do produto similar destinado ao consumo no mercado interno com o preço de exportação ao Brasil, o art. 14 do Decreto n. 8.058/2013 determina que valor normal poderá ser apurado com base no preço de exportação para terceiro país apropriado, descrito na seção anterior 2.3.1.2, ou em valor construído (inciso II), descrito a seguir.

O inciso II do art. 14 do Decreto n. 8.058/2013 sinaliza que o valor construído consistirá no custo de produção no país de origem declarado, acrescido de razoável montante a título de: a) despesas gerais; b) despesas administrativas; c) despesas de comercialização; d) despesas financeiras; e e) lucro. Via de regra, o valor normal será construído na condição de venda *ex fabrica*. No entanto, nem sempre as informações disponíveis permitem que a justa comparação entre o valor normal e o preço de exportação seja feita nessa condição de venda. Dessa forma, será analisada a condição de venda em que será determinado o preço de exportação e construir o valor normal de modo a garantir a justa comparação. Após a apuração dos custos de produção unitários mensais e do custo médio ponderado, será calculado percentual referente à margem de lucro ou à participação do lucro nos custos, assim como as despesas gerais e administrativas, de vendas e financeiras[70]. Assim, aplica-se o percentual referente ao lucro sobre o custo de produção médio ponderado apurado para cada CODIP, conforme imagem a seguir.

---

[70] As despesas gerais, administrativas, financeiras e de venda são apuradas com base em percentuais calculados sobre o Custo de Produto Vendido (CPV), utilizando os dados das demonstrações financeiras da empresa (ou seja, não refletem apenas os valores relacionados ao produto similar, sua fabricação e sua venda no mercado interno do país exportador). Essa orientação vem diretamente do questionário do produtor/exportador, consoante regras estipuladas nos §§ 14 e 15 do art. 14 do Decreto n. 8.058/2013. Já o lucro é calculado, preferencialmente, com base nas informações reportadas nos apêndices de venda no mercado interno e de custo, considerando apenas as operações comerciais normais. Quanto ao custo, o § 9º do art. 14 do Decreto n. 8.058/2013 introduz uma espécie de "teste de custo de aquisição de partes relacionadas", que não é previsto no Acordo Antidumping da OMC, consistente em mais uma regra OMC *Plus*.

Imagem – Resumo da apuração do valor normal construído

Fonte: elaboração própria.

2.3.1.2. Valor normal em economias não de mercado

Segundo o art. 15 do Decreto n. 8.058/2013, no caso de país que não seja considerado economia de mercado, a determinação do valor normal não se dará da forma descrita nas três seções anteriores, mas, sim, com base:

I – no preço de venda do produto similar em um país substituto;

II – no valor construído do produto similar em um país substituto;

III – no preço de exportação do produto similar de um país substituto para outros países, exceto o Brasil; ou

IV – em qualquer outro preço razoável, inclusive o preço pago ou a pagar pelo produto similar no mercado interno brasileiro, devidamente ajustado, se necessário, para incluir margem de lucro razoável, sempre que nenhuma das hipóteses anteriores seja viável e desde que devidamente justificado.

Ao contrário do caso de economias de mercado, a legislação brasileira não estabelece hierarquia entre as quatro metodologias anteriormente listadas.

2 • Investigações antidumping – teoria e prática

Segundo o Guia de Cálculo da Margem de Dumping em Investigações Antidumping no Brasil do DECOM[71], isso acontece porque se considera que as operações de venda em tais países, sob influência dos governos, não refletem condições comerciais de mercados de livre concorrência, não sendo, portanto, adequadas para composição de valor normal a ser comparado com o preço de exportação do produto objeto da investigação ao Brasil. Por essa razão, se busca um país substituto para a apuração do valor normal dos produtores/exportadores de países de economia não de mercado. O referido Guia traz um maior detalhamento sobre o tema, assim como os arts. 15 a 17 do Decreto n. 8.058/2013 trazem o passo a passo processual para o uso de país substituto.

Imagem – Resumo da apuração do valor normal – economias não de mercado

(ECONOMIA NÃO DE MERCADO)

COMO DEVE SER APURADO O VALOR NORMAL?

METODOLOGIAS

Art. 15, Decreto n. 8.058/2013

PREÇO DE VENDA DO PRODUTO SIMILAR EM PAÍS SUBSTITUTO

VALOR CONSTRUÍDO DO PRODUTO SIMILAR EM UM PAÍS SUBSTITUTO

PREÇO DE EXPORTAÇÃO DO PRODUTO SIMILAR DE UM PAÍS SUBSTITUTO PARA OUTROS PAÍSES, EXCETO O BRASIL

QUALQUER OUTRO PREÇO RAZOÁVEL

Fonte: elaboração própria.

Desde a expiração do prazo previsto no protocolo de acessão da China à OMC, essas metodologias, porém, têm tido cada vez menos uso.

---

[71] Guia de Cálculo da Margem de Dumping em Investigações Antidumping no Brasil do DECOM. Disponível em: <https://www.gov.br/produtividade-e-comercio-exterior/pt-br/assuntos/comercio-exterior/defesa-comercial-e-interesse-publico/guias>. Acesso em: 3 maio 2022.

Curso de Defesa Comercial e Interesse Público no Brasil: teoria e prática

> **🔍 MEDIDA ANTIDUMPING – CALÇADOS – 2ª REVISÃO – CHINA**
> *RESOLUÇÃO GECEX N. 303, DE 23 DE FEVEREIRO DE 2022*
>
> Trata-se de investigação referente à prorrogação (segunda revisão) de medida antidumping aplicada às importações de calçados, originárias da China.
>
> No que se refere à apuração do valor normal em economias não de mercado, interessante citar a mudança de posicionamento do DECOM com relação à revisão anterior (primeira revisão), tendo em vista a expiração do protocolo de acessão da China à OMC, por meio do qual o país se comprometeu a uma série de obrigações que deveriam conduzi-la a uma economia de mercado.
>
> Na primeira revisão, decidiu-se utilizar a Indonésia como país substituto para fins de determinação do valor normal da China. Por outro lado, na segunda revisão, concluiu-se que não seria possível asseverar que no setor de calçados chinês, não prevaleceriam condições de economia de mercado, à luz da alteração do ônus de prova. Assim, após a expiração do item 15(a)(ii) do Protocolo de Acessão, a parte que põe em xeque a utilização dos custos e preços chineses para fins de apuração do valor normal deveria ser capaz de vincular as distorções provocadas pela atuação do Estado Chinês, em seus diferentes níveis, ao segmento produtivo especificamente analisado, mediante a apresentação de documentos e comprovações de seus argumentos.

Fonte: Resolução GECEX n. 303, de 23 de fevereiro de 2022[72].

2.3.2 *Preço de exportação*

Em grandes linhas, o dumping pode ser entendido como a diferença entre o valor normal e o preço de exportação no país de origem. Uma vez compreendido o conceito e as metodologias de cálculo do valor normal na seção anterior, 2.3.1, passa-se à análise do preço de exportação. O preço de exportação nas investigações antidumping é disciplinado pelos arts. 18 a 21 do Decreto n. 8.058/2013.

Para fins da apuração do preço de exportação, a primeira pergunta a ser respondida é se esse cálculo se refere a um país de economia de mercado (2.3.2.1) ou não economia de mercado (2.3.2.2). Apesar de as metodologias de apuração dependerem dessa resposta prévia, ajustes podem ser necessários especificamente quando se trata de economia não de mercado.

---

[72] BRASIL. Resolução GECEX n. 303, de 23 de fevereiro de 2022. Disponível em: <https://www.in.gov.br/web/dou/-/resolucao-gecex-n-303-de-23-de-fevereiro-de-2022-383062511>. Acesso em: 26 maio 2022.

Imagem – Resumo da apuração do preço de exportação em economias de mercado e não de mercado

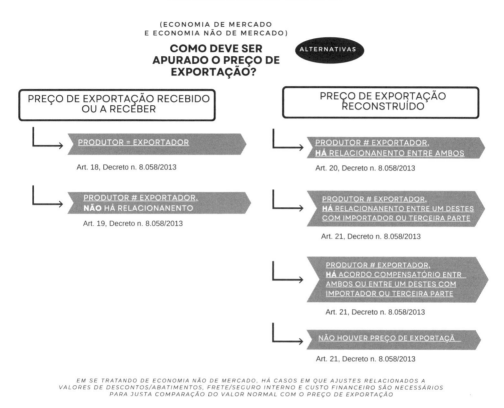

Fonte: elaboração própria.

2.3.2.1 Preço de exportação em economias de mercado

Em se tratando de um país de economia de mercado, o preço de exportação em investigações antidumping corresponde, via de regra, ao preço de venda do produto exportado do país investigado ao país importador, em condições comparáveis ao valor normal apurado. Entretanto, assim como ocorre na determinação do valor normal, pode acontecer de o preço de exportação não existir ou não ser confiável, por razão de associação ou relacionamento ou de acordo compensatório entre as partes. Para garantir que o preço de exportação a ser utilizado na apuração da margem de dumping será confiável, deve-se sempre buscar identificar o preço pago ou a pagar por comprador independente, o qual será posteriormente ajustado a fim de se tornar comparável ao valor normal apurado.

Nota-se que há, portanto, duas metodologias principais de cálculo do preço de exportação: preço de exportação recebido ou a receber (2.3.1) ou o preço de exportação reconstruído[73] (2.3.2), conforme imagem a seguir.

Fonte: elaboração própria.

2.3.2.1.1. Apuração com base no preço de exportação recebido ou a receber

Nos termos do art. 18 do Decreto n. 8.058/2013, caso o produtor seja também o exportador do produto objeto da investigação, o preço de exportação será o recebido, ou o preço de exportação a receber, pelo produto exportado ao Brasil, líquido de tributos, descontos ou reduções efetivamente concedidos e diretamente relacionados com as vendas do produto objeto da investigação.

---

[73] Prefere-se a utilização da expressão "reconstruído" quando se trata de preço de exportação porque nesse caso apenas há dedução de valores, diferentemente do valor normal "construído", em que há adição de valores.

Por sua vez, conforme art. 19 do Decreto n. 8.058/2013, caso o produtor não seja o exportador e ambos não sejam partes associadas ou relacionadas, o preço de exportação será, preferencialmente, o recebido, ou o preço de exportação a ser recebido, pelo produtor, por produto exportado ao Brasil, líquido de tributos, descontos ou reduções efetivamente concedidos e diretamente relacionados com as vendas do produto objeto da investigação. O Guia de Cálculo da Margem de Dumping em Investigações Antidumping no Brasil do DECOM[74] traz o passo a passo para esta análise, apresentado didaticamente a seguir.

Imagem – Apuração do preço de exportação pelo preço de exportação recebido ou a receber – economias de mercado

Fonte: elaboração própria.

Nesses casos, busca-se, preferencialmente, a apuração do preço de exportação na condição *ex fabrica*. Assim sendo, com base nas informações contidas no apêndice de exportações para o Brasil, o preço de cada operação de venda é apurado a partir do valor bruto da venda, deduzindo-se os montantes relativos aos descontos e abatimentos, aos impostos incidentes na operação, às despesas diretas de vendas, inclusive frete e seguro internacionais, e aos custos de oportunidade.

Após a determinação dos preços de exportação de cada transação, são apurados os preços de exportação médios ponderados para cada CODIP-categoria de cliente, para o período de investigação de dumping. Esses preços de exportação médios ponderados (na condição *ex fabrica*) poderão ser comparados com os valores normais médios ponderados para cada CODIP-categoria de cliente (também na condição *ex fabrica*), para fins de apuração da margem de dumping.

---

[74] Guia de Cálculo da Margem de Dumping em Investigações Antidumping no Brasil do DECOM. Disponível em: <https://www.gov.br/produtividade-e-comercio-exterior/pt-br/assuntos/comercio-exterior/defesa-comercial-e-interesse-publico/guias>. Acesso em: 3 maio 2022.

2.3.2.1.2. Apuração com base em preço de exportação reconstruído

Ainda, nos termos do art. 20 do Decreto n. 8.058/2013, na hipótese "de o produtor e o exportador serem partes associadas ou relacionadas, o preço de exportação será reconstruído a partir do preço efetivamente recebido, ou do preço a receber, pelo exportador, por produto exportado ao Brasil".

Por fim, conforme art. 21 do Decreto n. 8.058/2013, nos casos em que não exista preço de exportação ou em que este não pareça confiável, em razão de associação, relacionamento ou acordo compensatório entre o produtor ou o exportador e o importador ou uma terceira parte, o preço de exportação poderá ser construído a partir:

> I – do preço pelo qual os produtos importados foram revendidos pela primeira vez a um comprador independente; ou
>
> II – de uma base considerada razoável, no caso de os produtos não serem revendidos a um comprador independente ou na mesma condição em que foram importados.

O Guia de Cálculo da Margem de Dumping em Investigações Antidumping no Brasil do DECOM[75] traz o passo a passo para esta análise.

Imagem – Apuração do preço de exportação pelo preço de exportação construído – economias de mercado

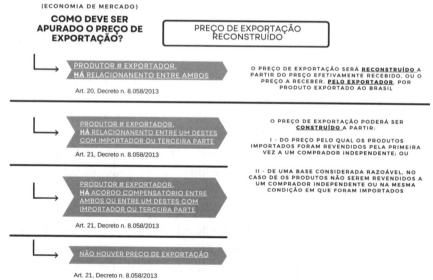

Fonte: elaboração própria.

---

[75] Guia de Cálculo da Margem de Dumping em Investigações Antidumping no Brasil do DECOM. Disponível em: <https://www.gov.br/produtividade-e-comercio-exterior/pt-br/assuntos/comercio-exterior/defesa-comercial-e-interesse-publico/guias>. Acesso em: 3 maio 2022.

No tocante ao chamado "acordo compensatório", a legislação brasileira não traz maiores detalhamentos, de modo que o Guia de Cálculo da Margem de Dumping em Investigações Antidumping no Brasil do DECOM[76] menciona que esse tipo de acordo pode se dar de maneiras distintas. Entre os diversos tipos possíveis estão: (i) a compensação por meio de operações envolvendo outros produtos que não o produto objeto da investigação; (ii) a compensação por meio de pagamento realizado em terceiro país; e (iii) a compensação por meio de conciliação de créditos e débitos em terceiro país.

Quanto à hipótese de inexistir preço de exportação, o Guia de Cálculo da Margem de Dumping em Investigações Antidumping no Brasil do DECOM[77] explica que isso pode ocorrer, por exemplo, em casos de: (i) remessas de amostras sem valor comercial; (ii) doações; (iii) operações sem cobertura cambial; ou (iv) em operações CKD (*Completely Knock-Down*), referente a vendas de conjuntos de partes, nas quais apenas estas têm preço definido, enquanto o produto final (objeto da investigação) não o tem.

Em qualquer desses casos, o DECOM procederá à reconstrução do preço de exportação, com base, via de regra, no preço de revenda do produto objeto da investigação ao primeiro comprador independente. Caso não isso não seja possível em razão de os produtos não serem revendidos a um comprador independente ou de não serem revendidos na mesma condição em que foram importados, o DECOM poderá utilizar-se de outra base considerada razoável[78].

2.3.2.2 Preço de exportação em economias não de mercado

As metodologias de apuração do preço de exportação de empresas de países de economia não de mercado são idênticas àquelas utilizadas na determinação

---

[76] Guia de Cálculo da Margem de Dumping em Investigações Antidumping no Brasil do DECOM. Disponível em: <https://www.gov.br/produtividade-e-comercio-exterior/pt-br/assuntos/comercio-exterior/defesa-comercial-e-interesse-publico/guias>. Acesso em: 3 maio 2022.

[77] Guia de Cálculo da Margem de Dumping em Investigações Antidumping no Brasil do DECOM. Disponível em: <https://www.gov.br/produtividade-e-comercio-exterior/pt-br/assuntos/comercio-exterior/defesa-comercial-e-interesse-publico/guias>. Acesso em: 3 maio 2022.

[78] A outra "base considerada razoável" a que faz referência o parágrafo anterior variará de acordo com as informações disponíveis em cada processo. O preço de exportação será reconstruído com base, por exemplo, no preço praticado por outros exportadores ou importadores ao primeiro comprador independente ou no preço de venda do produto fabricado pelo importador brasileiro que utilizou o produto objeto da investigação como insumo em seu processo produtivo. Guia de Cálculo da Margem de Dumping em Investigações Antidumping no Brasil do DECOM. Disponível em: <https://www.gov.br/produtividade-e-comercio-exterior/pt-br/assuntos/comercio-exterior/defesa-comercial-e-interesse-publico/guias>. Acesso em: 3 maio 2022.

desse preço no caso de economias de mercado, devendo-se sempre atentar para que o valor normal e o preço de exportação estejam na mesma base, a fim de garantir a justa comparação entre estes.

O Guia de Cálculo da Margem de Dumping em Investigações Antidumping no Brasil do DECOM[79] ressalta, no entanto, que há casos em que ajustes relacionados a valores de descontos/abatimentos, frete/seguro interno e custo financeiro são necessários para justa comparação do valor normal com o preço de exportação. Cumpre ressalvar, no entanto, que as informações a serem utilizadas para a realização de alguns dos ajustes, no contexto da apuração do preço de exportação, não serão referentes às próprias empresas investigadas de países de economia não de mercado, devido ao fato de que o mercado nesses países, sob influência dos governos, não reflete condições de livre concorrência.

Imagem – Resumo do preço de exportação – economias não de mercado

Fonte: elaboração própria.

---

[79] Guia de Cálculo da Margem de Dumping em Investigações Antidumping no Brasil do DECOM. Disponível em: <https://www.gov.br/produtividade-e-comercio-exterior/pt-br/assuntos/comercio-exterior/defesa-comercial-e-interesse-publico/guias>. Acesso em: 3 maio 2022.

2.3.3. Margem de dumping

Recorde-se que o dumping é a prática de exportar a um preço menor que o valor normal, sendo a margem de dumping uma métrica de mensuração dessa prática. Assim, a margem de dumping é calculada pela diferença entre o valor normal e o preço de exportação. Uma vez compreendido o conceito e as metodologias de cálculo do valor normal e do preço de exportação, passa-se à compreensão da margem de dumping.

Essa comparação entre o valor normal e o preço de exportação deve ser realizada no mesmo nível de comércio, normalmente no termo de venda *ex fabrica*, considerando as vendas realizadas no período de investigação de dumping (art. 22 do Decreto n. 8.058/2013). Para que se chegue a um preço de exportação comparável com o valor normal, poderão ser realizados ajustes relacionados a diferenças que afetem a comparação de preços, de acordo com o § 2º do art. 22, tais como diferenças:

I – nas condições e nos termos de vendas;

II – na tributação;

III – nos níveis de comércio;

IV – nas quantidades;

V – nas características físicas; e

VI – outras quaisquer que comprovadamente afetem a comparação de preços.

Nos termos do art. 25 do Decreto n. 8.058/2013, a margem de dumping constitui a diferença entre o valor normal e o preço de exportação. A margem absoluta de dumping é definida como a diferença entre o valor normal e o preço de exportação, enquanto a margem relativa de dumping consiste na razão entre a margem de dumping absoluta e o preço de exportação.

Imagem – Conceito de margem de dumping absoluta e relativa

Fonte: elaboração própria.

Imagem – Exemplo de margem de dumping relativa

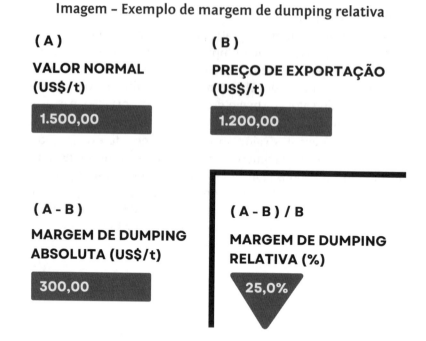

Fonte: elaboração própria.

Ademais, o Acordo Antidumping da OMC e o art. 26 do Decreto n. 8.058/2013 definem que, para o cálculo da margem de dumping, podem ser utilizados, em princípio, dois principais métodos padrão: (2.3.3.1) a diferença entre o valor normal médio ponderado e o preço de exportação médio ponderado de todas as transações comparáveis (W-W), ou (2.3.3.2) a diferença entre o valor normal e o preço de exportação para cada transação (T-T). Não há hierarquia preestabelecida entre esses dois métodos, mas o Guia de Cálculo da Margem de Dumping em Investigações Antidumping no Brasil do DECOM[80] sinaliza que o método W-W é preferencialmente aplicado pelo DECOM devido à sua simplicidade. Além desses dois métodos, há, também, previsão de um terceiro método: a comparação do valor normal médio ponderado com transações de exportação individuais (W-T) (2.3.3.3.)[81]. Ainda, é possível apurar uma margem de dumping

---

[80] Guia de Cálculo da Margem de Dumping em Investigações Antidumping no Brasil do DECOM. Disponível em: <https://www.gov.br/produtividade-e-comercio-exterior/pt-br/assuntos/comercio-exterior/defesa-comercial-e-interesse-publico/guias>. Acesso em: 3 maio 2022.

[81] *"Como contexto, a primeira frase do artigo 2.4.2 do Acordo Antidumping prevê que as autoridades investigadoras 'normalmente' usarão uma de duas metodologias de comparação simétricas, ou a média ponderada a média ponderada (W-W) ou a metodologia de comparação transação a transação (T-T), para estabelecer margens de dumping; caso contrário, a*

de minimis, que traz repercussões não apenas para a empresa investigada, mas para o todo o processo (2.3.3.4).

Registre-se que, quando da apuração da margem de dumping por meio dos métodos previstos nos incisos I e II do art. 26 do Decreto n. 8.058/2013, deverão ser consideradas todas as operações de exportação do produto objeto da investigação realizadas para o Brasil, somando-se resultados positivos e negativos apurados para as diferentes transações ou modelos (§ 1º do art. 25 do Decreto n. 8.058/2013), não sendo autorizado *zeroing*[82], nos termos da jurisprudência do

---

segunda frase prevê que, quando certas condições forem satisfeitas, as autoridades investigadoras poderão recorrer à metodologia de comparação assimétrica 'exceção[al]', a metodologia de comparação W-T. Na disputa subjacente, o USDOC na investigação antidumping aplicou essa metodologia de comparação W-T com base em uma metodologia (a metodologia Nails II), que o Órgão de Apelação determinou não ser consistente com aquele parágrafo. Especificamente, o Órgão de Apelação constatou que o USDOC não estabeleceu adequadamente a existência de um 'padrão' de preços de dumping e não forneceu uma 'explicação' suficiente de que as metodologias de comparação padrão não poderiam levar em conta de forma adequada o dumping visado. O Órgão de Apelação descobriu ainda que os Estados Unidos, tendo recorrido indevidamente a uma metodologia de comparação W-T, conduziu incorretamente a própria comparação W-T, utilizando o zeramento. Os Estados Unidos têm a obrigação de colocar estes aspectos, 'como aplicados' na determinação das lavadoras e procedimentos relacionados, em conformidade com os arts. 2.4 e 2.4.2. Entretanto, ao não o fazer até a expiração do RPT, as medidas antidumping dos Estados Unidos anulam e prejudicam os benefícios que fluem para a Coreia dos arts. 2.4 e 2.4.2 do Acordo Antidumping." [Tradução livre]

No original: *As context, the first sentence of Article 2.4.2 of the Anti-Dumping Agreement provides that investigating authorities "shall normally" use one of two symmetrical comparison methodologies, either the weighted-average to weighted-average (W-W) or transaction-to--transaction (T-T) comparison methodology, to establish margins of dumping; otherwise, the second sentence provides that, when certain conditions are met, investigating authorities may resort to the "exception[al]" asymmetric comparison methodology, the W-T comparison methodology. In the underlying dispute, the USDOC in the anti-dumping investigation applied this W-T comparison methodology on the basis of a methodology (the Nails II methodology), which the Appellate Body determined was not consistent with that subparagraph. Specifically, the Appellate Body found that the USDOC did not properly establish the existence of a "pattern" of dumped prices and failed to provide a sufficient "explanation" that the standard comparison methodologies could not appropriately take into account the targeted dumping. The Appellate Body further found that the United States, having improperly resorted to a W-T comparison methodology, incorrectly conducted the W-T comparison itself by using zeroing. The United States is under an obligation to bring these aspects, "as applied" in the Washers determination and connected proceedings, into conformity with Articles 2.4 and 2.4.2. However, by failing to do so by the expiry of the RPT, the United States' anti-dumping measures nullify and impair benefits that flow to Korea from Articles 2.4 and 2.4.2 of the Anti-Dumping Agreement. UNITED STATES – ANTI-DUMPING AND COUNTERVAILING MEASURES ON LARGE RESIDENTIAL WASHERS FROM KOREA. 2019.* Disponível em: <https://www.wto.org/english/tratop_e/dispu_e/464arb_e.pdf>. Acesso em: 3 maio 2022.

[82] O *zeroing* consiste, em linhas gerais, em uma metodologia de cálculo por meio da qual os resultados negativos apurados para as diferentes transações ou modelos são desconsiderados com vistas a apurar o montante da margem de dumping.

Curso de Defesa Comercial e Interesse Público no Brasil: teoria e prática

Órgão de Solução de Controvérsias da OMC (DS402)[83]. Destaque-se, portanto, que nenhuma exportação do produto objeto da investigação para o Brasil poderá ser descartada na apuração da margem de dumping, diferentemente do que ocorre com vendas do produto similar no mercado interno do país exportador ou com vendas do produto similar para terceiros países, as quais poderão ser desprezadas na apuração do valor normal caso não consistam em "operações comerciais normais".

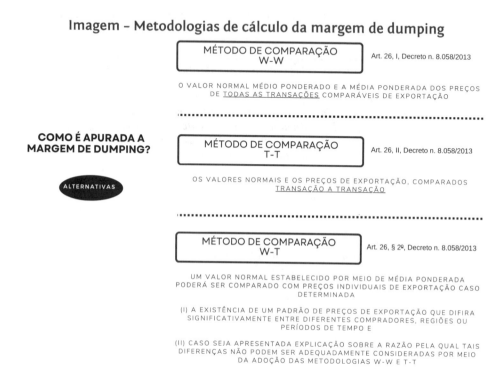

Fonte: elaboração própria.

2.3.3.1 Apuração pelo método de comparação W-W

O método W-W representa a ideia de Média Ponderada com Média Ponderada, que se origina no termo *Weighted Average-Weighted Average*. Com o método W-W, calcula-se a margem de dumping por meio da comparação do valor normal médio ponderado com o preço de exportação médio ponderado. No to-

---

[83] OMC. DS402. United States — Use of Zeroing in Anti-Dumping Measures Involving Products from Korea. Disponível em: <https://www.wto.org/english/tratop_e/dispu_e/cases_e/ds402_e.htm>. Acesso em: 23 maio 2022.

cante à margem de dumping, essa pode ser calculada pelo método W-W de duas maneiras: fazendo uso de médias anuais ou de médias múltiplas. O método de médias múltiplas, apesar de mais custoso, já que fraciona o período de análise de dumping em frações menores do que um ano, pode ser apropriado para o cálculo da margem de dumping em situações em que os preços e custos do produto investigado apresentam variações ao longo do período de investigação de dumping, coadunadas com volumes de venda no mercado interno e no Brasil não equilibrados que podem causar distorções nas médias anuais do valor normal e do preço de exportação. Este método também parece ser aquele que mais se adequa ao art. 2.4 do Acordo Antidumping da OMC, quando menciona que a comparação deve ser feita "*at the same level of trade, normally at the ex-factory level, and in respect of sales made at as nearly as possible the same time*", em tradução livre: "no mesmo nível de comércio, normalmente no nível *ex fabrica*, e considerando vendas realizadas tão simultaneamente quanto possível".

Imagem – Metodologia de cálculo da margem de dumping W-W

Fonte: elaboração própria.

O Guia de Cálculo da Margem de Dumping em Investigações Antidumping no Brasil do DECOM[84] traz maiores detalhamentos a respeito do tema e também exemplos. Conforme já mencionado, não há hierarquia preestabelecida entre esses dois métodos, mas o Guia de Cálculo da Margem de Dumping em Investigações Antidumping no Brasil do DECOM[85] sinaliza que o método W-W é preferencialmente aplicado pelo DECOM devido a sua simplicidade.

---

[84] Guia de Cálculo da Margem de Dumping em Investigações Antidumping no Brasil do DECOM. Disponível em: <https://www.gov.br/produtividade-e-comercio-exterior/pt-br/assuntos/comercio-exterior/defesa-comercial-e-interesse-publico/guias>. Acesso em: 3 maio 2022.

[85] Guia de Cálculo da Margem de Dumping em Investigações Antidumping no Brasil do DECOM. Disponível em: <https://www.gov.br/produtividade-e-comercio-exterior/pt-br/assuntos/comercio-exterior/defesa-comercial-e-interesse-publico/guias>. Acesso em: 3 maio 2022.

Curso de Defesa Comercial e Interesse Público no Brasil: teoria e prática

2.3.3.2. Apuração pelo método de comparação T-T

O método T-T advém do termo *Transaction – Transaction*, no qual há comparação de cada transação do preço de exportação com uma correspondente de valor normal. Assim, haverá tantas comparações intermediárias[86] quanto forem as operações de exportação. O Guia de Cálculo da Margem de Dumping em Investigações Antidumping no Brasil do DECOM[87] traz maiores detalhamentos a respeito do tema e também exemplos.

Imagem – Metodologia de cálculo da margem de dumping T-T

COMO É APURADA A MARGEM DE DUMPING?

MÉTODO DE COMPARAÇÃO T-T

Art. 26, II, Decreto n. 8.058/2013

OS VALORES NORMAIS E OS PREÇOS DE EXPORTAÇÃO, COMPARADOS TRANSAÇÃO A TRANSAÇÃO

HAVERÁ TANTAS COMPARAÇÕES INTERMEDIÁRIAS QUANTAS FOREM AS OPERAÇÕES DE EXPORTAÇÃO

Fonte: elaboração própria.

Conforme já mencionado, não há hierarquia preestabelecida entre esses dois métodos, mas o Guia de Cálculo da Margem de Dumping em Investigações Antidumping no Brasil do DECOM[88] sinaliza que o método W-W é preferencialmente aplicado pelo DECOM devido à sua simplicidade. Isso porque o método T-T encontra dificuldades quando da sua aplicação prática, já que é necessário

---

[86] OMC. DS332 Brasil – Medidas que afetam a importação de pneus recauchutados. "Assim, quando uma autoridade investigadora calcula uma margem de dumping com base em múltiplas comparações do valor normal e do preço de exportação, os resultados de tais comparações intermediárias não são, em si mesmos, margens de dumping. Ao contrário, eles são meramente 'insumos que são [a serem] agregados para estabelecer a margem de dumping do produto sob investigação para cada exportador ou produtor'". [Tradução livre]. No original: OMC. DS332 Brazil — Measures Affecting Imports of Retreaded Tyres. "*Thus, when an investigating authority calculates a margin of dumping on the basis of multiple comparisons of normal value and export price, the results of such intermediate comparisons are not, in themselves, margins of dumping. Rather, they are merely "inputs that are [to be] aggregated in order to establish the margin of dumping of the product under investigation for each exporter or producer".* Disponível em: <https://www.wto.org/english/tratop_e/dispu_e/cases_e/ds332_e. htm>. Acesso em: 1ª jun. 2022.

[87] Guia de Cálculo da Margem de Dumping em Investigações Antidumping no Brasil do DECOM. Disponível em: <https://www.gov.br/produtividade-e-comercio-exterior/pt-br/assuntos/comercio-exterior/defesa-comercial-e-interesse-publico/guias>. Acesso em: 3 maio 2022.

[88] Guia de Cálculo da Margem de Dumping em Investigações Antidumping no Brasil do DECOM. Disponível em: <https://www.gov.br/produtividade-e-comercio-exterior/pt-br/assuntos/comercio-exterior/defesa-comercial-e-interesse-publico/guias>. Acesso em: 3 maio 2022.

que se encontre uma transação no mercado doméstico comparável a cada transação de exportação.

2.3.3.3. Apuração pelo método de comparação W-T

O terceiro método possível de apuração da margem de dumping consiste na comparação do valor normal médio ponderado com transações de exportação individuais (W-T), nos termos do art. 2.4.2 do Acordo Antidumping da OMC e do § 2º do art. 26 do Decreto n. 8.058/2013. Ou seja, calcula-se o valor normal médio ponderado para cada CODIP e categoria de cliente, para a totalidade do período de investigação de dumping sendo este comparado com cada transação de exportação. Dessas comparações, resultam comparações intermediárias que são ponderadas pelas quantidades exportadas para se chegar à margem de dumping final.

Imagem – Metodologia de cálculo da margem de dumping W-T

COMO É APURADA A MARGEM DE DUMPING?

MÉTODO DE COMPARAÇÃO W-T

Art. 26, § 2º, Decreto n. 8.058/2013

UM VALOR NORMAL ESTABELECIDO POR MEIO DE MÉDIA PONDERADA PODERÁ SER COMPARADO COM PREÇOS INDIVIDUAIS DE EXPORTAÇÃO CASO DETERMINADA

(I) A EXISTÊNCIA DE UM PADRÃO DE PREÇOS DE EXPORTAÇÃO QUE DIFIRA SIGNIFICATIVAMENTE ENTRE DIFERENTES COMPRADORES, REGIÕES OU PERÍODOS DE TEMPO E

(II) CASO SEJA APRESENTADA EXPLICAÇÃO SOBRE A RAZÃO PELA QUAL TAIS DIFERENÇAS NÃO PODEM SER ADEQUADAMENTE CONSIDERADAS POR MEIO DA ADOÇÃO DAS METODOLOGIAS W-W E T-T

Fonte: elaboração própria.

O Guia de Cálculo da Margem de Dumping em Investigações Antidumping no Brasil do DECOM[89] esclarece que esse método, entretanto, não pode ser utilizado indiscriminadamente, já que seu emprego somente é autorizado quando dois requisitos são cumpridos: que a autoridade investigadora encontre um padrão de preços de exportação que difiram significativamente entre diferentes compradores, regiões ou períodos de tempo; e que a autoridade forneça uma explicação de por que essas diferenças não podem ser levadas em consideração apropriadamente com o uso dos métodos normais W-W ou T-T. De acordo com

---

[89] Guia de Cálculo da Margem de Dumping em Investigações Antidumping no Brasil do DECOM. Disponível em: <https://www.gov.br/produtividade-e-comercio-exterior/pt-br/assuntos/comercio-exterior/defesa-comercial-e-interesse-publico/guias>. Acesso em: 3 maio 2022.

Curso de Defesa Comercial e Interesse Público no Brasil: teoria e prática

o painel no DS534[90], essa forma de cálculo W-T não proíbe o *zeroing*, diferentemente das formas de cálculo W-W e T-T, apresentadas anteriormente. Não parece haver consenso, porém, sobre o tema, já que no DS464[91] houve decisão do painel e do Órgão de Apelação do Órgão de Solução de Controvérsias da OMC em sentido contrário.

2.3.3.4. Margem de dumping *de minimis*

Recorde-se que, nos termos do § 1º do art. 31 do Decreto n. 8.058/2013, quando a margem de dumping de um produtor/exportador expressa como um percentual do seu preço de exportação for inferior a 2%, essa será considerada *de minimis*. Caso isso aconteça, para os produtores/exportadores que apresentem margem de dumping *de minimis*, será encerrada a investigação, sem aplicação de direito. Ato contínuo, além de ser encerrada a investigação para esse produtor/exportador, seu volume exportado deverá ser excluído da análise das importações causadoras de dano e esse volume também deve ser excluído quando do teste de volume negligenciável do país, nos termos do art. 5.8. do Acordo Antidumping da OMC. Nessa última hipótese, de exclusão do teste de volume por país, pode inclusive acontecer de o país desse produtor/exportador ser inteiramente excluído da investigação, caso as importações a preços de dumping restantes representem menos de 3% do volume importado pelo Brasil (*vide* Seção 2.3.3, sobre análise das importações).

2.4. Do dano

Para que seja aplicada uma medida antidumping, é necessária a comprovação da prática do dumping, da existência de dano, e do nexo de causalidade entre ambos. Esta seção se concentrará no segundo desses três pilares. Para tanto, será inicialmente apresentado o conceito de (2.4.1) dano, em suas acepções dano material, ameaça de dano material e atraso material à implantação da indústria doméstica; para em seguida entender como se procede à (2.4.2) análise dos indicadores de dano da indústria doméstica.

---

[90] OMC. DS534 United States — Anti-Dumping Measures Applying Differential Pricing Methodology to Softwood Lumber from Canada. Disponível em: <https://www.wto.org/english/tratop_e/dispu_e/cases_e/ds534_e.htm>. Acesso em: 1º jun. 2022.

[91] OMC. DS464 United States — Anti-Dumping and Countervailing Measures on Large Residential Washers from Korea. Disponível em: <https://www.wto.org/english/tratop_e/dispu_e/cases_e/ds464_e.htm>. Acesso em: 1º jun. 2022.

2.4.1. Dano: dano material, ameaça de dano material e atraso material à implantação

Nos termos da nota de rodapé 9 no art. 3º do Acordo Antidumping, "o termo 'dano' deve ser entendido como dano material causado a uma indústria nacional, ameaça de dano material a uma indústria nacional ou atraso real na implantação de tal indústria". Similarmente, determina o art. 29 do Decreto n. 8.058/2013 que, para fins de investigações antidumping, dano será considerado como: "I – dano material à indústria doméstica; II – ameaça de dano material à indústria doméstica; ou III – atraso material à implantação da indústria doméstica".

Imagem – Conceito de dano

Fonte: elaboração própria.

 MEDIDA ANTIDUMPING – VIDROS – INVESTIGAÇÃO ORIGINAL – CHINA
RESOLUÇÃO CAMEX N. 46, DE 3 DE JULHO DE 2014

Trata-se de investigação referente à medida antidumping (original) aplicada às importações de vidros para uso em eletrodomésticos da linha fria, originárias da China.

No que se refere à determinação do dano material, resumem-se abaixo os indicadores destacados na Resolução CAMEX em referência:

"i) as vendas de produtos de fabricação própria da indústria doméstica no mercado interno declinaram [CONFIDENCIAL] m2 (45,3%) em P5, em relação a P1, e [CONFIDENCIAL] m2 de P4 para P5 (45,3%). Observou-se que a queda nas vendas destinadas ao mercado interno, de P1 para P5, (45,3%) foi acompanhada de aumento do consumo nacional aparente de vidros para linha fria no mesmo período (de 9,6%). Nesse contexto, verificou-se que a participação da indústria doméstica no CNA diminuiu 33,8 p.p.;

ii) a produção da indústria doméstica, no mesmo sentido, declinou [CONFIDENCIAL] m2 (37%) em P5, em relação a P1, e [CONFIDENCIAL] m2 (49,8%) de P4 para

Curso de Defesa Comercial e Interesse Público no Brasil: teoria e prática

> *P5. Essa queda na produção levou à redução do grau de ocupação da capacidade instalada efetiva em [CONFIDENCIAL] p.p. de P1 para P5 e [CONFIDENCIAL] p.p. de P4 para P5;*
>
> *iii) o estoque, em termos absolutos, oscilou no período, sendo que, em P5, foi 57,2% maior quando comparado a P1 e 22% menor quando comparado a P4. A relação estoque final/produção também oscilou no período, sendo que, em P5, aumentou 7,9 p.p. e 4,7 p.p., em relação a P1 e a P4, respectivamente;*
>
> *iv) o número total de empregados da indústria doméstica, em P5, foi 46,3% menor quando comparado a P4. Contudo foi 9% maior quando comparado a P1. A massa salarial total apresentou comportamento semelhante, com queda de P4 para P5 de 23,8% e aumento de 37,8% de P1 para P5.*
>
> *v) o número de empregados ligados diretamente à produção, em P5, foi 46,6% menor quando comparado a P4 e 9,2% maior quando comparado a P1. A massa salarial dos empregados ligados à produção em P5, por sua vez, diminuiu 22,8% em relação a P4 e aumentou 43,4% em relação a P1;*
>
> *vi) a produtividade por empregado ligado diretamente à produção, ao considerar-se todo o período de análise, de P1 para P5, diminuiu 42,3%. Em se considerando o último período, esta diminuiu 6%;*
>
> *vii) a receita líquida obtida pela indústria doméstica com a venda de vidros para linha fria no mercado interno decresceu 53,5% de P1 para P5, em razão da depressão verificada no preço de 14,9%, e da queda da quantidade vendida de 45,3%, no mesmo período. Essa receita líquida obtida pela indústria doméstica com a venda do produto similar no mercado interno decresceu 49,3% de P4 para P5, devido à queda de 41,1% da quantidade vendida aliada à redução do preço no mesmo período, de 7,4%;*
>
> *viii) o custo total de produção aumentou 41,7% de P1 para P5, enquanto o preço no mercado interno caiu 14,9%. Assim, a relação custo total/preço aumentou [CONFIDENCIAL] p.p. Já no último período, de P4 para P5, o custo total de produção aumentou 4,7%, enquanto o preço no mercado interno diminuiu 7,4%. Assim, a relação custo total/preço aumentou [CONFIDENCIAL] p.p.;*
>
> *i) A massa de lucro e a rentabilidade obtida pela indústria doméstica no mercado interno também sofreram reduções durante o período investigado. O lucro bruto verificado em P5 foi 77,6% menor do que o observado em P1 e, de P4 para P5, a massa de lucro bruta diminuiu 65,1%. Analogamente, a margem bruta obtida em P5 diminuiu [CONFIDENCIAL] p.p. em relação a P1 e, de P4 para P5, a margem de lucro bruta diminuiu [CONFIDENCIAL] p.p.; e*
>
> *j) o lucro operacional verificado em P5 foi 93,8% menor do que o observado em P1 e, de P4 para P5, a massa de lucro operacional diminuiu 90,5%. Analogamente, a margem operacional obtida em P5 diminuiu [CONFIDENCIAL] p.p. em relação a P1 e, de P4 para P5, a margem de lucro operacional diminuiu [CONFIDENCIAL] p.p."*

Fonte: Resolução CAMEX n. 46, de 3 de julho de 2014[92].

---

[92] BRASIL. Resolução CAMEX n. 46, de 3 de julho de 2014. Disponível em: <http://www.camex.gov.br/resolucoes-camex-e-outros-normativos/58-resolucoes-da-camex/1354-resolucao-n-46-de-03-de-julho-de-2014>. Acesso em: 26 maio 2022.

2 • *Investigações antidumping – teoria e prática*

Em síntese, pode-se apresentar o seguinte quadro-resumo sobre a análise dos indicadores econômico-financeiros da indústria doméstica:

Por (I) dano material entende-se a efetiva deterioração nos indicadores econômico-financeiros da indústria doméstica, por meio da análise dos fatores indicados na seção 2.4.2. No Brasil, a maioria das investigações diz respeito a dano material.

Imagem – Resumo da análise de dano à indústria doméstica em investigações antidumping nos termos do Decreto n. 8.058/2013

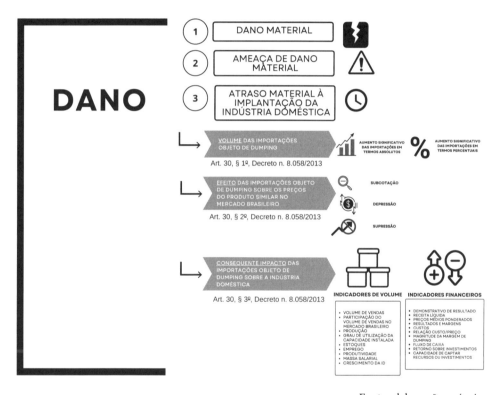

Fonte: elaboração própria.

Por (II) ameaça de dano material, por sua vez, entende-se a situação em que há a possibilidade de ocorrência de eventos claramente previsíveis e iminentes, capazes de alterar as condições vigentes de maneira a resultar em dano material à indústria doméstica. Nos termos do art. 3.7 do Acordo Antidumping e do § 4º do art. 33 do Decreto n. 8.058/2013, devem ser considerados os seguintes fatores para a determinação de existência de ameaça de dano material: (a) significativa taxa de crescimento das importações objeto de dumping, indicativa de provável aumento substancial nas importações; (b) suficientes capacidade ociosa ou imi-

Curso de Defesa Comercial e Interesse Público no Brasil: teoria e prática

nente aumento substancial na capacidade do exportador que indiquem a probabilidade de significativo aumento das exportações a preços de dumping para o mercado do Membro importador, considerando-se a existência de outros mercados de exportação que possam absorver o possível aumento das exportações[93]; (c) se as importações são realizadas a preços que terão significativo efeito em deprimir ou suprimir preços internos e que provavelmente aumentarão a demanda por novas importações; (d) estoques do produto sob investigação.

Ainda, o art. 3.7 do Acordo Antidumping da OMC esclarece que essa ameaça consiste em uma mudança de circunstância que deve ser claramente previsível e iminente, e que a determinação de ameaça de dano material deve se basear em fatos, e não meramente em alegações, conjecturas ou possibilidades remotas. Segundo a nota de rodapé 10, um exemplo dessa situação, embora não o único, seria a existência de motivo convincente para acreditar que haverá, em futuro próximo, aumento substancial na importação de produtos a preços de dumping. Nesses casos, caso seja aplicada a medida antidumping, o art. 3.8 do Acordo Antidumping recomenda que a avaliação e a decisão sejam tomadas com especial cuidado.

Considerando esse especial cuidado, o art. 61 da Portaria SECEX n. 171/2022 determina que, em adição às informações solicitadas para fins de comprovação de dano material, petições que contenham alegações relativas a ameaça de dano material devem conter informações adicionais sobre: I – a capacidade de produção nos países exportadores; II – a existência de previsão de aumento da capacidade produtiva no país(es) exportador(es); III – a existência de capacidade ociosa nos países exportadores, indicando os respectivos volumes de produção; IV – a existência de estoques no(s) país(es) exportador(es); V – a existência de medidas restritivas aplicadas por outros países, inclusive direitos antidumping, que possam justificar desvios de comércio para o Brasil; VI – os motivos que levam a crer que as importações brasileiras do produto objeto da investigação irão aumentar, considerando a existência de outros potenciais mercados de importação; VII – a evolução das exportações do produto a ser investigado do(s) país(es) exportador(es); e VIII – a capacidade de produção efetiva ou potencial do(s) país(es) exportador(es) para o Brasil, anexando as fontes de tais informações.

---

[93] O art. 33, § 5ª, do Decreto n. 8.058/2013 determina que nessa análise será considerada a existência de terceiros mercados capazes de absorver o possível aumento das exportações, podendo, inclusive, ser considerada a existência de medidas de defesa comercial em vigor ou de investigações em curso em terceiros países que possam justificar desvios de comércio do produto para o Brasil.

> **MEDIDA ANTIDUMPING – FILMES PET – INVESTIGAÇÃO ORIGINAL – BAREINE E PERU**
> *CIRCULAR SECEX N. 49, DE 28 DE JULHO DE 2016*
>
> Trata-se de investigação antidumping acerca de Filmes Pet, envolvendo as origens Reino do Bareine e da República do Peru.
>
> No que se refere à ameaça de dano à indústria doméstica, destaca-se que, em 29 de abril de 2015, a empresa Terphane (peticionária) protocolou petição de início de investigação de dumping nas exportações para o Brasil de Filme PET originárias do Barein e do Peru e de ameaça de dano à indústria doméstica decorrente de tal prática. Uma vez verificada a existência de indícios da prática de dumping nas exportações dessas origens e da correlata ameaça de dano à indústria doméstica, a Secretaria de Comércio Exterior iniciou a investigação, por meio da Circular Secex n. 45, de 9 de julho de 2015, publicada no DOU de 10 de julho de 2015.
>
> Em 1º de dezembro de 2015, por meio da Circular Secex n. 76, de 30 de novembro de 2015, foi preliminarmente determinada a existência de dumping e de ameaça de dano causado pelas importações originárias do Barein e do Peru, porém, não houve recomendação da aplicação de direito antidumping provisório. Por intermédio da Circular Secex n. 49, de 28 de julho de 2016, publicada no DOU de 29 de julho de 2016, foi encerrada a investigação sem aplicação de direitos antidumping, uma vez que não houve comprovação suficiente da existência de ameaça de dano à indústria doméstica.

Fonte: Circular SECEX n. 49, de 28 de julho de 2016[94].

Já por (III) atraso material à implantação da indústria doméstica, não há no Acordo Antidumping detalhamento sobre seu conceito, nem no Decreto n. 8.058/2013. Nos termos do Guia Antidumping do DECOM, a autoridade brasileira, assim como a maior parte dos Membros da OMC, não possui jurisprudência na análise de atraso material.

> **WT/DS513/R: MOROCCO – ANTI-DUMPING MEASURES ON CERTAIN HOT-ROLLED STEEL FROM TURKEY**
> *WT/DS513/R, PARAS. 7.148-7.149*
>
> De acordo com a decisão do painel DS513 Morocco — Anti-Dumping Measures on Certain Hot-Rolled Steel from Turkey estabelecido no âmbito do Órgão de Solução de Controvérsias da OMC, o atraso material à implantação da indústria doméstica é uma das formas de dano contempladas pelo Acordo Antidumping e, por definição, pode ocorrer apenas em situações nas quais a indústria doméstica ainda não está completamente estabelecida:
>
> *"7.148. Na investigação subjacente, a conclusão do MDCCE de que a indústria nacional não estava estabelecida e que o estabelecimento da indústria nacional era materialmente retardado, fez parte do inquérito do MDCCE sobre o impacto*

---

[94] BRASIL. Circular SECEX n. 49, de 28 de julho de 2016. Disponível em: <https://www.in.gov.br/materia/-/asset_publisher/Kujrw0TZC2Mb/content/id/23373769/do1-2016-07-29-circular-n-49-de-28-de-julho-de-2016-23373176>. Acesso em: 26 maio 2022.

Curso de Defesa Comercial e Interesse Público no Brasil: teoria e prática

> *das importações despejadas sobre os produtores nacionais. Em particular, o MDCCE procedeu para examinar se a indústria doméstica havia sofrido prejuízo sob a forma de retardo material de seu estabelecimento, em vez de prejuízo material, somente após descobrir que a indústria doméstica não estava estabelecida. Considerando que o MDCCE, ao examinar o impacto das importações despejadas sobre os produtores nacionais, baseou-se em sua conclusão de que a indústria nacional não estava estabelecida, consideramos que o artigo 3.1 exigia que o MDCCE baseasse essa conclusão em evidências positivas e exame objetivo. 213 Caso o registro da investigação subjacente mostre que o MDCCE não baseou essa conclusão em evidências positivas e exame objetivo, concluiremos então que o MDCCE agiu de forma inconsistente com o artigo 3.1.*
>
> *7.149. Esta abordagem encontra apoio nas conclusões de outros painéis e do Órgão de Apelação. Na Argentina – Deveres Antidumping de Aves, o painel examinou a inconsistência com o Artigo 3.1 independentemente de outras disposições do Artigo 3.214. Da mesma forma, o Órgão de Apelação e vários painéis anteriores encontraram violações do Artigo 3.1, em uma primeira etapa de sua avaliação, independentemente de qualquer avaliação de consistência com outras disposições do Artigo 3. Tendo constatado uma violação do Artigo 3.1, eles subsequentemente procederam à constatação de violações consequentes de certas outras disposições do Artigo 3.215. Além disso, no EC – Medidas Compensatórias sobre Chips DRAM, o painel se absteve de considerar que o Artigo 15.1 do Acordo SCM, que é o equivalente do Artigo 3.1 do Acordo Antidumping, não impõe nenhuma obrigação independente por direito próprio. Considerou que "se uma autoridade investigadora não tiver provas positivas e não as tiver examinado objetivamente, então a autoridade investigadora teria agido de forma inconsistente com o Artigo 15.1, independentemente de quaisquer conclusões que possam ser alcançadas sobre as outras obrigações – mais específicas – previstas no Artigo 15". [tradução livre]*

Fonte: WT/DS513/R[95-96].

---

[95] *7.148. In the underlying investigation, the MDCCE's finding that the domestic industry was unestablished, and that the establishment of the domestic industry was materially retarded, formed part of the MDCCE's inquiry into the impact of dumped imports on domestic producers. In particular, the MDCCE proceeded to examine whether the domestic industry had suffered injury in the form of material retardation of its establishment, rather than material injury, only upon finding that the domestic industry was unestablished. Given that the MDCCE, in examining the impact of dumped imports on domestic producers, relied on its finding that the domestic industry was unestablished, we consider that Article 3.1 required the MDCCE to base that finding on positive evidence and objective examination.213 In the event that the record of the underlying investigation shows that the MDCCE did not base that finding on positive evidence and objective examination, we will then conclude that the MDCCE acted inconsistently with Article 3.1.*

7.149. This approach finds support in the findings of other panels and the Appellate Body. In Argentina – Poultry Anti-Dumping Duties, the panel examined inconsistency with Article 3.1 independently of other provisions of Article 3.214 Similarly, the Appellate Body and several prior panels found violations of Article 3.1, in a first step of their evaluation, independent of any assessment of consistency with other provisions of Article 3. Having found a violation of Article 3.1, they subsequently proceeded to find consequential violations of certain other provisions of Article 3.215 Further, in EC – Countervailing Measures on DRAM Chips, the panel refrained from taking the view that Article 15.1 of the SCM Agreement, which is the equivalent of Article 3.1 of the Anti-Dumping Agreement, does not impose any independent obligations in

2.4.2. Indicadores de dano da indústria doméstica

De acordo com o art. 3.1. do Acordo Antidumping e o art. 30 do Decreto n. 8.058/2013, a determinação de dano material à indústria doméstica será baseada em elementos de prova e incluirá o exame objetivo dos seguintes aspectos: "I – volume das importações objeto de dumping; II – efeito das importações objeto de dumping sobre os preços do produto similar no mercado brasileiro; e III – consequente impacto de tais importações sobre a indústria doméstica".

Para a referida análise de dano, o art. 12 da Portaria SECEX n. 171/2022 determina que o período de investigação de dano[97] compreenderá 60 (sessenta) meses, divididos em cinco intervalos de 12 (doze) meses. Por sua vez, o intervalo mais recente deverá necessariamente coincidir com o período de investigação de dumping e os outros quatro intervalos compreenderão sucessivamente os doze meses anteriores aos primeiros. É o que tipicamente se chama de P1 a P5 nas investigações.

Imagem – Fatores a serem considerados na determinação de dano material

Fonte: elaboração própria.

---

its own right. It considered that "if an investigating authority lacks positive evidence and has not examined the evidence before it objectively, then the investigating authority would have acted inconsistently with Article 15.1, regardless of any conclusions that might be reached about the other – more specific – obligations under Article 15.

[96] OMC. Morocco – Anti-Dumping Measures on Certain Hot-Rolled Steel from Turke. WT/DS513/R, paras. 7.148-7.149. Disponível em: <https://docs.wto.org/dol2fe/Pages/FE_Search/FE_S_S006.aspx?DataSource=Cat&query=@Symbol=WT/DS513/R*&Language=English&Context=ScriptedSearches&languageUIChanged=true>. Acesso em: 26 maio 2022.

[97] O Acordo Antidumping da OMC não prevê quais seriam os períodos de investigação de dumping e dano. Existe a Recomendação do Comitê Antidumping (documento G/ADP/6)

Quanto ao aspecto do (I) volume das importações objeto de dumping, ditam o art. 3.2 do Acordo Antidumping e o § 1º do art. 30 do Decreto n. 8.058/2013 que se deve ponderar se houve aumento significativo das importações nessas condições, tanto em termos absolutos quanto em termos relativos (em relação à produção ou ao consumo) no Membro importador. A respeito da análise das importações, remete-se à Seção 2.2.3.

Imagem – Volume das importações entre os fatores a serem considerados na determinação de dano

Fonte: elaboração própria.

Quanto ao (II) efeito das importações objeto de dumping sobre os preços do produto similar no mercado brasileiro, dita o art. 3.2 do Acordo Antidumping que se deve levar em conta se os preços dos produtos importados a preços de dumping são significativamente menores do que os preços dos produtos similares no Membro importador ou ainda se tais importações tiveram por efeito deprimir significativamente os preços ou impedir aumentos significativos de pre-

---

sugerindo 1 ano em geral, mas nunca menos de 6 meses para o período de análise de dumping, e também de 3 anos pelo menos para o período de análise de dano. O art. 48 do Decreto n. 8.058/2013 fixou esses prazos em 12 meses para o dumping, e em 60 meses para o dano. Ademais, fixou objetivamente quando iniciam e terminam tais períodos, de acordo com a data de protocolo da petição. Assim, trata-se de regra OMC *Plus*.

ços que teriam ocorrido na ausência de tais importações. Similarmente, o § 2º do art. 30 do Decreto n. 8.058/2013 apresenta que nesse exame deverá ser considerado se: "I – houve subcotação significativa do preço das importações objeto de dumping em relação ao preço do produto similar no Brasil; II – tais importações tiveram por efeito deprimir significativamente os preços; ou III – tais importações tiveram por efeito suprimir significativamente aumento de preços que teria ocorrido na ausência de tais importações". Cotejando o Acordo Antidumping com o Decreto n. 8.058/2013 é possível, assim, perceber o que se entende por subcotação, supressão ou depressão:

- Subcotação: se os preços dos produtos importados a preços de dumping são significativamente menores do que os preços dos produtos similares no Membro importador. Ou seja, quando o preço internado no Brasil do produto objeto da investigação é inferior ao preço do produto similar brasileiro.

- Depressão: se as importações a preços de dumping tiveram por efeito deprimir significativamente os preços dos produtos similares no Membro importador. Ou seja, quando o preço das importações do produto objeto da investigação tem o efeito de rebaixar significativamente o preço do produto similar brasileiro.

- Supressão: se as importações a preços de dumping tiveram por efeito impedir aumentos significativos de preços que teriam ocorrido na ausência de tais importações. Ou seja, quando o preço das importações do produto objeto da investigação tem o efeito de impedir, de forma relevante, o aumento de preços que teria ocorrido na ausência de tais importações, ainda que diante de, por exemplo, aumento de custos.

Adicione-se que se a investigação endereçar importações de mais de um país, os efeitos de tais importações poderão ser cumulados, nos termos do art. 3.3 do Acordo Antidumping[98]. Isso poderá ser feito, nos termos do art. 31 do Decreto n. 8.058/2013 se for verificado que: I – a margem de dumping determinada em relação às importações de cada um dos países não é *de minimis* (como

---

[98] Acordo Antidumping. "Art. 3.3. Se as importações de um produto provenientes de mais de um país forem objeto de investigações antidumping simultâneas, as autoridades responsáveis pela investigação somente poderão determinar cumulativamente os efeitos de tais importações se se verificar que: (a) a margem de *dumping* determinada em relação às importações de cada um dos países é maior do que a margem *de minimis*, como definida no parágrafo 8 do Artigo 5, e que o volume de importações de cada país não é negligenciável; e (b) a avaliação cumulativa dos efeitos daquelas importações é conveniente em vista da concorrência entre as diferentes importações e da concorrência entre os produtos importados e o similar nacional".

regra, inferior a 2%); II – o volume de importações de cada país não é insignificante (como regra, será considerado insignificante se inferior a 3% das importações totais brasileiras, mas, se conjuntamente responderem por mais de 7%, não será considerado insignificante[99]); e III – a avaliação cumulativa dos efeitos daquelas importações é apropriada tendo em vista as condições de concorrência entre os produtos importados e as condições de concorrência entre os produtos importados e o produto similar doméstico.

Imagem – Efeitos das importações nos preços entre os fatores a serem considerados na determinação de dano

Fonte: elaboração própria.

Nem isoladamente, nem em conjunto, porém, deverão tais fatores serem considerados necessariamente como indicação decisiva. Ainda, esse efeito das importações a preço de dumping deve ser avaliado com relação à produção interna do produto similar quando os dados disponíveis permitirem a identificação individualizada daquela produção a partir de critérios tais como o processo produtivo, as vendas do produtor e os lucros (§ 5º do art. 32 do Decreto n. 8.058/2013). A respeito da análise das importações, remete-se à seção 2.2.3, e para a análise comparativa sobre produto similar, remete-se à seção 2.2.1.

---

[99] Art. 31, § 3º, do Decreto n. 8.058/2013: "Caso o conjunto de países que individualmente respondam por menos de três por cento das importações totais brasileiras do produto objeto da investigação e do produto similar represente mais de sete por cento das importações totais brasileiras do produto objeto da investigação e do produto similar, o volume das importações objeto da investigação ou o volume das importações objeto de dumping, de cada país, não será considerado insignificante".

2 • Investigações antidumping – teoria e prática

Quanto ao (III) consequente impacto das importações objeto de dumping sobre a indústria doméstica, dita o art. 3.4 do Acordo Antidumping que o exame do impacto das importações a preços de dumping sobre a indústria nacional correspondente deverá incluir avaliação de todos os fatores e índices econômicos relevantes que tenham relação com a situação da referida indústria. Dentre tais fatores, o texto normativo menciona, exemplificativamente, a queda real ou potencial das vendas, dos lucros, da produção, da participação no mercado, da produtividade, do retorno dos investimentos ou da ocupação da capacidade instalada, fatores que afetem os preços internos, a amplitude da margem de dumping, efeitos negativos reais ou potenciais sobre o fluxo de caixa, estoques, emprego, salários, crescimento, capacidade para aumentar capital ou obter investimentos. Reitera-se que a enumeração acima não é exaustiva, nem poderão tais fatores isoladamente ou em conjunto ser tomados necessariamente como indicação decisiva.

Nos termos do § 3º do art. 30 do Decreto n. 8.058/2013, o exame do impacto das importações objeto de dumping sobre a indústria doméstica incluirá avaliação de todos os fatores e índices econômicos pertinentes relacionados com a situação da referida indústria, inclusive queda real ou potencial das vendas, dos lucros, da produção, da participação no mercado, da produtividade, do retorno sobre os investimentos e do grau de utilização da capacidade instalada. Além disso, serão considerados os efeitos negativos reais ou potenciais sobre o fluxo de caixa, estoques, emprego, salários, crescimento da indústria doméstica e capacidade de captar recursos ou investimentos. Ainda serão avaliados fatores que afetem os preços domésticos, incluindo a amplitude ou magnitude da margem de dumping. Registre-se que a análise da magnitude da margem de dumping considera também informações apresentadas por outras partes interessadas após o início da investigação, por meio de suas respostas aos questionários enviados pelo DECOM.

Cumpre esclarecer que o DECOM analisa a evolução de cada um dos indicadores supracitados ao longo dos cinco subperíodos de investigação de dano (via de regra) e que nenhum dos fatores ou índices econômicos, isoladamente ou em conjunto, será necessariamente capaz de conduzir a conclusão decisiva (§ 4º do art. 30 do Decreto n. 8.058/2013). Todos os indicadores supracitados são analisados com base nos dados fornecidos pela indústria doméstica e verificados *in loco* pelo DECOM, de modo que podem sofrer alterações ao longo da investigação.

Assim, é possível notar, em linhas gerais, que o DECOM analisa todos os indicadores previstos no § 3º do art. 30 do Decreto n. 8.058/2013, tanto em termos de volume (se houve queda real ou potencial no volume de vendas, alterações na participação da indústria doméstica no mercado, queda no volume de produção, aumento dos estoques etc.), quanto em termos financeiros (queda real ou potencial da receita líquida, dos lucros, do retorno sobre o investimento etc.)

Imagem – Impacto das importações entre os fatores a serem considerados na determinação de dano

Fonte: elaboração própria.

Imagem – Indicadores de volume e financeiros na análise do impacto das importações dentre os fatores a serem considerados na determinação de dano material

Fonte: elaboração própria.

Para fins de início de uma investigação antidumping original, a análise quanto à existência de dano material será feita pelo DECOM com base nas informações trazidas pela indústria doméstica na petição e nos dados de importação do produto investigado fornecidos pela Secretaria Especial da Receita Federal. Uma vez iniciada a investigação, o DECOM realizará verificações *in loco* nas empresas peticionárias e enviará questionários a outros produtores nacionais do produto similar cujos dados não foram apresentados na petição, cujas respostas também poderão ser sujeitas a procedimento de verificação *in loco*. As determinações preliminares e finais do DECOM quanto à existência de dano material serão, então, elaboradas com base nos dados contidos na petição, nos resultados das verificações *in loco* na indústria doméstica, nas respostas aos questionários submetidas por outros produtores nacionais e em outras informações fornecidas pelas partes interessadas. Nesse sentido, no decorrer do procedimento administrativo podem ocorrer alterações quanto à determinação de dano material apresentada no início da investigação.

Importante pontuar, ainda, que mesmo nos casos de indústria fragmentada, conforme o previsto no § 2º do art. 1º do Decreto n. 9.107/2017, em que são aceitos dados provenientes de fontes secundárias, o § 6º do art. 121 da Portaria SECEX n. 171/2022, "não será aceita petição de investigação original apresentada por indústria fragmentada que não contenha ao menos os seguintes indicadores: a) volume de vendas no mercado interno brasileiro; b) participação no mercado brasileiro; c) produção do produto; d) capacidade instalada ou produção máxima registrada; e) faturamento com vendas do produto no mercado interno; f) custo de produção; g) relação custo/preço; e h) emprego".

Em síntese, toda a análise de dano pode ser resumida na imagem abaixo:

Imagem – Análise completa de dano

Fonte: elaboração própria.

2.5. Do nexo de causalidade

Para que seja aplicada uma medida antidumping, é necessária a comprovação da prática do dumping, da existência de dano, e do nexo de causalidade entre ambos. Esta seção se concentrará no terceiro desses três pilares. Para tanto, primeiro será apresentada a análise positiva de causalidade, ou seja, do (2.5.1) impacto das importações objeto de dumping na indústria doméstica, para que em seguida seja possível realizar a análise negativa de causalidade, ou seja, dos (2.5.2) outros fatores de dano, consistente na análise de não atribuição do dano às importações objeto de dumping.

2.5.1. Impacto das importações objeto de dumping na indústria doméstica

Para que uma medida antidumping possa ser aplicada é necessário comprovar não somente a existência de dumping e de dano à indústria doméstica[100], mas também de nexo causal entre esses dois fatores. Dita o art. 3.5 do Acordo Antidumping que é necessário demonstrar que as importações a preços de dumping, por meio dos efeitos produzidos por essa prática, estão provocando dano. A demonstração de nexo causal entre as importações a preços de dumping e o dano à indústria doméstica deverá basear-se no exame de todos os elementos de prova relevantes à disposição das autoridades.

O nexo de causalidade consiste na demonstração de "que, por meio dos efeitos do dumping, as importações objeto de dumping contribuíram significativamente para o dano experimentado pela indústria doméstica" (art. 32 do Decreto n. 8.058/2013), ainda que não sejam o único fator causador do dano. Assim, durante a análise do nexo causal, é necessário separar e distinguir os efeitos das importações objeto de dumping e os efeitos de possíveis outras causas de dano à indústria doméstica.

Imagem – Resumo da análise de causalidade

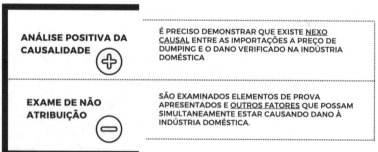

Fonte: elaboração própria.

---

[100] Nakgyoon Choi destaca que o direito antidumping não é necessariamente uma medida protecionista, mas um remédio comercial. Segundo estudos e análises de dados realizados em seu

O impacto das importações objeto de dumping na indústria doméstica é avaliado em relação aos indicadores econômico-financeiros, bem como pelo efeito que essas importações causam sobre o preço da indústria doméstica, conforme apresentado na Seção 2.4.2.

Ou seja, é realizada uma análise conjunta dos indicadores da indústria doméstica em comparação com o comportamento das importações investigadas. São avaliadas, por exemplo, as posições dos principais *players* no mercado ao longo do período, além de eventuais perdas financeiras da indústria doméstica para fazer frente a eventual avanço das importações.

A demonstração do nexo de causalidade deve basear-se: i) no exame dos elementos de prova pertinentes apresentados (a favor da existência de nexo causal); bem como ii) no exame de outros fatores conhecidos além das importações objeto de dumping que possam estar simultaneamente causando dano à indústria doméstica (contrários à existência de nexo causal), sendo necessário separar e distinguir os efeitos das importações objeto de dumping e os efeitos de outras possíveis causas de dano à indústria doméstica (§ 2º do art. 32 do Decreto n. 8.058/2013).

Imagem – Análise positiva da causalidade

Fonte: elaboração própria.

---

artigo "Economic Effects of Anti-Dumping Dutties: Protectionist Measures or Trade Remedies?", o autor percebe um aumento da importação total dos produtos visados por um direito antidumping. Assim, para que não haja um efeito negativo de restrição comercial, é necessário que tal direito esteja nas conformidades das regras da OMC, que devem ser mais transparentes em seus mecanismos e seguir o devido processo legal. CHOI, Nakgyoon. Economic Effects of Anti-Dumping Duties: Protectionist Measures or Trade Remedies? *KIEP Research Paper, Working Papers*, 2016. Disponível em: <https://deliverypdf.ssrn.com/delivery.php?ID=66308810109406609912710809309812000601907404103704807809000700150970170051190040001221071170230391030160431260650210780170650040310150320540220201200290090980060300840660090860311051030010940100301240170060741220110100080311080791170851260950251230051018EXT=pdf&INDEX=TRUE>. Acesso em: 31 maio 2022.

DS184: UNITED STATES – ANTI-DUMPING MEASURES ON CERTAIN HOT-ROLLED STEEL PRODUCTS FROM JAPAN

Nesse caso, o Órgão de Apelação concluiu que o Acordo Antidumping não determina nenhuma metodologia específica para análise de causalidade:

"(...)

223. A linguagem de não imputação do artigo 3.5 do Acordo Antidumping se aplica somente em situações em que as importações despejadas e outros fatores conhecidos estejam causando prejuízos à indústria nacional ao mesmo tempo. Para que as autoridades investigadoras, aplicando o Artigo 3.5, possam garantir que os efeitos prejudiciais dos outros fatores conhecidos não sejam 'atribuídos' às importações objeto de dumping, elas devem avaliar adequadamente os efeitos prejudiciais desses outros fatores. Logicamente, tal avaliação deve envolver a separação e distinção entre os efeitos prejudiciais dos outros fatores e os efeitos prejudiciais das importações despejadas. Se os efeitos prejudiciais das importações despejadas não forem devidamente separados e distinguidos dos efeitos prejudiciais dos outros fatores, as autoridades não poderão concluir que o prejuízo que atribuem às importações despejadas é realmente causado por essas importações, e não pelos outros fatores. Assim, na ausência dessa separação e distinção dos diferentes efeitos prejudiciais, as autoridades investigadoras não teriam nenhuma base racional para concluir que as importações objeto de dumping estão de fato causando o prejuízo que, nos termos do Acordo Antidumping, justifica a imposição de direitos anti-dumping.

224. Enfatizamos que os métodos e abordagens particulares pelos quais os Membros da OMC optam por realizar o processo de separação e distinção entre os efeitos prejudiciais das importações despejadas e os efeitos prejudiciais dos outros fatores causais conhecidos não são prescritos pelo Acordo Antidumping. O que o Acordo exige é simplesmente que as obrigações do Artigo 3.5 sejam respeitadas quando uma determinação de prejuízo é feita.

(...)". [tradução livre]

Fonte: WT/DS184/AB/R, parágrafos 223-224[101-102].

---

[101] *223. The non-attribution language in Article 3.5 of the Anti-Dumping Agreement applies solely in situations where dumped imports and other known factors are causing injury to the domestic industry at the same time. In order that investigating authorities, applying Article 3.5, are able to ensure that the injurious effects of the other known factors are not "attributed" to dumped imports, they must appropriately assess the injurious effects of those other factors. Logically, such an assessment must involve separating and distinguishing the injurious effects of the other factors from the injurious effects of the dumped imports. If the injurious effects of the dumped imports are not appropriately separated and distinguished from the injurious effects of the other factors, the authorities will be unable to conclude that the injury they ascribe to dumped imports is actually caused by those imports, rather than by the other factors. Thus, in the absence of such separation and distinction of the different injurious effects, the investigating authorities would have no rational basis to conclude that the dumped imports are indeed causing the injury which, under the Anti-Dumping Agreement, justifies the imposition of anti-dumping duties.*

> **DS219: EUROPEAN COMMUNITIES – ANTI-DUMPING DUTIES ON MALLEABLE CAST IRON TUBE OR PIPE FITTINGS FROM BRAZIL**
>
> Nesse caso, o Órgão de Apelação concluiu que não é mandatório que a autoridade investigadora faça uma análise do efeito conjunto dos outros fatores de dano, após analisá-los individualmente. Para fins exemplificativos, destacam-se os trechos abaixo:
>
> *"190. Voltando aos argumentos do Brasil neste recurso, não lemos o Artigo 3.5 como exigindo, em cada caso, um exame dos efeitos coletivos de outros fatores causais, além de examinar os efeitos individuais desses fatores. Observamos nos EUA – Aço laminado a quente que a linguagem de não imputação do Acordo Antidumping requer necessariamente que uma autoridade investigadora separe e distinga os efeitos de outros fatores causais dos efeitos das importações despejadas, pois somente assim uma autoridade investigadora pode "concluir que o prejuízo que eles atribuem às importações despejadas é de fato causado por essas importações, e não pelos outros fatores." 230*
>
> *191. Em contraste, não achamos que um exame dos efeitos coletivos seja necessariamente exigido pela linguagem de não atribuição do Acordo Antidumping. Em particular, somos de opinião que o Artigo 3.5 não obriga, em todos os casos, uma avaliação dos efeitos coletivos de outros fatores causais, porque tal avaliação nem sempre é necessária para concluir que os danos atribuídos às importações despejadas são de fato causados por essas importações e não por outros fatores.*
>
> *192. Acreditamos que, dependendo dos fatos em questão, uma autoridade investigadora poderia razoavelmente concluir, sem mais investigação dos efeitos coletivos, que "o prejuízo ... atribuído às importações despejadas é realmente causado por essas importações, e não pelos outros fatores". 231 Ao mesmo tempo, reconhecemos que pode haver casos em que, devido às circunstâncias factuais específicas, a não realização de um exame do impacto coletivo de outros fatores causais resultaria na atribuição indevida pela autoridade investigadora dos efeitos de outros fatores causais às importações despejadas. 232 Somos, portanto, de opinião que uma autoridade investigadora não é obrigada a examinar o impacto coletivo de outros fatores causais, desde que, sob as circunstâncias factuais específicas do caso, cumpra sua obrigação de não atribuir às importações despejadas os danos causados por outros fatores causais". [tradução livre]*

Fonte: WT/DS219/AB/R, parágrafos 190-193[103-104].

---

224. *We emphasize that the particular methods and approaches by which WTO Members choose to carry out the process of separating and distinguishing the injurious effects of dumped imports from the injurious effects of the other known causal factors are not prescribed by the Anti-Dumping Agreement. What the Agreement requires is simply that the obligations in Article 3.5 be respected when a determination of injury is made.*

[102] OMC. United States – Anti-Dumping Measures on Certain Hot-Rolled Steel Products from Japan. WT/DS184/AB/R, para. 189. Disponível em: <https://www.wto.org/english/tratop_e/dispu_e/cases_e/ds184_e.htm>. Acesso em: 7 jun. 2022.

[103] *190. Turning to Brazil's arguments in this appeal, we do not read Article 3.5 as requiring, in each and every case, an examination of the collective effects of other causal factors in addition to examining those factors' individual effects. We observed in US – Hot-Rolled Steel that the non attribution language of the Anti-Dumping Agreement necessarily requires that an inves-*

Curso de Defesa Comercial e Interesse Público no Brasil: teoria e prática

2.5.2. *Outros fatores de dano – não atribuição*

Dita o art. 3.5 do Acordo Antidumping que a demonstração de nexo causal entre as importações a preços de dumping e o dano à indústria nacional deverá basear-se no exame de todos os elementos de prova relevantes à disposição das autoridades. A autoridade investigadora deverá, igualmente, examinar todo e qualquer outro fator conhecido, além das importações a preços de dumping que possam estar causando dano à indústria doméstica na mesma ocasião e tais danos, provocados por motivos alheios às importações a preços de dumping, não devem ser imputados àquelas importações. Fatores relevantes nessas condições incluem, por exemplo, os volumes e os preços de outras importações que não se vendam a preços de dumping, contração na demanda ou mudanças nos padrões de consumo, práticas restritivas ao comércio e concorrência entre produtores nacionais e estrangeiros, progresso tecnológico, desempenho exportador e produtividade da indústria nacional.

Registre-se que possíveis outras causas são aquelas especificamente trazidas à atenção do DECOM pelas partes interessadas, desde que acompanhadas da devida justificativa e dos elementos de prova pertinentes, e eventuais outras causas conhecidas pelo DECOM. Exemplos de outros fatores que podem ser relevantes para a análise de causalidade estão apresentados na sequência, nos ter-

---

tigating authority separate and distinguish the effects of other causal factors from the effects of dumped imports, because only by doing so can an investigating authority "conclude that the injury they ascribe to dumped imports is actually caused by those imports, rather than by the other factors.

191. In contrast, we do not find that an examination of collective effects is necessarily required by the non-attribution language of the Anti-Dumping Agreement. In particular, we are of the view that Article 3.5 does not compel, in every case, an assessment of the collective effects of other causal factors, because such an assessment is not always necessary to conclude that injuries ascribed to dumped imports are actually caused by those imports and not by other factors. 192. We believe that, depending on the facts at issue, an investigating authority could reasonably conclude, without further inquiry into collective effects, that "the injury ... ascribe[d] to dumped imports is actually caused by those imports, rather than by the other factors." 231 At the same time, we recognize that there may be cases where, because of the specific factual circumstances therein, the failure to undertake an examination of the collective impact of other causal factors would result in the investigating authority improperly attributing the effects of other causal factors to dumped imports.232 We are therefore of the view that an investigating authority is not required to examine the collective impact of other causal factors, provided that, under the specific factual circumstances of the case, it fulfils its obligation not to attribute to dumped imports the injuries caused by other causal factors.

[104] OMC. European Communities – Anti-Dumping Duties on Malleable Cast Iron Tube or Pipe Fittings from Brazil. WT/DS219/AB/R, paras. 190-193. Disponível em: <https://docs.wto.org/dol2fe/Pages/SS/directdoc.aspx?filename=Q:/WT/DS/219ABR.pdf&Open=True>. Acesso em: 4 jun. 2022.

mos do § 4º do art. 32 do Decreto n. 8.058/2013 e do art. 124 da Portaria SECEX n. 171/2022:

> I – o volume e o preço de importações não objeto de dumping;
>
> II – o impacto de eventuais processos de liberalização das importações sobre os preços domésticos;
>
> III – a contração na demanda ou mudanças nos padrões de consumo;
>
> IV – as práticas restritivas ao comércio de produtores domésticos e estrangeiros;
>
> V – a concorrência entre produtores domésticos e estrangeiros;
>
> VI – o progresso tecnológico;
>
> VII – o desempenho exportador;
>
> VIII – a produtividade da indústria doméstica;
>
> IX – o consumo cativo; e
>
> X – as importações ou a revenda do produto importado pela indústria doméstica.

Caso haja dano provocado por motivos alheios às importações objeto de dumping, este não poderá ser atribuído a estas importações e, a depender de sua magnitude, poderá não ser recomendada a aplicação de medidas antidumping. Deve-se, assim, separar e distinguir os efeitos das importações objeto de dumping e os efeitos de possíveis outras causas de dano à indústria doméstica (§ 2º do art. 32 do Decreto n. 8.058/2013).

Imagem – Análise dos outros fatores de dano que afetam a causalidade

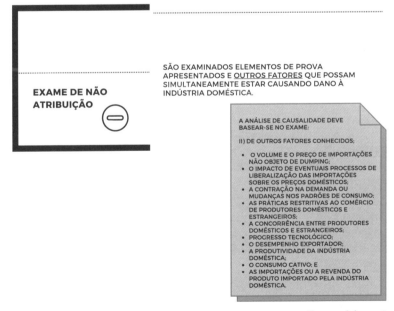

Fonte: elaboração própria.

> **MEDIDA ANTIDUMPING – LAMINADOS DE ALUMÍNIO – INVESTIGAÇÃO ORIGINAL – CHINA**
> CIRCULAR SECEX N. 2, DE 27 DE JANEIRO DE 2022
>
> Trata-se da investigação referente à medida antidumping (original) às importações de laminados de alumínio da China, a qual não restou aplicada, uma vez que não houve comprovação suficiente da existência de nexo de causalidade entre as importações investigadas a preço de dumping e o dano sofrido pela indústria doméstica.
>
> Especificamente no que se refere ao nexo de causalidade, ainda que se tenha verificado a deterioração de indicadores de volume da indústria doméstica – notadamente de suas vendas internas e de sua participação no mercado brasileiro –, concomitantemente ao aumento das importações investigadas, não foi possível observar – após minuciosa análise – efeitos das referidas importações sobre os preços do produto similar no mercado doméstico.

Fonte: Circular SECEX n. 2, de 27 de janeiro de 2022[105].

> **MEDIDA ANTIDUMPING – CILINDROS DE LAMINAÇÃO – INVESTIGAÇÃO ORIGINAL – CHINA**
> CIRCULAR SECEX N. 38, DE 28 DE JUNHO DE 2019
>
> Trata-se da investigação referente à medida antidumping às importações de cilindros de laminação, a qual não restou aplicada, uma vez que não se pôde concluir pela existência de dano significativo causado à indústria doméstica pelas importações investigadas. Assim, propõe-se o encerramento da presente investigação sem a aplicação do direito antidumping.
>
> Especificamente no que se refere ao nexo de causalidade, ainda que as importações de cilindros laminadores a preços com dumping tenham contribuído para a ocorrência de dano à indústria doméstica, verificou-se a existência de outros fatores que simultaneamente causaram dano à indústria doméstica. In verbis:
>
> > "Por outro lado, ao se separar e distinguir, de forma combinada, os efeitos sobre os indicadores de resultado e de margens da indústria doméstica causados pelos outros fatores conhecidos, ou seja, (i) a contração do mercado sobre as vendas de produto similar no mercado interno, (ii) a redução no volume de vendas no mercado externo, (iii) a queda no consumo cativo e (iv) a diminuição dos volumes de produção de outros produtos, verificou-se não haver remanescido dano atribuído às importações da China que poderia ser considerado como significativo, quando tomado como referência para a evolução de tais indicadores o período P1, nos termos destacados infra. Destaque-se que foi observado dano residual à indústria doméstica após a expurgação dos fatores avaliados no cenário estudado, contudo, em proporções significativamente inferiores àquele ocasionado pelos efeitos mensurados.
> >
> > (...)
> >
> > Ainda, recorda-se que, mesmo que não tenham sido considerados os efeitos da contração de mercado sobre os preços da indústria doméstica, uma vez que não

---

[105] BRASIL. Circular SECEX n. 2, de 27 de janeiro de 2022. Disponível em: <https://in.gov.br/en/web/dou/-/circular-n-2-de-27-de-janeiro-de-2022-376608400>. Acesso em: 26 maio 2022.

> *há elementos no processo e nem foram apontadas metodologias apropriadas para a sua aferição, é razoável supor que a expressiva contração de mercado observada ao longo do período de investigação tenha impactado ainda o nível de preços ao mesmo tempo em que as importações a preços de dumping competiam com a indústria doméstica. Portanto, mesmo a deterioração residual encontrada nas margens de lucro constantes do quadro acima não pode ser totalmente atribuível às importações investigadas.*
>
> *Consequentemente, com base nos elementos analisados neste Parecer, a SDCOM concluiu que as importações da origem investigada a preços de dumping não contribuíram significativamente ao dano à indústria doméstica constatado no item 6.2 deste documento".*

Fonte: Circular SECEX n. 38, de 28 de junho de 2019[106].

UNITED STATES – ANTI-DUMPING AND COUNTERVAILING MEASURES ON CERTAIN COATED PAPER FROM INDONESIA, WT/DS491

Nesse caso, o órgão de apelação concluiu que não é mandatório que a autoridade investigadora faça uma análise do efeito conjunto dos outros fatores de dano, após analisá-los individualmente. Para fins exemplificativos, destacam-se os trechos abaixo:

> *7.209. Como acabamos de observar, os artigos 3.5 e 15.5 não estabelecem limites ou diretrizes quanto à metodologia que uma autoridade investigadora pode utilizar para fins de uma análise de não imputação. A Indonésia não oferece nenhuma base no texto dessas disposições ou em decisões anteriores para sua afirmação de que as autoridades são obrigadas, em certas situações, a confiar em métodos quantitativos, construções econômicas ou modelos em sua avaliação do prejuízo causado por outros fatores. De fato, o próprio relatório do painel citado pela Indonésia como apoio a seu argumento, embora expressando a opinião de que o uso de construções ou modelos econômicos elementares seria desejável, reconhece que as autoridades investigadoras não são obrigadas a fazer isso:*
>
> *É claro que o Artigo 15.5 não impõe nenhuma metodologia particular ao conduzir a análise de causalidade nele estabelecida, desde que uma autoridade investigadora não atribua os danos de outros fatores causais às importações subsidiadas. O Órgão de Apelação não forneceu orientação sobre como uma autoridade investigadora deve examinar outros fatores conhecidos a fim de assegurar que a exigência de não imputação seja cumprida. Em nossa opinião, não é suficiente que uma autoridade investigadora simplesmente "marque a caixa". Uma autoridade de investigação deve fazer mais do que simplesmente listar outros fatores conhecidos, e então demitir seu papel com afirmações qualitativas nuas, tais como "o*

---

[106] BRASIL. Circular SECEX n. 38, de 28 de junho de 2019. Disponível em: <https://www.in.gov.br/en/web/dou/-/circular-no-38-de-28-de-junho-de-2019-180696798?mkt_tok=eyJpIjoiWkRSa05UTmxaakJsTkRJdyIsInQiOiI0RWRmMlwvcHhLaDh3dEZielZqczQ0ZGNKbW95dWJ0cmd4R2kwVWxhbm1wU1l6TVdMRXRKVHVSXC9sbWhYXC83T2tDNDU5RktRczg2Sm12cDRjZFlFQko3UWJZZZnpkTkRPV3dRbDhsWHRUckJFSm0rM1RTRG9WOHg3MlFIaTV1dnNoNiJ9>. Acesso em: 22 maio 2022.

Curso de Defesa Comercial e Interesse Público no Brasil: teoria e prática

> *fator não contribuiu de forma significativa para o prejuízo", ou "o fator não quebrou o vínculo causal entre importações subsidiadas e prejuízo material". A nosso ver, uma autoridade investigadora deve fazer um melhor esforço para quantificar o impacto de outros fatores conhecidos, relativos às importações subsidiadas, de preferência utilizando construções ou modelos econômicos elementares. No mínimo, a linguagem de não imputação do Artigo 15.5 exige de uma autoridade investigadora uma explicação satisfatória da natureza e extensão dos efeitos prejudiciais dos outros fatores, como distinguidos dos efeitos prejudiciais das importações subsidiadas.[*]376*
>
> *7.210. Concordamos com este ponto de vista. Embora possa, dependendo das informações registradas perante a autoridade investigadora e das circunstâncias da investigação em questão, ser útil ou desejável que uma autoridade investigadora realize uma avaliação quantitativa do impacto de outros fatores, não há nenhuma exigência de que o faça: uma explicação adequadamente fundamentada dos efeitos qualitativos de outros fatores com base nas evidências antes que seja suficiente. 377 A posição da Indonésia – incluindo sua sugestão de que se uma autoridade se baseasse em uma análise quantitativa em sua análise sobre se as importações causaram um prejuízo material, ela deveria fazer o mesmo em sua análise de ameaças e em sua análise de não imputação com relação à ameaça de prejuízo – também desconsidera o fato de que as determinações de ameaça de prejuízo são, por definição, baseadas em projeções, e que quantificar os efeitos prejudiciais de outros fatores pode ser difícil ou até impossível em tais circunstâncias. 378 A Indonésia também não avançou nenhum apoio para sua proposta de que, ao determinar a consistência com a exigência de não imputação, um painel deve comparar a análise de não imputação realizada pela autoridade em sua determinação da ameaça de dano com a análise da autoridade no atual contexto de dano. Nada no texto destas disposições sugere que tal abordagem comparativa seja necessária. A suficiência legal da análise de não imputação de uma autoridade em um contexto de ameaça de dano deve ser avaliada com relação a essa determinação em si e às explicações fornecidas pela autoridade para alcançá-la. [tradução livre]*

Fonte: WT/DS491/R, parágrafos 7.209 – 7.210[107-108].

---

[107] *7.209. As we have just noted, Articles 3.5 and 15.5 set forth no limits or guidelines as to the methodology an investigating authority may use for purposes of a non-attribution analysis. Indonesia proffers no basis in the text of these provisions or in prior decisions for its assertion that authorities are required, in certain situations, to rely on quantitative methods, economic constructs or models in their assessment of the injury caused by other factors. In fact, the very panel report cited by Indonesia as support for its argument, while expressing the view that using elementary economic constructs or models would be desirable, recognizes that investigating authorities are not required to do so:*
It is clear that Article 15.5 does not impose any particular methodology when conducting the causation analysis set forth therein, provided that an investigating authority does not attribute the injuries of other causal factors to subsidized imports. The Appellate Body has not provided guidance as to how an investigating authority should examine other known factors in order to make sure that the non-attribution requirement is fulfilled. In our view, it does not suffice for an investigating authority merely to "check the box". An investigating authority must do more than simply list other known factors, and then dismiss their role with bare qualitative asser-

2.6. Da medida antidumping

As medidas antidumping podem ser aplicadas de modo provisório ou definitivo. Quando aplicadas de modo provisório, podem consistir em (2.6.1) direitos antidumping provisórios ou garantias (2.6.2). Por sua vez, quando aplicadas de modo definitivo, podem consistir em (2.6.3) direitos antidumping definitivos ou (2.6.4) compromissos de preços.

Imagem – Formas de aplicação das medidas antidumping

tions, such as "the factor did not contribute in any significant way to the injury", or "the factor did not break the causal link between subsidized imports and material injury." In our view, an investigating authority must make a better effort to quantify the impact of other known factors, relative to subsidized imports, preferably using elementary economic constructs or models. At the very least, the non-attribution language of Article 15.5 requires from an investigating authority a satisfactory explanation of the nature and extent of the injurious effects of the other factors, as distinguished from the injurious effects of the subsidized imports.[*]376

7.210. We agree with this view. While it might, depending on the record information before the investigating authority and the circumstances of the investigation at issue, be useful or desirable for an investigating authority to undertake a quantitative assessment of the impact of other factors, there is no requirement that it do so: an adequately reasoned explanation of the qualitative effects of other factors based on the evidence before it will suffice.377 Indonesia's position – including its suggestion that if an authority relied on a quantitative analysis in its analysis of whether imports caused present material injury, it must do the same in its threat analysis and its non-attribution analysis with respect to threat of injury – also disregards the fact that threat of injury determinations are by definition based on projections, and that quantifying the injurious effects of other factors may be difficult or even impossible in such circumstances.378 Indonesia has also advanced no support for its proposition that, in determining consistency with the non-attribution requirement, a panel should compare the non-attribution analysis performed by the authority in its threat of injury determination with the authority's analysis in the present injury context. Nothing in the text of these provisions suggests that such a comparative approach is required. The legal sufficiency of an authority's non-attribution analysis in a threat of injury context must be assessed with regard to that determination itself and the explanations provided by the authority in reaching it.

[108] OMC. United States – Anti-Dumping and Countervailing Measures on Certain Coated Paper from Indonesia. WT/DS491/R, paras. 7.209 – 7.210. Disponível em: <https://docs.wto.org/dol2fe/Pages/SS/directdoc.aspx?filename=q:/WT/DS/491R.pdf&Open=True>. Acesso em: 4 jun. 2022.

Fonte: elaboração própria.

2.6.1. Direitos antidumping provisórios

Os direitos antidumping provisórios são aplicados apenas em investigações antidumping originais, nos casos em que uma investigação tiver sido devidamente iniciada e instruída, se houver determinação preliminar positiva de dumping, dano e nexo de causalidade, e se o Gecex julgar que tais medidas são necessárias para impedir que ocorra dano durante a investigação, nos termos do art. 66 do Decreto n. 8.058/2013 (*vide* Seção 2.9.1, sobre os prazos processuais em investigações originais). Ou seja, trata-se de uma situação de urgência, de modo que a aplicação provisória visa a evitar que o dano já incorrido pela indústria doméstica se agrave ao longo da instrução processual. Uma vez tomada a decisão sobre sua aplicação, deve-se publicar imediatamente o ato correspondente (§ 4º do art. 66 c/c § 6º do art. 65 do Decreto n. 8.058/2013).

Conforme destacado na seção 2.9.1 deste livro, sobre prazos processuais nas investigações originais, a decisão sobre a aplicação ou não de provisórios ocorre no momento processual da determinação preliminar da investigação, obrigatória em originais. Assim, há um prazo mínimo a ser observado para emissão da determinação preliminar (60 dias) e, portanto, um direito provisório nunca poderá ser aplicado em momento inferior, nos termos do art. 65 do Decreto n. 8.058/2013 e do art. 7.3 do Acordo Antidumping da OMC.

Nos termos do § 2º do art. 66 do Decreto n. 8.058/2013, as medidas provisórias podem ser aplicadas na forma de direito provisório, hipótese em que serão efetivamente recolhidos pela RFB (§ 3º do art. 66 do Decreto n. 8.058/2013). "A expressão 'direito antidumping' significa um montante em dinheiro igual ou inferior à margem de dumping apurada" (art. 78 do Decreto n. 8.058/2013).

Imagem – Formas de aplicação das medidas antidumping – direitos provisórios

Fonte: elaboração própria.

Em nenhuma hipótese o direito antidumping, seja ele provisório ou definitivo, a garantia ou o compromisso, poderá exceder a margem de dumping apurada, tendo em vista o disposto no art. 9.3 do Acordo Antidumping, no § 1º do art. 66, § 2º do art. 78 e § 4º do art. 67 do Decreto n. 8.058/2013. A experiência do DECOM tem sido no sentido de aplicar um redutor quando da aplicação de direitos provisórios.

O direito antidumping provisório possui, portanto, um caráter de transitoriedade. Nos termos do art. 66, § 6º, do Decreto n. 8.058/2013, as medidas antidumping provisórias poderão vigorar por um período de até 4 (quatro) meses. Em casos excepcionais, esse período poderá ser de até 6 (seis) meses, quando as autoridades competentes decidirem pela dilação do prazo, a pedido dos exportadores que tenham representatividade do comércio em questão, e que poderão apresentar novos fatos que modifiquem a decisão final. Os exportadores que desejarem a extensão do prazo de aplicação da medida antidumping provisória deverão solicitá-la por escrito, no prazo de 30 (trinta) dias antes do término do período de vigência da medida, conforme art. 66 do Decreto n. 8.058/2013. Destaque-se que, na hipótese de ser aplicada medida antidumping provisória inferior à margem de dumping, os períodos previstos no § 6º passam a ser de 6 (seis) e 9 (nove) meses, respectivamente, de acordo com o § 8º do referido artigo.

> **MEDIDA ANTIDUMPING – ÉTER MONOBUTÍLICO DO ETILENOGLICOL (EBMEG) – INVESTIGAÇÃO ORIGINAL – FRANÇA**
> *RESOLUÇÃO GECEX N. 305, DE 24 DE FEVEREIRO DE 2022*
>
> Trata-se da investigação referente à medida antidumping aplicada às importações de éter monobutílico do etilenoglicol (EBMEG), originárias da França, por um prazo de até 6 (seis) meses.
>
> O direito antidumping proposto baseou-se também na margem de dumping calculada quando do início da investigação. Ressalte-se que, de forma a permitir a aplicação do direito antidumping provisório pelo prazo de seis meses, de acordo com o disposto no § 8º do art. 66 do Decreto n. 8.058, de 2013, o direito proposto com base na margem de dumping apurada na determinação preliminar e o direito baseado na melhor informação disponível foram calculados aplicando-se um redutor de 10% às respectivas margens de dumping.

Fonte: Resolução GECEX n. 305, 24 de fevereiro de 2022[109].

2.6.2. Garantias

Conforme já mencionado, as medidas antidumping provisórias são aplicadas apenas em investigações antidumping originais, nos casos em que uma investigação tiver sido devidamente iniciada e instruída, se houver determinação preliminar positiva de dumping, dano e nexo de causalidade, e se o Gecex julgar que tais medidas são necessárias para impedir que ocorra dano durante a investigação, nos termos do art. 66 do Decreto n. 8.058/2013 (*vide* Seção 2.9.1, sobre os prazos processuais em investigações originais). Ou seja, trata-se de uma situação de urgência, de modo que a aplicação provisória visa a evitar que o dano já incorrido pela indústria doméstica se agrave ao longo da instrução processual. Uma vez tomada a decisão sobre sua aplicação, deve-se publicar imediatamente o ato correspondente (§ 4º do art. 66 c/c § 6º do art. 65 do Decreto n. 8.058/2013).

Nos termos do § 2º do art. 66 do Decreto n. 8.058/2013, as medidas provisórias podem ser aplicadas na forma de garantia, cujo valor será equivalente ao do direito provisório. Cabendo à RFB estabelecer os procedimentos de recolhimento das garantias, que serão prestadas mediante depósito em espécie ou fiança bancária (§ 3º do art. 66 do Decreto n. 8.058/2013).

---

[109] BRASIL. Resolução GECEX n. 305, 24 de fevereiro de 2022. Disponível em: <https://www.in.gov.br/web/dou/-/resolucao-gecex-n-305-de-24-de-fevereiro-de-2022-382674363>. Acesso em: 26 maio 2022.

Imagem – Formas de aplicação das medidas antidumping – garantias

FORMAS DE APLICAÇÃO DE MEDIDA ANTIDUMPING

MEDIDAS PROVISÓRIAS — GARANTIAS PRESTADAS MEDIANTE DEPÓSITO EM ESPÉCIE OU FIANÇA BANCÁRIA

Fonte: elaboração própria.

Cabe frisar que em nenhuma hipótese o direito antidumping, seja ele provisório ou definitivo, a garantia ou o compromisso, poderá exceder a margem de dumping apurada, tendo em vista o disposto no art. 9.3 do Acordo Antidumping, no § 1º do art. 66, *caput* do art. 78 e § 4º do art. 67 do Decreto n. 8.058/2013.

Não foram identificados precedentes de utilização de garantias no momento da determinação preliminar, o que pode se justificar pela dificuldade de sua implementação pela RFB.

2.6.3. Direitos antidumping definitivos

Os direitos antidumping definitivos são aplicados com o encerramento da investigação antidumping original ou da revisão de final de período, podendo ter a forma de direitos antidumping definitivos ou de compromissos de preços. Os direitos antidumping consistem na incidência de sobretaxa sobre as importações do produto para o qual foram aplicadas medidas dessa natureza, em valor igual ou inferior à margem de dumping apurada.

Similarmente ao anteriormente mencionado, em nenhuma hipótese o direito antidumping, seja ele provisório ou definitivo, a garantia ou o compromisso, poderá exceder a margem de dumping apurada, tendo em vista o disposto no art. 9.3 do Acordo Antidumping, no § 1º do art. 66, *caput* do art. 78 e § 4º do art. 67 do Decreto n. 8.058/2013.

Os direitos antidumping definitivos podem ser aplicados na forma de alíquotas *ad valorem* ou específicas, fixas ou variáveis, ou pela conjugação de ambas, conforme disposto no § 4º do art. 78 do Decreto n. 8.058/2013 (2.6.3.1), sempre buscando a garantia da eficácia da medida compensatória aplicada.

Ademais, os direitos aplicados refletem o grau de colaboração das empresas com a investigação e sua inserção nos respectivos grupos de direitos antidumping (2.6.3.2). No caso de medidas definitivas, o direito antidumping deverá ser aplicado em nível inferior à margem de dumping apurada, desde que tal nível seja suficiente para eliminar o dano à indústria doméstica (*lesser duty*) (2.6.3.3).

Imagem – Formas de aplicação das medidas antidumping – direitos definitivos

Fonte: elaboração própria.

2.6.3.1. Direitos antidumping *ad valorem* ou específicos, fixos ou variáveis

O direito antidumping aplicado em forma de alíquota *ad valorem* consiste em percentual aplicado sobre o valor aduaneiro da mercadoria, em base *Cost, Insurance and Freight – CIF*[3], conforme o § 5º do art. 78 do Decreto n. 8.058/2013. Recorde-se que o percentual da alíquota *ad valorem* aplicado será, em regra, inferior à margem de dumping relativa (ainda que não se aplique a regra do menor direito). Isso ocorre porque a margem relativa resulta da divisão da margem absoluta pelo preço de exportação, que deve, normalmente, ser calculado em base *ex fabrica* (vide Seção 2.3.3, sobre margem de dumping). Já o direito *ad valorem* tem como denominador o preço CIF da mercadoria.

Por sua vez, o direito antidumping aplicado em forma de alíquota específica é fixado em moeda estrangeira e convertida em moeda nacional, nos termos do § 6º do art. 78 do Decreto n. 8.058, de 2013. Nesse caso, o valor a ser recolhido costuma ser definido por unidade de medida, podendo ser apurado, por exemplo, por tonelada ou por quilo.

2 • Investigações antidumping – teoria e prática

Imagem – Formas de aplicação das medidas antidumping – direitos definitivos *ad valorem* ou específicos

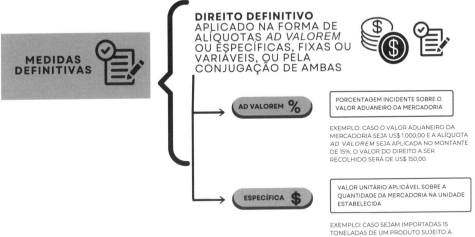

Fonte: elaboração própria.

 MEDIDA ANTIDUMPING – ALTO-FALANTES – 2ª REVISÃO – CHINA
RESOLUÇÃO CAMEX N. 16, DE 26 DE NOVEMBRO DE 2019

Trata-se de investigação referente à prorrogação de direito antidumping (segunda revisão) aplicado às importações de alto-falantes para uso em veículos automóveis terrestres, provenientes da China, excluídos os alto-falantes do tipo buzzers, de aplicação em painéis de instrumentos de veículos automotores.

Especificamente no que se refere à forma de alíquota utilizada para aplicação do direito antidumping, destaca-se a alteração na aplicação do direito no âmbito da última revisão, com relação às anteriores. No âmbito da segunda revisão, a autoridade investigadora entendeu que a mudança da forma de aplicação da medida de alíquota específica em dólares por quilograma por alíquota ad valorem seria apropriada. Nesse contexto, a autoridade investigadora concluiu que a cobrança da medida na forma de alíquota ad valorem seria a mais adequada para o caso em tela. Por um lado, entendeu-se que a preocupação da indústria doméstica referente à alta variedade de preços por peças de alto-falantes estaria mitigada, uma vez que, seja qual for o preço do produto, o recolhimento seria proporcional. Por outro lado, a prática de subfaturamento seria ilegal, de forma que, se ela efetivamente venha a ocorrer no caso concreto, existem os instrumentos legais cabíveis para combatê-la. Por fim, a recomendação

> da aplicação de uma alíquota ad valorem por parte da autoridade investigadora brasileira é corriqueira e, na visão da autoridade investigadora, soluciona as questões envolvendo a unidade de medida adequada levantadas acima.

Fonte: Resolução CAMEX n. 16, de 26 de novembro de 2019[110].

Importante mencionar que a forma de aplicação do direito como alíquota *ad valorem* ou específica é um dos fundamentos para uma redeterminação, nos termos da seção 2.8.6.

Imagem – Formas de aplicação das medidas antidumping – direitos definitivos fixos ou variáveis

Fonte: elaboração própria.

Ainda, os direitos podem ser fixos ou variáveis. Os direitos antidumping fixos são a regra geral, segundo a qual a alíquota, seja ela *ad valorem* ou específica, será a mesma ao longo de toda a vigência da aplicação daquela medida.

Por outro lado, é possível a aplicação de direitos antidumping variáveis. O Acordo Antidumping da OMC não traz maiores detalhamentos sobre o tema, tampouco o Decreto n. 8.058/2013. Para explicar uma possível hipótese de direito antidumping variável será apresentado um exemplo hipotético.

---

[110] BRASIL. Resolução CAMEX n. 16, de 26 de novembro de 2019. Disponível em: <http://www.camex.gov.br/resolucoes-camex-e-outros-normativos/58-resolucoes-da-camex/2512-resolucao-n-16-de-26-de-novembro-de-2019>. Acesso em: 26 maio 2022.

2 • Investigações antidumping – teoria e prática

No que se refere à determinação do direito a ser aplicado, Czako, Human e Miranda[111] indicam que a modalidade utilizada afetará o montante do direito a ser cobrado, caso haja alteração do preço de exportação. Além disso, se os preços de exportação reduzirem em momento posterior à conclusão da investigação, a aplicação do direito *ad valorem* ou do direito específico não aumentará o preço de exportação, inclusive o direito antidumping, ao nível do valor normal calculado. Por outro lado, se os preços de exportação aumentarem após a conclusão da investigação, tanto os direitos *ad valorem* quanto os direitos específicos aumentarão o preço de exportação, inclusive o direito antidumping, para um nível acima do valor normal calculado. Tal problemática levou vários Países-Membros da OMC a aplicar direitos antidumping em valores variáveis equivalentes à diferença entre o valor normal calculado para o período de investigação e o preço de exportação no momento de expedição de produtos. Sob um sistema de direitos

---

[111] Segundo CZAKO, Judith; HUMAN, Johann; MIRANDA, Jorge, a definição da modalidade de direitos antidumping usada afeta o valor da cobrança no caso de mudanças no preço de exportação. Além disso, se os preços de exportação caírem após a conclusão da investigação, nem um direito *ad valorem* nem um direito específico aumentarão o preço de exportação, incluindo o direito antidumping, ao nível do valor normal calculado. Inversamente, se os preços de exportação aumentarem após a conclusão da investigação, tanto os direitos *ad valorem* como os direitos específicos aumentarão o preço de exportação, incluindo o direito antidumping, para um nível superior ao valor normal calculado. Esse problema teria levado, segundo os autores, vários Membros a aplicarem direitos antidumping em quantias variáveis equivalentes à diferença entre o valor normal calculado para o período de investigação e o preço atual de exportação de qualquer remessa. Sob um sistema de direitos variáveis, se o valor normal calculado for $ 600/ton e o preço de exportação cair de $ 500/ton para $ 400/ton, o imposto cobrado aumentaria de $ 100/ton para $ 200/ton e, portanto, o preço de exportação incluindo o direito antidumping será no nível de um direito antidumping no valor de US$ 600/ton. Vale ressaltar que o equivalente *ad valorem* do antidumping no valor de $ 200/ton ultrapassaria a margem calculada de 20% da seguinte forma: 200/400 = 50% > 20%. [Tradução livre] No original: *"Which modality is used will affect the amount of duty collected in the event the export price changes. Additionally, if export prices drop following the conclusion of the investigation, neither an ad valorem duty, nor a specific duty, will increase the export price, inclusive of the anti-dumping duty, to the level of the calculated normal value. Conversely, if export prices increase following the conclusion of the investigation, both ad valorem and specific duties will increase the export price, inclusive of the anti-dumping duty, to a level above the calculated normal value. This problem has led a number of members to apply anti-dumping duties in variable amounts equivalent to the difference between the normal value calculated for the POI and the current export price on any given shipment. Under a system of variable duties, if the calculated normal value is $600/ton and the export price drops from $500/ton to $400/ton, the duty collected would increase from $100/ton to $200/ton and hence the export price inclusive of the anti-dumping duty will be at the level of an anti-dumping duty in the amount of $600/ton. It is noteworthy that the ad valorem equivalent of anti-dumping in the amount of $200/ton would exceed the calculated margin of 20% as follows: 200/400 = 50% > 20%".* CZAKO, Judith; HUMAN, Johann; MIRANDA, Jorge. *A Handbook on Anti-Dumping Investigations*. World Trade Organization: Cambridge, 2003.

Curso de Defesa Comercial e Interesse Público no Brasil: teoria e prática

variáveis, se o valor normal calculado for correspondente a $ 600/ton e o preço de exportação for reduzido de $ 500/ton para $ 400/ton, o imposto cobrado aumentaria de $ 100/ton para $ 200/ton e, portanto, o preço de exportação incluindo o direito antidumping estará no nível de um direito antidumping no valor de $ 600/ton. Ressalta-se que o equivalente *ad valorem* de antidumping no valor de US$ 200/ton ultrapassaria a margem calculada de 20% da seguinte forma:

$$200/400 = 50\% > 20\%$$

Czako, Human e Miranda[112] indagam se o montante aplicado ao direito poderia ser uma questão problemática nos termos do art. 9.3 do Acordo Antidumping da OMC. Para um exportador, a adoção de direitos compensatórios variáveis poderia ser benéfica na situação Acordo Antidumping da OMC, ou seja, caso os preços de exportação aumentem após a conclusão da investigação. Isso porque nesse caso resultaria na redução de direitos cobrados. Em casos extremos, por exemplo, se após a conclusão da investigação o preço de exportação estiver no nível do valor normal, conforme determinado para o período em questão, nenhum direito antidumping seria cobrado. Em contrapartida, sob um

---

[112] CZAKO, Judith; HUMAN, Johann; e MIRANDA, Jorge discutem se o valor desse montante seria problemático nos termos do art. 9.3 do Acordo Antidumping. Do ponto de vista do exportador, o uso de um sistema de direitos variáveis poderia ser benéfico na situação oposta, ou seja, quando os preços de exportação aumentam após a conclusão da investigação. Isso ocorre porque um sistema de direitos variáveis reduz os direitos cobrados no caso de aumentos observados nos preços de exportação. Para dar um exemplo extremo, sob um sistema de direito variável, se, após a conclusão da investigação, o preço de exportação estiver no nível do valor normal, conforme determinado para o período de investigação, os direitos antidumping seriam cobrados. Em contraste, sob um sistema de direitos fixos, *ad valorem* ou específicos, um exportador é obrigado a pagar direitos antidumping mesmo que, após a conclusão da investigação, seu preço de exportação esteja alinhado ao valor normal. Na ausência de uma reavaliação da margem de dumping, o exportador em questão ainda seria responsável pelos direitos de dumping na mesma taxa de antes. [Tradução livre] No original: *"This raises the question as to whether the amount of this duty would be the problematic in terms of Article 9.3 of the AD Agreement. From the perspective of an exporter, the use of a system of variable duties can be beneficial in the opposite situation, that is, when export prices increase following the conclusion of the investigation. This is because a variable-duty system reduces the duty collected in the event of observed export price increases. To take an extreme example, under a variable-duty system, if following the conclusion of the investigation, the export price is at the level of the normal value, as determined for the POI, and anti-dumping duties would be collected. In contrast, under a system of fixed duties, ad valorem or specific, an exporter is liable to pay anti-dumping duties even if, following the conclusion of the investigation, its export price is aligned to normal value. Absent a re-assessment of the dumping margin, the exporter concerned would sill be liable for dumping duties at the same rate as before".* CZAKO, Judith; HUMAN, Johann; MIRANDA, Jorge. *A Handbook on Anti-Dumping Investigations.* World Trade Organization: Cambridge, 2003.

2 • Investigações antidumping – teoria e prática

sistema de valores fixos, *ad valorem* ou específicos, um exportador estará sujeito ao pagamento de direitos antidumping mesmo que, após a conclusão da investigação, o preço de exportação esteja alinhado ao valor normal. Nesse caso, na ausência de uma reavaliação da margem de dumping, o exportador em questão continuaria a arcar a mesma taxa que anteriormente.

Suponha que na investigação a autoridade calcula a margem de dumping, mas, ao aplicar o direito, este é equivalente à diferença entre o valor normal calculado para P5 e o preço de exportação verificado para cada operação de importação no Brasil, durante a vigência da medida. Suponha também que o valor normal em P5 correspondeu a US$ 600/kg (sem levar em conta o nível de comércio, para facilitar o raciocínio). Se, após a aplicação da medida, uma empresa importa por US$ 400/kg, ela pagará, a título de direito antidumping, US$ 200/kg. Já numa próxima operação, se ela importa por US$ 500/g, pagará US$ 100/kg a título de direito antidumping. Por fim, se ela importa a US$ 700/kg, não pagará direito. Dessa forma esse valor normal passa a ser um preço mínimo de importação para fins de avaliação quanto à cobrança ou não do direito (em inglês, algumas autoridades usam a sigla MIP – *Minimum Import Price*).

Essa interpretação nos parece mais consentânea com o art. 9.4 do Acordo Antidumping da OMC. No entanto, é possível que esse tipo de direito leve a um questionamento sobre possível violação ao art. 9.3 do próprio Acordo. Isso ocorreria, por exemplo, se a margem de dumping calculada para P5 equivalesse a US$ 150/kg, mas a diferença entre o valor normal e o preço da operação de importação específica, após a aplicação da medida, superasse esse montante, teria um direito antidumping aplicado maior do que a margem de dumping para o período.

Essa questão, no entanto, já foi debatida pelo painel no caso *Argentina – Poultry*, que rejeitou esse tipo de argumentação, alegando, principalmente, que: (i) o Acordo Antidumping da OMC prevê mecanismo de reembolso para corrigir eventuais distorções dessas; e (ii) a própria existência de um sistema retrospectivo de cobrança (como o dos EUA) reforçaria a tese de que, para fins de verificação de observância ao art. 9.3 do Acordo Antidumping, a única margem de dumping que interessaria não seria a calculada durante a investigação.

 DS241: ARGENTINA – DEFINITIVE ANTI-DUMPING DUTIES ON POULTRY FROM BRAZIL

"7.354 Começamos examinando a alegação do Brasil de que os direitos antidumping variáveis em questão são inconsistentes com o artigo 9.3 porque são cobrados por referência a uma margem de dumping estabelecida no momento da cobrança (ou seja, a diferença entre um 'preço mínimo de exportação', ou valor

157

normal de referência, e o preço real de exportação). O Brasil alega que os direitos não devem exceder a margem de dumping estabelecida durante a investigação.

O Brasil afirma que '[f]a partir do momento em que o direito antidumping é imposto até a revisão da imposição desse direito, a única margem de dumping disponível, calculada de acordo com o Artigo 2, é a margem avaliada na investigação, encontrada na determinação final, e informada a todas as partes interessadas através de um aviso público, conforme previsto no Artigo 12.2 do Acordo AD.

7.355 Ao abordar esta alegação, observamos que nada no Acordo AD identifica explicitamente a forma que os direitos antidumping devem assumir. Em particular, nada no Acordo AD proíbe explicitamente o uso de direitos antidumping variáveis. A reivindicação 29 do Brasil é baseada no Artigo 9.3 do Acordo AD. Como o título do Artigo 9 do Acordo AD sugere, o Artigo 9.3 é uma disposição relativa à imposição e cobrança de direitos antidumping. O Artigo 9.3 prevê que um direito não pode ser cobrado em excesso à margem de dumping estabelecida no Artigo 2. As modalidades para assegurar o cumprimento desta obrigação estão estabelecidas nos parágrafos 1, 2 e 3 do artigo 9.3, cada um dos quais trata da avaliação dos direitos e do reembolso dos direitos em excesso. O foco principal do Artigo 9.3, lido em conjunto com os subparágrafos 1-3, é assegurar que os direitos antidumping finais não serão avaliados em excesso à margem de dumping relevante, e prever o reembolso de direitos nos casos em que direitos antidumping excessivos seriam cobrados de outra forma. Nosso entendimento de que o Artigo 9.3 diz respeito principalmente à avaliação dos direitos é confirmado pelo fato de que a disposição amplamente equivalente no Acordo SCM (isto é, o Acordo SCM) O Artigo 19.4) se refere ao 'lev[ying]' de direitos, e a nota de rodapé 51 a essa disposição afirma que 'imposto' significa a liquidação ou cobrança legal definitiva ou final de um direito ou imposto' (ênfase acrescentada). 227 Quando visto sob esta luz, não é óbvio que – como o Brasil efetivamente argumenta – o Artigo 9.3 proíbe direitos antidumping variáveis, assegurando que os direitos antidumping não excedam a margem de dumping estabelecida durante 'a fase de investigação', de acordo com o Artigo 2.4.2. Nem o significado comum do Artigo 9.3, nem seu contexto (i.e., parágrafos 1-3), apoia esse ponto de vista. Se o artigo 9.3 fosse projetado para proibir o uso de direitos aduaneiros variáveis, presumivelmente essa proibição teria sido claramente explicitada.

(...)

DS241: ARGENTINA – DEFINITIVE ANTI-DUMPING DUTIES ON POULTRY FROM BRAZIL

"(...)

7.361 Outro apoio contextual para nossa abordagem do artigo 9.3 é encontrado no artigo 9.3.1, que prevê a cobrança de direitos antidumping com base em uma base retrospectiva. Por definição, a cobrança retroativa de direitos pressupõe o cálculo de margens de dumping com base em informações para remessas individuais ou para períodos fora do período inicial de investigação. Além disso, ao enfatizar a importância da margem de dumping estabelecida durante a investigação, consideramos que o Brasil diminuiu a importância contextual do mecanismo de reembolso previsto em relação aos direitos antidumping prospectivos.

2 • Investigações antidumping – teoria e prática

> A primeira frase do artigo 9.3.2 prevê que 'quando o montante do direito anti-dumping for avaliado de forma prospectiva, será previsto um reembolso imediato, mediante solicitação, de qualquer direito pago em excesso à margem de dumping'. O reembolso de qualquer direito pago em excesso à margem de dumping real deverá ocorrer normalmente dentro de 12 meses...' (grifo nosso). Assim, o Artigo 9.3.2 prevê um reembolso dos direitos antidumping cobrados que excedam a margem de dumping real. A palavra 'real' é definida inter alia como 'existente agora; atual'. 231 Assim, entendemos que o mecanismo de reembolso do Artigo 9.3.2 incluiria reembolsos de direitos antidumping pagos em excesso da margem de dumping prevalecente no momento da cobrança do direito. Isto, portanto, enfraquece ainda mais o argumento do Brasil de que a única margem de dumping relevante até o momento em que haja uma revisão do Artigo 11.2 é a margem estabelecida durante a investigação. Se a base para o reembolso de direitos é a margem de dumping prevalecente no momento da cobrança de direitos, não vemos razão para que um Membro não deva utilizar a mesma base para a cobrança de direitos. O Brasil observou que o reembolso não implica modificação do direito, e só está disponível se solicitado pelo importador.232 Embora estes pontos possam estar corretos, eles não alteram o fato de que o mecanismo de reembolso opera por referência à margem de dumping prevalecente no momento da cobrança de direitos. É este aspecto do mecanismo de reembolso que o torna contextualmente relevante para a questão que temos diante de nós. Portanto, não vemos razão para que não seja permitido 233 a um Membro cobrar direitos antidumping com base na margem de dumping real prevalecente no momento da cobrança de direitos.
>
> (...)". [tradução livre]

Fonte: WT/DS241/R – parágrafos 7.354 – 7.367[113-114].

---

[113] *7.354 We begin by examining Brazil's claim that the variable anti-dumping duties at issue are inconsistent with Article 9.3 because they are collected by reference to a margin of dumping established at the time of collection (i.e., the difference between a "minimum export price", or reference normal value, and actual export price). Brazil claims that duties must not exceed the margin of dumping established during the investigation. Brazil asserts that "[f]rom the moment the antidumping duty is imposed until a review of the imposition of that duty is made, the only margin of dumping available, calculated pursuant to Article 2, is the margin assessed in the investigation, found in the final determination, and informed to all interested parties through a public notice, as provided in Article 12.2 of the AD Agreement.*

7.355 In addressing this claim, we note that nothing in the AD Agreement explicitly identifies the form that anti-dumping duties must take. In particular, nothing in the AD Agreement explicitly prohibits the use of variable anti-dumping duties. Brazil's Claim 29 is based on Article 9.3 of the AD Agreement. As the title of Article 9 of the AD Agreement suggests, Article 9.3 is a provision concerning the imposition and collection of anti-dumping duties. Article 9.3 provides that a duty may not be collected in excess of the margin of dumping as established under Article 2. The modalities for ensuring compliance with this obligation are set forth in sub-paragraphs 1, 2 and 3 of Article 9.3, each of which addresses duty assessment and the reimbursement of excess duties. The primary focus of Article 9.3, read together with sub-paragraphs 1-3, is to ensure that final anti-dumping duties shall not be assessed in excess of the relevant margin of dumping, and to provide for duty refund in cases where excessive anti-dumping duties would otherwise be collected. Our understanding that Article 9.3 is concerned prima-

Curso de Defesa Comercial e Interesse Público no Brasil: teoria e prática

Similarmente, se é possível estabelecer o direito como a diferença entre o valor normal de P5 e o preço de importação, também parece ser possível estabelecê-lo como a diferença entre o preço de venda da indústria doméstica e o preço de importação de cada operação (o que configuraria uma espécie de aplicação da regra do menor direito), como já foi feito no Brasil. O Brasil possui um único precedente identificado desse tipo de aplicação, aplicável a investigações antidumping, que se refere à investigação de revisão dos direitos anti-

---

rily with duty assessment is confirmed by the fact that the broadly equivalent provision in the SCM Agreement (i.e., Article 19.4) refers to the "lev[ying]" of duties, and footnote 51 to that provision states that "'levy' shall mean the definitive or final legal assessment or collection of a duty or tax" (emphasis added).227 When viewed in this light, it is not obvious that – as Brazil effectively argues – Article 9.3 prohibits variable anti-dumping duties by ensuring that antidumping duties do not exceed the margin of dumping established during "the investigation phase" pursuant to Article 2.4.2. Neither the ordinary meaning of Article 9.3, nor its context (i.e., subparagraphs 1-3), supports that view. If Article 9.3 were designed to prohibit the use of variable customs duties, presumably that prohibition would have been clearly spelled out. (…)

7.361 Further contextual support for our approach to Article 9.3 is found in Article 9.3.1, which envisages the collection of anti-dumping duties on a retrospective basis. By definition, the retrospective collection of duties presupposes the calculation of dumping margins on the basis of information for individual shipments or for time-periods outside of the initial investigation period. Furthermore, in emphasising the importance of the margin of dumping established during the investigation, we consider that Brazil has diminished the contextual importance of the refund mechanism provided for in respect of prospective anti-dumping duties. The first sentence of Article 9.3.2 provides that "[w]hen the amount of the anti-dumping duty is assessed on a prospective basis, provision shall be made for a prompt refund, upon request, of any duty paid in excess of the margin of dumping. A refund of any such duty paid in excess of the actual margin of dumping shall normally take place within 12 months …" (emphasis added). Thus, Article 9.3.2 provides for a refund of anti-dumping duties collected in excess of the actual margin of dumping. The word "actual" is defined inter alia as "existing now; current".231 Accordingly, we understand that the Article 9.3.2 refund mechanism would include refunds of anti-dumping duties paid in excess of the margin of dumping prevailing at the time the duty is collected. This therefore further undermines Brazil's argument that the only margin of dumping relevant until such time that there is an Article 11.2 review is the margin established during the investigation. If the basis for duty refund is the margin of dumping prevailing at the time of duty collection, we see no reason why a Member should not use the same basis for duty collection. Brazil has noted that refunds do not imply modification of the duty, and are only available if requested by the importer.232 While these points may be correct, they do not change the fact that the refund mechanism operates by reference to the margin of dumping prevailing at the time of duty collection. It is this aspect of the refund mechanism that renders it contextually relevant to the issue before us. Accordingly, we see no reason why it is not permissible233 for a Member to levy anti-dumping duties on the basis of the actual margin of dumping prevailing at the time of duty collection.

[114] OMC. Argentina — Definitive Anti-Dumping Duties on Poultry from Brazil. WT/DS241/R, paras. 7.354 – 7.361. Disponível em. <https://docs.wto.org/dol2fe/Pages/SS/directdoc.aspx?filename=Q:/WT/DS/241R-00.pdf&Open=True>. Acesso em: 13 jun. 2022.

dumping aplicados sobre as importações de PVC-S, originárias dos Estados Unidos e do México.

 MEDIDA ANTIDUMPING – RESINAS DE PVC-S – 2ª REVISÃO – EUA E MÉXICO
CIRCULAR SECEX N. 93, DE 5 DE DEZEMBRO DE 2003; RESOLUÇÃO CAMEX N. 18, DE 29 DE JUNHO DE 2005

Trata-se de investigação de revisão dos direitos antidumping aplicados sobre as importações de Policloreto de Vinila, não misturado com outras substâncias, originárias dos Estados Unidos e do México.

No que se refere especificamente à aplicação de um direito móvel, importante destacar que no exame de reconsideração no âmbito da segunda revisão, foi levado em conta o fato de que exportações de PVC-S dos EUA e do México para terceiros países ocorreram a preços inferiores ao utilizado no cálculo como referência de valor normal substituto. Assim, ainda que a metodologia tenha sido considerada correta, houve reconsideração da decisão anterior e concluiu-se que era muito provável a retomada de dano à indústria doméstica, com importações a preços inferiores ao da indústria doméstica.

Em consequência, o direito antidumping estabelecido por meio da Resolução CAMEX n. 18, de 29 de junho de 2005, foi aplicado na forma de valor específico móvel, definido como a diferença observada entre o preço do PVC-S no mercado brasileiro e o preço do produto importado proveniente dos EUA e do México, a cada operação de importação, estando o direito móvel limitado a neutralizar os efeitos danosos das importações objeto de dumping, conforme preceituava o caput do art. 45 do Decreto n. 1.602, de 1995, então vigente à época. In verbis:

"(...) Dessa forma o direito antidumping é calculado da seguinte forma: diferença absoluta entre o preço de referência e o preço da operação de importação, dos EUA ou do México, conforme o caso. Será, portanto, cobrado o direito antidumping somente no caso de o preço do produto importado ser inferior ao preço de referência proposto. Para isso os direitos serão determinados da seguinte maneira:

DIREITO ANTIDUMPING ESPECÍFICO (US$/tonelada)

PAÍS	DIREITO ANTIDUMPING ESPECÍFICO (DAE) (US$/TONELADA)
EUA	DAE = 1.081,85 – 1,155 x Preço CIF por tonelada
México	DAE = 1.050,20 – 1,124 x Preço CIF por tonelada

Observe-se que as cotações ICIS-LOR de US$ 1.124,00/t (um mil cento e vinte e quatro dólares estadunidenses por tonelada) e US$ 1.115,00/t (um mil cento e quinze dólares estadunidenses por tonelada) mencionadas anteriormente, verificadas como as cotações atuais dos mercados norte-americano e mexicano, respectivamente, foram obtidas nos relatórios, considerando uma média das cotações do mês de fevereiro de 2005. Como já observado, o PVC-S é uma commodity e, da mesma forma, os valores mencionados acima não podem permanecer congelados. Assim, a fim de acompanhar o comportamento dos preços no mercado de PVC-S, serão observados os seguintes procedimentos:

(...)

> **MEDIDA ANTIDUMPING – RESINAS DE PVC-S – 2ª REVISÃO – EUA E MÉXICO**
> *CIRCULAR SECEX N. 93, DE 5 DE DEZEMBRO DE 2003; RESOLUÇÃO CAMEX N. 18, DE 29 DE JUNHO DE 2005*
>
> *"(...)*
> *i) trimestralmente os preços de referência dos EUA e do México deverão, por meio de Circular SECEX, ser atualizados, em função da média das cotações ICIS-LOR do último mês do trimestre. Importante ressaltar que as relações observadas Preço doméstico: outubro de 2002 a setembro de 2003/Cotação ICIS-LOR: outubro de 2002 a setembro de 2003 (0,9947 para os EUA e 0,9747 para o México) serão mantidas, sendo atualizadas somente as cotações ICIS-LOR atuais. O preço de referência de US$ 1.081,85/t (um mil e oitenta e um dólares estadunidenses e oitenta e cinco centavos por tonelada) para os EUA vigorará durante o trimestre março--abril-maio de 2005. Para o trimestre junho-julho-agosto de 2005, o preço de referência será atualizado em função da cotação média de maio de 2005, aplicando--se o fator 0,9947 a essa cotação, e a dedução relativa aos custos de internação. Para o México, o preço de referência de US$ 1.050,20/t (um mil e cinquenta dólares estadunidenses e vinte centavos por tonelada) vigorará durante o trimestre março-abril-maio de 2005, sendo atualizado, para o trimestre junho-julho- agosto de 2005, em função da cotação média de maio de 2005, aplicando-se o fator 0,9747, e a dedução relativa aos custos de internação.*
> *ii) caso se verifique uma variação positiva ou negativa de 10% nas cotações médias mensais de PVC-S nos mercados norte-americano e/ou mexicano, de acordo com as cotações da ICIS-LOR, a atualização dos preços de referência ocorrerá imediatamente, ainda que em um período inferior a três meses.*
> *É importante ressaltar que com esse mecanismo haverá a incidência de direito antidumping, na proporção suficiente para anular a diferença apurada, somente nos casos onde os produtores norte-americanos e mexicanos exportem PVC-S para o Brasil a preços que se enquadrem abaixo dos seus respectivos patamares, podendo causar retomada de dano à indústria doméstica. Ocorrendo o contrário, não será cobrado o direito".*

Fonte: Circular SECEX n. 93, de 5 de dezembro de 2003[115]; Resolução CAMEX n. 18, de 29 de junho de 2005[116].

Segundo o art. 92 do Decreto n. 8.058/2013, "direitos antidumping definitivos e compromissos de preços permanecerão em vigor enquanto perdurar a necessidade de eliminar o dano à indústria doméstica causado pelas importações objeto de dumping". Apesar disso, conforme disposto no art. 93 do mesmo dis-

---

[115] BRASIL. Circular SECEX n. 93, de 5 de dezembro de 2003. Disponível em: <https://www.gov.br/produtividade-e-comercio-exterior/pt-br/arquivos/circsecex93a_2003.pdf>. Acesso em: 23 maio 2022.

[116] BRASIL. Resolução CAMEX n. 18, de 29 de junho de 2005. Disponível em: <http://www.camex.gov.br/resolucoes-camex-e-outros-normativos/62-resolucoes-da-camex/em-vigor/507-resolucao-n-18-de-29-de-junho-de-2005>. Acesso em: 13 jun. 2022.

2 • Investigações antidumping – teoria e prática

positivo legal, todo direito antidumping definitivo será extinto no prazo de 5 (cinco) anos, contado da data de sua aplicação ou da data da conclusão da mais recente revisão que tenha abrangido o dumping, o dano à indústria doméstica e o nexo de causalidade entre ambos. O prazo de vigência dos direitos antidumping definitivos é regulado pelo § 3º do art. 132 do Código Civil, segundo o qual "prazos de meses e anos expiram no dia de igual número do de início, ou no imediato, se faltar exata correspondência". Assim, os prazos dos direitos antidumping definitivos aplicados expiram no dia de igual número ao da data de publicação no *Diário Oficial da União* da Resolução Gecex que aplicou o direito em questão, não se devendo diferenciar o final de vigência de uma medida e seu dia de expiração. Dessa forma, uma medida antidumping definitiva aplicada em 18-1-2021, via de regra, deverá viger até 18-1-2026, sendo este o último dia de sua vigência e também o dia de sua expiração.

2.6.3.2. Grupos de direitos antidumping

Em relação aos cálculos dos direitos antidumping, entende-se que a margem absoluta de dumping é definida como a diferença entre o valor normal e o preço de exportação, enquanto a margem relativa de dumping consiste na razão entre a margem de dumping absoluta e o preço de exportação (*vide* Seção 2.3.3, sobre margem de dumping).

Para fins de determinação final, é calculada uma margem de dumping individual para cada um dos produtores ou exportadores que responderam tempestivamente ao questionário, com base nos respectivos dados primários fornecidos pela própria empresa e verificados *in loco* pelo DECOM. Para maiores detalhes sobre o cálculo da margem de dumping, remete-se à seção 2.3.3, *supra.*

Os critérios a serem adotados para a apuração do direito antidumping variam dependendo da quantidade de produtores/exportadores que foram investigados individualmente. Usualmente, os produtores/exportadores que responderam questionários e foram analisados individualmente são agregados em um único grupo para fins de aplicação do direito antidumping, conhecido como Grupo I. Caso haja respostas voluntárias e viabilidade na análise e validação dos seus respectivos dados, esta(s) empresa(s) poderão vir a compor o Grupo I. Já os produtores/exportadores conhecidos, mas não analisados individualmente, tendo em vista procedimento de seleção dos respondentes (sem análise e validação dos seus respectivos dados), são agregados no que se denomina Grupo II. Recorde-se que, segundo o art. 9.4 do Acordo Antidumping da OMC, há que se excluir da média para o Grupo II as margens de dumping calculadas com base na melhor informação disponível, margens negativas ou *de minimis*. Por fim, os demais produtores/exportadores não identificados (*all others*) são agregados em um terceiro grupo (Grupo III). Cumpre destacar que, geralmente, o menor direito (*lesser duty*) (descrito na seção 2.6.3.3) deve ser aplicado apenas para o Grupo I de produtores ou exportadores.

Imagem – Grupos de direitos antidumping

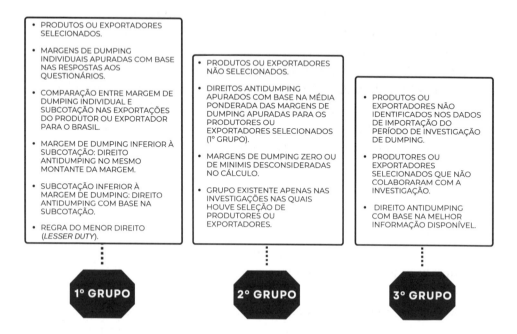

Fonte: elaboração própria.

Grupo I: produtores ou exportadores selecionados

Definida a margem de dumping para cada um dos produtores ou exportadores selecionados com base nas respectivas respostas aos questionários, verifica-se se a margem de dumping apurada foi inferior à subcotação observada nas exportações da empresa para o Brasil, no período de investigação de dumping. Também podem ser incluídos neste Grupo I os produtores/exportadores que, embora não selecionados, responderam voluntariamente ao questionário e tiveram os dados analisados e validados pelo DECOM.

A subcotação para fins de determinação do direito antidumping é calculada com base na comparação entre o preço CIF das operações de exportação, internado no mercado brasileiro, e o preço médio de venda da indústria doméstica no mercado interno brasileiro, ajustado de forma a refletir o preço da indústria doméstica em um cenário de ausência de dano sobre sua lucratividade em decorrência das importações a preços de dumping. Destaque-se que a subcotação tratada neste tópico não se confunde com a definida no inciso I do § 2º do art. 30 do Decreto n. 8.058/2013, para fins de análise de dano.

Em caso afirmativo, é recomendada a aplicação de direito antidumping individual no mesmo montante da margem de dumping calculada para o produtor ou exportador selecionado. Por outro lado, caso a subcotação seja inferior à margem de dumping apurada, é recomendada a aplicação de direito antidumping com base na subcotação observada nas exportações da empresa para o Brasil.

Grupo II: produtores ou exportadores não selecionados

No caso dos produtores ou exportadores para os quais foram identificadas exportações para o Brasil do produto objeto da investigação no período de investigação de dumping, mas que não foram selecionados, tendo em vista o disposto no art. 28 do Decreto n. 8.058/2013, o art. 80 do mesmo dispositivo legal, em seu § 1º, determina que os respectivos direitos antidumping serão aplicados com base na média ponderada das margens de dumping apuradas para os produtores ou exportadores incluídos na seleção efetuada nos termos do art. 28.

Cumpre destacar que nesse cálculo não são levadas em conta as margens de dumping individuais calculadas para o primeiro grupo quando estas são inexistentes (margem zero) ou *de minimis* (inferiores a 2%), conforme o § 3º do art. 80 do Decreto n. 8.058/2013, nem aquelas calculadas com base na melhor informação disponível (nos termos do art. 9.4 do Acordo Antidumping da OMC). Ressalte-se ainda que essa hipótese somente ocorrerá nas investigações para as quais foi efetuada seleção de produtores ou exportadores; caso contrário, somente haverá os grupos citados nos itens "i" e "iii".

Sobre isso, um assunto controverso diz respeito ao que fazer quando há a aplicação da melhor informação disponível de modo parcial para empresa(s) do grupo I, por exemplo, mediante o ajuste de algum dado do produtor/exportador, mas sem desconsiderá-lo por completo. Ou quando há empresas no grupo I com margem negativa, zero ou *de minimis*. Nesses casos, surge uma dúvida sobre como apurar a média do grupo II se a exclusão de determinada margem puder resultar em perda de confidencialidade.

MEDIDA ANTIDUMPING – TUBOS AÇO INOX – 1ª REVISÃO – CHINA
PORTARIA SECINT N. 506, DE 24 DE JULHO DE 2019

Trata-se de revisão final de período dos direitos antidumping aplicados sobre as importações de tubos com costura, de aços inoxidáveis austeníticos graus 304 e 316, originárias da China.

> Quando do cálculo dos direitos definitivos, identificou-se a seguinte situação:
>
> "Já para as empresas chinesas identificadas e não selecionadas para responderem ao questionário do produtor/exportador, buscou-se apurar direito antidumping de acordo com o disposto no art. 80 do Decreto n. 8.058, de 2013. Ressalte-se que o § 3º do referido artigo veda a utilização das margens de dumping zero ou de minimis para fins de apuração do direito antidumping a ser aplicado às importações das empresas não selecionadas. No entanto, no presente caso, houve apuração de margem negativa, no caso da Jiuli, e apuração com base na melhor informação disponível, para as empresas selecionadas que não responderam ao questionário do produtor/exportador.
>
> Assim, adotou-se metodologia alternativa baseada na comparação entre o valor normal construído em Taipé Chinês apurado para fins de início da revisão, ponderado pelas quantidades importadas, e o preço médio FOB das importações chinesas investigadas, ou seja, excluídas aquelas oriundas da empresa Jiuli, em P5, calculado a partir dos dados oficiais de importações da RFB. Foi levada em consideração a característica do produto relativa ao grau do aço".

Fonte: Portaria SECINT n. 506, de 24 de julho de 2019[117].

Sobre o tema, o Órgão de Apelação no caso *US – Hot-Rolled Steel* entendeu que mesmo cálculos com melhor informação disponível parciais devem ser desconsiderados, o que pode gerar um problema prático para autoridades investigadoras, caso todas as empresas investigadas estejam em situação de exclusões de margens zero, *de minimis* e com base em melhor informação disponível. No mesmo caso, o Órgão de Apelação reconheceu que esse é um caso de lacuna no Acordo Antidumping da OMC.

DS184: UNITED STATES – ANTI-DUMPING MEASURES ON CERTAIN HOT-ROLLED STEEL PRODUCTS FROM JAPAN

> "(...)
>
> 116. O artigo 9.4 não prescreve nenhum método que os Membros da OMC devem utilizar para estabelecer a taxa 'todos os outros' que é realmente aplicada aos exportadores ou produtores que não são investigados. Ao contrário, o Artigo 9.4 simplesmente identifica um limite máximo, ou teto, que as autoridades investigadoras 'não devem exceder' ao estabelecer uma taxa de 'todos os outros'. A alínea (i) do artigo 9.4 estabelece a regra geral de que o teto relevante deve ser estabelecido através do cálculo de uma 'margem média ponderada de dumping estabelecida' com respeito aos exportadores ou produtores que foram investigados. Entretanto, a cláusula que começa com 'desde que', que segue este subparágrafo, qualifica esta regra geral. Esta linguagem qualificativa determina que, 'para fins deste parágrafo', as autoridades investigadoras 'devem desconsiderar',

---

[117] BRASIL. Portaria SECINT n. 506, de 24 de julho de 2019. Disponível em: <https://www.in.gov.br/en/web/dou/-/portaria-secint-n-506-de-24-de-julho-de-2019-205250517>. Acesso em: 17 ago. 2022.

2 • Investigações antidumping – teoria e prática

> em primeiro lugar, as margens zero e de minimis e, em segundo lugar, as 'margens estabelecidas sob as circunstâncias referidas no parágrafo 8 do artigo 6'. Assim, ao determinar o montante do teto para a taxa 'todas as outras', o Artigo 9.4 estabelece duas proibições. A primeira impede as autoridades investigadoras de calcular o teto 'todos os outros' usando margens zero ou de minimis; enquanto a segunda impede as autoridades investigadoras de calcular esse teto usando 'margens estabelecidas sob as circunstâncias referidas' no Artigo 6.8..
>
> (...)." [tradução livre]

Fonte: WT/DS184/AB/R, parágrafo 116[118-119].

Por sua vez, sobre o tema, no caso US – Zeroing (Article 21.5 – EC), o Órgão de Apelação afirmou o seguinte:

> **DS294: UNITED STATES – LAWS, REGULATIONS AND METHODOLOGY FOR CALCULATING DUMPING MARGINS (ZEROING)**
>
> "(...)
>
> 453. A este respeito, não concordamos com a afirmação do Painel de que, em situações aonde todas as margens de dumping são zero, de minimis, ou baseadas em fatos disponíveis, o Artigo 9.4 'simplesmente não impõe nenhuma proibição, pois nenhum teto pode ser calculado'. 592 Em nossa opinião, o fato de que todas as margens de dumping para os exportadores investigados se enquadram em uma das categorias que o Artigo 9.4 orienta as autoridades investigadoras a desconsiderar, para fins desse parágrafo, não implica que a discrição das autoridades investigadoras para aplicar direitos aos exportadores não investigados não esteja vinculada. A lacuna que o Órgão de Apelação reconheceu existir no Artigo 9.4 é um de um método específico. Assim, a ausência de orientação no Artigo 9.4 sobre qual metodologia particular a seguir não implica a ausência de qualquer

---

[118] 116. Article 9.4 does not prescribe any method that WTO Members must use to establish the "all others" rate that is actually applied to exporters or producers that are not investigated. Rather, Article 9.4 simply identifies a maximum limit, or ceiling, which investigating authorities "shall not exceed" in establishing an "all others" rate. Sub-paragraph (i) of Article 9.4 states the general rule that the relevant ceiling is to be established by calculating a "weighted average margin of dumping established" with respect to those exporters or producers who were investigated. However, the clause beginning with "provided that", which follows this sub-paragraph, qualifies this general rule. This qualifying language mandates that, "for the purpose of this paragraph", investigating authorities "shall disregard", first, zero and de minimis margins and, second, "margins established under the circumstances referred to in paragraph 8 of Article 6." Thus, in determining the amount of the ceiling for the "all others" rate, Article 9.4 establishes two prohibitions. The first prevents investigating authorities from calculating the "all others" ceiling using zero or de minimis margins; while the second precludes investigating authorities from calculating that ceiling using "margins established under the circumstances referred to" in Article 6.8.

[119] OMC. United States – Anti-Dumping Measures on Certain Hot-Rolled Steel Products from Japan. WT/DS184/AB/R, para. 189. Disponível em: <https://www.wto.org/english/tratop_e/dispu_e/cases_e/ds184_e.htm>. Acesso em: 7 jun. 2022.

Curso de Defesa Comercial e Interesse Público no Brasil: teoria e prática

> *obrigação com relação à taxa 'todas as outras' aplicáveis aos exportadores não investigados onde todas as margens de dumping para os exportadores investigados são zero, de minimis, ou baseadas em fatos disponíveis. De qualquer forma, os participantes não sugeriram metodologias alternativas específicas para calcular a taxa máxima permitida 'todas as outras' em situações em que todas as margens de dumping calculadas para os exportadores investigados se enquadram nas três categorias a serem desconsideradas, e não precisamos resolver esta questão para dispormos deste recurso.*
>
> *(...)". [tradução livre]*

Fonte: WT/DS294/AB/RW – parágrafo 453[120-121].

Grupo III (all others): demais produtores ou exportadores não identificados

Para os demais produtores ou exportadores não identificados nos dados de importação da RFB no período de investigação de dumping o direito antidumping é baseado na melhor informação disponível nos autos do processo, nos termos do § 4º do art. 80 do Decreto n. 8.058/2013. Isso também se aplica aos produtores ou exportadores selecionados que, no curso da investigação, tenham negado acesso à informação necessária, não a tenham fornecido tempestivamente ou tenham criado obstáculos à investigação.

2.6.3.3. Menor direito (*lesser duty*)

A "regra do menor direito" ou "*lesser duty rule*" consiste em disposição OMC *Plus*, ou seja, compromisso adicional aos assumidos no âmbito da OMC, tendo em

---

[120] *453. In this regard, we do not agree with the Panel's statement that, in situations where all margins of dumping are either zero, de minimis, or based on facts available, Article 9.4 "simply imposes no prohibition, as no ceiling can be calculated."592 In our view, the fact that all margins of dumping for the investigated exporters fall within one of the categories that Article 9.4 directs investigating authorities to disregard, for purposes of that paragraph, does not imply that the investigating authorities' discretion to apply duties on non-investigated exporters is unbounded. The lacuna that the Appellate Body recognized to exist in Article 9.4 is one of a specific method. Thus, the absence of guidance in Article 9.4 on what particular methodology to follow does not imply an absence of any obligation with respect to the "all others" rate applicable to non-investigated exporters where all margins of dumping for the investigated exporters are either zero, de minimis, or based on facts available. In any event, the participants have not suggested specific alternative methodologies to calculate the maximum allowable "all others" rate in situations where all margins of dumping calculated for the investigated exporters fall into the three categories to be disregarded, and we do not need to resolve this issue to dispose of this appeal.*

[121] OMC. United States — Laws, Regulations and Methodology for Calculating Dumping Margins (Zeroing). WT/DS294/AB/RW – para. 453. Disponível em: <https://docs.wto.org/dol2fe/Pages/SS/directdoc.aspx?filename=Q:/WT/DS/294ABRW.pdf&Open=True>. Acesso em: 13 jun. 2022.

vista que, se por um lado o art. 9.1 do Acordo Antidumping apenas recomenda que o direito antidumping seja inferior à margem caso seja adequado para eliminar o dano à indústria doméstica, o Decreto n. 8.058/2013 determina a aplicação do menor direito em todos os casos e enumera as situações em que a referida regra não será aplicada. Dessa forma evita-se a aplicação de um direito antidumping excessivo.

No Brasil, os direitos antidumping devem ser inferiores à margem de dumping sempre que um montante inferior a tal margem for suficiente para eliminar o dano à indústria doméstica causado por importações objeto de dumping, conforme disposto nos arts. 67, *caput*, e 78, § 1º, do Decreto n. 8.058/2013. Essa regra, porém, deve ser aplicada apenas para o Grupo I de produtores ou exportadores (*vide* Seção 2.6.3.2). Assim, o direito antidumping a ser aplicado corresponderá necessariamente à margem de dumping para os produtores ou exportadores cuja margem de dumping foi apurada com base na melhor informação disponível e nas demais hipóteses descritas no art. 78, § 3º, do Decreto n. 8.058/2013. Ou seja, que não tiveram seus dados analisados individualmente ou que não apresentaram adequadamente suas informações e documentos, ou que não apresentaram adequadamente suas informações e documentos (Grupos II e III), não é possível realizar o cálculo do menor direito, nos termos do art. 78, § 3º, I, do Decreto n. 8.058/2013.

Nesse sentido, ao se aplicar o remédio de defesa comercial em uma dose menor para as empresas cooperantes, o Brasil incentiva a cooperação dos exportadores investigados nos processos de dumping, aplica ao final da investigação uma medida que tem tão somente a finalidade de restabelecer as condições de comércio justo (livre dos efeitos danosos do dumping encontrados), mantém o mercado brasileiro exposto à concorrência internacional e mitiga preocupações sobre eventuais elevações de preços por parte da indústria doméstica brasileira.

Esse montante é calculado em duas etapas: (1) cálculo da subcotação observada nas exportações da empresa para o Brasil no período de investigação de dumping e (2) comparação entre a subcotação e a margem de dumping apurada para a referida empresa. Destaque-se que a subcotação tratada neste tópico não se confunde com a definida no inciso I do § 2º do art. 30 do Decreto n. 8.058/2013, utilizada para fins de análise de dano (*vide* Seção 2.4). Para fins de dano, a subcotação é analisada para o conjunto das importações investigadas, ao passo que, para fins de menor direito, a subcotação é calculada individualmente para cada produtor/exportador do primeiro grupo.

Assim, essa subcotação é calculada com base na comparação entre o preço médio de venda da indústria doméstica no mercado interno brasileiro e o preço CIF das operações de exportação dos produtores ou exportadores estrangeiros investigados individualmente, internado no mercado brasileiro. A comparação levará em conta, sempre que possível, a categoria de cliente e o modelo de produto. Sempre que necessário, o preço de venda da indústria doméstica utilizado no cálculo dessa subcotação deverá ser ajustado de modo a refletir um cenário de ausência do dano decorrente das importações a preços de dumping (preço de não dano). Para o cálculo do preço CIF das operações de exportação, serão adicionados ao preço de exportação em base CIF os valores relativos a II, AFRMM[122] e despesas de internação.

A seguir é apresentado um exemplo do Guia de Investigações Antidumping do DECOM[123] sobre cálculo do menor direito:

Imagem – Cálculo do menor direito (*lesser duty*)

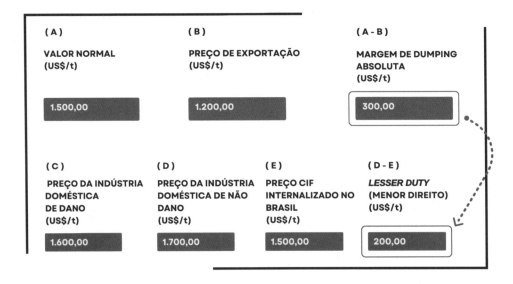

Fonte: elaboração própria.

---

[122] Registre-se que, nos termos da Lei n. 14.301/2022, que alterou o art. 6º, I, da Lei n. 10.233/2001, houve a redução das alíquotas de AFRMM, nos seguintes termos: "Art. 6º O AFRMM será calculado sobre a remuneração do transporte aquaviário, aplicando-se as alíquotas de: I – 8% (oito por cento) na navegação de longo curso; II – 8% (oito por cento) na navegação de cabotagem; III – 40% (quarenta por cento) na navegação fluvial e lacustre, por ocasião do transporte de granéis líquidos nas Regiões Norte e Nordeste; IV – 8% (oito por cento) na navegação fluvial e lacustre, por ocasião do transporte de granéis sólidos e outras cargas nas Regiões Norte e Nordeste". Há, ainda, a possibilidade de não incidência de AFRMM a depender de acordos preferenciais de comércio celebrados pelo Brasil. Por exemplo, por força do Acordo de Preferência Tarifária Regional n. 4 (APTR 04), não há incidência de AFRMM para a origem México.

[123] Guia de Investigações Antidumping do DECOM, 2022. Disponível em: <https://www.gov.br/produtividade-e-comercio-exterior/pt-br/assuntos/comercio-exterior/defesa-comercial-e-interesse-publico/guias>. Acesso em: 3 maio 2022.

2 • Investigações antidumping – teoria e prática

Caso a subcotação (*vide* imagem acima, com o exemplo de US$ 200,00/t) seja inferior à margem de dumping individual (*vide* imagem, com o exemplo de US$ 300,00/t), considera-se que, para este produtor/exportador, este montante inferior é suficiente para neutralizar o dano e, consequentemente, seu direito antidumping definitivo será apurado com base na subcotação, resultando em um menor direito/*lesser duty* (*vide* imagem, com o exemplo de US$ 200,00/t).

Para os casos em que a subcotação é superior à margem de dumping individual, o montante do direito antidumping será baseado na margem de dumping apurada para este produtor/exportador.

2.6.4. Compromissos de preço

O compromisso de preço consiste em um ato unilateral por meio do qual o produtor estrangeiro/exportador se compromete voluntariamente a adotar diferentes obrigações, notadamente a adoção de preço mínimo (preço compromissado) nas importações do produto objeto da investigação antidumping, além de outras obrigações acessórias para assegurar a eficácia e a confiabilidade do compromisso assumido.

Para parte da doutrina[124], em relação aos direitos antidumping definitivos, o compromisso de preço se apresenta como uma solução mais diplomática, justamente por derivar de um compromisso unilateral voluntário, a ser aceito pela autoridade competente, comparativamente aos direitos antidumping a serem recolhidos na importação, de maneira cogente. Mais do que um compromisso favorável à atmosfera comercial internacional, o instrumento viabiliza a aplicação individualizada da defesa comercial. O valor mínimo a ser praticado pelo produtor estrangeiro/exportador na importação do produto objeto confere maior liberdade para a precificação, pois, diferentemente dos direitos antidumping definitivos, o compromisso de preço acompanha eventuais oscilações no preço decorrentes da inflação (ou outras variáveis relevantes à precificação do produto objeto) ou do comportamento dos preços e custos internacionais (mediante ajustes periódicos), garantindo flexibilidade à medida antidumping.

De acordo com o art. 8.1 do Acordo Antidumping da OMC[125], as investiga-

---

[124] MEDRADO, Renê; ATHAYDE, Amanda; SAYEG, Carol; HEINZEN, Julia. *Compromissos de preços e* trustees *em defesa comercial*: uma proposta possível para a solução de um problema concreto no fluxo de comércio internacional. No prelo. 2024.

[125] *"8.1 Proceedings may be suspended or terminated without the imposition of provisional measures or anti-dumping duties upon receipt of satisfactory voluntary undertakings from any exporter to revise its prices or to cease exports to the area in question at dumped prices so that the authorities are satisfied that the injurious effect of the dumping is eliminated. Price*

Curso de Defesa Comercial e Interesse Público no Brasil: teoria e prática

ções podem ser concluídas sem imposição de direitos antidumping quando o exportador se compromete a adotar determinados patamares de preços de exportação, com o objeto de neutralizar a prática de dumping ou o dano à indústria doméstica.

A implementação dos compromissos de preços depende, assim, de uma determinação preliminar positiva de dumping, dano e nexo de causalidade, e as autoridades investigadoras detêm discricionaridade para deferir e indeferir as propostas dos exportadores, bem como para propor compromissos de preços, de ofício, nos termos do art. 8.3. do Acordo Antidumping da OMC.

Conforme se verifica, o Acordo Antidumping estabelece apenas genericamente os critérios para a elaboração de propostas de compromissos de preços, conferindo às autoridades investigadoras de cada membro grau relevante de discricionaridade para indeferir propostas com base em razões de *general policy*.

Essa discricionaridade das autoridades investigadoras já foi objeto de discussão no Grupo Negociador de Regras da OMC (Negotiating Group on Rules) – em 12-6-2003, Brasil, Chile, Colômbia, Costa Rica, Hong Kong, China, Japão, Coreia do Sul, Noruega, Taiwan, Suíça e Tailândia apresentaram uma proposta específica sobre os compromissos de preços no âmbito do Acordo Antidumping[126] ("Proposta").

O Grupo Negociador de Regras da OMC, dentro do mandato da Rodada Doha, objetivou maior esclarecimento e aprimoramento dos conceitos existentes no Acordo Antidumping. O Brasil, em conjunto com os países do grupo Friends of Antidumping[127], apresentou propostas para diversos temas na busca por um conjunto de critérios mais rigorosos[128].

Já na introdução, os proponentes indicam que a proposta se prestava a resolver algumas das ambiguidades decorrentes do Acordo Antidumping, considerando que os compromissos de preços podem ser meios úteis para "aliviar a si-

---

increases under such undertakings shall not be higher than necessary to eliminate the margin of dumping. It is desirable that the price increases be less than the margin of dumping if such increases would be adequate to remove the injury to the domestic industry".

[126] Veja TN/RL/W/118, de 12 de junho de 2003. Disponível em: <https://docs.wto.org/dol2fe/Pages/SS/directdoc.aspx?filename=Q:/TN/RL/W118.pdf&Open=True>. Acesso em: 27 fev. 2024.

[127] Grupo formado por Brasil, Chile, Taiwan, Colômbia, Costa Rica, Hong Kong, Israel, Japão, Coreia, México, Noruega, Singapura, Suíça, Tailândia e Turquia.

[128] THORSTENSEN, Vera; CASTELAN, Daniel Ricardo; RAMOS, Daniel; MULLER, Carolina. *Nota Técnica – A participação dos BICS na OMC*: o exemplo da Rodada Doha. Brasília: Ipea, 2012. Disponível em: <http://repositorio.ipea.gov.br/bitstream/11058/5986/1/NT_n07_Participacao-BICS-OMC_Dinte_2012-mar.pdf>. Acesso em: 27 fev. 2024.

tuação de uma maneira menos disruptiva ao comércio do que os direitos antidumping, permitindo aos exportadores gerir os seus negócios sem a imposição de direitos antidumping, ao mesmo tempo que protege a indústria doméstica dos países importadores de danos causados pelos efeitos do dumping"[129].

Nesse sentido, a proposta incluiu seis medidas para solucionar a ambiguidade do Acordo em relação aos compromissos de preços: (i) esclarecer que as autoridades investigadoras não podem requerer que determinada parcela (seja ela a maioria ou não) dos exportadores apresente propostas de compromissos de preços como condição para aceitar a proposta elaborada por um exportador ou por um grupo limitado de exportadores; (ii) requerer que as autoridades investigadoras forneçam, em uma nota pública, os motivos para não aceitar a proposta de compromisso de preços, conferindo ao exportador prazo para tecer comentários; (iii) esclarecer que as autoridades investigadoras devem aceitar as propostas de compromissos de preços se forem suficientes para neutralizar o dano causado pela prática de dumping e quando em consonância com outros procedimentos e condições necessárias à sua implementação; (iv) esclarecer que as autoridades investigadoras, antes da determinação final na investigação de dumping, devem informar os exportadores sobre a possibilidade de propor compromissos de preços, indicando as regras e prazos para tanto; (v) esclarecer que os exportadores têm direito de requerer ajustes ao compromisso de preços quando houver mudança nas circunstâncias (incluindo se os preços no mercado doméstico forem menores que os preços estipulados no compromisso de preços); (vi) esclarecer que os compromissos de preços devem ser implementados de forma previsível e em consonância com o princípio da boa-fé, e não devem ser rescindidos por um descumprimento meramente processual, desde que os requisitos materiais tenham sido cumpridos.

Da proposta, fica clara a importância para o grupo Friends of Antidumping de permitir uma solução menos restritiva ao comércio para concluir as investigações de dumping. Apesar de a proposta não ter sido incorporada por falta de consenso entre os membros da OMC, ela é relevante para compreender a visão de diversos deles, incluindo o Brasil, sobre a importância dos compromissos de preços.

No Brasil, as regras aplicáveis às investigações de dumping são previstas no Decreto n. 8.018/2013 ("Decreto Antidumping") e na Portaria SECEX n. 171/2022 ("Portaria Antidumping").

---

[129] Original: *"alleviate the situation in a less trade disruptive manner than anti-dumping duties, allowing exporters to manage their business without the imposition of AD duties, whilst protecting the domestic industry of the importing countries from injury through the effects of dumping".*

Nos termos do art. 67 do Decreto n. 8.058/2013, "a investigação antidumping poderá ser suspensa sem aplicação de medidas provisórias ou de direitos definitivos para os produtores ou exportadores que tenham assumido voluntariamente compromisso de revisão dos seus preços de exportação ou de cessação das exportações a preço de dumping destinadas ao Brasil", desde que o DECOM considere o compromisso satisfatório para eliminar o dano à indústria doméstica causado pelas importações a preço de dumping.

Imagem – Formas de aplicação das medidas antidumping – compromissos de preço

Fonte: elaboração própria.

Assim, os compromissos de preços podem ser entendidos como acordos voluntários assumidos pelo produtor ou exportador estrangeiro, no qual este se compromete a revisar seus preços de exportação com o intuito de evitar a cobrança de direito antidumping.

Ao longo dos anos, a autoridade de defesa comercial brasileira já homologou 25 compromissos de preços, conforme se depreende da tabela abaixo:

Tabela – Compromissos de preços homologados no Brasil (2001-2023)

N.	PRODUTO	PAÍS	NORMA
1	Ácido cítrico	China	Compromisso de preço homologado pela Resolução CAMEX n. 528 (publicada no *DOU* de 18-10-2023)
2	Ácido cítrico	China	Compromisso de preço homologado pela Resolução CAMEX n. 82 (publicada no *DOU* de 18-10-2017)
3	Batatas congeladas	França	Compromisso de preço homologado pela Resolução CAMEX n. 6 (publicada no *DOU* de 17-2-2017)
4	Batatas congeladas	Países Baixos	Compromisso de preço homologado pela Resolução CAMEX n. 6 (publicada no *DOU* de 17-2-2017)
5	Pneus de carga	Japão	Compromisso de preço homologado pela Resolução CAMEX n. 107 (publicada no *DOU* de 24-11-2014)

2 • Investigações antidumping – teoria e prática

N.	PRODUTO	PAÍS	NORMA
6	Porcelanato técnico	China	Compromisso de preço homologado pela Resolução CAMEX n. 122 (publicada no *DOU* de 19-12-2014)
7	Sal grosso	Chile	Compromisso de preço homologado pela Resolução CAMEX n. 74 (publicada no *DOU* de 1-9-2017)
8	Cartões semirrígidos	Chile	Compromisso de preço prorrogado pela Resolução CAMEX n. 71 (publicada no *DOU* de 13-9-2013)
9	Batatas congeladas	Bélgica	Compromisso de preço homologado pela Resolução CAMEX n. 6 (publicada no *DOU* de 17-2-2017)
10	Objetos de louça	China	Compromisso de preço homologado pela Resolução CAMEX n. 3 (publicada no *DOU* de 17-1-2014)
11	Sal grosso	Chile	Compromisso de preço homologado pela Resolução CAMEX n. 61 (publicada no *DOU* de 8-9-2011)
12	Ácido cítrico	China	Compromisso de preço homologado pela Resolução CAMEX n. 57 (publicada no *DOU* de 24-6-2016)
13	Ácido cítrico	China	Compromisso de preço homologado pela Resolução CAMEX n. 61 (publicada no *DOU* de 7-9-2011)
14	Sal grosso	Chile	Compromisso de preço homologado pela Resolução CAMEX n. 52 (publicada no *DOU* de 25-7-2012)
15	Cartões semirrígidos	Chile	Compromisso de preço prorrogado pela Resolução CAMEX n. 71 (publicada no *DOU* de 13-9-2013)
16	Cartões semirrígidos	Chile	Compromisso de preço homologado pela Resolução CAMEX n. 34 (publicada no *DOU* de 31-10-2001)
17	Cartões semirrígidos	Chile	Compromisso de preço prorrogado pela Resolução CAMEX n. 46 (publicada no *DOU* de 11-10-2007)
18	Resina de policarbonato	EUA/União Europeia	Compromisso de preço homologado pela Resolução CAMEX n. 17 (publicada no *DOU* de 8-4-2008)
19	Papel-cartão (revisão)	Chile	Compromisso de preço homologado pela Resolução CAMEX n. 46 (publicada no *DOU* de 11-10-2007)
20	Leite (revisão)	Argentina	Compromisso de preço homologado pela Resolução CAMEX n. 2 (publicada no *DOU* de 18-2-2005)
21	Leite (revisão)	Uruguai	Compromisso de preço homologado pela Resolução CAMEX n. 16 (publicada no *DOU* de 22-6-2005)
22	Leite	Argentina/ União Europeia	Compromisso de preço homologado pela Resolução CAMEX n. 1 (publicada no *DOU* de 23-2-2001)
23	Leite	Uruguai	Compromisso de preço homologado pela Resolução CAMEX n. 10 (publicada no *DOU* de 4-4-2001)
24	Medicamento à base de insulina	EUA/ França	Compromisso de preço homologado pela Resolução CAMEX n. 2 (publicada no *DOU* de 6-3-2001)
25	Papel-cartão (revisão)	Chile	Compromisso de preço homologado pela Resolução CAMEX n. 34 (publicada no *DOU* de 31-10-2001)

Fonte: DECOM/SECEX/MDIC, Estatísticas e Histórico[130].

---

[130] MDIC. *Dados brutos de defesa comercial e interesse público*. Disponível em: <https://www.gov.br/mdic/pt-br/assuntos/comercio-exterior/defesa-comercial-e-interesse-publico/estatisticas-e--historico/dados-brutos-de-defesa-comercial-e-interesse-publico>. Acesso em: 12 mar. 2024.

Sabe-se que o DECOM não está necessariamente vinculado à proposta de compromisso de preços, tampouco está obrigado a emitir determinações preliminares com o objetivo único de permitir a apresentação de tais propostas. Nesse sentido, conforme previsto na legislação, o DECOM poderá negar propostas consideradas ineficazes ou impraticáveis, nos termos do § 10 do art. 67 do Decreto n. 8.058/2013, ou ainda por outras razões de política geral, de acordo com o art. 8.3 do Acordo Antidumping, que foi internalizado na legislação brasileira, mediante aprovação via Decreto Legislativo n. 30, de 15 de dezembro de 1994, e promulgação pelo Decreto n. 1.355, de 30 de dezembro de 1994, possuindo, portanto, *status* de lei no Brasil. O art. 342 da Portaria Antidumping complementa essas disposições, e expressamente admite a possibilidade de recusa das ofertas "inclusive por razões de política geral".

Ressalta-se que propostas podem ser consideradas impraticáveis, entre outras razões, caso seja julgado excessivo o ônus financeiro (devido à renúncia da cobrança do direito[131]) ou o ônus operacional de elaborar determinações preliminares, negociar propostas de compromisso de preços e posteriormente acompanhar o cumprimento de eventual compromisso de preços pelos exportadores signatários (custos de viagens internacionais de verificação do cumprimento do compromisso, por exemplo), o que envolve, além da obrigação de praticar o preço mínimo, quaisquer outras obrigações acessórias que a autoridade considere necessárias para neutralizar o dano à indústria doméstica. Cabe enfatizar que os produtores ou exportadores estrangeiros não estão obrigados a propor compromissos de preços nem a aceitá-los.

> **MEDIDA ANTIDUMPING – FILMES PET – 1ª REVISÃO – EGITO, CHINA E ÍNDIA**
> *RESOLUÇÃO GECEX N. 203, DE 20 DE MAIO DE 2021*
>
> Trata-se de investigação referente à prorrogação dos direitos antidumping aplicados sobre as importações de filme PET, originárias do Egito, Índia e China, com imediata suspensão após a sua prorrogação para Egito e China.
>
> No que se refere especificamente à celebração de compromisso de preços, o DECOM entendeu que a celebração de eventual compromisso de preços apontada pela empresa Jindal seria impraticável, porque implicaria um ônus demasiado para o governo brasileiro, tanto em termos financeiros quanto operacionais, inclusive em termos de recursos humanos.

Fonte: Resolução GECEX n. 203, de 20 de maio de 2021[132].

---

[131] Essa justificativa para rejeição de um compromisso de preço poderia ser um pouco questionável, haja vista a finalidade não arrecadatória de uma medida antidumping.

[132] BRASIL. Resolução GECEX n. 203, de 20 de maio de 2021. Disponível em: <http://www.camex.gov.br/resolucoes-camex-e-outros-normativos/58-resolucoes-da-camex/3055-resolucao-gecex-n-203-de-20-de-maio-de-2021>. Acesso em: 13 jun. 2022.

> **MEDIDA ANTIDUMPING – CALÇADOS – 2ª REVISÃO – CHINA**
> *RESOLUÇÃO GECEX N. 303, DE 23 DE FEVEREIRO DE 2023*
>
> Trata-se de investigação referente à prorrogação dos direitos antidumping aplicados sobre as importações de calçados da China. Quanto ao pedido de elaboração de determinação preliminar para que fosse realizada proposta de compromisso de preços, a autoridade de defesa comercial apresentou o seguinte:
>
>> 141. Já com relação aos pedidos de elaboração de determinação preliminar com fins de apresentação eventual de propostas de compromisso de preços, bem como às propostas de compromisso de preço recebidas, as empresas foram notificadas por meio do Ofício SEI n. 328026/2021/ME, de 8 de dezembro de 2021, que lhes comunicou sobre a recusa de celebração da oferta de compromisso de preços. O Ofício evidenciou que a prerrogativa da autoridade investigadora para aceitação ou não de ofertas de compromisso de preços é delimitada pelo Artigo 8.3 do Acordo Antidumping, que estabelece que "Artigo 8.3. Compromissos de preços oferecidos pelos exportadores não precisam ser aceitos se as autoridades considerarem sua aceitação impraticável, por exemplo, se o número dos atuais ou potenciais exportadores for muito grande, ou por quaisquer outros motivos, incluindo razões de política geral da autoridade".
>>
>> 142. Assim, a autoridade investigadora entendeu que a celebração de eventual compromisso de preços apontada pelas empresas seria impraticável, porque implicaria um ônus demasiado para o governo brasileiro, tanto em termos financeiros quanto operacionais, inclusive em termos de recursos humanos.

Fonte: Resolução GECEX n. 303, de 23 de fevereiro de 2023[133].

Caso o DECOM e o produtor ou exportador estrangeiro cheguem a um acordo sobre o compromisso de preços ofertado, a SECEX decidirá acerca da aceitação desse compromisso e, em caso de decisão positiva, o submeterá para homologação do Gecex, nos termos do inciso XI do art. 91 do Decreto n. 9.745, de 2019, e do inciso VIII do art. 6º do Decreto n. 11.428/2023.

O compromisso de preços pode demandar a atualização periódica de seu valor (preço mínimo), caso assim seja determinado pela autoridade de defesa comercial no momento da recomendação, ao GECEX, de homologação do acordo.

> **MEDIDA ANTIDUMPING – ÁCIDO CÍTRICO – 2ª REVISÃO – CHINA**
> *RESOLUÇÃO GECEX N. 528, DE 17 DE OUTUBRO DE 2023 E CIRCULAR SECEX N. 48, DE 10 DE NOVEMBRO DE 2023*
>
> Trata-se de investigação referente à prorrogação dos direitos antidumping aplicados sobre as importações de ácido cítrico e determinados sais e éteres de ácido cítrico da China.

---

[133] BRASIL. Resolução GECEX n. 303, de 23 de fevereiro de 2023. Disponível em: <https://www.in.gov.br/en/web/dou/-/resolucao-gecex-n-303-de-23-de-fevereiro-de-2022-383062511>. Acesso em: 20 dez. 2023.

O direito foi aplicado na forma de alíquota específica. Apesar disso, para determinadas empresas que realizaram o pedido de compromisso de preços, ele foi homologado, e as empresas se comprometeram a exportar para o Brasil a preços não inferiores ao estabelecido no documento. Como contrapartida, o governo brasileiro deixa de aplicar o direito antidumping definitivo.

Os termos do compromisso, que previram inclusive a fórmula de ajuste do preço do compromisso, foram os seguintes:

"B – Dos Preços a serem observados

7. O preço de exportação CIF em porto brasileiro não será inferior ao preço atualmente em vigor de US$ 1.491,08/t (mil, quatrocentos e noventa e um dólares estadunidenses e oito centavos por tonelada).

8. O preço CIF de exportação, previsto no parágrafo 7 deverá estar líquido de descontos, abatimentos e quaisquer outras deduções ou bonificações que a empresa produtora/exportadora conferir ao importador brasileiro.

9. O prazo de pagamento de cada uma das vendas realizadas conforme o parágrafo 7 não deve ser superior a 60 (sessenta) dias da data do conhecimento de embarque.

10. Para a conversão dos preços de venda do produto em questão, da moeda que consta na fatura de venda ou na fatura de revenda, para dólar estadunidense, será utilizada a taxa de câmbio média de venda, expedida pelo Banco Central do Brasil, em vigor na data de emissão da respectiva fatura.

11. Caso o pagamento realizado pelo cliente exceda o prazo fixado no parágrafo 9: (i) da fatura comercial emitida para o primeiro comprador independente no Brasil; (ii) da fatura de revenda; ou (iii) de outra forma contratualmente acordada, o preço a ser comparado com o preço mínimo de importação acordado será reduzido proporcionalmente.

12. A redução de que trata o parágrafo anterior será de 1% sobre o preço líquido de venda para cada mês adicional de prazo utilizado, em base pro rata relativamente ao número total de dias efetivamente transcorridos até o pagamento.

C – Do Ajuste do Preço do Compromisso

13. Tendo em conta que o preço mínimo estabelecido tem por objetivo possibilitar a exportação da mercadoria sem causar dano à indústria doméstica, este será ajustado, a cada trimestre, a partir da data de entrada em vigor do presente Compromisso.

14. O ajuste do preço mínimo será realizado com base na variação da média do preço nearby do açúcar n. 11 na Bolsa de Futuros de Nova Iorque (ICE), do trimestre imediatamente posterior ao último ajuste em relação ao trimestre imediatamente anterior ao referido ajuste. A escolha do açúcar deve-se ao fato de ser a principal matéria-prima principal utilizada para a fabricação do produto no Brasil.

15. O ajuste será realizado a partir da seguinte fórmula:

Novo preço = Preço anterior do ácido cítrico x {1+ 40% x [(Média do Preço Açúcar #11 do trimestre N – Média do Preço do Açúcar #11 trimestre (N-1))/Preço Açúcar #11 médio do trimestre (N-1)]}

16. O primeiro ajuste será realizado em novembro de 2023 e determinado pela variação da média de preços do açúcar do trimestre agosto-setembro-outubro em relação à média de preços do trimestre maio-junho-julho.

17. O ajuste do preço deverá ser publicado no Diário Oficial da União, por meio de Circular SECEX, sendo o novo preço aplicável às mercadorias com a data de conhecimento de embarque a partir de 10 dias após a publicação da referida Circular".

> Em consonância com o previsto na Resolução GECEX n. 528, de 17 de outubro de 2023, a Circular SECEX n. 48, de 10 de dezembro de 2023, atualizou o compromisso de preços da seguinte forma:
>
> *"Sendo assim, o ajuste aplicado referente ao mês de novembro de 2023 foi determinado pela variação da média de preços do açúcar do trimestre agosto-outubro/2023, que alcançou 26,02 US$ cents/lb (vinte e seis centavos de dólar estadunidense e dois décimos por libra peso), em relação à média de preços do trimestre maio-julho/2023, que chegou a 24,55 US$ cents/lb (vinte e quatro centavos de dólar estadunidense e cinquenta e cinco por libra peso).*
>
> *Observada a fórmula de ajuste, chegou-se a um fator de correção de 1,02403886 aplicado sobre o preço dos compromissos de preços firmados.*
>
> *Dessa maneira, deverão ser observados preços CIF não inferiores a US$ 1.526,92/t (mil, quinhentos e vinte e seis dólares estadunidenses e noventa e dois centavos por tonelada) para mercadorias desembaraçadas ao amparo do compromisso".*

Fonte: Resolução GECEX n. 528, de 17 de outubro de 2023[134]
e Circular SECEX n. 48, de 10 de novembro de 2023[135].

Para que sejam ofertados compromissos de preços, os exportadores devem apresentá-los entre a data da publicação da determinação preliminar e o encerramento da fase probatória (§ 6º do art. 67 do Decreto n. 8.058/2013).

Tendo em vista que, nas revisões de final de período, a elaboração de determinação preliminar não é obrigatória, caso o produtor ou exportador estrangeiro tenha interesse em renovar o compromisso de preço vigente ou apresentar nova proposta de compromisso, o Guia de Investigações Antidumping do DECOM[136] sinaliza que o produtor ou exportador estrangeiro deverá solicitar ao DECOM que elabore uma determinação preliminar. É imprescindível enfatizar que, nesta hipótese, a solicitação do produtor ou exportador estrangeiro deverá ser submetida ao DECOM em tempo hábil para que haja eventual determinação preliminar, uma vez que a elaboração desse tipo de determinação demanda tempo razoável do DECOM. Assim, a solicitação de emissão de determinação preliminar com vistas a possibilitar apresentação de propostas de

---

[134] BRASIL. Resolução GECEX n. 528, de 17 de outubro de 2023. Disponível em: <https://www.in.gov.br/en/web/dou/-/resolucao-gecex-n-528-de-17-de-outubro-de-2023-517000848>. Acesso em: 20 dez. 2023.

[135] BRASIL. Circular SECEX n. 48, de 10 de novembro de 2023. Disponível em: <https://www.in.gov.br/en/web/dou/-/circular-n-48-de-10-de-novembro-de-2023-522849695>. Acesso em: 20 dez. 2023.

[136] Guia de Investigações Antidumping do DECOM, 2022. Disponível em: <https://www.gov.br/produtividade-e-comercio-exterior/pt-br/assuntos/comercio-exterior/defesa-comercial-e-interesse-publico/guias>. Acesso em: 3 maio 2022.

Curso de Defesa Comercial e Interesse Público no Brasil: teoria e prática

compromisso de preços deverá ser feita antes do prazo de 120 dias previsto para a elaboração da determinação preliminar, nos termos do *caput* do art. 65 do Decreto n. 8.058/2013.

O Guia de Investigações Antidumping do DECOM[137] acrescenta que a existência de uma determinação preliminar positiva consiste não apenas em um marco temporal para a apresentação de compromissos de preços, como também em um requisito material *sine qua non*, uma vez que, sem a sua existência, não há sequer o substrato fático a respeito do qual o DECOM poderia analisar qualquer tipo de oferta de compromisso de preços.

Cientes da dificuldade e dos custos envolvidos para as autoridades de defesa comercial investigadoras monitorarem os compromissos de preços, Medrado, Athayde, Sayeg e Heinzen[138] propõem a utilização de um *trustee*[139] de monitoramento[140] das informações dos exportadores e reporte às autoridades brasileiras, nos moldes exitosos do que já vem sendo feito perante e pelo Cade.

De acordo com os autores, seria possível mencionar pelo menos dois casos em que houve previsão expressa do mecanismo de monitoramento de preços e volume, que podem servir de inspiração para a atuação do *trustee* de monitoramento em defesa comercial. Na investigação de dumping nas importações de

---

[137] Guia de Investigações Antidumping do DECOM, 2022. Disponível em: <https://www.gov.br/produtividade-e-comercio-exterior/pt-br/assuntos/comercio-exterior/defesa-comercial--e-interesse-publico/guias>. Acesso em: 3 maio 2022.

[138] MEDRADO, Renê; ATHAYDE, Amanda; SAYEG, Carol; HEINZEN, Julia. *Compromissos de preços e* trustees *em defesa comercial*: uma proposta possível para a solução de um problema concreto no fluxo de comércio internacional. No prelo. 2024. Neste artigo, os autores se concentraram na análise do (ii) *trustee* de monitoramento, que será aquele terceiro, de natureza privada, que assume a função de supervisionar a implementação dos remédios, sejam eles estruturais ou comportamentais, e assegurar a sua efetiva realização.

[139] *Trustees* são empresas privadas que realizam o monitoramento independente dos compromissos assumidos com o Estado com o objetivo de facilitar sua fiscalização e evitar a repetição de condutas indevidas.

[140] O Cade subdivide as funções dos *trustees* em três principais: (i) *trustee* de desinvestimento, que assume a condução do processo de desinvestimento caso as partes não encontrem um comprador adequado para o pacote de desinvestimento dentro do prazo primeiramente estabelecido; (ii) *trustee* de monitoramento, que tem como função "supervisionar a implementação dos remédios e a garantia da sua efetiva realização"; e (iii) *trustee* de operação, nomeado para gerir o pacote de ativos antes da transferência para o comprador (ATHAYDE, Amanda; BUAIZ, José Alexandre; REBELLO, Daniel Costa; SOBRINHO, Camila; BENTO, Bruna Passarelli. *Compliance Officers*, monitores corporativos e *trustees*. *Portal Jota*, 9 fev. 2023. Disponível em: <https://www.jota.info/opiniao-e-analise/artigos/compliance-officers-monitores-corporativos-e-trustees-no-direito-antitruste-e-na-lei-anticorrupcao%e2%80%af-09022023>. Acesso em: 20 dez. 2023.

porcelanato técnico originárias da China, estabeleceu-se que, em razão da quantidade de produtores/exportadores que apresentaram a proposta de compromisso de preços, a Câmara Chinesa de Comércio de Metais Minerais e Químicos Importadores e Exportadores ficaria responsável por implementar sistema de monitoramento de preços e volumes[141]. Ou seja, naquela decisão, o DECOM já aceitou por delegar a terceiro – ainda que um terceiro interessado – o monitoramento dos preços e volumes, similarmente ao que se defende, nesse artigo, que pode ser feito pelo *trustee*.

Ainda segundo os autores, um segundo compromisso de preços que mereceria ser destacado, em que o DECOM aceitou o monitoramento por um terceiro, refere-se àquele celebrado no âmbito da investigação de dumping nas importações de objetos de louça originárias da China. Dentre os motivos mencionados pela autoridade investigadora para aceitar a Associação Industrial de Cerâmica da China ("CCIA") como ponto focal foi a "necessidade de operacionalizar a apresentação de compromisso de todas estas empresas participantes ao Departamento de Defesa Comercial (DECOM) da Secretaria de Comércio Exterior do Ministério do Desenvolvimento, Indústria e Comércio Exterior, sob um formato econômico e eficiente do ponto de vista processual"[142]. Assim, de forma análoga ao compromisso de preços celebrado no âmbito da investigação de *dumping* nas importações de porcelanato técnico originárias da China, também neste compromisso de preços estabeleceu-se um sistema de certificação dos produtos importados em conformidade com os termos acordados[143]. Ou seja, novamente o DECOM aceitou que um terceiro – neste caso um terceiro interessado na investigação – atue com função de auxílio externo ao cumprimento do compromisso de preços.

---

[141] BRASIL. Resolução CAMEX n. 122/2014. Disponível em: <http://camex.gov.br/resolucoes-camex-e-outros-normativos/58-resolucoes-da-camex/1446-resolucao-n-122-de-18-de-dezembro-de-2014>. Acesso em: 27 fev. 2024.

[142] BRASIL. Resolução CAMEX n. 3/2014. Disponível em: <http://www.camex.gov.br/resolucoes-camex-e-outros-normativos/58-resolucoes-da-camex/1307-resolucao-n-03-de-16-de-janeiro-de-2014#:~:text=RESOLU%C3%87%C3%83O%20N%C2%BA%203%2C%20DE%2016%20DE%20JANEIRO%20DE%202014&text=%2F01%2F2014)-,Aplica%20direito%20antidumping%20definitivo%2C%20por%20um%20prazo%20de%20at%C3%A9%205,da%20Rep%C3%BAblica%20Popular%20da%20China>. Acesso em: 27 fev. 2024.

[143] BRASIL. Resolução CAMEX n. 3/2014. Disponível em: <http://www.camex.gov.br/resolucoes-camex-e-outros-normativos/58-resolucoes-da-camex/1307-resolucao-n-03-de-16-de-janeiro-de-2014#:~:text=RESOLU%C3%87%C3%83O%20N%C2%BA%203%2C%20DE%2016%20DE%20JANEIRO%20DE%202014&text=%2F01%2F2014)-,Aplica%20direito%20antidumping%20definitivo%2C%20por%20um%20prazo%20de%20at%C3%A9%205,da%20Rep%C3%BAblica%20Popular%20da%20China>. Acesso em: 27 fev. 2024.

Curso de Defesa Comercial e Interesse Público no Brasil: teoria e prática

Esses dois compromissos de preços reforçam, para Medrado, Athayde, Sayeg e Heinzen[144], a tese de que poderia ser adotado mecanismo similar ao *trustee* de monitoramento, na experiência concorrencial, para os compromissos de preços celebrados no âmbito das investigações de defesa comercial. Ao invés de se utilizar, como nos dois casos acima mencionados – porcelanato técnico e objetos de louça –, uma associação dos produtores/exportadores como terceiro responsável por auxiliar o monitoramento das obrigações do compromisso de preço, o *trustee* de monitoramento consistirá em terceiro sem qualquer vinculação institucional com as empresas compromissárias, o que eleva o nível de confiabilidade perante a autoridade de defesa comercial. Assim, seria possível a seguinte definição das obrigações a serem assumidas por cada um dos entes envolvidos nessa proposta: (i) produtor/exportador, (ii) *trustee* de monitoramento, (iii) DECOM:

Tabela – Proposta de Medrado, Athayde, Sayeg e Heinzen para escopo das obrigações assumidas em casos com *trustees* em defesa comercial

OBRIGAÇÕES DO PRODUTOR ESTRANGEIRO/EXPORTADOR	OBRIGAÇÕES DO *TRUSTEE*	OBRIGAÇÕES DO DECOM
Indicar lista de nomes de possíveis *trustees* de monitoramento	Consolidar os dados sobre as importações investigadas amparadas pelo compromisso de preços	Aprovar ou reprovar a indicação de *trustee*
Remunerar o *trustee* de monitoramento	Monitorar as informações de volumes e preços praticados pelos produtores estrangeiros/exportadores compromissários	Requerer esclarecimentos ou informações adicionais, conforme necessário
Apresentar as informações necessárias para monitoramento do cumprimento do compromisso de preços pelo *trustee* de monitoramento	Preparar relatório periódico para o DECOM, informando a respeito do cumprimento das obrigações por parte do compromissário	Supervisionar o compromisso de preços, através do exame dos relatórios periódicos emitidos pelo *trustee*
Atender a eventuais requerimentos por parte do *trustee* de monitoramento, sempre que realizadas	Realizar verificações *in loco*, conforme necessário e em consonância com as orientações do DECOM	Realizar verificações *in loco*, conforme necessário, independentemente daquela(s) já realizada(s) pelo *trustee* de monitoramento

Fonte: elaboração própria.

---

[144] MEDRADO, Renê; ATHAYDE, Amanda; SAYEG, Carol; HEINZEN, Julia. *Compromissos de preços e* trustees *em defesa comercial*: uma proposta possível para a solução de um problema concreto no fluxo de comércio internacional. No prelo. 2024. Neste artigo, os autores se concentraram na análise do (ii) trustee de monitoramento, que será aquele terceiro, de natureza privada, que assume a função de supervisionar a implementação dos remédios, sejam eles estruturais ou comportamentais, e assegurar a sua efetiva realização.

182

Os autores esclarecem que a atuação do *trustee* de monitoramento de maneira alguma suprime ou exclui a competência ou as funções da autoridade de defesa comercial. Por meio do *trustee* de monitoramento, a autoridade obterá informações mais qualificadas, críveis e completas a respeito do grau de cumprimento das obrigações assumidas pelo compromissário no compromisso de preços, de maneira a formar juízo de valor a respeito da realização ou não de verificação *in loco*, durante o período compromissado, a partir dos resultados positivos ou negativos das checagens periódicas realizadas pelo *trustee* sobre os relatórios semestrais que o compromissado tem obrigação de apresentar.

A autoridade de defesa comercial brasileira (DECOM) em geral realiza uma verificação *in loco* durante os cinco anos de vigência do compromisso de preços, e tal prática poderá permanecer, ou até mesmo ser abortada, quando, por exemplo, houver pleno convencimento da desnecessidade de realizá-la, em especial quando o resultado das checagens do *trustee* for claramente adverso ao compromissário. Trata-se, portanto, de um mecanismo útil de redução da assimetria de informações que naturalmente cerca as investigações de defesa comercial, mas que sempre se sujeitará ao juízo de conveniência e oportunidade da autoridade de defesa comercial, *ad referendum* da decisão por parte da CAMEX.

Trata-se, assim, para Medrado, Athayde, Sayeg e Heinzen[145], de uma solução viável para um problema concreto, na medida em que, em termos gerais, apresenta utilidade para o governo, para os produtores estrangeiros/exportadores e para a indústria doméstica. Para o governo, há utilidade porque reduz significativamente o custo de monitoramento do compromisso de preços pela autoridade investigadora de defesa comercial, custo esse que foi apontado até recentemente como fator decisivo para não aceitação de compromissos de preços[146].

---

[145] MEDRADO, Renê; ATHAYDE, Amanda; SAYEG, Carol; HEINZEN, Julia. *Compromissos de preços e* trustees *em defesa comercial*: uma proposta possível para a solução de um problema concreto no fluxo de comércio internacional. No prelo. 2024. Neste artigo, os autores se concentraram na análise do (ii) *trustee* de monitoramento, que será aquele terceiro, de natureza privada, que assume a função de supervisionar a implementação dos remédios, sejam eles estruturais ou comportamentais, e assegurar a sua efetiva realização.

[146] Na revisão dos direitos antidumping aplicados na importação de calçados originários da China, a Subsecretaria de Defesa Comercial e Interesse Público (SDCOM) indeferiu o pedido das exportadoras de emissão de Parecer de Determinação Preliminar para viabilizar a apresentação de propostas de compromissos de preços, indicando que tais compromissos ensejariam ônus demasiado à administração pública. "141. Já com relação aos pedidos de elaboração de determinação preliminar com fins de apresentação eventual de propostas de compromisso de preços, bem como às propostas de compromisso de preço recebidas, as empresas foram notificadas por meio do Ofício SEI n. 328026/2021/ME, de 8 de dezembro de

Para o produtor estrangeiro/exportador, há utilidade porque lhe permite utilizar instrumento previsto no Acordo Antidumping e na legislação antidumping, pelo qual poderá continuar a realizar vendas ao mercado nacional e a evitar o pagamento de direitos antidumping pelo importador, mediante internalização pelo produtor estrangeiro/exportador do valor correspondente ao quanto seria recolhido a título de direitos antidumping (por óbvio, essa hipótese somente será verdadeira a depender da elasticidade-preço do produto em questão, pois o mercado poderá não aceitar o novo patamar estabelecido de preços). Para a indústria doméstica, há utilidade porque o instrumento permite que os preços praticados nas importações investigadas no Brasil o sejam de maneira a neutralizar a prática de dumping ou o dano causado à indústria doméstica (preço de não dano), atingindo o objeto previsto em lei, qual seja, a neutralização da prática desleal de comércio.

Assim, os autores entendem que a proposta pode ser de grande utilidade para a prática de defesa comercial no Brasil, pela clara redução dos custos de monitoramento em geral incorridos pelas autoridades de defesa comercial, podendo ser uma alternativa a ser considerada para fins de viabilizar a utilização de instituto estabelecido pelo Acordo Antidumping, devidamente acolhido pelo ordenamento jurídico brasileiro.

Medrado, Athayde, Sayeg e Heinzen[147] reforçam, ainda, que não há qualquer vedação na legislação de defesa comercial no Brasil que impeça o uso desse instrumento como uma nova política pública. Nesse sentido, mencionam a inserção, em 2018, na Lei de Introdução às Normas do Direito Brasileiro ("LINDB"),

---

2021, que lhes comunicou sobre a recusa de celebração da oferta de compromisso de preços. O Ofício evidenciou que a prerrogativa da autoridade investigadora para aceitação ou não de ofertas de compromisso de preços é delimitada pelo Artigo 8.3 do Acordo Antidumping, que estabelece que: 'Artigo 8.3. Compromissos de preços oferecidos pelos exportadores não precisam ser aceitos se as autoridades considerarem sua aceitação impraticável, por exemplo, se o número dos atuais ou potenciais exportadores for muito grande, ou por quaisquer outros motivos, incluindo razões de política geral da autoridade.' 142. Assim, a autoridade investigadora entendeu que a celebração de eventual compromisso de preços apontada pelas empresas seria impraticável, porque implicaria um ônus demasiado para o governo brasileiro, tanto em termos financeiros quanto operacionais, inclusive em termos de recursos humanos." *Vide* Resolução GECEX n. 303/2022.

[147] MEDRADO, Renê; ATHAYDE, Amanda; SAYEG, Carol; HEINZEN, Julia. Compromissos de preços e *trustees* em defesa comercial: uma proposta possível para a solução de um problema concreto no fluxo de comércio internacional. No prelo. 2024. Neste artigo, os autores se concentraram na análise do (ii) *trustee* de monitoramento, que será aquele terceiro, de natureza privada, que assume a função de supervisionar a implementação dos remédios, sejam eles estruturais ou comportamentais, e assegurar a sua efetiva realização.

em seu art. 26, a previsão expressa de que as autoridades administrativas brasileiras podem, quando for o caso, após a realização de consulta pública, e presentes razões de relevante interesse geral, celebrar compromisso com os interessados. Esse compromisso: "I – buscará solução jurídica proporcional, equânime, eficiente e compatível com os interesses gerais; (...) III – não poderá conferir desoneração permanente de dever ou condicionamento de direito reconhecidos por orientação geral; e IV – deverá prever com clareza as obrigações das partes, o prazo para seu cumprimento e as sanções aplicáveis em caso de descumprimento"[148]. Ademais, a utilização de um *trustee* ao compromisso nos parece que permitiria ainda maior clareza às obrigações das partes, além de viabilizar, como já mencionado, solução jurídica proporcional, equânime, eficiente e compatível com os interesses gerais e de todos os envolvidos na investigação: produtores/exportadores, indústria doméstica e DECOM.

Ainda não há precedentes no Brasil sobre o uso de *trustees* de monitoramento dos compromissos de preços em defesa comercial.

Sobre compromissos de preço e menor direito, há divergências. Há quem argumente que o compromisso de preços poderá ser homologado em nível inferior à margem de dumping apurada desde que tal nível seja suficiente para eliminar o dano à indústria doméstica, conforme disposto nos arts. 67, § 5º, e 78, § 1º, do Decreto n. 8.058/2013 (*vide* 2.6.3.3, sobre a regra do menor direito, *lesser duty rule*). Essa regra, porém, deveria ser aplicada apenas para o Grupo I de produtores ou exportadores (*vide* Seção 2.6.3.2). Assim, o compromisso de preço homologado corresponderá necessariamente à margem de dumping para os produtores ou exportadores cuja margem de dumping foi apurada com base na melhor informação disponível. Ou seja, para aquelas partes interessadas que não colaboraram com a investigação, ou que não apresentaram adequadamente suas informações e documentos (Grupos II e III), não é possível realizar o cálculo do menor direito, nos termos do art. 78, § 3º, I, do Decreto n. 8.058/2013. Caso o compromisso seja homologado, a investigação antidumping correspondente poderá tanto ser suspensa sem a aplicação de direitos antidumping provisórios ou direitos antidumping definitivos para o produtor ou exportador estrangeiro que se submeteu voluntariamente ao compromisso quanto prosseguir, a pedido do produtor ou exportador estrangeiro, em questão ou a critério do DECOM.

---

[148] Para os autores, o processo administrativo de uma investigação de defesa comercial, na medida em que possui publicações no *Diário Oficial da União* ("*DOU*") e permitem o ingresso de terceiros interessados, preenchem o requisito do *caput* do art. 26 da LINDB.

Imagem – Formas de aplicação das medidas antidumping – compromissos de preço (trâmites)

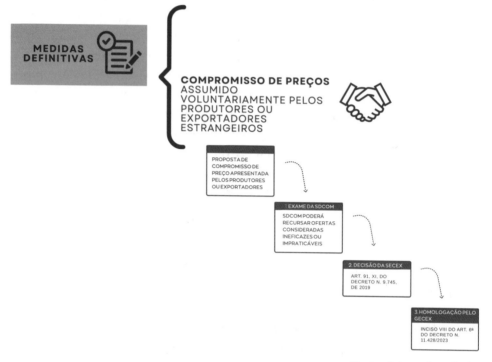

Fonte: elaboração própria.

Por outro lado, há quem entenda que não seria possível firmar um compromisso de preço com menor direito para empresas do grupos II e III. Isso porque o menor direito é calculado com base nos dados individualizados da empresa, os quais não teriam sido analisados para empresas do grupo II. Para o grupo III também não, já que, além de não termos dados confiáveis, são empresas não colaborativas.

A existência de um compromisso de preço poderá ser relevante também em uma revisão de final de período, na medida em que a análise de preço provável poderá ficar afetada, nos termos descritos na seção 2.7.2.2, sobre preço provável.

 MEDIDA ANTIDUMPING – CARTÃO SEMIRRÍGIDO (PAPEL CARTÃO) – 3ª REVISÃO – CHILE
PORTARIA SECEX N. 484, DE 10 DE JULHO DE 2019

Trata-se de investigação referente à prorrogação (terceira revisão) de medida antidumping aplicada às importações de cartões semirrígidos para embalagens.

> No que se refere especificamente ao preço provável das importações com continuação de dumping e o seu provável efeito sobre os preços do produto similar no mercado interno brasileiro, a Portaria destacou que o compromisso de preços vigente até a terceira revisão impactou a avaliação do preço provável de exportação, dado que este preço foi regulado pelos termos do compromisso durante todo o período de revisão de dano. Logo, entendeu-se necessário complementar a análise de preço provável, posto que o preço praticado nas exportações para o Brasil poderia não refletir adequadamente o comportamento dos produtores/exportadores chilenos durante a totalidade do período de revisão.
>
> A partir de outras análises de preço provável, a SECEX concluiu que o preço provável do Chile se encontraria subcotado, nesse sentido, o compromisso teria sido eficaz para a recuperação da indústria doméstica. Ademais, concluiu que a extinção da medida antidumping aplicada às importações brasileiras de cartões semirrígidos originários do Chile muito provavelmente levaria à continuação do dumping e à retomada do dano à indústria doméstica dele decorrente, de modo que a SECEX recomendou a prorrogação da medida antidumping em vigor. Isso porque eventual direito antidumping que refletisse as mesmas condições vigentes no compromisso poderia ser suficiente para impedir a retomada do dano à indústria doméstica decorrente das importações a preços de dumping de cartões semirrígidos originárias do Chile.
>
> Assim, a nova prorrogação da medida antidumping se deu após o fim do compromisso de preços estabelecidos com a produtora/exportadora chilena Cartulinas CMPC S.A. (CMPC). Isto porque no âmbito da terceira revisão, não houve apresentação de nova proposta por parte da CPMC com relação a novos compromissos de preços.

Fonte: Portaria SECEX n. 484, de 10 de julho de 2019[149].

Cabe frisar que em nenhuma hipótese o direito antidumping, seja ele provisório ou definitivo, a garantia ou o compromisso, poderá exceder a margem de dumping apurada, tendo em vista o disposto no art. 9.3 do Acordo Antidumping, no § 1º do art. 66, *caput* e § 2º do art. 78 e § 4º do art. 67 do Decreto n. 8.058/2013. Assim, qualquer aumento de preço ao amparo do compromisso não poderá exceder a margem de dumping (§ 4º do art. 67 do Decreto n. 8.058/2013). Operacionalmente, a dificuldade se dá no sentido de que, ao longo da vigência do direito, não haverá cálculo atualizado de novo valor normal para apurar nova margem de dumping, de modo que o compromisso parece estar vinculado à margem de dumping definida no momento específico em que o compromisso de preços é firmado entre as partes.

Segundo o art. 92 do Decreto n. 8.058/2013, direitos antidumping definitivos e compromissos de preços permanecerão em vigor enquanto perdurar a necessidade de eliminar o dano à indústria doméstica causado pelas importações

---

[149] BRASIL. Portaria SECEX n. 484, de 10 de julho de 2019. Disponível em: <https://www.in.gov.br/en/web/dou/-/portaria-n-484-de-10-de-julho-de-2019-191919366>. Acesso em: 20 maio 2022.

objeto de dumping. Embora não haja previsão de duração dos compromissos de preços no Decreto n. 8.058/2013, via de regra, tais medidas permanecem em vigor desde sua homologação, a qual pode ocorrer ainda durante a investigação antidumping original, até enquanto perdurar o direito antidumping definitivo aplicado às importações do produto investigado. Recorde-se, ainda, que o art. 11.3 do Acordo Antidumping da OMC possui uma previsão de que as regras aplicáveis à duração e às revisões de um direito antidumping se aplicam, *mutatis mutandis*, aos compromissos de preços.

O produtor ou exportador sujeito a compromisso de preços deverá fornecer periodicamente, caso solicitado, informação relativa a seu cumprimento e permitir verificação *in loco* dos dados pertinentes, sob pena de serem considerados violados os termos do compromisso (art. 69 do Decreto n. 8.058/2013). Assim, cumpre recordar que, de acordo com o art. 71 do Decreto n. 8.058/2013, em caso de violação dos termos do compromisso, a investigação, que havia sido suspensa sem a aplicação de medidas provisórias ou de direitos definitivos, será retomada e os direitos serão imediatamente aplicados. Essa violação normalmente é identificada em verificações *in loco* nas empresas compromissadas, sendo este um requisito obrigatório da oferta de compromisso de preços (§ 2º do art. 67 do Decreto n. 8.058/2013).

MEDIDA ANTIDUMPING – PORCELANATOS – 1ª REVISÃO – CHINA
RESOLUÇÃO GECEX N. 100, DE 17 DE DEZEMBRO DE 2018

Trata-se de investigação referente à aplicação de medida antidumping (original), às importações de porcelanato técnico, originárias da China. No que se refere à violação de compromisso de preços, importante destacar que houve alteração no Termo de Compromisso de Preços homologado, que havia sido aplicado exclusivamente aos produtos contendo aprovação e o selo da CCCMC (Câmara de Comércio de Importadores e Exportadores de Metais Minerais e Químicos da China). A alteração se deu em razão da mera exclusão de determinadas empresas abarcadas pelos compromissos, após pedido apresentado pela própria CCCMC.

Em decorrência de verificações *in loco* realizadas na produtora chinesa Foshan Xin Hua Tao Ceramics Co., Ltd e na trading company Grandhouse Ceramics Co., Ltd, diversas informações reportadas pela CCCMC não puderam ser validadas. Adicionalmente, foram constatadas inconsistências e incorreções nos dados reportados por essas duas empresas, bem como nos dados referentes às exportações da produtora realizadas por intermédio das trading companies Foshan Guci Industry Co., Ltd, Foshan Neo's Building Material Co., Ltd e Foshan Jiajin Imp & Exp Co., Ltd.

Conforme exposto nos relatórios de verificação *in loco* anexados aos autos do processo referenciado, os problemas identificados não puderam ser esclarecidos no decorrer da referida verificação, visto que não estavam presentes representantes dessas empresas que compreendessem os registros contábeis constantes dos documentos apresentados

> para fins de comprovação das vendas. Ademais, foi negado acesso tempestivo ao sistema contábil das empresas e não foram apresentados todos os documentos solicitados pela equipe de verificação.
>
> À vista do exposto, notificou-se a CCCMC, por meio de ofício enviado em 27 de outubro de 2017, acerca das inconsistências e dos problemas observados na verificação e solicitaram-se esclarecimentos. Contudo, não foi protocolada resposta formal da CCCMC ou das cinco empresas referidas no ofício. Em mensagens enviadas por correio eletrônico foram apresentadas alegações que não condiziam com os problemas narrados no ofício e nos relatórios de verificação *in loco*.
>
> Após a realização de reunião com representantes da CCCMC, foi protocolado, em 22 de março de 2018, pedido de exclusão do compromisso de preços das empresas Foshan Xin Hua Tao Ceramics Co., Ltd e Grandhouse Ceramics Co., Ltd. Como motivação para o pedido de exclusão, a CCCMC afirmou que essas duas empresas estariam impondo empecilhos à condução do compromisso de preços, dificultando seu monitoramento e sua implementação. Ao não fornecer informações suficientes, essas empresas poderiam deslegitimar o cumprimento das demais empresas participantes do referido compromisso.
>
> Com base na mesma justificativa, a CCCMC também solicitou, em 25 de outubro de 2018, a exclusão das trading companies Foshan Guci Industry Co., Ltd, Foshan Neo's Building Material Co., Ltd e Foshan Jiajin Imp & Exp Co., Ltd.
>
> Em seus pedidos, a CCCMC afirmou que a exclusão dessas empresas seria a melhor forma de preservar o compromisso de preços em vigor e que a manutenção desse traria benefícios tanto ao Brasil quanto às empresas chinesas.

Fonte: Resolução GECEX n. 100, de 17 de dezembro de 2018[150].

> **MEDIDA ANTIDUMPING – LOUÇAS PARA MESA – INVESTIGAÇÃO ORIGINAL – CHINA**
> *RESOLUÇÃO CAMEX N. 76, DE 17 DE OUTUBRO DE 2018*
>
> Trata-se de investigação referente à aplicação de medida antidumping (original), às importações de louças de mesa, originárias da China.
>
> No que se refere à violação de compromisso de preços, a problemática principal decorreu do fato de que trading companies e não as próprias produtoras das louças distribuídas no Brasil terem celebrado os acordos com as autoridades investigadoras. Conforme disposto no acordo, trading companies só poderiam participar do compromisso na figura de exportadores exclusivos. Em certos casos, referida troca levou à ocorrência de infrações relacionadas à prestação de informações falsas à autoridade aduaneira brasileira.

Fonte: Resolução CAMEX n. 76, de 17 de outubro de 2018[151].

---

[150] BRASIL. Resolução GECEX n. 100, de 17 de dezembro de 2018. Disponível em: < http://antigo.camex.gov.br/resolucoes-camex-e-outros-normativos/58-resolucoes-da-camex/2161-resolucao-n-100-de-17-de-dezembro-de-2018>. Acesso em: 19 maio 2022.

[151] BRASIL. Resolução CAMEX n. 76, de 17 de outubro de 2018. Disponível em: <http://

2.7. Das diferenças entre investigações originais e das revisões de final de período

As investigações antidumping originais possuem trâmites processuais e materiais que podem diferir daqueles das revisões de final de período (2.7.1). Assim, serão apresentadas algumas das análises que são realizadas especificamente nestas revisões de final de período (2.7.2).

2.7.1. Aspectos distintivos entre as investigações originais e as revisões de final de período

Em uma investigação antidumping original, é analisada a existência de dumping, dano e nexo de causalidade entre ambos, nos termos do art. 48 do Decreto n. 8.058/2013.

Já em uma revisão de final de período, conforme disposto no art. 106 do Decreto n. 8.058/2013, é averiguado se a extinção do direito antidumping levaria muito provavelmente à continuação ou à retomada do dumping e do dano dele decorrente. Ou seja, constata-se ou a efetiva continuação da prática do dumping ou a probabilidade da retomada desse dumping, assim como se investiga ou a permanência do dano ou a probabilidade de retomada desse dano.

O produto objeto de revisão de final de período normalmente será igual ao produto objeto de uma investigação antidumping original. Contudo, é possível que, em determinados casos, o escopo do produto objeto da revisão seja reduzido, o que pode ocorrer por vários motivos. Uma possibilidade seria a própria indústria doméstica considerar que não há necessidade de manter o mesmo escopo da investigação original. A outra seria a autoridade investigadora concluir, inclusive *ex officio*, com base nos elementos de prova presentes nos autos, que a redução de escopo se justifica. Sob nenhuma hipótese o escopo do produto objeto da revisão será aumentado, uma vez que isso equivaleria a estender a aplicação de uma medida antidumping para produtos que não foram analisados anteriormente. Nesses casos, uma nova petição de início de investigação antidumping contendo esses produtos deve ser elaborada. Para maiores detalhes sobre o escopo do produto, remete-se à seção 2.2.1 sobre produto objeto e produto similar, além da seção 2.8.5, sobre avaliação de escopo.

---

www. camex.gov.br/resolucoes-camex-e-outros-normativos/58-resolucoes-da-camex/2120-resolucao-n-76-de-17-de-outubro-de-2018>. Acesso em: 18 maio 2022.

Imagem – Investigações antidumping originais *vs.*
revisões de final de período

Fonte: elaboração própria.

2.7.2. Análises realizadas em revisões de final de período

Em uma revisão de final de período, conforme disposto no art. 106 do Decreto n. 8.058/2013, é averiguado se a extinção do direito antidumping levaria muito provavelmente à continuação ou à retomada do dumping e do dano dele decorrente. Ou seja, contata-se ou a efetiva continuação da prática do dumping ou a probabilidade da retomada desse dumping (2.7.2.1), assim como se investiga ou a permanência do dano ou a probabilidade de retomada desse dano (2.7.2.2). Essas análises podem resultar em diferentes resultados em termos de medidas antidumping ao final da revisão de final de período (2.7.2.3).

2.7.2.1. Probabilidade de continuação ou retomada de dumping

Em uma revisão de final de período, apenas é necessário, consoante o art. 107 do Decreto n. 8.058/2013, avaliar a probabilidade de continuação ou retomada do dumping caso a medida seja extinta. Nesse contexto, existem duas hipóteses a serem analisadas: continuação de dumping ou probabilidade de retomada de dumping.

A hipótese de análise de continuação de dumping ocorre quando tiver havido exportações do país ao qual se aplica a medida antidumping para o Brasil no período sob revisão em quantidades representativas. Ou seja, mesmo após a aplicação da medida antidumping continuou havendo fluxo comercial relevante daquele produto entre os países. Nesses casos, a prática brasileira é apurar a margem de dumping, apesar de tal apuração não ser uma obrigação decorrente do Acordo Antidumping. Nessa apuração, far-se-á, no que couber, o cálculo de modo similar ao realizado em uma investigação original. Em síntese: realiza-se a análise de continuação do dumping em casos em que houve exportações da origem investigada durante a vigência da medida. É verificado, então, se as exportações ocorreram a preços de dumping durante o período da revisão.

Imagem – Continuação de dumping em revisões de final de período

REVISÕES DE FINAL DE PERÍODO
ART. 106 DECRETO N. 8.058/2013

CONTINUAÇÃO DO DUMPING

HIPÓTESE DE TER HAVIDO EXPORTAÇÕES DO PAÍS AO QUAL SE APLICA A MEDIDA ANTIDUMPING PARA O BRASIL NO PERÍODO SOB REVISÃO EM QUANTIDADES REPRESENTATIVAS

ANALISA SE AS EXPORTAÇÕES CONTINUARAM A OCORRER A PREÇOS DE DUMPING

ART. 107 DECRETO N. 8.058/2013

Fonte: elaboração própria.

Por sua vez, a hipótese de análise de retomada de dumping ocorre nos casos de não ter havido exportações do país ao qual se aplica a medida antidumping ou de ter havido apenas exportações em quantidades não representativas durante o período de revisão. Ou seja, após a aplicação da medida antidumping, o fluxo comercial daquele produto entre os países ou cessou ou foi reduzido a níveis insignificantes. Nesses casos, há quem sugira que a medida tenha sido aplicada de maneira excessiva, já que defesa comercial não deveria servir como meio de impedir o comércio internacional. Por outro lado, há quem argumente que esse fato acontece porque as exportações daquele país só eram competitivas quando praticassem dumping, de modo que a medida antidumping poderia, sim, ter sido na medida adequada para neutralizar a prática.

Em casos de retomada de dumping, não será calculada margem de dumping, dado que não há fluxo comercial para que se calcule efetivamente uma margem. Em tais casos, nos termos do § 3º deste art. 107, será avaliada pelo DECOM a probabilidade de retomada do dumping, comparando-se o valor normal médio internalizado no mercado brasileiro com uma das duas alternativas trazidas nos incisos I e II do § 3º deste art. 107: (i) o preço médio de venda do produto similar doméstico no mercado brasileiro, ou (ii) o preço de exportação médio de outros fornecedores estrangeiros para o mercado brasileiro em transações feitas em quantidades representativas.

Apresenta-se a seguir exemplo do cálculo nos termos do item (i), ou seja, comparação com o preço médio de venda do produto similar doméstico no mercado brasileiro.

MEDIDA ANTIDUMPING – ÉSTERES ACÉTICOS – 2ª REVISÃO – EUA E MÉXICO
RESOLUÇÃO GECEX N. 506, DE 16 DE AGOSTO DE 2023

Trata-se de investigação referente à aplicação de medida antidumping (revisão de final de período) às importações de ésteres acéticos, originárias dos EUA.

Considerando o fato de que não houve exportações do produto objeto do direito para o Brasil originárias dos Estados Unidos da América e do México em quantidade representativa durante o período de revisão de continuação/retomada de dumping, analisou-se a probabilidade de retomada do dumping com base, entre outros fatores, na comparação entre o valor normal médio apurado em cada origem internado no mercado brasileiro e o preço médio de venda do produto similar doméstico no mesmo mercado, no período de análise de retomada de dumping, em atenção ao disposto no inciso I do § 3º do art. 107 do Decreto n. 8.058, de 2013.

O valor normal dos EUA foi construído a partir do custo de produção de acetato de etila e de n-propila nos EUA, acrescido de razoável montante a título de despesas gerais, administrativas, comerciais e lucro. Para fins de apuração do valor normal ponderado internado no Brasil, adicionaram-se ao valor normal *delivered* os custos de exportação nos EUA, além de frete e seguro internacional, obtendo-se, assim, o valor normal na condição CIF, em US$/t. Em seguida, foi acrescido imposto de importação (10,8% do preço CIF), adicional ao Frete para Renovação da Marinha Mercante – AFRMM (25% do frete internacional) e demais despesas de internação no Brasil. As despesas com frete internacional, seguro e despesas de internação foram apuradas pela peticionária com base na revisão anterior. Por fim, o valor CIF internado foi convertido de dólar estadunidense (US$) para real brasileiro (R$) por meio da taxa média de câmbio de P5, calculada a partir de dados divulgados pelo Banco Central do Brasil (Bacen).

Por sua vez, o preço de venda da indústria doméstica no mercado interno foi obtido a partir dos dados de vendas reportados na petição para P5. Apurou-se que o preço médio das vendas da peticionária no mercado interno foi obtido na condição *ex fabrica*.

> Considerou-se que o preço da indústria doméstica *ex fabrica* seria comparável ao valor normal na condição CIF internado. Isso porque ambas as condições incluem as despesas necessárias à disponibilização da mercadoria em ponto do território brasileiro, para retirada pelo cliente, sem se contabilizar o frete interno no Brasil.
>
> Uma vez que o valor normal ponderado CIF internado dos EUA se mostrou superior ao preço *ex fabrica* da indústria doméstica, pôde-se concluir pela existência de indícios de que, muito provavelmente, haveria retomada da prática de dumping por parte dos produtores/exportadores estadunidenses, na hipótese de não prorrogação do direito antidumping, visto que esses produtores/exportadores, de forma a serem competitivos no mercado brasileiro, necessitariam praticar preços inferiores ao valor normal nas suas exportações de ésteres acéticos para o Brasil, por conseguinte, retomar a prática de dumping em suas exportações para o país.

Fonte: Resolução GECEX n. 506, de 16 de agosto de 2023[152].

Nesse caso, é avaliado se, caso a medida fosse extinta, haveria a probabilidade de as exportações voltarem e se serem praticadas a preços de dumping. Caso o valor normal internalizado seja superior a qualquer das alternativas descritas considera-se que há possibilidade de retomada do dumping, dado que o produtor/exportador teria que praticar preço de exportação para o Brasil inferior ao valor normal para competir no mercado brasileiro.

Imagem – Retomada de dumping em revisões de final de período

REVISÕES DE FINAL DE PERÍODO
ART. 106 DECRETO N. 8.058/2013

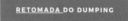

Fonte: elaboração própria.

---

[152] BRASIL. Resolução GECEX n. 506, de 16 de agosto de 2023. Disponível em: <https://www.in.gov.br/en/web/dou/-/resolucao-gecex-n-506-de-16-de-agosto-de-2023-503895094>. Acesso em: 21 dez. 2023.

Em ambas as hipóteses, a determinação de que a extinção do direito levaria muito provavelmente à continuação ou à retomada do dumping deverá basear-se no exame objetivo de todos os fatores relevantes (art. 107 do Decreto n. 8.058/2013), incluindo aqueles elencados no art. 103:

> I – a existência de dumping durante a vigência da medida;
>
> II – o desempenho do produtor ou exportador no tocante a produção, utilização da capacidade instalada, custos, volume de vendas, preços, exportações e lucros;
>
> III – alterações nas condições de mercado, tanto do país exportador quanto em outros países, incluindo alterações na oferta e na demanda pelo produto, nos preços e na participação do produtor ou exportador no mercado do país exportador; e
>
> IV – a aplicação de medidas de defesa comercial sobre o produto similar por outros países e a consequente possibilidade de desvio de comércio para o Brasil.

Imagem – Critérios considerados nas análises de probabilidade de continuação ou retomada de dumping em revisões de final de período

Fonte: elaboração própria.

2.7.2.2. Probabilidade de continuação ou retomada de dano

Nas revisões de final de período, conforme disposto no art. 106 do Decreto n. 8.058/2013, o DECOM deve avaliar se a extinção do direito antidumping levaria muito provavelmente à continuação ou à retomada do dumping e do dano dele decorrente. Assim, em revisões de final de período, não é necessária a constatação de dano material à indústria doméstica (*vide* Seção 2.4), mas sim determinação positiva quanto à probabilidade de continuação ou retomada do dano, no caso de extinção do direito antidumping. Nesse contexto, existem também duas hipóteses a serem analisadas: probabilidade de continuação de dano ou retomada do dano, ambas também prospectivas (em que pese a análise de continuação do dano ser com base em dados do passado, ou seja, na apuração de margem para o período de revisão).

A hipótese de análise de continuação do dano ocorre quando, durante a vigência da medida antidumping, ainda há dano à indústria doméstica causado pelas importações. Para que haja, portanto, uma análise de continuação de dano, é condição *sine qua non* que haja fluxo relevante de importações, isto é, que seja um caso de análise de continuação de dumping. Caso contrário, não seria possível argumentar no sentido de que importações inexistentes seriam a causa do dano incorrido pela indústria doméstica. Assim, o DECOM avalia, então, a probabilidade de que esse dano continue caso o direito seja extinto.

Imagem – Continuação de dano em revisões de final de período

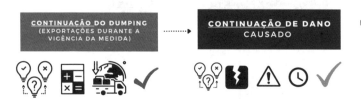

Fonte: elaboração própria.

Cenários em que haja continuação do dano da indústria doméstica, mesmo com a vigência da medida antidumping, trazem pelo menos duas discussões. A primeira no sentido de que o direito não está sendo suficiente para neutralizar o dano à indústria doméstica, de modo que seria possível a majoração desse montante (*vide* Seção 2.7.2.3.1). A segunda discussão é aquela no sentido de que o dano incorrido pela indústria doméstica não necessariamente é causado pelas importações daquela origem com relação à qual há medidas antidumping, mas sim por outros fatores de dano, sendo necessária uma pormenorizada análise sobre fatores de não atribuição de dano (Seção 2.5.2).

Por sua vez, a hipótese de análise de retomada do dano ocorre quando a análise indica que o dano foi neutralizado ou que eventual dano incorrido no período de revisão não foi causado pelas importações sujeitas ao direito durante a vigência da medida. A retomada do dano pode acontecer tanto em casos em que o volume de importações cessou ou se tornou insignificante (análise de retomada de dumping) como também nos casos em que o volume de importações continuou acontecendo (análise de continuação de dumping), mas sem que tenha levado a uma deterioração dos indicadores da indústria doméstica. Nesse caso, o DECOM avalia a probabilidade de a indústria doméstica voltar a sofrer dano causado pelas importações a preços de dumping caso o direito seja extinto. Dessa forma, é possível que o direito seja prorrogado mesmo que o dano à indústria doméstica tenha cessado.

Imagem – Retomada de dano em revisões de final de período

Fonte: elaboração própria.

Em ambos os casos, a determinação de que a extinção do direito levará muito provavelmente à continuação ou à retomada do dano deverá basear-se no exame objetivo de todos os fatores relevantes, incluindo os elencados no art. 104 do Decreto n. 8.058/2013, quais sejam:

I – a situação da indústria doméstica durante a vigência definitiva do direito;

II – o volume das importações do produto objeto da medida durante sua vigência e a provável tendência de comportamento dessas importações, em termos absolutos e relativos à produção ou ao consumo do produto similar no mercado interno brasileiro;

III – o preço provável das importações objeto de dumping e o seu provável efeito sobre os preços do produto similar no mercado interno brasileiro;

IV – o impacto provável das importações objeto de dumping sobre a indústria doméstica, avaliado com base em todos os fatores e índices econômicos pertinentes definidos no § 2º e no § 3º do art. 30;

V – alterações nas condições de mercado no país exportador, no Brasil ou em terceiros mercados, incluindo alterações na oferta e na demanda do produto similar, em razão, por exemplo, da imposição de medidas de defesa comercial por outros países; e

VI – o efeito provável de outros fatores que não as importações objeto de dumping sobre a indústria doméstica, tais como:

a) volume e preço de importações não sujeitas ao direito antidumping;

b) impacto de eventuais processos de liberalização das importações sobre os preços domésticos;

c) contração na demanda ou mudanças nos padrões de consumo;

d) práticas restritivas ao comércio de produtores domésticos e estrangeiros e a concorrência entre eles;

e) progresso tecnológico;

f) desempenho exportador;

g) produtividade da indústria doméstica;

h) consumo cativo; e

i) importações ou revenda do produto importado pela indústria doméstica.

Verifica-se, portanto, a existência de critérios relacionados à análise de como a indústria doméstica e as importações sujeitas à medida antidumping se comportaram durante a sua vigência, bem como de elementos referentes ao comportamento provável dessa indústria e dessas importações após a revisão. Dentre estes, um dos fatores que mais tem se mostrado relevante nas revisões de final de período para a análise, em especial, em casos de retomada de dano, é o preço provável, razão pela qual se detalhará este item especificamente a seguir.

 INVESTIGAÇÃO ANTIDUMPING – CHAPAS OFF-SET – 1ª REVISÃO – CHINA, TAIPÉ CHINÊS, EUA, UNIÃO EUROPEIA E REINO UNIDO
RESOLUÇÃO GECEX N. 199, DE 4 DE MAIO DE 2021

Trata-se de investigação referente à prorrogação de medida antidumping (primeira revisão), às importações brasileiras de chapas pré-sensibilizadas de alumínio para impressão off-set, originárias da República Popular da China, de Taipé Chinês, dos Estados Unidos da América, da União Europeia e do Reino Unido.

No que se refere à discussão do dano durante a primeira revisão, importante destacar a conclusão de que no caso da China, EUA e Taipé, haveria continuação de dumping e de dano, uma vez que os direitos não teriam sido suficientes para neutralizá-los; e no caso da União Europeia, na hipótese de não prorrogação dos direitos antidumping então em vigor, haveria retomada de dumping e de dano; de forma que encontrar-se-iam reunidas as condições necessárias para prorrogação das medidas então em vigor. Coube, no entanto, avaliar a necessidade de elevação dos direitos antidumping, no caso de China, EUA e, em especial, Taipé.

> Com relação ao último ponto descrito no parágrafo acima, não foi identificada deterioração nos indicadores da indústria doméstica, de modo que não foi possível concluir que as importações objeto do direito antidumping tenham contribuído de forma significativa isoladamente para o dano à indústria doméstica verificado ao longo do período de revisão. Isto, dada a magnitude dos efeitos dos outros fatores que contribuíram para o dano à indústria doméstica ao longo do período de revisão. Portanto, a determinação final da revisão de final de período foi sobre a probabilidade de retomada do dano à indústria doméstica na hipótese de extinção do direito antidumping. Nesse sentido, tendo-se observado a continuação da prática de dumping ao longo do período de revisão, a persistência de um volume representativo de importações das origens objeto do direito antidumping e a existência de subcotação das importações objeto do direito antidumping mesmo com o recolhimento do direito, e ainda o expressivo desempenho exportador das origens investigadas, concluiu-se que, na hipótese de extinção do direito antidumping, seria muito provável a continuação da prática de dumping dos EUA, China e Taipé Chinês (à exceção da Top High) e a retomada da prática de dumping no caso da União Europeia (incluindo o Reino Unido à época), além de provável retomada do dano à indústria doméstica em razão da prática de dumping.
>
> Não houve, portanto, majoração do direito antidumping, mas tão somente a sua prorrogação em igual montante, justamente por se tratar de um caso de retomada do dano causado, não de continuação do dano causado pelas importações objeto da prática de dumping.

Fonte: Resolução GECEX n. 199, de 4 de maio de 2021[153].

2.7.2.2.1. *Preço provável*

A determinação de que a extinção do direito levará muito provavelmente à continuação ou à retomada do dano deverá basear-se no exame objetivo de todos os fatores relevantes, incluindo os elencados no art. 104 do Decreto n. 8.058/2013, dentre eles aquele previsto em seu inciso III: "o preço provável das importações objeto de dumping e o seu provável efeito sobre os preços do produto similar no mercado interno brasileiro".

O conceito "preço provável" está previsto para a análise tanto em casos de continuação quanto de retomada de dano, e pode ser lido como um sinônimo de "preço prospectivo" ou "preço no futuro". Trata-se, assim, da concepção "preço provável *lato sensu*".

Em casos de análise de continuação de dumping, conforme analisado na seção 2.7.2.1, as análises são realizadas considerando, via de regra, dados efeti-

---

[153] BRASIL. Resolução GECEX n. 199, de 4 de maio de 2021. Disponível em: <https://www.in.gov.br/en/web/dou/-/resolucao-gecex-n-199-de-4-de-maio-de-2021-317955151>. Acesso em: 25 maio 2022.

vos das importações, conforme os dados recebidos da RFB. Trata-se de uma das espécies do preço provável *lato sensu*.

Já nos casos de análise de retomada de dumping, conforme analisado na seção 2.7.2.2, não há importações ou seu volume é insignificante, de modo que não há dados efetivos de importações a serem analisados. Assim é que se tem a espécie "preço provável *stricto sensu*".

Imagem – Preço provável (*lato sensu*) em revisões de final de período

Fonte: elaboração própria.

Diante da ausência de clareza sobre o conceito de preço provável *stricto sensu*, foi realizada consulta pública pelo DECOM, em 2020, tendo resultado em uma Portaria SECEX publicada especificamente sobre o tema, atualmente regulamentada no Capítulo IV da Portaria SECEX n. 171/2022, nos arts. 246 a 250. Tais normas são aplicáveis, em regra, aos casos de retomada de dumping, em que não há dados efetivos de importação. Ocorre que mesmo em casos de continuação de dumping é possível que haja situações excepcionais em que não se possa utilizar aqueles dados efetivos por especificidades do caso concreto, quando sejam verificadas as seguintes circunstâncias, elencadas no parágrafo único do art. 247 da Portaria SECEX n. 171/2022:

I – efeitos sobre os preços de exportação decorrentes de compromissos de preços vigentes;

II – efeitos sobre os preços de exportação decorrentes de relacionamento entre partes interessadas; e/ou

III – outras circunstâncias em que os preços de exportação das origens sob análise não reflitam adequadamente o preço provável a ser praticado na hipótese de extinção dos direitos.

Privilegia-se, portanto, o uso de dados efetivos.

Imagem – Preço provável (*stricto sensu*) em revisões de final de período

Fonte: elaboração própria.

Sobre a hipótese do inciso I do art. 247 da Portaria SECEX n. 171/2022, da existência de compromissos de preços que afetam os preços de exportação e que impede a utilização dos dados efetivos de importação, isso acontece porque aquele dado que for encaminhado pela RFB ao DECOM não é livremente definido pela empresa, já que foi objeto de acordo entre a empresa e o governo brasileiro. Retoma-se, aqui, a discussão sobre compromissos de preços da seção 2.6.4.

> **MEDIDA ANTIDUMPING – CARTÃO SEMIRRÍGIDO (PAPEL CARTÃO) – 3ª REVISÃO – CHILE**
> *PORTARIA SECEX N. 484, DE 10 DE JULHO DE 2019*
>
> Trata-se de investigação referente à prorrogação (terceira revisão) de medida antidumping aplicada às importações de cartões semirrígidos para embalagens. A nova prorrogação da medida antidumping se deu após o fim do compromisso de preços estabelecidos com a produtora/exportadora chilena Cartulinas CMPC S.A. (CMPC). Isto porque no âmbito da terceira revisão, não houve apresentação de nova proposta por parte da CPMC com relação a novos compromissos de preços.
>
> No que se refere especificamente ao preço provável das importações com continuação de dumping e o seu provável efeito sobre os preços do produto similar no mercado interno brasileiro, a Portaria destacou que o compromisso de preços vigente até a terceira revisão impactou a avaliação do preço provável de exportação, dado que este preço foi regulado pelos termos do compromisso durante todo o período de revisão de dano. Logo, entendeu-se necessário complementar a análise de preço provável, posto que o preço praticado nas exportações para o Brasil poderia não refletir adequadamente o comportamento dos produtores/exportadores chilenos durante a totalidade do período de revisão.

Fonte: Portaria SECEX n. 484, de 10 de julho de 2019[154].

Sobre a hipótese do inciso II do art. 247 da Portaria SECEX n. 171/2022, da existência de partes relacionadas que afetam os preços de exportação, recorde-se que tal existência em ambos os sentidos, ou seja, preços mais baixos ou mais altos do que o normal teria no *ordinary course of trade*. Para maiores detalhes sobre partes relacionadas em investigações antidumping, remete-se à seção 2.9.7.

> **MEDIDA ANTIDUMPING – CALÇADOS – 1ª REVISÃO – CHINA**
> *RESOLUÇÃO N. 20, DE 1º DE MARÇO DE 2016*
>
> Trata-se de investigação referente à prorrogação (primeira revisão) de medida antidumping aplicada às importações de calçados, originárias da China. Note-se que os dados oficiais de importação da RFB não foram considerados base adequada para extração do preço de exportação, uma vez que refletiriam o preço praticado entre partes relacionadas. Em tais casos, buscou-se construí-lo a partir do preço pelo qual o produto importado foi revendido pela primeira vez a um comprador independente, consoante o previsto no inciso I do art. 21 do Regulamento Brasileiro, ajustado com vistas à comparação com o valor normal, conforme o caso de haver ou não dados de revendas reportados a um primeiro comprador independente no Brasil.

Fonte: Resolução CAMEX n. 20, de 1º de março de 2016[155].

---

[154] BRASIL. Portaria SECEX n. 484, de 10 de julho de 2019. Disponível em: <https://www.in.gov.br/en/web/dou/-/portaria-n-484-de-10-de-julho-de-2019-191919366>. Acesso em: 18 maio 2022.

[155] BRASIL. Resolução CAMEX n. 20, de 1º de março de 2016. Disponível em: <http://www.camex.gov.br/resolucoes-camex-e-outros-normativos/58-resolucoes-da-camex/1616-resolucao-n-20-de-01-de-marco-de-2016>. Acesso em: 28 maio 2022.

Com relação ao inciso III do art. 247 da mencionada Portaria SECEX, em que outras circunstâncias em que os preços de exportação das origens sob análise não reflitam adequadamente o preço provável a ser praticado na hipótese de extinção dos direitos, trata-se de hipótese que vai depender das peculiaridades dos casos concretos.

 MEDIDA ANTIDUMPING – ALHOS – 4ª REVISÃO – CHINA
PORTARIA N. 4.593, DE 2 DE OUTUBRO DE 2019

Trata-se de investigação referente à prorrogação (quarta revisão) de medida antidumping aplicada às importações de alhos frescos ou refrigerados, originárias da China.

No que se refere especificamente ao preço de exportação das origens sob análise não refletirem adequadamente o preço provável a ser praticado, destaque o disposto abaixo:

"Dada a ação de movimentos especulativos que afetaram a produção e a comercialização do produto objeto do direito antidumping e o produto similar destinado ao mercado interno chinês, e a consequente ampla oscilação de preços observada no período de revisão de dumping (P5), considera-se que há relevantes indicativos de que a margem de dumping apurada no período de revisão de dumping não reflete o comportamento dos produtores ou exportadores chineses durante a totalidade do período de revisão, (...)

Dessa forma, à luz das disposições do artigo 107 do Decreto n. 8.058, de 2013, encontram-se presentes elementos que poderiam ensejar eventual recomendação de prorrogação do direito antidumping em vigor sem alteração, uma vez que as margens de dumping apuradas durante o período de revisão foram afetadas pelas circunstâncias descritas neste item e não refletem o comportamento dos produtores/exportadores durante a totalidade do período de revisão. Sobre a recomendação desta autoridade investigadora, remete-se ao item 10 infra.

Portanto, em sua recomendação, a autoridade investigadora poderá recomendar a prorrogação do direito antidumping com base na margem de dumping calculada para o período de revisão, caso evidenciado que a referida margem de dumping reflete adequadamente o comportamento dos produtores ou exportadores durante a totalidade do período de revisão. Caso a autoridade investigadora conclua que a margem de dumping calculada para o período de revisão não reflete o comportamento dos produtores ou exportadores durante a totalidade do período de revisão, o direito poderá ser prorrogado sem alteração.

Diferentemente do alegado pela Abrafood e pela Goodfarmer, esta subsecretaria em nenhum momento afirmou que os exportadores chineses operaram em ilegalidade, ou que os respondentes aos questionários tenham sido eles próprios os agentes responsáveis pela especulação ocorrida durante o período de revisão. O que importa para esta autoridade investigadora é o fato de que o mercado chinês de alho foi afetado pelas grandes oscilações verificadas, e que as margens de dumping apuradas nesse contexto não refletem o comportamento dos produtores/exportadores durante a totalidade do período de revisão, impossibilitando sua utilização para fins de apuração do direito a ser prorrogado".

Fonte: Portaria CAMEX n. 4.593, de 2 de outubro de 2019[156].

---

[156] BRASIL. Portaria CAMEX n. 4.593, de 2 de outubro de 2019. Disponível em: <https://www.in.gov.br/web/dou/-/portaria-n-4.593-de-2-de-outubro-de-2019-219665563>. Acesso em: 20 maio 2022.

Curso de Defesa Comercial e Interesse Público no Brasil: teoria e prática

Nestes casos, portanto, diante da amplitude do conceito de "preço provável *stricto sensu*", a Portaria SECEX n. 171/2022 define, em seu art. 248, os cenários de preço provável que devem ser apresentados desde a petição de revisão de final de período:

I – exportações de cada origem investigada para todos os destinos do mundo, conjuntamente;

II – exportações de cada origem investigada para o seu maior destino, em termos de volume;

III – exportações de cada origem investigada para os seus cinco maiores destinos, em termos de volume, conjunta e/ou separadamente;

IV – exportações de cada origem investigada para os seus dez maiores destinos, em termos de volume, conjunta e/ou separadamente; e

V – exportações de cada origem investigada para os destinos na América do Sul, conjunta e/ou separadamente.

Imagem – Cenários padrão de preço provável (*stricto sensu*) em revisões de final de período

MUNDO	MAIOR DESTINO	TOP 5 (INDIVIDUAL E/OU CONJUNTAMENTE)	TOP 10 (INDIVIDUAL E/OU CONJUNTAMENTE)	AMÉRICA DO SUL (INDIVIDUAL E/OU CONJUNTAMENTE)

Fonte: elaboração própria.

Trata-se, assim, de uma obrigação mínima a ser seguida pela peticionária, podendo ser apresentados cenários adicionais que divirjam desses cenários-padrão, desde que acompanhada da escolha e dos elementos de prova que a embasaram. Assim, em sua análise sobre preço provável, o DECOM considerará, nos termos do art. 249 da Portaria SECEX n. 171/2022:

I – a disponibilidade dos dados, inclusive quanto às suas respectivas unidades de medidas;

II – a abrangência dos códigos padronizados de comércio internacional referentes ao produto similar e a existência de outros produtos que não se enquadrem no escopo do produto analisado nestes códigos; e

III – o grau de heterogeneidade do produto similar para fins de comparação justa com o produto similar da indústria doméstica; e/ou

IV – outros fatores que possam afetar a utilização dos dados.

Isso significa que não necessariamente os cinco cenários-padrão definidos no art. 248 é que servirão de base para a decisão final, sendo possível uma análise qualitativa dos dados e da adequação de seu uso.

2 • Investigações antidumping – teoria e prática

Interessante mencionar que, a fim de privilegiar o uso de dados primários e efetivos, o DECOM indica, no art. 250, que poderão ser solicitados "aos produtores ou exportadores estrangeiros selecionados seus dados de exportação do produto similar, relativos ao período de análise da continuação ou retomada do dumping, para seus 10 (dez) principais mercados, em termos de volume exportado, e para outros países da América do Sul".

2.7.2.3. Prorrogação da medida antidumping em revisões de final de período

Uma vez concluída de modo positivo a análise de probabilidade de continuação ou retomada de dumping e de continuação ou retomada de dano, seguida da análise de nexo de causalidade entre ambas, é possível prosseguir para uma determinação pela prorrogação da medida antidumping, de modo a encerrar a revisão de final de período. Nesse momento, é necessário definir qual o montante da medida antidumping prorrogada (2.7.2.3.1), bem como se, mesmo prorrogada a medida, há dúvidas sobre o comportamento futuro das importações que justifiquem a sua suspensão (2.7.2.3.2).

2.7.2.3.1. *Medida antidumping prorrogada: igual montante, majoração ou redução dos direitos*

Ao final da revisão de final de período, o DECOM emitirá uma recomendação acerca do direito a ser prorrogado. Recorde-se que os direitos recomendados não correspondem necessariamente à margem de dumping nem aos resultados das comparações mencionadas nas seções 2.7.2.1 e 2.7.2.2, sobre probabilidade de continuação ou retomada de dumping ou do dano, nos termos do § 3º deste art. 107 do Decreto n. 8.058/2013. O montante do direito poderá ser alterado (majorado ou reduzido) ou mantido em uma revisão de final de período, dependendo de se tratar de um caso de continuação ou retomada de dumping, além dos fatores específicos do caso concreto.

Ao se comparar as previsões do art. 11.3 do Acordo Antidumping da OMC com o Decreto n. 8.058/2013 no que tange a revisões de final de período, verifica-se que o Brasil optou por incluir uma possibilidade de alteração de direitos antidumping ao final de revisões de período que não é mandatória nos termos dos textos negociados da normativa multilateral. Apenas o art. 11.2 do Acordo Antidumping da OMC, que trata de revisões de meio de período (*mid-term review* ou revisão de alteração das circunstâncias, termo constante no Decreto n. 8.058/2013), prevê a alteração do montante do direito antidumping no art. 11 do Acordo (*"Interested parties shall have the right to request the authorities to examine whether the continued imposition of the duty is necessary to offset dumping, whether the injury would be likely to continue or recur if the duty were removed or varied, or both"*; em tradução livre: "As partes interessadas deverão ter o direito de requerer às autoridades que examinem se a manutenção do direito é necessária para evitar o dumping, se há probabilidade de que continue o dano ou ainda de sua reincidência se o direito for extinto ou alterado ou ambos".). Portanto, a regulamentação brasileira foi além da normativa multilateral ao estabelecer a hipótese de alteração do montante do direito antidumping ao final de uma revisão de final de período também, consistente em uma regra "OMC *Plus*". Trata-se, inclusive, de regra diferente da normativa antissubsídios, que para alterar o montante de um direito compensatório exige que se tenha ambas as revisões: de final de período e de alteração de circunstâncias (*vide* Seções 3.7.2.3.1 e 3.8.3).

Imagem – Hipóteses de prorrogação do direito antidumping em revisões de final de período

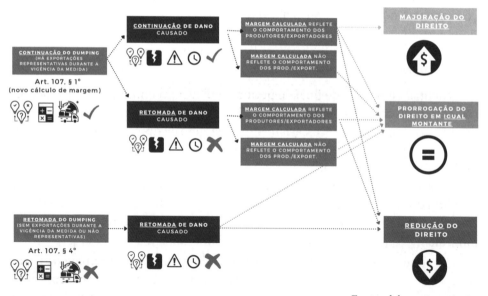

Fonte: elaboração própria.

Nas hipóteses de análise de continuação de dumping, determina o art. 107, § 1º, do Decreto n. 8.058/2013 que "o direito a ser aplicado como resultado de uma revisão de final de período poderá ser determinado com base na margem de dumping calculada para o período de revisão, caso evidenciado que a referida margem reflita adequadamente o comportamento dos produtores ou exportadores durante a totalidade do período de revisão e o montante do direito não poderá exceder a margem de dumping calculada para o período de revisão". Ou seja, caso não haja questionamentos a respeito da margem de dumping, o direito antidumping poderá ser tanto majorado quanto prorrogado ou reduzido. Discussão pode existir sobre a possibilidade de redução do direito mesmo em casos de continuação de dumping e continuação de dano, quando a margem apurada para um produtor/exportador específico seja menor que o direito vigente. Isso porque o produtor/exportador pode ter a legítima expectativa de redução do seu direito em uma revisão de final de período em caso de sua margem de dumping apurada ser em menor montante. Por outro lado, a indústria doméstica poderá argumentar que a redução do direito seria inadequada, já que se está em um cenário de continuação de dumping e de dano, e que uma eventual redução poderia resultar em uma deterioração ainda maior dos indicadores de desempenho. Como contraponto, novamente, os produtores/exportadores poderiam argumentar que o direito antidumping serviria para neutralizar a prática de dumping, de modo que um direito acima da margem de dumping individual seria contrário ao próprio Acordo Antidumping, e seria um instrumento inadequado, já que a causa daquele dano não seria a prática do dumping naquela extensão do montante, mas sim outros fatores que poderiam estar contribuindo para o dano incorrido pela indústria doméstica.

Imagem – Hipóteses de prorrogação do direito antidumping em revisões de final de período – continuação de dumping

HIPÓTESES DE PRORROGAÇÃO DO DIREITO ANTIDUMPING EM REVISÕES DE FINAL DE PERÍODO PELO DECRETO N. 8.058/2013

- CONTINUAÇÃO DO DUMPING -

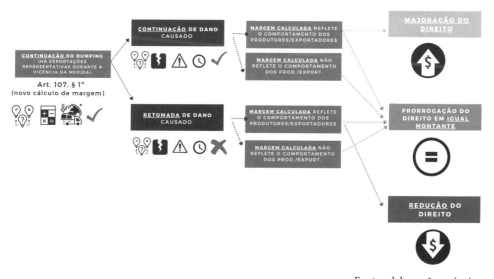

Fonte: elaboração própria.

Já nas hipóteses de análise de retomada de dumping, determina o art. 107, § 4º, do Decreto n. 8.058/2013 que a prorrogação do direito antidumping poderá ser em montante igual ou inferior ao do direito em vigor. Não há, portanto, nesse cenário, possibilidade de majoração do direito (já que não há importações ou elas são em quantidade insuficiente, não sendo possível atribuir qualquer dano a essas importações, o que não justifica qualquer argumento de majoração de direitos). É o que se observa na imagem a seguir.

Imagem – Hipóteses de prorrogação do direito antidumping em revisões de final de período – retomada de dumping

HIPÓTESES DE PRORROGAÇÃO DO DIREITO ANTIDUMPING EM REVISÕES DE FINAL DE PERÍODO PELO DECRETO N. 8.058/2013

- RETOMADA DO DUMPING -

Fonte: elaboração própria.

A majoração dos direitos antidumping é possível, portanto, em apenas um cenário. Caso haja continuação de dumping (há exportações representativas durante a vigência da medida), caso a margem calculada reflita adequadamente o comportamento dos produtores ou exportadores, e caso seja comprovada a continuação do dano causado.

A prorrogação dos direitos antidumping em igual montante, por sua vez, é o padrão do Decreto n. 8.058/2013. No cenário completo, cotejando todas as hipóteses de medida antidumping prorrogada em uma revisão de final de período, dos oito cenários existentes de resultados, 5 são de mera prorrogação dos direitos em igual montante.

Há que se levantar, aqui, uma reflexão: se as medidas antidumping são uma das medidas de defesa comercial, consistentes, portanto, em um *trade remedy*, a defesa comercial deve ser vista como um remédio a combater uma "doença". No caso das medidas antidumping, a "doença" é a prática convencionada como desleal, que é a prática de dumping causadora de dano à indústria doméstica. Assim, a mera prorrogação dos direitos em igual montante não se alinha com o dever de "atualizar a prescrição do remédio" em caso de alteração dos sintomas da "doença". Ainda, se o dumping não está causando dano à indústria doméstica, não pode ser considerado uma "doença" que atrai a necessidade de um "remédio", que é a medida de defesa comercial (*trade remedy*). Ou seja, se durante a revisão de final de período forem apresentadas informações que permitam um recálculo do montante desse direito, nos parece que a Administração Pública deve realizar esse recálculo, nos termos dos princípios da finalidade, razoabilidade, proporcionalidade e interesse público, insculpidos no art. 2º da Lei n. 9.784/1999, sob pena de replicar eternamente um direito antidumping desatualizado e que, portanto, não cumpre a sua finalidade.

Por fim, a redução dos direitos antidumping só pode ser realizada em três cenários: (i) continuação do dumping (há exportações representativas durante a vigência da medida), margem calculada que reflete adequadamente o comportamento dos produtores ou exportadores, sem dano causado pelas importações que continuarem a acontecer; (ii) há retomada do dumping (não há exportações durante a vigência da medida ou elas não são representativas), o que leva a uma inexistência de dano causado, desde que haja parâmetros para tal redução; (iii) continuação de dumping e continuação de dano, quando a margem apurada para um produtor/exportador específico que colabora com a investigação é menor que o direito vigente.

O primeiro cenário (i) é aquele em que há continuação do dumping (há exportações representativas durante a vigência da medida), caso a margem calculada reflita adequadamente o comportamento dos produtores ou exportadores, e caso seja comprovado que não há dano causado pelas importações que continuaram a acontecer.

 MEDIDA ANTIDUMPING – VENTILADORES DE MESA – 4ª REVISÃO – CHINA
PORTARIA N. 474, DE 28 DE JUNHO DE 2019

Trata-se de investigação referente à prorrogação (quarta revisão) de medida antidumping aplicada às importações de ventiladores de mesa, originárias da República Popular da China.

Com base em estudos de preço provável das importações da China para o Brasil, apurou-se o direito antidumping na forma de alíquota específica, no valor de US$ 11,76 por unidade. Tal alíquota representou uma redução de 55,3% do direito aplicado na revisão anterior.

Após a construção de diferentes exercícios, realizados de maneira a alcançar análise mais robusta para a avaliação da adequação do preço provável proposto para as exportações chinesas em caso de retomada de volumes direcionados ao mercado brasileiro,

> bem como o desenvolvimento de modelos estatísticos que se prestaram a avaliar a razoabilidade do nível de preço provável proposto, concluiu-se ser adequada a indicação da indústria doméstica para a identificação do preço provável a partir das exportações da China para a Índia, apurado em US$ 8,56/unidade.
>
> Assim, o cálculo do montante de direito antidumping adotado na presente revisão foi resultado da comparação entre o valor normal apurado e o preço provável das exportações da China para o Brasil, consubstanciado no preço das exportações de ventiladores da China para a Índia.

Fonte: Portaria n. 474 SECINT, de 28 de junho de 2019[157].

MEDIDA ANTIDUMPING – ESPELHOS NÃO EMOLDURADOS – 1ª REVISÃO – CHINA E MÉXICO
RESOLUÇÃO GECEX N. 302, DE 16 DE FEVEREIRO DE 2022; RESOLUÇÃO CAMEX N. 10, DE 18 DE FEVEREIRO DE 2016

Trata-se de investigação referente à prorrogação (primeira revisão) de medida antidumping aplicada às importações de espelhos não emoldurados, originárias de China e México, com imediata suspensão após a sua prorrogação para o México.

No que se refere à redução do direito, toma-se como exemplo a redução para a margem de subcotação apurada para o referido cenário, correspondente a US$ 211,98/t, como parâmetro adequado para a atualização da medida vigente, a partir de dados apurados para o período de revisão. Destaca-se o trecho abaixo que contém as razões para tanto:

> "Diante da cessação das importações ou da redução expressiva destas a ponto de atingirem volumes não representativos após a aplicação da medida, pondera-se a adequação de prorrogação em montante igual ou de eventual redução dos direitos aplicados, a partir de parâmetros de preços atualizados.
>
> Nesse contexto, cabe relembrar que a conclusão quanto à probabilidade de retomada do dano causado pela China se pautou principalmente na existência de potencial exportador expressivo, que justificaria possível redução de preços a níveis semelhantes àqueles apurados a partir do preço de exportação da China para seu principal destino e para a América do Sul, únicos cenários de subcotação dentre os vários analisados.
>
> Nesse sentido, em que pese a ausência de cooperação por parte dos produtores/exportadores chineses, e as manifestações da peticionária contrárias à utilização da base de dados de TradeMap, consideradas insuficientes para descartar essas informações, considerou-se que a proxy realizada para fins de obtenção do preço provável capturou de forma consistente a composição da cesta exportada pela China de produtos classificados no código tarifário em questão, tendo em vista que se baseou nos dados da investigação original.

---

[157] BRASIL. Portaria n. 474 SECINT, de 28 de junho de 2019. Disponível em: <https://www.in.gov.br/en/web/dou/-/portaria-no-474-de-28-de-junho-de-2019-180695621>. Acesso em: 23 maio 2022.

> *Assim, tendo em vista a conclusão de que a existência de potencial exportador relevante para a China poderia levar ao rebaixamento dos preços aos níveis praticados pelo referido país para o seu principal destino e para a América do Sul, julgou-se razoável atualizar o direito considerando-se esses parâmetros.*
>
> *Haja vista que as exportações da China para o principal destino, Índia, serem mais representativas (responsável por 13,1% do total exportado) que aquelas para a América do Sul (responsável por 5,0% do total exportado), para fins de atualização do montante do direito antidumping para as empresas chinesas, com base nos dados apurados na revisão, procedeu-se à comparação entre o preço provável apurado para a China para seu principal destino e o preço da indústria doméstica.*
>
> *(...)".*

Fonte: Resolução GECEX n. 302, de 16 de fevereiro de 2022[158];
Resolução CAMEX n. 10, de 18 de fevereiro de 2016[159].

Por sua vez, o segundo cenário (ii) de redução dos direitos antidumping é aquele em que há retomada do dumping (não há exportações durante a vigência da medida ou elas não são representativas), o que leva a uma inexistência de dano causado.

MEDIDAS ANTIDUMPING – TUBOS DE BORRACHA ELASTOMÉRICA – 1ª REVISÃO – ALEMANHA, EMIRADOS ÁRABES UNIDOS E ITÁLIA
RESOLUÇÃO GECEX N. 215, DE 21 DE JUNHO DE 2021

Trata-se de investigação referente à prorrogação (primeira revisão) de medida antidumping aplicada às importações brasileiras de tubos de borracha elastomérica, originárias da Alemanha, dos Emirados Árabes Unidos e da Itália. No que diz respeito à redução dos direitos antidumping aplicados no caso em tela, para o caso da Alemanha e da Itália, recomendou-se a prorrogação com redução do direito antidumping aplicado às importações brasileiras de tubos de borracha dessas origens, por um período de até cinco anos, na forma de alíquota *ad valorem*.

No caso da Alemanha, verificou-se que, desde a aplicação do direito antidumping ocorrida na investigação original, houve a quase completa cessação de importações de tubos de borracha originárias da Alemanha, cuja participação no mercado brasileiro, de P1 para P5, oscilou entre 1,05% (em P2) e 0,04% (em P5).

---

[158] BRASIL. Resolução GECEX n. 302, de 16 de fevereiro de 2022. Disponível em: <https://in.gov.br/web/dou/-/resolucao-gecex-n-302-de-16-de- fevereiro-de-2022- 380804751>. Acesso em: 28 maio 2022.

[159] BRASIL. Resolução CAMEX n. 10, de 18 de fevereiro de 2016. Disponível em: <https://pesquisa.in.gov.br/imprensa/jsp/visualiza/index.jsp?data=19/02/2016&jornal=1&pagina=17&total Arquivos=340>. Acesso em: 28 maio 2022.

Curso de Defesa Comercial e Interesse Público no Brasil: teoria e prática

> No caso da Itália, verificou-se que desde a aplicação do direito antidumping ocorrida na investigação original, houve a quase completa cessação de importações de tubos de borracha originárias da Itália, cuja participação no mercado brasileiro, de P1 para P5, oscilou entre 0,09% (em P2) e 0,03% (em P5).

Fonte: Resolução GECEX n. 215, de 21 de junho de 2021[160].

O terceiro cenário (iii) de redução dos direitos antidumping é aquele mencionado acima, de discussão sobre a possibilidade de redução do direito mesmo em casos de continuação de dumping e continuação de dano, quando a margem apurada para um produtor/exportador específico que colabora com a investigação for menor que o direito vigente. Isso porque o produtor/exportador pode ter a legítima expectativa de redução do seu direito em uma revisão de final de período em caso de sua margem de dumping apurada ser em menor montante. Por outro lado, a indústria doméstica poderá argumentar que a redução do direito seria inadequada, já que se está em um cenário de continuação de dumping e de dano, e que uma eventual redução poderia resultar em uma deterioração ainda maior dos indicadores de desempenho. Como contraponto, novamente, os produtores/exportadores poderiam argumentar que o direito antidumping serviria para neutralizar a prática de dumping, de modo que um direito acima da margem de dumping individual seria contrário ao próprio Acordo Antidumping, e seria um instrumento inadequado, já que a causa daquele dano não seria a prática do dumping naquela extensão do montante, mas sim outros fatores que poderiam estar contribuindo para o dano incorrido pela indústria doméstica.

Diante da ausência de clareza sobre metodologias para essa prorrogação dos direitos antidumping em montante inferior ao do direito em vigor, foi realizada consulta pública pelo DECOM, em 2020, sobre esse tema, tendo resultado em uma Portaria SECEX publicada especificamente sobre o tema, atualmente regulamentada no Capítulo V da Portaria SECEX n. 171/2022, nos arts. 251 e 252. Segundo seus termos, esse "recálculo" do direito antidumping, com base nas informações mais atualizadas no processo administrativo, pode ser realizado por meio das seguintes metodologias: I – comparação entre o preço provável de exportação e o valor normal (consistente em uma *proxy* de margem de dumping); ou II – comparação entre o preço provável de exportação e o preço de venda do produto similar da indústria doméstica no mercado brasileiro (consistente em uma *proxy* de menor direito/*lesser duty*).

---

[160] BRASIL. Resolução GECEX n. 215, de 21 de junho de 2021. Disponível em: <https://www.in.gov.br/web/dou/-/resolucao-gecex-n-215-de-21-de-junho-de-2021-327365375>. Acesso em: 21 jun. 2021.

Imagem – Metodologias de cálculo da prorrogação do direito antidumping em montante inferior ao em vigor em revisões de final de período

METODOLOGIAS DE PRORROGAÇÃO DO DIREITO EM MONTANTE INFERIOR AO EM VIGOR EM REVISÕES DE FINAL DE PERÍODO

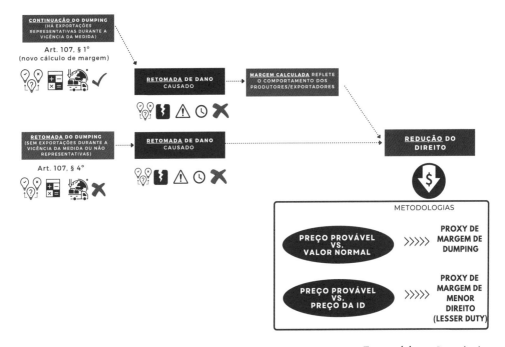

Fonte: elaboração própria.

Para que seja realizada essa recomendação, o § 1º do art. 252 da Portaria SECEX n. 171/2022 afirma que serão considerados: "I – os dados e argumentos apresentados pelas partes interessadas, inclusive sobre a eficácia provável dos direitos apurados com base nas metodologias previstas nos incisos I e II do *caput*; e II – os elementos probatórios que justifiquem a adoção das metodologias indicadas nos incisos I e II do *caput*".

Ademais, o DECOM sinaliza no § 2º do mencionado artigo que "buscará refletir o grau de cooperação dos produtores ou exportadores estrangeiros na revisão de final de período ao avaliar as metodologias previstas nos incisos I e II do *caput*". Não há garantias, portanto, de que apenas aquelas empresas que tenham colaborado nas revisões de final de período possam ter seus direitos reduzidos, na medida em que é possível utilizar os dados de preço provável (*vide* Seção 2.7.2.2.1) como a melhor informação disponível no processo e, assim, atualizar o direito com dados mais recentes para todos os investigados.

Assim, Athayde e Boaventura sinalizam que, sabendo que defesa comercial é um *"trade remedy"*, o remédio a ser aplicado pela autoridade brasileira não pode ter a mesma "posologia" de anos atrás, pois pode ter perdido sua validade. Atualizar a "prescrição" do remédio é essencial para que o paciente não tenha uma sobredose ou uma dose aquém da necessária, e isso cabe ao DECOM, que tem como missão recomendar a aplicação do remédio na sua justa medida necessária[161].

 MEDIDA ANTIDUMPING – ÉSTERES ACÉTICOS – 2ª REVISÃO – EUA E MÉXICO
RESOLUÇÃO GECEX N. 506, DE 16 DE AGOSTO DE 2023

Trata-se de investigação referente à aplicação de medida antidumping (revisão de final de período) às importações de ésteres acéticos, originárias dos EUA. Considerando o fato de que não houve exportações do produto objeto do direito para o Brasil originárias dos Estados Unidos da América e do México em quantidade representativa durante o período de revisão de continuação/retomada de dumping, analisou-se a probabilidade de retomada do dumping.

No cálculo do montante do direito para os EUA, em que pese a ausência de cooperação por parte dos produtores/exportadores estadunidenses, analisou-se a viabilidade de redução do direito antidumping em vigor, conforme previsto nos incisos I e II do art. 252 da Portaria SECEX n. 171, de 2022. Dentre os cenários previstos na portaria mencionada, a comparação entre o valor normal e o preço provável resultou em montantes superiores aos direitos antidumping em vigor para os EUA. Foi então avaliada a outra metodologia possível prevista na portaria, qual seja, a comparação entre o preço provável de exportação e o preço de venda do produto similar da indústria doméstica no mercado brasileiro. Assim, identificou-se que um direito antidumping apurado a partir do preço provável semelhante ao preço de exportação dos Estados Unidos para a Argentina, seu principal destino, que representou 24% do volume exportado pelos EUA do produto similar no período analisado, seria provavelmente suficiente para evitar retomada do dano à indústria doméstica. O preço provável utilizado no cálculo do direito antidumping para os EUA foi apurado com base nas estatísticas oficiais extraídas da base de dados da USITC, tal como sugerido pela peticionária, que apresenta nível de detalhamento que minimiza possíveis distorções decorrentes da diferenciação de preços entre diferentes tipos de produtos. Diante do exposto, considerou-se a margem de subcotação apurada para o referido cenário como parâmetro adequado para redução da medida vigente àqueles direitos antidumping com valor superior a esse patamar.

No cálculo do montante do direito para o México, também se ponderou a adequação de prorrogação em montante igual ou de eventual redução dos direitos aplicados, a partir de parâmetros de preços atualizados em consonância com o que instrui a Portaria SECEX n. 171, de 2022, a despeito da ausência de cooperação dos produtores/exportadores mexicanos. Passou-se à análise da metodologia do inciso I do art. 252 da Portaria n. 171, de 2022, comparando o preço FOB provável do México e o seu valor

---

[161] ATHAYDE, Amanda; BOAVENTURA, Elisa. Novos temperos no direito do comércio internacional e no direito da concorrência: interfaces, obstáculos e ressignificados. In: TIMM, Luciano B.; FRANÇA, Maria Carolina (Orgs.). *A nova regulação econômica*. São Paulo: CEDES, 1. ed., 2022. p. 17-58.

> normal médio *delivered*, considerado equivalente ao nível de comércio FOB. Considerou-se a margem de subcotação apurada como base no preço provável apurado a partir do preço do produto similar exportado pelo México para a Bélgica, por se tratar do cenário mais representativo em termos de volume exportado. Considerou-se o referido cenário como parâmetro adequado para redução da medida vigente para aqueles direitos antidumping com valor superior a esse patamar.

Fonte: Resolução GECEX n. 506, de 16 de agosto de 2023[162].

2.7.2.3.2. Dúvidas sobre o comportamento futuro das importações (art. 109)

Quando dessa decisão pela prorrogação ou não da medida antidumping, há um cenário possível de que, mesmo com a prorrogação da medida, ela seja imediatamente suspensa. Ou seja, apesar de terem sido preenchidos os requisitos de probabilidade de continuação ou retomada de dumping, bem como de probabilidade de continuação ou retomada do dano, e do nexo causal entre ambos, existem ainda assim "dúvidas quanto à provável evolução futura das importações", nos termos do art. 109 do Decreto n. 8.058/2013.

Pela leitura do parágrafo único do art. 109 do Decreto n. 8.058/2013, nota-se que se trata de hipótese aplicável apenas aos casos de retomada de dano, e não aos casos de continuação de dano. Independe, portanto, se se trata de um caso de probabilidade de continuação ou retomada de dumping, conforme a imagem a seguir.

Imagem – Hipóteses de cabimento do art. 109 do Decreto n. 8.058/2013

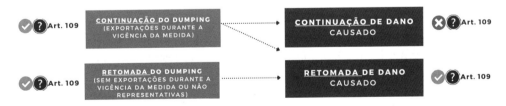

Fonte: elaboração própria.

---

[162] BRASIL. Resolução GECEX n. 506, de 16 de agosto de 2023. Disponível em: <https://www.in.gov.br/en/web/dou/-/resolucao-gecex-n-506-de-16-de-agosto-de-2023-503895094>. Acesso em: 21 dez. 2023.

Cotejando-se os possíveis resultados em casos de prorrogação do direito antidumping em revisões de final de período com as hipóteses de cabimento do art. 109, nota-se o seguinte quadro completo de cenários, conforme a imagem a seguir.

Imagem – Hipóteses de cabimento do art. 109 do Decreto n. 8.058/2013 em análise conjunta com as hipóteses de prorrogação do direito antidumping em revisões de final de período

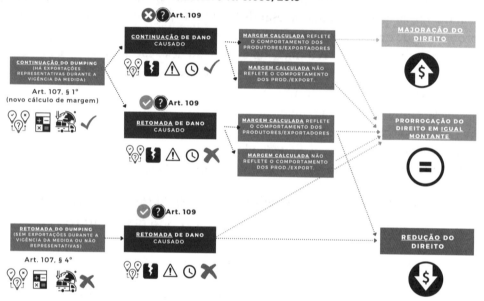

Fonte: elaboração própria.

Diante da ausência de clareza sobre quais seriam os cenários que causariam essa "dúvida sobre a evolução futura das importações", foi realizada consulta pública pelo DECOM, em 2020, sobre esse tema, tendo resultado em uma Portaria SECEX publicada especificamente sobre o tema, atualmente regulamentada no Capítulo VI da Portaria SECEX n. 171/2022, nos arts. 253 e 272. Segundo seus termos, as dúvidas, de acordo com o art. 256: "poderão decorrer da análise dos seguintes fatores, individual ou conjuntamente, dentre outros aportados pelas partes interessadas aos autos da revisão de final de período":

    I – os diferentes cenários de preço provável das importações objeto de dumping e o seu provável efeito sobre os preços do produto similar no mercado interno brasileiro;

II – os diferentes indicadores de desempenho dos produtores ou exportadores no tocante a produção, utilização da capacidade instalada, estoques, volume de vendas e exportações; ou

III – alterações nas condições de mercado no país exportador, no Brasil e em terceiros mercados, incluindo alterações na oferta e na demanda pelo produto.

Imagem – Fatores que podem ensejar dúvida quanto à provável evolução futura das importações, nos termos do art. 109 do Decreto n. 8.058/2013

Fonte: elaboração própria.

Verifique no **Saraiva Conecta** a tabela complementar de precedentes de utilização do art. 109 do Decreto Antidumping. Para obter o conteúdo, acesse o QR Code ou o link indicados ao fim do sumário.

Sobre a dúvida quanto à evolução futura das importações no cenário I, referente aos diferentes cenários de preço provável, verifica-se que, apesar de ser constatada a probabilidade de retomada do dano, nos termos da seção 2.7.2.2, a existência de diferentes cenários de preço provável, conforme definidos no Capítulo IV da Portaria SECEX n. 171/2022, pode levantar dúvidas sobre qual destes cenários será implementado em caso de evolução futura das importações.

MEDIDA ANTIDUMPING – CHAPAS GROSSAS – 1ª REVISÃO – ÁFRICA DO SUL, CHINA, COREIA DO SUL E UCRÂNIA
PORTARIA SECINT N. 4.434, DE 2 DE OUTUBRO DE 2019

Trata-se de investigação referente à prorrogação (primeira revisão) de medida antidumping aplicada às importações brasileiras de laminados planos de baixo carbono e baixa liga provenientes de lingotamento convencional ou contínuo, originárias da África do Sul, China, Coreia do Sul e Ucrânia, por um prazo de até cinco anos.

No que diz respeito às dúvidas com relação aos cenários a serem implementados em caso de evolução futura das importações, destaca-se o disposto no resumo do caso, que resultou na suspensão da cobrança para importações originárias da África do Sul:

"Destaque-se, contudo, que, nos termos do art. 109 do Decreto n. 8.058, de 2013, a própria Portaria SECINT n. 4.434, de 2019, suspendeu imediatamente a aplicação do direito antidumping prorrogado para a África do Sul em razão de dúvidas quanto à evolução futura das importações originárias da África do Sul em decorrência do comportamento atípico observado no preço de exportação de chapas grossas quando analisados os diversos cenários apresentados de preço provável de exportação dessa origem para o Brasil. A cobrança do direito poderá ser imediatamente retomada caso o aumento das importações ocorra em volume que possa levar à retomada do dano, conforme disposto no parágrafo único do art. 109 do Decreto n. 8.058, de 2013. Para avaliar a possibilidade de retomada do dano, a Subsecretaria de Defesa Comercial e Interesse Público (SDCOM) realizará o monitoramento do comportamento das importações, que será efetuado mediante a apresentação de petição protocolada pela parte interessada contendo dados sobre a evolução das importações brasileiras de chapas grossas da África do Sul nos períodos subsequentes à suspensão do direito. Caso apresentada, a petição com os elementos de prova deverá conter dados de importação relativos a todo o período já transcorrido desde a data da publicação da prorrogação do direito, contemplando, no mínimo, um período de seis meses, de forma a constituir um período razoável para a análise de seu comportamento. Com o mesmo fim, petições subsequentes poderão ser aceitas após transcorrido, entre cada petição apresentada, período mínimo de doze meses".

Fonte: Portaria SECINT n. 4.434, de 2 de outubro de 2019[163].

 MEDIDA ANTIDUMPING – CADEADOS – 1ª REVISÃO – CHINA
RESOLUÇÃO GECEX N. 142, DE 31 DE DEZEMBRO DE 2020

Trata-se de investigação referente à prorrogação (primeira revisão) de medida antidumping, que havia sido aplicada às importações brasileiras de cadeados, originárias da China e imediatamente suspensa.

---

[163] BRASIL. Portaria SECINT n. 4.434, de 2 de outubro de 2019. Disponível em: <http://www.camex.gov.br/resolucoes-camex-e-outros-normativos/124-portarias-secint/2477-portaria-secint- n-4-434-de-1-de-outubro-de-2019>. Acesso em: 18 maio 2022.

2 • Investigações antidumping – teoria e prática

> No que diz respeito às dúvidas com relação aos cenários a serem implementados em caso de evolução futura das importações, destaca-se o disposto na Resolução em referência, a qual dispõe que a motivação para a suspensão da aplicação do direito antidumping decorreu dos diferentes cenários encontrados na análise do preço provável da origem objeto do direito antidumping em suas exportações para o Brasil, os quais levariam ou não à ocorrência de subcotação dos preços de tais importações em relação aos preços da indústria doméstica.

Fonte: Resolução GECEX n. 142, de 31 de dezembro de 2020[164].

 MEDIDA ANTIDUMPING – PNEUS DE AUTOMÓVEIS – 1ª REVISÃO – COREIA DO SUL, TAILÂNDIA E TAIPE CHINÊS
RESOLUÇÃO GECEX N. 3, DE 16 DE JANEIRO DE 2020

Trata-se de investigação referente à prorrogação (primeira revisão) de medida antidumping aplicada às importações brasileiras de pneus novos de borracha dos tipos utilizados em automóveis de passageiros, de construção radial, originárias do Reino da Tailândia, da República da Coreia e do Taipé Chinês; suspendeu-se também a aplicação para a Coreia do Sul.

No que diz respeito às dúvidas com relação aos cenários a serem implementados em caso de evolução futura das importações, destaca-se o disposto com relação à Coreia do Sul:

> *"No caso da Coreia do Sul, ainda que o direito antidumping aplicado tenha se mostrado suficiente para neutralizar o dano causado à indústria doméstica em decorrência da prática de dumping, as análises de subcotação com base nos cenários de preço provável, desenvolvidas no item 8.3 deste documento, apresentaram resultados divergentes, deixando dúvidas em relação à evolução futura destas exportações. Deste modo, nos termos do art. 109 do Regulamento Brasileiro, a SDCOM recomenda a prorrogação do direito antidumping em montante igual àquele em vigor com imediata suspensão de sua aplicação para a Coreia do Sul, como forma de monitorar a evolução das importações originárias deste. país"*

Fonte: Resolução GECEX n. 3, de 16 de janeiro de 2020[165].

Sobre a dúvida quanto à evolução futura das importações no cenário II, referente a indicadores de desempenho dos produtores ou exportadores, verifica-se que, apesar de ser constatada a probabilidade de retomada do dano, nos termos da seção 2.7.2.2, a existência de diferentes indicadores de desempenho

---

[164] BRASIL. Resolução GECEX n. 142, de 31 de dezembro de 2020. Disponível em: <http://camex.gov.br/resolucoes-camex-e-outros-normativos/58-resolucoes-da-camex/2873-resolucao-gecex-n-142-de-31-de-dezembro-de-2020>. Acesso em: 22 maio 2022.

[165] BRASIL. Resolução GECEX n. 3, de 16 de janeiro de 2020. Disponível em: <https://www.in.gov.br/web/dou/-/resolucao-gecex-n-3-de-14-de-janeiro-de-2020-238384133>. Acesso em: 17 maio 2022.

exportador pode levantar dúvidas sobre qual desses cenários será implementado pelo país exportador.

> **MEDIDA ANTIDUMPING – PVC-S – 2ª REVISÃO – CHINA**
> *RESOLUÇÃO GECEX N. 73, DE 14 DE AGOSTO DE 2020*
>
> Trata-se de investigação referente à prorrogação (segunda revisão) de medida antidumping aplicada às importações brasileiras de resinas de policloreto de vinila obtidas pelo processo de suspensão (PVC-S), originárias da República Popular da China, com sua imediata suspensão após a prorrogação.
>
> No que diz respeito às dúvidas com relação a indicadores de desempenho dos produtores ou exportadores, destaca-se o seguinte, conforme mencionado no parágrafo acima:
>
>> "Cabe ponderar, contudo, que, a despeito dos montantes comparativamente relevantes das exportações chinesas para diversos destinos do mundo, observou-se que seu volume de exportações passou por significativa redução nos últimos cinco anos, tendo encolhido aproximadamente pela metade. Em paralelo, verificou-se o aquecimento da demanda interna do mercado chinês, que absorveu praticamente todo o crescimento de produção registrado ao longo desse período. Soma-se a esse contexto a existência de relevantes cenários de preço provável analisados em que não se observaria a existência de subcotação na eventual retomada das importações chinesas. Nesse sentido, restaram determinadas dúvidas quanto à provável evolução futura das importações do produto objeto de direito antidumping".
>
> *RESOLUÇÃO GECEX N. 255, DE 24 DE SETEMBRO DE 2021*
>
> Trata-se de investigação referente à prorrogação (segunda revisão) de medida antidumping com redução e imediata suspensão, aplicada às importações brasileiras de resinas de policloreto de vinila obtidas por processo de suspensão (PVC-S), originárias da República Popular da China.
>
>> No que diz respeito à reaplicação do direito antidumping definitivo, destaca que se constatou aumento expressivo de importações de PVC-S originárias da China e tendência de crescimento dessas importações ao longo do período. Assim, nos termos do parágrafo único do art. 109 do Decreto n. 8.058, de 2013, recomendou-se a imediata retomada da cobrança do direito antidumping nas importações brasileiras do produto.

Fonte: Resolução GECEX n. 73, de 14 de agosto de 2020[166] e Resolução GECEX n. 255, de 24 de setembro de 2021[167].

---

[166] BRASIL. Resolução GECEX n. 73, de 14 de agosto de 2020. Disponível em: <http://www.camex.gov.br/resolucoes-camex-e-outros-normativos/58-resolucoes-da-camex/2747-resolucao-n-73-de-14-de-agosto-de-2020>. Acesso em: 20 maio 2022.

[167] BRASIL. Resolução GECEX n. 255, de 24 de setembro de 2021. Disponível em: <https://in.gov.br/en/web/dou/-/resolucao-gecex-n-255-de-24-de-setembro-de-2021-347646716>. Acesso em: 24 maio 2022.

MEDIDA ANTIDUMPING – ACRILATO DE BUTILA – 1ª REVISÃO – ÁFRICA DO SUL E TAIPÉ CHINÊS
RESOLUÇÃO GECEX N. 252, DE 24 DE SETEMBRO DE 2021

Trata-se de investigação referente à prorrogação de direito antidumping definitivo, por um prazo de até 5 (cinco) anos, aplicado às importações brasileiras de acrilato de butila, originárias da África do Sul e de Taipé Chinês, com imediata suspensão após a sua prorrogação para Taipé Chinês.

No que diz respeito às dúvidas com relação a indicadores de desempenho dos produtores ou exportadores, destaca-se o seguinte, conforme mencionado no parágrafo acima:

"Com relação a Taipé Chinês, recomenda-se a prorrogação da medida vigente em montante atualizado, conforme parâmetros descritos no item 9.2.

Com relação à referida origem, conforme análise apresentada no item 5.3.2, constatou-se a existência de elevada capacidade produtiva e de ociosidade ao longo do período de revisão. Por outro lado, houve redução do volume das exportações mundiais ao longo do período analisado, o que corrobora a tendência decrescente observada para as importações brasileira da referida origem, já no âmbito da investigação original (de [RESTRITO] t para [RESTRITO] t entre julho de 2009 e junho de 2014).

Dessa forma, em que pese a existência de potencial exportador para Taipé Chinês, pondera-se se a origem incrementaria de fato suas vendas para o Brasil, tendo em vista o histórico dos volumes de exportação de acrilato de butila, que aponta para cenário de queda nas exportações globais do país entre 2015 e 2019 (24,8%), corroborado pela tendência de queda previamente observada nas exportações do país para o Brasil durante o período de análise de dano da investigação original (27,1%)".

Fonte: Resolução GECEX n. 252, de 24 de setembro de 2021[168].

Sobre a dúvida quanto à evolução futura das importações no cenário III, referente a alterações nas condições de mercado no país exportador, no Brasil e em terceiros mercados, incluindo alterações na oferta e na demanda pelo produto, verifica-se que, apesar de ser constatada a probabilidade de retomada do dano, o parágrafo único do art. 256 da Portaria SECEX n. 171/2022 indica que o DECOM poderá considerar os seguintes elementos: "a) mudanças inesperadas nas cestas de produto importadas, decorrentes de mudanças nas preferências dos consumidores ou de evoluções tecnológicas; ou b) mudanças significativas nas estratégias comerciais de fornecimento do produto ao mercado brasileiro". Sobre o cenário III.a), nota-se que a dúvida diz respeito a uma mudança de fato sobre o consumo do produto.

---

[168] BRASIL. Resolução GECEX n. 252, de 24 de setembro de 2021. Disponível em: <https://in.gov.br/en/web/dou/-/resolucao-gecex-n-252-de-24-de-setembro-de-2021-347366084>. Acesso em: 6 jun. 2022.

MEDIDA ANTIDUMPING – CADEADOS – 1ª REVISÃO – CHINA
RESOLUÇÃO GECEX N. 142, DE 31 DE DEZEMBRO DE 2020

Trata-se de investigação referente à prorrogação (primeira revisão) de medida antidumping com redução e imediata suspensão, aplicada às importações brasileiras de cadeados.

No que diz respeito às mudanças inesperadas nas cestas de produto importadas, decorrentes de mudanças nas preferências dos consumidores ou de evoluções tecnológicas, destacam as considerações seguintes realizadas na Resolução, com relação ao produto da China:

> "Convém relembrar que as exportações da China para o Brasil efetuadas de P1 a P5 desta revisão representam uma cesta caracterizada por produtos de maior valor agregado, a qual difere da cesta de vendas da indústria doméstica e das importações do produto similar de outras origens. Caso não haja alteração significativa na cesta de produtos importados da China, com base na análise apresentada no item 8.2.3 supra e considerando as premissas dos parágrafos anteriores, a conclusão é que o preço médio dos produtos chineses permaneceria sobrecotado em relação ao preço da indústria doméstica, o que suscita dúvidas quanto à provável evolução futura das importações do produto objeto de direito antidumping. Em face do exposto, a SDCOM recomenda, nos termos do art. 109 do Decreto n. 8.058, de 2013, a prorrogação do direito antidumping sobre as importações de cadeados de origem chinesa com a imediata suspensão de sua aplicação.
>
> 6. Assim, apesar de os preços de exportação de cadeados da China para o mundo, obtidos a partir dos dados do Trade Map do Internacional Trade Centre, terem indicado a probabilidade de subcotação caso as importações de origem chinesa fossem retomadas em quantidades representativas, naquela ocasião, a Subsecretaria de Defesa Comercial e Interesse Público ponderou que, se o perfil da cesta de produtos exportada da China para o Brasil não se alterasse, não haveria subcotação, suscitando dúvidas quanto à provável evolução futura das importações do produto objeto do direito antidumping. Nesse sentido, foi recomendada a prorrogação do direito com a imediata suspensão de sua aplicação".

Fonte: Resolução GECEX n. 142, de 31 de dezembro de 2020[169].

 MEDIDA ANTIDUMPING – GARRAFAS TÉRMICAS – 1ª REVISÃO – CHINA
RESOLUÇÃO CAMEX N. 46, DE 5 DE JULHO DE 2017

Trata-se de investigação referente à prorrogação (primeira revisão) de medida antidumping com redução e imediata suspensão, aplicada às importações brasileiras de garrafas térmicas, originárias da República Popular da China e suspende a aplicação do direito após sua prorrogação.

---

[169] BRASIL. Resolução GECEX n. 142, de 31 de dezembro de 2020. Disponível em: <http://camex.gov.br/resolucoes-camex-e-outros-normativos/58-resolucoes-da-camex/2873-resolucao-gecex-n-142-de-31-de-dezembro-de-2020>. Acesso em: 18 maio 2022.

2 • Investigações antidumping – teoria e prática

No que diz respeito às mudanças inesperadas nas cestas de produto importadas, decorrentes de mudanças nas preferências dos consumidores ou de evoluções tecnológicas, destacam-se as considerações seguintes realizadas na Resolução, com relação ao produto da China:

"Em face de todo o exposto, conclui-se que, caso o direito antidumping não seja prorrogado, muito provavelmente haverá retomada do dano à indústria doméstica decorrente das importações objeto da revisão.

Todavia, foi observada uma alteração de perfil das importações de garrafas térmicas originárias da China entre P5 da revisão anterior e P5 desta revisão, as quais passaram a se concentrar sobretudo em garrafas térmicas com ampolas de inox. Por outro lado, tanto as vendas da indústria doméstica quanto o mercado brasileiro não apresentaram mudança significativa em seu perfil ao longo do mesmo período, sendo constituídos majoritariamente por garrafas térmicas com ampolas de vidro. Ademais, conforme exposto no item 8.2 deste documento, a alteração de perfil não parece ter relação com a aplicação do direito antidumping, o qual foi aplicado sob a forma de alíquota ad valorem e não se modificou entre P5 da revisão anterior e P5 desta revisão.

Deste modo, haja vista que não foi identificada inequivocamente a causa da mudança do perfil das importações e, consequentemente, se ele irá manter-se em caso de extinção do direito antidumping, uma possibilidade realista é que o perfil identificado em P5 seja mantido no futuro. Nestas condições, o fato de o mercado brasileiro ter historicamente absorvido quantidade muito pequena de garrafas térmicas com ampola de inox gera dúvidas quanto à evolução futura destas importações.

Alternativamente, caso por alguma razão a extinção do direito seja acompanhada pela reversão do perfil das importações à situação observada em P5 da revisão anterior (predominância de garrafas térmicas constituídas por ampolas de vidro), tal cenário poderia vir a ocasionar alterações significativas no preço médio ponderado das importações de garrafas térmicas e, consequentemente, no cálculo da subcotação. Isso porque constatou-se que as importações de garrafas compostas por ampolas de vidro apresentaram maior preço médio na comparação com o produto brasileiro, inclusive quando identificadas as demais características que formam o CODIP.

Nesse sentido, ainda que se tenha concluído que a não renovação do direito antidumping levaria muito provavelmente ao crescimento das importações de garrafas térmicas sujeitas ao direito antidumping, evidenciaram-se outros aspectos relevantes que lançaram dúvidas quanto a sua evolução futura".

Fonte: Resolução CAMEX n. 46, de 5 de julho de 2017[170].

Sobre o cenário III.b), de mudanças significativas nas estratégias comerciais de fornecimento do produto ao mercado brasileiro, verifica-se que a dúvida diz respeito a circunstâncias entre empresas que podem impactar nas importações do produto para o Brasil.

---

[170] BRASIL. Resolução GECEX n. 46, de 5 de julho de 2017. Disponível em: <http://www.camex.gov.br/resolucoes-camex-e-outros-normativos/58-resolucoes-da-camex/1878-resolucao-n-46-de-5-de-julho-de-2017>. Acesso em: 18 maio 2022.

MEDIDA ANTIDUMPING – ETANOLAMINAS – 1ª REVISÃO – EUA E ALEMANHA
RESOLUÇÃO CAMEX N. 7, DE 30 DE OUTUBRO DE 2019

Trata-se de investigação referente à prorrogação (primeira revisão) de medida antidumping às importações brasileiras de etanolaminas, originárias da Alemanha e dos Estados Unidos da América. Suspendeu-se a aplicação do direito antidumping para a Alemanha imediatamente após a sua prorrogação.

No que diz respeito à suspensão referida acima, decorreu em razão de dúvidas quanto à evolução futura das importações originárias da Alemanha em decorrência da constatação de desvio de comércio ocorrido da Alemanha para a Bélgica.

CIRCULAR SECEX N. 28, DE 10 DE AGOSTO DE 2023

Trata-se de início de avaliação de retomada da cobrança do direito antidumping suspenso.

"41. Constatou-se aumento do volume das importações originárias da Alemanha após a suspensão da medida antidumping em 1º de novembro de 2019. Além disso, a participação do volume importado no mercado brasileiro após a suspensão mostrou-se superior inclusive à participação observada no período analisado na revisão de final de período, tendo alcançado níveis muito próximos àqueles verificados na investigação original, período em que se verificou dano à indústria doméstica decorrente das importações do produto objeto.

42. Verificou-se ainda que a estratégia da BASF de deslocamento de suas exportações para o Brasil da Alemanha para a Bélgica não perdurou após a suspensão da medida, tendo as importações originárias da Alemanha aumentado e as originárias da Bélgica cessado ao longo do período analisado.

43. Ademais, os volumes médios trimestrais das importações brasileiras de etanolaminas originárias da Alemanha entre T11 e T25, período no qual o direito antidumping esteve aplicado, porém suspenso, foram maiores que os volumes médios importados nos trimestres do último período da revisão de final de período (T1 a T4).

44. Assim, em face de todo o exposto nos itens 3 e 4, concluiu-se haver indícios de que, no período posterior à suspensão do direito antidumping, as importações do produto objeto originárias da Alemanha ocorreram em volume que pode levar à retomada do dano à indústria doméstica."

Fonte: Resolução CAMEX n. 7, de 30 de outubro de 2019[171] e Circular SECEX n. 28, de 10 de agosto de 2023[172].

---

[171] BRASIL. Resolução CAMEX n. 7, de 30 de outubro de 2019. Disponível em: <https://www.in.gov.br/en/web/dou/-/resolucao-n-7-de-30-de-outubro-de-2019-224954645>. Acesso em: 19 maio 2022.

[172] BRASIL. Circular SECEX n. 28, de 10 de agosto de 2023. Disponível em: <https://www.in.gov.br/en/web/dou/-/circular-n-28-de-28-de-julho-de-2023-499593835>. Acesso em: 21 dez. 2023.

2 • Investigações antidumping – teoria e prática

MEDIDA ANTIDUMPING – PNEUS DE CARGA – 1ª REVISÃO – JAPÃO
RESOLUÇÃO GECEX N. 176, DE 19 DE MARÇO DE 2021

Trata-se de investigação referente à prorrogação de medida antidumping aplicada às importações brasileiras de pneus radiais para ônibus ou caminhão, originárias de Coreia do Sul, Japão, Rússia e Tailândia, com imediata suspensão após a sua prorrogação para o Japão.

Houve imediata suspensão do direito antidumping definitivo, com base no art. 109 do Regulamento Brasileiro, por haver dúvidas sobre a provável evolução futura das importações objeto do direito antidumping. A dúvida sobre o volume importado do Japão decorreu dos seguintes fatos: (i) alteração substancial nas condições de mercado causada pela implantação da fábrica de pneus de carga no Brasil pela Sumitomo Rubber do Brasil com capacidade instalada superior aos volumes anuais de importação daquele país em períodos recentes; e (ii) apesar de haver outros produtores/exportadores de pneus de carga relevantes no Japão, a Sumitomo Rubber Industries foi responsável pela maior parte das exportações originárias do Japão durante o período tanto da investigação original como da primeira revisão.

Fonte: Resolução GECEX n. 176, de 19 de março de 2021[173].

MEDIDA ANTIDUMPING – FILMES PET – 1ª REVISÃO – CHINA E EGITO
RESOLUÇÃO GECEX N. 203, DE 20 DE MAIO DE 2021

Trata-se de investigação referente à prorrogação (primeira revisão) de medida antidumping aplicada às importações brasileiras de filme PET, originárias do Egito, Índia e China, com imediata suspensão após a sua prorrogação para Egito e China.

No que diz respeito às dúvidas com relação aos (i) cenários a serem implementados em caso de evolução futura das importações, assim como (ii) mudanças significativas nas estratégias comerciais de fornecimento do produto ao mercado brasileiro, destaca-se o disposto na Resolução, com relação ao Egito e à China:

"(...). Com relação aos demais produtores/exportadores egípcios não identificados, recomenda-se a prorrogação da medida, sem alteração, conforme o disposto na Resolução Camex no 46, de 2015, com a conversão do direito vigente nesta revisão para dólares estadunidenses por quilograma.

Cumpre mencionar, conforme análise detalhada no item 5.3.2.3 deste documento, que o grau de ocupação da capacidade da Flex, única produtora de Filmes PET do Egito, variou ao longo do período analisado, tendo demonstrado tendência de queda nos períodos mais recentes. Em que pese a tendência crescente do nível de ociosidade, observado em P5 da presente revisão, o volume correspondente à capacidade ociosa do país alcançou patamar referente a cerca de 50% do volume

---

[173] BRASIL. Resolução GECEX n. 176, de 19 de março de 2021. Disponível em: <https://www.in.gov.br/en/web/dou/-/resolucao-gecex-n-176-de-19-de-marco-de-2021-309644615>. Acesso em: 6 jun. 2022.

> *exportado para o Brasil em P5 da investigação original, período em se constatou a existência de dano à indústria doméstica decorrente das importações de Filmes PET originárias do Egito. O volume de estoque do produto para o mesmo período foi considerado insignificante.*
>
> *Isso não obstante, concluiu-se que não se pode afastar a existência de potencial exportador para o Egito diante da tendência preponderantemente exportadora da origem em questão, reforçada pelos volumes de exportação para o Brasil apurados na investigação original. Conforme dados primários fornecidos pela Flex, seu volume de exportações representou cerca de [CONFIDENCIAL]% do volume total produzido de filmes PET em P5.*
>
> *Adicionalmente, vislumbra-se a possibilidade de deslocamento da corrente de comércio entre as origens nas quais o grupo Flex possui plantas produtivas de filme PET, tendo em vista o histórico de aplicação de medidas de defesa comercial sobre as exportações de produtos fabricados por empresas do grupo Flex de diferentes origens. Nesse sentido, mudanças nas estratégias comerciais de fornecimento do produto ao mercado brasileiro poderão determinar os volumes das exportações do Egito para o Brasil, de forma que seu comportamento dependerá, em certa medida, dessas estratégias, haja vista os menores níveis de ociosidade atuais. Nesse contexto, considera-se haver dúvidas quanto ao comportamento futuro das importações originárias do Egito, de forma que se recomenda a prorrogação da medida com a imediata suspensão de sua aplicação, nos termos do art. 109 do Decreto n. 8.058, de 2013.*
>
> *No caso da China, conforme análise detalhada no item 10.1, recomenda-se a prorrogação da medida em vigor com a atualização do montante conforme destacado no item supramencionado. A esse respeito, cumpre mencionar, conforme consta do item 8.3.2.3, a ausência de subcotação para os cenários de preço provável mais representativos em termos de volume. Reitera-se, contudo, a conclusão de que a existência de potencial exportador relevante para a China poderia levar ao rebaixamento dos preços aos níveis praticados pelo referido país para o seu principal destino, único cenário para o qual se apurou a existência de subcotação do preço provável chinês.*
>
> *Observam-se, portanto, cenários divergentes de subcotação, de forma que, a depender do cenário de preço provável adotado, as importações chinesas seriam mais ou menos competitivas no mercado brasileiro. Ainda que provável, a retomada do dano dependerá do comportamento futuro das importações em termos de quantidade exportada para o Brasil e do preço praticado, se o observado para o principal destino ou o referente aos demais cenários analisados, o que enseja a existência de dúvidas com relação à provável evolução futura das importações do produto objeto do direito antidumping originário da China. Recomenda-se, portanto, a prorrogação da medida com imediata suspensão de sua aplicação, nos termos do art. 109 do Decreto n. 8.058, de 2013".*

Fonte: Resolução GECEX n. 203, de 20 de maio de 2021[174].

---

[174] BRASIL. Resolução GECEX n. 203, de 20 de maio de 2021. Disponível em: <http://www.camex.gov.br/resolucoes-camex-e-outros-normativos/58-resolucoes-da-camex/3055-resolucao-gecex-n-203-de-20-de-maio-de-2021>. Acesso em: 14 maio 2022.

2 • Investigações antidumping – teoria e prática

Ressalte-se que tais cenários I, II e III podem ser cumulativos, de modo que a dúvida quanto à evolução futura das importações pode decorrer de um ou de vários desses motivos combinados.

Verifica-se que o art. 109 do Decreto n. 8.058/2013 consiste em mais uma disposição OMC *Plus* da normativa antidumping no Brasil. Outros países, porém, também se utilizam dessa possibilidade de aplicar a suspensão da medida antidumping, apesar de não haver necessariamente uma regra clara sobre o tema. Esse é o caso, por exemplo, da Comissão Europeia, que em outubro de 2021 decidiu por suspender a aplicação de medidas no mercado de alumínio por um período de 9 meses devido à existência de alterações temporárias e excepcionais nas circunstâncias do mercado que ocorreram após o período de inquérito. No caso em apreço, a procura dos produtos no mercado europeu aumentou de tal forma que dificultou a obtenção dos produtos de alumínio em questão. A proposta de instituir direitos definitivos e suspender temporariamente a sua aplicação foi apoiada pelos Estados-Membros, conforme previsto no regulamento antidumping básico da UE (art. 14)[175].

Caso, porém, após a suspensão da medida antidumping, nos termos do art. 109 do Decreto n. 8.058/2013, se verifique um aumento das importações que ocorra em volume que possa levar à retomada do dano, a cobrança do direito será imediatamente retomada. Não havia, porém, procedimentos claros sobre esses trâmites processuais, nem pelo que se entendia como "imediatamente". Assim, os arts. 257 a 272 da Portaria SECEX n. 171/2022 trazem um detalhamento passo a passo sobre os pedidos de retomada imediata da cobrança.

Para tanto, será necessária, via de regra[176], a apresentação de petição de solicitação da retomada da cobrança do direito antidumping, desde que contenha dados contemplando, no mínimo, um período de 6 (seis) meses[177] da data da publicação da prorrogação do direito com imediata suspensão, de modo a constituir um período razoável para a análise da evolução das importações (art. 257, § 3º, da Portaria SECEX n. 171/2022). Em sua análise inicial, o DECOM poderá solicitar informações complementares. Assim, ao realizar uma análise prelimi-

---

[175] Comissão Europeia. Disponível em: <https://trade.ec.europa.eu/doclib/press/index.cfm?id=2310>. Acesso em: 26 maio 2022.

[176] Excepcionalmente, a análise de retomada da cobrança do direito antidumping poderá ser realizada de ofício pelo DECOM. Art. 257, § 2º, da Portaria SECEX n. 171/2022.

[177] Excepcionalmente, o período pode ser inferior a 6 (seis) meses, desde que devidamente justificado. Art. 257, § 4º, da Portaria SECEX n. 171/2022.

Curso de Defesa Comercial e Interesse Público no Brasil: teoria e prática

nar da petição, o DECOM poderá, de acordo com o § 8º do art. 257 da Portaria SECEX n. 171/2022, encaminhar três resultados diferentes:

> I – recomendar à SECEX a abertura de processo administrativo, com vistas a verificar se o aumento das importações do produto objeto do direito antidumping suspenso ocorreu em volume que possa levar à retomada do dano, caso sejam identificados indícios mínimos na petição de que o aumento das importações do produto objeto do direito antidumping suspenso ocorre em volume que possa levar à retomada do dano;
>
> II – recomendar à SECEX o indeferimento da petição, com análise do mérito, caso não sejam identificados indícios mínimos de que o aumento das importações do produto objeto do direito antidumping suspenso ocorre em volume que possa levar à retomada do dano; ou
>
> III – indeferir a petição, sem análise do mérito, caso não sejam apresentados os dados de importação referidos no § 3º, ou não seja apresentada fundamentação sobre como o aumento das importações do produto objeto do direito antidumping suspenso ocorre em volume que possa levar à retomada do dano.

Uma vez iniciado o processo administrativo, as partes interessadas podem se manifestar. Em sua análise final, o DECOM poderá considerar, entre outros indicadores: I – a tendência, a consistência, a intensidade e o perfil da evolução das importações; II – a representatividade do volume importado em relação ao volume total importado e ao volume do mercado brasileiro apurado na revisão de final de período; e III – a comparação entre a representatividade mencionada no inciso II e a participação de mercado que a origem para a qual a cobrança foi suspensa, isolada ou conjuntamente com as demais origens sujeitas à medida, possuía quando causou dano à indústria doméstica. Uma vez concluída a análise, o DECOM poderá recomendar, segundo o art. 264 da Portaria SECEX n. 171/2022:

> I – o encerramento do processo com a imediata reaplicação do direito antidumping, em caso de determinação positiva quanto ao aumento das importações do produto objeto do direito antidumping suspenso em volume que possa levar à retomada do dano [cuja decisão final é do Gecex]; ou
>
> II – o encerramento do processo com a manutenção da suspensão do direito antidumping, em caso de determinação negativa quanto ao aumento das importações do produto objeto do direito antidumping suspenso em volume que possa levar à retomada do dano [cuja decisão final é da SECEX].

Imagem – Fluxo processual de retomada da cobrança do direito suspenso pelo art. 109

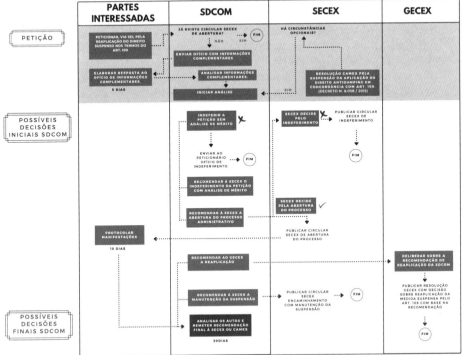

Fonte: elaboração própria.

> **MEDIDA ANTIDUMPING – PVC-S – 2ª REVISÃO – REAPLICAÇÃO DE DIREITO SUSPENSO – CHINA**
> *RESOLUÇÃO GECEX N. 255, DE 24 DE SETEMBRO DE 2021*
>
> Trata-se de investigação referente à prorrogação (segunda revisão) de medida antidumping com redução e imediata suspensão, aplicada às importações brasileiras de resinas de policloreto de vinila obtidas por processo de suspensão (PVC-S), originárias da República Popular da China.
>
> No que diz respeito à reaplicação do direito antidumping definitivo, destaca que se constatou aumento expressivo de importações de PVC-S originárias da China e tendência de crescimento dessas importações ao longo do período. Assim, nos termos do parágrafo único do art. 109 do Decreto n. 8.058, de 2013, recomendou-se a imediata retomada da cobrança do direito antidumping nas importações brasileiras do produto.

Fonte: Resolução GECEX n. 255, de 24 de setembro de 2021[178].

---

[178] BRASIL. Resolução GECEX n. 255, de 24 de setembro de 2021. Disponível em: <https://in.gov.br/en/web/dou/-/resolucao-gecex-n-255-de-24-de-setembro-de-2021-347646716>. Acesso em: 24 maio 2022.

MEDIDA ANTIDUMPING – CADEADOS – REAPLICAÇÃO DE DIREITO SUSPENSO – CHINA
RESOLUÇÃO GECEX N. 142, DE 31 DE DEZEMBRO DE 2020

Trata-se de investigação referente à medida antidumping aplicada às importações brasileiras de cadeados originárias da China e imediatamente suspenso com fundamento no art. 109 do Decreto n. 8.058/2013.

No que diz respeito à reaplicação do direito antidumping definitivo, constatou-se aumento expressivo de importações de cadeados originárias da China e tendência de crescimento de tais importações ao longo do período. Ademais, verificou-se mudança significativa na cesta de produtos, o que restou evidenciado pela expressiva redução nos preços dos produtos importados da China. Desse modo, restou demonstrado que as importações ocorreram em volume que poderia levar à retomada do dano à indústria doméstica. Assim, recomendou-se a imediata retomada da cobrança do direito antidumping nas importações brasileiras de cadeados da China, anteriormente suspensa pela Resolução CAMEX n. 9, de 2019.

Fonte: Resolução GECEX n. 142, de 31 de dezembro de 2020[179].

MEDIDA ANTIDUMPING – RESINA PP – REAPLICAÇÃO DE DIREITO SUSPENSO – ESTADOS UNIDOS
CIRCULAR SECEX N. 38, DE 6 DE SETEMBRO DE 2023

Trata-se de investigação referente à medida antidumping aplicada às importações brasileiras de resina de propileno da China e imediatamente suspensa com fundamento no art. 109 do Decreto n. 8.058/2013. Foi iniciada avaliação da retomada da cobrança do direito.

65. Constatou-se aumento do volume das importações originárias dos EUA após a suspensão da medida antidumping em 24 de outubro de 2022. Além disso, a participação do volume importado no mercado brasileiro após a suspensão mostrou-se superior inclusive à participação observada no período analisado na primeira e segunda revisões de final de período. Ademais, os volumes médios trimestrais das importações brasileiras de resina PP originárias dos EUA entre T11 e T13, período no qual o direito antidumping esteve aplicado, porém suspenso, foram maiores que os volumes médios importados nos trimestres do último período da revisão de final de período (T1 a T4).

66. Observou-se, sobretudo, tendência de crescimento consistente e paulatino das importações de resina PP oriundas dos EUA com a indicação possível de alcançar níveis próximos, tanto em relação ao mercado brasileiro, quanto às importações totais, daqueles verificados na investigação original, período em que se verificou dano à indústria doméstica decorrente das importações do produto objeto.

---

[179] BRASIL. Resolução GECEX n. 142, de 31 de dezembro de 2020. Disponível em: <http://camex.gov.br/resolucoes-camex-e-outros-normativos/58-resolucoes-da-camex/2873-resolucao-gecex-n-142-de-31-de-dezembro-de-2020>. Acesso em: 22 maio 2022.

> *67. Assim, em face de todo o exposto nos itens 3 e 4, concluiu-se haver indícios de que, no período posterior à suspensão do direito antidumping, as importações do produto objeto originárias dos EUA ocorreram em volume que pode levar à retomada do dano à indústria doméstica.*

Fonte: Circular SECEX n. 38, de 6 de setembro de 2023[180].

 MEDIDA ANTIDUMPING – FILMES PET – REAPLICAÇÃO DE DIREITO SUSPENSO – EGITO
CIRCULAR SECEX N. 32, DE 23 DE AGOSTO DE 2023

Trata-se de investigação referente à medida antidumping aplicada às importações brasileiras de filmes PET do Egito e imediatamente suspensa com fundamento no art. 109 do Decreto n. 8.058/2013. Foi iniciada avaliação da retomada da cobrança do direito.

> *45. Constatou-se que as importações de filme PET originárias do Egito cessaram a partir de P3 da revisão de final de período, apresentando retomada a partir de outubro de 2022 (T17).*
>
> *46. Verificou-se ainda que, a partir da retomada das importações oriundas do Egito, seus volumes vêm apresentando aumentos consistentes em termos absolutos e em relação ao total importado. O mesmo se pôde observar em relação à sua participação no mercado brasileiro, que vem apresentou incremento substancial de T17 a T19, apresentando pico de participação de [RESTRITO] % no mercado brasileiro em T18. Considerado as informações em bases mensais, observou-se que nos últimos 6 meses de análise a participação das importações oriundas do Egito oscilaram entre [RESTRITO] % e [RESTRITO] % do mercado brasileiro, com média de representação de [RESTRITO] %.*
>
> *47. Assim, em face de todo o exposto nos itens 3 e 4, concluiu-se haver indícios de que, após a retomada do ingresso das importações de filme PET originárias do Egito, tais importações apresentaram aumento consistente, indicando a possibilidade de retomada de dano à indústria doméstica.*

Fonte: Circular SECEX n. 32, de 23 de agosto de 2023[181].

2.8. Outros tipos de revisões em investigações antidumping

Para além das tradicionais e mais comuns investigações originais e revisões de final de período, a legislação antidumping apresenta outros tipos de investi-

---

[180] BRASIL. Circular SECEX n. 38, de 6 de setembro de 2023. Disponível em: <https://www.in.gov.br/en/web/dou/-/circular-n-38-de-6-de-setembro-de-2023-508635301>. Acesso em: 21 dez. 2023.

[181] BRASIL. Circular SECEX n. 32, de 23 de agosto de 2023. Disponível em: <https://www.in.gov.br/en/web/dou/-/circular-n-32-de-23-de-agosto-de-2023-505137060>. Acesso em: 21 dez. 2023.

Curso de Defesa Comercial e Interesse Público no Brasil: teoria e prática

gação, como a (2.8.1) revisão por alteração de circunstâncias, a (2.8.2) revisão de novo exportador, a (2.8.3) revisão anticircunvenção, a (2.8.4) revisão de restituição, a (2.8.5) avaliação de escopo e a (2.8.6) redeterminação, como se passa a apresentar. Menciona-se desde já que algumas dessas revisões consistem em regras "OMC *Plus*", na medida em que não há regulamentação multilateral sobre o tema (como é o caso da revisão anticircunvenção, a avaliação de escopo e a redeterminação), ao passo que outras detalham o que já está previsto no Acordo (revisão por alteração de circunstâncias, revisão de novo exportador e revisão de restituição). Importante destacar ainda que, apesar de tipicamente utilizarmos a expressão "revisões" para todo esse conjunto de procedimentos adicionais às investigações originais e às revisões de final de período, as avaliações de escopo e as redeterminações não são consideradas, formalmente, revisões. De todo modo já se apresenta, de modo resumido, uma tabela consolidada com os principais elementos de cada uma dessas investigações na legislação antidumping no Brasil.

Imagem – Outros tipos de revisões em investigações antidumping – Decreto n. 8.058/2013

OUTROS TIPOS DE REVISÕES EM INVESTIGAÇÕES ANTIDUMPING		
Revisão por alteração das circunstâncias **NEW**	Subseção I da seção II do capítulo VII (arts. 101 a 105)	Decorrido no mínimo 1 ano, apura a existência de alteração significativa e duradoura que justifique a extinção ou alteração do direito em vigor.
Revisão para novos produtores ou exportadores	Subseção I da seção III do capítulo VIII (arts. 113 a 120)	Revisão do direito em vigor para produtor/exportador que não tenha exportado para o Brasil durante a investigação.
Revisão anticircunvenção	Subseção II da seção III do capítulo VIII (arts. 121 a 139)	Investigação de práticas elisivas que frustrem a eficácia das medidas antidumping aplicadas.
Revisão de restituição	Subseção III da seção III do capítulo VIII (arts. 140 a 145)	Restituição de direitos recolhidos, se a margem de dumping apurada para o período de revisão for inferior ao direito vigente.

Avaliação de escopo	Seção I do capítulo IX (arts. 146 a 154)	Apura se um <u>certo produto está ou não sujeito</u> à medida antidumping em vigor.
Redeterminação	Seção II do capítulo IX (arts. 155 a 160)	Determina se a medida antidumping aplicada teve sua <u>eficácia comprometida</u>.

Fonte: elaboração própria.

2.8.1. Revisão por alteração das circunstâncias

A revisão por alteração de circunstâncias é o instrumento que apura a existência de alteração significativa e duradoura que justifique a extinção ou a alteração do direito em vigor.

No âmbito doméstico, o Decreto n. 8.058/2013 apresenta disposições sobre a revisão por alteração de circunstâncias nos arts. 101 a 105, em sua Subseção I da Seção II (das revisões relativas à aplicação do direito) do Capítulo VIII (da revisão dos direitos antidumping e dos compromissos de preços). Segundo seus termos, poderá ser iniciada uma revisão por alteração de circunstâncias quando, mediante petição apresentada por qualquer parte interessada na investigação original ou na última revisão, forem apresentados indícios de que as circunstâncias que justificaram a aplicação do direito se alteraram de forma significativa e duradoura, não se configurando por oscilações ou flutuações inerentes ao mercado, entre outras.

Para que seja apresentada essa petição de alteração de circunstâncias, o *caput* do art. 101 do Decreto n. 8.058/2013 condiciona a um tempo mínimo de um ano da aplicação, alteração, prorrogação ou extensão do direito antidumping definitivo, podendo esse prazo ser excepcionado, desde que devidamente justificado pelo peticionário (§ 2º). A condução dessa investigação, por sua vez, deverá ser concluída no prazo de 10 (dez) a 12 (doze) meses, sendo que, ao longo da revisão, os direitos permanecerão em vigor e não serão alterados (art. 105 do Decreto n. 8.058/2013).

Serão dois, em síntese, os possíveis resultados de uma revisão de alteração de circunstâncias: I – o direito poderá ser extinto, caso seja improvável a continuação ou a retomada do dumping ou do dano; ou II – o direito poderá ser alterado, caso ele tenha deixado de ser suficiente ou tenha se tornado excessivo para neutralizar o dumping ou caso tenha se tornado insuficiente para eliminar o dano à indústria doméstica causado pelas importações objeto de dumping. Explicam-se a seguir, de modo visual, tais possíveis resultados:

Imagem – Possíveis resultados em uma revisão por alteração das circunstâncias

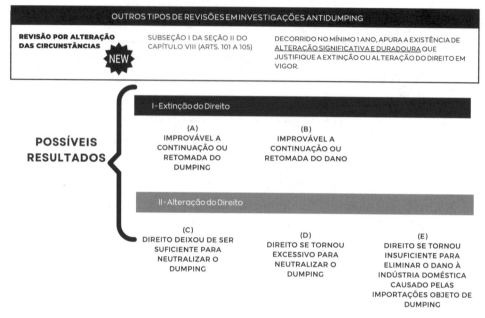

Fonte: elaboração própria.

A partir da imagem acima é possível notar a existência de 5 (cinco) resultados possíveis em uma revisão de alteração de circunstâncias. E a partir desses resultados é possível se inferir quais seriam as partes que teriam interesse em apresentar tal tipo de petição perante a autoridade de defesa comercial. Os exportadores afetados pela aplicação da medida ou os importadores adquirentes dos produtos objeto do direito poderão ter incentivos a apresentar petições com o objetivo de alcançar os resultados (A), (B) e (D), na medida em que poderá resultar ou na extinção ou na redução do direito atualmente em vigor.

 MEDIDA ANTIDUMPING – PNEUS PARA BICICLETAS – 1ª REVISÃO – CHINA
RESOLUÇÃO CAMEX N. 48, DE 10 DE OUTUBRO DE 2007
CIRCULAR N. 74, DE 31 DE OUTUBRO DE 2006

Trata-se de investigação, instaurada para fins de revisão do direito antidumping definitivo aplicado nas importações de pneumáticos novos de borracha para bicicletas, originárias da República Popular da China.

Conforme Resolução n. 48, de 10 de outubro de 2007, encerrou-se a revisão de meio de período do direito antidumping aplicado, majorando a alíquota específica fixa do direito antidumping para US$ 1,45/kg (um dólar estadunidense e quarenta e cinco centavos por quilograma líquido).

Entre as razões para tanto, destaca-se que a Circular n. 74, de 31 de outubro de 2006, aponta que do confronto do preço médio praticado pela indústria doméstica com o

> preço médio internado das exportações originárias da RPC, constatou-se que no período de janeiro a dezembro de 2005 o preço do pneu convencional para bicicleta importado da RPC entrou no mercado brasileiro subcotado em relação ao preço praticado pela indústria doméstica em US$ 0,79 (setenta e nove centavos de dólar estadunidense) por cada quilograma comercializado.

Fonte: Resolução CAMEX n. 48, de 10 de outubro de 2007[182]; e Circular n. 74, de 31 de outubro de 2006[183].

Por sua vez, a indústria doméstica terá incentivos a apresentar petições com o objetivo de alcançar os resultados (C) e (E), na medida em que poderá resultar na majoração do direito em vigor, seja porque a margem de dumping apurada agora é maior, seja porque o dano incorrido da indústria doméstica permanece mesmo durante a vigência da medida, sendo necessária sua majoração para eliminar o dano causado pelas importações objeto de dumping.

> **MEDIDA ANTIDUMPING – FILMES PET – 1ª REVISÃO – ARGENTINA**
> **RESOLUÇÃO CAMEX N. 81, DE 15 DE DEZEMBRO DE 2009**
>
> Trata-se de investigação referente à medida antidumping (primeira revisão) com redução e imediata suspensão, aplicada às importações brasileiras de resinas de tereftalato de polietileno (PET), originárias da República da Argentina.
>
> Em 24 de julho de 2008, a DAK Americas Argentina S.A., doravante peticionária, protocolizou no Ministério do Desenvolvimento, Indústria e Comércio Exterior – MDIC – petição de revisão do direito antidumping aplicado sobre as exportações de resinas PET provenientes da Argentina, com vistas à revogação da medida.
>
> A revisão do direito antidumping por alteração de circunstância foi iniciada por meio da Circular SECEX n. 23, de 24 de abril de 2009, publicada no D.O.U de 27 de abril de 2009 e encerrada por meio da Resolução CAMEX n. 81, de 15 de dezembro de 2009, publicada no DOU de 16 de dezembro de 2009, com a extinção do direito antidumping definitivo instituído pela Resolução CAMEX n. 29, de 26 de agosto de 2005, aplicado às importações brasileiras de resinas PET originárias da Argentina.
>
> Considerando que o produto argentino – mesmo com a suspensão do direito antidumping – não esteve subcotado em relação ao produto nacional, propôs-se a extinção do direito antidumping aplicado nas importações brasileiras de resinas PET originárias da República Argentina.

Fonte: Resolução CAMEX n. 81, de 15 de dezembro de 2009[184].

---

[182] BRASIL. Resolução CAMEX n. 48, de 10 de outubro de 2007. Disponível em < http://www.camex.gov.br/resolucoes-camex-e-outros-normativos/58-resolucoes-da-camex/647-resolucao-n-48-de-10-de-outubro-de-2007>. Acesso em: 25 maio 2022.

[183] BRASIL. Circular n. 74, de 31 de outubro de 2006. Disponível em: <https://www.gov.br/produtividade-e-comercio-exterior/pt-br/arquivos/circ2006-74.pdf>. Acesso em: 31 maio 2022.

[184] BRASIL. Resolução CAMEX n. 81, de 15 de dezembro de 2009. Disponível em: <http://

Curso de Defesa Comercial e Interesse Público no Brasil: teoria e prática

 MEDIDA ANTIDUMPING – SACOS DE JUTA – 1ª REVISÃO – ÍNDIA
CIRCULAR SECEX N. 50, DE 8 DE JULHO DE 2003

Trata-se de investigação referente à revisão do direito antidumping definitivo de 64,5% aplicado às importações de sacos de juta, quando originárias da Índia.

Em 12 de abril de 2002, o Consulado Geral da Índia, em nome do Conselho de Desenvolvimento dos Fabricantes de Juta – JMDC, protocolou revisão do direito antidumping então em vigor, alegando a alteração das circunstâncias e a consequente inexistência de prática de dumping por parte das empresas indianas. Em face da insuficiência das informações apresentadas, a revisão foi encerrada e o direito antidumping não foi alterado. Destaca-se, abaixo, a conclusão da revisão, disposta na Circular SECEX n. 50, de 8 de julho de 2003, publicada no D.O.U. de 9 de julho de 2003:

"Foram oferecidas todas as oportunidades para que as empresas indianas defendessem seus interesses e para que estas apresentassem as informações solicitadas e indispensáveis ao exame do pedido por elas formulado. Foram remetidos questionários detalhando as informações necessárias e a forma como deveriam ser apresentadas, foi concedida prorrogação de prazo para a entrega dessas informações. Posteriormente foi transmitido ao JMDC que os dados originalmente apresentados em resposta aos questionários, pelas poucas empresas que os remeteram, eram insuficientes, pois pouco representavam em relação à produção estimada de cada uma delas, e concedeu-se nova oportunidade para a correção e complementação das informações.

Isto não obstante as empresas indianas não forneceram as informações solicitadas, se limitando o JMDC a registrar que as informações e documentos apresentados para tentar demonstrar a inexistência da prática de dumping não poderiam ser considerados inadequados, pois eles refletiriam a imagem correta do preço do mercado dominante de sacos de juta.

Considerando-se que as informações fornecidas não foram, à luz da legislação, suficientes para demonstrar que preços efetivamente foram praticados nas vendas destinadas a consumo no mercado indiano e que preços foram efetivamente praticados nas exportações, no período objeto da investigação, recomendou-se o encerramento da investigação sem a revisão do direito antidumping de 64,5% aplicado às importações de sacos de juta originárias da Índia, conforme estabelece a Portaria MICT/MF n. 16, de 1998".

Fonte: Circular SECEX n. 50, de 8 de julho de 2003[185].

---

www.camex.gov.br/component/content/article/resolucoes-camex-e-outros-normativos/58-resolucoes-da-camex/793-resolucao-n-81-de-15-de-dezembro-de-2009>. Acesso em: 17 maio 2022.

[185] BRASIL. Circular SECEX n. 50, de 8 de julho de 2003. Disponível em: <https://www.gov.br/produtividade-e-comercio-exterior/pt-br/arquivos/circSECEX50a_2003.pdf >. Acesso em: 9 jul. 2022.

2 • Investigações antidumping – teoria e prática

2.8.2. Revisão de novo exportador

A revisão de novo exportador é o instrumento que permite a apuração de uma margem individual de dumping e, consequentemente, de um direito antidumping individual para uma empresa produtora ou exportadora que não tenha exportado para o Brasil durante o período de investigação estabelecido e, portanto, não tenha participado da investigação original que culminou com a aplicação do direito antidumping ou da revisão mais recente que prorrogou esse direito. No jargão da defesa comercial, trata-se do chamado *new shipper review*. Athayde, Ramos, Calvão e Raphanelli[186] analisaram detalhadamente essa revisão e a diferença para a normativa de subsídios.

Nos termos da legislação multilateral, notadamente do art. 6.10 do Acordo Relativo à Implementação do Artigo VI do Acordo Geral sobre Tarifas e Comércio de 1994, ou Acordo Antidumping, a margem de dumping é preferencialmente determinada de modo individual para cada um dos produtores ou exportadores conhecidos do produto objeto da investigação, o que leva à aplicação de um direito antidumping também individual. Contudo, nas situações em que o número excessivo de produtores ou exportadores identificados do produto objeto da investigação torna impraticável a determinação individual, é possível que seja realizada seleção dos produtores ou exportadores responsáveis pelo maior percentual razoavelmente investigável, ou por meio de uma amostra estaticamente válida, para que seja apurada uma margem de dumping (e, por fim, um direito antidumping) individual apenas para as empresas desse grupo.

Ocorre que os produtores ou exportadores conhecidos, mas não selecionados para apuração de uma margem de dumping individual, podem receber, nos termos do art. 9.4(a) do Acordo Antidumping, um direito antidumping calculado de modo que não exceda a média ponderada das margens de dumping individuais dos produtores ou exportadores selecionados[187], cumpridas

---

[186] ATHAYDE, Amanda; RAMOS, Adriano; CALVÃO, Hearle; RAPHANELLI, Daniel. Focinho de porco não é tomada: análise comparativa da revisão de novo exportador de direitos antidumping e da revisão acelerada de medidas compensatórias. *RDCI*, 5. ed., São Paulo, 2022.

[187] Alternativamente, conforme a alínea *b* do mesmo art. 9.4, na hipótese de utilização do chamado "valor normal prospectivo", o direito aplicável aos não selecionados poderá ser restrito à "diferença entre a média ponderada do valor normal praticado pelos exportadores ou produtores selecionados e os preços de exportação dos exportadores ou produtores que não tenham sido individualmente examinados, sempre que o montante devido para pagamento dos direitos antidumping for calculado de forma prospectiva sobre o valor normal".

certas condições[188]. Já os demais produtores ou exportadores, que seriam desconhecidos à autoridade investigadora, são agrupados em um grupo denominado "Demais" (*all others*) e usualmente recebem um direito antidumping mais elevado do que aquele que foi calculado para os selecionados e para os não selecionados (*all others' rate*).

Segundo Fonseca[189], a aplicação de um direito antidumping para o grupo dos "Demais" (*all others' rate*) exerce a função essencial de inibir tentativas de burlar o direito antidumping individual, dado que um produtor ou exportador que tenha suas exportações afetadas pela aplicação de um direito antidumping individualmente poderia, por meio da simples alteração da razão social da empresa produtora ou exportadora, ser excluída da imposição da medida de defesa comercial, comprometendo a eficácia de todo o sistema de defesa comercial.

Todavia, pode ocorrer de um produtor ou exportador realmente ter iniciado ou pretender iniciar suas exportações para o país que impõe o direito antidumping após o período investigado. Nessa situação, esse novo produtor ou exportador estaria sujeito ao direito antidumping aplicado ao grupo dos "Demais", que, como explicado, é usualmente mais elevado do que os direitos antidumping aplicados para os outros grupos (selecionados e não selecionados). Esse novo exportador pode, então, por meio de uma petição de revisão de novo exportador, solicitar que lhe seja calculada uma margem de dumping individual e, consequentemente, ter um direito antidumping individual, que poderia ser inferior ao direito antidumping aplicado ao grupo dos "Demais" ou, ainda, ser nulo, caso o produtor ou exportador comprove que não pratica dumping.

É no art. 9.5 do Acordo Antidumping que está prevista a realização da revisão de novo exportador ou "*new shipper review*" para estabelecimento de margem de dumping individual, aplicável a produtores ou exportadores que cumpram determinadas condições, *in verbis*:

> Artigo 9.
>
> (...)
>
> 5. Se um produto está sujeito a direitos antidumping aplicados por um Membro importador, as autoridades deverão prontamente proceder a exame com

---

[188] As autoridades não levarão em conta margens de dumping zero ou *de minimis* ou ainda as margens estabelecidas nas circunstâncias a que faz referência o § 8ª do art. 6ª.

[189] FONSECA, Marco César Saraiva da. A aplicação do direito antidumping – o conceito de "all others' rate". In: HEES, Felipe e PENHA VALLE, Marília Castañon (Orgs.) *Dumping, subsídios e salvaguardas*: revisitando aspectos técnicos dos instrumentos de defesa comercial. São Paulo: Singular, 2012.

> vistas a **determinar margens individuais de dumping para quaisquer exportadores ou produtores do país exportador em questão que não tenham exportado o produto para o Membro importador durante o período da investigação, desde que esses exportadores ou produtores possam demonstrar não ter qualquer relação com qualquer dos exportadores ou produtores no país de exportação que estejam sujeitos aos direitos antidumping estabelecidos sobre seu produto.** Tal exame será iniciado e realizado de forma mais acelerada do que aquela prevista para o cálculo dos direitos normais e procedimentos de revisão no Membro importador. **Não poderão ser cobrados direitos antidumping sobre as importações provenientes de tais exportadores ou produtores enquanto se está realizando o exame.** As autoridades poderão, entretanto, suspender a valoração aduaneira[190] e/ou requerer garantias para assegurar que no caso de as investigações concluírem pela determinação de dumping com relação a tais produtores ou exportadores, seja possível perceber direitos antidumping retroativos à data em que se iniciou o exame. (grifos nossos)

A revisão de novo exportador no Acordo Antidumping para apuração de uma nova margem de dumping e de direito antidumping individual está sujeita, portanto, à comprovação de que o novo exportador ou o novo produtor não tenha exportado o produto para o Membro importador durante o período de investigação.

Ademais, deve-se ressaltar a previsão do Acordo Antidumping de que os direitos antidumping não poderão ser cobrados durante o curso da revisão de novo exportador. Contudo, as autoridades nacionais poderão requerer garantias para permitir que direitos antidumping referentes às exportações realizadas durante o exame sejam recolhidos retroativamente após o encerramento da revisão.

No âmbito doméstico, o Decreto n. 8.058/2013 apresenta disposições sobre a revisão para novos produtores ou exportadores nos arts. 113 a 120, em sua Subseção I da Seção III (das revisões relativas ao escopo e à cobrança do direito) do Capítulo VIII (da revisão dos direitos antidumping e dos compromissos de preços).

---

[190] O termo "suspender a valoração aduaneira" foi traduzido a partir da expressão "withholding of appraisement" do Acordo Antidumping da OMC. Esse termo, no entanto, é utilizado, na prática, para suspender a cobrança do direito, e não determinar o valor aduaneiro ou a quantidade importada da mercadoria. A particularidade é que essa cobrança é suspensa antes mesmo da determinação do montante a ser pago no futuro, o que gera incerteza para o importador. Em virtude desse tipo de problema, costuma-se valer mais do texto em inglês do Acordo Antidumping da OMC. Para maiores detalhes sobre como os Estados Unidos interpretam essa expressão, sugere-se a leitura da página 2 do seguinte documento: <https://docs.wto.org/gattdocs/q/GG/TN64/NTB38.PDF>. Acesso em: 22 jun. 2022.

Curso de Defesa Comercial e Interesse Público no Brasil: teoria e prática

O *caput* do art. 113 do Decreto n. 8.058/2013 estabelece que, "quando um produto estiver sujeito a direitos antidumping, o produtor ou o exportador que não tenha exportado para o Brasil durante o período da investigação que culminou com a aplicação, alteração, prorrogação ou extensão do direito antidumping vigente poderá solicitar, por meio de petição escrita e fundamentada, revisão do direito antidumping em vigor, com vistas a determinar, de forma célere, sua margem individual de dumping". Portanto, a condição prevista no art. 9.5 do Acordo Antidumping sobre não ter havido exportações daquele produtor ou exportador durante o período da investigação foi reproduzida e estendida para revisões posteriores à investigação original, por meio da menção a "alteração, prorrogação ou extensão do direito antidumping vigente".

O parágrafo único do referido art. 113 do Decreto n. 8.058/2013 estabelece os requisitos que devem ser comprovados pelo produtor ou exportador para que seja realizada a revisão de novo exportador:

> Art. 113. (...)
>
> Parágrafo único. O produtor ou exportador referido no *caput* deve apresentar elementos de fato e de direito suficientes para comprovar que:
>
> I – não possui relação ou associação, nos termos do § 10 do art. 14, com os produtores ou exportadores que, localizados no país exportador e sujeitos ao direito antidumping vigente, exportaram durante o período de investigação que culminou com a aplicação, alteração, prorrogação ou extensão do direito antidumping vigente; e
>
> II – não exportou durante o período de investigação que culminou com a aplicação, alteração, prorrogação ou extensão do direito antidumping vigente.

Basicamente, são reproduzidas na normativa brasileira as mesmas condições previstas no art. 9.5 do Acordo Antidumping. Entende-se que tais condições buscam preservar a lógica de definição de margens de dumping e de direitos antidumping adotada no âmbito da investigação original ou da revisão que culminou com a aplicação, alteração, prorrogação ou extensão do direito antidumping vigente, de modo que a revisão de novo exportador apenas seja aplicável a empresas que de fato se qualificam como novos produtores ou exportadores.

No caso do inciso I do parágrafo único do art. 113 do Decreto n. 8.058/2013, a exigência serve para evitar tentativas de burlar direitos antidumping apurados devidamente por meio da utilização ou mesmo da criação de novas entidades relacionadas ou associadas aos produtores/exportadores identificados na investigação. Já no caso do inciso II do mesmo dispositivo, a exigência se deve ao fato de que produtores ou exportadores que exportaram durante o período de investigação já tiveram seus direitos antidumping definidos, seja com base em uma determinação individual de margem de dumping, ou com base em seleção de produtores ou exportadores prevista no art. 28 e no art. 80 do Regulamento Antidumping Brasileiro (Decreto n. 8.058/2013), os quais, por sua vez, estão em linha com o disposto nos arts. 6.10 e 9.4 do Acordo Antidumping.

Assim, quando o número de exportadores ou produtores é excessivo e torna impraticável a determinação de margem de dumping individual para todos os produtores ou exportadores conhecidos, o Regulamento Antidumping Brasileiro, tal qual a normativa multilateral, faculta à autoridade investigadora a determinação de margem de dumping individual para uma amostra estatisticamente válida ou para uma seleção de produtores ou exportadores responsáveis pelo maior percentual razoavelmente investigável. Para os produtores ou exportadores conhecidos, mas não selecionados, direitos antidumping individuais de mesmo valor serão calculados com base na média ponderada da margem de dumping apurada para os produtores ou exportadores incluídos na seleção, nos termos do § 1º do art. 80; para os demais produtores ou exportadores, serão aplicados direitos antidumping calculados com base na melhor informação disponível, nos termos do § 4º do art. 80.

O art. 114 do Decreto n. 8.058/2013, por sua vez, estabelece os requisitos para peticionários que, apesar de cumprirem os critérios do art. 113 enquanto exportadores, não sejam de fato os produtores do produto sujeito à medida antidumping.

> Art. 114. Caso o peticionário não seja o produtor do produto sujeito à medida, deverá incluir em seu pedido, além das informações solicitadas no art.113:
>
> I – o nome do produtor; e
>
> II – declaração do produtor de que irá colaborar com a revisão no que se refere ao fornecimento de dados relativos a custos de manufatura e preço de venda do produto similar no mercado interno do país de exportação no período de revisão.
>
> § 1º Caso o país exportador não seja considerado uma economia de mercado, deverá ser indicado, para fins de apuração do valor normal, produtor do mesmo terceiro país utilizado no procedimento imediatamente anterior ao início da revisão.
>
> § 2º Caso existam importações brasileiras do produto do peticionário em quantidades representativas dentro de um período de seis meses, deverão constar da petição informações relativas aos custos de manufatura e ao valor normal do produto similar no país de exportação, e sobre volume e preço de exportação ao Brasil, além de eventuais ajustes para fins de justa comparação.
>
> § 3º A petição deverá ser protocolada em até quatro meses após o término do período a que faz referência o § 2º.

Curso de Defesa Comercial e Interesse Público no Brasil: teoria e prática

Nesse sentido, além das informações previstas no art. 113, a petição deverá conter: o nome do produtor e a declaração do produtor de que irá colaborar com a revisão no que tange aos dados de custo de manufatura e preço de venda do produto similar no mercado interno do país de exportação no período de revisão.

Assim, pela leitura conjunta dos arts. 113 e 114 do Decreto n. 8.058/2013, verifica-se que dois atores potencialmente distintos podem ser legitimados ativos à propositura de uma revisão de novo exportador: 1) o produtor ou 2) o exportador. Ademais, seja o sujeito o produtor ou apenas o exportador, exige-se que este não tenha exportado para o Brasil durante o período da investigação[191].

Uma vez considerada devidamente instruída a petição, a SECEX publica ato indicando o início da revisão, conforme previsto no *caput* do art. 115 do Decreto n. 8.058/2013.

> Art. 115. O DECOM disporá de dois meses para analisar se a petição está devidamente instruída e, em caso positivo, a SECEX publicará ato tornando público o início da revisão.
>
> § 1º Ato da CAMEX suspenderá a cobrança do direito antidumping aplicado às importações do produto exportado pelo produtor ou exportador peticionário da revisão enquanto perdurar a revisão, e instituirá aos importadores do referido produto, a prestação de garantia na forma de depósito em espécie ou fiança bancária em montante equivalente aos direitos suspensos.

---

[191] O período da investigação de dumping está previsto no § 1º do art. 48 do Decreto n. 8.058, de 2013, normalmente compreenderá doze meses e será denominado "P5" nas investigações antidumping conduzidas pelo DECOM, sendo este o período em que se identificam os produtores/exportadores que participarão como partes interessadas nas investigações, conforme previsão do inciso III do § 2º do art. 45 do referido decreto. Menciona-se "normalmente" já que, em investigações originais, o período de investigação de dano é em regra composto por cinco períodos de doze meses, sendo que o último intervalo de doze meses ("P5") deverá coincidir com o período de investigação de dumping, conforme disposto no § 4º do referido art. 48. Em circunstâncias excepcionais, devidamente justificadas, o período de investigação de dumping poderá ser inferior a doze meses, mas nunca inferior a seis meses, e o período de investigação de dano poderá ser inferior a sessenta meses, mas nunca inferior a trinta e seis meses, de modo que não necessariamente o período de investigação de dumping será denominado "P5". Já em revisões de final de período, não há definição expressa no Decreto n. 8.058, de 2013, sobre o período a ser utilizado para identificação dos produtores/exportadores que serão partes interessadas nas revisões, e na prática os produtores/exportadores poderão ser identificados com base no período de revisão de dumping ou no período de revisão de dano, ou ainda com base na investigação original, a depender se há volume representativo de exportações sujeitas ao direito antidumping durante o período de revisão, nos termos do art. 107 do referido decreto.

> § 2º Compete à Secretaria da Receita Federal do Brasil do Ministério da Fazenda verificar a prestação da garantia de que trata este artigo, por ocasião do despacho aduaneiro.
>
> § 3º O DECOM notificará as partes interessadas sobre o início da revisão.

Seguindo a previsão do art. 9.5 do Acordo Antidumping, que indica que "Não poderão ser cobrados direitos antidumping sobre as importações provenientes de tais exportadores ou produtores enquanto se está realizando o exame", o § 1º do art. 115 indica que ato da Câmara de Comércio Exterior (CAMEX) suspenderá a cobrança do direito antidumping aplicado às importações do produto exportado pelo produtor ou exportador peticionário da revisão enquanto perdurar a revisão, e instituirá aos importadores a prestação de garantia na forma de depósito em espécie ou fiança bancária em montante equivalente aos direitos suspensos. A competência para verificar a prestação da garantia no âmbito do despacho aduaneiro é da Receita Federal do Brasil, como disposto no § 2º do próprio art. 115.

Há de se observar que o Decreto n. 8.058/2013 estabeleceu duas hipóteses alternativas para apuração da nova margem de dumping no âmbito de uma revisão de novo exportador, vinculadas à existência prévia de importações em quantidades representativas ou não. A primeira hipótese está indicada nos §§ 2º e 3º do art. 114, *in verbis*:

> § 2º Caso existam importações brasileiras do produto do peticionário em quantidades representativas dentro de um período de seis meses, deverão constar da petição informações relativas aos custos de manufatura e ao valor normal do produto similar no país de exportação, e sobre volume e preço de exportação ao Brasil, além de eventuais ajustes para fins de justa comparação.
>
> § 3º A petição deverá ser protocolada em até quatro meses após o término do período a que faz referência o § 2º.

Nessa primeira hipótese, existem importações prévias do produto do peticionário em quantidade representativa, considerando um período de seis meses. Nessa circunstância, como essas importações já ocorreram em volume representativo no período que antecedeu o protocolo da petição, mesmo sob a incidência do direito antidumping em vigor, não se faz necessária, para fins de análise da petição, a suspensão da cobrança desse direito para possibilitar a realização de importações. Assim, caso a petição tenha sido apresentada tempestivamente – em até quatro meses após o término do período referido de seis meses – e esteja devidamente instruída com as informações necessárias para apurar a nova margem de dumping individual, o início da revisão será publicado de acordo com o já indicado no art. 115. Haja vista a previsão constante do Acor-

Curso de Defesa Comercial e Interesse Público no Brasil: teoria e prática

do Antidumping e no § 1º do art. 115 do Decreto n. 8.058/2013, ato da CAMEX suspenderá a cobrança do direito antidumping enquanto perdurar a revisão.

A segunda hipótese para apuração da nova margem de dumping no âmbito de uma revisão de novo exportador está retratada no art. 116 do Decreto n. 8.058/2013[192]. Nessa segunda hipótese, não existem importações prévias do produto do peticionário em quantidade representativa. Desse modo, a CAMEX poderá suspender a cobrança do direito antidumping aplicado às importações do produto exportado pelo peticionário, despachadas para consumo final no Brasil, por um período de seis meses, improrrogável.

Essa segunda situação de suspensão difere daquela prevista no § 1º do art. 115 e tem o fito de permitir que o novo produtor ou exportador realize exportações para o Brasil para, assim, poder apresentar as informações necessárias para apurar a nova margem de dumping individual, dentro do prazo de trinta dias previsto no § 3º do art. 116.

Após o fim do período de suspensão para possibilitar que o novo produtor ou exportador realize as exportações, por um lado, caso a petição protocolada

---

[192] Art. 116. Caso não existam importações brasileiras do produto do peticionário em quantidades representativas para a determinação de margem de dumping individual, **a CAMEX poderá suspender a cobrança do direito antidumping aplicado às importações do produto exportado pelo peticionário, despachadas para consumo final no Brasil em um período de seis meses, improrrogável, contado da data de publicação do ato pertinente pela CAMEX. § 1º A suspensão a que faz referência o *caput* somente ocorrerá uma vez protocolada uma petição para uma revisão de novo produtor ou exportador, em conformidade com as exigências estabelecidas nos arts. 113 e 114. § 2º No ato de suspensão a que faz referência o *caput*, será determinada a prestação de garantia pelos importadores do produto exportado pelo peticionário na forma de depósito em espécie ou fiança bancária em montante equivalente aos direitos suspensos.** § 3º Encerrado o período a que faz referência o *caput*, o peticionário terá trinta dias para protocolar as informações relativas aos custos de produção e ao valor normal do produto similar no país de exportação, e sobre volume e preço de exportação para o Brasil, além de eventuais ajustes para fins de justa comparação. § 4º As informações mencionadas no § 3º devem referir-se ao período previsto no *caput*. § 5º Uma vez protocoladas as informações referidas no § 3º, o DECOM terá o prazo de trinta dias para analisá-las. § 6º Caso a petição esteja devidamente instruída, a SECEX publicará ato tornando público o início da revisão. § 7º Caso as informações não sejam protocoladas no prazo a se refere o § 3º, o DECOM indeferirá a petição e a CAMEX determinará a conversão das garantias prestadas. § 8º Decorrido o período a que faz referência o *caput* sem importações em quantidades representativas para a determinação de margem de dumping individual, o DECOM indeferirá a petição e a CAMEX determinará a retomada da cobrança do direito antidumping e a conversão das garantias prestadas. § 9º **Entre o final do período de suspensão a que faz referência o *caput* e o início da revisão, os direitos antidumping serão cobrados regularmente.** (grifos nossos).

esteja devidamente instruída, conforme indicado no § 6º do mesmo artigo, com as informações necessárias para apuração da nova margem de dumping, a SECEX publicará ato tornando público o início da revisão, nos termos do *caput* do art. 115. Por outro lado, caso as informações não sejam protocoladas pelo peticionário ou caso as importações não tenham ocorrido em volume representativo, a petição será indeferida e a CAMEX determinará a retomada da cobrança do direito antidumping e a conversão das garantias prestadas. Ressalte-se, por fim, que, nos termos do § 9º do art. 116, haverá cobrança regular dos direitos antidumping entre o final do período de suspensão previsto no art. 116 e o início da revisão, quando haverá nova suspensão enquanto durar a revisão, nos termos do § 1º do art. 115, refletindo a obrigação do art. 9.5 do Acordo Antidumping.

O Decreto n. 8.058/2013 apresenta, ainda, em seus arts. 117 a 120, o passo a passo para o trâmite processual desse tipo de revisão de novo exportador em investigação antidumping[193].

Assim, consideradas as explicações acima sobre a normativa multilateral e pátria, em suma, é necessário que o peticionário de uma revisão de novo exportador seja de fato um novo produtor ou exportador, o que envolve os dois requisitos já indicados: i) que o peticionário não possua relação ou associação com os produtores ou exportadores que exportaram durante o período de investigação que culminou com a aplicação, alteração, prorrogação ou extensão do direito antidumping; e ii) que o peticionário não tenha exportado durante o

---

[193] Art. 117. A margem de dumping individual será calculada com base nos dados relativos ao período de revisão ou ao período de suspensão de que trata o *caput* do art. 116.

Art. 118. O DECOM poderá solicitar informações complementares ao peticionário, que devem ser encaminhadas no prazo improrrogável de cinco dias, contado da data de ciência da solicitação.

Parágrafo único. Caso o peticionário negue acesso à informação necessária, não a forneça tempestivamente ou crie obstáculos à revisão, a SECEX encerrará a revisão sem a determinação de margem individual para o produtor ou exportador e a CAMEX publicará ato determinando a retomada da cobrança do direito antidumping e a conversão das garantias prestadas.

Art. 119. A fase probatória da revisão será encerrada no prazo de noventa dias, contado da data de início da revisão, não sendo juntados aos autos do processo elementos de prova apresentados após o seu encerramento.

Art. 120. As revisões previstas nesta subseção serão concluídas no prazo de sete meses, contado da sua data de início.

§ 1º A CAMEX publicará ato retomando a cobrança do direito aplicado às importações do produto do produtor ou exportador beneficiado pela revisão no montante do direito individual definitivo determinado na revisão.

§ 2º A garantia prestada será convertida, caso o valor do direito individual definitivo seja superior a seu valor.

§ 3º Caso o valor do direito individual seja inferior ao valor da garantia prestada, o valor a maior poderá ser objeto de revisão de restituição, nos termos da Subseção III.

período de investigação que culminou com a aplicação, alteração, prorrogação ou extensão do direito antidumping vigente (não importando se o exportador foi ou não selecionado).

Ressalte-se que não há qualquer elemento qualitativo quanto a esta exigência de ausência de exportações durante o período de investigação, ou seja, não importa se o volume de exportações foi representativo: caso a empresa tenha exportado volumes pouco representativos, ela não seria selecionada para apuração de margem de dumping individual e receberia um direito antidumping apurado com base nas margens de dumping calculadas para os selecionados; e tampouco seria elegível para uma revisão de novo exportador. Ademais, deve-se notar que o novo exportador pode ser o produtor ou apenas o exportador de produto manufaturado por terceiros, conforme indicado no art. 114 do Regulamento Antidumping Brasileiro reproduzido anteriormente.

Na imagem abaixo são resumidas as principais informações sobre a revisão de novo exportador em investigações antidumping.

Imagem – Revisão de novo exportador em investigações antidumping

OUTROS TIPOS DE REVISÕES EM INVESTIGAÇÕES ANTIDUMPING		
REVISÃO PARA NOVOS PRODUTORES OU EXPORTADORES	SUBSEÇÃO I DA SEÇÃO III DO CAPÍTULO VIII (ARTS. 113 A 120)	REVISÃO DO DIREITO EM VIGOR PARA PRODUTOR/EXPORTADOR QUE NÃO TENHA EXPORTADO PARA O BRASIL DURANTE A INVESTIGAÇÃO.

QUEM PODE PETICIONAR?	PRODUTOR OU EXPORTADOR
REQUISITOS	NÃO TER EXPORTADO PARA O BRASIL DURANTE O PERÍODO DA INVESTIGAÇÃO.
	NÃO SER PARTE RELACIONADA DE PRODUTORES OU EXPORTADORES QUE TENHAM EXPORTADO PARA O BRASIL DURANTE O PERÍODO DA INVESTIGAÇÃO
OBJETIVO	OBTER NOVO DIREITO ANTIDUMPING INDIVIDUAL
SUSPENSÃO OU NÃO DOS DIREITOS DURANTE A REVISÃO	HÁ POSSIBILIDADE DE SUSPENSÃO DA COBRANÇA DO DIREITO DURANTE A REVISÃO DE NOVO EXPORTADOR, MEDIANTE COBRANÇA DE GARANTIAS

Fonte: elaboração própria.

MEDIDA ANTIDUMPING – SAL GROSSO – 1ª REVISÃO – CHILE
CIRCULAR SECEX N. 50, DE 12 DE SETEMBRO DE 2013

Trata-se de revisão de novo exportador, iniciada para a Compañía Minera Cordillera Chile SCM (CMC), relativamente ao direito antidumping aplicado às importações de sal grosso, originárias da República do Chile. Encerrado em 8 de setembro de 2011.

> Segundo informações contidas na petição, a CMC, por não ter exportado o produto em questão para o Brasil durante o período de investigação da existência de dumping, não foi notificada e não teve a oportunidade de participar da investigação original. Assim, segundo argumentou a CMC, caso ela decidisse exportar sal grosso para o Brasil, seu produto estaria sujeito à medida antidumping de 35,4%, visto que a Resolução CAMEX n. 61, de 2011, impõe esta obrigação a todas as empresas brasileiras que importarem sal grosso do Chile, exceto quando a empresa exportadora chilena for a SPL, em razão do compromisso de preço.
>
> Dessa forma, de acordo com a CMC, seria pouco provável a venda de sal grosso ao Brasil, pois seus preços seriam consideravelmente mais elevados que os preços praticados pela SPL, devido à concorrência em condições desfavoráveis com essa empresa. Nesse contexto, a CMC requereu a revisão de novo exportador, sob o argumento de que a lei brasileira, consistente com o Acordo Antidumping, garante ao "novo exportador" o mesmo tratamento dado àqueles que cooperaram com a investigação de dumping. Neste caso, segundo ela, a CMC teria o direito de demonstrar seu valor normal e seu preço de exportação, bem como ter apurada margem individualizada de dumping.
>
> Tendo em vista que a empresa não havia exportado para o Brasil no período, a Resolução da Câmara de Comércio Exterior (CAMEX) n. 70, de 12 de setembro de 2013, suspendeu temporariamente, para a CMC, a cobrança do direito antidumping definitivo fixado pela Resolução CAMEX n. 61, de 2011, por um prazo de até 6 meses, a fim de que fosse possibilitado o cálculo de margem de dumping para a empresa.

Fonte: Circular SECEX n. 50, de 12 de setembro de 2013[194].

Diante do exposto, Athayde, Ramos, Calvão e Raphanelli[195] notam que a normativa para as revisões de novo exportador de direitos antidumping, previstas tanto no Acordo Antidumping quanto no Decreto n. 8.058/2013, possui distinções relevantes quando comparada com a revisão acelerada/sumária de medidas compensatórias do ASMC e do Regulamento Antissubsídios Brasileiro, seja no antigo Decreto n. 1.751, de 1995, ou no novo Decreto n. 10.839, de 2021. A fim de se comparar as especificidades de cada uma dessas revisões, e não se confundir "focinho de porco com tomada", apresenta-se a tabela abaixo:

---

[194] BRASIL. Circular SECEX n. 50, de 12 de setembro de 2013. Disponível em: <https://www.gov.br/produtividade-e-comercio-exterior/pt-br/arquivos/dwnla_1379076186.pdf>. Acesso em: 21 maio 2022.

[195] ATHAYDE, Amanda; RAMOS, Adriano; CALVÃO, Hearle; RAPHANELLI, Daniel. Focinho de porco não é tomada: análise comparativa da revisão de novo exportador de direitos antidumping e da revisão acelerada de medidas compensatórias. *RDCI*, 5. ed., São Paulo, 2022.

Tabela – Comparativo entre as revisões de novo exportador de direitos antidumping e da revisão sumária/acelerada de medidas compensatórias

OUTROS TIPOS DE REVISÕES EM INVESTIGAÇÕES ANTIDUMPING	
REVISÃO PARA NOVOS PRODUTORES OU EXPORTADORES SUBSEÇÃO I DA SEÇÃO III DO CAPÍTULO VIII (ARTS. 113 A 120)	REVISÃO DO DIREITO EM VIGOR PARA PRODUTOR/EXPORTADOR QUE NÃO TENHA EXPORTADO PARA O BRASIL DURANTE A INVESTIGAÇÃO.

	REVISÃO DE NOVO EXPORTADOR NO DECRETO N. 8.058/2013	REVISÃO SUMÁRIA DECRETO N. 1.751/1995	REVISÃO ACELERADA NO DECRETO N. 10.839/2021
QUEM PODE PETICIONAR?	PRODUTOR OU EXPORTADOR	PRODUTOR OU EXPORTADOR	PRODUTOR OU EXPORTADOR
REQUISITOS	NÃO TER EXPORTADO PARA O BRASIL DURANTE O PERÍODO DA INVESTIGAÇÃO. NÃO SER PARTE RELACIONADA DE PRODUTORES OU EXPORTADORES QUE TENHAM EXPORTADO PARA O BRASIL DURANTE O PERÍODO DA INVESTIGAÇÃO	NÃO TER SIDO INDIVIDUALMENTE INVESTIGADO POR OUTRA RAZÃO ALÉM DA RECUSA DE COOPERAR COM A INVESTIGAÇÃO. PETIÇÃO FUNDAMENTADA QUE PERMITA O INÍCIO DA REVISÃO SUMÁRIA	NÃO TER SIDO INDIVIDUALMENTE INVESTIGADO POR OUTRA RAZÃO ALÉM DA RECUSA DE COOPERAR COM A INVESTIGAÇÃO. PETIÇÃO FUNDAMENTADA QUE PERMITA O INÍCIO DA REVISÃO ACELERADA
OBJETIVO	OBTER NOVO DIREITO ANTIDUMPING INDIVIDUAL	OBTER NOVO DIREITO COMPENSATÓRIO INDIVIDUAL	OBTER NOVO DIREITO COMPENSATÓRIO INDIVIDUAL
SUSPENSÃO OU NÃO DOS DIREITOS DURANTE A REVISÃO	HÁ POSSIBILIDADE DE SUSPENSÃO DA COBRANÇA DO DIREITO DURANTE A REVISÃO DE NOVO EXPORTADOR, MEDIANTE COBRANÇA DE GARANTIAS	NÃO HÁ POSSIBILIDADE DE SUSPENSÃO DA COBRANÇA DO DIREITO DURANTE A REVISÃO SUMÁRIA	NÃO HÁ POSSIBILIDADE DE SUSPENSÃO DA COBRANÇA DO DIREITO DURANTE A REVISÃO ACELERADA

Fonte: elaboração própria, a partir de Athayde, Ramos, Calvão e Raphanelli.

Destaca-se, por fim, que o direito a ser aplicado em decorrência de uma revisão de novo exportador deve necessariamente corresponder à margem de dumping calculada no âmbito dessa revisão, conforme previsto no art. 78, § 3º, III, "b", do Decreto n. 8.058/2013. Assim, não há que se falar em aplicação da regra do menor direito (*lesser duty*) para o novo produtor/exportador.

2.8.3. Revisão anticircunvenção

A revisão anticircunvenção é o instrumento que investiga práticas elisivas que frustrem a eficácia das medidas antidumping aplicadas. Não há normas multilaterais sobre circunvenção, pois na Rodada Uruguai não se obteve consenso em relação sobre a matéria[196]. Assim, o tema é alvo de reuniões semestrais no *Informal Group on Anti-Circunvention,* no Comitê Antidumping da OMC.

No que se refere especificamente à não inclusão do tema circunvenção no arcabouço regulatório da OMC, Querino Flores indica que o tema foi retirado

---

[196] Decision on Anti-Circumvention. Disponível em: <https://www.wto.org/english/docs_e/legal_e/39-dadp1_e.htm>. Acesso em: 8 jun. 2022.

2 • Investigações antidumping – teoria e prática

das negociações do Acordo Antidumping e de Subsídios e Medidas Compensatórias para que viesse a ser concluído e assim compor o GATT 1994. Após a ausência de consenso sobre o tema, apontada em decisão ministerial de 1994[197], o presidente do então Comitê sobre Práticas Antidumping autorizou o início de consultas informais sobre circunvenção.

Em reunião levada a cabo entre 28 e 29 de abril de 1994, o Comitê de Práticas Anti-Dumping decidiu estabelecer o Grupo Informal sobre Anticircunvenção. Nessa ocasião, o Comitê concordou que o Grupo Informal seria aberto a todos os Membros e não poderia fazer quaisquer decisões sobre as questões discutidas, mas faria recomendações para consideração pelo Comitê[198]. Sensêve[199] aponta que

---

[197] Decision on Anti-Circumvention. Disponível em: <https://www.wto.org/english/docs_e/legal_e/39-dadp1_e.htm>. Acesso em: 8 jun. 2022.

[198] "Parágrafo 109. O Presidente lembrou que o Comitê havia decidido em sua reunião especial em dezembro de 1995 que o Presidente faria consultas informais sobre a tarefa atribuída ao Comitê pela Decisão Ministerial sobre anticircunvenção e informaria o Comitê periodicamente sobre o andamento dessas consultas informais. As consultas informais mais recentes a esse respeito foram realizadas em março de 1997. Como resultado dessas consultas, os Membros concordaram em uma estrutura para discussões contínuas sobre a questão anticircunvenção, conforme estabelecido no documento G/ADP/W/404, datado de 20 de março de 1997. 110. O Comitê tomou nota da estrutura acordada para discussão contínua da questão anticircunvenção. 111. O Presidente propôs que, para melhor realizar o trabalho estabelecido na estrutura, o Comitê estabelecesse um Grupo de Trabalho Informal sobre anticircunvenção. O Presidente observou que, assim como nas consultas informais realizadas até o momento, a participação no Grupo de Trabalho Informal seria aberta a todos os Membros. Além disso, como um Grupo de Trabalho Informal, este órgão não poderia tomar nenhuma decisão sobre os assuntos discutidos, mas faria recomendações para consideração do Comitê como um todo." [tradução livre] No original: "*109. The Chairman recalled that the Committee had decided at its special meeting in December 1995 that the Chairman would consult informally on the task set for the Committee by the Ministerial Decision on Anti-Circumvention, and would inform the Committee periodically on developments in those informal consultations. The most recent informal consultations in this regard were held in March 1997. As a result of those consultations, Members had agreed upon a framework for continued discussions of the issue of anti-circumvention, as set forth in document G/ADP/W/404, dated 20 March 1997. 110. The Committee took note of the agreed framework for continued discussion of the issue of anti-circumvention. 111. The Chairman proposed that, in order to best accomplish the work set out in the framework, the Committee establish an Informal Working Group on Anti-Circumvention. The Chairman noted that, as with the informal consultations held to date, participation in the Informal Working Group would be open to all Members. In addition, as an Informal Working Group, this body could not make any decisions on the issues discussed, but would make recommendations for consideration by the Committee as a whole*". G/ADP/M/10, 24 September 1997. Committee on Anti-Dumping Practices. Minutes of the regular meeting held on 28-29 April 1997.

[199] SENSÊVE, Bernardo de Castro. *A efetividade das medidas antidumping:* a circunvenção. Brasília: Universidade de Brasília, 2013.

se definiu que este comitê informal teria como objetivos primários dirimir: (1) o que constitui cincunvenção; (2) o que tem sido feito pelos Membros; e (3) a circunvenção em consonância com as regras da OMC (OMC, 1997, p. 2).

 DECISION ON ANTI-CIRCUMVENTION

"Ministers,
Noting that while the problem of circumvention of anti-dumping duty measures formed part of the negotiations which preceded the Agreement on Implementation of Article VI of GATT 1994, negotiators were unable to agree on specific text,
Mindful of the desirability of the applicability of uniform rules in this area as soon as possible,
Decide to refer this matter to the Committee on Anti-Dumping Practices established under that Agreement for resolution."

Fonte: Decisão Ministerial da OMC sobre anticircunvenção[200].

Sensêve[201] aponta que não obstante a necessidade da multilateração da circunvenção ser premente, a expectativa de que, a curto ou médio prazo, a OMC regule a circunvenção é ilusória. Há um embate aparentemente irresolúvel na OMC entre os países de perfil exportador e os países de perfil importador, cada qual obstinado a defender seu posicionamento sem ceder uma vantagem sequer à parte adversa. Sensêve acrescenta que[202] após o fim da Rodada do Uruguai muitos Membros passaram a adotar o posicionamento de que as regras de combate à circunvenção são compatíveis com as regras de OMC. As principais razões levantadas seriam as seguintes: (1) as medidas anticircunvenção objetivam "combater ou prevenir o dumping", nesse sentido o art. VI do GATT autorizaria os Membros a imporem direitos antidumping para "combater ou prevenir o dumping"; (2) as medidas tomadas a partir de constatações nas investigações anticircunvenção seriam tipos de medidas antidumping, portanto, estariam previstas no art. 1 do AAD; (3) Uma investigação anticircunvenção e as suas medidas poderiam se enquadrar em "ações específicas contra o dumping", tal como estipulado no art. 18.1 do AAD; (4) A Decisão Ministerial de forma alguma estabelece exceções às regras do AAD que de algum modo excluiriam as regras anticircunvenção da aplicação do AAD; (5) A

---

[200] OMC. Uruguay Round Agreement. Decision on Anti-Circumvention. Disponível em: <https://www.wto.org/english/docs_e/legal_e/39-dadp1_e.htm>. Acesso em: 13 jun. 2022.

[201] SENSÊVE, Bernardo de Castro. *A efetividade das medidas antidumping*: a circunvenção. Brasília: Universidade de Brasília, 2013.

[202] SENSÊVE, Bernardo de Castro. *A efetividade das medidas antidumping*: a circunvenção. Brasília: Universidade de Brasília, 2013.

Decisão Ministerial concorda implicitamente com a autoridade dos países para aplicar investigações anticircunvenção quando reconhece o desejo de obter regras uniformes "as soon as possible" (o quanto antes) e transferem a questão para o Comitê Antidumping para o Desenvolvimento Futuro (WANG, 2007, p. 17).

Nos termos do art. 10-A da Lei n. 9.019/1995, com redação incluída pela Lei n. 11.786/2008, "as medidas antidumping e compensatórias poderão ser estendidas a terceiros países, bem como a partes, peças e componentes dos produtos objeto de medidas vigentes, caso seja constatada a existência de práticas elisivas que frustrem a sua aplicação". Inicialmente, o tema foi disciplinado pela Resolução CAMEX n. 63/2010, e previa lista exemplificativa de práticas elisivas. Posteriormente, porém, a Resolução CAMEX n. 25/2011 limitou as hipóteses de circunvenção.

Nos termos do art. 29, *caput*, da Lei n. 12.546/2011, com a redação dada pela Lei n. 14.195/2021, as investigações de defesa comercial serão baseadas na origem declarada. O § 2º determina que, ainda que as regras de origem não preferenciais tenham sido cumpridas, medidas antidumping e compensatórias poderão ser estendidas, em razão de revisão anticircunvenção, a produtos cuja origem é distinta daquela na qual se baseou a aplicação da referida medida, ou seja, a produtos originários de terceiros países. Assim, todos os procedimentos do DECOM baseiam-se na origem declarada, razão pela qual a extensão de medida de defesa comercial, em razão de revisão anticircunvenção, independe do cumprimento das regras de origem (não) preferenciais. O objetivo das revisões anticircunvenção, portanto, não é declarar a origem da mercadoria ou questionar a origem declarada, mas tão somente verificar se há prática elisiva. Em uma investigação de origem não preferencial há uma verdadeira triangulação do mesmo produto mediante a sua exportação por um terceiro país não sujeito à medida, conforme a Lei n. 12.546/2011 e a regulamentação trazida pelas Portarias SE-CEX n. 87, de 31 de março de 2021, e 94, de 10 de junho de 2021[203].

No âmbito doméstico, o Decreto n. 8.058/2013 apresenta disposições sobre a revisão anticircunvenção no art. 78, § 3º, inciso III, alínea "c", no art. 79 e nos arts. 121 a 139, em sua Subseção II da Seção III (das revisões relativas ao escopo e à cobrança do direito) do Capítulo VIII (da revisão dos direitos antidumping e dos compromissos de preços), e substitui as Resoluções CAMEX n. 63/2010 e n. 25/2011, no que concerne a antidumping. Atualmente a regulamentação destas revisões anticircunvenção consta dos arts. 292 a 318 da Portaria SECEX n. 171/2022.

---

[203] Para maiores informações sobre investigações de origem não preferencial: <https://www.gov.br/produtividade-e-comercio-exterior/pt-br/assuntos/comercio-exterior/regimes-de-origem/investigacao-de-origem-nao-preferencial-1>. Acesso em: 13 abr. 2022.

Curso de Defesa Comercial e Interesse Público no Brasil: teoria e prática

Segundo os arts. 121 e 122 do Decreto n. 8.058/2013 c/c art. 300 da Portaria SECEX n. 171/2022, constitui circunvenção prática comercial que vise a frustrar a eficácia de medida antidumping vigente por meio da introdução, no território nacional, das importações, relacionadas no art. 121 do Decreto n. 8.058/2013, de:

I – partes, peças ou componentes originários ou procedentes do país sujeito a medida antidumping, destinadas à industrialização, no Brasil, do produto sujeito a medida antidumping;

II – produto de terceiros países cuja industrialização com partes, peças ou componentes originários ou procedentes do país sujeito a medida antidumping resulte no produto sujeito a medida antidumping; ou

III – produto que, originário ou procedente do país sujeito a medida antidumping, apresente modificações marginais com relação ao produto sujeito a medida antidumping, mas que não alteram o seu uso ou a sua destinação final.

A condução dessa investigação, por sua vez, deverá ser concluída no prazo de 6 (seis) a 9 (nove) meses, e poderão ser conduzidas verificações *in loco* para examinar os registros das empresas e comprovar as informações fornecidas.

Serão três, portanto, os fundamentos para uma revisão anticircunvenção:

Imagem – Possíveis fundamentos para uma revisão anticircunvenção nos termos do Decreto n. 8.058/2013

OUTROS TIPOS DE REVISÕES EM INVESTIGAÇÕES ANTIDUMPING

REVISÃO ANTICIRCUNVENÇÃO — SUBSEÇÃO II DA SEÇÃO III DO CAPÍTULO VIII (ARTS. 121 A 139) — INVESTIGAÇÃO DE PRÁTICAS ELISIVAS QUE FRUSTREM A EFICÁCIA DAS MEDIDAS ANTIDUMPING APLICADAS.

"Industrialização no Brasil"

I - PARTES, PEÇAS OU COMPONENTES ORIGINÁRIOS OU PROCEDENTES DO PAÍS SUJEITO A MEDIDA ANTIDUMPING, DESTINADAS À INDUSTRIALIZAÇÃO, NO BRASIL, DO PRODUTO SUJEITO A MEDIDA ANTIDUMPING.

"Industrialização em terceiro país"

II - PRODUTO DE TERCEIROS PAÍSES CUJA INDUSTRIALIZAÇÃO COM PARTES, PEÇAS OU COMPONENTES ORIGINÁRIOS OU PROCEDENTES DO PAÍS SUJEITO A MEDIDA ANTIDUMPING RESULTE NO PRODUTO SUJEITO A MEDIDA ANTIDUMPING

"Modificações marginais"

III - PRODUTO QUE, ORIGINÁRIO OU PROCEDENTE DO PAÍS SUJEITO A MEDIDA ANTIDUMPING, APRESENTE MODIFICAÇÕES MARGINAIS COM RELAÇÃO AO PRODUTO SUJEITO A MEDIDA ANTIDUMPING, MAS QUE NÃO ALTERAM O SEU USO OU A SUA DESTINAÇÃO FINAL.

Fonte: elaboração própria.

2 • Investigações antidumping – teoria e prática

Assim, apresenta-se a seguir um esquema visual sobre essas formas de implementação da prática elisiva da circunvenção:

Imagem – Formas de implementação da circunvenção nos termos do Decreto n. 8.058/2013

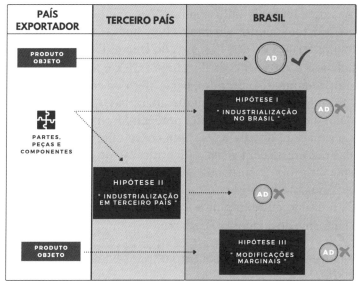

Fonte: elaboração própria.

Na hipótese I ("industrialização no Brasil"), há uma burla à aplicação do direito antidumping nacionalmente, na medida em que, uma vez aplicada a medida ao projeto objeto, as importações passaram a ser de suas partes, peças ou componentes, que serão então industrializados no Brasil, justamente com o objetivo de não mais ser cobrado o direito antidumping. A análise de informações relativas aos produtores, exportadores ou importadores será feita para produtores, exportadores ou importadores individualmente, de maneira a verificar se, na hipótese do inciso I do *caput* do art. 121, conforme indicam as alíneas do inciso I do § 2º do art. 123:

> *a)* a revenda, no Brasil, do produto sujeito à medida antidumping industrializado com partes, peças ou componentes originários ou procedentes do país sujeito à medida antidumping se deu a valores inferiores ao valor normal apurado para o produto sujeito a medida antidumping;

b) as partes, as peças ou os componentes originários ou procedentes do país sujeito à medida antidumping não apresentam utilização distinta da industrialização do produto sujeito a medida antidumping;

c) o início ou o aumento substancial da industrialização no Brasil ocorreu após o início da investigação que resultou na aplicação de medida antidumping; e

d) as partes, as peças ou os componentes originários ou procedentes do país sujeito a medida antidumping representam sessenta por cento ou mais do valor total de partes, peças ou componentes do produto industrializado no Brasil.

Registre-se, ainda, que não se caracterizará a circunvenção quando o valor agregado nas operações de industrialização a que faz referência o inciso I do *caput* do art. 121 for superior a trinta e cinco por cento do custo de manufatura do produto, nos termos do art. 123, § 3º, do Decreto n. 8.058/2013[204].

Segundo os arts. 304 e 305 da Portaria SECEX n. 171/2022, "deve-se descrever pormenorizadamente o produto, parte, peça ou componente objeto da revisão, especificando, conforme se aplique: matéria(s)-prima(s); composição química; modelo; dimensão; capacidade; potência, forma de apresentação, usos e aplicações e canais de distribuição"; bem como informar outras características consideradas relevantes com vistas à identificação do produto objeto da revisão, além de especificar o(s) item(ns) da NCM em que se classifica o produto objeto da revisão. Ainda, na hipótese do inciso I do *caput* do art. 121 do Decreto n. 8.058/2013, o direito antidumping sobre as partes, peças ou componentes será estendido na forma de alíquota *ad valorem*.

 MEDIDA ANTIDUMPING – COBERTORES – 1ª REVISÃO – CHINA, URUGUAI E PARAGUAI
RESOLUÇÃO N. 12, DE 13 DE FEVEREIRO DE 2012

Trata-se de revisão anticircunvenção que estendeu a aplicação do direito antidumping definitivo às importações brasileiras de cobertores de fibras sintéticas, originárias do Uruguai e do Paraguai e às importações brasileiras de tecidos de felpa longa de fibras sintéticas, originárias da China. O produto objeto do direito andidumping estava limitado às importações brasileiras de cobertores de fibras sintéticas, não elétricos, originárias da República Popular da China.

No que se refere especificamente à extensão do direito antidumping, em razão de industrialização no Brasil, destaca-se o seguinte disposto na Resolução:

"A análise das importações da Fatex Indústria, Comércio, Importação e Exportação Ltda. teve por base a resposta da empresa importadora ao questionário e suas informações complementares, e os resultados da investigação in loco, *conforme consta no Relatório de Verificação* In Loco.

---

[204] Tais cenários de se verificar circunvenção pela hipótese I são replicadas no art. 306 da Portaria SECEX n. 171/2022.

> *A empresa vendeu, no Brasil, durante o período de investigação, produto similar àquele objeto do direito antidumping, o qual foi fabricado efetivamente com tecido de felpa longa importado da China.*
>
> *(...)*
>
> *A partir de 2008, as importações brasileiras de tecidos de felpa longa aumentaram significativamente, com destaque para a elevação de 2009 para 2010, quando cresceram mais de 2.730 toneladas. Já o preço CIF de importação desses produtos em 2010 alcançou US$ 4,12/kg, ou seja, foi equivalente a 61% do preço CIF cobertor chinês importado nesse mesmo ano.*
>
> *De acordo com as informações disponíveis nos autos da investigação, o preço médio de venda desse cobertor, confeccionado no Brasil com o tecido de felpa longa importado da China, foi inferior ao valor normal da investigação original".*

Fonte: Resolução CAMEX n. 12, de 13 de fevereiro de 2012[205].

 MEDIDA ANTIDUMPING – LAMINADOS PLANOS E CHAPAS GROSSAS – 1ª REVISÃO – CHINA E UCRÂNIA
RESOLUÇÃO N. 119, DE 18 DE DEZEMBRO DE 2014

Trata-se de revisão anticircunvenção que estendeu a aplicação do direito antidumping às importações brasileiras de chapas grossas pintadas, originárias da China, e às importações brasileiras de chapas grossas com adição de boro, originárias da China e da Ucrânia. O produto objeto do direito antidumping estava limitado às importações brasileiras de laminados planos de baixo carbono e baixa liga provenientes de lingotamento convencional ou contínuo, originárias da República da África do Sul, da República da Coreia, da República Popular da China e da Ucrânia.

No que se refere especificamente à extensão do direito antidumping, em razão de industrialização no Brasil, destaca-se o seguinte disposto na Resolução:

> *"6.1 Das importações de chapas grossas revestidas ou pintadas (Inciso III) (...)*
>
> *Houve, ao longo do processo de investigação antidumping, um recrudescimento das importações brasileiras de chapas grossas pintadas de origem chinesa, de forma absoluta e em relação ao total de chapas grossas importadas da China, aqui incluídos os produtos objeto da medida antidumping e os produtos objeto desta revisão – chapas grossas com adição de boro e chapas grossas com pintura protetiva -, denotando mudança do perfil das importações com a finalidade única de frustrar a medida antidumping em vigor, implementada por meio da alteração da classificação fiscal.*
>
> *No tocante à análise das modificações marginais, a referida pintura de chapas grossas não tem justificativa econômica outra senão a de frustrar a eficácia da medida antidumping vigente. Essa pintura tem baixa durabilidade e não agrega valor ao produto, tendo apenas a finalidade de conferir proteção temporária ao aço durante o transporte e manuseio.*

---

[205] BRASIL. Resolução CAMEX n. 12, de 13 de fevereiro de 2012. Disponível em: <http://www.camex.gov.br/resolucoes-camex-e-outros-normativos/58-resolucoes-da-camex/1075-resolucao-n-12-de-13-de-fevereiro-de-2012>. Acesso em: 22 maio 2022.

> *Insta salientar que o preço médio ponderado para a origem chinesa das chapas grossas com pintura protetiva não apenas se manteve abaixo do valor normal apurado na investigação original, como também apresentou consistente diminuição ao longo do período analisado, estando também, de 2011 a 2013, abaixo do preço médio praticado para o produto objeto da medida antidumping.*
>
> *6.2 Das importações de chapas grossas com adição de boro (Inciso III) (...) No que tange à Ucrânia, conforme apurado, a partir do início da investigação original de antidumping o país passou a exportar ao Brasil chapas grossas adicionadas de boro, por meio da NCM 7225.40.90, em detrimento das exportações destinadas ao Brasil do produto objeto da medida antidumping, comumente classificada nas NCM 7210.51.00 e 7210.52.00, sendo que essa situação foi acentuada a partir de 2013, com a aplicação da medida antidumping.*
>
> *(...)".*

Fonte: Resolução n. 119, de 18 de dezembro de 2014[206].

MEDIDA ANTIDUMPING – LAMINADOS PLANOS E CHAPAS GROSSAS – CHINA E UCRÂNIA
RESOLUÇÃO N. 119, DE 18 DE DEZEMBRO DE 2014

> *"(...)*
>
> *No tocante à China, conforme apurado, muito embora esse país já exportasse chapas grossas com adição de boro desde 2011, essas quantidades eram pouco significativas tanto do ponto de vista relativo como absoluto. A partir de 2012, ano do início da investigação original, ocorreu crescimento exponencial dessas exportações com movimento simultâneo e oposto de diminuição das importações do produto objeto da medida antidumping. Dessa forma, o país passou a exportar chapas grossas adicionadas de boro, por meio da NCM 7225.40.90, em detrimento das exportações objeto da medida antidumping, realizadas pelas NCM 7210.51.00 e 7210.52.00.*
>
> *Embora não tenha sido possível, por falta de informação proveniente das empresas investigadas, apurar preço de exportação individualizado, os preços médios ponderados das importações de chapas grossas adicionadas de boro, para ambas as origens, não apenas foram inferiores ao valor normal apurado na investigação original, como foram depreciados ao longo do período analisado, estando também, em 2012 e 2013, abaixo do preço médio praticado para o produto objeto da medida antidumping."*

Fonte: Resolução n. 119, de 18 de dezembro de 2014[207].

---

[206] BRASIL. Resolução n. 119, de 18 de dezembro de 2014. Disponível em: <http://www.camex.gov.br/component/content/article/62-resolucoes-da-camex/1443>. Acesso em: 18 dez. 2022.

[207] BRASIL. Resolução n. 119, de 18 de dezembro de 2014. Disponível em: <http://www.camex.gov.br/component/content/article/62-resolucoes-da-camex/1443>. Acesso em: 18 dez. 2022.

MEDIDA ANTIDUMPING – VIDROS AUTOMOTIVOS – CHINA
CIRCULAR SECEX N. 18, DE 24 DE MAIO DE 2023

"19. Segundo a peticionária, após o início da investigação que resultou na aplicação dos direitos antidumping definitivos às importações de vidros automotivos, houve aumento expressivo de importações da China de vidros classificados no subitem 7006.00.00 da NCM/SH, que estariam passando por processo de industrialização no Brasil para posterior revenda no mercado brasileiro como vidros automotivos.

20. Nestes casos, nas descrições das importações de vidros do subitem 7006.00.00 da NCM/SH, haveria a indicação explícita de que esses vidros seriam destinados à produção de vidros automotivos, apresentando, por vezes, o modelo de veículo no qual os vidros seriam utilizados. Ademais, algumas outras descrições também já informavam que os vidros foram comercializados em pares, uma possível evidência de serem destinados à produção de vidros laminados, tipicamente utilizados na fabricação de para-brisas de veículos.

21. Adicionalmente, também foi observado aumento das importações de PVB (polivinil butiral), polímero utilizado entre as lâminas de vidros contracoladas na fabricação de vidros automotivos laminados, pelo porto de [CONFIDENCIAL], também originárias da República Popular da China. Segundo alegações da ABIVIDRO, as importações de PVB poderiam estar relacionadas ao local onde os vidros classificados no subitem 7006.00.00 da NCM/SH estariam passando por industrialização e posterior revenda no mercado brasileiro como vidros automotivos.

22. Dessa forma, o pleito de extensão da medida antidumping apresentado pela ABIVIDRO se baseia na alegação de que pares de vidros, comumente classificados no subitem 7006.00.00 da NCM/SH, estariam sendo importados da China com o intuito de serem contracolados mediante a fixação da lâmina plástica de polivinil butiral (PVB) no Brasil, para posterior revenda como vidros automotivos à indústria automobilística. Essas operações teriam ocorrido após o início da investigação original que culminou com a aplicação de medida antidumping às importações de vidros automotivos (Resolução CAMEX n. 5, de 2017), constituindo, desse modo, prática de circunvenção prevista pelo inciso I do art. 121 do Decreto n. 8.058, de 2013.ng."

Fonte: Circular SECEX n. 18, de 24 de maio de 2023[208].

Já na hipótese II ("industrialização em terceiro país"), há uma burla à aplicação do direito antidumping internacionalmente, na medida em que, uma vez aplicada a medida ao produto objeto, as importações passaram a ser de suas partes, peças ou componentes, que serão então industrializados em um terceiro país não sujeito à medida e posteriormente exportados para o Brasil. A análise de informações relativas aos produtores, exportadores ou importadores será feita para produtores, exportadores ou importadores individualmente, de maneira a verificar se, na hipótese do inciso II do *caput* do art. 121, conforme indicam as alíneas do inciso II do § 2º do art. 123:

---

[208] BRASIL. Circular SECEX n. 18, de 24 de maio de 2023. Disponível em: <https://www.in.gov.br/en/web/dou/-/circular-n-18-de-24-de-maio-de-2023-485626848>. Acesso em: 26 dez. 2023.

a) a exportação do produto para o Brasil se deu a valores inferiores ao valor normal apurado para o produto sujeito a medida antidumping;

b) a exportação do produto para o Brasil correspondeu a uma proporção importante das vendas totais do produtor ou exportador;

c) o início ou o aumento substancial das exportações do produto para o Brasil ocorreu após o início da investigação que resultou na aplicação de medida antidumping; e

d) as partes, as peças ou os componentes originários ou procedentes do país sujeito a medida antidumping representam sessenta por cento ou mais do valor total de partes, peças ou componentes do produto exportado para o Brasil[209].

MEDIDA ANTIDUMPING – COBERTORES – 1ª REVISÃO – CHINA, URUGUAI E PARAGUAI
RESOLUÇÃO N. 12, DE 13 DE FEVEREIRO DE 2012

Trata-se de revisão anticircunvenção que estendeu a aplicação do direito antidumping definitivo, pelo mesmo período de duração da medida, às importações brasileiras de cobertores de fibras sintéticas, originárias do Uruguai e do Paraguai e às importações brasileiras de tecidos de felpa longa de fibras sintéticas, originárias da China.

Com relação à existência de industrialização em terceiro país, destaca-se o seguinte disposto na Resolução:

"Quanto às importações de cobertores de fibras sintéticas originárias do Paraguai e do Uruguai, também ficou evidenciado que as partes, peças e componentes importados da China para confecção de cobertores nesses países representaram mais de 60% do valor total das partes, peças e componentes necessários para a fabricação desses cobertores. Além disso, o valor agregado no processo de industrialização em ambos os países foi inferior a 25%.

Observou, igualmente, elevação substantiva nos volumes de tecidos de felpa longa importados da China por ambos os países. Em 2010, houve um aumento de mais 1.300 toneladas no volume desses tecidos importados pelo Uruguai, em relação a 2009, e no que diz respeito ao Paraguai, tal volume, considerando os mesmos períodos, cresceu mais de 1.680 toneladas.

As importações brasileiras de cobertores de fibras sintéticas originárias desses países aumentaram em torno de 249 toneladas e 83 toneladas, respectivamente do Uruguai e do Paraguai, quando comparados 2009 e 2010. Com relação aos preços CIF médio de importação, em 2010, estes foram inferiores, inclusive, ao preço CIF médio de importação do produto chinês.

Além disso, considerando as informações disponíveis nos autos da investigação, os preços de venda dos cobertores paraguaios e uruguaios foram inferiores ao valor normal apurado na investigação original".

Fonte: Resolução CAMEX n. 12, de 13 de fevereiro de 2012[210].

---

[209] Tais cenários de se verificar circunvenção pela hipótese II são replicadas no art. 307 da Portaria SECEX n. 171/2022.

[210] BRASIL. Resolução CAMEX n. 12, de 13 de fevereiro de 2012. Disponível em: <http://

> **MEDIDA ANTIDUMPING – CABEDAIS E SOLAS DE SAPATOS – 1ª REVISÃO – CHINA**
> *RESOLUÇÃO N. 42, DE 3 DE JULHO DE 2012*
>
> Trata-se de revisão anticircunvenção que estendeu a aplicação do direito antidumping definitivo, pelo mesmo período de duração da medida, às importações brasileiras de cabedais e de solas de calçados originárias da China.
>
> Com relação à existência de industrialização em terceiro país, destaca-se o seguinte, disposto na Resolução:
>
> "*Por fim, as conclusões indicam que: a) Em relação à montagem de calçados na Indonésia e no Vietnã com partes, peças e componentes provenientes da China, ao amparo do inciso II do art. 4º da Portaria SECEX n. 21, de 2010, restou comprovado que a alteração nos fluxos comerciais verificada após a abertura da investigação original não decorreu de um processo, uma atividade ou uma prática insuficientemente motivada e sem justificativa econômica. Por esta razão, não foram encontrados indícios suficientes de práticas elisivas nas exportações de calçados da Indonésia e do Vietnã para o Brasil; b) Em relação à introdução no Brasil de cabedais e demais componentes de calçados originários da China, e destinados à montagem de calçados, ao amparo do inciso I do art. 4º da Portaria SECEX n. 21, de 2010, há elementos indicando a existência de práticas elisivas nas importações da empresa Mega Group International Indústria Comércio Importação e Exportação Ltda*".

Fonte: Resolução CAMEX n. 42, de 3 de julho de 2012[211].

Ainda, na hipótese III ("modificações marginais"), a burla à aplicação do direito antidumping acontece por meio de modificações marginais em relação ao produto, que podem inclusive resultar em "salto tarifário", modificando sua posição em termos de NCM, mas que não alteram seu uso ou sua destinação final. A análise de informações relativas aos produtores, exportadores ou importadores será feita para produtores, exportadores ou importadores individualmente, de maneira a verificar se, na hipótese do inciso III do *caput* do art. 121, conforme indicam as alíneas do inciso III do § 2º do art. 123:

> *a)* a exportação do produto com modificações marginais para o Brasil se deu a valores inferiores ao valor normal apurado para o produto sujeito a medida antidumping;

---

www.camex.gov.br/resolucoes-camex-e-outros-normativos/58-resolucoes-da-camex/1075-resolucao-n-12-de-13-de-fevereiro-de-2012>. Acesso em: 22 maio 2022.

[211] BRASIL. Resolução CAMEX n. 42, de 3 de julho de 2012. Disponível em: <http://www.camex.gov.br/component/content/article/62-resolucoes-da-camex/1161>. Acesso em: 23 maio 2022.

b) a exportação do produto com modificações marginais para o Brasil correspondeu a uma proporção importante das vendas totais do produtor ou exportador; e

c) o início ou o aumento substancial das exportações do produto com modificações marginais para o Brasil ocorreu após o início da investigação que resultou na aplicação de medida antidumping [212].

Neste caso, o art. 309 da Portaria SECEX n. 171/2022 determina que se deve informar, na petição de revisão anticircunvenção:

I – eventuais diferenças entre o produto objeto da revisão e o produto objeto da medida antidumping;

II – pequenas modificações introduzidas no produto objeto da revisão, comparativamente ao produto objeto da medida antidumping;

III – uso e destinação final do produto modificado; e

IV – estimativa do custo adicional para a realização da pequena modificação, se existente.

MEDIDA ANTIDUMPING – LAMINADOS PLANOS E CHAPAS GROSSAS – 1ª REVISÃO – CHINA E UCRÂNIA
RESOLUÇÃO N. 119, DE 18 DE DEZEMBRO DE 2014

Trata-se de revisão anticircunvenção que estendeu a aplicação do direito antidumping definitivo, pelo mesmo período de duração da medida, às importações brasileiras de chapas grossas pintadas, originárias da China, e às importações brasileiras de chapas grossas com adição de boro, originárias da China e da Ucrânia. Para tanto, referida Resolução apresenta a seguinte justificativa:

"Dessa forma, a existência de circunvenção não decorre tão somente de uma análise estatística dos fluxos de comércio dos países para o Brasil. A observância de coincidência entre algumas empresas produtoras/exportadoras envolvidas na investigação original e aquelas que se encontram atualmente produzindo e exportando chapas grossas com alterações marginais evidencia que há movimento deliberado no sentido de modificar marginalmente seu produto, alterando perfil comercial, com fim único de frustrar a medida antidumping em vigor".

Fonte: Resolução CAMEX n. 119, de 18 de dezembro de 2014 [213].

---

[212] Tais cenários de se verificar circunvenção pela hipótese III são replicadas no art. 308 da Portaria SECEX n. 171/2022.

[213] BRASIL. Resolução CAMEX n. 119, de 18 de dezembro de 2014. Disponível em: <http://www.camex.gov.br/component/content/article/62-resolucoes-da-camex/1443>. Acesso em: 23 maio 2022.

MEDIDA ANTIDUMPING – LAMINADOS A FRIO DE AÇO INOXIDÁVEL DOS TIPOS 304 E 430 – 1ª REVISÃO – CHINA
CIRCULAR SECEX N. 45, DE 26 DE OUTUBRO DE 2023

Trata-se de revisão anticircunvenção, que iniciou a investigação sobre a substituição de exportações dos aços inoxidáveis objeto do direito antidumping, dos tipos 304 e 430 por aços da série 2xx e 410, respectivamente, inclusive em especificações não condizentes com as normas técnicas nacionais, após o início da investigação que resultou na aplicação dos direitos antidumping definitivos às importações de laminados a frio, produtores e exportadores chineses.

Deste modo, o pleito de extensão da medida antidumping apresentado pela Aperam baseia-se na alegação de que aços inoxidáveis da série 2xx e do tipo AISI 410, também comumente classificados nos subitens abarcados pela aplicação do direito antidumping, estariam sendo importados da China com o intuito de substituírem importações dos aços em que incide a medida antidumping, quais sejam, importações dos aços dos tipos 304 e 430.

Foram apresentados, a título de comparação, os dados de importação da Indonésia e do resto do mundo. Segundo a peticionária, ao passo que as importações da China de aços da série 2xx e 410 se tornaram crescentes nos últimos anos, após a revisão de final de período, as importações da Indonésia (com relação à qual também há medida compensatória aplicada sobre o produto laminado a frio 304) e do mundo se mantiveram estáveis. Assim, embora os laminados a frio objeto do direito antidumping tenham apresentado volume importado crescente de 278,8% no período analisado, as importações com indícios de circunvenção cresceram em magnitude significativamente superior (514,4%) no mesmo intervalo.

Assim, o DECOM concluiu pela existência de indícios de que:

a) a alteração da composição, de modo a se ter aços 2xx e 410, configura alteração marginal em relação ao produto sujeito à medida antidumping, a qual não modifica de modo significativo os seus usos e destinações finais;

b) houve alterações nos fluxos comerciais dos laminados a frio de aço inoxidável dos tipos 2xx e 410 entre o Brasil e a China, e o início das exportações dos produtos objeto desta revisão para o Brasil ocorreu após a revisão que prorrogou o direito antidumping aplicado às importações de laminados a frio;

c) a eficácia da medida antidumping em vigor estaria sendo frustrada, tendo em vista que as importações dos produtos objeto desta revisão apresentaram preços inferiores àqueles observados nas importações sujeitas ao direito antidumping, considerando-se ou não o direito antidumping atualmente vigente. Além disso, houve aumento substancial das importações dos produtos objeto da revisão, em comparação com as importações dos laminados a frio sujeitos à medida antidumping;

d) não há indícios de haver motivação ou justificativa econômica outra do que a frustração da medida antidumping vigente que explique o aumento substancial das importações objeto da revisão no período, o que é corroborado pela publicidade dos importadores apresentada pela peticionária;

e) a exportação do produto com modificações marginais para o Brasil se deu a valores inferiores ao valor normal apurado para o produto sujeito à medida antidumping; e

Curso de Defesa Comercial e Interesse Público no Brasil: teoria e prática

> f) o início e o aumento substancial das exportações do produto com modificações marginais para o Brasil ocorreram após o início da revisão que resultou na prorrogação da medida antidumping.

Fonte: Circular SECEX n. 45, de 26 de outubro de 2023[214].

Sensêve[215] aponta que embora Membros de peso da OMC, como EUA, UE, Canadá, Austrália dentre outros, tenham adequado suas legislações internas de forma a neutralizar a prática da circunvenção, não existe a previsão de medidas anticircunvenção no arcabouço jurídico da OMC. Essa lacuna tem conduzido o debate internacional para dois conflitos. Para o autor, o primeiro conflito se relaciona com o fortalecimento das medidas protecionistas em detrimento da busca pelo livre comércio; o outro se reduz aos conflitos entre o poder exercido pela OMC e a soberania das nações sobre seus territórios. Esses conflitos podem ser notados em dois momentos: durante as extensas propostas e discussões sobre as medidas anticircunvenção abordadas na Rodada do Uruguai e no único caso em que foram questionadas as medidas anticircunvenção, o denominado caso Screwdriver (YU, 2007, p. 149).

Da experiência internacional, é possível verificar a existência de outras hipóteses de circunvenção para além das três previstas no Brasil, conforme a tabela consolidada a seguir.

Tabela – Possíveis fundamentos na experiência comparada

OUTRAS HIPÓTESES DE CIRCUNVENÇÃO PARA ALÉM DAS TRÊS PREVISTAS NO BRASIL					
HIPÓTESES	BRASIL	CANADÁ	UNIÃO EUROPEIA	EUA	AUSTRÁLIA
Hipotese I: industrialização no país	✓	✓	✓	✓	✓
Hipótese II: industrialização em terceiro país	✓	✓	✓	✓	✓

---

[214] BRASIL. Circular SECEX n. 45, de 26 de outubro de 2023. Disponível em: <https://www.in.gov.br/en/web/dou/-/circular-n-45-de-26-de-outubro-de-2023-519175780>. Acesso em: 30 out. 2023.

[215] SENSÊVE, Bernardo de Castro. *A efetividade das medidas antidumping:* a circunvenção. Brasília: Universidade de Brasília, 2013.

Hipótese III: modificações marginais	✓	✓	✓	✓	✓
Pequenas modificações em terceiro país		✓	✓	✓	
Exportação por meio de terceiros países ("consignment"; "exports through one or more third countries")			✓		✓
Acordo entre produtores e exportadores do país sujeito à medida			✓		✓
"Later-developed merchandise"				✓	
Absorção da medida por importadores ("avoidance of intended effect of the duty")					✓
Outras hipóteses (lista não exaustiva)			✓	✓	

Fonte: elaboração própria.

Durante a análise, deve-se examinar as alterações no fluxo comercial antes e após a aplicação da medida antidumping, justamente para poder verificar se há elementos confirmadores dos indícios de prática elisiva. Nos termos dos arts. 310 a 312 da Portaria SECEX n. 171/2022:

> Art. 310. Deve-se informar a evolução do fluxo de comércio, indicando alterações ocorridas após o início do procedimento que deu origem à aplicação ou à última prorrogação da medida em vigor, considerando-se o período de revisão, inclusive, conforme se aplique:
>
> I – importações brasileiras do produto objeto da revisão;
>
> II – importações brasileiras de partes, peças ou componentes originários ou procedentes do país sujeito à medida antidumping; ou
>
> III – importações, por terceiro país, de partes, peças ou componentes originários ou procedentes do país sujeito à medida antidumping.
>
> Art. 311. Sempre que possível, deve-se apresentar informações sobre existência de capacidade instalada e volume de produção do produto objeto da revisão incompatíveis com o volume exportado para o Brasil.

Art. 312. Deve-se fornecer indícios de neutralização dos efeitos corretores da medida em vigor, incluindo dados sobre volume e preço médio de importação do produto objeto da revisão, ou de partes, peças ou componentes do produto objeto da medida em vigor, considerando-se o período de revisão.

O objetivo de uma revisão anticircunvenção é, portanto, estender a medida antidumping que anteriormente era aplicada a certas importações para outras importações consideradas elisivas. "Sempre que possível, a extensão de uma medida antidumping será objeto de determinação individual para cada produtor, exportador ou importador conhecido do produto objeto da revisão anticircunvenção", nos termos do art. 129 do Decreto n. 8.058/2013, mas, caso o número elevado de produtores, exportadores ou importadores torne impraticável a determinação individual, poderá ser realizada seleção, nos termos descritos nos parágrafos do mesmo artigo. Há, portanto, os seguintes cenários de extensão de direitos antidumping em revisão anticircunvenção:

Imagem – Resultados possíveis em revisões circunvenção – extensão

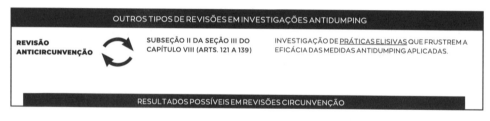

Fonte: elaboração própria.

Imagem – Resultados possíveis em revisões circunvenção – não extensão

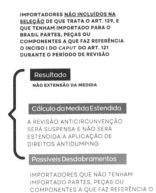

Fonte: elaboração própria.

2.8.4. Revisão de restituição

A revisão de restituição é o instrumento que investiga se a margem de dumping apurada para o período de revisão é inferior ao direito vigente e se, portanto, será necessária a restituição dos direitos recolhidos durante a sua vigência.

No âmbito doméstico, o Decreto n. 8.058/2013 apresenta disposições sobre a restituição nos arts. 140 a 145, em sua Subseção III da Seção III (das revisões relativas ao escopo e à cobrança do direito) do Capítulo VIII (da revisão dos direitos antidumping e dos compromissos de preços).

Para que seja iniciada uma revisão de restituição, deve ser apresentada, pelo importador, uma petição escrita em que fundamenta, com elementos de prova, que o montante de direitos antidumping recolhidos foi superior ao que seria devido caso o direito tivesse sido calculado com base na margem de dumping apurada para o período de revisão (*caput* do art. 141 do Decreto n. 8.058/2013). Para tanto, devem ser apresentadas evidências, já que meras alegações não são consideradas suficientes.

Ou seja, o importador deverá indicar em sua petição que, durante um determinado período de tempo, que será considerado o seu período de revisão (que deve ser de 6 (seis) a 12 (doze) meses), os montantes que por este importador foram recolhidos foram maiores do que teriam sido recolhidos se o direito tivesse sido calculado com base na margem de dumping para aquele período específico. Tal petição deve ser protocolada no prazo de quatro meses, contado da data final do período de revisão[216]. Para tanto, a petição deve conter informação precisa a respeito do montante a ser reembolsado e estar acompanhada de toda documentação aduaneira, original ou cópia autenticada, relativa ao recolhimento dos direitos antidumping devidos. Ademais, deve conter elementos de prova relativos ao valor normal e ao preço de exportação para o Brasil do produtor ou exportador para o qual uma margem de dumping individual tenha sido calculada.

Imagem – Revisão de restituição

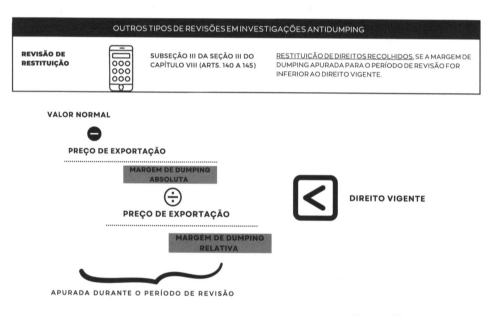

Fonte: elaboração própria.

A investigação, por sua vez, deverá ser concluída no prazo de 10 (dez) meses. Como resultado da revisão, a margem de dumping calculada para o período de revisão servirá exclusivamente para calcular a eventual restituição de direitos antidumping recolhidos em montante superior à margem de dumping apurada para

---

[216] O final do período corresponderá necessariamente à data da última importação no interregno em que a restituição é pleiteada e para a qual tenham sido recolhidos direitos antidumping.

2 • Investigações antidumping – teoria e prática

o período de revisão. Não passará a ser, portanto, a nova margem de dumping que servirá de base para a aplicação subsequente de um direito antidumping para aquele importador, por exemplo. Para esse fim, seria necessário o peticionamento, por exemplo, de uma revisão de alteração de circunstâncias, *supra* descrito.

Tendo sido alvo de consulta pública em 2017[217], apenas em 2022 foi publicada a regulamentação dessa revisão de restituição, diferentemente das demais revisões e procedimentos previstos no Decreto n. 8.058/2013. Trata-se de tema que envolve não apenas defesa comercial, mas também a Receita Federal do Brasil, que será acionada para implementar a restituição dos valores efetivamente arrecadados. Os arts. 352 a 384 da Portaria SECEX n. 171/2022 trazem um passo a passo sobre as informações que devem ser apresentadas na petição de restituição, bem como a forma que será apurada a margem de dumping para o período, incluindo questões referentes ao valor normal e ao preço de exportação de cada produtor ou exportador do produto objeto do direito antidumping que tenha comercializado o projeto objeto da revisão de restituição.

Em termos operacionais, deve ser então apresentada uma lista de todas as transações de importação objeto da petição de revisão de restituição realizadas pelo importador peticionário durante o período de apuração do montante a ser restituído, discriminando, para cada transação, a data do desembaraço, a quantidade importada, o preço unitário de importação do produto e a data e o número da respectiva fatura de venda do produtor ou exportador relacionada a essa importação (art. 379 da Portaria SECEX n. 171/2022). Em seguida, "deve-se informar o montante de direito antidumping a ser restituído pleiteado pelo peticionário, que deverá consistir na diferença entre o direito antidumping recolhido relativo às importações do produto investigado e a margem de dumping do período de revisão informada pelo peticionário", conforme art. 382 da Portaria SECEX n. 171/2022.

2.8.5. Avaliação de escopo

A avaliação de escopo é o instrumento que apura se um certo produto está sujeito à medida antidumping em vigor. Trata-se, assim, de instrumento meramente interpretativo, a fim de se verificar se um determinado produto já está ou

---

[217] A Circular Secex n. 48, de 11 de setembro de 2017, publicada no DOU de 12 de setembro de 2017, abriu prazo de 30 (trinta) dias para que fossem apresentadas sugestões de alteração da Portaria que disporia sobre as informações necessárias para a elaboração de petições relativas à revisão de restituição prevista na Subseção III da Seção III do Capítulo VIII do Decreto n. 8.058, de 26 de julho de 2013. Disponível em: <https://www.gov.br/produtivida-de-e-comercio-exterior/pt-br/assuntos/comercio-exterior/defesa-comercial-e-interesse-publico/consultas-publicas-air-projetos-de-cooperacao/consultas-publicas/consultas-publicas-encerradas>. Acesso em: 13 abr. 2022.

não inserido no escopo do produto. Não se trata de uma revisão que se presta a reanalisar o escopo de medidas antidumping vigentes, com sua eventual redução, por exemplo. Para tanto, será necessário ter a discussão sobre escopo de produto e similaridade no âmbito de uma revisão de final de período, por exemplo (*vide* Seção 2.2.1, *supra*, deste livro).

No âmbito doméstico, o Decreto n. 8.058/2013 apresenta disposições sobre avaliação de escopo nos arts. 146 a 154, em sua Seção I do Capítulo IX (da avaliação de escopo e da redeterminação). A avaliação poderá ser solicitada por qualquer uma das partes interessadas, bem como por outros importadores, além de poder ser iniciada de ofício. Em caso de apresentação de petição escrita, deverá haver fundamentação sobre, conforme relaciona o art. 147 do Decreto n. 8.058/2013, a:

> I – descrição detalhada do produto a ser avaliado, acompanhada dos elementos de prova pertinentes, incluindo suas características técnicas e seus usos, bem como a sua classificação tarifária na Nomenclatura Comum do MERCOSUL – NCM; e
>
> II – explicação pormenorizada, acompanhada de elementos de prova, das razões que levam o peticionário a entender que o produto está, ou não, sujeito à medida antidumping em vigor.

Todos os requisitos de uma petição de avaliação de escopo constam no art. 281 da Portaria SECEX n. 171/2022.

Imagem – Avaliação de escopo

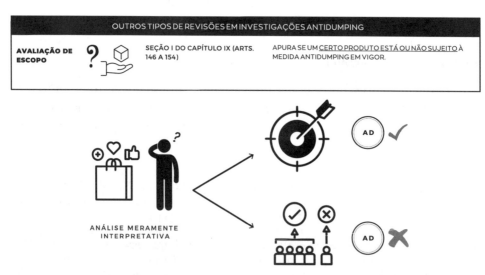

Fonte: elaboração própria.

Caso solicitada pela indústria doméstica, a tendência é que o pedido da avaliação de escopo seja no sentido de que os produtos analisados estejam sim no escopo da incidência, para que, portanto, sejam objeto da medida antidumping e haja, consequentemente, ou a cessação das importações daquele produto ou a redução do seu volume.

MEDIDA ANTIDUMPING – BATATAS CONGELADAS – INVESTIGAÇÃO ORIGINAL – ALEMANHA, BÉLGICA, FRANÇA E PAÍSES BAIXOS
CIRCULAR SECEX N. 8, DE 16 DE FEVEREIRO DE 2022

Trata-se de investigação referente à aplicação de medida antidumping (original) às importações de batatas congeladas, originárias da Alemanha, da Bélgica, da França e dos Países Baixos.
Após abertura de avaliação de escopo específica solicitada pela Indústria Doméstica, determinou-se que as importações de batatas pré-fritas congeladas, sem cobertura, borrifadas com especiarias não estão sujeitas à aplicação das medidas antidumping referidas.

Fonte: Circular SECEX n. 8, de 16 de fevereiro de 2022[218].

Por outro lado, caso solicitado pelos exportadores ou importadores, a tendência é que o pedido de avaliação de escopo seja no sentido de que os produtos analisados não estejam no escopo de incidência, para que não haja, portanto, a cobrança da medida antidumping, e para que seja mantido o fluxo comercial de importação daquele produto.

AVALIAÇÃO DE ESCOPO – CALÇADOS – CHINA
RESOLUÇÃO GECEX N. 88, DE 27 DE SETEMBRO DE 2016

Trata-se de avaliação de escopo com o fim de determinar que as sapatilhas para kart confeccionadas em camurça ou em microfibra estão sujeitas à aplicação dos direitos antidumping sobre as importações de calçados da China.
A petição foi apresentada pela empresa Bersaghi Speed Comercial Importadora e Exportadora Ltda. A empresa Crocs Brasil Comércio de Calçados Ltda. e a Associação Brasileira das Indústrias de Calçados – ABICALÇADOS foram admitidas como partes interessadas nos dias 30 e 31 de maio de 2016.

Fonte: Resolução GECEX n. 88, de 27 de setembro de 2016[219].

---

[218] BRASIL. Circular SECEX n. 8, de 16 de fevereiro de 2022. Disponível em: <https://www.gov.br/produtividade-e-comercio-exterior/pt-br/acesso-a-informacao/legislacao/circulares-secex/2022/circular-secex-008_2022.pdf/view>. Acesso em: 16 maio 2022.

[219] BRASIL. Resolução GECEX n. 88, de 27 de setembro de 2016. Disponível em: <https://www.in.gov.br/web/guest/materia/-/asset_publisher/Kujrw0TZC2Mb/content/id/21925572/do1-2016-09-28-resolucao-n-88-de-27-de-setembro-de-2016-21925368>. Acesso em: 14 maio 2022.

> **AVALIAÇÃO DE ESCOPO – OBJETOS DE VIDRO PARA MESA – ARGENTINA, CHINA E INDONÉSIA**
> *PORTARIA SECINT N. 438, DE 7 DE JUNHO DE 2019*
>
> Trata-se de avaliação de escopo com o fim de esclarecer que sousplat de vidro sodo--cálcico, quando originários da Argentina, China e Indonésia, não estão sujeitos à incidência do direito antidumping.
>
> A petição foi apresentada pela empresa Rafimex Comercial Importadora e Exportadora Ltda.

Fonte: Portaria SECINT n. 438, de 7 de junho de 2019[220].

Tendo em vista o caráter interpretativo desta avaliação de escopo, é bastante comum a participação de muitas partes interessadas no processo, razão pela qual é possível inclusive realizar audiências, para ouvir todas as partes interessadas no processo. O rito para as audiências em avaliações de escopo consta no art. 291 da Portaria SECEX n. 171/2022. Como se trata de um processo sujeito ao contraditório e à ampla defesa, as conclusões serão baseadas nos argumentos apresentados pelas partes interessadas no processo, considerando os critérios utilizados para definir o produto objeto da investigação, conforme estabelecido no art. 10 do Decreto n. 8.058/2013. A decisão final, por sua vez, é do Gecex, *vide* Seção 1.6 deste livro, já que se trata de uma decisão sobre a própria aplicação da medida antidumping.

2.8.6. Redeterminação

A redeterminação é o instrumento que apura se a medida antidumping aplicada teve sua eficácia comprometida.

No âmbito doméstico, o Decreto n. 8.058/2013 apresenta disposições sobre redeterminação nos arts. 155 a 160, em sua Seção II do Capítulo IX (da avaliação de escopo e da redeterminação). Segundo seus termos, a medida antidumping aplicada poderá ter sua eficácia comprometida por dois motivos: I – em razão da forma de aplicação da medida; ou II – em virtude de o preço de exportação ou de o preço de revenda do produto objeto do direito no mercado interno brasileiro ter-se reduzido, não se ter alterado, ou ter aumentado em valor inferior ao esperado pela aplicação, alteração, prorrogação ou extensão

---

[220] BRASIL. Portaria SECINT n. 438, de 7 de junho de 2019. Disponível em: <https://www.in.gov.br/web/dou/-/portaria-n-438-de-7-de-junho-de-2019-161207720>. Acesso em: 7 jun. 2022.

de uma medida antidumping. Ou seja, são hipóteses em que o direito em vigor não está alcançando o objetivo inicialmente almejado quando da sua aplicação, sendo necessário um reajuste, seja com relação à sua forma de aplicação, seja com relação ao seu *quantum*. Serão dois, portanto, os fundamentos para uma redeterminação:

Imagem – Possíveis fundamentos para uma redeterminação

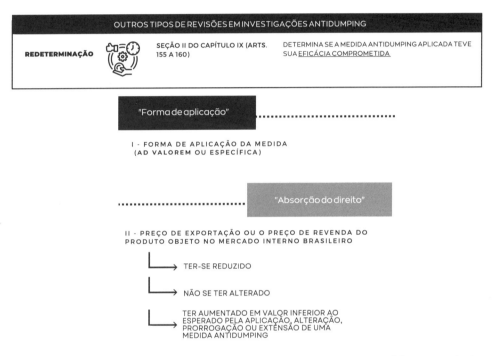

Fonte: elaboração própria.

Na hipótese I ("forma de aplicação"), da redeterminação em razão da forma de aplicação de uma medida antidumping, pode ser realizada a alteração, por exemplo, de uma medida *ad valorem* para uma alíquota específica, ou vice-versa, fixa ou variável, sob a condição de que a medida antidumping tenha sido aplicada em montante inferior à margem de dumping. Ademais, em caso de deferimento da alteração na forma de aplicação, há o limite de que a nova medida não ultrapasse a margem apurada na investigação original ou na revisão mais recente. Assim, serão passíveis de redeterminação em razão de absorção do direito apenas os direitos antidumping aplicados em montante inferior à margem de dumping calculada na investigação que aplicou, alterou, prorrogou ou estendeu o direito antidumping objeto da redeterminação, conforme o

Curso de Defesa Comercial e Interesse Público no Brasil: teoria e prática

disposto no § 1º do art. 157 do Decreto n. 8.058/2013. Caso seja decidida a alteração na forma de aplicação da medida, isso só poderá acontecer uma vez a cada cinco anos.

Na petição que solicita a redeterminação em razão da forma de aplicação do direito, a petição deve conter, nos termos do art. 335 da Portaria SECEX n. 171/2022:

> I – a forma do direito antidumping objeto da redeterminação: alíquota *ad valorem* ou específica, fixa ou variável, ou a conjugação de ambas;
> II – especificação da alteração pretendida da forma de aplicação do direito antidumping;
> III – indicação da origem para a qual se pretende alterar a forma do direito antidumping; e
> IV – explicação pormenorizada das razões pelas quais uma redeterminação se faz necessária, acompanhada dos indícios pertinentes.

Na hipótese II ("absorção do direito"), da redeterminação em razão do preço de exportação ou de revenda, há uma tentativa de modificação no *quantum* da medida. Após a aplicação de um direito antidumping, espera-se que o preço do produto importado seja maior, de modo a não causar dano à indústria doméstica. Ocorre que, após a aplicação da medida, o exportador ou o revendedor podem alterar o seu preço, reduzindo-o, basicamente "absorvendo" o montante aplicado do direito antidumping. Assim, a medida não alcançará seu resultado, pois o preço que o produto exportado chegar ao Brasil continuará causando dano à indústria doméstica. Interessante pontuar que, nos termos do art. 160 do Decreto n. 8.058/2013: "determinações positivas quanto à absorção de direitos referida no inciso II do *caput* do art. 155 constituem indícios significativos de que a extinção do direito levará à continuação ou retomada do dumping".

Na petição que solicita a redeterminação em razão da absorção do direito, a petição deve conter, nos termos do art. 337 da Portaria SECEX n. 171/2022:

> I – indícios de existência de associação ou relacionamento entre os produtores ou exportadores e os importadores ou uma terceira parte, ou de acordo compensatório entre si, se for o caso;
> II – explicação pormenorizada das razões pelas quais uma redeterminação se faz necessária, acompanhada dos indícios pertinentes;
> III – nos casos em que não houver associação, relacionamento ou acordo compensatório entre os produtores ou exportadores e importadores ou uma terceira parte, os dados solicitados nos Apêndices XXII e XXIII desta Portaria; e

2 • *Investigações antidumping – teoria e prática*

IV – nos casos em que houver associação, relacionamento ou acordo compensatório entre os produtores ou exportadores e os importadores ou uma terceira parte, os dados solicitados nos Apêndices XXII e XXIV.

O art. 320, parágrafo único, da Portaria SECEX n. 171/2022 determina que não serão conhecidas solicitações de redeterminação de empresa, conjunto de empresas, ou entidade de classe representativa do setor que representem menos de 20% da produção nacional.

Uma redeterminação só pode ser iniciada após no mínimo 9 (nove) meses da data de aplicação, alteração, prorrogação ou extensão da medida antidumping, mediante apresentação de petição fundamentada ou de ofício (art. 158 do Decreto n. 8.058/2013). A condução dessa investigação, por sua vez, deverá ser concluída no prazo de 3 (três) meses. Ademais, a fim de evitar que haja uma constante apresentação de petições sem o respectivo fundamento, o art. 324 da Portaria SECEX n. 171/2022 indica que: "caso a redeterminação seja encerrada com base em determinação negativa, nova petição sobre a mesma medida antidumping só será analisada se protocolada após 12 (doze) meses contados da data do encerramento da redeterminação, podendo este prazo, em casos excepcionais e desde que devidamente justificados, ser reduzido para 6 (seis) meses".

Não foram identificados precedentes de redeterminação no Brasil.

2.9. Aspectos processuais das investigações antidumping

Sobre os aspectos processuais das investigações antidumping, cumpre apresentar (2.9.1) os prazos processuais nas investigações originais, (2.9.2) os prazos processuais nas revisões de final de período, (2.9.3) as verificações *in loco* e as verificações de elementos de prova, (2.9.4) a confidencialidade, (2.9.5) os roteiros e questionários, (2.9.6) o Sistema Processual de Investigações – o SEI/ME e, por fim, (2.9.7) lançar breves considerações sobre o conceito de partes relacionadas em investigações antidumping.

Interessante mencionar, desde já, que, no contencioso da OMC DS437[221], o Painel relembrou que, no caso US – Softwood Lumber V (DS264[222]), já havia sido

---

[221] OMC. DS437: United States – Countervailing Duty Measures on Certain Products from China. Disponível em: <https://www.wto.org/english/tratop_e/dispu_e/cases_e/ds437_e.htm>. Acesso em: 5 dez. 2023.

[222] OMC. DS264: United States — Final Dumping Determination on Softwood Lumber from

decidido que a quantidade e a qualidade das evidências necessárias para cumprir os requisitos relacionados à completude da informação ("*sufficiency of the evidence*") são distintas para fins de início de uma investigação quando comparadas com os requisitos para uma determinação preliminar ou final.

2.9.1. Prazos processuais nas investigações originais

Os prazos processuais nas investigações antidumping estão previstos detalhadamente no Capítulo V, "Da investigação", do Decreto n. 8058/2013. Nos termos do seu art. 72, as investigações originais são concluídas no prazo de dez meses, contado do início da investigação, mas é possível (e bastante comum) a sua prorrogação para até dezoito meses. Nota-se, portanto, que os prazos mínimos de uma investigação original antidumping é menor (dez meses) do que uma investigação original antissubsídios (doze meses), *vide* Seção 3.9.1. Registre-se, ainda, a regra do art. 194 do Decreto n. 8.058/2013, de que a autoridade investigadora "poderá prorrogar, por uma única vez e igual período, os prazos previstos neste Decreto, exceto aqueles em que a prorrogação, ou a sua proibição já estejam previstos".

Imagem – Prazos processuais em investigações originais

Fonte: elaboração própria.

Em grandes linhas, pode-se entender que uma investigação antidumping original pode ser dividida em 6 (seis) etapas principais:

Canada. Disponível em: <https://www.wto.org/english/tratop_e/dispu_e/cases_e/ds264_e.htm>. Acesso em: 5 dez. 2023.

Imagem – Principais etapas processuais em investigações antidumping originais

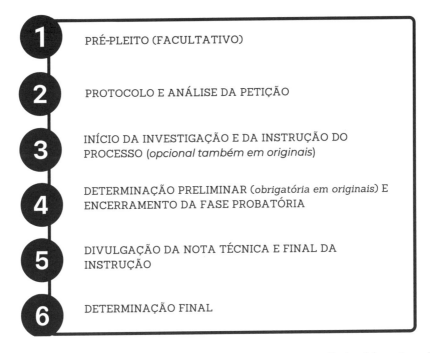

Fonte: elaboração própria.

O Guia de Investigações Antidumping do DECOM[223] apresenta imagem e tabela contendo um passo a passo sobre os prazos processuais para o início de uma investigação original. Ressalte-se, porém, que os prazos de análise indicados nas tabelas abaixo são prazos internos e impróprios, de modo que seu descumprimento não gera repercussões processuais.

---

[223] Guia de Investigações Antidumping do DECOM, 2022. Disponível em: <https://www.gov.br/produtividade-e-comercio-exterior/pt-br/assuntos/comercio-exterior/defesa-comercial-e-interesse-publico/guias>. Acesso em: 3 maio 2022.

Curso de Defesa Comercial e Interesse Público no Brasil: teoria e prática

Imagem – Prazos processuais para iniciar uma investigação antidumping original

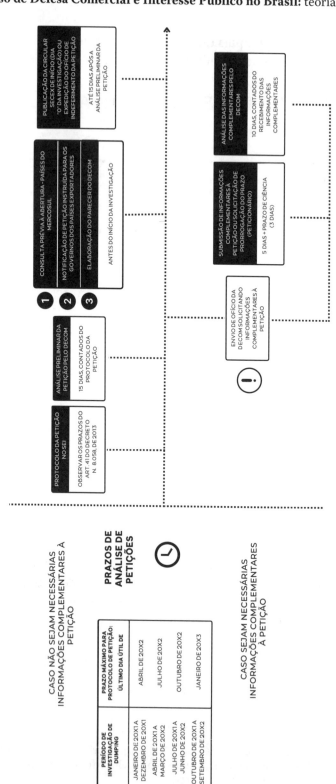

Fonte: elaboração própria.

Ressalte-se, ainda, que não é possível apresentar petições para início das investigações a qualquer tempo, dado que existem o que se chama de "janelas de petição". Nos termos do § 2º do art. 48 do Decreto n. 8.058/2013, o peticionário terá até o último dia útil do quarto mês subsequente ao encerramento do período de investigação de dumping para protocolar a petição de investigação antidumping original, sem a necessidade de atualização dos períodos de investigação de dumping e de dano. O período de investigação de dumping corresponderá necessariamente ao subperíodo mais recente de investigação de dano e deverá encerrar-se em março, junho, setembro ou dezembro.

Assim, considerando-se essa informação e o prazo para protocolo de petição mencionado no parágrafo anterior, anualmente tem-se quatro "janelas" para apresentação de petições de investigação antidumping originais, conforme apresentado na imagem acima, também apresentada no Guia de Investigações Antidumping do DECOM[224].

Uma vez iniciada a investigação, inicia-se uma nova contagem de prazos processuais para a instrução. Em grandes linhas, a investigação original tem os seguintes grandes marcos em termos de documentos elaborados pela autoridade investigadora: (1) Circular SECEX de início da investigação, (2) Determinação Preliminar, com ou sem a recomendação de direitos provisórios, (3) Nota Técnica de Fatos Essenciais e (4) Determinação Final.

Imagem – Marcos da investigação antidumping original

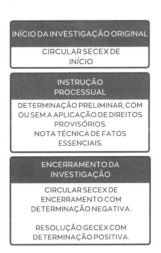

Fonte: elaboração própria.

---

[224] Guia de Investigações Antidumping do DECOM, 2022. Disponível em: <https://www.gov.br/produtividade-e-comercio-exterior/pt-br/assuntos/comercio-exterior/defesa-comercial-e-interesse-publico/guias>. Acesso em: 3 maio 2022.

Curso de Defesa Comercial e Interesse Público no Brasil: teoria e prática

O Guia de Investigações Antidumping do DECOM[225] também apresenta imagem e tabela contendo um passo a passo sobre os prazos processuais durante a instrução da investigação antidumping original. Ressalte-se, porém, que os prazos de análise indicados nas tabelas abaixo são prazos internos e impróprios, de modo que seu descumprimento não gera repercussões processuais.

Nos termos da Portaria SECEX n. 282/2023, todas as avaliações de interesse público passaram a ser facultativas, tanto em investigações originais quanto em revisões de final de período.

Em todas as fases processuais, as partes interessadas serão notificadas dos dados e das informações necessários à instrução do processo, da forma e do prazo de sua apresentação (art. 179 do Decreto n. 8.058/2013). Caso, porém, qualquer parte interessada negue acesso à informação necessária, não a forneça tempestivamente ou crie obstáculos à investigação, o parecer referente às determinações preliminares ou finais será elaborado com base na melhor informação disponível, de acordo com as disposições do Capítulo XIV, nos termos do art. 49, § 1º, do Decreto n. 8.058/2013. Trata-se, assim, da chamada *best information available*, ou "BIA". Essa melhor informação disponível pode ser, inclusive, aquilo que está contido na petição de início da investigação (parágrafo único do art. 179 do Decreto n. 8.058/2013), o que muito provavelmente é mais gravoso para o produtor/exportador, de modo que se trata de um instrumento dos acordos multilaterais em defesa comercial para incentivar a participação das empresas nos respectivos processos.

---

[225] Guia de Investigações Antidumping do DECOM, 2022. Disponível em: <https://www.gov.br/produtividade-e-comercio-exterior/pt-br/assuntos/comercio-exterior/defesa-comercial-e-interesse-publico/guias>. Acesso em: 3 maio 2022.

2 • Investigações antidumping – teoria e prática

Imagem – Prazos processuais da investigação antidumping original

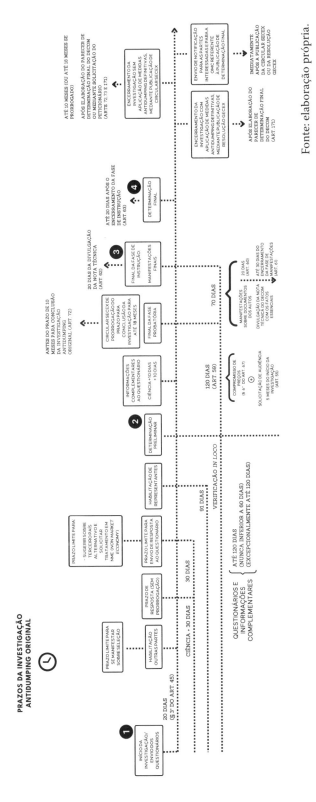

Fonte: elaboração própria.

2.9.2. Prazos processuais nas revisões de final de período

Embora o Decreto n. 8.058/2013 preveja prazos detalhados para a análise de petições de investigações antidumping originais, conforme apresentado na Seção 2.9.1 *supra*, esses prazos não precisam ser necessariamente aplicados à análise de petições de revisões de final de período, uma vez que, conforme previsto no art. 94 do citado decreto, as revisões de final de período apenas obedecerão no que couber aos prazos estabelecidos no Capítulo V. Nos termos do seu art. 112, as revisões de final de período são concluídas no prazo de dez meses, contado do início da investigação, mas é possível (e bastante comum) a sua prorrogação para até doze meses. Nota-se, portanto, que os prazos máximos de uma revisão de final de período antidumping é menor (doze meses) do que uma revisão de final de antissubsídios (quinze meses), *vide* Seção 3.9.2. Registre-se, ainda, a regra do art. 194 do Decreto n. 8.058/2013, de que a autoridade investigadora "poderá prorrogar, por uma única vez e igual período, os prazos previstos neste Decreto, exceto aqueles em que a prorrogação, ou a sua proibição já estejam previstos".

Imagem – Prazos processuais em revisões de final de período

Fonte: elaboração própria.

Em grandes linhas, pode-se entender que uma revisão de final de período antidumping pode ser dividida em 6 (seis) etapas principais:

Imagem – Principais etapas processuais em revisões
de final de período antidumping

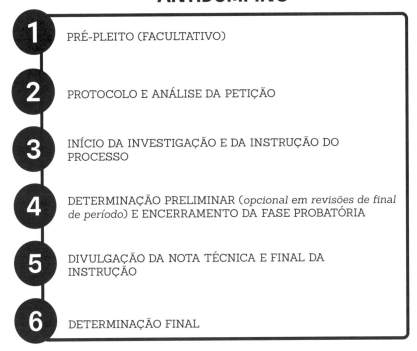

Fonte: elaboração própria.

Adaptando-se a imagem e a tabela apresentada no Guia de Investigações Antidumping do DECOM[226] para as revisões de final de período, é possível que se tenha o passo a passo sobre os prazos processuais para o início de uma revisão de final de período. Ressalte-se, porém, que os prazos de análise indicados nas tabelas abaixo são prazos internos e impróprios, de modo que seu descumprimento não gera repercussões processuais.

---

[226] Guia de Investigações Antidumping do DECOM, 2022. Disponível em: <https://www.gov.br/produtividade-e-comercio-exterior/pt-br/assuntos/comercio-exterior/defesa-comercial-e-interesse-publico/guias>. Acesso em: 3 maio 2022.

Imagem – Prazos processuais para iniciar uma revisão de final de período antidumping

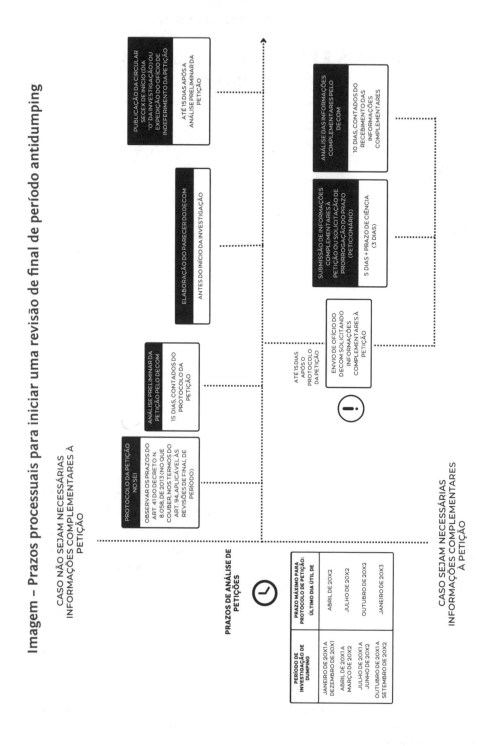

Fonte: elaboração própria.

Uma vez iniciada a investigação, inicia-se uma nova contagem de prazos processuais para a instrução. Em grandes linhas, a revisão de final de período tem os seguintes grandes marcos em termos de documentos elaborados pela autoridade investigadora: (1) Circular SECEX de início da investigação, (2) Nota Técnica de Fatos Essenciais e (3) Determinação Final.

Imagem – Marcos da revisão de final de período antidumping

Fonte: elaboração própria.

Uma das principais diferenças, portanto, em termos de atos processuais na revisão de final de período diz respeito à determinação preliminar. Tendo em vista o disposto no art. 94 do Decreto n. 8.058/2013, a elaboração de determinações preliminares não é obrigatória em revisões de final de período, diferentemente do que ocorre em investigações antidumping originais. No entanto, caso o DECOM decida realizar uma determinação preliminar no âmbito de uma revisão de final de período, a elaboração e a publicação desta determinação seguirão, preferencialmente, os mesmos prazos previstos para determinações preliminares em investigações antidumping originais, os quais foram apresentados na seção anterior deste livro. Importante destacar que a emissão de determinação preliminar é condição para que as partes interessadas possam apresentar compromisso de preços, nos termos do § 6º do art. 67 do Decreto n. 8.058/2013, segundo o qual os produtores ou exportadores estrangeiros "somente poderão oferecer compromissos de preços ou aceitar aqueles oferecidos pelo DECOM durante o período compreendido entre a data da publicação da determinação preliminar positiva de dumping, de dano à indústria doméstica e de nexo de causalidade entre ambos, e o encerramento da fase probatória".

Igualmente, adaptando-se a imagem e a tabela apresentada no Guia de Investigações Antidumping do DECOM[227] para as revisões de final de período, é possível que se tenha o passo a passo sobre os prazos processuais para a instrução de uma revisão de final de período. Ressalte-se, porém, que os prazos de análise indicados nas imagens são prazos internos e impróprios, de modo que seu descumprimento não gera repercussões processuais.

---

[227] Guia de Investigações Antidumping do DECOM, 2022. Disponível em: <https://www.gov.br/produtividade-e-comercio-exterior/pt-br/assuntos/comercio-exterior/defesa-comercial-e-interesse-publico/guias>. Acesso em: 3 maio 2022.

2 • Investigações antidumping – teoria e prática

Imagem – Prazos processuais da revisão de final de período antidumping

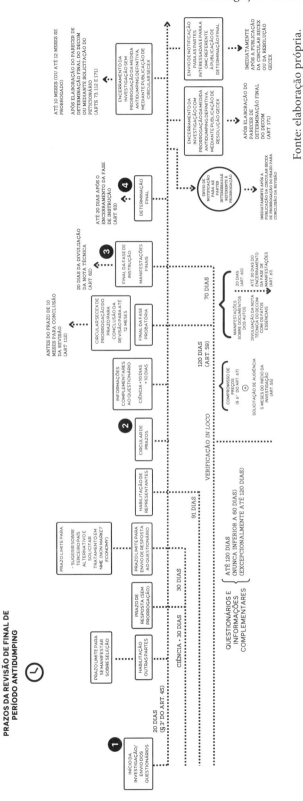

Fonte: elaboração própria.

Curso de Defesa Comercial e Interesse Público no Brasil: teoria e prática

Via de regra, as Circulares SECEX e Resoluções GECEX contêm, no Anexo I, os fundamentos referentes a defesa comercial e, no Anexo II, os fundamentos referentes a interesse público. Ademais, ao longo da instrução processual, o DECOM poderá enviar ofícios, convocar reuniões e audiências, realizar verificações *in loco*, bem como adotar quaisquer outras providências necessárias para a obtenção de informações de interesse público.

Similarmente ao já apresentado quando da descrição das investigações originais, em todas as fases processuais das revisões de final de período as partes interessadas serão notificadas dos dados e das informações necessários à instrução do processo, da forma e do prazo de sua apresentação (art. 179 do Decreto n. 8.058/2013). Caso, porém, qualquer parte interessada negue acesso à informação necessária, não a forneça tempestivamente ou crie obstáculos à investigação, o parecer referente às determinações preliminares ou finais será elaborado com base na melhor informação disponível, de acordo com as disposições do Capítulo XIV, nos termos do art. 49, § 1º, do Decreto n. 8.058/2013. Trata-se, assim, da chamada *"best information available"*, ou "BIA". Essa melhor informação disponível pode ser, inclusive, aquilo que está contido na petição de início da investigação (parágrafo único do art. 179 do Decreto n. 8.058/2013), o que muito provavelmente é mais gravoso para o produtor/exportador, de modo que se trata de um instrumento dos acordos multilaterais em defesa comercial para incentivar a participação das empresas nos respectivos processos.

2.9.3. *Verificações* in loco *e verificações de elementos de prova*

A verificação consiste em um procedimento que visa a garantir a validade, integridade e autenticidade dos dados apresentados pelas partes interessadas em uma investigação de defesa comercial, informações essas que constituem a base para a tomada de decisão. Trata-se, assim, de um dever da autoridade investigadora, uma decorrência do cumprimento da obrigação prevista no *caput* do art. 52 do Decreto n. 8.058/2013, e uma forma para o cumprimento do dever previsto nos arts. 5.3. e 6.6 do Acordo Antidumping, dado que só se pode prosseguir com a investigação caso haja confiabilidade dos dados. Para tanto, há duas principais possibilidades para a sua condução: (i) verificação *in loco* e (ii) verificações de elementos de prova, sem a obrigatoriedade legal de se conduzir necessariamente a tradicional verificação *in loco*. Apesar de pouco usual, em tese, não haveria impedimento para que uma autoridade investigadora buscasse se certificar da correção dessas informações por meio, por exemplo, do cruzamento de dados (análise da petição e dos questionários, comparação com os próprios apêndices e informações textuais, dados da RFB etc.).

A (i) verificação *in loco* consiste no procedimento segundo o qual servidores do DECOM realizam viagens para verificar, no local da empresa objeto da verificação, os dados que foram apresentados no processo. Consiste na prática consolidada no Brasil e em autoridades ao redor do mundo, relevante para assegurar a validade das informações recebidas, tanto no que diz respeito aos dados submetidos por empresas que compõem a indústria doméstica como aos dados submetidos por produtores/exportadores e importadores dos produtos objeto de investigação. A verificação *in loco*, é, portanto, o método mais tradicional de verificação dos dados apresentados na investigação, consistindo, ainda assim, em uma faculdade, nos termos do art. 6.7 do Acordo Antidumping e no art. 52 do Decreto n. 8.058/2013.

O Guia de Investigações Antidumping do DECOM[228] apresenta informações sobre os prazos relacionados a uma verificação *in loco*, tanto em produtores nacionais quanto em exportadores estrangeiros ou importadores nacionais, nos termos do art. 175 do Decreto n. 8.058/2013.

É cabível, porém, que a autoridade investigadora conclua, por outro meio que não a verificação *in loco*, pela correção dos dados, documentos e informações apresentados, considerando-os suficientes para a condução da investigação e a fundamentação de decisão. Foi assim durante a pandemia da COVID-19, quando foram suspensas as viagens nacionais e internacionais, por prazo indeterminado. O DECOM, assim como todas as demais autoridades investigadoras ao redor do mundo, teve que encontrar soluções para esse procedimento sem que houvesse prejuízo para as partes interessadas no processo de defesa comercial.

Assim, foi publicada a Instrução Normativa n. 1, de 17 de agosto de 2020, referente aos procedimentos para a verificação das informações reportadas pelas partes interessadas e para a transmissão de documentos às partes interessadas pelo DECOM. Segundo seus termos, foram necessárias adaptações necessárias aos procedimentos das investigações de defesa comercial e das avaliações de interesse público conduzidas pelo Departamento de Defesa Comercial e Interesse Público, em decorrência da pandemia do novo coronavírus (COVID-19). Assim, durante um período foram realizadas, em vez das verificações *in loco*, as chamadas (ii) "verificações de elementos de prova", consistentes em análise detalhada de todas as informações submetidas, buscando verificar sua correção com base na análise cruzada das informações protocoladas por cada parte interessada com aquelas submetidas pelas demais partes, bem como com informações constantes de outras fontes disponíveis à Subsecretaria, se possível e quando aplicável.

---

[228] Guia de Investigações Antidumping do DECOM, 2022. Disponível em: <https://www.gov.br/produtividade-e-comercio-exterior/pt-br/assuntos/comercio-exterior/defesa-comercial-e-interesse-publico/guias>. Acesso em: 3 maio 2022.

Imagem – Prazos processuais das verificações *in loco*

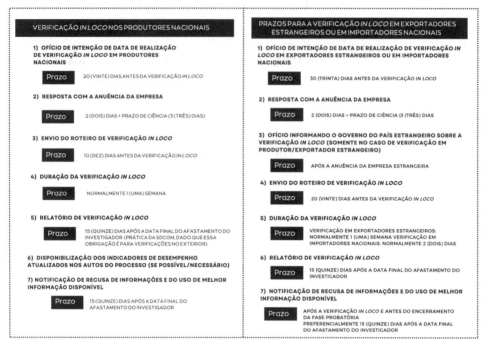

Fonte: elaboração própria.

 PARECER N. 00654/2020/PGFN/AGU, DE 23 DE JULHO DE 2020

Em resposta à Nota Técnica n. 26689/2020/ME encaminhada pelo Departamento de Defesa Comercial e Interesse Público (DECOM), a AGU encaminhou esclarecimento sobre se a condução de verificação *in loco* constituiria motivação legítima para a aplicação do art. 67 da Lei n. 9.784, de 1999.

Nesse sentido, a resposta da AGU é clara no sentido de que se pode interpretar que "em circunstâncias normais aplica-se o prazo de 12 meses". Por outro lado, ante a anormalidade devido às circunstâncias da pandemia do COVID-19, a autoridade investigadora pode se valer do art. 11.4 do ADA, sendo o não cumprimento do prazo de 12 meses fundamentado em motivo de força maior, nos termos do art. 67 da Lei de Processo Administrativo. Além disso, foi igualmente destacado que, dada a suspensão da fase probatória, não se contabiliza para o cumprimento dos 12 meses, o período suspenso. Vale ressaltar novamente que o Parecer n. 00654/2020/PGFN/AGU foi aprovado pelos Despachos n. 02994/2020/PGFN/AGU e 03001/2020/PGFN/AGU, ambos de 28 de julho do mesmo ano.

Fonte: Resolução GECEX n. 134, de 23 de dezembro de 2020[229].

---

[229] BRASIL. Resolução GECEX n. 134, de 23 de dezembro de 2020. Disponível em: <http://www.camex.gov.br/component/content/article/resolucoes-camex-e-outros-normativos/58-

Posteriormente, foi revogada a Instrução Normativa n. 1, de 17 de agosto de 2020, e publicada a Instrução Normativa n. 3, de 22 de outubro de 2021, que determinou que, considerando a evolução da pandemia da COVID-19, seria dada preferência ao retorno aos procedimentos de verificação *in loco*, mas que, em caso de sua impossibilidade, retornar-se-ia à verificação de elementos de prova. Essa previsão permanece em vigor nos termos dos arts. 56 a 69 da Portaria SECEX n. 162, de 6 de janeiro de 2022, que consolida as normas gerais em defesa comercial.

> **MEDIDA ANTIDUMPING – MEIAS – INVESTIGAÇÃO ORIGINAL – CHINA, PARAGUAI E HONG KONG**
> CIRCULAR SECEX N. 54, DE 27 DE AGOSTO DE 2021
>
> Trata-se de investigação iniciada para averiguar a existência de dumping nas exportações da China, Paraguai e de Hong Kong para o Brasil. O procedimento foi encerrado sem julgamento de mérito, dada a falta de acurácia e inadequação das informações prestadas pela indústria doméstica. Encerrada também a avaliação de interesse público relacionada, em razão de falta de objeto.
>
> Conforme reporta a Circular em referência em seu item 1, após a realização da determinação preliminar, o DECOM procedeu à avaliação das respostas às informações complementares e à verificação dos dados submetidos nos autos do processo. Em razão da suspensão das verificações *in loco*, nos termos da Instrução Normativa n. 1, de 17 de agosto de 2020, foram solicitados elementos de prova à peticionária.
>
> Verificadas inconsistências nos dados apresentados, concluiu-se pela falta de acurácia e inadequação dos dados constantes da petição de início, de modo que não houve, no caso em tela, confiabilidade suficiente para se alcançar uma determinação final de dano à indústria doméstica no âmbito do processo, nos termos do disposto no art. 180 do Decreto n. 8.058, de 2013, que estabelece que a autoridade investigadora levaria em conta, quando da elaboração de sua determinação, as informações verificáveis que tenham sido apresentadas tempestivamente e de forma adequada e, portanto, passíveis de utilização na investigação.

Fonte: Circular SECEX n. 54, de 27 de agosto de 2021[230].

A regra em vigor, portanto, é a seguinte:

---

resolucoes-da-camex/2858-resolucao-gecex-n-134-de-23-de-dezembro-de-2020>. Acesso em: 16 maio 2022.

[230] BRASIL. Circular SECEX n. 54, de 27 de agosto de 2021. Disponível em: <https://www.gov.br/produtividade-e-comercio-exterior/pt-br/acesso-a-informacao/legislacao/circulares-secex/2021/circular-secex-54_2021.pdf/view>. Acesso em: 22 maio 2022.

Imagem – Regra geral e alternativa excepcional às verificações in loco

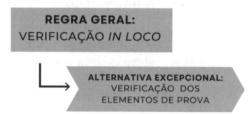

Fonte: elaboração própria.

Caso as empresas que compõem a indústria doméstica não sejam bem-sucedidas durante o procedimento de verificação *in loco*, a investigação antidumping poderá ser até mesmo encerrada sem o julgamento de mérito. Por sua vez, caso as empresas produtoras/exportadoras ou importadoras não sejam bem-sucedidas na verificação *in loco*, o resultado será a aplicação da melhor informação disponível ("BIA", *best information available*). Dentre todas as possíveis razões para um resultado negativo durante a verificação *in loco*, a mais contundente e com relação à qual o DECOM é mais rigoroso diz respeito à existência de faturas não reportadas, ou seja, vendas que deveriam constar no apêndice "Venda a Venda" e que não foram devidamente apresentadas.

 MEDIDA ANTIDUMPING – PAPEL COUCHÊ – 2ª REVISÃO – ALEMANHA, BÉLGICA, FINLÂNDIA E SUÉCIA
CIRCULAR SECEX N. 39, DE 12 DE SETEMBRO DE 2023

Trata-se de revisão de final de período iniciada para averiguar probabilidade de continuação/retomada de dumping nas exportações da China, Alemanhã, Bélgica, Finlândia e Suécia para o Brasil. O procedimento foi encerrado sem julgamento de mérito, dada a existência de inconsistências durante a verificação *in loco* da indústria doméstica.

29. *O relatório de verificação* in loco *foi juntado aos autos da revisão de papel cuchê leve no dia 7 de junho de 2023, tendo sido apontada a existência de transações não reportadas a este Departamento, relativas a produtos em desenvolvimento.*

(...)

65. Durante a verificação, notou-se, na lista de produtos da empresa, a existência de dois códigos de produtos que, pela descrição, seriam produtos similares (isto é, deveriam ter sido reportados ao DECOM nos apêndices respectivos). Os códigos em epígrafe – chamados doravante de "produto [CONFIDENCIAL]" – são: [CONFIDENCIAL]

66. Verificou-se no sistema contábil da empresa a existência de notas fiscais de vendas emitidas referentes a tais produtos, sendo que, inclusive, tais notas foram emitidas com CFOP de "vendas de produção do estabelecimento".

67. Questionada a respeito do fato de este produto não ter sido reportado ao DECOM no apêndice de vendas protocolado nos autos do processo, a empresa apresentou explicações iniciais. Foi informado pela empresa que o produto não havia sido reportado pelo fato de ser "produto em desenvolvimento".

2 • Investigações antidumping – teoria e prática

> *68. A equipe do DECOM ressaltou a sensibilidade da situação tendo em vista que, aparentemente, de acordo com as características deste produto, este deveria ter sido reportado nos apêndices respectivos. Assim, ficou acordado que a BO Paper coletaria todas as evidências que julgasse necessárias e as apresentaria posteriormente, durante o procedimento de verificação.*
>
> *69. Dois dias depois, a empresa apresentou documento contendo explicação completa acerca dessas vendas. Alegou não se tratar de transações "normais", mas sim de remessas de um produto em desenvolvimento, em parceria com a [CONFIDENCIAL], tendo sido exibido contrato confidencial entre as empresas para tal projeto.*
>
> *(...)*
>
> *97. Assim, o DECOM concluiu que foi constatada, durante a verificação in loco, venda não reportada na petição ou nas informações complementares, pois o produto [CONFIDENCIAL], conforme informado durante a verificação, enquadra-se como produto similar que deveria ter tido suas vendas reportadas previamente ao Departamento.*
>
> *98. A existência de vendas não reportadas traz dúvidas quanto à confiabilidade da base de dados da empresa, causando incerteza de que a totalidade dos dados tenha realmente sido reportada e que, portanto, o cenário explicitado esteja de fato refletido nos dados apresentados na petição ou nas informações complementares.*

Fonte: Circular SECEX n. 39, de 12 de setembro de 2023[231].

2.9.4. Confidencialidade

Nos procedimentos de investigação antidumping conduzidos pelo DECOM, existem 3 (três) níveis de confidencialidade dos documentos e informações: (1) Público: informações e documentos que são publicados no DOU ou disponibilizados no sítio eletrônico do DECOM, acessíveis, portanto, ao público em geral; (2) Restrito: informações de acesso restrito às partes interessadas e aos seus representantes legais devidamente habilitados no Sistema SEI/ME; (3) Confidencial: informações assim identificadas pelas partes interessadas que as forneceram, desde que o pedido de confidencialidade seja devidamente justificado, bem como informações classificadas, de ofício, pelo DECOM como confidenciais[232].

---

[231] BRASIL. Circular SECEX n. 39, de 12 de setembro de 2023. Disponível em: <https://www.legisweb.com.br/legislacao/?id=449626#:~:text=Encerra%20a%20revis%C3%A3o%20de%20medida,%2C%20B%C3%A9lgica%2C%20Finl%C3%A2ndia%20e%20Su%C3%A9cia>. Acesso em: 22 maio 2022.

[232] Por exemplo, quando há questionamento sobre similaridade, é relativamente comum o DECOM analisar, a partir dos dados da RFB, se há coincidência entre clientes da indústria doméstica e importadores das origens investigadas. No texto dos pareceres do DECOM, os

Essas informações são utilizadas apenas pelo DECOM e não poderão ser reveladas sem autorização expressa da parte que as forneceu. Registre-se que os pareceres e notas técnicas confidenciais elaborados pelo DECOM podem ser disponibilizados também para as autoridades decisórias atuantes nos processos de defesa comercial (SECEX e GECEX), conforme art. 191 do Decreto n. 8.058/2013.

Imagem – Níveis de confidencialidade

NÍVEIS DE CONFIDENCIALIDADE

PÚBLICO

INFORMAÇÕES DE DOMÍNIO PÚBLICO, DIVULGADAS NO *DIÁRIO OFICIAL DA UNIÃO* E NO SÍTIO ELETRÔNICO DO DECOM.

QUALQUER PESSOA PODE CONSULTAR ESSAS INFORMAÇÕES PÚBLICAS.

RESTRITO

(1) INFORMAÇÕES DE ACESSO RESTRITO ÀS PARTES INTERESSADAS DO PROCESSO EM QUESTÃO.

(2) APENAS AS PARTES INTERESSADAS E SEUS REPRESENTANTES LEGAIS DEVIDAMENTE HABILITADOS PODEM ACESSAR AS INFORMAÇÕES.

CONFIDENCIAL

INFORMAÇÕES SENSÍVEIS FORNECIDAS PELAS PARTES, SEJA DEVIDO A SUA PRÓPRIA NATUREZA, SEJA DEVIDO À JUSTIFICATIVA FORNECIDA PELA PARTE QUE A SUBMETEU.

INFORMAÇÕES CLASSIFICADAS DE OFÍCIO PELO DECOM COMO CONFIDENCIAIS.

APENAS O DECOM POSSUI ACESSO AOS AUTOS CONFIDENCIAIS DO PROCESSO.

PARECERES E NOTAS TÉCNICAS CONFIDENCIAIS ELABORADOS PELO DECOM SÃO DISPONIBILIZADOS TAMBÉM PARA AS AUTORIDADES DECISÓRIAS (SECEX E GECEX).

Fonte: elaboração própria.

As peticionárias e as partes interessadas tendem a submeter seus documentos e petições apenas nas versões restrita e confidencial, ao passo que o

---

nomes das empresas são sempre apresentados de forma confidencial.

DECOM, com base em todas as informações recebidas, elabora os documentos de natureza pública, que são então publicados no DOU e/ou disponibilizados no sítio eletrônico do DECOM. Assim, nos termos do § 5º do art. 41 e do § 7º do art. 51 do Decreto n. 8.058/2013, os documentos devem ser apresentados pelas partes interessadas simultaneamente em duas versões: "restrita" (documento não público, acessível apenas às partes interessadas); e "confidencial" (documento diretamente acessível apenas ao DECOM). Cumpre esclarecer que, caso não haja informação confidencial, o documento poderá ser fornecido apenas em bases restritas.

Registre-se que, caso haja a inclusão ou a exclusão de empresas do conceito de indústria doméstica (*vide* Seção 2.2.2 deste livro), pode ser necessário solicitar que as empresas levantem a confidencialidade de alguns dos seus dados. Ademais, caso alguma informação seja apresentada pelas partes interessadas como confidencial e o DECOM não aceite a justificativa de confidencialidade e a parte não abra mão dessa confidencialidade, a consequência é que o DECOM descartará tal informação e não poderá revelá-la às demais partes interessadas no processo.

Para fins das avaliações de interesse público, portanto, há os autos restritos e os autos confidenciais, ao passo que, para fins das investigações de defesa comercial, há outros autos restritos e confidenciais, conforme detalhado no Guia do Processo Administrativo Eletrônico (SEI) em Defesa Comercial e Interesse Público[233]. O Guia esclarece que, com a integração dos procedimentos de defesa comercial e interesse público, os autos da investigação passarão a seguir a seguinte estrutura:

- Autos Restritos de Defesa Comercial (DC) (Processo principal de Defesa Comercial): Protocolo por assinatura no SEI e documento previamente assinado COM certificado digital;
- Autos Confidenciais de Defesa Comercial (Processo relacionado ao principal de DC): Protocolo por assinatura no SEI e documento previamente assinado COM certificado digital;
- Autos Restritos de Interesse Público (IP) (processo relacionado ao principal de DC): Protocolo por assinatura no SEI, SEM certificado digital;
- Autos Confidenciais de Interesse Público (Processo relacionado ao

---

[233] Guia de Investigações Antidumping do DECOM, 2021. Disponível em: <https://www.gov.br/produtividade-e-comercio-exterior/pt-br/assuntos/comercio-exterior/defesa-comercial-e-interesse-publico/guias>. Acesso em: 3 maio 2022.

principal de DC): Protocolo por assinatura no SEI, SEM certificado digital.

Imagem – Autos em Defesa Comercial e Interesse Público

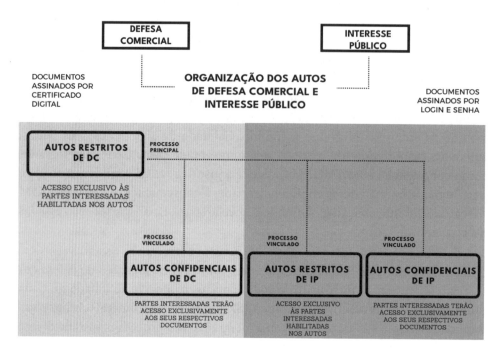

Fonte: elaboração própria.

Serão tratadas como informações confidenciais aquelas assim identificadas pelas partes interessadas, desde que seu pedido seja devidamente justificado. No entanto, conforme previsto no § 5º do art. 51 do Decreto n. 8.058/2013, não serão consideradas adequadas justificativas de confidencialidade para documentos, dados e informações, entre outros, quando estes tiverem notória natureza pública no Brasil, ou forem de domínio público, no Brasil ou no exterior, ou ainda, conforme relacionam as alíneas do inciso II do § 5º do mencionado artigo, forem documentos relativos:

a) à composição acionária e identificação do respectivo controlador;
b) à organização societária do grupo de que faça parte;
c) ao volume da produção, das vendas internas, das exportações, das importações e dos estoques;
d) a quaisquer contratos celebrados por escritura pública ou arquivados pe-

rante notário público ou em junta comercial, no Brasil ou no exterior; e

e) a demonstrações patrimoniais, financeiras e empresariais de companhia aberta; companhia equiparada à companhia aberta; ou de empresas controladas por companhias abertas, inclusive as estrangeiras, e suas subsidiárias integrais, que devam ser publicadas ou divulgadas em virtude da legislação societária ou do mercado de valores mobiliários.

Registre-se que o DECOM costuma ser rigorosa na análise das justificativas de confidencialidade para documentos, dados e informações, no sentido de evitar deixar como confidenciais dados relativos como consumo cativo, capacidade instalada (nominal ou efetiva), número de empregados e receita líquida obtida com vendas no mercado interno. Caso as empresas as apresentem como confidenciais, o DECOM normalmente solicita que a parte reavalie a confidencialidade e, em caso de recusa, decide se rejeita ou não a informação. Esse rigor se justifica porque tais informações podem ser muito importantes para a análise de dano. Por exemplo, se a empresa não abrir a confidencialidade da receita líquida no mercado interno, o DECOM não tem como revelar o preço de venda, que pode ser relevante para a análise do dano e para o contraditório e a ampla defesa no processo administrativo.

A fim de privilegiar o princípio da transparência, que rege a Administração Pública, o § 2º do art. 51 do Decreto n. 8.058/2013 determina que "as partes interessadas que fornecerem informações confidenciais deverão apresentar resumos restritos com detalhes que permitam a compreensão da informação fornecida, sob pena de ser desconsiderada a informação confidencial". O resumo restrito relativo a informações numéricas confidenciais deverá ser apresentado em formato numérico, na forma de números-índice, entre outros. Sobre o tema, o Guia de Investigações Antidumping do DECOM[234] explica como é possível apresentar a evolução de um indicador em números-índice:

---

[234] Guia de Investigações Antidumping do DECOM, 2022. Disponível em: <https://www.gov.br/produtividade-e-comercio-exterior/pt-br/assuntos/comercio-exterior/defesa-comercial-e-interesse-publico/guias>. Acesso em: 3 maio 2022.

Imagem – Elaboração de números-índice para fins de confidencialidade

IMPORTAÇÕES POR PERÍODO	
PERÍODO	IMPORTAÇÕES (T)
P1	17.018
P2	16.686
P3	16.015
P4	16.272
P5	16.641

1. ESCOLHER UM PERÍODO COMO REFERÊNCIA, NESSE CASO, P1.
2. MULTIPLICAR OS DEMAIS VALORES POR 100 E DIVIDIR PELO VALOR DE REFERÊNCIA, REALIZANDO SIMPLES "REGRA DE TRÊS".
3. NA INTERPRETAÇÃO DE TABELAS EM NÚMEROS-ÍNDICE, QUANDO O NÚMERO-ÍNDICE É MAIOR QUE 100, O VALOR OBSERVADO PARA ESSE ITEM DA SÉRIE É SUPERIOR AO VALOR DE REFERÊNCIA. POR SUA VEZ, QUANDO O NÚMERO-ÍNDICE É MENOR QUE 100, O VALOR OBSERVADO É INFERIOR AO DE REFERÊNCIA.

IDENTIFICAÇÃO DO VALOR DE REFERÊNCIA			
PERÍODO	IMPORTAÇÕES (T)	VALOR DE REFERÊNCIA	NÚMEROS-ÍNDICE
P1	17.018	17.018	100
P2	16.686		
P3	16.015		
P4	16.272		
P5	16.641		

CÁLCULO DOS NÚMEROS-ÍNDICE				
PERÍODO	IMPORTAÇÕES (T)	VALOR DE REFERÊNCIA	NÚMEROS-ÍNDICE	VARIAÇÃO
P1	17.018	17.018	100	
P2	16.686	(16.686 X 100) / 17.018	98	2% MENOR DO QUE EM P1
P3	16.015	(16.015 X 100) / 17.018	94	6% MENOR DO QUE EM P1
P4	16.272	(16.272 X 100) / 17.018	96	4% MENOR DO QUE EM P1
P5	16.641	(16.641 X 100) / 17.018	98	2% MENOR DO QUE EM P1

Fonte: elaboração própria.

Nota-se, portanto, uma preocupação no sentido de que tanto as avaliações de interesse público quanto as investigações de defesa comercial tenham o mesmo cuidado com a confidencialidade, sem que isso obste o direito ao contraditório e à ampla defesa das demais partes interessadas.

2.9.5. Dos roteiros e dos questionários

Os roteiros e os questionários em investigações antidumping estão detalhadamente previstos nos Apêndices da Portaria SECEX n. 171, de 9 de fevereiro de 2022, que dispõe sobre as normas referentes a investigações *antidumping* previstas no Decreto n. 8.058/2013. Os arquivos em formatos word e excel também estão disponibilizados, na página do DECOM, para: (i) produtor nacional, (ii) importador, (iii) exportador e (iv) terceiro país[235].

---

[235] DECOM. Roteiros e questionários em investigações antidumping. Disponível em: <https://www.gov.br/produtividade-e-comercio-exterior/pt-br/assuntos/comercio-exterior/defesa-comercial-e-interesse-publico/roteiros-e-questionarios/roteiros-e-questionarios-de-antidumping>. Acesso em: 5 maio 2022.

2 • Investigações antidumping – teoria e prática

2.9.6. Sistema Processual de Investigações – SEI/ME

As investigações de defesa comercial são inteiramente submetidas ao sistema processual de investigações denominado SEI/ME, o Sistema Eletrônico de Informações do Ministério da Economia, nos termos do art. 3º da Portaria SE-CEX n. 162/2022. Ademais, importante mencionar que em 2021 foi realizada a completa transição do antigo sistema Decom Digital – SDD para o SEI/ME, de modo que atualmente os autos tanto de defesa comercial quanto de interesse público estão no mesmo sistema. O Guia do Processo Administrativo Eletrônico (SEI) em Defesa Comercial e Interesse Público[236] esclarece que com a integração dos procedimentos de defesa comercial e interesse público, os autos da investigação passarão a seguir a estrutura apresentada na seção 2.9.4.

Por fim, ressalta-se o cuidado quando da submissão das informações no SEI/ME, já que, nos termos do § 2º do art. 7º da Portaria SECEX n. 162/2022, a divulgação de informação confidencial por erro na protocolização ou na classificação do documento no SEI/ME é de responsabilidade exclusiva da parte interessada que o submeteu. Ademais, o § 1º explicita que: "no caso de inconsistência entre o teor do documento enviado e o de natureza confidencial, restrita ou pública dos autos no qual o documento foi protocolado no SEI/ME, prevalecerá a natureza dos autos no qual o documento foi protocolado pelo usuário externo". Adicionalmente às responsabilidades previstas na Portaria n. 294, de 2020, é de responsabilidade do usuário externo o correto protocolo dos documentos nos processos eletrônicos referentes às investigações e procedimentos, devendo necessariamente ser utilizado o peticionamento intercorrente em processos em curso.

2.9.7. Breves notas sobre partes relacionadas em investigações antidumping

O termo "partes relacionadas" aparece tanto no Acordo Antidumping da OMC quanto no Decreto n. 8.058/2013. O Decreto n. 8.508/2013 regulamenta o Acordo na legislação brasileira[237], trazendo algumas exigências adicionais, co-

---

[236] Guia de Investigações Antidumping do DECOM, 2021. Disponível em: <https://www.gov.br/produtividade-e-comercio-exterior/pt-br/assuntos/comercio-exterior/defesa-comercial-e-interesse-publico/guias>. Acesso em: 3 maio 2022.

[237] Nos termos dos Decretos: BRASIL. *Decreto Legislativo n. 30, de 15 de dezembro de 1994.* Aprova a Ata Final da Rodada Uruguai de Negociações Comerciais Multilaterais do GATT, as listas de concessões do Brasil na área tarifária (Lista III) e no setor de serviços e o texto do Acordo Plurilateral sobre Carne Bovina; BRASIL. *Decreto n. 1.355, de 30 de dezembro de 1994.* Promulgo a Ata Final que Incorpora os Resultados da Rodada Uruguai de Negociações Comerciais Multilaterais do GATT; BRASIL. *Lei n. 9.019/1995.* Dispõe sobre a aplicação dos direitos previstos no Acordo Antidumping e no Acordo sobre Subsídios e Direitos Compensatórios, e dá outras providências.

nhecidas como regras "OMC *Plus*"[238]. A despeito de sua importância para as investigações antidumping, não há definição precisa para o conceito de partes relacionadas em defesa comercial (doravante *partes relacionadas* ou *partes afiliadas*, também conhecidas, em inglês, como *related parties* ou *affiliated parties*). Ainda que alguns elementos conceituais possam ser encontrados, a definição não é uníssona na normativa multilateral ou mesmo na legislação brasileira, conforme mencionado por Athayde, Marssola, Viegas e Leite[239].

O Acordo Antidumping da OMC apresenta uma definição das hipóteses de relacionamento entre as partes, mas tão somente restrita a partes relacionadas quanto à indústria doméstica (art. 4.1.(i), nota de rodapé 11. O Decreto n. 8.058/2013, por sua vez, contém disposições mais detalhadas acerca das partes relacionadas em investigações antidumping, abarcando não apenas a definição de partes relacionadas para fins de indústria doméstica, mas também outras hipóteses em que o relacionamento entre as partes pode ter consequências processuais e materiais em um processo de defesa comercial. Trata-se, assim, de uma típica regra "OMC *Plus*", sem, no entanto, esgotar as discussões sobre as consequências do relacionamento e as metodologias que devem ser adotadas em investigações antidumping. Os principais artigos no Decreto n. 8.058/2013 sobre partes relacionadas são o art. 14, § 10[240] (referente às empresas estrangeiras, produtoras/exportadoras do produto), e o art. 35, § 1º[241] (referente às empre-

---

[238] O termo "OMC *Plus*" é aplicado em diferentes situações e contextos, e se refere a compromissos e obrigações assumidos pelos Membros que vão além do que imposto ou requerido pelos acordos no âmbito da OMC. Para uma discussão sobre o impacto do desenvolvimento de regras OMC *Plus*, cf. QIN, Julia Ya. WTO-Plus obligations and their implications for the world trade organization legal system. *Journal of World Trade*, v. 37, 2003. p. 483.

[239] ATHAYDE, Amanda; MARSSOLA, Julia; VIEGAS, Maria Augusta; LEITE, Victor. *Defesa comercial e direito societário:* partes relacionadas em investigações antidumping. Belo Horizonte: Ed. Fórum, 2021.

[240] Decreto n. 8.058/2013, art. 14: "§ 10. Para os fins deste Capítulo, as partes serão consideradas relacionadas ou associadas se: I – uma delas ocupar cargo de responsabilidade ou de direção em empresa da outra; II – forem legalmente reconhecidas como associados em negócios; III – forem empregador e empregado; IV – qualquer pessoa, direta ou indiretamente, possuir, controlar ou detiver cinco por cento ou mais das ações ou títulos emitidos com direito a voto de ambas; V – uma delas, direta ou indiretamente, controlar a outra, inclusive por intermédio de acordo de acionistas; VI – forem ambas, direta ou indiretamente, controladas por uma terceira pessoa; VII – juntas controlarem direta ou indiretamente uma terceira pessoa; VIII – forem Membros da mesma família; IX – se houver relação de dependência econômica, financeira ou tecnológica com clientes, fornecedores ou financiadores".

[241] Decreto n. 8.058/2013, art. 35, § 1º: "§ 1º Para os efeitos do inciso I do *caput*, os produtores domésticos serão considerados associados ou relacionados aos produtores estrangeiros, aos exportadores ou aos importadores somente no caso de: I – um deles controlar direta ou in-

sas nacionais, que compõem a indústria doméstica). Nota-se que as hipóteses de relacionamento referentes às empresas estrangeiras são mais amplas que aquelas referentes às empresas nacionais.

Imagem – Artigo do Acordo Antidumping da OMC e artigos do Decreto n. 8.058/2013 sobre partes relacionadas investigadas pela prática de dumping ou que compõem a indústria doméstica

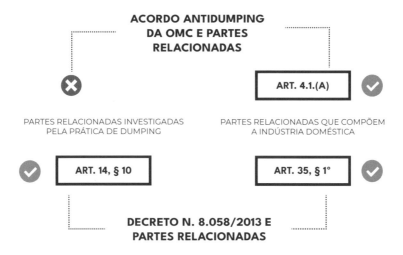

Fonte: elaboração própria, com base em ATHAYDE et al.

Importante destacar, ainda, que as hipóteses do Decreto n. 8.058/2013 elencadas envolvem não apenas o relacionamento entre empresas (como são as hipóteses previstas nos incisos II, IV, V, VI, VII e IX do art. 14, § 10, e nos incisos I, II e III do art. 35, § 1º, do Decreto n. 8.058/2013), mas também o relacionamento entre empresas e indivíduos (como são as hipóteses previstas nos incisos I, III e VIII do art. 14, § 10, do Decreto n. 8.058/2013). Por essa razão é que Athayde, Marssola, Viegas e Leite[242] se utilizam do termo "partes", para se referir às duas hipóteses de relacionamento, tanto entre empresas quanto entre empresas e indivíduos.

---

diretamente o outro; II – ambos serem controlados direta ou indiretamente por um terceiro; ou III – juntos controlarem direta ou indiretamente um terceiro".

[242] ATHAYDE, Amanda; MARSSOLA, Julia; VIEGAS, Maria Augusta; LEITE, Victor. *Defesa comercial e direito societário:* partes relacionadas em investigações antidumping. Belo Horizonte: Ed. Fórum, 2021.

Imagem – Artigos do Decreto n. 8.058/2013 sobre partes relacionadas investigadas pela prática de dumping ou que compõem a indústria doméstica por característica de relacionamento com empresa ou indivíduo

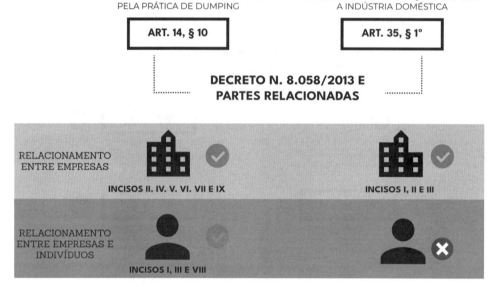

Fonte: elaboração própria, com base em ATHAYDE et al.

Diante da constatação de que a definição de partes relacionadas tem impactos significativos nas investigações antidumping, Athayde, Marssola, Viegas e Leite[243] apresentam pelo menos cinco repercussões materiais e processuais específicas em que o relacionamento pode afetar a aplicação das normas em procedimentos administrativos antidumping no Brasil: no conceito de indústria doméstica e na admissibilidade de uma petição de investigação antidumping (1), no cálculo da margem de dumping (2) e nos indicadores do dano e nos preços do produto similar no mercado brasileiro (subcotação) (3), quando da determinação final de aplicação de uma medida antidumping, uma vez que se conclua sobre a existência da prática de dumping e de dano dele decorrente (4) e nos desdobramentos processuais após a aplicação de uma medida antidumping (5).

---

[243] ATHAYDE, Amanda; MARSSOLA, Julia; VIEGAS, Maria Augusta; LEITE, Victor. *Defesa comercial e direito societário:* partes relacionadas em investigações antidumping. Belo Horizonte: Ed. Fórum, 2021.

Imagem – Repercussões materiais e processuais específicas do relacionamento entre partes relacionadas

 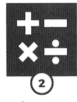  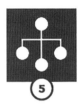

1	2	3	4	5
CONCEITO DE INDÚSTRIA DOMÉSTICA E ADMISSIBILIDADE DA PETIÇÃO	CÁLCULO DA MARGEM DE DUMPING	INDICADORES DE DANO E EFEITOS SOBRE PREÇOS DO PRODUTO SIMILAR NO MERCADO BRASILEIRO (SUBCOTAÇÃO)	APLICAÇÃO DA MEDIDA ANTIDUMPING	DESDOBRAMENTOS PROCESSUAIS APÓS A APLICAÇÃO DA MEDIDA ANTIDUMPING

Fonte: elaboração própria, com base em ATHAYDE et al.

3

INVESTIGAÇÕES ANTISSUBSÍDIOS – TEORIA E PRÁTICA

Para que se entenda a teoria e a prática sobre as investigações antissubsídios no Brasil, inicialmente será apresentada a legislação antissubsídios no contexto multilateral e nacional (3.1). Em seguida, serão explicados aspectos conceituais gerais (3.2), para que se possa então avançar para os detalhamentos sobre subsídios (3.3), dano (3.4) e nexo de causalidade (3.5). Após, serão trazidas considerações sobre as medidas compensatórias (3.6) e algumas das diferenças entre as investigações originais e as revisões de final de período (3.7). Feito isso, será possível diferenciar a revisão de final de período de todos os outros tipos de revisões em investigações antissubsídios (3.8). Finalmente, serão apresentadas breves explicações sobre aspectos processuais das investigações antidumping (3.9).

3.1. Legislação antissubsídios no contexto multilateral e no Brasil

A legislação multilateral antissubsídios consiste em um dos documentos negociados e incorporados à ata final da Rodada Uruguai de Negociações Comerciais Multilaterais do GATT, qual seja, o Acordo sobre Subsídios e Medidas Compensatórias (doravante "ASMC").

Considerando o desenvolvimento da economia mundial e o surgimento de novos desafios no comércio internacional, Membros da OMC, como Estados Unidos, União Europeia e Japão, têm defendido a readequação das regras, em especial no que diz respeito às regras do ASMC. Segundo declaração trilateral emitida por esses países em 14 de janeiro de 2020[1], fruto de uma reunião em Washington, as regras atuais não seriam mais suficientes para combater práticas consideradas desleais pela organização. Uma das propostas é aumentar o núme-

---

[1] Joint Statement of the Trilateral Meeting of the Trade Ministers of Japan, the United States and the European Union. Disponível em: <https://trade.ec.europa.eu/doclib/docs/2020/january/tradoc_158567.pdf>. Acesso em: 24 maio 2022.

Curso de Defesa Comercial e Interesse Público no Brasil: teoria e prática

ro de subsídios considerados proibidos pelo ASMC. Conforme descrito na Seção 3.3.1.4 deste livro, sobre o conceito de especificidade, atualmente o ASMC proíbe expressamente apenas 2 tipos de subsídios: aqueles vinculados ao desempenho exportador e aqueles vinculados ao uso preferencial de produtos domésticos em detrimento de produtos estrangeiros. De acordo com Estados Unidos, União Europeia e Japão, outros quatro novos subsídios deveriam ser incluídos como proibidos no ASMC: subsídios a empresas insolventes sem plano de reestruturação concreto, subsídios a empresas incapazes de obter financiamento de longo prazo de fontes privadas independentes relacionadas a setores/indústrias com excesso de capacidade, subsídios que representam garantias ilimitadas e perdão de certas dívidas.

As discussões trilaterais entre EUA, UE e Japão também têm se estendido à inversão do ônus da prova em casos de subsídios de grande monta. Outro tema abordado pelo grupo diz respeito a subsídios que contribuem para o excesso de capacidade. Até o momento, porém, tais discussões ainda permanecem em caráter exploratório por parte dos Estados Unidos, União Europeia e Japão, não tendo havido criação de grupo de trabalho formal na OMC nem discussões multilaterais oficiais a respeito. O Brasil não se pronunciou oficialmente a respeito das discussões em tela, mas, como de praxe, acompanha os debates sobre o tema.

Além desse pronunciamento trilateral, a UE recentemente decidiu propor mudanças unilaterais quanto ao tratamento de subsídios estrangeiros no mercado comum europeu. Em junho de 2020, adotou o Documento sobre Subsídios Estrangeiros no Mercado Único Europeu (*"White Paper on foreign subsidies in the Single Market"*)[2], submetido a consulta pública. Em 5 de maio de 2021, foi então proposta uma nova regulação com vistas a endereçar justamente as distorções causadas pelos subsídios estrangeiros no mercado único europeu[3]. Nos termos do regulamento proposto, a Comissão Europeia terá poderes para investigar as contribuições financeiras concedidas por autoridades públicas de um país terceiro que beneficiem empresas que exerçam uma atividade econômica na União Europeia e corrigir os seus efeitos de distorção, conforme relevante. Nesse contexto, o regulamento propõe a introdução de três instrumentos, dois baseados em notificações e um instrumento geral de investigação do mercado: (i) uma ferramenta baseada em notificação para investigar concentrações que envolvam uma contribuição financeira de um governo não comunitário, em que o volume de negócios da empresa a adquirir na União Europeia (ou de pelo menos

---

[2] European Union. White Paper on foreign subsidies in the Single Market. Disponível em: <https://ec.europa.eu/commission/presscorner/detail/en/ip_20_1070>. Acesso em: 24 maio 2022.

[3] European Union. Regulation to address distortions caused by foreign subsidies in the Single Market. Disponível em: <https://ec.europa.eu/commission/presscorner/detail/en/ip_21_1982>. Acesso em: 24 maio 2022.

uma das partes na concentração) seja de 500 milhões de euros ou mais e o volume de negócios financeiro estrangeiro a contribuição é de pelo menos 50 milhões de euros; (ii) uma ferramenta baseada em notificação para investigar licitações em contratos públicos que envolvam uma contribuição financeira de um governo não comunitário, onde o valor estimado do contrato seja de 250 milhões de euros ou mais; e (iii) uma ferramenta para investigar todas as outras situações de mercado e pequenas concentrações e procedimentos de contratação pública, que a Comissão Europeia pode iniciar por sua própria iniciativa (*ex officio*) e pode solicitar notificações *ad hoc*. A proposta legislativa desenvolvida pela UE permanece em sede de análise[4].

Conforme Ramos, Junior e Calvão[5], a proposta legislativa da comissão europeia para ajuste da participação de empresas estrangeiras beneficiárias de subsídio no mercado europeu com intuito de evitar distorções e prejuízos à disputa no mercado trata de termos além dos acordados no ASMC pelos Membros do WTO, sendo sugerida, também, a inclusão de uma margem de discrição destinada a autoridades europeias quanto à aplicação de penalidades. Assim, percebe-se que há uma tentativa da União Europeia de se utilizar de instrumentos não apenas de defesa comercial clássicos, como as investigações de subsídios, para endereçar os subsídios transnacionais, mas também uma série de regras, inclusive antitruste, montando um arcabouço mais amplo para atingir sua principal preocupação comercial, a China. Destaca-se que, segundo Ramos, Junior e Calvão, as mudanças sugeridas podem vir de encontro a princípios consagrados pela OMC, como os de não discriminação, nação mais favorecida e tratamento nacional. Além disso, a tentativa de solucionar o problema da distorção de forma unilateral pode gerar efeitos adversos, como retaliação entre países, mais protecionismo e diminuição no acesso ao mercado.

Outro tema que tem levantado debates é o chamado "subsídio verde" ("*green subsidies*")[6], que poderia também configurar uma burla ao Acordo sobre Subsídios

---

[4] European Union. Para maiores detalhes sobre a tramitação da 2021/0114(COD) Regulation on distortive foreign subsidies. Disponível em: <https://oeil.secure.europarl.europa.eu/oeil/popups/ficheprocedure.do?reference=2021/0114(COD)&l=en>. Acesso em: 21 jun. 2022.

[5] RAMOS, Adriano Macedo; JUNIOR, Newton Batista da Costa; CALVÃO, Hearle Vieira. Analysis of the european commission's proposal on foreign subsidies that distort the european internal Market. In: ATHAYDE, Amanda; MELO, Lílian Cintra. *Comércio internacional e concorrência*: perspectivas atuais. vol. 3. Brasília: Universidade de Brasília, 2021. Disponível em: <https://www.amandaathayde.com.br/_files/ugd/62c611_766e7608b5b34862aef-d5b7769850100.pdf>. Acesso em: 18 maio 2022.

[6] CHARNOVITZ, Steve. Green Subsidies and the WTO. Policy Research Working Paper; n. 7060. World Bank Group, Washington, DC. 2014. Disponível em: <https://openknowledge.worldbank.org/handle/10986/20500>. Acesso em: 24 maio 2022.

e Medidas Compensatórias da OMC. Sobre o tema, merece destaque a consulta proposta pela União Europeia em face do Reino Unido ao Órgão de Solução de Controvérsias da OMC, em março de 2022[7]. A União Europeia alega, em síntese, que o Reino Unido está agindo de forma inconsistente com a obrigação de tratamento nacional nos termos do art. III:4 do GATT ao fazer do conteúdo local um critério de elegibilidade e pagamento de subsídios que cobrem a diferença entre o custo de geração de eletricidade de baixo carbono e o preço normal de mercado.

Conforme já mencionado, no Brasil, o Acordo sobre Subsídios e Medidas Compensatórias foi aprovado pelo Decreto Legislativo n. 30, de 15 de dezembro de 1994, e promulgada pelo Decreto n. 1.355, de 30 de dezembro de 1994. Para regulamentar as investigações antissubsídios em sede nacional foi inicialmente promulgado o Decreto n. 1.751, de 19 de dezembro de 1995. Em 2021, a legislação antissubsídios foi modificada, com a publicação do Decreto n. 10.839, de 18 de outubro de 2021, que entrou em vigor em 16 de fevereiro de 2022. Esse último decreto regulamenta os procedimentos administrativos brasileiros relativos à investigação de subsídios e à aplicação de medidas compensatórias, detalhando prazos e critérios de análise a serem seguidos. A elaboração do novo Decreto, que regulamenta as investigações sobre subsídios conduzidas pela autoridade brasileira, foi amplamente debatida com o setor produtivo e é peça central nos esforços do Brasil para neutralizar o dano causado à indústria nacional por práticas desleais de comércio. Além disso, um dos objetivos do novo decreto de subsídios e medidas compensatórias foi harmonizar os procedimentos das investigações de subsídios com as investigações de dumping. Desse modo, grande parte dos artigos do novo decreto é bastante similar às disposições do Decreto n. 8.058/2013, tanto no conteúdo quanto na ordem de disposição.

Em termos de regulamentos, a Portaria SECEX n. 172/2022, que dispõe sobre as normas referentes a investigações de subsídios e medidas compensatórias trouxe informações necessárias para regulamentar procedimentos, estabelecer roteiros de petição e detalhar as metodologias de cálculo. Em razão do art. 441 da Portaria em comento, revogou-se a Circular SECEX n. 20, de 2 de abril de 1996, anteriormente vigente. Como se tratou de uma ampla nova regulamentação normativa, decorrente da publicação do Decreto n. 10.839, de 18 de outubro de 2021, foi realizada extensa análise de impacto regulatório[8] para avaliar as opções disponíveis e aquela que se mostrava mais adequada para o propósito da norma.

---

[7] OMC. EU initiates WTO dispute complaint regarding UK low carbon energy subsidies. Disponível em: <https://www.wto.org/english/news_e/news22_e/ds612rfc_30mar22_e.htm>. Acesso em: 24 maio 2022.

[8] BRASIL. Ministério da Economia. Análise de Impacto Regulatório – Legislação Antissubsídios. Disponível em: <https://www.gov.br/economia/pt-br/assuntos/air/relatorios-de-air-2/secint/sece>. Acesso em: 21 jun. 2022.

Ademais, conforme se analisará detalhadamente no Capítulo 5, as investigações antissubsídios podem contar com avaliações de interesse público, de modo que se tem o seguinte quadro da legislação antidumping multilateral e nacional:

Imagem – Legislação antissubsídios multilateral e no Brasil

Fonte: elaboração própria.

Ademais, as regras gerais e consolidadas aplicáveis a todas as investigações de defesa comercial estão previstas na Portaria SECEX n. 162, de 6 de janeiro de 2022. Destaca-se que essa norma revogou, por meio da disposição prevista em seu art. 70, diversas outras portarias anteriormente vigentes referentes a investigações de defesa comercial no Brasil, de modo a viabilizar a consolidação normativa:

> I – a Portaria SECEX n. 41, de 27 de julho de 2018, publicada no *Diário Oficial da União* de 31 de julho de 2018 [sobre a habilitação da produção nacional de determinado produto como indústria fragmentada para fins de defesa comercial];
>
> II – a Portaria SECEX n. 21, de 30 de março de 2020, publicada no *Diário Oficial da União* de 31 de março de 2020 [sobre notificação e comunicações às partes interessadas no âmbito de processos de defesa comercial];

Curso de Defesa Comercial e Interesse Público no Brasil: teoria e prática

III – a Portaria SECEX n. 103, de 27 de julho de 2021, publicada no *Diário Oficial da União* de 28 de julho de 2021 [sobre a utilização do Sistema Eletrônico de Informação – SEI, como instrumento do processo administrativo];

IV – a Instrução Normativa SECEX n. 3, de 22 de outubro de 2021, republicada no *Diário Oficial da União* de 3 de novembro de 2021 [sobre as adaptações necessárias aos procedimentos das investigações de defesa comercial, notadamente nas verificações *in loco*, em decorrência da pandemia da COVID-19]; e

V – a Portaria SECEX n. 150, de 26 de novembro de 2021, publicada no *Diário Oficial da União* de 29 de novembro de 2021 [sobre pré-pleito].

3.2. Aspectos conceituais gerais

A fim de que se possa compreender uma investigação antissubsídios, é necessário inicialmente apresentar os conceitos de (3.2.1) produto objeto e produto similar, (3.2.2) indústria doméstica e (3.2.3) importações.

3.2.1. *Produto objeto e produto similar*

De modo similar ao que acontece em investigações antidumping e já apresentado no Capítulo 2, *supra*, na Seção 2.2.1, os conceitos de "produto objeto" (*product under consideration*) e "produto similar" (*like product*) são distintos entre si, apesar de conexos.

Na perspectiva nacional, o art. 7º do Decreto n. 10.839/2021 indica, em seu inciso III, que "produto subsidiado" será entendido como o produto que se beneficia do subsídio. Diferentemente, portanto, do art. 10 do Decreto n. 8.058/2013, em que há um detalhamento bastante relevante sobre o tema do produto objeto, consistente em uma regra "OMC *Plus*", para a normativa antissubsídios, não há maiores aprofundamentos para a definição de produto subsidiado ou produto objeto da investigação (*product under consideration*), ou seja, não há, no conceito de "produto objeto", a especificação do que seriam as características físicas ou composição química semelhantes em termos de mercado e de produto. Ademais, não há a previsão de existência de um produto que, embora não exatamente igual em todos os aspectos, apresente características muito próximas às do produto objeto da investigação.

Em termos de repercussões práticas dessa diferença nas normativas antidumping e antissubsídios, nota-se, por exemplo, que pode haver divergência entre a definição do produto objeto das investigações quando houver investigações paralelas do mesmo produto, já que os critérios são diferentes em ambos. Nesse sentido, apesar de não ser usual nem a prática do DECOM no Brasil, os critérios mais simples em investigações antissubsídios permitem, pelo menos em tese, uma definição mais ampla do produto objeto.

MEDIDA ANTIDUMPING – LAMINADOS DE ALUMÍNIO – INVESTIGAÇÃO ORIGINAL – CHINA
CIRCULAR SECEX N. 43, DE 18 DE JUNHO DE 2020

Trata-se de investigação original antidumping em paralelo à investigação original antissubsídios de laminados de alumínio, provenientes da China.

Especificamente sobre a discussão de produtos similares, Circular SECEX esclareceu que o DECOM, em sede de determinação preliminar antidumping, decidiu pela exclusão do ACM do escopo do produto objeto na investigação de dumping, conforme Circular Secex n. 13, de 22 de fevereiro de 2021. Em linhas gerais, o argumento que balizou a decisão proferida sustentou-se no art. 10 do Decreto n. 8.058, de 2013, que estabelece, em seu caput, que o termo "produto objeto da investigação" englobará produtos idênticos ou que apresentem características físicas ou composição química e características de mercado semelhantes.

Nesse sentido, a peticionária argumentou que o Decreto n. 1.751, de 1995, não possui dispositivo semelhante ao art. 10 do Decreto n. 8.058, de 2013, restringindo-se apenas às orientações contidas no seu § 1º do art. 25, que se limita a pedir a descrição completa do produto alegadamente subsidiado. Em seu entendimento, a ausência de normativo legal no decreto de subsídios desobrigaria a peticionária a empreender análise de similaridade requerida entre os tipos de produtos incluídos no escopo da investigação conforme art. 10 do Decreto n. 8.058, de 2013. Segundo comentou a peticionária, caso a autoridade investigadora exigisse tal análise, ela estaria gerando ônus excessivo e exacerbando sua função jurisdicional sobre o tema. Apresentou ainda jurisprudência da OMC sobre o caso EC – Salmon (Norway), em que se averiguou a similaridade ou homogeneidade dos produtos que comporiam o escopo da investigação. No entendimento do Painel: "[t]here is simply nothing in the text of Article 2.1 that provides any guidance whatsoever as to what the parameters of that product should be. The mere fact that a dumping determination is ultimately made with respect to 'a product' says nothing about the scope of the relevant product. There is certainly nothing in the text of Article 2.1 that can be understood to require the type of internal consistency posited by Norway." (WT/DS337/R, par. 7.47-7.49).

Ainda sobre as considerações da peticionária, foi destacado que a similaridade deve ser vista diante da comparação entre o produto objeto da investigação e o produto similar, especialmente relacionado à concorrência mercadológica. Assim, a peticionária afirma que as chapas de alumínio e os ACMs competem no mesmo mercado, pois, quando se importam os painéis, a indústria doméstica deixa de fornecer chapas para a sua fabricação. Considerando os argumentos apresentados, a associação defendeu que o ACM deveria fazer parte do escopo do produto, como proposto na petição de início de investigação.

Em sua análise, o DECOM reconheceu que o Decreto n. 1.751, de 1995, não estabelece condições sobre a definição do produto objeto da investigação tal qual o Decreto n. 8.058, de 2013, impõe aos peticionários de investigação de dumping em seu art. 10. Nos termos da alínea "d" e "e" do art. 25 do decreto de subsídios, caberia à peticionária descrever, de forma completa, o produto alegadamente subsidiado, bem como do produto fabricado pela indústria doméstica. Já o art. 24 do Decreto n. 1.751, de 1995, indica que o termo "indústria doméstica" será entendido como a totalidade dos produtores nacionais do produto similar, ou como aqueles, dentre eles, cuja produção conjunta do mencionado produto constitua parcela significativa da produção nacional total do produto. Assim, considerando a exigência do art. 24, o DECOM pontuou que a peticionária tinha informações de produtores no Brasil responsáveis pela produção

> de painéis compostos de alumínio (ACM), produto incluído dentro do escopo da petição de investigação de subsídios acionáveis do processo em tela. Apesar disso, não teria feito menção a estes produtores como outros produtores do produto similar doméstico, nem em sede de petição nem de informações complementares. Essa questão imporia limitações formais e materiais para que o DECOM inclua no escopo da investigação de subsídios de laminados de alumínio o produto ACM, por motivos distintos daqueles identificados na determinação preliminar do processo paralelo de investigação de dumping.
>
> (...)

Fonte: Circular SECEX n. 43, de 18 de junho de 2020[9].

Conforme mencionado no Guia de Investigações Antidumping DECOM[10], aplicável *mutatis mutandis* neste caso às investigações antissubsídios, caso o produto objeto da investigação apresente diversos modelos, devem ser criados Códigos de Identificação do Produto (CODIPs). O CODIP é representado por uma combinação alfanumérica que reflete as características do produto em ordem decrescente de importância, começando pela mais relevante e incluindo os principais elementos que influenciam o custo de produção e o preço de venda. A Portaria SECEX n. 172/2022 traz maiores orientações para a construção do CODIP. Apesar de ser possível, a utilização de CODIPs em investigações antissubsídios não é comum, já que não é realizada, como em investigações antidumping, uma comparação entre o produto vendido no mercado interno e o produto exportado, onde a justa comparação é essencial para a apuração da margem de dumping. Assim, em investigações antissubsídios, o CODIP eventualmente seria utilizado para fins da apuração do menor direito, ainda que tal possibilidade tende a ser pouco aplicada (*vide* Seção 3.6.2.3, *infra*).

Por sua vez, "produto similar" foi definido, no Acordo sobre Subsídios e Medidas Compensatórias, em sua nota de rodapé 46, inserida no art. 15.1, que trata da determinação de dano, que "o termo produto similar (*like product, produit similaire*) será interpretado como produto idêntico, isto é, igual em todos os aspectos ao produto em consideração ou, na ausência de tal produto, outro produto que, embora não igual em todos os aspectos, tenha características muito parecidas àquelas do produto em consideração". De forma similar à normativa multilateral, o inciso II do art. 7º do Decreto n. 10.839/2021 define produto similar como o

---

[9] BRASIL. Circular SECEX n. 43, de 18 de junho de 2020. Disponível em: <https://www.gov.br/produtividade-e-comercio-exterior/pt-br/acesso-a-informacao/legislacao/circulares-secex/2021/circular-secex-43_2021.pdf/view>. Acesso em: 16 maio 2022.

[10] Guia de Investigações Antidumping do DECOM, 2022. Disponível em: <https://www.gov.br/produtividade-e-comercio-exterior/pt-br/assuntos/comercio-exterior/defesa-comercial-e-interesse-publico/guias>. Acesso em: 3 maio 2022.

"produto idêntico, igual sob todos os aspectos ao produto objeto da investigação, ou, na sua ausência, outro que, embora não exatamente igual sob todos os aspectos, apresente características muito próximas às do produto objeto da investigação".

Assim, nota-se que a regra da similaridade[11] está intrinsecamente relacionada ao produto objeto. A similaridade do produto será avaliada com base em critérios objetivos, nos termos do § 4º do art. 7º do Decreto n. 10.839/2021, tais como matérias-primas; composição química; características físicas; normas e especificações técnicas; processo de produção; usos e aplicações; grau de substitutibilidade; canais de distribuição; e preferências e hábitos dos consumidores. Destaca-se que este último critério é específico da normativa antissubsídios, ao passo que na norma antidumping há a identificação do critério "outros critérios definidos na investigação". De todo modo, tais critérios constituem lista exemplificativa e nenhum deles, isoladamente ou em conjunto, será necessariamente capaz de fornecer indicação decisiva.

Imagem – Produto similar nos termos do Decreto n. 10.839/2021

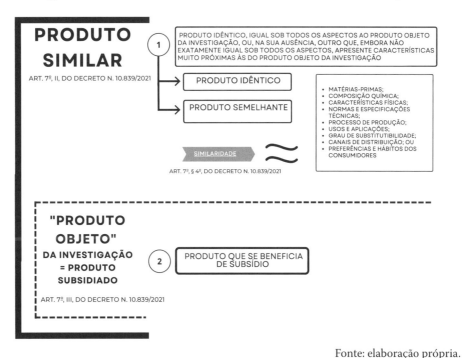

Fonte: elaboração própria.

---

[11] Ressalva-se que no caso *US – Softwood Lumber V* o Painel da OMC rejeitou o argumento do Canadá de que necessariamente deve haver similaridade entre os "produtos em consideração" quando analisados individualmente.

Dessa forma, "produto objeto" é o produto subsidiado, que é o produto investigado exportado para o Brasil. Todos os demais produtos considerados na investigação serão considerados "produto similar". Assim, poderão ser considerados similares ao produto objeto da investigação: (i) os produtos brasileiros considerados na análise do dano e na produção nacional, e (ii) os produtos importados das demais origens não investigadas. Portanto, a compreensão do termo "produto similar" pode variar no âmbito de uma investigação antissubsídios, a depender dos aspectos que estão sendo observados pela autoridade investigadora, subsídios ou dano. A imagem abaixo resume:

Imagem – Produto objeto e produto similar nas análises de subsídio e dano

Fonte: elaboração própria.

Na prática, os produtos são delimitados pela peticionária em sua petição, normalmente com a indicação dos códigos em que os produtos são comumente classificados a partir da Nomenclatura Comum do Mercosul (NCM), sendo ainda possível estabelecer exclusões do escopo de determinados produtos, conforme estabelecido na Portaria SECEX n. 172/2022. A referida Portaria é o regula-

3 • Investigações antissubsídios – teoria e prática

mento infralegal estabelecido pelo Brasil, que estabelece maior detalhamento quanto aos critérios que devem ser observados pela indústria doméstica na elaboração da petição de uma investigação antissubsídios. Não se deve confundir, portanto, NCM com produto objeto. Apesar de o produto objeto ser normalmente classificado por meio de uma NCM, essa indicação é meramente indicativa, não sendo ela quem define se determinado produto está ou não sujeito à investigação e, consequentemente, a eventual medida compensatória, e mesmo considerando-se apenas a NCM indicada na petição, nem todos os produtos nela classificados estarão necessariamente incluídos na investigação.

Nessa comparação entre o produto subsidiado e o produto similar nacional, é importante que haja comparabilidade entre os produtos e objetividade na análise[12]. Assim, novamente podem ser relevantes os já mencionados CODIPs. Caso o produto similar também apresente diversos modelos, devem ser apresentados pelo produtor ou exportador os Códigos de Identificação do Produto (CODIPs), de modo a espelhar a proposta realizada pela indústria doméstica em sua petição. Recorde-se que o CODIP é representado por uma combinação alfanumérica que reflete as características do produto (tanto o produto objeto da investigação, quanto o produto similar), em ordem decrescente de importância, começando pela mais relevante e incluindo os principais elementos que influenciam o custo de produção e o preço de venda. O art. 141 da Portaria SECEX n. 172/2022 traz maiores orientações para construção do CODIP. Em resumo, portanto, o objeto da construção de um CODIP é permitir uma comparação adequada entre preços ou entre preços e custos, principalmente quando a investigação tem como foco produtos heterogêneos, em maior ou menor grau. Para fins exemplificativos, o Guia de Investigações Antidumping apresenta, na tabela abaixo, um caso em que houve a composição do CODIP[13], que pode ser retomado no item 2.2.1.

Uma vez aplicada, a medida compensatória incide sob um escopo, que é justamente o escopo do produto objeto da investigação original. As medidas compensatórias têm vigência de até 5 anos, período após o qual poderá ser conduzida revisão de final de período no intuito de avaliar a extinção, prorrogação

---

[12] Normalmente se usa a expressão "justa comparação" ou *"fair comparison"* no contexto de comparação entre valor normal e preço de exportação. Para fins de subcotação, costuma-se mencionar "comparabilidade" entre os produtos e "objetividade" na análise.

[13] Informações públicas a respeito da composição dos CODIPs utilizados nas investigações antidumping podem ser encontradas nos questionários que são disponibilizados nas páginas das investigações no seguinte endereço: <https://www.gov.br/produtividade-e-comercio-exterior/pt-br/assuntos/comercio- exterior/defesa-comercial-e-interesse-publico/investigacoes>.

ou suspensão da medida. O produto objeto de revisão de final de período é normalmente igual ao produto objeto de uma investigação antissubsídios original, muito embora isso não seja uma regra absoluta. Existe a possibilidade de redução do escopo do produto objeto na revisão, o que pode ocorrer por motivos variados[14]. O que não é possível, sob nenhuma hipótese, é o aumento do escopo do produto objeto na revisão, uma vez que isso equivaleria a estender a aplicação de uma medida compensatória para produtos que não foram analisados anteriormente, o que requer uma nova petição de início de investigação antissubsídios contendo esses produtos.

MEDIDA ANTIDUMPING – ALTO-FALANTES – 2ª REVISÃO – CHINA
RESOLUÇÃO CAMEX N. 16, DE 26 DE NOVEMBRO DE 2019

Trata-se de investigação referente à prorrogação de direito antidumping (segunda revisão) aplicado às importações de alto-falantes para uso em veículos automóveis terrestres, provenientes da China, excluídos os alto-falantes do tipo buzzers, de aplicação em painéis de instrumentos de veículos automotores.

Especificamente no que se refere à redução de escopo do produto, trata-se de preocupação decorrente de dúvidas geradas já no âmbito da investigação original, após o endereçamento não apenas de importadores e da indústria nacional, mas pela própria Receita Federal. Diante da segunda revisão e constatada a impossibilidade de se definir o escopo do produto com base em critérios mais objetivos como peso, dimensão ou potência, buscou-se adotar definição que levaria em conta os usos e aplicações. Note-se que com relação à medida antidumping originária, foram conduzidas as alterações seguintes de escopo:

(i) alteração do escopo da investigação, contemplando, no que se refere ao seu uso e aplicação, apenas os veículos automóveis terrestres;

(ii) exclusão do escopo da medida, os alto-falantes que apresentem peso inferior a um limite de 18 gramas; e

(iii) exclusão dos alto-falantes do tipo buzzers, de aplicação em painéis de instrumentos de veículos automotores.

Fonte: Resolução CAMEX n. 16, de 26 de novembro de 2019[15].

No que se refere a subtipos de produto sem fabricação nacional, discute-se a possibilidade de excluí-los do rol da própria investigação originária. Trata-se

---

[14] Dois exemplos mencionados no Guia de Investigações Antidumping são: (i) a possibilidade da própria indústria doméstica considerar que não há necessidade de manter o mesmo escopo da investigação original; (ii) a autoridade investigadora concluir, inclusive *ex officio*, com base nos elementos de prova presentes nos autos, que a redução de escopo se justifica.

[15] BRASIL. Resolução CAMEX n. 16, de 26 de novembro de 2019. Disponível em: <http://www.camex.gov.br/resolucoes-camex-e-outros-normativos/58-resolucoes-da-camex/2512-resolucao-n-16-de-26-de-novembro-de-2019>. Acesso em: 26 maio 2022.

de pedido apresentado em diversos casos, ainda que de caráter contestável, uma vez que a indústria doméstica por vezes não fabrica todos os subtipos de produto. Com base no conceito de produto similar, já discutido ao longo deste capítulo, a medida não deve abarcar apenas produtos idênticos aos importados, que são objeto de determinada investigação. Em casos bastante específicos, cabem ponderações sobre a razoabilidade de manter determinado subtipo no escopo, sem que haja fabricação nacional, uma vez que em tese a importação daquele produto nem sequer seria capaz de causar dano aos produtores nacionais. Em tais casos, cabe avaliar as aplicações específicas e impossibilidade de substituição por outros modelos.

 MEDIDA ANTIDUMPING – FILMES PET – INVESTIGAÇÃO ORIGINAL – BAREIN E PERU
PORTARIA SECEX N. 473, DE 28 DE JUNHO DE 2019

Trata-se de investigação antidumping (originária), referente às importações de filmes PET, originárias do Barein e do Peru. Em tal investigação, também se encerrou avaliação de interesse público sem a suspensão, no entanto, da aplicação dos direitos antidumping aplicados.

Especificamente no que se refere à possibilidade de exclusão de subtipos de produto sem fabricação nacional, optou-se pela exclusão dos produtos seguintes do escopo da investigação: filmes PET com coating de EVA e os filmes de PET com coating de PE. Entre os fatores apresentados pela autoridade investigadora para tanto, figuram os seguintes:

(i) existência de um mercado bastante limitado com relação a tais subprodutos, já que possuem aplicação bastante específica, além de características físicas diferenciadas;

(ii) ainda que também sejam destinados ao mercado gráfico, a indústria doméstica não comprovou fabricar produtos semelhantes; e

(iii) produtos fabricados com EVA ou PE possuem custo mais elevado que os demais.

Fonte: Portaria SECEX n. 473, de 28 de junho de 2019[16].

3.2.2. Indústria nacional, indústria doméstica, representatividade, grau de apoio, indústria subnacional e indústria fragmentada

Nos termos do art. 16.1 do Acordo sobre Subsídios e Medidas Compensatórias da OMC, o termo "indústria nacional" refere-se ao conjunto dos produtores

---

[16] BRASIL. Portaria SECEX n. 473, de 28 de junho de 2019. Disponível em: <http://www.camex.gov.br/resolucoes-camex-e-outros-normativos/124-portarias-secint/2247-portaria-n-473-de-28-de-junho-de-2019>. Acesso em: 24 maio 2022.

nacionais do produto similar ou aqueles dentre eles cuja produção conjunta constitua proporção significativa da produção nacional total desses produtos, salvo quando os produtores estiverem vinculados aos exportadores ou importadores ou forem eles próprios importadores do produto alegadamente subsidiado ou de produto similar proveniente de outros países, caso em que o termo "indústria nacional" poderá ser entendido como referente aos demais produtores.

 ARGENTINA – DEFINITIVE ANTI-DUMPING DUTIES ON POULTRY FROM BRAZIL

"7.337 O artigo 4.1 prevê na parte relevante:

(b) Avaliação pelo Painel 7.337 O artigo 4.1 prevê na parte relevante: 'Para os fins deste Acordo, o termo 'indústria nacional' deve ser interpretado como referindo-se aos produtores nacionais como um todo de produtos similares ou àqueles cuja produção coletiva dos produtos constitui uma proporção importante da produção nacional total desses produtos...'.

(...)

7.340 Quanto ao significado comum da expressão 'proporção maior', o Brasil afirma que o termo 'proporção maior' é sinônimo de 'parte maior', que por sua vez é definido como 'a maioria'.219 O Brasil afirma que 'a maioria' é entendida como 'o maior número ou parte'. O Brasil afirma que 46% da produção doméstica total não pode ser considerada como a maior parte de 100% da produção doméstica total. As Comunidades Europeias e os Estados Unidos afirmam que a palavra 'maioria' não significa necessariamente 'maioria', mas também pode significar 'extraordinariamente importante, séria, ou significativa'.

7.341 Ao considerar estas diferentes definições do dicionário, notamos que a palavra 'major' também é definida como 'importante, séria ou significativa'. 222 Além disso, o Artigo 4.1 não define a 'indústria doméstica' em termos de produtores da maior proporção da produção doméstica total. Em vez disso, o Artigo 4.1 se refere aos produtores de uma proporção importante da produção doméstica total. Se o Artigo 4.1 tivesse se referido à proporção maior, a exigência teria sido claramente definir a 'indústria doméstica' como os produtores que constituem mais de 50% da produção doméstica total. 224 Entretanto, a referência a uma proporção maior sugere que pode haver mais de uma 'proporção maior' para fins de definição de 'indústria doméstica'. No caso de múltiplas 'proporções maiores', é inconcebível que cada 'proporção maior' individual possa – ou deva – exceder 50 por cento. Isto, portanto, apoia nossa conclusão de que é admissível definir a 'indústria doméstica' em termos de produtores domésticos de uma proporção importante, séria ou significativa da produção doméstica total. Por estas razões, concluímos que o Artigo 4.1 do Acordo AD não exige que os Membros definam a 'indústria nacional' em termos de produtores nacionais que representem a maioria, ou 50+ por cento, da produção doméstica total. (...)". [tradução livre]

Fonte: WT/DS241/R, parágrafos 7.337, 7.340, 7.341[17].

---

[17] *7.337 Article 4.1 provides in relevant part:*

3 • Investigações antissubsídios – teoria e prática

Quanto ao termo "indústria doméstica", tem-se quando abarca a totalidade dos produtores nacionais do produto similar. O seu conceito coincide com o de "indústria nacional". Caso não seja possível abarcar a totalidade, a indústria doméstica passa a se referir a apenas uma parte da indústria nacional, consistente em uma parcela inferior à totalidade dos produtores nacionais do produto similar, desde que esta constitua proporção significativa da produção nacional. Neste caso, a indústria nacional será composta pela indústria doméstica e pelos chamados "outros produtores nacionais".

(b) Evaluation by the Panel 7.337 Article 4.1 provides in relevant part: "For the purposes of this Agreement, the term "domestic industry" shall be interpreted as referring to the domestic producers as a whole of the like products or to those of them whose collective output of the products constitutes a major proportion of the total domestic production of those products ..."
(...)
7.340 Regarding the ordinary meaning of the phrase "major proportion", Brazil asserts that the term "major proportion" is synonymous with "major part", which in turn is defined as "the majority".219 Brazil submits that "the majority" is understood to mean "the greater number or part". Brazil submits that 46 per cent of total domestic production cannot be considered as the greater part of 100 per cent of total domestic production. The European Communities and the United States assert that the word "major" does not necessarily mean "majority", but may also mean "unusually important, serious, or significant".
7.341 In considering these different dictionary definitions, we note that the word "major" is also defined as "important, serious, or significant".222 Accordingly, an interpretation that defines the domestic industry in terms of domestic producers of an important, serious or significant proportion of total domestic production is permissible.223 Indeed, this approach is entirely consistent with the Spanish version of Article 4.1, which refers to producers representing "una proporción importante" of domestic production. Furthermore, Article 4.1 does not define the "domestic industry" in terms of producers of the major proportion of total domestic production. Instead, Article 4.1 refers to producers of a major proportion of total domestic production. If Article 4.1 had referred to the major proportion, the requirement would clearly have been to define the "domestic industry" as producers constituting 50+ per cent of total domestic production.224 However, the reference to a major proportion suggests that there may be more than one "major proportion" for the purpose of defining "domestic industry". In the event of multiple "major proportions", it is inconceivable that each individual "major proportion" could – or must – exceed 50 per cent. This therefore supports our finding that it is permissible to define the "domestic industry" in terms of domestic producers of an important, serious or significant proportion of total domestic production. For these reasons, we find that Article 4.1 of the AD Agreement does not require Members to define the "domestic industry" in terms of domestic producers representing the majority, or 50+ per cent, of total domestic production. (...). OMC. Argentina — Definitive Anti-Dumping Duties on Poultry from Brazil. WT/DS241/R, paras. 7.337, 7.340, 7.341. Disponível em. <https://docs.wto.org/dol2fe/Pages/SS/directdoc.aspx?filename=Q:/WT/DS/241R-00.pdf&Open=True>. Acesso em: 31 maio 2022.

Imagem – Conceito de indústria doméstica

QUANDO ABARCA TODOS OS PRODUTORES NACIONAIS...

INDÚSTRIA NACIONAL **INDÚSTRIA DOMÉSTICA**

QUANDO ABARCA PARCELA INFERIOR À TOTALIDADE, MAS É SIGNIFICATIVA DA PRODUÇÃO NACIONAL

INDÚSTRIA NACIONAL **INDÚSTRIA DOMÉSTICA** **OUTROS PRODUTORES NACIONAIS**

Fonte: elaboração própria

Ademais, infere-se que o art. 28 do Decreto n. 10.839/2021, no mesmo sentido da norma multilateral, determina que se considera "indústria doméstica a totalidade dos produtores do produto similar doméstico ou o conjunto de produtores cuja produção conjunta constitua proporção significativa da produção nacional total do produto similar doméstico".

Alguns produtores do produto similar poderão ser excluídos do conceito de indústria doméstica, nos termos do art. 29 do Decreto n. 10.839/2021: "I – os produtores domésticos associados ou relacionados aos produtores estrangeiros, aos exportadores ou aos importadores; e II – os produtores domésticos importadores do produto alegadamente subsidiado ou do produto similar proveniente de outros países". Trata-se, assim, de um critério qualitativo para fins de configuração da indústria doméstica.

O § 1º do art. 29 do Decreto n. 10.839/2021 determina que os produtores domésticos serão considerados associados ou relacionados aos produtores estrangeiros, aos exportadores ou aos importadores somente no caso de:

 I – um deles controlar[18] direta ou indiretamente o outro;
 II – ambos serem controlados direta ou indiretamente por um terceiro; ou
 III – juntos controlarem direta ou indiretamente um terceiro.

É o que se visualiza na imagem abaixo:

---

[18] Nos termos do § 2º do art. 29 do Decreto n. 10.839/2021: "será considerado que uma pessoa controla outra quando a primeira está em condições legais ou operacionais de restringir ou de influir nas decisões da segunda".

Imagem – Incisos do art. 29, § 1º, do Decreto n. 10.839/2021, sobre partes relacionadas que compõem a indústria doméstica

Fonte: elaboração própria.

Nota-se que, as hipóteses elencadas envolvem apenas o relacionamento entre empresas (incisos I, II e III do art. 29, § 1º, do Decreto n. 10.839/2021), diferentemente do art. 8º, que trata também do relacionamento entre empresas e pessoas físicas.

Imagem – Art. 29, § 1º, do Decreto n. 10.839/2021, sobre partes relacionadas que compõem a indústria doméstica por característica de relacionamento com empresa ou indivíduo

Fonte: elaboração própria.

Ademais, é importante analisar a nomenclatura utilizada para começar a definir blocos de análise desses incisos do art. 29, § 1º, do Decreto n. 10.839/2021. Como será possível observar, há um único grande elemento caracterizador do relacionamento entre as partes: "controle" (mencionado nos incisos I, II e III), sem a identificação daquelas hipóteses mais sutis de relacionamento previstas no art. 8º do Decreto n. 10.839/2021.

Imagem – Noção de controle ou formas mais sutis de relacionamento nos incisos do art. 29, § 1º, do Decreto n. 10.839/2021, sobre partes relacionadas investigadas pela prática de subsídios

Fonte: elaboração própria.

Registre-se, novamente, que as hipóteses do art. 29, § 1º, são mais restritas do que aquelas previstas no art. 8º do Decreto n. 10.839/2021, no entanto, a redação dos incisos I, II e III do art. 29 é extremamente semelhante à dos incisos V, VI e VII do § 10 do art. 8º, todos versam sobre controle. Veja-se o comparativo, com a análise realizada até o presente momento.

Imagem – Noção de controle ou formas mais sutis de relacionamento no art. 29, §§ 1º e 8º, do Decreto n. 10.839/2021, sobre partes relacionadas investigadas pela prática de subsídios

Fonte: elaboração própria.

Sobre o tema de relacionamento entre empresas para fins de investigações de defesa comercial, Athayde, Marssola, Viegas e Leite[19], por meio de um estudo da experiência internacional, verificaram que as jurisdições com tratamento mais sofisticado de partes relacionadas, como Estados Unidos, União Europeia, Canadá e Austrália, preveem também outras hipóteses de caracterização que vão além da noção de controle, podendo estar relacionadas tanto a vínculos societários quanto não societários, como familiares e laborais.

Para fins de configuração de relacionamento que impacte na definição de indústria doméstica, portanto, a configuração de relacionamento é bastante mais restrita do que a configuração mais ampla de relacionamento entre partes

---

[19] ATHAYDE, Amanda; MARSSOLA, Julia; VIEGAS, Maria Augusta; LEITE, Victor. *Defesa comercial e direito societário:* partes relacionadas em investigações antidumping. Belo Horizonte: Ed. Fórum, 2021.

investigadas, que pode impactar em outros aspectos da investigação. É possível se perceber, porém, uma "válvula de escape" de aproximação dos conceitos de relacionamento, já que o § 2º do art. 29 do Decreto n. 10.839/2021 adota uma linguagem ampla, no sentido de que, "para os fins do disposto no § 1º, será considerado que uma pessoa controla outra quando a primeira está em condições legais ou operacionais de restringir ou de influir nas decisões da segunda".

Como consequência, caso seja configurado relacionamento ou associação entre os produtores domésticos e os produtores estrangeiros, poderá haver a exclusão do produtor associado ou relacionado do conceito de indústria doméstica se houver suspeita de que o vínculo induza o referido produtor a agir diferentemente da forma como agiriam os produtores que não têm tal vínculo (art. 29 § 3º, do Decreto n. 10.839/2021). A lógica por trás dessa previsão é garantir que haja uma possibilidade de defesa da produção doméstica do país importador, incluindo um mecanismo para que interesses de grupos econômicos não prevaleçam sobre os interesses da produção local.

 MEDIDA ANTIDUMPING – TUBOS DE PLÁSTICO PARA COLETA DE SANGUE A VÁCUO – 1ª REVISÃO – CHINA, ESTADOS UNIDOS DA AMÉRICA E REINO UNIDO
RESOLUÇÃO GECEX N. 193, DE 28 DE ABRIL DE 2021

Trata-se de investigação referente à prorrogação de direito antidumping (primeira revisão) aplicado às importações de tubos de plástico para coleta de sangue a vácuo, originárias da China, Estados Unidos da América e do Reino Unido. A Resolução GECEX em referência manteve vigente a suspensão, por interesse público, dos direitos antidumping aplicado às importações brasileiras de tubos de plástico para coleta de sangue a vácuo estabelecida pela Resolução Gecex n. 147, de 15 de janeiro de 2021, tendo por objetivo facilitar o combate à pandemia do Corona Vírus / Covid-19.

Especificamente no que se refere à exclusão de determinadores produtores do conceito de indústria doméstica, a Resolução em referência determina em seu item 4.2 a exclusão da empresa BD do Brasil, empresa responsável pela revenda dos produtos importados da BD US, dos Estados Unidos da América, e da BD UK, do Reino Unido, no mercado brasileiro. Entre tais razões, destacam-se:

(i) as vendas de fabricação própria da empresa (BD do Brasil) foram muito inferiores ao volume de revendas do produto importado do produtor/exportador relacionado (o volume de vendas próprias representou apenas 4,18%); e

(ii) a subsidiária brasileira foi responsável por praticamente a totalidade de importações ao Brasil, provenientes dos EUA e do Reino Unido. Isto na condição de revendedora relacionada do Grupo BD (o total importado correspondeu a 753,86% do volume fabricado do produto similar no período).

Fonte: Resolução GECEX n. 193, de 28 de abril de 2021[20].

---

[20] BRASIL. Resolução GECEX n. 193, de 28 de abril de 2021. Disponível em: <http://www.

> **MEDIDA ANTIDUMPING – VIDROS AUTOMOTIVOS – INVESTIGAÇÃO ORIGINAL – CHINA**
> RESOLUÇÃO CAMEX N. 5, DE 16 DE FEVEREIRO DE 2017
>
> Trata-se de investigação referente à aplicação de direito antidumping (investigação originária) aplicado às importações de vidros automotivos temperados e laminados originárias da China.
>
> Neste caso, uma das duas empresas que compunham a indústria doméstica (Saint Gobain do Brasil Produtos Industriais e para Construção Ltda.) era relacionada a um dos produtores/exportadores estrangeiros investigados (Saint Gobain Hanglas Sekurit (Shanghai) Co., Ltda.). A existência do relacionamento, no entanto, não impediu que a empresa apresentasse petição de início de investigação e que a empresa compusesse a indústria doméstica. Como a Saint Gobain Hanglas Sekurit (Shanghai) Co., Ltda. não respondeu ao questionário, seu direito foi calculado com base na melhor informação disponível.

Fonte: Resolução CAMEX n. 5, de 16 de fevereiro de 2017[21].

Conforme apontam Athayde, Marssola, Viegas e Leite[22], o impacto da exclusão de outros produtores nacionais do conceito de indústria doméstica opera-se qualitativamente no exame de admissibilidade da petição e na titularidade do procedimento. Os demais produtores nacionais relacionados não podem se opor à apresentação da petição e tampouco podem requerer o encerramento voluntário da investigação sem aplicação de medidas. Nesse sentido, a indústria doméstica, definida pelo conjunto dos produtores nacionais e excluídos aqueles cujo relacionamento poderia levar a adotar postura de defesa dos interesses do grupo econômico de que faz parte, tem seu direito de petição resguardado, na medida em que se excluem os demais produtores do conjunto de produtores que possuem legitimidade para requerer o início ou a continuação da investigação.

---

camex.gov.br/resolucoes-camex-e-outros-normativos/58-resolucoes-da-camex/3043-resolucao-gecex-n-193-de-28-de-abril-de-2021>. Acesso em: 24 maio 2022.

[21] BRASIL. Resolução CAMEX n. 5, de 16 de fevereiro de 2017. Disponível em: <http://www.camex.gov.br/resolucoes-camex-e-outros-normativos/58-resolucoes-da-camex/1785-resolucao-n-05-de-16-de-fevereiro-de-2017#:~:text=Aplica%20direito%20antidumping%20definitivo%2C%20por,da%20Rep%C3%BAblica%20Popular%20da%20China>. Acesso em: 24 maio 2022.

[22] ATHAYDE, Amanda; MARSSOLA, Julia; VIEGAS, Maria Augusta; LEITE, Victor. *Defesa comercial e direito societário:* partes relacionadas em investigações antidumping. Belo Horizonte: Ed. Fórum, 2021.

Curso de Defesa Comercial e Interesse Público no Brasil: teoria e prática

E qual a consequência prática dessa conceituação de indústria doméstica? Pode-se vislumbrar pelo menos duas: (i) uma na operacionalização da petição apresentada pela indústria e no início da investigação, e (ii) outra na configuração do dano.

A consequência prática dessa conceituação de indústria doméstica quanto à (i) operacionalização da petição de investigação antissubsídios apresentada pela indústria no início da investigação, que é, nos termos do art. 11.4 do Acordo sobre Subsídios e Medidas Compensatórias da OMC, não será iniciada uma investigação a menos que as autoridades tenham determinado, com base no exame do grau de apoio ou rejeição à petição expresso pelos produtores nacionais do produto similar que a petição foi apresentada pela indústria doméstica ou em seu nome. Para tanto, é definido o chamado "teste do grau de apoio", em que se considerará como "feita pela indústria nacional ou em seu nome" a petição apoiada por aqueles produtores nacionais cuja produção conjunta represente mais de 50% da produção total do produto similar produzido por aquela parcela da indústria nacional que expressa, quer apoio, quer rejeição à petição.

No mesmo sentido da norma multilateral, o § 2º do art. 31 do Decreto n. 10.839/2021 determina que "a petição será considerada como realizada pela indústria doméstica ou em seu nome quando: I – tenham sido consultados os produtores domésticos que produziram o produto similar durante o período de investigação de existência de subsídio; e II – os produtores do produto similar que tenham manifestado apoio à petição representem mais de 50% da produção total do produto similar daqueles que se manifestaram na consulta a que se refere o inciso I do § 2º".

Por "apoio expresso/rejeição expressa à petição" entende-se um documento, normalmente como uma carta, respondendo à comunicação do DECOM, com a apresentação de seus dados (pelo menos volume ou valor de produção e volume de vendas no mercado interno durante o período de análise de dano), para contribuir com a investigação, não sendo necessário apresentar todos os dados para compor a análise de dano nem necessariamente passar a compor o conceito de indústria doméstica. Caso haja tão somente a manifestação por escrito, mas sem a apresentação dos dados mínimos, não se entende que foi realmente prestado apoio expresso/rejeição expressa à petição. Apresenta-se a seguir esquema visual que tenta organizar a explicação sobre indústria doméstica e os testes necessários para a operacionalização da petição apresentada pela indústria e o início da investigação:

324

3 • *Investigações antissubsídios – teoria e prática*

Imagem – Composição da indústria doméstica

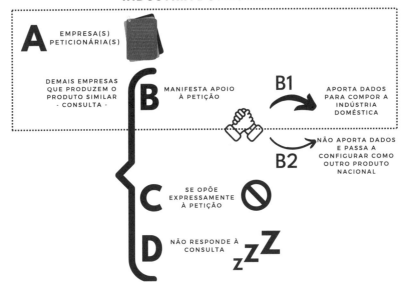

Fonte: elaboração própria.

Imagem – Testes para a indústria doméstica

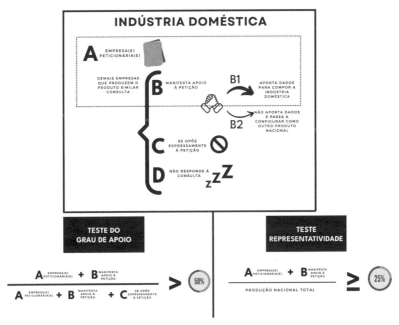

Fonte: elaboração própria.

Curso de Defesa Comercial e Interesse Público no Brasil: teoria e prática

Para que seja realizado então o "teste do grau de apoio" de mais de 50% da produção total do produto similar daqueles que tenham manifestado apoio na consulta, é preciso analisar qual é a postura das demais empresas diante da consulta sobre a petição, dado que o denominador do cálculo é justamente aquele computado por quem se manifestou na consulta, seja favoravelmente ou negativamente. Quem não responde à consulta não faz parte do denominador desse primeiro teste. Ou seja, a fórmula do teste do grau de apoio é a seguinte:

Imagem – Teste do grau de apoio

Fonte: elaboração própria.

Veja, portanto, como a resposta à consulta pode ser decisiva para a aceitação ou não de uma petição por meio do teste do grau de apoio. Suponha, por exemplo, que a empresa peticionária Alfa detenha 30% da produção nacional do produto objeto. Além desta, existe outra empresa, Beta, com 42% da produção nacional, e a empresa Gama, com 18% da produção nacional. Encaminhados os ofícios para as empresas Beta e Gama, nenhuma delas responde ao DECOM. Nesse caso, percebe-se que a empresa peticionária Alfa, ainda que detenha 30% da produção nacional do produto objeto, passará pelo teste do grau de apoio, dado que ela representa 100% daqueles que tenham manifestado apoio na consulta.

Imagem – Exemplo de teste do grau de apoio sem resposta à consulta

Fonte: elaboração própria.

No mesmo exemplo, caso a empresa Beta tivesse respondido à consulta se opondo expressamente à petição, a situação seria diversa. Isso porque a produção da empresa Beta passaria a compor o denominador, e, portanto, não se alcançariam os 50% necessários no teste do grau de apoio.

Imagem – Exemplo de teste do grau de apoio com oposição expressa à petição

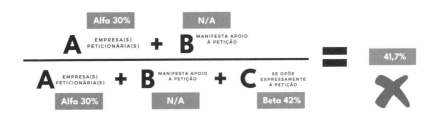

Fonte: elaboração própria.

Neste caso, a peticionária poderia questionar essa oposição expressa, caso houvesse argumentos referentes ao relacionamento entre a empresa Beta e outras empresas investigadas, conforme mencionado acima, ou caso Beta fosse uma importadora do produto objeto da investigação. Sobre esse ponto, menciona-se a hipótese de exclusão de importadores do conceito de ID, independentemente da existência de relacionamento com produtor/exportador, principalmente quando se explica a lógica de conferir efetividade ao direito de petição.

Para além desse teste, o art. 11.4 do Acordo sobre Subsídios e Medidas Compensatórias da OMC segue e indica que não se iniciará investigação quando os produtores nacionais que expressam apoio à petição representem menos de 25% da produção total do produto similar produzido pela indústria nacional. Trata-se, assim, de um segundo teste, denominado "teste de representatividade" (ou seja, precisa de uma representatividade maior ou igual a 25% dos produtores domésticos que manifestaram expressamente apoio à petição).

Curso de Defesa Comercial e Interesse Público no Brasil: teoria e prática

O § 3º do art. 31 do Decreto 10.839/2021 define que a petição não será considerada como realizada pela indústria doméstica ou em seu nome quando os produtores domésticos que manifestaram expressamente apoio à petição representem menos de 25% da produção total do produto similar da indústria doméstica durante o período de investigação de existência de subsídio.

Veja que nesse caso a existência ou não de resposta à consulta sobre a petição não é mais relevante para fins do denominador da fórmula, mas tão somente para o numerador[23]. O que se objetiva é verificar se a petição foi apresentada por proporção significativa da produção nacional total do produto similar doméstico. Ou seja, a fórmula do teste de representatividade é a seguinte:

Imagem – Teste da representatividade

Fonte: elaboração própria.

Retoma-se o exemplo acima, em que a empresa peticionária Alfa detenha 30% da produção nacional do produto objeto. Além desta, existia outra empresa, Beta, com 42% da produção nacional, e a empresa Gama, com 18% da produção nacional. Percebe-se que a peticionária Alfa sozinha já preencheria esse teste, já que com os 30% já se sobrepõe aos 25% exigidos pela legislação, mesmo que não contasse com o apoio das outras empresas produtoras nacionais.

---

[23] Situação limítrofe poderia se dar caso a empresa Beta manifestasse apoio expresso à petição, mas não aportasse dados para a análise de dano da indústria doméstica. Não foram identificados precedentes com essa situação.

3 • Investigações antissubsídios – teoria e prática

Imagem – Exemplo de teste da representatividade

Fonte: elaboração própria.

Em outro exemplo mais limítrofe, suponha que a empresa peticionária Alfa determina 15% da produção nacional do produto objeto. Além desta, existe a empresa Beta, com 15% da produção nacional, a empresa Gama, com 30%, e a empresa Delta, com 40% da produção nacional. Caso nenhuma das outras empresas produtoras nacionais se manifestem expressamente favoráveis à petição apresentada pela empresa Alfa, a investigação não poderá prosseguir, já que os 15% de Alfa não preenche o teste de representatividade.

Imagem – Exemplo de teste da representatividade

Fonte: elaboração própria.

Todos esses exemplos são relevantes para evidenciar que a apresentação de uma petição e a sua aceitação como indústria doméstica não é necessariamente simples. Tal situação, porém, tende a ser mitigada diante do fato de que, na prática, conforme constatam Nogueira e Magrini, as pleiteantes de investigações de defesa comercial estão em setores concentrados, que terão mais facilidade em cumprir tais requisitos e apresentar seus pleitos, por serem indústrias monopolistas ou oligopolistas[24]. Similarmente, Athayde, Marssola, Viegas

---

[24] Apesar de a pesquisa concentrar-se em investigações antidumping, a conclusão também é aplicável a investigações antissubsídio, já que o regramento é basicamente idêntico. NOGUEIRA, Anna Carolina; MAGRINI, Naiana. Concentração setorial na aplicação de medidas antidumping no Brasil: análise de fatores jurídicos e econômicos. In: ATHAYDE, Aman-

e Leite[25] reconhecem que os setores que tradicionalmente utilizam os instrumentos de defesa comercial são altamente concentrados, fato que se reflete no perfil de peticionamento dos casos perante a autoridade de defesa comercial.

No histórico de investigações de defesa comercial no Brasil, retomam-se dois casos em que a indústria doméstica foi representada por empresas com participação menor do que 50% da produção nacional, ainda que em percentuais elevados (entre 45-46%), circunstâncias em que seria possível que os demais produtores nacionais bloqueassem a investigação ao se opor à investigação. Registre-se, ainda, que essa apuração não se aplica às indústrias fragmentadas.

MEDIDA ANTIDUMPING – LONA DE PVC – INVESTIGAÇÃO ORIGINAL – COREIA DO SUL E CHINA
RESOLUÇÃO CAMEX N. 51, DE 23 DE JUNHO DE 2016

Trata-se de investigação referente à aplicação de direito antidumping (investigação originária) às importações de lona de policloreto de vinila (PVC) com reforço têxtil revestido em ambas as faces, originárias da Coreia do Sul e China.

Especificamente no que se refere à definição da indústria doméstica, considerou-se a linha de produção de lona de PVC da empresa Sansuy S/A Indústria de Plásticos em Recuperação Judicial, cuja produção, entre outubro de 2013 e setembro de 2014, representou 46,3% da produção nacional do produto similar doméstico.

Fonte: Resolução CAMEX n. 51, de 23 de junho de 2016[26].

MEDIDA ANTIDUMPING – PNEUS AGRÍCOLAS – INVESTIGAÇÃO ORIGINAL – CHINA
RESOLUÇÃO CAMEX N. 3, DE 16 DE FEVEREIRO DE 2017

Trata-se de investigação referente à aplicação de direito antidumping (investigação originária) às importações de pneus agrícolas, originárias da China.

---

da; CINTRA DE MELO, Lílian (Orgs.) *Comércio internacional e concorrência*: desafios e perspectivas atuais – Volume III. Brasília: Faculdade de Direito – UnB, 2021. Disponível em: <https://www.amandaathayde.com.br/livros-organizados>. Acesso em: 7 abr. 2022.

[25] ATHAYDE, Amanda; MARSSOLA, Julia; VIEGAS, Maria Augusta; LEITE, Victor. *Defesa comercial e direito societário:* partes relacionadas em investigações antidumping. Belo Horizonte: Ed. Fórum, 2021.

[26] BRASIL. Resolução CAMEX n. 51, de 23 de junho de 2016. Disponível em: <http://www.camex.gov.br/resolucoes-camex-e-outros-normativos/58-resolucoes-da-camex/1650-resolucao-n-51-de-23-de-junho-de-2016#:~:text=RESOLU%C3%87%C3%83O%20N%C2%BA%2051-%2C%20DE%2023%20DE%20JUNHO%20DE,faces%2C%20origin%C3%A1rias%20da%20Coreia%20do%20Sul%20e%20China>. Acesso em: 23 maio 2022.

> Especificamente no que se à definição da indústria doméstica, não tendo sido possível reunir a totalidade dos produtores do produto similar doméstico, definiu-se como indústria doméstica, para fins de determinação final de dano, a linha de produção de pneus agrícolas da empresa TP Industrial, que representou 45,8% da produção nacional do produto similar doméstico de julho de 2014 a junho de 2015.

Fonte: Resolução CAMEX n. 3, de 16 de fevereiro de 2017[27].

Quanto à consequência prática dessa conceituação de indústria doméstica na (ii) configuração do dano, importante mencionar que apenas irão compor a análise de dano os indicadores da indústria doméstica, ou seja, daquelas empresas peticionárias que apresentarem todos os seus dados ao DECOM (ou até mesmo aquelas empresas que manifestaram apoio e apresentaram, mesmo que de modo não obrigatório, seus dados). Ou seja, para fins de composição do cenário de dano, os dados analisados serão aqueles da peticionária adicionados àqueles produtores que apresentarem seus dados, compondo, portanto, a indústria doméstica. Os demais produtores nacionais que tenham eles manifestado apoio (apresentando tão somente dados de volume ou valor de produção e volume de vendas no mercado interno durante o período de análise de dano para fins de composição do mercado doméstico) e aqueles demais produtores nacionais que se opuseram expressamente ou que não responderam não irão compor essa análise do dano. Ou seja, no limite, pode ser que a indústria doméstica esteja com indicadores econômico-financeiros bastante severos, mas que isso não reflita a realidade de todas as empresas que possuem produção nacional. Isso não impacta a análise em si dos indicadores econômico-financeiros da indústria doméstica, mas poderá sinalizar, eventualmente, a existência de um outro fator de dano que não apenas as importações objeto da investigação, mas eventualmente uma situação de concorrência nacional que configure, assim, um critério de não atribuição do dano, a afetar a análise de causalidade.

 MEDIDA ANTIDUMPING – PORCELANATOS – 1ª REVISÃO – CHINA
RESOLUÇÃO GECEX N. 254, DE 24 DE SETEMBRO DE 2021

Trata-se de investigação referente à prorrogação (primeira revisão) do direito antidumping definitivo aplicado às importações de porcelanato técnico, originárias da China.

---

[27] BRASIL. Resolução CAMEX n. 3, de 16 de fevereiro de 2017. Disponível em: <http://www.camex.gov.br/resolucoes-camex-e-outros-normativos/58-resolucoes-da-camex/1782-resolucao-n-03-de-16-de-fevereiro-de-2017>. Acesso em: 24 maio 2022.

Curso de Defesa Comercial e Interesse Público no Brasil: teoria e prática

> Especificamente no que se refere à análise de probabilidade de continuação ou retomada do dano, consideraram-se fatores específicos relacionados à modificação da indústria doméstica. Ainda que esta tenha apresentado melhora em grande parte de seus indicadores – tais como aqueles relacionados ao produto similar, em especial os volumes de produção, de vendas e de faturamento quando considerado o período de análise da revisão –, determinados indicadores, por outro lado, apresentaram piora, em especial aqueles relacionados a rentabilidade, como resultados e margens. Referidos indicadores negativos explicaram-se em grande parcela, pelas alterações observadas nas condições do mercado brasileiro, especialmente àquelas relacionadas a um novo entrante, que aumentou a oferta de produtos por meio de volumes relevantes de produção, vendidos a preços mais competitivos que os anteriormente observados na indústria doméstica.

Fonte: Resolução GECEX n. 254, de 24 de setembro de 2021[28].

Existe ainda a possibilidade excepcional de se definir uma "indústria subnacional", nos termos do art. 16.2 do Acordo sobre Subsídios e Medidas Compensatórias da OMC. Segundo seus termos, em circunstâncias excepcionais, poderá o território de um Membro, para efeitos do produto em questão, ser considerado dividido em dois ou mais mercados competitivos e os produtores no interior de cada mercado considerados indústria independente se: (a) os produtores no interior de cada um desses mercados vendem toda ou quase toda sua produção no interior desse mesmo mercado; e (b) a demanda desse mercado não é suprida em grau significativo por produtores localizados em outro ponto do território. Em tais circunstâncias, caso as importações subsidiadas estejam concentradas num mercado isolado como o descrito acima e caso estejam causando dano aos produtores de "toda ou quase toda a produção efetuada dentro daquele mercado"[29], poder-se-á determinar a existência de dano, ainda que proporção significativa da produção nacional total não tenha sido prejudicada. Verifica-se, portanto, a necessidade de existir paralelismo entre o território em que se concentram as importações e o território em que se constata o dano. Igualmente, eventual medida aplicada incidiria apenas aos produtos importados para fins de consumo final naquela área correspondente à definição de indústria subnacional.

---

[28] BRASIL. Resolução GECEX n. 254, de 24 de setembro de 2021. Disponível em: <https://www.in.gov.br/web/dou/-/resolucao-gecex-n-254-de-24-de-setembro-de-2021-347589296>. Acesso em: 24 maio 2022.

[29] A este respeito, sugere-se a interpretação de que o dano incorrido em um caso de indústria subnacional parece ter que afetar "toda ou quase toda a produção efetuada dentro daquele mercado", diferentemente de um caso tradicional de conceituação de indústria doméstica, que afeta apenas uma "proporção significativa".

3 • Investigações antissubsídios – teoria e prática

 ARGENTINA – DEFINITIVE ANTI-DUMPING DUTIES ON POULTRY FROM BRAZIL

"7.337 O artigo 4.1 prevê na parte relevante:

(b) Avaliação pelo Painel 7.337 O artigo 4.1 prevê na parte relevante: 'Para os fins deste Acordo, o termo 'indústria nacional' deve ser interpretado como referindo-se aos produtores nacionais como um todo de produtos similares ou àqueles cuja produção coletiva dos produtos constitui uma proporção importante da produção nacional total desses produtos...'.

(...)

7.340 Quanto ao significado comum da expressão 'proporção maior', o Brasil afirma que o termo 'proporção maior' é sinônimo de 'parte maior', que por sua vez é definido como 'a maioria'. 219 O Brasil afirma que 'a maioria' é entendida como 'o maior número ou parte'. O Brasil afirma que 46% da produção doméstica total não pode ser considerada como a maior parte de 100% da produção doméstica total. As Comunidades Europeias e os Estados Unidos afirmam que a palavra 'maioria' não significa necessariamente 'maioria', mas também pode significar 'extraordinariamente importante, séria, ou significativa'.

7.341 Ao considerar estas diferentes definições do dicionário, notamos que a palavra 'major' também é definida como 'importante, séria ou significativa'. 222 . Além disso, o Artigo 4.1 não define a 'indústria doméstica' em termos de produtores da maior proporção da produção doméstica total. Em vez disso, o Artigo 4.1 se refere aos produtores de uma proporção importante da produção doméstica total. Se o Artigo 4.1 tivesse se referido à proporção maior, a exigência teria sido claramente definir a 'indústria doméstica' como os produtores que constituem mais de 50% da produção doméstica total. 224 Entretanto, a referência a uma proporção maior sugere que pode haver mais de uma 'proporção maior' para fins de definição de 'indústria doméstica'. No caso de múltiplas 'proporções maiores', é inconcebível que cada 'proporção maior' individual possa – ou deva – exceder 50 por cento. Isto, portanto, apoia nossa conclusão de que é admissível definir a 'indústria doméstica' em termos de produtores domésticos de uma proporção importante, séria ou significativa da produção doméstica total. Por estas razões, concluímos que o Artigo 4.1 do Acordo AD não exige que os Membros definam a 'indústria nacional' em termos de produtores nacionais que representem a maioria, ou 50+ por cento, da produção doméstica total. (...)". [tradução livre]

Fonte: WT/DS241/R, parágrafos 7.337, 7.340, 7.34[30].

---

[30] 7.337 Article 4.1 provides in relevant part:
(b) Evaluation by the Panel 7.337 Article 4.1 provides in relevant part: "For the purposes of this Agreement, the term "domestic industry" shall be interpreted as referring to the domestic producers as a whole of the like products or to those of them whose collective output of the products constitutes a major proportion of the total domestic production of those products ...
(...)
7.340 Regarding the ordinary meaning of the phrase "major proportion", Brazil asserts that the term "major proportion" is synonymous with "major part", which in turn is defined as "the majority".219 Brazil submits that "the majority" is understood to mean "the greater number or

Curso de Defesa Comercial e Interesse Público no Brasil: teoria e prática

Nesta hipótese de "indústria subnacional", o art. 16.2 do Acordo sobre Subsídios e Medidas Compensatórias da OMC determina que só poderão ser impostos direitos compensatórios sobre os produtos em causa destinados ao consumo final naquela mesma área. Quando o direito constitucional do Membro importador não permitir a imposição de direitos compensatórios nessas condições, o Membro importador só poderá impor direitos compensatórios ilimitadamente se: (a) aos exportadores tiver sido dada a oportunidade de cessar suas exportações subsidiadas para a área em questão ou de oferecer as garantias previstas no art. 18, sempre que essas garantias não tenham sido dadas adequada e prontamente; e (b) tais direitos não puderem ser aplicados exclusivamente aos produtos daqueles produtores específicos que abastecem a área em questão.

No mesmo sentido da norma multilateral, o art. 30 do Decreto 10.839/2021 determina que em circunstâncias excepcionais, nas quais o território brasileiro puder ser dividido em dois ou mais mercados distintos, a indústria doméstica poderá ser interpretada como o conjunto de produtores domésticos de cada um desses mercados separadamente. Sendo que esse conjunto de cada um dos referidos mercados poderá ser considerado indústria doméstica subnacional se: I – os produtores venderem toda ou quase toda a produção do produto similar no

---

part". Brazil submits that 46 per cent of total domestic production cannot be considered as the greater part of 100 per cent of total domestic production. The European Communities and the United States assert that the word "major" does not necessarily mean "majority", but may also mean "unusually important, serious, or significant".
7.341 In considering these different dictionary definitions, we note that the word "major" is also defined as "important, serious, or significant".222 Accordingly, an interpretation that defines the domestic industry in terms of domestic producers of an important, serious or significant proportion of total domestic production is permissible.223 Indeed, this approach is entirely consistent with the Spanish version of Article 4.1, which refers to producers representing "una proporción importante" of domestic production. Furthermore, Article 4.1 does not define the "domestic industry" in terms of producers of the major proportion of total domestic production. Instead, Article 4.1 refers to producers of a major proportion of total domestic production. If Article 4.1 had referred to the major proportion, the requirement would clearly have been to define the "domestic industry" as producers constituting 50+ per cent of total domestic production.224 However, the reference to a major proportion suggests that there may be more than one "major proportion" for the purpose of defining "domestic industry". In the event of multiple "major proportions", it is inconceivable that each individual "major proportion" could – or must – exceed 50 per cent. This therefore supports our finding that it is permissible to define the "domestic industry" in terms of domestic producers of an important, serious or significant proportion of total domestic production. For these reasons, we find that Article 4.1 of the AD Agreement does not require Members to define the "domestic industry" in terms of domestic producers representing the majority, or 50+ per cent, of total domestic production. (...). OMC. Argentina — Definitive Anti-Dumping Duties on Poultry from Brazil. WT/DS241/R, paras. 7.337, 7.340, 7.34. Disponível em: <https://docs.wto.org/dol2fe/Pages/SS/directdoc.aspx?filename=Q:/WT/DS/241R-00.pdf&Open=True>. Acesso em: 31 maio 2022.

mesmo mercado; e II – a demanda no mercado não for suprida em proporção substancial por produtores do produto similar estabelecidos fora desse mercado. Nessa hipótese, poderá ser determinada a existência de dano mesmo quando parcela importante da indústria nacional não estiver sendo afetada, desde que haja concentração das importações do produto objeto da investigação no mercado e que estas estejam causando dano à indústria doméstica subnacional (definida nesse caso como "toda ou quase toda a produção subnacional").

 MEDIDA ANTIDUMPING – CIMENTOS – 1ª REVISÃO– MÉXICO E VENEZUELA
PORTARIA INTERMINISTERIAL MICT/MF N. 46, DE 12 DE JULHO DE 2000
RESOLUÇÃO CAMEX N. 18, DE 25 DE JULHO DE 2006

Trata-se de investigação referente à aplicação de direitos antidumping às importações de cimento portland, originárias do México e da Venezuela, encerrada em 2011.

No que se refere à consideração de indústria doméstica como subnacional, trata-se daquela relacionada ao cimento Portland. No caso, a peticionária logrou comprovar, no curso da investigação, que efetivamente representava a indústria de cimento Portland do mercado competidor constituído pelos estados do Acre (AC), Amazonas (AM), Roraima (RR) e pela região compreendida a oeste do estado do Pará (PA), limitada pelo meridiano 53º. No período de investigação de dano, a empresa vendeu nesse mesmo mercado a quase totalidade de sua produção. Ademais, tendo em vista a participação das vendas de produtores estabelecidos em outros pontos do território nacional no mesmo mercado, concluiu-se que a demanda não era suprida por eles em proporção substancial. Finalmente, constatou-se a concentração das importações a preços de dumping, originárias do México e da Venezuela no mercado competidor.

Fonte: Portaria Interministerial MICT/MF n. 46, de 12 de julho de 2000[31];
Resolução CAMEX n. 18, de 25 de julho de 2006[32].

Ainda, cumpre mencionar a possibilidade de se definir a indústria doméstica como "indústria fragmentada". Nos termos do § 1º do art. 1º do Decreto n. 9.107, de 2017, para fins de investigações de defesa comercial, considera-se indústria fragmentada aquela que envolve um número especialmente elevado de produtores domésticos. Não há uma métrica específica sobre o quantitativo que representa ou não uma indústria fragmentada na legislação. Ou seja, não há um número que automaticamente é configurado como indústria fragmentada no

---

[31] BRASIL. Portaria Interministerial MICT/MF n. 46, de 12 de julho de 2000. Disponível em: <http://www.comexresponde.gov.br/portalmdic/arquivos/dwnl_1221842744.pdf>. Acesso em: 24 maio 2022.

[32] BRASIL. Resolução CAMEX n. 18, de julho de 2006. Disponível em: <http://www.camex.gov.br/component/content/article/resolucoes-camex-e-outros-normativos/58-resolucoes-da-camex/566-resolucao-n-18-de-25-julho-de-2006>. Acesso em: 24 maio 2022.

Curso de Defesa Comercial e Interesse Público no Brasil: teoria e prática

Brasil. O § 4º do art. 1º do Decreto n 9.107, de 2017, sinaliza que a decisão pela configuração de uma indústria fragmentada será motivada e levará em conta, entre outros fatores, o grau de pulverização da produção nacional do produto em questão e a sua distribuição por porte dos produtores nacionais. Assim, caberá ao DECOM habilitar a produção nacional de determinado produto como indústria fragmentada para fins de investigações de defesa comercial, conforme previsto no § 2º do art. 1º do Decreto n 9.107, de 2017, e no art. 38 da Portaria SECEX n. 162, de 6 de janeiro de 2022, de modo que essa habilitação permanecerá válida até decisão em contrário do DECOM.

As informações necessárias para a habilitação da produção nacional de determinado produto como indústria fragmentada podem ser encontradas na Portaria SECEX n. 162, de 2022. Entre outras disposições, essa portaria estabelece quem pode solicitar a habilitação, o conteúdo que deve ser apresentado na solicitação de habilitação como indústria fragmentada e os prazos do procedimento de habilitação. Registre-se que, nos casos de indústrias fragmentadas, devido ao nível de desagregação da indústria doméstica e à maior dificuldade de coordenação entre seus agentes, os prazos para protocolo de petições e de informações complementares a petições e as informações exigidas nessas petições poderão ser flexibilizadas. Assim, o que se concede na regulamentação hoje em vigor às indústrias fragmentadas é, substancialmente, um tratamento processual diferenciado. Ou seja, deferida a habilitação, a petição da respectiva investigação de defesa comercial deverá ser apresentada de acordo com o prazo definido pelo DECOM, o qual nunca será superior a dez meses do encerramento do período de investigação. Trata-se, assim, de prazo mais alongado do que para as demais indústrias domésticas que não sejam fragmentadas. Ademais, há o tratamento de se demonstrar o grau de apoio expresso ou rejeição expressa à petição por meio de procedimento de amostragem estatisticamente válido.

Uma vez iniciada a investigação de defesa comercial de uma indústria doméstica que foi habilitada como fragmentada, as demais partes interessadas podem se manifestar sobre o tema, por meio da apresentação de recurso sobre a decisão do DECOM de habilitar a produção nacional de determinado produto como indústria fragmentada. Caso sejam apresentados elementos que justifiquem a não configuração daquela indústria doméstica como fragmentada, não apenas a sua habilitação será reconsiderada, mas toda a investigação será imediatamente encerrada, sem análise do mérito (art. 49, § 4º, da Portaria SECEX n. 162, de 2022).

Cumpre ainda mencionar que a habilitação da produção nacional de determinado produto como indústria fragmentada poderá ser utilizada para o peticionamento de outros procedimentos de defesa comercial em momento posterior ao prazo previsto no § 5º do art. 48 dessa portaria, mediante prévia consulta ao DECOM. Ou seja, ainda que a petição tenha sido indeferida, ainda que a investigação tenha sido encerrada posteriormente ao seu início (por outras razões que não a sua configuração como fragmentada), a indústria doméstica que foi habilitada como fragmentada poderá aproveitar essa habilitação anterior para um novo peticionamento, seja de uma nova investigação original ou para uma avaliação de escopo, por exemplo.

MEDIDA ANTIDUMPING – MEIAS – INVESTIGAÇÃO ORIGINAL – CHINA, PARAGUAI E HONG KONG
CIRCULAR SECEX N. 54, DE 27 DE AGOSTO DE 2021

Trata-se de investigação iniciada para averiguar a existência de dumping nas exportações da China, Paraguai e de Hong Kong para o Brasil. O procedimento foi encerrado sem julgamento de mérito, dada a falta de acurácia e inadequação das informações prestadas pela indústria doméstica. Encerrada também a avaliação de interesse público relacionada, em razão de falta de objeto.

No que se refere à habilitação como indústria fragmentada, reconheceu-se a pulverização da produção nacional, o elevado número de produtores nacionais e a distribuição da produção em todas as regiões do País. No entanto, após análise minuciosa das explicações fornecidas pela peticionária e levando em conta as manifestações de todas as partes interessadas, observaram-se problemas nos procedimentos de coleta, tratamento, análise crítica e revisão de dados utilizados para a instrução da petição de início da investigação, por meio da aplicação de questionários junto às 35 empresas que compuseram a indústria doméstica fragmentada.

Fonte: Circular SECEX n. 54, de 27 de agosto de 2021[33].

MEDIDA ANTIDUMPING – CALÇADOS – 2ª REVISÃO – CHINA
RESOLUÇÃO GECEX N. 303, DE 23 DE FEVEREIRO DE 2022

Trata-se de investigação referente à prorrogação (segunda revisão) de medida antidumping aplicada às importações de calçados, originárias da China. No que se refere à habilitação como indústria fragmentada, o DECOM concluiu que a produção nacional de calçados apresentou características de indústria fragmentada, o que ensejou a habilitação como indústria fragmentada para fins de defesa comercial.

Entre as informações apresentadas pela peticionária (Abicalçados), da produção nacional, tendo em vista o elevado número de produtores nacionais de calçados (as informações apresentadas na petição relativa a 2018 indicaram haver 6.095 produtores nacionais de calçados) e a distribuição da produção em todas as regiões do país, ainda que se observe concentração nas regiões Sul (39%) e Sudeste (48,7%). Verificou-se, ainda, significativa pulverização da produção, tendo em conta o porte das empresas

---

[33] BRASIL. Circular SECEX n. 54, de 27 de agosto de 2021. Disponível em: <https://www.legisweb.com.br/legislacao/?id=419452>. Acesso em: 22 maio 2022.

Curso de Defesa Comercial e Interesse Público no Brasil: teoria e prática

> fabricantes de calçados (foram identificadas 4.704 microempresas, 1.044 pequenas empresas, 276 médias empresas e 71 grandes empresas), bem como seu volume de produção e vendas (observou-se, com base nas estimativas da produção nacional, que um total de 104 empresas identificadas individualmente representariam, em conjunto, apenas 49% da produção nacional estimada).

Fonte: Resolução GECEX n. 303, de 23 de fevereiro de 2022[34].

MEDIDA ANTIDUMPING – MALHAS DE VISCOSE – 1ª REVISÃO – CHINA
CIRCULAR SECEX N. 9, DE 16 DE FEVEREIRO DE 2022

Trata-se de investigação referente à revisão do direito antidumping aplicado às importações brasileiras de malhas de viscose, originárias da República Popular da China.

No que se refere à habilitação como indústria fragmentada, o Departamento de Defesa Comercial e Interesse Público – DECOM considerou que foram cumpridas as exigências dispostas na Portaria SECEX n. 41, de 2018, e concluiu que a produção nacional de malhas de viscose apresentou características de indústria fragmentada no período de janeiro a dezembro de 2020, o que ensejou a habilitação da produção nacional de malhas de viscose como indústria fragmentada para fins de defesa comercial. Entre as informações apresentadas pela ABIT (peticionária), destacou-se aparente concentração da produção nacional nas regiões Sul e Sudeste, a significativa pulverização da produção nacional, tanto considerando o número de produtores nacionais, como considerando o porte destas empresas; o volume da produção nacional e o volume de vendas no mercado brasileiro.

Fonte: Circular SECEX n. 9, de 16 de fevereiro de 2022[35].

MEDIDA ANTIDUMPING – ALHOS – 4ª REVISÃO – CHINA
PORTARIA SECINT N. 4.593, DE 2 DE OUTUBRO DE 2019

Trata-se de investigação referente à prorrogação do direito antidumping (4ª revisão) aplicado às importações de alhos frescos ou refrigerados, originárias da China.

No que se refere à habilitação como indústria fragmentada, ainda que os elementos constantes na portaria apontassem para o caráter fragmentário da indústria de alhos no Brasil, a peticionária não se utilizou do procedimento de habilitação como indústria fragmentada específico, o que – conforme apontado acima – lhe garantiria prazos

---

[34] BRASIL. Resolução GECEX n. 303, de 23 de fevereiro de 2022. Disponível em: <https://www.in.gov.br/web/dou/-/resolucao-gecex-n-303-de-23-de-fevereiro-de-2022-383062511>. Acesso em: 26 maio 2022.

[35] BRASIL. Circular SECEX n. 9, de 16 de fevereiro de 2022. Disponível em: <https://in.gov.br/en/web/dou/-/circular-n-9-de-16-de-fevereiro-de-%202022-380784182>. Acesso em: 26 maio 2022.

> mais flexíveis para protocolo de petições e informações complementares e análise de informações. Importante destacar observação disposta na Portaria que mesmo que reconhecido o caráter fragmentário da indústria, não é necessário que a petição inicial do caso contenha os dados referentes a produtores responsáveis por menos de 25% da produção nacional – o que tratar-se-ia de leitura equivocada acerca da normativa brasileira.

Fonte: Portaria SECINT n. 4.539, de 2 de outubro de 2019[36].

Ressalte-se, por fim, que a indústria nacional poderá ser definida de modo diferente quando houver bloco econômico que adquira características de mercado único, *vide* art. 16.4 do Acordo sobre Subsídios e Medidas Compensatórias da OMC. Nessa hipótese, a indústria contida na totalidade da área integrada será considerada como a indústria nacional quando dois ou mais países tiverem atingido tal nível de integração, como previsto no disposto no parágrafo 8(a) do art. XXIV do GATT 1994.

3.2.3. Análise das importações

A análise das importações é um dos elementos necessários para a determinação do dano. Conforme o art. 24 do Decreto n. 10.839/2021, a determinação de dano será baseada em elementos de prova e incluirá o exame objetivo do: I – volume das importações do produto objeto da investigação; II – efeito das importações do produto objeto da investigação sobre os preços do produto similar no mercado brasileiro; e III – consequente impacto das importações do produto objeto da investigação sobre a indústria doméstica.

Nos termos do § 1º deste art. 24 do Decreto n. 10.839/2021, o exame do volume das importações do produto objeto da investigação considerará se houve aumento significativo das importações do produto objeto da investigação, tanto em termos absolutos quanto em relação à produção ou ao consumo no Brasil (ou seja, em termos relativos). Cumpre frisar que as importações do produto objeto da investigação correspondem às importações do produto originárias dos países sujeitos à investigação. Assim, a análise dos volumes de importação em termos absolutos e relativos pode ser assim resumida:

---

[36] BRASIL. Portaria SECINT n. 4.539, de 2 de outubro de 2019. Disponível em: <http://www.camex.gov.br/resolucoes-camex-e-outros-normativos/124-portarias-secint/2478-portaria-secint-n-4-593-de-2-de-outubro-de-2019>. Acesso em: 26 maio 2022.

Imagem – Análise das importações em termos absolutos e relativos

Fonte: elaboração própria.

Conforme Guia das Investigações Antidumping do DECOM[37], aplicável *mutatis mutandis* às investigações antissubsídios, na análise das importações em termos absolutos, observa-se tanto o comportamento do volume e do valor i) das importações do produto originárias dos países investigados quanto o comportamento do volume e do valor ii) das importações do produto originárias dos demais países e iii) das importações totais do produto. Esses comportamentos são analisados i) individualmente, bem como ii) em comparação um com o outro, a fim de avaliar se houve aumento absoluto significativo das importações do produto objeto da investigação, se houve aumento da participação dessas importações nas importações totais do produto e se houve aumento dessas importações em relação às importações do produto provenientes das demais origens. Cumpre esclarecer que o DECOM analisa a evolução de cada um dos indicadores supracitados ao longo dos cinco subperíodos de investigação de dano (via de regra).

---

[37] Guia de Investigações Antidumping do DECOM, 2022. Disponível em: <https://www.gov.br/produtividade-e-comercio-exterior/pt-br/assuntos/comercio-exterior/defesa-comercial-e-interesse-publico/guias>. Acesso em: 3 maio 2022.

Imagem – Análise das importações (volume, valor e preço) em termos absolutos

	IMPORTAÇÕES TOTAIS (VOLUME, VALOR E PREÇO)					
	P1	P2	P3	P4	P5	P1 – P5
Origem investigada 1						
Origem investigada 2						
Total (sob análise)						
Origem investigada 3						
Origem investigada 4						
Total (exceto sob análise)						
Total geral						

Fonte: elaboração própria.

Por sua vez, na análise das importações em termos relativos, avalia-se se houve aumento significativo das importações do produto objeto da investigação no mercado brasileiro e em relação à produção e ao consumo no Brasil. Assim, para compreender a análise em termos relativos, é preciso apresentar o conceito de mercado brasileiro, apresentado a seguir:

Imagem – Conceito de mercado brasileiro

ALTERNATIVAMENTE...

Fonte: elaboração própria.

Curso de Defesa Comercial e Interesse Público no Brasil: teoria e prática

Assim, na análise das importações em termos relativos ao mercado brasileiro e em termos da produção, portanto, tipicamente é realizada uma análise nos seguintes termos:

Imagem – Análise das importações (volume) em termos relativos ao mercado brasileiro

IMPORTAÇÕES TOTAIS (VOLUME, VALOR E PREÇO)						
	P1	P2	P3	P4	P5	P1 – P5
Mercado brasileiro (A+B+C)						
A. Vendas internas – indústria doméstica						
B. Vendas internas – outras empresas						
C. importações totais						
C1. Importações – origens sob análise						
C2. Importações – outras origens						
PARTICIPAÇÃO NO MERCADO BRASILEIRO						
Participação das vendas internas da indústria doméstica {A/(A+B+C)}						
Participação das vendas internas de outras empresas {B/(A+B+C)}						
Participação das importações totais {C/(A+B+C)}						
Participação das importações – outras origens {C2/(A+B+C)}						
REPRESENTATIVIDADE DAS IMPORTAÇÕES DE ORIGENS SOB ANÁLISE						
Participação no mercado brasileiro {C1/(A+B+C)}						
Participação nas importações totais {C1/C}						
F. Volume de produção nacional {F1+F2}						
F1. Volume de produção – indústria doméstica						
F2. Volume de produção – outras empresas						
Relação com o volume de produção nacional {C1/F}						

Fonte: elaboração própria.

Incumbe destacar que, caso haja consumo cativo, a análise das importações em termos relativos poderá ser dividida em duas partes, quais sejam: análise em relação ao mercado brasileiro e análise em relação ao consumo nacional aparente. É necessário, portanto, diferenciar ambos os conceitos, para que se possa avançar:

- Para fins de determinação do mercado brasileiro, são considerados: i) o volume total de vendas no mercado interno brasileiro do produto similar doméstico de fabricação própria, líquido de devoluções, bem como ii) o volume das importações totais do produto, independentemente de sua origem. Note-se que as revendas de produtos importados por produtores nacionais não são consideradas no volume total de vendas desses produtores no mercado interno brasileiro, uma vez que já estão incluídas no volume das importações totais do produto, evitando-se, assim, dupla contagem. Destaque-se que o volume de vendas no mercado interno inclui tanto aquele referente às vendas do produto similar de fabricação própria das empresas que apresentaram a petição quanto aquele referente às vendas do produto similar de fabricação própria de outras empresas produtoras nacionais. A mesma lógica se aplica ao consumo cativo na determinação do consumo nacional aparente, de modo que é considerado tanto o consumo cativo dos peticionários quanto o de outras empresas nacionais produtoras do produto similar, caso tais outras empresas tenham apresentado os dados necessários.

- Para fins de determinação do consumo nacional aparente, são considerados i) no mercado brasileiro do referido produto acrescido ii) do volume total do produto similar fabricado no Brasil e destinado para consumo cativo. O consumo nacional aparente, portanto, pode ser maior que o mercado brasileiro, uma vez que também considera parte da demanda nacional que apenas pode ser suprida por produtos fabricados pelo próprio demandante (consumo cativo). Ou seja, o consumo nacional aparente também considera o produto similar de fabricação própria que embora consumido no Brasil, não é destinado à venda no mercado interno brasileiro. Por essa razão, o consumo nacional aparente pode incluir, por exemplo, o volume produzido do produto similar utilizado como matéria-prima ou insumo na fabricação de outros produtos pela própria empresa produtora nacional, sem emissão de nota fiscal de venda, do produto similar de fabricação própria entre plantas da mesma empresa.

Imagem – Conceito de consumo nacional aparente

CONSUMO NACIONAL APARENTE **MERCADO BRASILEIRO** **CONSUMO CATIVO**

CONSUMO NACIONAL APARENTE (CNA) =	MERCADO BRASILEIRO				CONSUMO CATIVO
	A. VENDAS INTERNAS: INDÚSTRIA DOMÉSTICA	B. VENDA INTERNAS: OUTRAS EMPRESAS	C1. IMPORTAÇÕES: ORIGENS SOB ANÁLISE	C2. IMPORTAÇÕES: OUTRAS ORIGENS	

Fonte: elaboração própria.

Curso de Defesa Comercial e Interesse Público no Brasil: teoria e prática

Assim, na análise das importações em termos relativos são avaliadas tanto a evolução i) do mercado brasileiro, ii) do consumo nacional aparente (se houver consumo cativo) e iii) da produção nacional do produto similar, separadamente, ao longo do período de investigação de dano, quanto a evolução iv) da participação das importações do produto objeto da investigação no mercado brasileiro, v) da participação das importações do produto objeto da investigação no consumo nacional aparente e vi) da relação dessas importações com a produção nacional no período supracitado. Na análise das importações em termos relativos ao consumo nacional aparente, portanto, tipicamente é realizada uma análise nos seguintes termos:

Imagem – Análise das importações (volume) em termos relativos ao consumo nacional aparente

DO MERCADO BRASILEIRO E DA EVOLUÇÃO DAS IMPORTAÇÕES (EM VOLUME)						
	P1	P2	P3	P4	P5	P1 – P5
Mercado brasileiro (A+B+C)						
A. Vendas internas – indústria doméstica						
B. Vendas internas – outras empresas						
C. Importações totais						
C1. Importações – origens sob análise						
C2. Importações – outras origens						
CONSUMO NACIONAL APARENTE						
CNA {A+B+C+D}						
D. Consumo cativo						
REPRESENTATIVIDADE DAS IMPORTAÇÕES DE ORIGENS SOB ANÁLISE						
Participação no mercado brasileiro {C1/(A+B+C)}						
Participação no CNA {C1/(A+B+C+D)}						
Participação nas importações totais {C1/C}						
F. Volume de produção nacional {F1+F2}						
F1. Volume de produção – indústria doméstica						
F2. Volume de produção – outras empresas						
Relação com o volume de produção nacional {C1/F}						

Fonte: elaboração própria.

Mas como são obtidos os dados referentes às importações do produto objeto da investigação e do produto similar estrangeiro? O Guia das Investigações Antidumping do DECOM[38], aplicável *mutatis mutandis* às investigações antissubsídios, explica que, pós o recebimento da petição, o DECOM solicita à Secretaria Especial da Receita Federal do Brasil (RFB) os dados de importação do produto investigado de todas as origens, com base na sua classificação na Nomenclatura Comum do Mercosul (NCM), a qual é informada na petição. Logo, são solicitados dados de importação do produto objeto da investigação (importações provenientes das origens investigadas) e do produto similar estrangeiro (importações provenientes das demais origens).

Na maior parte das investigações antissubsídios conduzidas pelo DECOM, a classificação tarifária do produto objeto da investigação também engloba outros produtos. Faz-se necessário, portanto, depurar[39] os dados de importação recebidos da RFB, para que sejam identificadas apenas as operações do produto objeto da investigação e do produto similar estrangeiro. Essa depuração é feita com base nas descrições detalhadas das mercadorias contidas nos dados de importação da RFB e considera não somente a descrição do produto apresentada na petição, mas também outras informações sobre ele apresentadas pelas partes interessadas no decorrer da investigação, tal como respostas aos questionários do DECOM. Assim, a análise da evolução das importações no início da investigação será realizada com base nas informações trazidas pelo peticionário e nos dados fornecidos pela RFB.

Já as determinações preliminares e finais serão realizadas com base nessas informações e naquelas fornecidas pelas outras partes após o início da investigação. Por exemplo, um importador pode comprovar documentalmente que o produto por ele exportado/adquirido tem outra origem e que a origem declarada está incorreta, o que afetará o volume e o valor das importações do produto objeto da investigação e do produto similar estrangeiro, entre outros indicadores.

---

[38] Guia de Investigações Antidumping do DECOM, 2022. Disponível em: <https://www.gov.br/produtividade-e-comercio-exterior/pt-br/assuntos/comercio-exterior/defesa-comercial-e-interesse-publico/guias>. Acesso em: 3 maio 2022.

[39] Na prática, como a depuração é feita com base na descrição do produto importado, conforme consignada pelo importador na Declaração de Importação (DI), muitas vezes não é possível identificar, para fins de início, se se trata de produto objeto da investigação ou não. Quando isso ocorre, os produtos para os quais houve dúvida são "classificados", especialmente para fins de início, como sujeitos à investigação. A lógica desse procedimento é possibilitar a participação dos importadores desses produtos, que receberão o questionário do importador e poderão trazer esclarecimentos aos autos da investigação.

Curso de Defesa Comercial e Interesse Público no Brasil: teoria e prática

Por essa razão, os dados de importação constantes dos pareceres e notas técnicas do DECOM podem variar ao longo da investigação.

3.3. Do subsídio

Considera-se que existe subsídio quando o produtor ou exportador se beneficia e obtém uma vantagem a partir de alguma ajuda financeira ou econômica do Estado, oferecida diretamente ou por meio de uma empresa privada que lhe permita a colocação de seus produtos no mercado externo a um preço inferior. Para entender mais sobre essa visão ampla do que é um subsídio, passar-se-á à análise do conceito de subsídio (3.3.1), das classificações de subsídios (3.3.2) e do cálculo do montante de subsídios acionáveis (3.3.3).

3.3.1. Do conceito de subsídio

O conceito de subsídio é trazido no art. 1.1 do Acordo sobre Subsídios e Medidas Compensatórias da OMC. Segundo seus termos, considerar-se-á a ocorrência de subsídio quando:

> (a) (1) haja contribuição financeira por um governo ou órgão público no interior do território de um Membro (denominado a partir daqui "governo"), i.e.:
>
> (i) quando a prática do governo implique transferência direta de fundos (por exemplo, doações, empréstimos e aportes de capital), potenciais transferências diretas de fundos ou obrigações (por exemplo, garantias de empréstimos);
>
> (ii) quando receitas públicas devidas são perdoadas ou deixam de ser recolhidas (por exemplo, incentivos fiscais tais como bonificações fiscais)[40];
>
> (iii) quando o governo forneça bens ou serviços além daqueles destinados a infraestrutura geral ou quando adquire bens;
>
> (iv) quando o Governo faça pagamentos a um sistema de fundos ou confie ou instrua órgão privado a realizar uma ou mais das funções descritas nos incisos (i) a (iii) acima, as quais seriam normalmente incumbência do Governo e cuja prática não difira de nenhum modo significativo da prática habitualmente seguida pelos governos;
>
> ou

---

[40] De acordo com as disposições do art. XVI do GATT 1994 (nota do art. XVI) e de acordo com os anexos I a III desse acordo, não serão consideradas como subsídios as isenções em favor de produtos destinados a exportação, de impostos ou taxas habitualmente aplicados sobre o produto similar quando destinado ao consumo interno, nem a remissão de tais impostos ou taxas em valor que não exceda os totais devidos ou abonados.

3 • *Investigações antissubsídios – teoria e prática*

(a) (2) haja qualquer forma de receita ou sustentação de preços no sentido do Artigo XVI do GATT 1994; e

(b) com isso se confira uma vantagem.

Similarmente à normativa multilateral, o art. 9º do Decreto n. 10.839/2021 dispõe que:

> Art. 9º Para fins do disposto neste Decreto, considera-se a existência de subsídio quando um benefício é conferido em função de:
>
> I – existir contribuição financeira por governo ou órgão público, no território do país exportador, doravante governo, nos casos em que:
>
> *a)* a prática do governo implique a transferência direta de fundos (doações, empréstimos, aportes de capital, entre outros) ou potenciais transferências diretas de fundos ou de obrigações (garantias de empréstimos, entre outros);
>
> *b)* as receitas públicas devidas (incentivos fiscais, entre outros) sejam perdoadas ou deixem de ser recolhidas, não sendo consideradas como subsídios as isenções, em favor dos produtos destinados à exportação, de impostos ou de taxas habitualmente aplicados ao produto similar quando destinados ao consumo interno, nem a devolução ou a remissão de tais impostos ou taxas, desde que o valor não exceda os totais devidos, de acordo com o Artigo XVI do Acordo Geral sobre Tarifas Aduaneiras e Comércio, de que trata o Decreto n. 93.962, de 22 de janeiro de 1987, e os Anexos I ao III ao Acordo sobre Subsídios e Medidas Compensatórias da Organização Mundial do Comércio;
>
> *c)* o governo forneça bens ou serviços além daqueles destinados à infraestrutura geral ou adquira bens;
>
> *d)* o governo faça pagamentos a mecanismo de financiamento para provimento de contribuição financeira, ou instrua ou confie a entidade privada o provimento de contribuição financeira mediante o desempenho da entidade de uma ou mais das hipóteses a que se referem as alíneas "a" a "c", as quais seriam normalmente incumbência do governo, e a prática não difira, de modo significativo, das práticas habitualmente seguidas pelos governos; ou
>
> II – existir, no país exportador, qualquer forma de sustentação de renda ou de preços que, direta ou indiretamente, contribua para aumentar exportações ou reduzir importações de qualquer produto.

O mesmo texto segue no art. 15 da Portaria SECEX n. 172/2022, que regulamenta as investigações antissubsídios no Brasil, que determina que se considera que existe subsídio quando é conferido um benefício em função de:

> I – uma contribuição financeira outorgada diretamente por um governo ou órgão público, nos termos do art. 17;

II – uma contribuição financeira outorgada indiretamente por meio de mecanismo de financiamento ou entidade privada instruída ou confiada pelo governo, nos termos do art. 17;

III – qualquer forma de sustentação de renda ou de preços que, direta ou indiretamente, contribua para aumentar exportações ou reduzir importações de um produto qualquer, nos termos do Artigo XVI do GATT 1994.

Imagem – Tríade do conceito de subsídios

Fonte: elaboração própria.

Esses três elementos não são suficientes, porém, para se poder aplicar uma medida compensatória, pois para tanto é preciso, ademais, que seja considerado um subsídio específico, nos termos do art. 1.2 do Acordo sobre Subsídios e Medidas Compensatórias da OMC. Similarmente à normativa multilateral, o art. 14 do Decreto n. 10.839/2021 dispõe que o subsídio será acionável e sujeito a medidas compensatórias se for considerado específico. Assim, a especificidade não é um elemento constituinte de um subsídio, mas é uma condição necessária para que os subsídios sejam submetidos às disciplinas do Acordo sobre Subsídios e Medidas Compensatórias. Desse modo, subsídios não específicos não podem ser contestados na OMC, nem a eles podem ser aplicadas medidas compensatórias.

Imagem – Quadrilátero do conceito de subsídios acionáveis

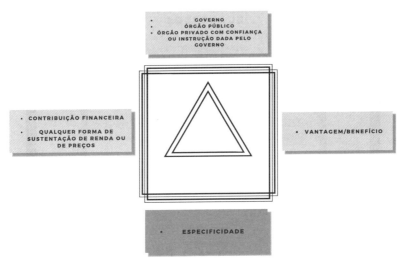

Fonte: elaboração própria.

Diferentemente, portanto, do Decreto anterior n. 1.751/1995, que previa hipóteses de subsídios não acionáveis/irrecorríveis, não há no novo Decreto n. 10.839/2021 essa previsão, alinhada à expiração prevista no art. 31[41] do Acordo sobre Subsídios e Medidas Compensatórias da OMC, que tratava de cláusula provisória, voltada à: (a) assistência de atividades de pesquisa, (b) assistência à região economicamente desfavorecida dentro do território de um Membro, concedida no quadro geral do desenvolvimento regional e (c) assistência para promover adaptações de instalações existentes e novas exigências ambientalistas.

Nota-se, portanto, o conceito de subsídios *lato sensu* é mais amplo do o conceito específico de subsídios que é contra restado pelo Acordo sobre Subsídios e Medidas Compensatórias da OMC (subsídios acionáveis). De todo modo, não apenas os subsídios considerados proibidos é que podem ser alvo de investigações antissubsídios, como se analisará detalhadamente a seguir, de modo que desde já é apresentado esquema visual a facilitar a compreensão do tema:

---

[41] Art. 31 do Acordo sobre Subsídios e Medidas Compensatórias da OMC. O disposto no § 1º do art. 6º e as disposições do art. 8º e do art. 9º serão aplicadas por período de 5 anos a contar a partir da data de entrada em vigor do Acordo Constitutivo da OMC. No máximo até 180 dias antes do fim desse período, o Comitê reexaminará o funcionamento dessas disposições para determinar se as mesmas deverão ser prorrogadas, quer como se encontram hoje redigidas, quer sob nova redação.

Imagem – Subsídios, Subsídios Acionáveis e Subsídios Proibidos

Fonte: elaboração própria.

A seguir passa-se a compreender o que se entende por cada um dos elementos que compõem o conceito de subsídios: (3.3.1.1) contribuição financeira ou outra forma de sustentação de rendas ou preços, (3.3.1.2) Governo/Órgão público/Órgão privado com confiança ou instrução dada pelo governo, (3.3.1.3) Vantagem/Benefício e Benchmark e (3.3.1.4) Especificidade.

3.3.1.1. Contribuição financeira ou outra forma de sustentação de rendas ou preços

A fim de se compreender este primeiro elemento do conceito de subsídios, será detalhado o que se entende por (2.3.1.1.1) contribuição financeira e por (2.3.1.1.2) outras formas de sustentação de rendas ou preços.

3.3.1.1.1. Contribuição financeira

Conforme já supramencionado, a existência de contribuição financeira faz parte do quadrilátero do conceito de subsídio acionável.

3 • Investigações antissubsídios – teoria e prática

Imagem – Quadrilátero do conceito de subsídios acionáveis – contribuição financeira

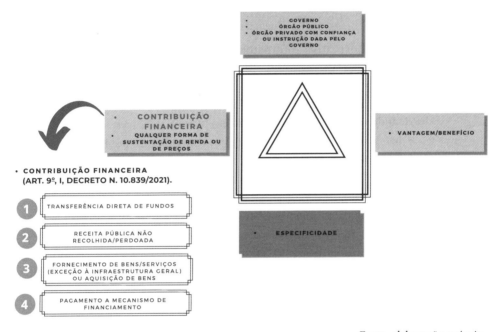

Fonte: elaboração própria.

O conceito de subsídios é trazido no art. 1.1 do Acordo sobre Subsídios e Medidas Compensatórias da OMC. Segundo seus termos, considerar-se-á a ocorrência de subsídio quando:

> (a) (1) haja contribuição financeira por um governo ou órgão público no interior do território de um Membro (denominado a partir daqui "governo"), i.e.:
> (i) quando a prática do governo implique transferência direta de fundos (por exemplo, doações, empréstimos e aportes de capital), potenciais transferências diretas de fundos ou obrigações (por exemplo, garantias de empréstimos);
> (ii) quando receitas públicas devidas são perdoadas ou deixam de ser recolhidas (por exemplo, incentivos fiscais tais como bonificações fiscais)[42];

---

[42] De acordo com as disposições do art. XVI do GATT 1994 (nota do art. XVI) e com os anexos I a III deste acordo, não serão considerados como subsídios as isenções em favor de produtos destinados a exportação, de impostos ou taxas habitualmente aplicados sobre o

Curso de Defesa Comercial e Interesse Público no Brasil: teoria e prática

(iii) quando o governo forneça bens ou serviços além daqueles destinados a infraestrutura geral ou quando adquire bens;

(iv) quando o Governo faça pagamentos a um sistema de fundos ou confie ou instrua órgão privado a realizar uma ou mais das funções descritas nos incisos (i) a (iii) acima, as quais seriam normalmente incumbência do Governo e cuja prática não difira de nenhum modo significativo da prática habitualmente seguida pelos governos.

Similarmente à normativa multilateral, o inciso I do art. 9º do Decreto n. 10.839/2021 dispõe que:

Art. 9º Para fins do disposto neste Decreto, considera-se a existência de subsídio quando um benefício é conferido em função de:

I – existir contribuição financeira por governo ou órgão público, no território do país exportador, doravante governo, nos casos em que:

a) a prática do governo implique a transferência direta de fundos (doações, empréstimos, aportes de capital, entre outros) ou potenciais transferências diretas de fundos ou de obrigações (garantias de empréstimos, entre outros);

b) as receitas públicas devidas (incentivos fiscais, entre outros) sejam perdoadas ou deixem de ser recolhidas, não sendo consideradas como subsídios as isenções, em favor dos produtos destinados à exportação, de impostos ou de taxas habitualmente aplicados ao produto similar quando destinados ao consumo interno, nem a devolução ou a remissão de tais impostos ou taxas, desde que o valor não exceda os totais devidos, de acordo com o Artigo XVI do Acordo Geral sobre Tarifas Aduaneiras e Comércio, de que trata o Decreto n. 93.962, de 22 de janeiro de 1987, e os Anexos I ao III ao Acordo sobre Subsídios e Medidas Compensatórias da Organização Mundial do Comércio;

c) o governo forneça bens ou serviços além daqueles destinados à infraestrutura geral ou adquira bens;

d) o governo faça pagamentos a mecanismo de financiamento para provimento de contribuição financeira, ou instrua ou confie a entidade privada o provimento de contribuição financeira mediante o desempenho da entidade de uma ou mais das hipóteses a que se referem as alíneas "a" a "c", as quais seriam normalmente incumbência do governo, e a prática não difira, de modo significativo, das práticas habitualmente seguidas pelos governos.

---

produto similar quando destinado ao consumo interno, nem a remissão de tais impostos ou taxas em valor que não exceda os totais devidos ou abonados.

O mesmo texto segue nos incisos I e II art. 15 da Portaria SECEX n. 172/2022, que regulamenta as investigações antissubsídios no Brasil, que determina que se considera que existe subsídio quando é conferido um benefício em função de: "I – uma contribuição financeira outorgada diretamente por um governo ou órgão público, nos termos do art. 17; II – uma contribuição financeira outorgada indiretamente por meio de mecanismo de financiamento ou entidade privada instruída ou confiada pelo governo, nos termos do art. 17".

Ou seja, a contribuição financeira pode se dar em um dos seguintes quatro tipos elencados, com uma breve descrição e exemplos. Atente-se para o fato de que essas contribuições financeiras podem ser realizadas direta ou indiretamente, conforme se detalhará na seção 2.3.1.2.

3.3.1.1.2. Outras formas de sustentação de rendas ou preços

Conforme já supramencionado, a existência de outras formas de sustentação de rendas ou preços faz parte do quadrilátero do conceito de subsídio acionável.

Imagem – Quadrilátero do conceito de subsídios acionáveis – qualquer forma de sustentação de rendas ou preços

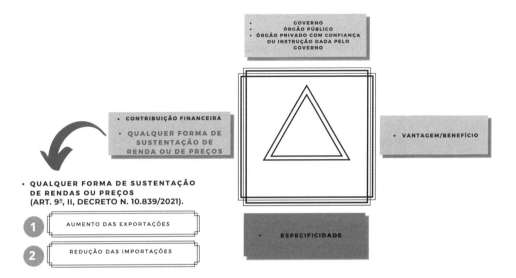

Fonte: elaboração própria.

Curso de Defesa Comercial e Interesse Público no Brasil: teoria e prática

Similarmente à normativa multilateral, o inciso II do art. 9º do Decreto n. 10.839/2021 dispõe que, para fins do disposto neste Decreto, considera-se a existência de subsídio quando um benefício é conferido em função de: "II – existir, no país exportador, qualquer forma de sustentação de renda ou de preços que, direta ou indiretamente, contribua para aumentar exportações ou reduzir importações de qualquer produto".

O mesmo texto segue no inciso III do art. 15 da Portaria SECEX n. 172/2022, que regulamenta as investigações antissubsídios no Brasil, que determina que se considera que existe subsídio quando é conferido um benefício em função de: "III – qualquer forma de sustentação de renda ou de preços que, direta ou indiretamente, contribua para aumentar exportações ou reduzir importações de um produto qualquer, nos termos do art. XVI do GATT 1994".

O conceito de sustentação de rendas ou preços não está definido no Acordo sobre Subsídios e Medidas Compensatórias ou no GATT, e nos poucos casos analisados no âmbito do Órgão de Solução de Controvérsias da OMC em que a questão poderia ser tangenciada, pouco foi esclarecido (por exemplo, no caso China – GOES[43]). Trata-se, talvez por tais motivos, de hipótese raramente investigada. Isso posto, resta claro que a análise aqui empregada não pode ser uma análise de *efeitos*, pois se fosse este o caso, todo e qualquer subsídio poderia ter, teoricamente, o condão de caracterizar sustentação de rendas ou preços. Assim, a análise da autoridade deve ser centrada na *natureza* da ação governamental. Por exemplo, se o governo diretamente intervém no mercado para fixar preços em um determinado nível, poder-se-ia argumentar no sentido de enquadramento de uma sustentação de preços.

3.3.1.2. Governo/Órgão público/Órgão privado com confiança ou instrução dada pelo governo

Conforme já mencionado, o conceito de governo/órgão público faz parte do quadrilátero do conceito de subsídio acionável.

---

[43] ORGANIZAÇÃO MUNDIAL DO COMÉRCIO. China — Countervailing and Anti-Dumping Duties on Grain Oriented Flat-rolled Electrical Steel from the United States (DS414), Relatório do Painel (WT/DS414/R), Genebra, 2012, §§7.87-7.88. Disponível em: < https://docs.wto.org/dol2fe/Pages/SS/directdoc.aspx?filename=Q:/WT/DS/414R.pdf&Open=-True>. Acesso em: 13 abr. 2022.

354

3 • *Investigações antissubsídios – teoria e prática*

Imagem – Quadrilátero do conceito de subsídios acionáveis – governo, órgão público ou órgão privado com confiança ou instrução dada pelo governo

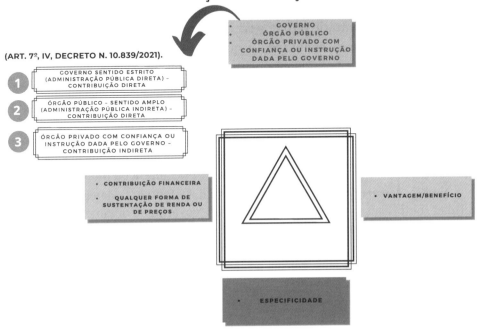

Fonte: elaboração própria.

O art. 1º do Acordo sobre Subsídios e Medidas Compensatórias deixa claro que deve a contribuição financeira ser oferecida por "governo ou órgão público".

A normativa multilateral não explicita o conceito de "órgão público", tendo sido objeto de jurisprudência, em especial no caso *US – Anti-Dumping and Countervailing Duties (China)*[44], no qual o órgão de solução de controvérsias da OMC analisou sistematicamente a interpretação do termo para fins do rt. 1.1(a)

---

[44] ORGANIZAÇÃO MUNDIAL DO COMÉRCIO, United States – Definitive Anti-Dumping And Countervailing Duties On Certain Products From China (DS379), Relatório do Painel (WT/DS379/R), Genebra, 2010, §8.94. Disponível em: <https://docs.wto.org/dol2fe/Pages/SS/directdoc.aspx?filename=Q:/WT/DS/379R-01.pdf&Open=True>. Acesso em: 13 abr. 2022; e Relatório do Órgão de Apelação (WT/DS379/AB/R), Genebra, 2011, §§320-322. Disponível em:<https://docs.wto.org/dol2fe/Pages/SS/directdoc.aspx?filename=Q:/WT/DS/379ABR.pdf&Open=True>. Acesso em: 13 abr. 2022.

Curso de Defesa Comercial e Interesse Público no Brasil: teoria e prática

(1) do Acordo sobre Subsídios e Medidas Compensatórias. Em primeira instância, o Painel da OMC entendeu que "órgão público" abarcaria qualquer entidade controlada por um governo. Entretanto, esse entendimento foi revertido em última instância pelo Órgão de Apelação da OMC, concluindo que o referido termo pode assumir conceitos diversos a depender do contexto, sendo o controle do estado sob a entidade apenas um, mas não o único, dos elementos a serem considerados para a análise caso a caso[45]. Além desse, seria possível identificar como órgão público aqueles que assumem funções típicas de governo, ou quando agem de modo contrário ao que seriam seus próprios interesses.

Persistem, portanto, controvérsias quanto à extensão do termo, principalmente no que se refere ao enquadramento de empresas controladas pelo Estado. Trata-se de um aspecto de especial importância, ante a miríade de empresas estatais (*State-Owned enterprises – SOEs)* e bancos públicos que podem estar ou não envolvidas na concessão de subsídios. Ressalte-se, ainda, a própria dificuldade na definição de empresa estatal nos acordos da OMC[46]. Conforme mencionado na seção 2.3.1.1.1, quando se analisou o conceito de contribuições financeiras, observou-se que tal prática pode ser viabilizada direta ou indiretamente.

No Brasil, o art. 7º, inciso IV, do Decreto n. 10.839/2021 determina que autoridade outorgante pode ser entendida como "governo ou órgão público no território do país exportador que conceda subsídios, em todos os níveis, nacional ou subnacional". Assim, o parágrafo único do art. 15 da Portaria SECEX n. 172/2022 determina que, para fins de investigações de subsídios, quando não especificado, o termo governo refere-se tanto ao governo em si (ministérios, secretarias, departamentos, agências etc.) como a qualquer órgão público, em todos os níveis, nacional ou subnacional, no país exportador. Ademais, o art. 19 afirma que o "termo autoridade outorgante será entendido como governo ou órgão público no território do país exportador que conceda determinado programa de subsídio, em todos os níveis, nacional ou subnacional". Ainda, o art. 20 da mesma Portaria aponta que o "termo órgão público será entendido como uma entidade que possui ou exerce autoridade governamental, ou entidade à qual esta autoridade governamental lhe foi confiada".

---

[45] O caso *US – Anti-Dumping and Countervailing Duties (China)*, em especial a interpretação do termo "órgão público" pelo Órgão de Apelação, gerou bastante repercussão no âmbito internacional, tendo sido inclusive um dos motivos listados pelos Estados Unidos para a recusa do país em nomear novos juízes para o Órgão de Apelação da OMC, o que culminou na paralisação deste em 2019. Ver ESTADOS UNIDOS, USTR Report in the Appellate Body of the World Trade Organization, Washington, 2020, p. 82. Disponível em:<https://ustr.gov/sites/default/files/Report_on_the_Appellate_Body_of_the_World_Trade_Organization.pdf> Acesso em: 13 abr. 2022.

[46] MONTEIRO, Henrique; ATHAYDE, Amanda; MARSSOLA, Julia. A busca pela definição de empresa estatal nos acordos da OMC. *Livro de Comércio Internacional BMJ*, 2022.

3 • *Investigações antissubsídios – teoria e prática*

Assim, a caracterização de uma autoridade outorgante como órgão público depende de vários fatores, que foram, como dito, desenvolvidos na jurisprudência do Órgão de Solução de Controvérsias da OMC. Nesse sentido, atualizando a normativa nacional, o § 1º do art. 20 da Portaria SECEX n. 172/2022 inclui norma OMC *Plus*, baseada na jurisprudência da OMC, e elucida que caracterização de uma autoridade outorgante como órgão público depende de fatores que se relacionam às características da autoridade outorgante e à sua relação com o governo, incluindo objetivos, funções desempenhadas e suas estruturas societárias e gerenciais, com base, dentre outros, nos seguintes elementos:

I – a participação acionária do governo na alegada autoridade outorgante[47];

II – a capacidade do governo de indicar diretores e/ou outros Membros gerenciais;

III – o direito ou a prerrogativa do governo de revisar resultados financeiros e/ou comerciais da alegada autoridade outorgante;

IV – o direito ou a prerrogativa do governo de determinar os objetivos da alegada autoridade outorgante;

V – a influência do governo nas decisões comerciais e/ou de investimentos da alegada autoridade outorgante;

VI – qualquer instrumento ou registro que demonstre concessão ou delegação de autoridade governamental para a alegada autoridade outorgante, bem como evidências de que a alegada autoridade outorgante está autorizada a agir em nome do governo ou representando-o;

VII – qualquer instrumento ou registro que demonstre a forma de estabelecimento ou criação da alegada autoridade outorgante, bem como da sua missão;

VIII – a contribuição da alegada autoridade outorgante para a consecução de objetivos de políticas públicas ou de interesses governamentais; e

IX – quaisquer outras evidências de controle ou influência governamental sobre a alegada autoridade outorgante, inclusive evidências de que a alegada autoridade outorgante não age da forma como empresas ou agentes privados normalmente agiriam representando os interesses econômicos de seus sócios ou acionistas.

Nas contribuições realizadas diretamente por um governo, entende-se o termo governo "no senso coletivo" (*collective sense*), conforme denominação do Órgão de Apelação no caso *US – Anti-Dumping and Countervailing Duties (China)*. Isso significa que se abarca no termo tanto o governo "em sentido estri-

---

[47] O § 2º do art. 20 da Portaria SECEX n. 172/2022 indica que a participação acionária majoritária do governo na alegada autoridade outorgante será levada em consideração para fins de caracterização como órgão público, mas não será por si só suficiente.

Curso de Defesa Comercial e Interesse Público no Brasil: teoria e prática

to", ou seja, os braços formais do governo, quanto "qualquer órgão público", englobando também as entidades que desempenham funções governamentais[48].

Já a contribuição financeira realizada de modo indireto pelo governo ocorre quando "instrui ou confia" uma entidade privada a desempenhar uma das contribuições já elencadas na seção 2.3.1.1.1. Neste contexto, nos termos do § 2º do art. 21 da Portaria SECEX n. 172/2022, considera-se que atos de governo *instruem* uma entidade em situações em que o governo exerce sua autoridade sobre uma entidade privada. Já a *confiança* ocorre quando o governo outorga responsabilidade a uma entidade privada e utiliza essa entidade privada para efetuar indiretamente um dos tipos de contribuição financeira.

Ao examinar se o governo *instrui* uma entidade privada para realizar suas funções, o § 3º do art. 21 da Portaria SECEX n. 172/2022 informa que são normalmente considerados, dentre outros: "I – os atos de comando; e II – outros modos formais e informais por meio dos quais governos podem exercer autoridade sobre uma entidade privada para desempenhar suas funções".

Ao examinar se o governo *confia* suas funções a entidade privada, o § 4º do art. 21 da Portaria SECEX n. 172/2022 informa que são normalmente considerados, dentre outros: "I – os atos de delegação; e II – outros modos formais e informais por meio dos quais governos podem outorgar responsabilidade a uma entidade privada para desempenhar funções que normalmente seriam incumbência de governo". Salienta-se, ainda, no § 5º, que os "atos de governo de instruir ou confiar podem envolver alguma forma de ameaça, coação, indução, acordo, negociação, barganha ou outras ações que comprovem a influência governamental".

Por exemplo, quando um banco estatal age em condições de mercado e conforme práticas típicas de um banco comercial não estatal, não tenderia a ser considerado um órgão público para os fins de investigações antissubsídios. No entanto, quando esse mesmo banco propõe um financiamento a taxas reduzidas e que destoam daquelas cobradas no mercado, pode-se argumentar seu enquadramento, a depender do material probatório levantado.

3.3.1.3. Vantagem/Benefício e *benchmark*

Consoante supracitado, o conceito de vantagem/benefício faz parte do quadrilátero do conceito de subsídio acionável.

---

[48] ORGANIZAÇÃO MUNDIAL DO COMÉRCIO. United States – Definitive Anti-Dumping And Countervailing Duties On Certain Products From China (DS379), Relatório do Órgão de Apelação (WT/DS379/AB/R), Genebra, 2011, §290. Disponível em: <https://docs.wto.org/dol2fe/Pages/SS/directdoc.aspx?filename=Q:/WT/DS/379ABR.pdf&Open=True>. Acesso em: 13 abr. 2022.

Imagem – Quadrilátero do conceito de subsídios acionáveis – vantagem/benefício

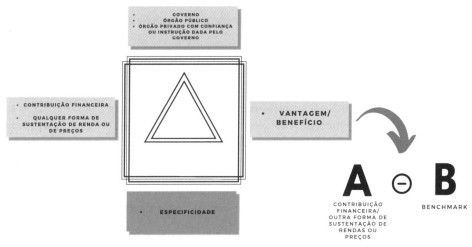

Fonte: elaboração própria.

O benefício pode ser entendido como a vantagem auferida pela empresa que recebeu o benefício. No caso *US – Countervailing Measures on Certain EC Products*, o Painel da OMC instruiu que a vantagem deve ser examinada em comparação com o mercado (*benchmark*)[49]. Nos termos do art. 24 do Decreto n. 10.839/2021, para apurar a existência do benefício, o DECOM examinará se a contribuição financeira representou uma vantagem ao destinatário, de modo que o destinatário obtenha situação ou condição melhor do que de outra forma teria sem a contribuição financeira ou se tivesse que recorrer ao mercado para obtê-la.

O art. 16 do Decreto n. 10.839/2021 apresenta explicitamente o que não se considera como benefícios:

> I – aporte de capital social pelo governo, exceto se a decisão de investir puder ser considerada inconsistente com as práticas habituais de investimento de investidores privados no território do país exportador, inclusive para o aporte de capital de risco;

---

[49] ORGANIZAÇÃO MUNDIAL DO COMÉRCIO. United States — Countervailing Measures Concerning Certain Products from the European Communities (DS212), Relatório do Painel (WT/DS212/R), Genebra, 2002, §§7.57-7.58. Disponível em: <https://docs.wto.org/dol2fe/Pages/SS/directdoc.aspx?filename=Q:/WT/DS/212R.pdf&Open=True>. Acesso em: 14 abr. 2022.

Curso de Defesa Comercial e Interesse Público no Brasil: teoria e prática

II – empréstimo do governo, exceto se[50] houver diferença entre o montante que a empresa tomadora paga pelo empréstimo concedido pelo governo e o montante que a empresa pagaria por empréstimo comercial comparável que efetivamente poderia obter no mercado;

III – garantia creditícia fornecida pelo governo, exceto se[51] houver diferença entre o montante que a empresa recebedora da garantia paga pelo empréstimo e o montante que a empresa pagaria por empréstimo comercial comparável sem garantia do governo; ou

IV – fornecimento de bens e serviços ou compra de bens pelo governo, exceto se o fornecimento for realizado por valor inferior ao da remuneração adequada ou se a compra for realizada por valor superior ao da remuneração adequada, hipótese em que a adequação da remuneração será determinada em relação às condições de mercado em vigor para o bem ou o serviço em causa no país de fornecimento ou de compra, incluídos o preço, a qualidade, a disponibilidade, a comerciabilidade, o transporte e as demais condições de compra ou venda.

Nesse sentido, a comparação entre a contribuição financeira e o *benchmark* determinará se o destinatário obteve um benefício ou vantagem, conforme imagem acima.

Para vários tipos de subsídios é essencial, portanto, para a caracterização de seu benefício, o conceito de *benchmark*, que são referências de mercado adequadas. Ele é utilizado para aferir se, na comparação entre a contribuição financeira e o *benchmark*, o destinatário obteve um benefício ou vantagem. Por exemplo, no caso de um alegado empréstimo governamental subsidiado, só haverá benefício caso a autoridade investigadora comprove que a taxa de juros cobrada no empréstimo por determinado banco destoou do que seria normalmente cobrado no mercado (que é considerado o *benchmark* nessa comparação). Por outro lado, quando se trata de uma doação de recursos, não é necessário se estabelecer um *benchmark*, pois o montante recebido com a doação já constitui em sua integralidade a vantagem a ser considerada no cálculo.

Para identificar o *benchmark* adequado, os arts. 24 e 25 do Decreto n. 10.839/2021 oferecem orientação. Deve ser analisada a prática habitual de mercado para determinação do benefício no momento da decisão sobre a operação analisada, com base em expectativas de custos e retornos *ex ante*. Na ausência de *benchmark* adequado no país exportador, a autoridade pode ainda recorrer a

---

[50] Nesta exceção, o valor do benefício consistirá na diferença entre os dois montantes (art. 16, § 1º, do Decreto n. 10.839/2021).

[51] Nesta exceção, o valor do benefício consistirá na diferença entre os dois montantes, com os ajustes devidos dos valores referentes às taxas aplicáveis (art. 16, § 2º, do Decreto n. 10.839/2021).

3 • Investigações antissubsídios – teoria e prática

benchmark externo (e.g., empréstimos em moedas estrangeiras), desde que se trate de *benchmark* razoável que permita uma comparação adequada. Na escolha do *benchmark*, podem ser rejeitados preços privados domésticos no país exportador caso tais preços sejam distorcidos em função da participação predominante do governo como fornecedor no mercado.

Ademais, na hipótese de contribuição financeira advinda de receitas públicas devidas perdoadas ou não recolhidas, caso necessária a identificação de *benchmark* para tributos diretos, será levado em consideração, para definição do *benchmark*, o tratamento tributário concedido a contribuintes em situação comparável, de acordo com os princípios internos do regime tributário do país investigado, de modo a identificar se o tratamento conferido à empresa investigada se configura como uma exceção às regras gerais de tributação.

Interessante mencionar que o Órgão de Apelação da OMC, no âmbito do caso *Canada – Aircraft*, concluiu que o benefício não pode ser considerado em abstrato, sendo necessário que o benefício seja concretamente percebido pelo beneficiário[52]. Assim, o § 1º do art. 24 da Portaria SECEX n. 172/2022 define que "o benefício será determinado em relação ao produtor/exportador do produto subsidiado exportado para o Brasil".

Para maiores detalhes sobre a forma de apuração da vantagem/benefício no cálculo do montante de subsídio acionável, remete-se à seção 3.3.3 deste livro.

3.3.1.4. Especificidade

De acordo com o já mencionado, a tríade de elementos pertencentes ao conceito de subsídios (*vide* seções 3.3.1.1, 3.3.1.2 e 3.3.1.3) não é suficiente para se poder aplicar uma medida compensatória, pois para tanto é preciso, ademais, que seja considerado um subsídio específico, nos termos do art. 1.2 do Acordo sobre Subsídios e Medidas Compensatórias da OMC. Similarmente à normativa multilateral, o art. 14 do Decreto n. 10.839/2021 dispõe que o subsídio será acionável e sujeito a medidas compensatórias se for considerado específico. Assim, a especificidade não é um elemento constituinte de um subsídio, mas é uma condição necessária para que os subsídios sejam submetidos às disciplinas do Acordo sobre Subsídios e Medidas Compensatórias. Desse modo, subsídios não específicos não podem ser contestados na OMC, nem a eles podem ser aplicadas medidas compensatórias.

---

[52] ORGANIZAÇÃO MUNDIAL DO COMÉRCIO. Canada — Measures Affecting the Export of Civilian Aircraft (DS70), Relatório do Órgão de Apelação (WT/DS70/AB/R), Genebra, 1999, §154. Disponível em: <https://docs.wto.org/dol2fe/Pages/SS/directdoc.aspx?filename=Q:/WT/DS/70ABR.pdf&Open=True>. Acesso em: 14 abr. 2022.

Imagem – Quadrilátero do conceito de
subsídios acionáveis – especificidade

**QUADRILÁTERO DO CONCEITO DE SUBSÍDIOS ACIONÁVEIS
- ESPECIFICIDADE -**

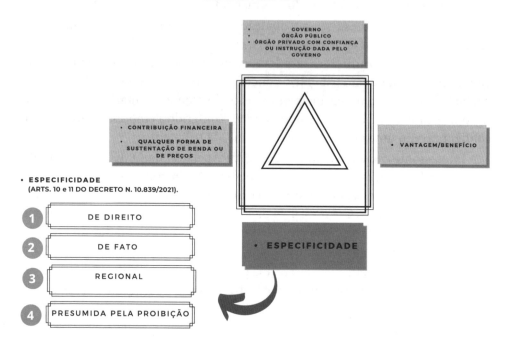

Fonte: elaboração própria.

Para se determinar a especificidade de um subsídio, ou seja, se se destina especificamente a uma empresa ou produção, ou a um grupo de empresas ou produções, dentro da jurisdição da autoridade outorgante, o art. 2.1 do Acordo sobre Subsídios e Medidas Compensatórias da OMC indica que serão aplicados os seguintes princípios:

> (a) o subsídio será considerado específico quando a autoridade outorgante, ou a legislação pela qual essa autoridade deve reger-se, explicitamente limitar o acesso ao subsídio a apenas determinadas empresas;
>
> (b) não ocorrerá especificidade quando a autoridade outorgante, ou a legislação pela qual essa autoridade deve reger-se, estabelecer condições ou critérios objetivos[53] que disponham sobre o direito de acesso e sobre o montante a ser

---

[53] A expressão "condições ou critérios objetivos", tal como usada neste acordo, significa condições ou critérios neutros, isto é, que não favoreçam determinadas empresas em detrimento de outras e que são de natureza econômica e de aplicação horizontal, tais como número de empregados e dimensão da empresa.

3 • *Investigações antissubsídios – teoria e prática*

concedido, desde que o direito seja automático e que as condições e critérios sejam estritamente respeitados. As condições e critérios deverão ser claramente estipulados em lei, regulamento ou qualquer outro documento oficial, de tal forma que se possa proceder à verificação;

(c) se apesar de haver aparência de não especificidade resultante da aplicação dos princípios estabelecidos nos subparágrafos (a) e (b), houver razões para acreditar-se que o subsídio em consideração seja de fato específico, poder-se-ão considerar outros fatores como: uso predominante de um programa de subsídios por número limitado de empresas, concessão de parcela desproporcionalmente grande do subsídio a determinadas empresas apenas e o modo pelo qual a autoridade outorgante exerceu seu poder discricionário na decisão de conceder um subsídio[54]. Na aplicação deste subparágrafo será levada em conta a diversidade das atividades econômicas dentro da jurisdição da autoridade outorgante, bem como o período de tempo durante o qual o programa de subsídios esteve em vigor.

Ademais, o art. 2.2 do Acordo sobre Subsídios e Medidas Compensatórias da OMC determina que será considerado específico o subsídio que seja limitado a determinadas empresas localizadas dentro de uma região geográfica situada no interior da jurisdição da autoridade. E o art. 2.3 do Acordo sobre Subsídios e Medidas Compensatórias da OMC indica que todos os subsídios proibidos serão considerados automaticamente específicos.

Similarmente à normativa multilateral, o art. 10 do Decreto n. 10.839/2021 dispõe que, com vistas a determinar se um subsídio é específico a uma empresa ou indústria, ou a um grupo de empresas ou indústrias, doravante denominadas determinadas empresas, na jurisdição da autoridade outorgante, serão aplicados os seguintes princípios:

I – quando a autoridade outorgante, ou a legislação pela qual essa autoridade é regida, explicitamente limitar o acesso ao subsídio a determinadas empresas, o referido subsídio será específico;

II – quando a autoridade outorgante, ou a legislação pela qual essa autoridade é regida, estabelecer condições ou critérios objetivos que disponham sobre a elegibilidade ao subsídio e sobre o montante a ser concedido, não ocorrerá especificidade, desde que essa elegibilidade seja automática e que as condições e os critérios estipulados em lei, regulamento ou outro ato normativo sejam estritamente respeitados e se possa proceder à sua verificação; e

III – nas hipóteses em que não haja, aparentemente, especificidade de que tratam os incisos I e II, mas haja razões que levem a crer que o subsídio em análise seja de fato específico, os seguintes fatores poderão ser considerados:

---

[54] A esse respeito deverão ser levadas em consideração informações sobre a frequência com que sejam recusados ou aprovados pedidos de subsídios e sobre os motivos que levaram a tais decisões.

a) uso de um programa de subsídio por um número limitado de determinadas empresas;

b) uso predominante de um programa de subsídio por determinadas empresas;

c) concessão de parcela desproporcionalmente grande de subsídio a determinadas empresas; e

d) modo pelo qual a autoridade outorgante exerceu o seu poder discricionário na decisão de conceder subsídio, consideradas as informações sobre a frequência com que são recusados ou aceitos os pedidos de subsídios e sobre os motivos que ensejaram tais decisões.

O art. 11 do Decreto n. 10.839/2021 ainda esclarece que "os subsídios limitados a uma empresa ou indústria, ou um grupo de empresas ou indústrias, localizada em região geográfica delimitada situada na jurisdição da autoridade outorgante serão considerados específicos". Ainda, o art. 13 determina que os seguintes subsídios serão proibidos:

I – subsídios vinculados, de fato ou de direito, exclusivamente ou como uma entre várias condições, ao desempenho exportador, inclusive os indicados no Anexo I ao Acordo sobre Subsídios e Medidas Compensatórias da Organização Mundial do Comércio, observado o disposto nos Anexos II e III do referido Acordo; e

II – subsídios vinculados, exclusivamente ou como uma entre várias condições, ao uso preferencial de produtos domésticos em detrimento de produtos importados.

Ainda, nos termos do art. 16 da Portaria SECEX n. 172/2022: "Para os fins de investigações de subsídios conduzidas pelo Departamento de Defesa Comercial e Interesse Público, considera-se que existe subsídio acionável e, portanto, sujeito a medidas compensatórias, se tal subsídio for específico". Nota-se, portanto, da legislação, que se tem basicamente 4 (quatro) principais tipos de especificidade: (i) subsídios específicos "de direito", (ii) subsídios específicos "de fato", (iii) subsídios específicos "regional" e (iv) subsídios com especificidade presumida pela proibição.

A (i) especificidade "de direito" é aquela na qual por lei há a destinação a determinadas empresas ou indústrias. Isso aconteceria, por exemplo, se uma determinada lei federal, estadual ou municipal criasse um subsídio destinado ao setor siderúrgico. Nos termos do art. 115 da Portaria SECEX n. 172/2022, deve-se examinar a legislação, a regulamentação ou o ato administrativo emitido pela autoridade outorgante para determinar se o subsídio está expressamente limitado por lei, regulamento ou outro ato administrativo a certas empresas, indústrias e/ou regiões, e, portanto, considerar se o programa de subsídio investigado corresponde a um subsídio específico de direito.

Assim, será considerado específico de direito o subsídio concedido a uma empresa ou a um grupo de empresas quando a autoridade outorgante limita expressamente o acesso ao programa de subsídio a uma ou determinadas empresas dentro de sua jurisdição ou também concedido a uma indústria ou a um grupo de indústrias quando a autoridade outorgante limita expressamente o acesso ao programa de subsídio a uma ou determinadas indústrias dentro de sua jurisdição.

Por outro lado, não se considera que há especificidade de direito quando a autoridade outorgante do subsídio, ou a legislação pela qual essa autoridade deve reger-se, estabelecer condições ou critérios objetivos[55] que disponham sobre a elegibilidade ao subsídio e sobre o respectivo montante a ser concedido, desde que essa elegibilidade seja automática e que as condições e critérios, estipulados em lei, regulamento ou outro ato normativo, sejam estritamente respeitados e se possa proceder à sua verificação.

Imagem – Quadrilátero do conceito de subsídios acionáveis – especificidade de direito

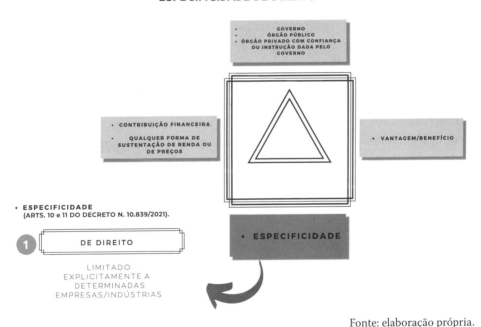

Fonte: elaboração própria.

---

[55] A expressão "condições ou critérios objetivos", a que se refere o *caput*, significa condições ou critérios imparciais que não favoreçam determinadas empresas em detrimento de outras e que sejam de natureza econômica e de aplicação horizontal, como número de empregados ou dimensão de empresa.

Curso de Defesa Comercial e Interesse Público no Brasil: teoria e prática

A (ii) especificidade "de fato", por sua vez, acontece na prática, apesar de o subsídio não estar expressamente na legislação. Nesse caso, o modo como o governo exerce sua discricionariedade evidencia a limitação de fato do subsídio a determinadas empresas ou indústrias. Para tanto, o art. 117 da Portaria SECEX n. 172/2022 indica que os seguintes fatores devem ser analisados:

> I – o uso de um programa de subsídio por um número limitado de empresas ou indústrias;
>
> II – o uso predominante de um programa de subsídio por determinadas empresas ou indústrias;
>
> III – a concessão de parcela desproporcionalmente vultosa do subsídio a determinadas empresas ou indústrias; e
>
> IV – o modo pelo qual a autoridade outorgante exerceu discricionariedade na decisão de conceder o subsídio, levando em consideração informações sobre a frequência com que são recusados ou aceitos pedidos de subsídios, e fundamentação de tais decisões.

Por exemplo, ainda que não haja lei que limite determinada isenção fiscal a empresas ou indústrias, mas se o governo, na prática, só deferir o pedido de tal isenção de determinadas empresas ou indústrias, pode haver a caracterização da especificidade "de fato". Assim, a especificidade se relaciona com a amplitude da disponibilidade de um determinado subsídio. Subsídios horizontalmente disponíveis a todas as empresas de um determinado país não são, *a priori*, considerados específicos. Importante destacar ainda que se deve considerar a diversidade das atividades econômicas na jurisdição da autoridade outorgante e o período de tempo em que o programa de subsídio esteve em vigor, quando da verificação de um subsídio específico de fato. Isso porque se suponha que um determinado país apenas tenha produção de arroz. Se for concedido subsídio apenas para essa atividade econômica, pode não vir a ser configurada a especificidade de fato, já que não há diversidade de atividades econômicas na jurisdição.

Há, ainda, a (iii) especificidade "regional", que acontece quando o subsídio é limitado a determinadas empresas localizadas dentro de região geográfica situada na jurisdição da autoridade outorgante. O art. 118 da Portaria SECEX n. 172/2022 dispõe que o "subsídio será considerado específico a uma determinada região se a autoridade outorgante limita o acesso ao programa de subsídio, de fato ou de direito, a determinadas empresas localizadas dentro de região geográfica delimitada situada na jurisdição da autoridade outorgante". Por exemplo, se um estado concede um subsídio a todas as empresas que estejam dentro dele, não há especificidade, mas se o governo federal conceder o mesmo subsídio a todas as empresas dentro daquele estado, haveria a especificidade, pois trata-se de uma sub-região dentro da jurisdição da autoridade outorgante.

3 • *Investigações antissubsídios – teoria e prática*

Imagem – Quadrilátero do conceito de subsídios acionáveis – especificidade de fato

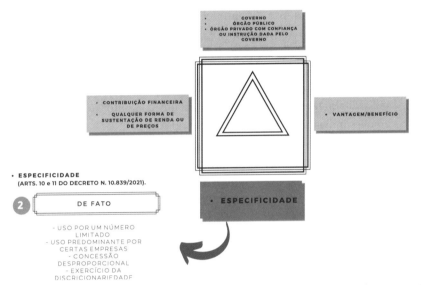

Fonte: elaboração própria.

Imagem – Quadrilátero do conceito de subsídios acionáveis – especificidade regional

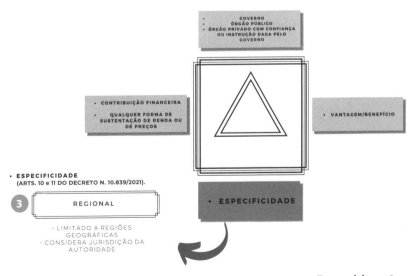

Fonte: elaboração própria.

Curso de Defesa Comercial e Interesse Público no Brasil: teoria e prática

Por fim, há a (iv) especificidade presumida por "proibição", que são aqueles vinculados, de fato ou de direito, ao desempenho exportador ou ao uso preferencial de produtos domésticos em detrimento de produtos estrangeiros. Tal presunção ocorre independentemente de qualquer outra análise, ou seja, mesmo um subsídio horizontalmente disponível será específico caso seja proibido. De acordo com o art. 3.1 do Acordo sobre Subsídios e Medidas Compensatórias da OMC, são proibidos:

> (a) subsídios vinculados de fato ou de direito ao desempenho exportador, quer individualmente, quer como parte de um conjunto de condições, inclusive aqueles indicados a título de exemplo no Anexo I;
>
> (b) subsídios vinculados de fato ou de direito ao uso preferencial de produtos nacionais em detrimento de produtos estrangeiros, quer individualmente, quer como parte de um conjunto de condições.

A mesma redação segue para o art. 13 do Decreto n. 10.839/2021, que esclarece em seu § 1º que ocorrerá a vinculação de fato ao desempenho exportador quando ficar demonstrado que a concessão, ainda que não vinculada de direito ao desempenho exportador, está vinculada de fato a exportações ou a ganhos com exportações, reais ou previstos. Ainda, o § 2º pontua que a "concessão de fato de subsídios a empresas exportadoras não deverá, por si só, ser considerada subsídio à exportação".

Nos termos do art. 114 da Portaria SECEX n. 172/2022, os seguintes subsídios, classificados como subsídios proibidos, serão considerados específicos, independentemente de haver outras condições concomitantes: "I – subsídios vinculados, de fato ou de direito, ao desempenho exportador[56]; ou II – subsídios vinculados ao uso preferencial de produtos domésticos em detrimento de produtos importados".

---

[56] A vinculação de fato a que faz referência o inciso I deste artigo caracterizar-se-á quando ficar demonstrado que a concessão, ainda que não vinculada de direito ao desempenho exportador, está vinculada de fato a exportações ou ganhos com exportações, reais ou previstos.

Imagem – Quadrilátero do conceito de subsídios acionáveis – especificidade por proibição

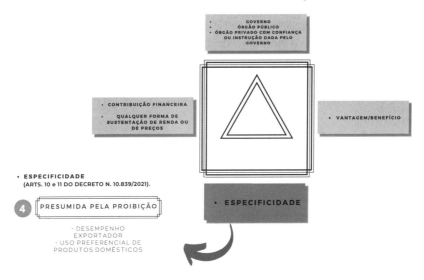

Fonte: elaboração própria.

3.3.2. *Classificações dos subsídios*

Uma vez apresentado o conceito de subsídio, passa-se a algumas de suas classificações, como aquela entre (3.3.2.1) subsídios a montante, (3.3.2.2) subsídios diretos e indiretos, (3.3.2.3) subsídios recorrentes e não recorrentes, que são relevantes para a compreensão do conceito e para o cálculo do benefício.

3.3.2.1. Subsídios a montante

Subsídios a montante são aqueles conferidos aos insumos utilizados na fabricação ou na produção do produto subsidiado investigado no país exportador, sendo que eles devem ainda conferir benefício ao produto subsidiado investigado, configurando subsídio indiretamente concedido ao produto investigado, conforme previsto no *caput* do art. 2º do Decreto n. 10.839/2021. O art. 19 do Decreto n. 10.839/2021 determina que subsídios a montante serão entendidos como quaisquer subsídios acionáveis que: "I – sejam conferidos por um governo aos insumos utilizados na fabricação ou na produção do produto subsidiado investigado no país exportador; e II – confiram benefício ao produto subsidiado investigado". Ou seja, trata-se de previsão sobre subsídios aos insumos do produto objeto da investigação.

Assim, subsídios a montante serão entendidos como subsídios acionáveis se forem concedidos indiretamente, isto é, aos insumos do produto, desde que seja conferido um benefício ao produto objeto da investigação, por meio de *pass-through*. De todo modo, "somente serão investigados subsídios a montante que tenham efeito significativo no custo de fabricação ou de produção do produto subsidiado investigado", conforme dispõe o parágrafo único do art. 19 do Decreto n. 10.839/2021. No Brasil, considera-se que um subsídio a montante tem efeitos significativos quando o valor *ad valorem* do subsídio ao insumo multiplicado pelo percentual do custo desse insumo relativamente ao custo de fabricação ou de produção do produto investigado corresponder a percentual de no mínimo 1%, não incluídas no cômputo deste as despesas gerais, administrativas, de comercialização e outras despesas operacionais (§ 3º do art. 108 da Portaria SECEX n. 172/2021).

Ressalte-se, ainda, que para investigar um subsídio a montante, a autoridade deve estabelecer que há o repasse do subsídio do insumo ao produto investigado. Ou seja, o simples fato de que uma empresa fornecedora de insumos recebe subsídios não permite automaticamente concluir que o produto final investigado foi beneficiado pelo subsídio. Deve a autoridade comprovar, por exemplo, comparando o preço de compra, por parte da empresa investigada, do insumo advindo da empresa que recebeu o subsídio, com um preço *benchmark* livre de subsídios. Somente se tal comparação evidenciar que, devido aos subsídios, o insumo foi comprado a preços não de mercado, pode o subsídio a montante ser investigado. A exceção a tal regra foi estabelecida na jurisprudência da OMC nos casos *US — Softwood Lumber IV*[57] e *US — Softwood Lumber III*[58], e indica que quando há empresas fornecedoras relacionadas à investigada pode ser presumido o repasse dos subsídios recebidos aos insumos.

---

[57] ORGANIZAÇÃO MUNDIAL DO COMÉRCIO, United States — Final Countervailing Duty Determination with respect to certain Softwood Lumber from Canada (DS257), Relatório do Órgão de Apelação (WT/DS257/AB/RW), Genebra, 2005. Disponível em: < https://docs.wto.org/dol2fe/Pages/SS/directdoc.aspx?filename=Q:/WT/DS/257ABRW.pdf&Open=True>. Acesso em: 20 abr. 2022.

[58] ORGANIZAÇÃO MUNDIAL DO COMÉRCIO, United States — Preliminary Determinations with Respect to Certain Softwood Lumber from Canada (DS256), Relatório do Painel (WT/DS236/R), Genebra, 2002. Disponível em: <https://docs.wto.org/dol2fe/Pages/SS/directdoc.aspx?filename=Q:/WT/DS/236R-00.pdf&Open=True>. Acesso em: 20 abr. 2022.

3 • Investigações antissubsídios – teoria e prática

Tabela – Subsídios a montante

TIPO DE SUBSÍDIO	DESCRIÇÃO E EXEMPLOS
A montante	Descrição: subsídios aos insumos do produto objeto da investigação Exemplo: subsídio concedido na energia elétrica utilizada na produção do produto objeto da investigação, que é intensivo em utilidades (energia) em sua produção

Fonte: elaboração própria.

3.3.2.2. Subsídios diretos e indiretos

Para se compreender essa classificação, retomam-se as explicações sobre subsídios concedidos diretamente pelo governo ou órgão público daqueles concedidos indiretamente por órgão privado com confiança ou instrução dada pelo governo, nos termos apresentados na Seção *supra* 3.3.1.2.

Tabela – Subsídios diretos e indiretos

FORMA	TIPO DE SUBSÍDIO	DESCRIÇÃO E EXEMPLOS
Direta	Transferência direta de fundos potenciais transferências diretas de fundos ou de obrigações	Doações, empréstimos, aportes de capital, garantias de empréstimos
Direta	Receitas públicas de vidas sejam perdoadas ou deixem de ser recolhidas	Incentivos fiscais tais como bonificações fiscais: deixar de cobrar um tributo que normalmente é devido. Exemplo: se o governo do país deixar de cobrar o IVA que normalmente seria vendido em vendas.
Direta	Fornecimento de bens ou serviços além daqueles destinados à infraestrutura geral	Prestação de serviços ou concessão de bens que não serão utilizados como infraestrutura geral, mas sim específica para uma empresa ou grupo de empresas Exemplo: construção de um porto, aeroporto ou estrada, que atenda especificamente uma empresa ou grupo de empresas, e não possa ser considerada infraestrutura geral: construção de um porto, aeroporto ou estrada, que atenda especificamente uma empresa ou grupo de empresas, e não possa ser considerada infraestrutura geral.
Direta	Aquisição de bens	Aquisição de bens para empresa ou grupo de empresas Exemplo: aquisição de itens de determinada empresa a preços não de mercado.
Indireta	Pagamentos a mecanismo de financiamento para provimento de contribuição financeira	Mecanismo de financiamento em que a fonte dos recursos seja governamental
Indireta	Atos de governo instruem uma entidade em situações em que o governo exerce sua autoridade sobre uma entidade privada	São normalmente considerados, dentre outros, I – os atos de comando e; II – outros modos formais e informais por meio dos quais governos podem exercer autoridade sobre uma entidade privada para desempenhar suas funções
Indireta	Governo outorga responsabilidade (confia) a uma entidade privada e utiliza essa entidade privada para efetuar indiretamente um dos tipos de contribuição financeira	São normalmente considerados, dentre outros, I – os atos de delegação; e II – outros modos formais e informais por meio dos quais governos podem outorgar responsabilidade a uma entidade privada para desempenhar funções que normalmente seriam incumbência de governo

Fonte: elaboração própria.

3.3.2.3. Subsídios recorrentes e não recorrentes

Na apuração do montante de subsídios é imprescindível avaliar-se o efeito do subsídio no tempo, pois tal avaliação determinará se um subsídio recebido tem ou não efeito no período investigado. Nesse contexto, existem os subsídios recorrentes e não recorrentes, definidos no art. 18 do Decreto n. 10.839/2021, sendo que o cálculo do montante a ser compensado para cada um desses dois tipos é diferente. Maiores detalhes sobre a apuração e a alocação do benefício serão apresentados na Seção 3.3.3 a seguir.

Subsídios recorrentes são relacionados à produção ou venda corrente e seus efeitos são observados imediatamente. Nos termos do art. 18, inciso I, do Decreto n. 10.839/2021, o subsídio será considerado recorrente "quando for relacionado à produção ou à venda corrente e os seus efeitos forem observados imediatamente, devendo, em geral, o montante ser atribuído integralmente ao período em que o benefício for conferido". Por tal motivo, o montante do subsídio é atribuído integralmente ao momento em que a empresa investigada aufere o benefício, e subsídios concedidos antes do período de investigação não são considerados. Por exemplo, se determinada empresa deixar de recolher $1.000.000 em impostos devidos na aquisição de matéria-prima, será considerado apenas o benefício recebido naquele ano investigado, por se considerar que os efeitos daquele subsídio são observados imediatamente.

Nos termos do art. 34 da Portaria SECEX n. 172/2022, tratará os seguintes tipos de subsídios como recorrentes, dentre outros:

I – isenções de tributos diretos e deduções;

II – isenções, deduções e descontos em excesso a tributos indiretos ou direitos de importação;

III – fornecimento de bens e serviços por remuneração inferior à adequada, exceto bens de capital ou outros ativos fixos;

IV – pagamentos com vistas à sustentação de renda ou preços;

V – descontos nas tarifas de eletricidade, água e outras utilidades;

VI – subsídios de frete;

VII – assistência à promoção de exportações;

VIII – assistência ou treinamento ao trabalhador;

IX – auxílios financeiros salariais;

X – subsídios a montante; e

XI – empréstimos preferenciais, salvo exceções.

Subsídios não recorrentes, por sua vez, são aqueles concedidos excepcionalmente ou com frequência irregular, geralmente relacionados à aquisição de ativos fixos. Assim, seus efeitos são relacionados à produção ou à venda futura e se prolongam por período maior do que aquele em que o benefício é conferido. Nos termos do inciso I do art. 18 do Decreto n. 10.839/2021, o subsídio será considerado não recorrente "quando for concedido excepcionalmente ou com frequência irregular, podendo ser relacionado à aquisição de ativos fixos, de modo que os seus efeitos sejam relacionados à produção ou à venda futura e se prolonguem por período superior àquele em que o benefício for conferido, devendo, em geral, o seu montante ser alocado ao longo dos períodos em que for observada a ocorrência de tais benefícios". O montante de tal tipo de subsídio é alocado ao longo dos períodos em que se observam os benefícios, sendo que, para tal, geralmente se utiliza a vida útil média de ativos observada no setor investigado.

Assim, o art. 35 da Portaria SECEX n. 172/2022 indica que "o subsídio será considerado como não recorrente quando for concedido excepcionalmente ou com frequência irregular, podendo estar relacionado à aquisição de ativos fixos, de modo que seus efeitos sejam relacionados à produção ou à venda futura e se prolonguem por período maior do que aquele em que o benefício é conferido". Por exemplo, se a empresa K deixa de recolher os mesmos $1.000.000 do parágrafo anterior, mas que eram devidos na aquisição de máquinas fabris, será considerado que o efeito daquele subsídio se dilui no tempo, e, por tal motivo, o benefício de $1.000.000 será alocado pelo número de anos da vida útil média dos ativos, e apenas o montante relativo ao ano da investigação poderá ser eventualmente considerado no cálculo do direito compensatório.

Ou seja, mesmo aquelas hipóteses previstas inicialmente no art. 34 da Portaria SECEX n. 172/2022 como, inicialmente, recorrentes, poderão ser considerados não recorrentes desde que devidamente demonstrado, no caso concreto, que seus efeitos se prolongam por período maior do que aquele em que foi concedido, incluindo as seguintes hipóteses, estabelecidas no § 2º do referido artigo:

I – benefícios decorrentes de isenções ou reduções de tributos ou gravames devidos na aquisição de máquinas, equipamentos ou outros bens de capital, ainda que concedidas antes do período de investigação; e

II – benefícios decorrentes de subsídios concedidos em montantes desproporcionalmente vultosos e concentrados, ainda que antes do período de investigação, se for determinado que tais subsídios, vinculados ou não à compra de ativos fixos, conferiram um benefício ao produtor/exportador investigado durante o período de investigação.

Nos termos do art. 37 da Portaria SECEX n. 172/2022, tratará os seguintes tipos de subsídios como não recorrentes, dentre outros:

I – aportes de capital;

II – doações;

III – assistência para fechamento de operações de determinada planta;

Curso de Defesa Comercial e Interesse Público no Brasil: teoria e prática

IV – perdão de dívidas;

V – cobertura de perdas operacionais;

VI – conversões de dívida em participação no capital da empresa;

VII – fornecimento de infraestrutura não geral; e

VIII – fornecimento de instalações e equipamentos.

De todo modo, poderão ser tratados como recorrentes desde que devidamente demonstrado, no caso concreto, que seus efeitos são imediatos e se limitam ao período em que foi concedido.

Tabela – Subsídios recorrentes e não recorrentes

TIPO DE SUBSÍDIO	DESCRIÇÃO E EXEMPLOS
NÃO RECORRENTE	**Descrição:** relacionados à produção ou venda corrente – efeitos observados imediatamente (curto prazo). O montante do subsídio é atribuído integralmente ao momento em que a empresa investigada aufere o benefício. Exemplo: I – isenções de tributos diretos e deduções; II – isenções, deduções e descontos em excesso a tributos indiretos ou direitos de importação; III – fornecimento de bens e serviços por remuneração inferior à adequada, exceto bens de capital ou outros ativos fixos; IV – pagamentos com vistas à sustentação de renda ou preços; V – descontos nas tarifas de eletricidade, água e outras utilidades; VI – subsídios de frete; VII – assistência à promoção de exportações; VIII – assistência ou treinamento ao trabalhador; IX – auxílios financeiros salariais; X – subsídios a montante; e XI – empréstimos preferenciais, salvo exceções
RECORRENTE	**Descrição:** concedido excepcionalmente ou com frequência irregular, geralmente relacionado à aquisição de ativos fixos – efeitos relacionados à produção ou à venda futura, se prolongam por período maior do que aquele em que o benefício é conferido (longo prazo). O montante do subsídio alocado ao longo dos períodos em que se observam os benefícios. Considera o valor presente do benefício alocado ao período, considerando os efeitos da inflação e dos juros para atualização de valores monetários do passado. Exemplo: I – aportes de capital; II – doações; III – assistência para fechamento de operações de determinada planta; IV – perdão de dívidas; V – cobertura de perdas operacionais; VI – conversões de dívida em participação no capital da empresa; VII – fornecimento de infraestrutura não geral; e VIII – fornecimento de instalações e equipamentos. De todo modo, poderão ser tratados como recorrentes desde que devidamente demonstrado, no caso concreto, que seus efeitos são imediatos e se limitam ao período em que foi concedido.

Fonte: elaboração própria.

A diferenciação entre subsídios recorrentes e não recorrentes é bastante relevante em uma investigação, já que impacta na metodologia de atribuição ou alocação dos subsídios, o que impactará no cálculo da medida compensatória. Nos termos do Anexo I da Portaria SECEX n. 172/2022, consta a metodologia de cálculo, que será apresentada nas Seções 3.3.3, sobre apuração da vantagem/benefício e na seção 3.6, sobre as medidas compensatórias.

3.3.2.4. Subsídios transnacionais

Um tema que tem surgido nos últimos anos na seara de subsídios e medidas compensatórias diz respeito a subsídios transnacionais (*transnational subsidies* ou *cross-border subsidies*). Em grandes linhas, pode-se definir como subsídios transnacionais aqueles subsídios concedidos por um país a empresas localizadas em território de outro país.

Casos recentes da União Europeia têm sido no sentido de utilizar o Acordo sobre Subsídios e Medidas Compensatórias da OMC para investigação de subsídios transnacionais (casos de laminados a quente de aço inoxidável contra Indonésia e China e duas investigações sobre diferentes produtos de fibras de vidro contra Egito e China). No primeiro caso, a peticionária retirou o pedido de investigação, e esta foi encerrada pela autoridade investigadora do bloco europeu. Já nos casos de produtos de fibra de vidro, a UE aplicou medidas compensatórias contra a importação de fibras de vidros originárias do Egito. As empresas investigadas eram duas empresas egípcias subsidiárias de uma empresa estatal chinesa que recebeu empréstimos de bancos chineses, empréstimos e capital de empresas relacionadas localizadas na China e subsídios do governo egípcio. Os governos do Egito e da China agiram conjuntamente para criar uma zona econômica especial onde os governos conjuntamente concediam subsídios. No caso em tela, a autoridade investigadora europeia considerou que o Governo do Egito envidou esforços deliberados na atração desses subsídios. Assim, a interpretação da EU foi no sentido de considerar que o governo egípcio tivesse adotado como seus os subsídios chineses, sendo, portanto, acionáveis com base no ASMC. Até o momento, nem o Egito nem a China oficializaram reclamação na OMC[59].

Um dos pontos de discussão é se as regras do atual Acordo sobre Subsídios e Medidas Compensatórias da OMC poderiam ser utilizadas para investigar países que concedem tais subsídios e eventualmente aplicar medidas compensatórias contra eles. O art. 1 do ASMC diz que "Para os fins deste Acordo, considerar-se-á a ocorrência de subsídio quando: (a) (1) haja contribuição financeira por um governo ou órgão público no interior do território de um Membro (denominado a partir daqui 'governo')". A interpretação do trecho tem sido amplamente discutida nas esferas acadêmicas e técnicas pelo mundo afora, mas até o momento a OMC ainda não se pronunciou oficialmente a respeito.

---

[59] Para maiores detalhes sobre o caso: ROCHA, Ana Vitória Ferreira; PINHEIRO, Nathália Amorim. Subsídios transacionais e China: um estudo do caso China – Egito e o Regulamento de Execução (Eu) 202/775 da União Europeia. In: ATHAYDE, Amanda; SEGALOVISH, Daniel; ANDRADE, Gabriel (Orgs.). *Comércio internacional e concorrência* – Volume IV. Brasília: Faculdade de Direito – UnB, 2022. Disponível em: <https://www.amandaathayde. com.br/livros-organizados>. Acesso em: 7 abr. 2022.

Curso de Defesa Comercial e Interesse Público no Brasil: teoria e prática

É importante ainda sublinhar que a Comissão Europeia publicou, em junho de 2021, o *"White Paper on levelling the playing field as regards foreign subsidies"*[60], documento que visa endereçar as novas preocupações do bloco sobre o tema de subsídios estrangeiros na União Europeia, em especial o desbalanceamento concorrencial que subsídios de terceiros países possam causar na EU. O documento apresenta (i) os motivos para tratamento do tema, incluindo exemplos típicos que parecem comprometer as condições de concorrência equitativas no mercado interno; (ii) análise dos instrumentos jurídicos existentes para tratamento do tema, incluindo abordagem da questão referente à lacuna regulatória; e (iii) orientações preliminares de natureza material e processual no que se refere aos instrumentos jurídicos para suprir a lacuna regulatória em relação a (iii.1) subsídios transnacionais que distorcem o mercado interno e que digam respeito ao funcionamento geral do mercado dos operadores econômicos ativos na União Europeia, aquisições de empresas na União Europeia e procedimentos de contratação pública; e (iii.2) subvenções transacionais no contexto do acesso ao financiamento da União Europeia.

O documento referenciado resultou na criação de proposta de Regulamento da União Europeia que visa a melhor lidar com influências de subsídios de terceiros países na UE, conforme apresentado na seção 3.1 deste livro, sobre discussões tidas sobre subsídios em nível multilateral e internacional. A proposta dispõe que a Comissão Europeia analisou várias opções políticas para alcançar o objetivo geral da iniciativa, ou seja, assegurar condições de concorrência equitativas no mercado interno para as empresas que recebem subsídios transacionais e as que não[61]. A única considerada em detalhe se refere ao desenvolvimento de

---

[60] *"The White Paper first outlines the rationale for addressing foreign subsidies, including typical examples of foreign subsidies that appear to undermine the level playing field in the internal market. The White Paper then presents an analysis of the existing legal instruments to address foreign subsidies and discusses the question of a regulatory gap. Subsequently, the White Paper sets out preliminary substantive and procedural orientations for legal instruments to address the regulatory gap in relation to: (i) Foreign subsidies distorting the internal market regarding (ii.1) the general market operation of economic operators active in the EU; (ii.2) acquisitions of EU undertakings; (ii.3) public procurement procedures; (ii) Foreign subsidies in the context of access to EU funding."* "WHITE PAPER on levelling the playing field as regards foreign subsidies." Disponível em: <https://eur-lex.europa.eu/legal-content/EN/ALL/?uri=-COM:2020:253:FIN>. Acesso em: 19 jun. 2022.

[61] *Proposal for a Regulation of the European Parliament of the Council on foreign subsidies distorting the internal market.* "A Comissão examinou várias opções políticas para atingir o objetivo geral da iniciativa, ou seja, garantir condições equitativas no mercado interno para as empresas que recebem subsídios estrangeiros e as que não recebem: Opção 1 — não fazer nada (status quo); Opção 2 — emitir orientações sobre quais informações sobre apoio público devem ser apresentadas ao notificar uma aquisição; Opção 3 — alterar a legislação

3 • Investigações antissubsídios – teoria e prática

um novo instrumento jurídico da União Europeia com alternativas para vários parâmetros, que diziam respeito a: i) abordagem de investigação; ii) nível de competência; iii) critério referente ao qual os subsídios transnacionais não seriam considerados como suscetíveis de causar distorções; iv) critérios de apreciação; v) um critério do equilíbrio, que permita ter em conta os efeitos negativos e positivos; e vi) medidas corretivas. Com base na avaliação dos impactos, as subopções relativas a tais parâmetros foram combinadas, a fim de formar pacotes de políticas possíveis para três áreas nas quais poderiam ser detectados subsídios suscetíveis de causar distorções competitivas (concentrações, procedimentos de contratação pública e outras situações de mercado). A proposta de regulamentação dispõe que a opção preferida para cada uma das três áreas pode ser apresentada como um instrumento de investigação de três níveis com os seguintes componentes:

i) Componente 1: um instrumento de investigação baseado em notificações para as concentrações em que o volume de negócios da empresa-alvo da União Europeia seja superior a 500 milhões de EUR e as contribuições financeiras estrangeiras sejam superiores a 50 milhões de EUR;

ii) Componente 2: um instrumento de investigação baseado em notificações para as propostas apresentadas em contratações públicas com um valor contratual superior a 250 milhões de EUR; e

---

existente; e Opção 4 — desenvolver um novo instrumento jurídico da UE com alternativas para vários parâmetros. O relatório de avaliação de impacto inicial propunha uma quinta opção, que envolvia mudanças nas regras internacionais. O relatório de avaliação de impacto deixou de apresentar essa quinta opção e, em vez disso, incluiu os seus elementos substantivos no cenário de base, uma vez que a Comissão irá, em qualquer caso, prosseguir com essa iniciativa política, nomeadamente com o objetivo de promover o desenvolvimento de regras internacionais para lidar com os impactos negativos dos subsídios. As opções 2 e 3 foram descartadas em um estágio preliminar, pois provavelmente não seriam eficazes. Consequentemente, apenas a opção 4 foi considerada com mais detalhes." [tradução livre] No original: *"The Commission examined various policy options for achieving the general objective of the initiative, i.e. to ensure a level playing field in the internal market for companies that receive foreign subsidies and those that do not: Option 1 — do nothing (status quo); Option 2 — issue guidance on what information on public support to submit when notifying an acquisition; Option 3 — amend existing legislation; and Option 4 — develop a new EU legal instrument with alternatives for various parameters. The inception impact assessment report proposed a fifth option, which entailed changing international rules. The impact assessment report no longer presented such fifth option and instead included its substantive elements in the baseline scenario, as the Commission will in any event pursue such policy initiative, namely to aim to promote the development of international rules to address negative impacts of subsidies. Options 2 and 3 were discarded at a preliminary stage, as they were unlikely to be effective. Consequently, only option 4 was considered in more detail."* Disponível em: <https://ec.europa.eu/competition-policy/system/files/2021-06/foreign_subsidies_proposal_for_regulation.pdf>. Acesso em: 19 jun. 2022.

iii) Componente 3: um instrumento de investigação *ex officio* para todas as outras situações de mercado e para as concentrações e os procedimentos de contratação pública abaixo dos limiares fixados nas componentes 1 e 2.

 REGULAMENTO DE EXECUÇÃO (UE) 2020/870 DA COMISSÃO, DE 24 DE JUNHO DE 2020

Trata-se de investigação que resultou na instituição de medida compensatória definitiva e cobrou definitivamente o direito provisório instituído sobre as importações de produtos de fibra de vidro de filamento contínuo originários do Egito. Estabeleceu-se a cobrança do direito de compensação definitivo sobre as importações registradas de produtos de fibra de vidro de filamento contínuo originários do Egito.

A alegada concessão de subsídios no Egito dizia respeito a uma empresa na Zona de Cooperação Económica e Comercial do Suez entre a China e o Egito («zona CECS»). Trata-se de zona econômica especial criada conjuntamente pela China e pelo Egito, cujas negociações se iniciaram nos anos 1990. Destacam-se os termos dispostos no Acordo celebrado entre o Ministério do Comércio da República Popular da China e a Autoridade Geral da Zona Económica do Canal de Suez da República Árabe do Egito relativo à Zona de Cooperação Económica e Comercial do Suez, de 21 de janeiro de 2016 (Acordo de cooperação):

"Nos termos do Acordo de Cooperação, os governos desenvolvem em conjunto a zona CECS em conformidade com as respetivas estratégias nacionais (Iniciativa "Uma Cintura, Uma Rota", por parte da China, e o Plano de Desenvolvimento do Corredor do Canal de Suez, por parte do Egito). Para esse efeito, o Governo do Egito fornece o terreno, a mão de obra e certos benefícios fiscais, enquanto as empresas chinesas que operam na zona dirigem as instalações de produção com os seus ativos e gestores. Para compensar a falta de fundos do Egito, o Governo da RPC apoia ainda este projeto, disponibilizando os recursos financeiros necessários à TEDA Egito e às empresas chinesas ativas na zona CECS.

O produtor de GFR ativo na zona CECS, a Jushi Egito, é uma sociedade de direito egípcio estabelecida pelo grupo Jushi, uma empresa-mãe chinesa. A empresa-mãe do produtor de GFR é detida pela Comissão de Supervisão e Administração dos Ativos Estatais («SASAC»). Recebeu autorização das autoridades estatais chinesas (17) para criar uma filial no Egito. A empresa filial é financiada com fundos provenientes da China, utiliza materiais e equipamento importados da China, é administrada por gestores chineses e utiliza os conhecimentos especializados chineses. Produz GFR no Egito que são exportados para a UE a partir da zona CECS.

Para assegurar a aplicação harmoniosa do acordo de cooperação acima referido, os dois governos estabeleceram igualmente um mecanismo de consulta a três níveis. Neste contexto, a Autoridade Geral da Zona Económica do Canal de Suez da República Árabe do Egito e a Comissão Municipal de Comércio de Tianjin, na República Popular da China, assinaram um «Acordo de Cooperação relativo ao Estabelecimento da Comissão Administrativa para a Zona de Cooperação Económica e Comercial do Suez entre a China e o Egito» para as consultas intergovernamentais de primeiro nível. Num segundo nível, foi criado o Comité de Gestão da Cooperação Económica e Comercial do Suez para assegurar a realização de

> *discussões a nível técnico entre os serviços administrativos competentes do governo municipal chinês de Tianjin e os serviços competentes egípcios da Autoridade da Zona Económica do Canal de Suez. Desde 2017 têm sido realizadas reuniões periódicas destas comissões. Num terceiro nível, a TEDA Egito e os homólogos egípcios pertinentes comunicam às instâncias governamentais acima referidas os problemas e as dificuldades que se lhes apresentam".*

Fonte: Regulamento de Execução (UE) 2020/870 da Comissão, de 24 de junho de 2020[62].

REGULAMENTO DE EXECUÇÃO (UE) 2020/776 DA COMISSÃO DE 12 DE JUNHO DE 2020

Trata-se de investigação que resultou na instituição e cobrança de medidas compensatórias definitivas sobre as importações de determinados têxteis tecidos e/ou agulhados em fibra de vidro originários da República Popular da China e do Egito e que altera o Regulamento de Execução (UE) 2020/492 da Comissão, que institui direitos antidumping definitivos sobre as importações de determinados têxteis tecidos e/ou agulhados em fibra de vidro originários da República Popular da China e do Egito.

Fonte: Regulamento de Execução (UE) 2020/776 da Comissão de 12 de junho de 2020[63].

DECISÃO DE EXECUÇÃO (UE) 2020/1653 DA COMISSÃO, DE 6 DE NOVEMBRO DE 2020

Trata-se de investigação que encerra o processo subsídios relativo às importações de determinadas chapas e rolos de aço inoxidável laminados a quente originários da República Popular da China e da Indonésia.
Quando do início da investigação, em outubro de 2019, a informação era de que:
  "3. Alegação de subvenção
  O produto alegadamente objeto de subvenção é o produto objeto de inquérito, originário da República Popular da China e da Indonésia («países em causa»), atualmente classificado nos códigos SH 7219 11, 7219 12, 7219 13, 7219 14, 7219 22, 7219 23, 7219 24, 7220 11 e 7220 12. Os códigos SH são indicados a título informativo.
  3.1. República Popular da China
  As alegadas práticas de subvenção consistem, nomeadamente, em i) transferências diretas de fundos, ii) receita pública não cobrada e iii) fornecimento público de bens ou serviços contra uma remuneração inferior à adequada. A denúncia alegou

---

[62] UNIÃO EUROPEIA. Regulamento de Execução (UE) 2020/870 da Comissão, de 24 de junho de 2020. Disponível em: <https://eur-lex.europa.eu/legal-content/PT/TXT/PDF/?uri=CELEX:32020R0870&from=EN>. Acesso em: 21 jun. 2022.

[63] UNIÃO EUROPEIA. Regulamento de Execução (UE) 2020/776 da Comissão, de 12 de junho de 2020. Disponível em: <https://eur-lex.europa.eu/legal-content/PT/TXT/PDF/?uri=CELEX:32020R0776&from=EM>. Acesso em: 21 jun. 2022.

Curso de Defesa Comercial e Interesse Público no Brasil: teoria e prática

a existência de, por exemplo, empréstimos preferenciais e linhas de crédito concedidos por bancos estatais, programas de subvenções ao crédito à exportação, garantias e seguros de exportação e programas de subvenções; reduções fiscais para as empresas de alta e nova tecnologia, compensação fiscal para investigação e desenvolvimento, amortização acelerada do equipamento utilizado por empresas de alta tecnologia para o desenvolvimento e produção de alta tecnologia, isenção de dividendos entre empresas residentes qualificadas, redução da taxa de retenção na fonte aplicável aos dividendos das empresas chinesas de investimento estrangeiro pagos às suas empresas-mãe não chinesas, isenções fiscais no que respeita à utilização de terrenos e redução da taxa de exportação, e concessão pelo Governo de terrenos e de energia por remuneração inferior à adequada.

O autor da denúncia alega ainda que as medidas atrás referidas constituem subvenções, dado que implicam uma contribuição financeira do Governo da República Popular da China ou de outros governos regionais e locais (incluindo organismos públicos) e conferem uma vantagem aos produtores-exportadores do produto objeto de inquérito. As medidas limitam-se, alegadamente, a certas empresas ou uma indústria ou grupos de empresas e/ou dependem dos resultados das exportações, pelo que são específicas e passíveis de medidas de compensação. Nesta base, os montantes de subvenção alegados parecem ser significativos no que respeita à República Popular da China.

À luz do artigo 10.o, n. 2 e 3, do regulamento de base, a Comissão elaborou um memorando sobre a suficiência de elementos de prova, que contém uma análise de todos os elementos de prova à sua disposição e com base nos quais dá início ao inquérito. O memorando consta do dossiê para consulta pelas partes interessadas.

Por conseguinte, a Comissão considera que a denúncia inclui elementos de prova suficientes de que os produtores do produto objeto de inquérito, proveniente da República Popular da China, beneficiaram de uma série de subvenções passíveis de medidas de compensação.

A Comissão reserva-se o direito de analisar outras práticas de subvenção pertinentes que possam ser reveladas no decurso do inquérito.

3.2. Indonésia

As alegadas práticas de subvenção consistem, nomeadamente, em i) transferências diretas de fundos, ii) receita pública não cobrada e iii) fornecimento público de bens ou serviços contra uma remuneração inferior à adequada. A denúncia alegou a existência de, por exemplo, empréstimos concedidos no âmbito de políticas preferenciais, benefícios fiscais ao abrigo da legislação indonésia e isenção de direitos de importação sobre as importações de matérias-primas e de equipamento de produção.

O autor da denúncia alega ainda que as medidas atrás referidas constituem subvenções, dado que implicam uma contribuição financeira do Governo da Indonésia (incluindo organismos públicos) e conferem uma vantagem aos produtores-exportadores do produto objeto de inquérito. As medidas limitam-se, alegadamente, a certas empresas ou uma indústria ou grupos de empresas e/ou dependem dos resultados das exportações, pelo que são específicas e passíveis de medidas de compensação. Nesta base, os montantes de subvenção alegados parecem ser significativos no que respeita à Indonésia.

O autor da denúncia alega ainda que algumas das subvenções são concedidas diretamente pelo Governo da Indonésia e outras pelo Governo da China. De acordo com a denúncia, um produtor-exportador indonésio, que está localizado num

> *parque industrial, é detido por interesses chineses. A denúncia alega a existência de empréstimos de entidades públicas chinesas ou controladas pelo Estado chinês a este produtor-exportador indonésio. Atendendo aos objetivos destes empréstimos, o autor da denúncia alega que esses empréstimos concedem uma vantagem ao produtor-exportador de propriedade chinesa na Indonésia.*
>
> *À luz do artigo 10.o, n. 2 e 3, do regulamento de base, a Comissão elaborou um memorando sobre a suficiência de elementos de prova, que contém uma análise de todos os elementos de prova à sua disposição e com base nos quais dá início ao inquérito. O memorando consta do dossiê para consulta pelas partes interessadas.*
>
> *Por conseguinte, a Comissão considera que a denúncia inclui elementos de prova suficientes de que os produtores do produto objeto de inquérito, proveniente da Indonésia, beneficiaram de uma série de subvenções passíveis de medidas de compensação.*
>
> *A Comissão reserva-se o direito de analisar outras práticas de subvenção pertinentes que possam ser reveladas no decurso do inquérito".*
>
> O caso foi encerrado a pedido da peticionária.

Fonte: Decisão de Execução (UE) 2020/1653 da Comissão, de 6 de novembro de 2020[64] e Aviso de início de processo antissubvenções relativo às importações de determinadas chapas e rolos de aço inoxidável laminados a quente originários da República Popular da China e da Indonésia (2019/C 342/09), de 10 de outubro de 2019[65].

No mesmo sentido, nos EUA, há também uma proposta em andamento sobre a regulamentação de subsídios transnacionais[66]. Tal proposta define de for-

---

[64] UNIÃO EUROPEIA. Decisão de Execução (UE) 2020/1653 da Comissão, de 6 de novembro de 2020. Disponível em: <https://eur-lex.europa.eu/legal-content/PT/TXT/PDF/?uri=CELEX:32020D1653&from=EN>. Acesso em: 21 jun. 2022.

[65] UNIÃO EUROPEIA. Aviso de início de processo antissubvenções relativo às importações de determinadas chapas e rolos de aço inoxidável laminados a quente originários da República Popular da China e da Indonésia, de 10 de outubro de 2019. Disponível em: <https://eur-lex.europa.eu/legal-content/PT/TXT/HTML/?uri=CELEX:52019XC1010(03)&from=PT>. Acesso em: 21 jun. 2022.

[66] ESTADOS UNIDOS. H.R.6121 – Eliminating Global Market Distortions to Protect American Jobs Act of 2021. Disponível em: <https://www.congress.gov/bill/117th-congress/house-bill/6121>. Acesso em: 21 jun. 2022. *"For purposes of this subtitle, if there is a countervailable subsidy conferred by a government of a country or any public entity within the territory of a country that is not the country in which the class or kind of merchandise is produced, exported, or sold (or likely to be sold) for importation into the United States and the government of the country or any public entity within the territory of the country in which the class or kind of merchandise is produced, exported, or sold (or likely to be sold) for importation into the United States (hereafter in this subparagraph referred to as the 'subject merchandise country') facilitates the provision of such subsidy, then the administering authority shall treat the subsidy as having been provided by the government of the subject merchandise country or a public entity within the territory of the subject merchandise country and shall cumulate all such counter-*

Curso de Defesa Comercial e Interesse Público no Brasil: teoria e prática

ma mais clara o que a autoridade investigadora estadunidense entende por subsídios transnacional e concede poderes ao Departamento de Comércio de aplicar medidas compensatórias a esse tipo de subsídio.

Com relação ao Brasil, é relevante destacar que há na legislação pátria item específico sobre subsídios transnacionais. O art. 112 da Portaria SECEX n. 172/2022 reza que a autoridade investigadora brasileira, em regra, não considerará como acionáveis os subsídios concedidos por governo de país que não aquele em que a empresa investigada esteja localizada, nem os subsídios concedidos por instituição internacional de empréstimo ou desenvolvimento, mas prevê exceções a tal previsão quando se trata de subsídios transnacionais, quais sejam:

> I – se os Membros de um consórcio internacional dedicado à produção de um produto investigado receberem subsídios acionáveis de seus respectivos países de origem para auxiliar, permitir ou possibilitar a participação no consórcio investigado;
>
> II – se o governo do país da empresa investigada, de modo claro e explícito, endossar, reconhecer ou adotar a concessão de subsídios por parte do outro governo como se tais medidas fossem parte de sua própria política de concessão de subsídios; ou
>
> III – quando tais subsídios forem concedidos por uma associação de dois ou mais países estrangeiros, incluindo suas subdivisões políticas, seus territórios dependentes ou suas posses, organizados em uma união aduaneira, situação em que serão tratados como um só país.

Pontue-se que os incisos I e III possuem inspiração na legislação norte-americana que endereça os subsídios transnacionais, ao passo que o inciso II possui inspiração nos precedentes recentes decorrentes de investigações da União Europeia, supramencionados.

3.3.3. *Cálculo do montante do subsídio acionável*

O art. 14 do atual Acordo sobre Subsídios e Medidas Compensatórias da OMC dispõe que qualquer método utilizado pela autoridade investigadora para calcular a vantagem percebida pelo beneficiário deverá estar previsto em legislação nacional ou em regulamentação complementar do Membro OMC em ques-

---

vailable subsidies, as well as countervailable subsidies provided directly or indirectly by the government or any public entity within the territory of the subject merchandise country.". E mais: "The term 'transnational subsidy', with respect to subject merchandise, means a subsidy conferred by a country that is not the country in which the class or kind of merchandise is produced, exported, or sold (or likely to be sold) for importation into the United States to the producer, exporter, or supplier of the producer or exporter, of the subject merchandise".

3 • Investigações antissubsídios – teoria e prática

tão, sendo que sua aplicação a qualquer caso particular deverá ser transparente e claramente explicada. Ainda, o *caput* do artigo dispõe que qualquer método dessa natureza deverá ser compatível com as seguintes diretrizes:

(a) não se considerará que aporte de capital social constitua vantagem, a menos que se possa considerar que a decisão de investir seja incompatível com as práticas de investimento habituais (inclusive para o aporte de capital de risco) de investidores privados no território daquele Membro;

(b) Não se considerará que empréstimo do governo constitua vantagem, a menos que haja diferença entre o montante que a empresa recebedora do empréstimo deva pagar pelo empréstimo e o montante que essa empresa pagaria por empréstimo comercial equivalente que poderia normalmente obter no mercado. Nesse caso, a vantagem será a diferença entre esses dois montantes;

(c) não se considerará que garantia creditícia fornecida pelo governo constitua vantagem, a menos que haja diferença entre o montante que a empresa recebedora da garantia paga pelo empréstimo assim garantido e o montante que empresa pagaria por empréstimo comercial sem garantia do governo. Nesse caso, constitui vantagem a diferença entre esses dois montantes, calculada de molde a levar em conta qualquer diferenças por taxas ou comissões; e

(d) não se considerará que o fornecimento de bens ou serviços ou a compra de mercadorias pelo governo constitua vantagem, a menos que o fornecimento seja realizado por valor inferior ao da remuneração adequada ou que a compra seja realizada por valor superior ao da remuneração adequada. A adequação da remuneração será determinada em relação às condições mercadológicas vigentes para a mercadoria ou o serviço em causa no país de fornecimento ou compra (aí incluídos preço, qualidade, disponibilidade, comerciabilidade, transporte e outras condições de compra ou venda).

A este respeito, importante trazer as considerações efetuadas pelo Órgão de Apelação em Japan – DRAMs (Korea)[67], no que se refere ao cálculo do benefício.

---

[67] *"192. Observamos que o primeiro requisito do* caput *do Artigo 14 do ASMC é que o método utilizado esteja previsto na legislação nacional de um Membro da OMC ou regulamentos de implementação. Embora o* caput *do Artigo 14 estabeleça que o cálculo do benefício deve ser consistente com as diretrizes dos parágrafos (a)-(d) daquela disposição, ele não contempla, a nosso ver, que o método seja detalhado. O requisito do* caput *seria atendido se o método usado em um caso particular puder ser derivado ou discernível da legislação nacional ou regulamentos de implementação. Acreditamos que essa visão estabelece um equilíbrio adequado entre a flexibilidade necessária para adaptar o cálculo do benefício (consistente, no entanto, com as diretrizes dos parágrafos (a)-(d) do Artigo 14) à situação fática particular de uma investigação, e a necessidade de assegurar que outros Membros e partes interessadas sejam informados sobre o método que será usado pelo Membro em questão, nos termos do Artigo 14 do ASCM."* [tradução livre] No original: We observe that the first requirement of the chapeau of Article 14 is that the method used be provided for in a WTO Member's national legislation or implementing regula-

Embora o *caput* do art. 14 estabeleça que referido cálculo deva ser consistente com as diretrizes das alíneas (a)-(d) descritas acima, não prevê que o método seja detalhado. Entende que o requisito do *caput* será atendido se o método usado em um caso particular puder ser derivado ou discernido da legislação nacional ou regulamentação complementar. O Órgão de apelação acredita que essa visão estabelece um equilíbrio adequado entre a flexibilidade necessária para adaptar o cálculo do benefício, consistente com as diretrizes das alíneas (a)-(d) do art. 14 à situação fática particular de uma investigação e à necessidade de assegurar que os demais Membros e partes interessadas estejam cientes do método que será utilizado pelo Membro da OMC em questão, nos termos do artigo.

De acordo com o art. 15 do Decreto n. 10.839/2021, o "montante de subsídios será calculado por volume ou por valor das vendas do produto subsidiado, com base no benefício conferido durante o período de investigação de existência de subsídio", conforme imagem abaixo:

Imagem – Apuração da vantagem/benefício
em investigações antissubsídios

APURAÇÃO DA VANTAGEM/BENEFÍCIO

Fonte: elaboração própria.

---

tions. Although the chapeau of Article 14 states that the calculation of benefit must be consistent with the guidelines in paragraphs (a)-(d) of that provision, it does not, in our view, contemplate that the method be set out in detail. The requirement of the chapeau would be met if the method used in a particular case can be derived from, or is discernable from, the national legislation or implementing regulations. We believe that this view strikes an appropriate balance between the flexibility that is needed for adapting the benefit calculation (consistent, however, with the guidelines of paragraphs (a)-(d) of Article 14) to the particular factual situation of an investigation, and the need to ensure that other Members and interested parties are made aware of the method that will be used by the Member concerned, under Article 14 of the SCM Agreement." OMC. DS336: *Japan — Countervailing Duties on Dynamic Random Access Memories from Korea*. Disponível em: <https://docs.wto.org/dol2fe/Pages/SS/directdoc.aspx?filename=Q:/WT/DS/336ABR.pdf&Open=True>. Acesso em: 5 jun. 2022.

Na apuração do subsídio, quando este não for concedido diretamente em valor fixo por unidade do produto (por exemplo, US$ 2 para cada venda realizada), faz-se necessário determinar o numerador e o denominador para se apurar o subsídio recebido por unidade do produto.

O numerador do cálculo é o montante do benefício recebido, sendo apenas deduzidos eventuais gastos necessários para ter direito ao subsídio (por exemplo, custos de formulários, taxas etc.) e tributos que incidem sobre a exportação do produto ao Brasil, quando destinados especificamente a neutralizar o subsídio (*vide* art. 17 do Decreto n. 10.839/2021 c/c art. 30 da Portaria SECEX n. 172/2022). Para que haja tais deduções, o produtor/exportador investigado deverá demonstrar que os gastos incorridos são condição obrigatória para recebimento do subsídio. Por sua vez, não podem ser deduzidos do cálculo do benefício, conforme relacionam os incisos do art. 31 da Portaria SECEX n. 172/2022:

> I – custos decorrentes de pagamentos a partes privadas, como advogados, contadores ou representantes legais que o produtor/exportador investigado tiver direta ou indiretamente incorrido para se qualificar ou se beneficiar do subsídio;
> II – contribuições voluntárias da empresa investigada ao governo, por exemplo, doações;
> III – tributos recolhidos não destinados especificamente a neutralizar o efeito do subsídio; e
> IV – quaisquer outros gastos não obrigatórios para que o produtor/exportador seja elegível ao programa de subsídio ou usufrua do benefício.

Quanto à forma de cálculo do benefício para constar no numerador, o art. 26 da Portaria SECEX n. 172/2022 determina que se deve considerar: I – o período de investigação de existência de subsídio; e II – a classificação do subsídio como recorrente ou não recorrente (*vide* arts. 32 e seguintes). A diferenciação entre ser um subsídio recorrente ou não recorrente impacta na atribuição ou alocação do benefício. Nesse ponto, interessante pontuar uma diferença de nomenclatura não explicitamente clara, mas que reflete tal metodologia: os subsídios recorrentes são atribuídos integralmente ao período em que o benefício foi conferido, direta ou indiretamente, para produção ou exportação do produto investigado, ao passo que os subsídios não recorrentes são alocados ao longo dos períodos em que se observam tais benefícios de forma a refletir a duração dos seus efeitos ao longo do tempo.

Imagem – Atribuição – subsídios recorrentes *vs.* alocação – subsídios não recorrentes

Fonte: elaboração própria.

Por sua vez, ao determinar o benefício conferido, não se considerará, nos termos do art. 28 da Portaria SECEX n. 172/2022:

> I – o efeito indireto da ação do governo sobre o desempenho da empresa investigada, incluindo seus preços ou resultados financeiros;
> II – as consequências fiscais indiretas para o destinatário decorrentes do benefício (e.g., eventual aumento da base de cálculo de imposto de renda em decorrência do recebimento do subsídio); e
> III – o modo como o comportamento da empresa investigada de outra forma é alterado (e.g., elevação do volume de produção).

Passa-se a seguir a uma apresentação mais detalhada sobre a forma de apuração da vantagem/benefício no cálculo no montante do subsídio acionável.

Especificamente quanto à apuração do benefício decorrente de subsídios recorrentes (constante no numerador), ou seja, àqueles subsídios relacionados à produção ou venda corrente, cujos efeitos são observados imediatamente, o art. 33 da Portaria SECEX n. 172/2022 determina que será adicionado ao montante do subsídio recebido o montante equivalente à taxa de juros comercial anual de mercado[68], dada a presunção de que o destinatário teria que tomar emprestado capital de giro equivalente ao valor do subsídio para financiar suas operações no curto prazo.

Imagem – Apuração da vantagem/benefício em investigações antissubsídios – subsídios recorrentes

Fonte: elaboração própria.

Por sua vez, quanto à apuração do benefício decorrente de subsídios não recorrentes (constante no numerador), ou seja, aqueles concedidos excepcionalmente ou com frequência irregular, geralmente relacionado à aquisição de ativos fixos, com efeitos relacionados à produção ou à venda futura, que se prolongam por período maior do que aquele em que o benefício é conferido, o art. 36 da Portaria SECEX n. 172/2022 determina que "o montante do benefício decorrente de subsídios não recorrentes será determinado por meio da alocação do benefício total recebido pela empresa investigada durante a vida útil média dos ativos fixos[69] do produtor/exportador investigado ou da indústria em que está inserido o produtor/exportador".

Assim, o DECOM considerará o valor presente do montante de benefício alocado ao período de investigação de existência de subsídio, considerando os efeitos da inflação e dos juros para atualização de valores monetários do passado. Para tanto, considerará os efeitos de tais subsídios ao longo do tempo, conforme equação abaixo, extraída do Anexo I da Portaria SECEX n. 172/2022, de modo que

---

[68] Sobre a seleção da taxa de juros de longo prazo para alocação de subsídios não recorrentes, recomenda-se o art. 41 da Portaria SECEX n. 172/2022.

[69] Sobre a definição da vida útil média dos ativos fixos, recomenda-se os arts. 39 e 40 da Portaria SECEX n. 172/2022.

Curso de Defesa Comercial e Interesse Público no Brasil: teoria e prática

a metodologia de alocação considerará que os subsídios não recorrentes concedidos conferem um benefício distribuído entre todos os anos da vida útil média.

Imagem – Apuração da vantagem/benefício em investigações antissubsídios – subsídios não recorrentes

APURAÇÃO DA VANTAGEM/BENEFÍCIO NO CASO DE SUBSÍDIOS NÃO RECORRENTES

METODOLOGIA DE ALOCAÇÃO

$$A = \frac{Y}{n} + \left(\sum_{K=1}^{N} \left(\left(Y - \left(\frac{Y}{n} * (K-1) \right) \right) * d \right) \right) / n$$

LEGENDA:

A: MONTANTE DE BENEFÍCIO ALOCADO AO PERÍODO DE INVESTIGAÇÃO DE DANO;

Y: VALOR DE FACE DO SUBSÍDIO;

n: VIDA ÚTIL MÉDIA DOS ATIVOS FIXOS DA EMPRESA INVESTIGADA;

K: VARIA ENTRE O ANO DE RECEBIMENTO (K IGUAL A 1) E OS ANOS DA VIDA ÚTIL MÉDIA (K IGUAL A N);

d: TAXA DE JUROS DE LONGO PRAZO.

Fonte: elaboração própria.

Importante pontuar que essa fórmula sofreu modificações entre a versão disponibilizada para consulta pública e a versão final. A experiência norte-americana e australiana é alocar os benefícios dos subsídios não recorrentes de modo não linear ao longo dos anos da vida útil média dos ativos fixos, alocando um maior montante nos primeiros anos, com uma redução ao longo desses anos. Por sua vez, na União Europeia essa alocação é linear. A versão preliminar da legislação infralegal brasileira antissubsídios adotava uma posição alinhada aos Estados Unidos e Austrália, mas na versão final convergiu para a metodologia europeia. Nos termos apresentados no Grupo Informal de especialistas da OMC[70], apenas três sugestões foram feitas sobre esse tema: (1) qualquer meto-

---

[70] OMC. TN/RL/GEN/45. Further submission on when and how to allocate subsidy benefits over time. 3 June 2005. Disponível em: <https://jmcti.org/2000round/com/doha/tn/rl/tn_rl_gen_045.pdf>. Acesso em: 25 maio 2022.

dologia para determinar quais benefícios de subsídio devem ser alocados e como a alocação deve ser realizada deve encontrar um equilíbrio razoável entre os objetivos de previsibilidade, precisão, transparência e administrabilidade; (2) qualquer período de alocação de subsídio é apenas uma aproximação da duração real do benefício do subsídio; e (3) não pode ser determinado em antecipar se uma abordagem específica adotada para determinar a duração de um benefício de subsídio será mais vantajosa para o queixoso ou para o demandado no contexto de uma potencial compensação dever ou procedimento de solução de controvérsias; portanto, a questão deve ser abordada puramente em um aspecto técnico base.

Já o denominador do cálculo se relaciona às operações que são diretamente afetadas pelo subsídio. Nos termos do art. 42 da Portaria SECEX n. 172/2022, "para cada programa de subsídio investigado, deverá ser definido o denominador apropriado com vistas à apuração do montante de benefício". O art. 45 apresenta que

> Art. 45. Em regra, a seleção do denominador adequado para a apuração do montante de subsídio considerará os seguintes princípios:
>
> I – no caso de subsídios à exportação, normalmente, o montante do subsídio será dividido pelas exportações do produto subsidiado pelo produtor ou exportador investigado, por unidade ou em termos *ad valorem*;
>
> II – no caso de subsídios não vinculados à exportação, normalmente, o montante do subsídio será dividido pelas vendas totais do produto subsidiado pelo produtor ou exportador investigado, por unidade ou em termos *ad valorem*;
>
> III – no caso de subsídios vinculados às exportações a mercados específicos, incluindo o Brasil, normalmente, o montante do subsídio será dividido pelas exportações destinadas a esses mercados pelo produtor ou exportador investigado, por unidade ou em termos *ad valorem*;
>
> IV – no caso de subsídios vinculados a produtos específicos ou a grupos de produtos, incluindo o produto objeto da investigação, o montante do subsídio será dividido pelas vendas desses produtos específicos ou grupos de produtos, por unidade ou em termos *ad valorem*; e
>
> V – se um subsídio estiver vinculado à produção de um insumo e se for determinado que o subsídio ao insumo foi transferido, integral ou parcialmente, para o produto final objeto da investigação, nos termos da Subseção XI da Seção IV deste Capítulo, a Subsecretaria de Defesa Comercial e Interesse Público atribuirá o subsídio tanto ao insumo como ao produto final fabricado pela empresa investigada e exportado para o Brasil.

Curso de Defesa Comercial e Interesse Público no Brasil: teoria e prática

Imagem – Seleção do denominador adequado para a apuração do montante de subsídio

SELEÇÃO DO DENOMINADOR ADEQUADO PARA A APURAÇÃO DO MONTANTE DE SUBSÍDIO

REGRAS

I - NO CASO DE SUBSÍDIOS À EXPORTAÇÃO, NORMALMENTE, O MONTANTE DO SUBSÍDIO SERÁ DIVIDIDO PELAS EXPORTAÇÕES DO PRODUTO SUBSIDIADO PELO PRODUTOR OU EXPORTADOR INVESTIGADO, POR UNIDADE OU EM TERMOS *AD VALOREM*

> **Explicação**
> O DENOMINADOR DO CÁLCULO SERÁ O VOLUME EXPORTADO DURANTE O PERÍODO DE INVESTIGAÇÃO
>
> **Exemplo**
> POR EXEMPLO, SE HÁ DETERMINADO SUBSÍDIO QUE SÓ É PERCEBIDO EM EXPORTAÇÕES, O DENOMINADOR DO CÁLCULO SERÁ TODO O VOLUME EXPORTADO.

II - NO CASO DE SUBSÍDIOS VINCULADOS ÀS EXPORTAÇÕES A MERCADOS ESPECÍFICOS, INCLUINDO O BRASIL, NORMALMENTE, O MONTANTE DO SUBSÍDIO SERÁ DIVIDIDO PELAS EXPORTAÇÕES DESTINADAS A ESSES MERCADOS PELO PRODUTOR OU EXPORTADOR INVESTIGADO, POR UNIDADE OU EM TERMOS *AD VALOREM*

> **Explicação**
> O DENOMINADOR DO CÁLCULO SERÁ O VOLUME EXPORTADO DURANTE O PERÍODO DE INVESTIGAÇÃO DIVIDIDO PELAS EXPORTAÇÕES DESTINADAS A ESSES MERCADOS
>
> **Exemplo**
> POR EXEMPLO, SE HÁ DETERMINADO SUBSÍDIO QUE É PERCEBIDO EM EXPORTAÇÕES PARA A AMÉRICA LATINA E ÁFRICA, O DENOMINADOR DO CÁLCULO SERÁ O VOLUME EXPORTADO PARA A AMÉRICA LATINA E ÁFRICA.

III- NO CASO DE SUBSÍDIOS NÃO VINCULADOS À EXPORTAÇÃO, NORMALMENTE, O MONTANTE DO SUBSÍDIO SERÁ DIVIDIDO PELAS VENDAS TOTAIS DO PRODUTO SUBSIDIADO PELO PRODUTOR OU EXPORTADOR INVESTIGADO, POR UNIDADE OU EM TERMOS *AD VALOREM*

> **Explicação**
> DEVE SER CONSIDERADO NO DENOMINADOR DO CÁLCULO O VOLUME TOTAL DE VENDAS (VENDAS INTERNAS E DE EXPORTAÇÃO) DURANTE O PERÍODO DE INVESTIGAÇÃO.
>
> **Exemplo**
> POR EXEMPLO, SE O SUBSÍDIO RECEBIDO FOR UMA DOAÇÃO DE DETERMINADO MONTANTE DE CAPITAL QUE BENEFICIA TODA A EMPRESA, DEVE TAL MONTANTE SER DIVIDIDO POR TODAS AS VENDAS DA EMPRESA (AS VENDAS TOTAIS SERÃO O DENOMINADOR).

IV - NO CASO DE SUBSÍDIOS VINCULADOS A PRODUTOS ESPECÍFICOS OU A GRUPOS DE PRODUTOS, INCLUINDO O PRODUTO OBJETO DA INVESTIGAÇÃO, O MONTANTE DO SUBSÍDIO SERÁ DIVIDIDO PELAS VENDAS DESSES PRODUTOS ESPECÍFICOS OU GRUPOS DE PRODUTOS, POR UNIDADE OU EM TERMOS *AD VALOREM*

> **Explicação**
> O DENOMINADOR DEVE REFLETIR APENAS A VENDA DESSE PRODUTO.
>
> **Exemplo**
> POR EXEMPLO, NA APURAÇÃO DE DETERMINADO MONTANTE DE SUBSÍDIO QUE SOMENTE É CONCEDIDO AO PRODUTO X, A AUTORIDADE DEVE CONSIDERAR NO DENOMINADOR SOMENTE AS VENDAS DAQUELE PRODUTO.

V - SE UM SUBSÍDIO ESTIVER VINCULADO À PRODUÇÃO DE UM INSUMO E SE FOR DETERMINADO QUE O SUBSÍDIO AO INSUMO FOI TRANSFERIDO, INTEGRAL OU PARCIALMENTE, PARA O PRODUTO FINAL OBJETO DA INVESTIGAÇÃO, ATRIBUIRÁ O SUBSÍDIO TANTO AO INSUMO COMO AO PRODUTO FINAL FABRICADO PELA EMPRESA INVESTIGADA E EXPORTADO PARA O BRASIL

> **Explicação**
> DEVE SER EFETUADO CÁLCULO QUE CONSIDERE PROPORCIONALMENTE AS OPERAÇÕES SUBSIDIADAS.
>
> **Exemplo**
> POR EXEMPLO, SE PARA DETERMINADO PRODUTO QUE UTILIZA O MINÉRIO DE FERRO, TEM-SE QUE 60% DAS OPERAÇÕES DE COMPRA DE INSUMO SÃO SUBSIDIADAS. O MONTANTE DE SUBSÍDIOS SERÁ APURADO COM BASE APENAS NAS OPERAÇÕES SUBSIDIADAS. CONTUDO, O SUBSÍDIO POR UNIDADE DE MINÉRIO DE FERRO SERÁ ENCONTRADO PELA RAZÃO "MONTANTE DE SUBSÍDIOS/MINÉRIO DE FERRO TOTAL UTILIZADO", DILUINDO, PORTANTO, O MONTANTE DE SUBSÍDIOS. PARA O PRODUTO FINAL (AÇO, POR EXEMPLO), SERÁ USADO UM MONTANTE DE SUBSÍDIO COM BASE NESSA RAZÃO, SENDO O DENOMINADOR O VOLUME TOTAL DE MINÉRIO DE FERRO.

Fonte: elaboração própria.

Os cálculos do denominador e do numerador para fins de apuração da vantagem/benefício no cálculo do montante dos subsídios, portanto, podem ser realizados a depender do tipo de subsídio objeto da investigação. A Portaria SECEX n. 172/2022 apresenta detalhamento do cálculo para os tipos mais frequentes de subsídios, conforme apresentado na imagem a seguir:

Imagem – Cálculo de certos tipos de subsídios detalhados na Portaria SECEX n. 172/2022

1) DOAÇÕES (ARTS. 50 E 51 DA PORTARIA SECEX 172/2022)	**7) TRIBUTOS** (ARTS. 74 A 78 DA PORTARIA SECEX 172/2022)
2) EMPRÉSTIMOS PREFERENCIAIS (ARTS. 52 A 60 DA PORTARIA SECEX 172/2022)	**8) DISPENSA OU DEVOLUÇÃO DE TRIBUTOS NAS EXPORTAÇÕES** (ARTS. 79 A 94 DA PORTARIA SECEX 172/2022)
3) GARANTIAS DE EMPRÉSTIMOS (ARTS. 61 A 63 DA PORTARIA SECEX 172/2022)	**9) FORNECIMENTO DE BENS E SERVIÇOS** (ARTS. 95 A 102 DA PORTARIA SECEX 172/2022)
4) GARANTIAS DE CRÉDITO OU SEGURO À EXPORTAÇÃO (ARTS. 64 E 65 DA PORTARIA SECEX 172/2022)	**10) COMPRA DE BENS** (ARTS. 103 A 107 DA PORTARIA SECEX 172/2022)
5) APORTES DE CAPITAL (ARTS. 66 A 72 DA PORTARIA SECEX 172/2022)	**11) SUBSÍDIOS A MONTANTE** (ARTS. 108 A 111 DA PORTARIA SECEX 172/2022)
6) PERDÃO DE DÍVIDAS (ART. 73 DA PORTARIA SECEX 172/2022)	**12) SUBSÍDIOS TRANSNACIONAIS** (ART. 112 DA PORTARIA SECEX 172/2022)

Fonte: elaboração própria.

 MEDIDA COMPENSATÓRIA – LAMINADOS PLANOS – CHINA
RESOLUÇÃO CAMEX N. 34, DE 21 DE MAIO DE 2018

Trata-se de aplicação de medida compensatória definitiva às importações brasileiras de produtos laminados planos, originárias da República Popular da China. Suspendeu-se sua aplicação em razão de interesse público.

Curso de Defesa Comercial e Interesse Público no Brasil: teoria e prática

A aplicação da medida decorreu da determinação de diversos programas que beneficiaram as empresas cooperantes, sobre o qual recaíram diferentes cálculos. Abaixo exemplificam-se quatro deles:

(i) Programa empréstimos preferenciais: caracterizado como contribuição financeira por parte do Governo da China, que gerou benefício a seus receptores. Os empréstimos foram concedidos em condições mais benéficas do que poderiam ser obtidos não fosse as intervenções do governo da China sobre o sistema financeiro, o que implicou na redução de custos de financiamento, aumentando a liquidez das empresas beneficiadas.

Para cálculo do benefício recebido, utilizou-se como fonte a informação contida na determinação final datada de 8 de junho de 2017, em investigação de subsídios acionáveis conduzida pela autoridade da União Europeia que também versava sobre produtos laminados planos a quente de origem chinesa.

(ii) Créditos para vendas ao exterior: caracterizado pela concessão de crédito às empresas que viessem a exportar produtos considerados de alto padrão ou inovadores, enquadrados no "Catalogue of Chinese High-Tech Products for Export". Um dos bens listados no catálogo seria o produto investigado: produtos de aço laminados a quente. Em sede de determinação final, apesar do pleito das peticionárias pelo uso da melhor informação disponível para este programa e da presença dos elementos que autorizariam ao Departamento a assim proceder, optou-se, conservadoramente, por não atribuir qualquer montante de subsídios a este programa.

(iii) Seguro e garantia ao crédito a produtos exportados: A Resolução CAMEX dispõe que a China Export & Credit Insurance Corporation (SINOSURE), entidade seguradora criada pelo governo central, concedia tratamento preferencial com base nas políticas industriais e tinha como objetivo incentivar o comércio exterior. A Resolução aponta que a SINOSURE aumentou o apoio às empresas que fabricam produtos considerados de tecnologia avançada e inovadora, conforme estabelecido no Catalogue of Chinese High-Tech Products for Export. Na apuração do benefício para ambas as empresas, utilizou-se como benchmark os valores de prêmio de seguro cobrados na exportação de produtos siderúrgicos consoante fonte pública identificada pelo departamento (sítio eletrônico Freight Insurance Center).

(iv) Injeções de capital: A Resolução em referência aponta que o governo chinês, em alguns casos, pagava um preço maior por ações das empresas produtoras de aço ou injetava capital em empresas que não receberiam investimentos de investidores privados. O cálculo do benefício recebido levou em consideração as respostas do Grupo ao questionário Ofício, apresentadas pelos grupos beneficiários.

Além dos programas listados acima, concluiu-se que as empresas cooperantes receberam subsídios acionáveis por meio dos seguintes programas: Subsídios Previstos na "Law of the People's Repulic of China on Enterprise Income tax"; Deduções do Imposto Sobre Valor Agregado (VAT); Isenção de Imposto de Importação e Imposto sobre o Valor Agregado (VAT); Isenção do Imposto sobre a Transferência de Bens Imóveis (Deed Tax); Fornecimento pelo Governo Chinês de Bens e Serviços a Preços Reduzidos; (Terrenos, Minério de Ferro, Carvão e Energia Elétrica), Fundo para Projetos Tecnológicos Prioritários, Fundo para Redução da Emissão de Gases e Conservação de Energia,

> Fundo para Desenvolvimento do Comércio Exterior, Fundo para Controle da Produtividade e Subvenção para compensação de gastos decorrentes de investigação antidumping contra produtos chineses.

Fonte: Resolução CAMEX n. 34, de 21 de maio de 2018[71].

3.4. Do dano

Para que seja aplicada uma medida compensatória, é necessária a comprovação da prática do subsídio, da existência de dano, e do nexo de causalidade entre ambos. Esta seção se concentrará no segundo destes três pilares. Para tanto, será inicialmente apresentado o conceito de (3.4.1) dano, em suas acepções dano material, ameaça de dano material e atraso material na implantação da indústria doméstica; para em seguida entender como se procede à (3.4.2) análise dos indicadores econômico-financeiros da indústria doméstica.

3.4.1. Dano: dano material, ameaça de dano material e atraso material à implantação

Nos termos do art. 5º do Acordo sobre Subsídios e Medidas Compensatórias:

> Nenhum Membro deverá causar, por meio da aplicação de qualquer subsídio mencionado nos parágrafos 1 e 2 do Artigo 1, efeitos danosos aos interesses de outros Membros, isto é:
> (a) dano à indústria nacional de outro Membro;
> (b) anulação ou prejuízo de vantagens resultantes para outros Membros, direta ou indiretamente, do GATT 1994, em especial as vantagens de concessões consolidadas sob o Artigo II do GATT 1994;
> (c) grave dano aos interesses de outro Membro.

Sobre o (a) dano à indústria nacional de outro Membro, segundo a nota de rodapé 11, contida neste art. 5º do Acordo sobre Subsídios e Medidas Compensatórias, "o termo 'dano à indústria nacional' é aqui usado no mesmo sentido em que se encontra na Parte V". Sobre a (b) anulação ou prejuízo de vantagens resultantes para outros Membros, direta ou indiretamente, segundo a nota de rodapé 12, contida neste mesmo art. 5º, "o termo 'anulação ou prejuízo' é usado neste Acordo no mesmo sentido em que se encontra nas disposições pertinentes do

---

[71] BRASIL. Resolução CAMEX n. 34, de 21 de maio de 2018. Disponível em: <http://www.camex.gov.br/resolucoes-camex-e-outros-normativos/58-resolucoes-da-camex/2030-resolucao-n-34-de-21-de-maio-de-2018>. Acesso em: 23 maio 2022.

GATT 1994 e a existência de tais anulação ou prejuízo será estabelecida de acordo com a prática da aplicação destas disposições". Finalmente, sobre o (c) grave dano aos interesses de outro Membro, segundo a nota de rodapé 13, deste artigo, "o termo 'grave dano aos interesses de outro Membro' é usado neste Acordo no mesmo sentido em que se encontra no parágrafo 1 do Artigo XVI do GATT 1994 e inclui ameaça de dano grave".

Similarmente, determina o art. 23 do Decreto n. 10.839/2021 que, "para fins de investigações antissubsídios, dano será considerado como: I – dano material à indústria doméstica; II – ameaça de dano material à indústria doméstica; ou III – atraso material na implantação da indústria doméstica".

Imagem – Conceito de dano

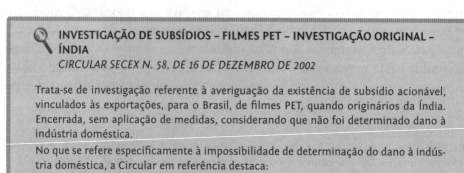

Fonte: elaboração própria.

Por (I) dano material, entende-se a efetiva deterioração nos indicadores econômico-financeiros da indústria doméstica, por meio da análise dos fatores indicados na Seção 3.4.2. No Brasil, a maioria das investigações diz respeito a dano material.

> **INVESTIGAÇÃO DE SUBSÍDIOS – FILMES PET – INVESTIGAÇÃO ORIGINAL – ÍNDIA**
> *CIRCULAR SECEX N. 58, DE 16 DE DEZEMBRO DE 2002*
>
> Trata-se de investigação referente à averiguação da existência de subsídio acionável, vinculados às exportações, para o Brasil, de filmes PET, quando originários da Índia. Encerrada, sem aplicação de medidas, considerando que não foi determinado dano à indústria doméstica.
>
> No que se refere especificamente à impossibilidade de determinação do dano à indústria doméstica, a Circular em referência destaca:

3 • Investigações antissubsídios – teoria e prática

> *"Tendo em vista o fato da indústria doméstica, ao longo do período analisado, em especial, no período sob investigação da existência de subsídios nas importações provenientes da Índia, ter apresentado: aumento de produção e vendas no mercado interno e externo; aumento de participação no consumo aparente de filmes de poliéster; manutenção da taxa de utilização da capacidade produtiva instalada, a despeito da expansão promovida pela indústria doméstica; redução no nível de estoques; aumento no número de empregados contratados; aumento da produtividade por trabalhador em relação a 1998; elevação na relação entre o preço médio das vendas no mercado interno e os custos médios de produção em dólares estadunidenses e reais constantes; significativa melhoria nos resultados econômico financeiros, notadamente em relação ao ano de 1999, pode-se concluir que as importações de filmes de poliéster provenientes da Índia, apesar de crescentes, não causaram dano à indústria doméstica".*

Fonte: Circular SECEX n. 58, de 16 de dezembro de 2002[72].

 MEDIDA ANTIDUMPING – CORPOS MOEDORES – INVESTIGAÇÃO ORIGINAL – ÍNDIA
PORTARIA SECINT N. 247, DE 28 DE MARÇO DE 2019

Trata-se de investigação referente à aplicação de direito compensatório, às importações brasileiras de corpos moedores em ferro fundido e/ou aço ligado ao cromo, para aplicação em moinhos, originárias da Índia. Na mesma ocasião, encerrou-se avaliação de interesse público sem suspensão da aplicação dos direitos antidumping e compensatório vigentes sobre as importações do mesmo produto e origem.

No que se refere especificamente à comprovação do dano à indústria doméstica no âmbito da averiguação de subsídios, destacam-se os pontos abaixo:

(i) Importações de corpos moedores subsidiados contribuíram significativamente para a ocorrência de dano à indústria doméstica: a deterioração dos indicadores da indústria doméstica ocorreu concomitantemente à elevação do volume e da participação no mercado das importações objeto da presente análise. Enquanto as importações sob análise aumentaram 65,3% de P1 (janeiro de 2012 a dezembro de 2012) para P5 (janeiro de 2016 a dezembro de 2016), a indústria doméstica apresentou deterioração em seus indicadores de vendas internas, produção, receita de vendas e lucratividade.

(ii) Prática de dumping nas exportações para o Brasil originárias da Índia: A Portaria faz referência à investigação de dumping encerrada conforme a Resolução CAMEX n. 40, de 2018, na qual foi verificada a existência de dumping nas exportações de corpos moedores da Índia para o Brasil e de dano à indústria doméstica decorrente de tal prática, tendo sido aplicado direito antidumping definitivo, por um prazo de até cinco anos. Dessa forma, considerou-se o dumping existente nas

---

[72] BRASIL. Circular SECEX n. 58, de 16 de dezembro de 2002. Disponível em: <https://www.gov.br/produtividade-e-comercio-exterior/pt-br/arquivos/circsecex58a_2002.pdf>. Acesso em: 4 jun. 2022.

Curso de Defesa Comercial e Interesse Público no Brasil: teoria e prática

> exportações originárias da Índia para fins de definição do montante de direito compensatório a ser aplicado, de forma a evitar dupla cobrança de direito sobre o mesmo fato.

Fonte: Portaria SECINT n. 247, de 28 de março de 2019[73].

Por (II) ameaça de dano material, por sua vez, entende-se a situação em que há a possibilidade de ocorrência de eventos claramente previsíveis e iminentes, capazes de alterar as condições vigentes de maneira a resultar em dano material à indústria doméstica. Nos termos do art. 15.7 do Acordo sobre Subsídios e Medidas Compensatórias e do § 4º do art. 27 do Decreto n. 10.839/2021, devem ser considerados os seguintes fatores para a determinação de existência de ameaça de dano material:

> I – a natureza do subsídio e os seus prováveis efeitos sobre o comércio;
>
> II – a significativa taxa de crescimento das importações do produto objeto da investigação e a indicação da possibilidade de aumento substancial dessas importações;
>
> III – a capacidade ociosa suficiente ou o aumento substancial iminente da capacidade produtiva no país exportador, indicada a possibilidade de aumento significativo das exportações do produto objeto da investigação para a República Federativa do Brasil;
>
> IV – as importações realizadas a preço que terão por efeito reduzir ou impedir o aumento dos preços domésticos de forma significativa e que provavelmente aumentarão a demanda por importações adicionais; e
>
> V – a existência de estoques do produto objeto da investigação. Assim, nos casos em que exista ameaça de dano causado por importações subsidiadas, a aplicação de medidas compensatórias será examinada e decidida com especial cuidado.

Considerando esse especial cuidado determinado pelo art. 15.8 do Acordo sobre Subsídios e Medidas Compensatórias, o art. 165 da Portaria SECEX n. 172/2022 determina que, em adição às informações solicitadas para fins de comprovação de dano material, petições que contenham alegações relativas à ameaça de dano material devem conter informações adicionais sobre:

> I – natureza do subsídio ou dos subsídios em causa e os efeitos sobre o comércio que provavelmente deles resultarão;
>
> II – existência de previsão de aumento da capacidade produtiva no país exportador;

---

[73] BRASIL. Portaria SECINT n. 247, de 28 de março de 2019. Disponível em: <http://www.camex.gov.br/resolucoes-camex-e-outros-normativos/124-portarias-secint/2245-portaria-n-247-de-28-de-marco-de-2019>. Acesso em: 4 jun. 2022.

III – existência de capacidade ociosa nos países exportadores, indicando os respectivos volumes de produção;

IV – existência de estoques no país exportador;

V – existência de medidas restritivas aplicadas por outros países, inclusive direitos antidumping, medidas compensatórias e salvaguardas, que possam justificar desvios de comércio para o Brasil;

VI – os motivos que levam a crer que as importações brasileiras do produto objeto da investigação irão aumentar, considerando a existência de outros potenciais mercados de importação;

VII – a evolução das exportações do produto a ser investigado do país exportador; e

VIII – a capacidade de produção efetiva ou potencial do país exportador para o Brasil, anexando as fontes de tais informações.

MEDIDA ANTIDUMPING – FILMES PET – INVESTIGAÇÃO ORIGINAL – BAREINE E PERU
CIRCULAR SECEX N. 49, DE 28 DE JULHO DE 2016

Trata-se de investigação antidumping acerca de Filmes Pet, envolvendo as origens Reino do Bareine e da República do Peru.

No que se refere à ameaça de dano à indústria doméstica, destaca-se que, em 29 de abril de 2015, a empresa Terphane (peticionária) protocolou petição de início de investigação de dumping nas exportações para o Brasil de Filme PET originárias do Barein e do Peru e de ameaça de dano à indústria doméstica decorrente de tal prática. Uma vez verificada a existência de indícios da prática de dumping nas exportações dessas origens e da correlata ameaça de dano à indústria doméstica, a Secretaria de Comércio Exterior iniciou a investigação, por meio da Circular Secex n. 45, de 9 de julho de 2015, publicada no DOU de 10 de julho de 2015.

Em 1º de dezembro de 2015, por meio da Circular Secex n. 76, de 30 de novembro de 2015, foi preliminarmente determinada a existência de dumping e de ameaça de dano causado pelas importações originárias do Barein e do Peru, porém, não houve recomendação da aplicação de direito antidumping provisório. Por intermédio da Circular Secex n. 49, de 28 de julho de 2016, publicada no DOU de 29 de julho de 2016, foi encerrada a investigação sem aplicação de direitos antidumping, uma vez que não houve comprovação suficiente da existência de ameaça de dano à indústria doméstica.

Fonte: Circular SECEX n. 49, de 28 de julho de 2016[74].

Já por (III) atraso material à implantação da indústria doméstica, não há no Acordo sobre Subsídios e Medidas Compensatórias detalhamento sobre seu conceito, nem no Decreto n. 10.839/2021. Nos termos do Guia Antidumping do

---

[74] BRASIL. Circular SECEX n. 49, de 28 de julho de 2016. Disponível em: <https://www.in.gov.br/materia/-/asset_publisher/Kujrw0TZC2Mb/content/id/23373769/do1-2016-07-29-circular-n-49-de-28-de-julho-de-2016-23373176 >. Acesso em: 26 maio 2022.

DECOM, a autoridade brasileira, e assim como a maior parte dos Membros da OMC, não possui jurisprudência na análise de atraso material.

 MOROCCO – ANTI-DUMPING MEASURES ON CERTAIN HOT-ROLLED STEEL FROM TURKEY
WT/DS513/R, PARAS. 7.148-7.149

De acordo com a decisão do painel DS513 Morocco — Anti-Dumping Measures on Certain Hot-Rolled Steel from Turkey estabelecido no âmbito do Órgão de Solução de Controvérsias da OMC, o atraso material à implantação da indústria doméstica é uma das formas de dano contempladas pelo Acordo Antidumping e, por definição, pode ocorrer apenas em situações nas quais a indústria doméstica ainda não está completamente estabelecida:

"7.148. Na investigação subjacente, a conclusão do MDCCE de que a indústria nacional não estava estabelecida e que o estabelecimento da indústria nacional era materialmente retardado, fez parte do inquérito do MDCCE sobre o impacto das importações despejadas sobre os produtores nacionais. Em particular, o MDCCE procedeu para examinar se a indústria doméstica havia sofrido prejuízo sob a forma de retardo material de seu estabelecimento, em vez de prejuízo material, somente após descobrir que a indústria doméstica não estava estabelecida. Considerando que o MDCCE, ao examinar o impacto das importações despejadas sobre os produtores nacionais, baseou-se em sua conclusão de que a indústria nacional não estava estabelecida, consideramos que o artigo 3.1 exigia que o MDCCE baseasse essa conclusão em evidências positivas e exame objetivo. 213 Caso o registro da investigação subjacente mostre que o MDCCE não baseou essa conclusão em evidências positivas e exame objetivo, concluiremos então que o MDCCE agiu de forma inconsistente com o artigo 3.1.

7.149. Esta abordagem encontra apoio nas conclusões de outros painéis e do Órgão de Apelação. Na Argentina – Deveres Anti-Dumping de Aves, o painel examinou a inconsistência com o Artigo 3.1 independentemente de outras disposições do Artigo 3. 214. Da mesma forma, o Órgão de Apelação e vários painéis anteriores encontraram violações do Artigo 3.1, em uma primeira etapa de sua avaliação, independentemente de qualquer avaliação de consistência com outras disposições do Artigo 3. Tendo constatado uma violação do Artigo 3.1, eles subsequentemente procederam à constatação de violações consequentes de certas outras disposições do Artigo 3. 215. Além disso, no EC – Medidas Compensatórias sobre Chips DRAM, o painel se absteve de considerar que o Artigo 15.1 do Acordo SCM, que é o equivalente do Artigo 3.1 do Acordo Anti-Dumping, não impõe nenhuma obrigação independente por direito próprio. Considerou que 'se uma autoridade investigadora não tiver provas positivas e não as tiver examinado objetivamente, então a autoridade investigadora teria agido de forma inconsistente com o Artigo 15.1, independentemente de quaisquer conclusões que possam ser alcançadas sobre as outras obrigações – mais específicas – previstas no Artigo 15'". [tradução livre]

Fonte: WT/DS513/R, parágrafos 7.148-7.149[75].

---

[75] *"7.148. In the underlying investigation, the MDCCE's finding that the domestic industry was unestablished, and that the establishment of the domestic industry was materially retarded,*

3.4.2. Indicadores de dano da indústria doméstica

De acordo com o art. 15.1 do Acordo sobre Subsídios e Medidas Compensatórias e com o art. 24 do Decreto n. 10.839/2021, a determinação de dano material à indústria doméstica será baseada em elementos de prova e incluirá o exame objetivo dos seguintes aspectos: "I – volume das importações do projeto objeto da investigação; II – efeito das importações do projeto objeto da investigação sobre os preços do produto similar no mercado brasileiro; e III – consequente impacto de tais importações sobre a indústria doméstica".

Para a referida análise de dano, o § 2º do art. 43 do Decreto n. 10.839/2021 determina que:

> Art. 43.
>
> (...)
>
> § 2º O período de investigação de dano compreenderá sessenta meses, divididos em cinco intervalos de doze meses encerrados em março, junho, setembro

---

formed part of the MDCCE's inquiry into the impact of dumped imports on domestic producers. In particular, the MDCCE proceeded to examine whether the domestic industry had suffered injury in the form of material retardation of its establishment, rather than material injury, only upon finding that the domestic industry was unestablished. Given that the MDCCE, in examining the impact of dumped imports on domestic producers, relied on its finding that the domestic industry was unestablished, we consider that Article 3.1 required the MDCCE to base that finding on positive evidence and objective examination.213 In the event that the record of the underlying investigation shows that the MDCCE did not base that finding on positive evidence and objective examination, we will then conclude that the MDCCE acted inconsistently with Article 3.1.

7.149. This approach finds support in the findings of other panels and the Appellate Body. In Argentina – Poultry Anti-Dumping Duties, the panel examined inconsistency with Article 3.1 independently of other provisions of Article 3.214 Similarly, the Appellate Body and several prior panels found violations of Article 3.1, in a first step of their evaluation, independent of any assessment of consistency with other provisions of Article 3. Having found a violation of Article 3.1, they subsequently proceeded to find consequential violations of certain other provisions of Article 3.215 Further, in EC – Countervailing Measures on DRAM Chips, the panel refrained from taking the view that Article 15.1 of the SCM Agreement, which is the equivalent of Article 3.1 of the Anti-Dumping Agreement, does not impose any independent obligations in its own right. It considered that "if an investigating authority lacks positive evidence and has not examined the evidence before it objectively, then the investigating authority would have acted inconsistently with Article 15.1, regardless of any conclusions that might be reached about the other – more specific – obligations under Article 15." OMC. Morocco – Anti-Dumping Measures on Certain Hot-Rolled Steel from Turke. WT/DS513/R, paras 7.148-7.149. Disponível em: <https://docs.wto.org/dol2fe/Pages/FE_Search/FE_S_S006.aspx?DataSource=Cat&query=@Symbol=WT/DS513/R*&Language=English&Context=ScriptedSearches&languageUIChanged=true >. Acesso em: 26 maio 2022.

ou dezembro, e incluirá necessariamente o período de investigação da existência de subsídio, observado o seguinte:

I – o intervalo mais recente coincidirá, preferencialmente, com o período de investigação de existência de subsídio; e

II – os demais intervalos compreenderão os quarenta e oito meses anteriores ao intervalo mais recente.

Em circunstâncias excepcionais, devidamente justificadas, o período de investigação de dano poderá compreender entre trinta e seis e sessenta meses. É o que tipicamente se chama de P1 a P5 nas investigações.

Imagem – Fatores a serem analisados na determinação do dano

FATORES A SEREM EXAMINADOS NA DETERMINAÇÃO DE DANO

VOLUME DAS IMPORTAÇÕES SUBSIDIADAS

Art. 24, § 1º, Decreto n. 10.839/2021

EFEITO DAS IMPORTAÇÕES SUBSIDIADAS SOBRE OS PREÇOS DO PRODUTO SIMILAR NO MERCADO BRASILEIRO

Art. 24, § 2º, Decreto n. 10.839/2021

CONSEQUENTE IMPACTO DAS IMPORTAÇÕES SUBSIDIADAS SOBRE A INDÚSTRIA DOMÉSTICA

Art. 24, § 3º, Decreto n. 10.839/2021

Fonte: elaboração própria.

Quanto ao aspecto do (I) volume das importações do produto objeto da investigação, ditam o art. 15.2 do Acordo sobre Subsídios e Medidas Compensatórias e o § 1º do art. 24 do Decreto n. 10.839/2021 que se deve ponderar se ocorreu aumento significativo nas importações subsidiadas, tanto em termos absolutos quanto em termos relativos, em comparação com a produção ou o consumo no Membro importador. A respeito da análise das importações, remete-se à seção 3.2.3.

Imagem – Fatores a serem analisados na determinação do dano – volume das importações subsidiadas

Fonte: elaboração própria.

Quanto ao (II) efeito das importações do projeto objeto da investigação sobre os preços do produto similar no mercado brasileiro, dita o art. 15.2 do Acordo sobre Subsídios e Medidas Compensatórias que se deve examinar se houve ou não venda do produto subsidiado a preços consideravelmente inferiores aos do produto similar do Membro importador, ou se o efeito de tais importações verifica-se pela significativa depressão dos preços ou pelo impedimento de que os mesmos subam significativamente, como teria ocorrido na ausência dos produtos subsidiados. Nenhum desses fatores tomados isoladamente ou em grupo bastará, necessariamente, para permitir orientação decisiva. Similarmente, o § 2º do art. 24 do Decreto n. 10.839/2021 apresenta que nesse exame deverá ser considerado se:

> I – houve subcotação significativa do preço das importações do produto objeto da investigação em relação ao preço do produto similar no mercado brasileiro;
>
> II – as importações do produto objeto da investigação tiveram por efeito deprimir significativamente os preços; ou
>
> III – as importações do produto objeto da investigação tiveram por efeito suprimir significativamente o aumento de preços que teria ocorrido na ausência de tais importações.

Curso de Defesa Comercial e Interesse Público no Brasil: teoria e prática

Cotejando o Acordo sobre Subsídios e Medidas Compensatórias com o Decreto n. 10.839/2021 é possível, assim, perceber o que se entende por subcotação, supressão ou depressão:

- Subcotação: se os preços dos produtos importados sob investigação são significativamente menores do que os preços dos produtos similares no Membro importador. Ou seja, quando o preço internado no Brasil do produto objeto da investigação é inferior ao preço do produto similar brasileiro.

- Depressão: se as importações sob investigação tiveram por efeito deprimir significativamente os preços dos produtos similares no Membro importador. Ou seja, quando o preço das importações do produto objeto da investigação tem o efeito de rebaixar significativamente o preço do produto similar brasileiro.

- Supressão: se as importações sob investigação tiveram por efeito impedir aumentos significativos de preços que teriam ocorrido na ausência de tais importações. Ou seja, quando o preço das importações do produto objeto da investigação tem o efeito de impedir, de forma relevante, o aumento de preços, devido ao aumento de custos, que teria ocorrido na ausência de tais importações.

Nem isoladamente, nem em conjunto, porém, deverão tais fatores ser considerados necessariamente como indicação decisiva. Ainda, esse efeito das importações sob investigação deve ser avaliado com relação à produção interna do produto similar, quando os dados disponíveis permitirem a identificação individualizada daquela produção a partir de critérios tais como o processo produtivo, as vendas do produtor e os lucros (§ 6º do art. 26 do Decreto n. 10.839/2021). A respeito da análise das importações, remete-se à Seção 3.2.3 e, para a análise comparativa sobre produto similar, remete-se à Seção 3.2.1.

Quanto ao (III) consequente impacto das importações do projeto objeto da investigação sobre a indústria doméstica, dita o art. 15.4 do Acordo sobre Subsídios e Medidas Compensatórias que o exame do impacto das importações subsidiadas sobre a indústria nacional correspondente deverá incluir avaliação de todos os fatores e índices econômicos relevantes relacionados com o estado da produção, inclusive redução real ou potencial da produção, vendas, participação no mercado, lucros, produtividade, retorno de investimentos ou utilização da capacidade, fatores que afetem os preços internos, efeitos negativos reais ou potenciais sobre o fluxo de caixa, estoques, emprego, salários, crescimento, capacidade de levantar capital ou investimentos e, quando se trate de agricultura, se houve sobrecarga nos programas governamentais de apoio. Essa lista não é exaustiva, nem poderá um desses fatores ou um conjunto deles fornecer orientação decisiva.

Imagem – Fatores a serem analisados na determinação do dano – efeito das importações subsidiadas sobre o preço do produto similar no mercado brasileiro

Fonte: elaboração própria.

Nos termos do § 3º do art. 24 do Decreto n. 10.839/2021, o exame do impacto das importações do produto objeto da investigação sobre a indústria doméstica incluirá avaliação de todos os fatores e índices econômicos pertinentes relacionados com a situação da referida indústria, inclusive queda real ou potencial das vendas, dos lucros, da produção, da participação no mercado, da produtividade, do retorno sobre os investimentos e do grau de utilização da capacidade instalada. Além disso, serão considerados os efeitos negativos reais ou potenciais sobre o fluxo de caixa, estoques, emprego, salários, crescimento da indústria doméstica e capacidade de captar recursos ou investimentos. Ainda, diferentemente do que existe nas investigações antidumping, no caso do exame do impacto das importações do produto objeto da investigação, há uma análise de fatores e índices relacionados ao aumento dos ônus nos programas de apoio do governo, quando se tratar da agricultura (inciso IV do § 3º do art. 24 do Decreto n. 10.839/2021).

Imagem – Fatores a serem analisados na determinação do dano – impacto das importações subsidiadas sobre a indústria doméstica

FATORES A SEREM EXAMINADOS NA DETERMINAÇÃO DE DANO

CONSEQUENTE IMPACTO DAS IMPORTAÇÕES SUBSIDIADAS SOBRE A INDÚSTRIA DOMÉSTICA

Art. 24, § 3º, Decreto n. 10.839/2021

QUEDA REAL OU POTENCIAL

- PRODUÇÃO,
- VENDAS,
- PARTICIPAÇÃO NO MERCADO,
- LUCROS,
- PRODUTIVIDADE,
- RETORNO DE INVESTIMENTOS
- UTILIZAÇÃO DA CAPACIDADE

FATORES QUE AFETAM OS PREÇOS INTERNOS

- CUSTOS
- RELAÇÃO CUSTO--PREÇO

EFEITOS NEGATIVOS REAIS OU POTENCIAIS SOBRE

- EFEITOS NEGATIVOS REAIS OU POTENCIAIS SOBRE O FLUXO DE CAIXA,
- ESTOQUES,
- EMPREGO,
- SALÁRIOS,
- CRESCIMENTO,
- CAPACIDADE DE LEVANTAR CAPITAL OU INVESTIMENTOS
- QUANDO SE TRATE DE AGRICULTURA, SE HOUVE SOBRECARGA NOS PROGRAMAS GOVERNAMENTAIS DE APOIO

Fonte: elaboração própria.

Cumpre esclarecer que o DECOM analisa a evolução de cada um dos indicadores supracitados ao longo dos cinco subperíodos de investigação de dano e que nenhum dos fatores ou índices econômicos, isoladamente ou em conjunto, será necessariamente capaz de conduzir a conclusão decisiva (§ 4º do art. 24 do Decreto n. 10.839/2021). Todos os indicadores supracitados são analisados com base nos dados fornecidos pela peticionária e verificados *in loco* pelo DECOM, de modo que podem sofrer alterações ao longo da investigação.

Assim, é possível notar, em linhas gerais, que o DECOM analisa todos os indicadores previstos no § 3º do art. 24 do Decreto n. 10.839/2021, tanto em termos de volume (se houve queda real ou potencial no volume de vendas, alterações na participação da indústria doméstica no mercado, queda no volume de produção, aumento dos estoques etc.), quanto em termos financeiros (queda real ou potencial da receita líquida, dos lucros, do retorno sobre o investimento etc.).

Imagem – Fatores a serem analisados na determinação do dano – impacto das importações subsidiadas sobre a indústria doméstica – indicadores de volume e financeiros

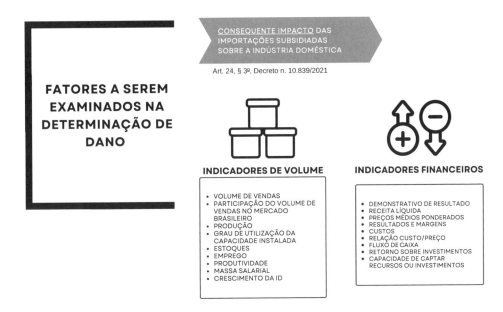

Fonte: elaboração própria.

Para fins de início de uma investigação antissubsídios original, a análise quanto à existência de dano material será feita pelo DECOM com base nas informações trazidas pela indústria doméstica na petição e nos dados de importação do produto investigado fornecidos pela Secretaria Especial da Receita Federal. Uma vez iniciada a investigação, o DECOM realizará verificações *in loco* nas empresas peticionárias e enviará questionários a outros produtores nacionais do produto similar cujos dados não foram apresentados na petição, cujas respostas também poderão ser sujeitas a procedimento de verificação *in loco*, além de dados aportados pelo governo do País-Membro. As determinações preliminares e finais do DECOM quanto à existência de dano material serão, então, elaboradas com base nos dados contidos na petição, nos resultados das verificações *in loco* na indústria doméstica, nas respostas aos questionários submetidas por outros produtores nacionais e em outras informações fornecidas pelas partes interessadas. Nesse sentido, no decorrer do procedimento administrativo podem ocorrer alterações quanto à determinação de dano material apresentada no início da investigação.

Curso de Defesa Comercial e Interesse Público no Brasil: teoria e prática

Importante pontuar, ainda, que se a investigação endereçar importações de mais de um país, os efeitos de tais importações poderão ser cumulados, nos termos do art. 15.4 do Acordo sobre Subsídios e Medidas Compensatórias[76]. Isso poderá ser feito, nos termos do art. 25 do Decreto n. 10.839/2021 se for verificado que: I – o montante de subsídio acionável determinado em relação às importações do produto objeto da investigação provenientes de cada um dos países não é *de minimis* (como regra, inferior a 1%, mas em caso de países em desenvolvimento, inferior a 2%); II – o volume de importações do produto objeto da investigação provenientes de cada país não é insignificante (como regra, será considerado insignificante se inferior a 3% das importações totais brasileiras, mas, se conjuntamente responderem por mais de 7%, não será considerado insignificante[77]); e III – a avaliação cumulativa dos efeitos dessas importações é apropriada, consideradas as condições de concorrência entre os produtos importados e as condições de concorrência entre os produtos importados e o produto similar no mercado brasileiro.

Em síntese, toda a análise de dano pode ser resumida na imagem a seguir:

---

[76] Acordo sobre Subsídios e Medidas Compensatórias. Art. 15.3. Quando importações de um produto de mais de um país forem simultaneamente objeto de investigação sobre direitos compensatórios, as autoridades investigadoras só poderão examinar cumulativamente os efeitos dessas importações se determinarem: (a) que o montante do subsídio estabelecido em relação às importações de cada país é maior do que *de minimis*, tal como definido no parágrafo 9 do Artigo 11, e que o volume de importações de cada país não é desprezível; e (b) que o exame cumulativo dos efeitos das importações é adequado à luz das condições de competição entre produtos importados e entre produtos importados e similar nacional.

[77] Art. 25, § 4º, do Decreto n. 10.839/2021. Caso o conjunto de países que individualmente respondam por menos de três por cento das importações totais brasileiras do produto objeto da investigação e do produto similar represente mais de sete por cento das importações totais brasileiras do produto objeto da investigação e do produto similar, o volume das importações subsidiadas de cada país não será considerado insignificante. No entanto, para países em desenvolvimento, a regra é diferente. § 5º Para os países em desenvolvimento, o volume de importações será considerado insignificante quando representar menos de quatro por cento das importações totais brasileiras do produto objeto da investigação e do produto similar, exceto se esses países que, individualmente, respondam por menos de quatro por cento dessas importações forem, coletivamente, responsáveis por mais de nove por cento das importações totais brasileiras do produto objeto da investigação e do produto similar.

3 • *Investigações antissubsídios – teoria e prática*

Imagem – Análise de dano à indústria doméstica em investigações antissubsídios

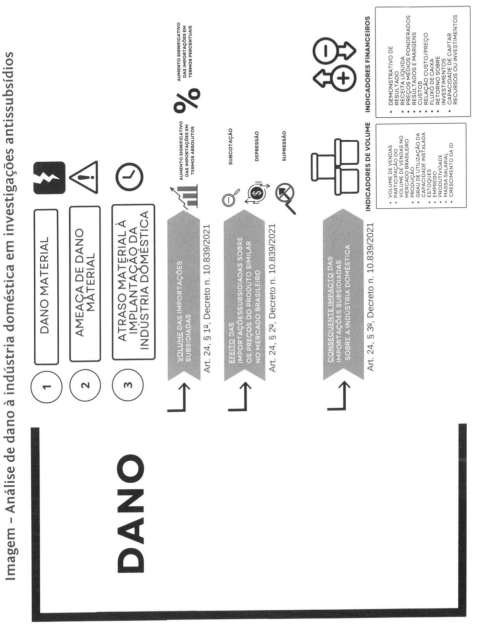

Fonte: elaboração própria.

Importante pontuar, ainda, que mesmo nos casos de indústria fragmentada, conforme o previsto no § 2º do art. 1º do Decreto n. 9.107/2017, em que são aceitos dados provenientes de fontes secundárias, o § 6º do art. 226 da Portaria SECEX n. 172/2022, "não será aceita petição de investigação original apresentada por indústria fragmentada que não contenha ao menos os seguintes indicadores: a) volume de vendas no mercado interno brasileiro; b) participação no mercado brasileiro; c) produção do produto; d) capacidade instalada ou produção máxima registrada; e) faturamento com vendas do produto no mercado interno; f) custo de produção; g) relação custo/preço; e h) emprego".

3.5. Do nexo de causalidade

Para que seja aplicada uma medida compensatória, é necessária a comprovação da prática de subsídios, da existência de dano, e do nexo de causalidade entre ambos. Esta seção se concentrará no terceiro destes três pilares. Para tanto, primeiro será apresentada a análise positiva de causalidade, ou seja, do (3.5.1) impacto das importações do produto objeto da investigação, para que em seguida seja possível realizar a análise negativa de causalidade, ou seja, dos (3.5.2) outros fatores de dano, consistente na análise de não atribuição do dano às importações do produto objeto da investigação.

3.5.1. Impacto das importações do projeto objeto da investigação na indústria doméstica

Para que uma medida compensatória possa ser aplicada é necessário comprovar não somente a existência de subsídios e de dano à indústria doméstica, mas também de nexo causal entre esses dois fatores. Dita o art. 15.5 do Acordo sobre Subsídios e Medidas Compensatórias que é necessário demonstrar que as importações subsidiadas, por meio dos efeitos produzidos por essa prática, estão provocando dano. A demonstração de nexo causal entre as importações subsidiadas e o dano à indústria nacional deverá basear-se no exame de todos os elementos de prova relevantes à disposição das autoridades.

O nexo de causalidade consiste na demonstração de que, por meio dos efeitos do subsídio, as importações do projeto objeto da investigação contribuíram significativamente para o dano experimentado pela indústria doméstica (art. 26 do Decreto n. 10.839/2021), ainda que não sejam o único fator causador do dano. Assim, durante a análise do nexo causal, é necessário separar e distinguir os efeitos das importações do projeto objeto da investigação e os efeitos de possíveis outras causas de dano à indústria doméstica.

Imagem – Nexo de causalidade

ANÁLISE POSITIVA DA CAUSALIDADE ⊕ — É PRECISO DEMONSTRAR QUE EXISTE NEXO CAUSAL ENTRE AS IMPORTAÇÕES SUBSIDIADAS E O DANO VERIFICADO NA INDÚSTRIA DOMÉSTICA

EXAME DE NÃO ATRIBUIÇÃO ⊖ — SÃO EXAMINADOS ELEMENTOS DE PROVA APRESENTADOS E OUTROS FATORES QUE POSSAM SIMULTANEAMENTE ESTAR CAUSANDO DANO À INDÚSTRIA DOMÉSTICA.

Fonte: elaboração própria.

O impacto das importações do projeto objeto da investigação na indústria doméstica é avaliado em relação aos indicadores econômico-financeiros, bem como pelo efeito que essas importações causam sobre o preço da indústria doméstica, conforme apresentado na Seção 3.4.2. Assim, conforme disposto no art. 32 do Decreto n. 8.058/2013, "é necessário demonstrar que, por meio dos efeitos do subsídio, as importações do projeto objeto da investigação contribuíram significativamente para o dano experimentado pela indústria doméstica" (art. 26 do Decreto n. 10.839/2021), ainda que não sejam o único fator causador do dano.

Ou seja, é realizada uma análise conjunta dos indicadores da indústria doméstica em comparação com o comportamento das importações investigadas. São avaliadas, por exemplo, as posições dos principais *players* no mercado ao longo do período, além de eventuais perdas financeiras da indústria doméstica para fazer frente a eventual avanço das importações.

A demonstração do nexo de causalidade deve basear-se: (i) no exame dos elementos de prova pertinentes apresentados (a favor da existência de nexo causal), bem como (ii) no exame de outros fatores conhecidos além das importações do projeto objeto da investigação que possam estar simultaneamente causando dano à indústria doméstica (contrários à existência de nexo causal), sendo necessário separar e distinguir os efeitos das importações do projeto objeto da investigação e os efeitos de outras possíveis causas de dano à indústria doméstica (§ 2º do art. 26 do Decreto n. 10.839/2021).

Imagem – Nexo de causalidade – análise positiva de causalidade

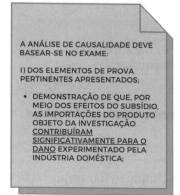

Fonte: elaboração própria.

3.5.2. Outros fatores de dano – não atribuição

Dita o art. 15.5 do Acordo sobre Subsídios e Medidas Compensatórias que a demonstração de nexo causal entre as importações subsidiadas e o dano à indústria nacional deverá basear-se no exame de todos os elementos de prova relevantes à disposição das autoridades. Estas deverão, igualmente, examinar todo e qualquer outro fator conhecido, além das importações subsidiadas que possam estar causando dano à indústria nacional na mesma ocasião e tais danos, provocados por motivos alheios às importações subsidiadas, não devem ser imputados àquelas importações. Fatores relevantes nessas condições incluem, por exemplo, os volumes e os preços de importações não subsidiadas do produto em pauta, contração da demanda ou mudanças nos padrões de consumo, práticas comerciais restritivas e competição de produtores estrangeiros e nacionais, desenvolvimento de novas tecnologias, desempenho exportador e produtividade da indústria nacional.

Registre-se que possíveis outras causas são aquelas especificamente trazidas à atenção do DECOM pelas partes interessadas, desde que acompanhadas da devida justificativa e dos elementos de prova pertinentes, e eventuais outras causas conhecidas pelo DECOM. Exemplos de outros fatores que podem ser relevantes para a análise de causalidade estão apresentados na sequência, nos termos do § 4º do art. 26 do Decreto n. 10.389/2021:

I – o volume e o preço de importações de produto não subsidiado;

3 • *Investigações antissubsídios – teoria e prática*

II – o impacto de eventuais processos de liberalização das importações sobre os preços domésticos;

III – a contração na demanda ou a mudança nos padrões de consumo;

IV – as práticas restritivas ao comércio de produtores domésticos e estrangeiros;

V – a concorrência entre produtores domésticos e estrangeiros;

VI – o progresso tecnológico;

VII – o desempenho exportador;

VIII – a produtividade da indústria doméstica; e

IX – o consumo cativo.

Imagem – Nexo de causalidade – exame de não atribuição do dano

EXAME DE NÃO ATRIBUIÇÃO

SÃO EXAMINADOS ELEMENTOS DE PROVA APRESENTADOS E OUTROS FATORES QUE POSSAM SIMULTANEAMENTE ESTAR CAUSANDO DANO À INDÚSTRIA DOMÉSTICA.

A ANÁLISE DE CAUSALIDADE DEVE BASEAR-SE NO EXAME:

II) DE OUTROS FATORES CONHECIDOS;

- O VOLUME E O PREÇO DE IMPORTAÇÕES DE PRODUTO NÃO SUBSIDIADO;
- O IMPACTO DE EVENTUAIS PROCESSOS DE LIBERALIZAÇÃO DAS IMPORTAÇÕES SOBRE OS PREÇOS DOMÉSTICOS;
- A CONTRAÇÃO NA DEMANDA OU A MUDANÇA NOS PADRÕES DE CONSUMO;
- AS PRÁTICAS RESTRITIVAS AO COMÉRCIO DE PRODUTORES DOMÉSTICOS E ESTRANGEIROS;
- A CONCORRÊNCIA ENTRE PRODUTORES DOMÉSTICOS E ESTRANGEIROS;
- O PROGRESSO TECNOLÓGICO;
- O DESEMPENHO EXPORTADOR;
- A PRODUTIVIDADE DA INDÚSTRIA DOMÉSTICA; E
- CONSUMO CATIVO.

Fonte: elaboração própria.

INVESTIGAÇÃO DE SUBSÍDIOS – FILMES PET – INVESTIGAÇÃO ORIGINAL – ÍNDIA
CIRCULAR SECEX N. 58, DE 16 DE DEZEMBRO DE 2002

Trata-se de investigação encerrada, sem aplicação de medidas, considerando que não foi determinado dano à indústria doméstica, referente à averiguação da existência de subsídio acionável, de dano à indústria doméstica e de relação causal entre estes, vinculados às exportações, para o Brasil, de filmes PET, quando originários da Índia.

> No que se refere especificamente à impossibilidade de determinação do dano à indústria doméstica, a Circular em referência destaca o seguinte:
>
> *"Tendo em vista o fato da indústria doméstica, ao longo do período analisado, em especial, no período sob investigação da existência de subsídios nas importações provenientes da Índia, ter apresentado: aumento de produção e vendas no mercado interno e externo; aumento de participação no consumo aparente de filmes de poliéster; manutenção da taxa de utilização da capacidade produtiva instalada, a despeito da expansão promovida pela indústria doméstica; redução no nível de estoques; aumento no número de empregados contratados; aumento da produtividade por trabalhador em relação a 1998; elevação na relação entre o preço médio das vendas no mercado interno e os custos médios de produção em dólares estadunidenses e reais constantes; significativa melhoria nos resultados econômico-financeiros, notadamente em relação ao ano de 1999, pode-se concluir que as importações de filmes de poliéster provenientes da Índia, apesar de crescentes, não causaram dano à indústria doméstica".*

Fonte: Circular SECEX n. 58, de 16 de dezembro de 2002[78].

 MEDIDA ANTIDUMPING – CILINDROS DE LAMINAÇÃO – INVESTIGAÇÃO ORIGINAL – CHINA
CIRCULAR SECEX N. 38, DE 28 DE JUNHO DE 2019

Trata-se da investigação referente à medida antidumping às importações de cilindros de laminação, a qual não restou aplicada, uma vez que não se pôde concluir pela existência de dano significativo causado à indústria doméstica pelas importações investigadas. Assim, propõe-se o encerramento da presente investigação sem a aplicação do direito antidumping.

Especificamente no que se refere ao nexo de causalidade, ainda que as importações de cilindros laminadores a preços com dumping tenham contribuído para a ocorrência de dano à indústria doméstica, verificou-se a existência de outros fatores que simultaneamente causaram dano à indústria doméstica. *In verbis*:

> *"Por outro lado, ao se separar e distinguir, de forma combinada, os efeitos sobre os indicadores de resultado e de margens da indústria doméstica causados pelos outros fatores conhecidos, ou seja, (i) a contração do mercado sobre as vendas de produto similar no mercado interno, (ii) a redução no volume de vendas no mercado externo, (iii) a queda no consumo cativo e (iv) a diminuição dos volumes de produção de outros produtos, verificou-se não haver remanescido dano atribuído às importações da China que poderia ser considerado como significativo, quando tomado como referência para a evolução de tais indicadores o período P1, nos termos destacados infra. Destaque-se que foi observado dano residual à indústria doméstica após a expurgação dos fatores avaliados no cenário estudado, contudo, em proporções significativamente inferiores àquele ocasionado pelos efeitos mensurados.*

---

[78] BRASIL. Circular SECEX n. 58, de 16 de dezembro de 2002. Disponível em: <https://www.gov.br/produtividade-e-comercio-exterior/pt-br/arquivos/circsecex58a_2002.pdf>. Acesso em: 4 jun. 2022.

> (...)
> *Ainda, recorda-se que, mesmo que não tenham sido considerados os efeitos da contração de mercado sobre os preços da indústria doméstica, uma vez que não há elementos no processo e nem foram apontadas metodologias apropriadas para a sua aferição, é razoável supor que a expressiva contração de mercado observada ao longo do período de investigação tenha impactado ainda o nível de preços ao mesmo tempo em que as importações a preços de dumping competiam com a indústria doméstica. Portanto, mesmo a deterioração residual encontrada nas margens de lucro constantes do quadro acima não pode ser totalmente atribuível às importações investigadas.*
>
> *Consequentemente, com base nos elementos analisados neste Parecer, a SDCOM concluiu que as importações da origem investigada a preços de dumping não contribuíram significativamente ao dano à indústria doméstica constatado no item 6.2 deste documento".*

Fonte: Circular SECEX n. 38, de 28 de junho de 2019[79].

 MEDIDA ANTIDUMPING – LAMINADOS DE ALUMÍNIO – INVESTIGAÇÃO ORIGINAL – CHINA
CIRCULAR SECEX N. 2, DE 27 DE JANEIRO DE 2022

Trata-se da investigação referente à medida antidumping (original) às importações de laminados de alumínio da China, a qual não restou aplicada, uma vez que não houve comprovação suficiente da existência de nexo de causalidade entre as importações investigadas a preço de dumping e o dano sofrido pela indústria doméstica.

Especificamente no que se refere ao nexo de causalidade, ainda que se tenha verificado a deterioração de indicadores de volume da indústria doméstica – notadamente de suas vendas internas e de sua participação no mercado brasileiro –, concomitantemente ao aumento das importações investigadas, não foi possível observar – após minuciosa análise – efeitos das referidas importações sobre os preços do produto similar no mercado doméstico.

Fonte: Circular SECEX n. 2, de 27 de janeiro de 2022[80].

3.6. Da medida compensatória

As medidas compensatórias podem ser aplicadas de modo provisório ou definitivo. Quando aplicadas de modo provisório, consistem em (3.6.1) direitos

---

[79] BRASIL. Circular SECEX n. 38, de 28 de junho de 2019. Disponível em: <https://www.in.gov.br/en/web/dou/-/circular-no-38-de-28-de-junho-de-2019-180696798?mkt_tok=eyJpIjoiWkRSa05UTmxaakJsTkRJdyIsInQiOiI0RWRmMlwvcHhLaDh3dEZielZqczQ0ZGNKbW95dWJ0cmd4R2kwVWxhbm1wU1l6TVdMRXRKVHVSXC9sbWhYXC83T2tDNDU5RktRczg2Sm12cDRjZFFlFQko3UWJZZnpkTkRPV3dR bDhsWHRUckJFSm0rM1RTRG9WOHg3MlFIaTV1dnNoNiJ9>. Acesso em: 22 maio 2022.

[80] BRASIL. Circular SECEX n. 2, de 27 de janeiro de 2022. Disponível em: <https://in.gov.br/en/web/dou/-/circular-n-2-de-27-de-janeiro-de-2022-376608400>. Acesso em: 26 maio 2022.

compensatórios provisórios, prestados como garantias. Por sua vez, quando aplicadas de modo definitivo, podem consistir em (3.6.2) direitos compensatórios definitivos ou (3.6.3) compromissos de preços. Menciona-se, ainda, a regra da vedação ao duplo remédio, caso haja direitos antidumping e compensatórios concomitantemente aplicados ao mesmo produto da mesma origem (3.6.4).

Imagem – Formas de aplicação das medidas compensatórias

FORMAS DE APLICAÇÃO DE MEDIDA COMPENSATÓRIA

DIREITO PROVISÓRIO, PRESTADAS GARANTIAS

DEPÓSITO EM ESPÉCIE OU FIANÇA BANCÁRIA

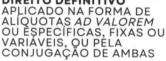

DIREITO DEFINITIVO APLICADO NA FORMA DE ALÍQUOTAS *AD VALOREM* OU ESPECÍFICAS, FIXAS OU VARIÁVEIS, OU PELA CONJUGAÇÃO DE AMBAS

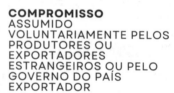

COMPROMISSO ASSUMIDO VOLUNTARIAMENTE PELOS PRODUTORES OU EXPORTADORES ESTRANGEIROS OU PELO GOVERNO DO PAÍS EXPORTADOR

Fonte: elaboração própria.

3.6.1. Direitos compensatórios provisórios, prestadas garantias por depósito em espécie ou por fiança bancária

Os direitos provisórios são aplicados apenas em investigações antissubsídios originais, nos casos em que uma investigação tiver sido devidamente iniciada e instruída, se houver determinação preliminar positiva de subsídios acionáveis, dano e nexo de causalidade, e se o Gecex julgar que tais medidas são necessárias para impedir que ocorra dano durante a investigação, nos termos do art. 62 do Decreto n. 10.839/2021 (*vide* Seção 3.9.1, sobre os prazos processuais em investigações originais). Ou seja, trata-se de uma situação de urgência, de modo que a aplicação provisória visa a evitar que o dano já incorrido pela indústria doméstica se agrave ao longo da instrução processual.

Uma diferença importante entre as investigações antissubsídios e antidumping é que o direito compensatório provisório não é efetivamente recolhido, como o é o direito antidumping provisório, mas sim são prestadas garantias por depósito em espécie ou por fiança bancária, no montante do subsídio calculado provisoriamente, cujo valor será equivalente ao do direito provisório (§§ 2º e 3º do art. 62 do Decreto n. 10.839/2021). O direito compensatório provisório não pode ser exigido por mais de quatro meses (§ 7º do art. 62 do Decreto n. 10.839/2021).

Imagem – Formas de aplicação das medidas compensatórias – direitos compensatórios provisórios/garantias

Fonte: elaboração própria.

3.6.2. Direitos compensatórios definitivos

Os direitos compensatórios definitivos são aplicados com o encerramento da investigação antissubsídios original ou da revisão de final de período, podendo ter a forma de direitos compensatórios definitivos ou de compromissos de preços. Os direitos compensatórios consistem no montante em dinheiro igual ou inferior ao montante de subsídios apurado (art. 74 do Decreto n. 10.839/2021).

Os direitos compensatórios definitivos podem ser aplicados na forma de alíquotas *ad valorem* ou específicas, fixas ou variáveis, ou pela conjugação de ambas, conforme disposto no § 3º do art. 74 do Decreto n. 10.839/2021 (3.6.2.1), sempre buscando a garantia da eficácia da medida compensatória aplicada. Ademais, os direitos aplicados refletem o grau de colaboração das empresas com a investigação e sua inserção nos respectivos grupos de direitos antidumping (3.6.2.2). Registre-se que "é facultado ao peticionário a indicação da forma de aplicação do direito compensatório que considera mais apropriada para a eliminação dos efeitos danosos das importações do produto subsidiado", conforme art. 121 da Portaria SECEX n. 172/2022). Ainda, o direito compensatório poderá ser aplicado em nível inferior ao montante de subsídios apurado, desde que tal nível seja suficiente para eliminar o dano à indústria doméstica (*lesser duty*) (3.6.2.3).

3.6.2.1. Direitos compensatórios *ad valorem* ou específicos, fixos ou variáveis

O direito compensatório aplicado em forma de alíquota *ad valorem* consiste em percentual aplicado sobre o valor aduaneiro da mercadoria, em base *Cost, Insurance and Freight – CIF*[3], conforme o § 4º do art. 74 do Decreto n. 10.839/2021.

Por sua vez, o direito compensatório aplicado em forma de alíquota específica é fixado em moeda estrangeira e convertido em moeda nacional, nos termos do § 5º do art. 74 do Decreto n. 10.839/2021. Nesse caso, o valor a ser recolhido costuma ser definido por unidade de medida, podendo ser apurado, por exemplo, por tonelada ou por quilo.

Finalmente, nos termos do § 3º do art. 74 do Decreto n. 10.839/2021, o direito compensatório pode ser definido como uma conjugação de alíquotas *ad valorem* e específicas.

Imagem – Formas de aplicação das medidas compensatórias – direitos definitivos *ad valorem* ou específicos

Fonte: elaboração própria.

3 • *Investigações antissubsídios – teoria e prática*

INVESTIGAÇÃO DE SUBSÍDIOS – BARRA DE AÇO – INVESTIGAÇÃO ORIGINAL – ÍNDIA
RESOLUÇÃO CAMEX N. 25, DE 5 DE OUTUBRO DE 2004

Trata-se de investigação referente à aplicação de direitos compensatórios sobre as importações de barras de aço inoxidável originárias da Índia.

Foi recomendado o encerramento da investigação de existência de subsídio acionável, de dano à indústria doméstica e de nexo causal entre estes, nas importações brasileiras de barras de aço inoxidável, de origem indiana, com a aplicação por, no máximo, cinco anos, de direitos compensatórios definitivos, na forma de valor específico, equivalente a US$ 172,00/t (cento e setenta e dois dólares estadunidenses por tonelada), nas importações originárias de todas as produtoras/exportadoras indianas, exceto para as importações originárias da empresa Chandan Steel Ltd., às quais deverá ser aplicado o direito compensatório de US$ 69,93/t (sessenta e nove dólares estadunidenses e noventa e três centavos por tonelada).

Fonte: Resolução CAMEX n. 25, de 5 de outubro de 2004[81].

MEDIDA COMPENSATÓRIA – LAMINADOS PLANOS – CHINA
RESOLUÇÃO CAMEX N. 34, DE 21 DE MAIO DE 2018

Trata-se de investigação que resultou na aplicação de medida compensatória definitiva, por um prazo de até 5 (cinco) anos, às importações brasileiras de produtos laminados planos a quente, originárias da República Popular da China. Na mesma ocasião, suspendeu-se sua aplicação em razão de interesse público.

Consoante a análise precedente, ficou determinada a existência de subsídios acionáveis nas exportações de produtos planos laminados a quente da China para o Brasil, e de dano à indústria doméstica decorrente de tal prática. Propôs-se a aplicação de medidas compensatórias, por um período de até cinco anos, na forma de alíquotas específicas, fixadas em dólares estadunidenses por tonelada, nos montantes abaixo especificados:

(i)   Grupo Baosteel: 196,49 US$/t;
(ii) Grupo Bengang: 237,17 US$/t (Bengang Steel Plates Co. Ltd.) e 222,75 US$/t (outras empresas do grupo); e
(iii) Demais produtores: 425,22 (US$/t)

Fonte: Resolução CAMEX n. 34, de 21 de maio de 2018[82].

---

[81] BRASIL. Resolução CAMEX n. 25, de 5 de outubro de 2004. Disponível em: <http://www.camex.gov.br/resolucoes-camex-e-outros-normativos/58-resolucoes-da-camex/471-resolucao-n-25-de-05-de-outubro-de-2004>. Acesso em: 4 jun. 2022.

[82] BRASIL. Resolução CAMEX n. 34, de 21 de maio de 2018. Disponível em: <http://www.camex.gov.br/resolucoes-camex-e-outros-normativos/58-resolucoes-da-camex/2030-resolucao-n-34-de-21-de-maio-de-2018>. Acesso em: 4 jun. 2022.

> **MEDIDA ANTIDUMPING – ALTO-FALANTES – 2ª REVISÃO – CHINA**
> *RESOLUÇÃO CAMEX N. 16, DE 26 DE NOVEMBRO DE 2019*
>
> Trata-se de investigação referente à prorrogação de direito antidumping (segunda revisão) aplicado às importações de alto-falantes para uso em veículos automóveis terrestres, provenientes da China, excluídos os alto-falantes do tipo buzzers, de aplicação em painéis de instrumentos de veículos automotores.
>
> Especificamente no que se refere à forma de alíquota utilizada para aplicação do direito antidumping, destaca-se a alteração na aplicação do direito no âmbito da última revisão, com relação às anteriores. No âmbito da segunda revisão, a autoridade investigadora entendeu que a mudança da forma de aplicação da medida de alíquota específica em dólares por quilograma por alíquota ad valorem seria apropriada. Nesse contexto, a autoridade investigadora concluiu que a cobrança da medida na forma de alíquota ad valorem seria a mais adequada para o caso em tela. Por um lado, entendeu-se que a preocupação da indústria doméstica referente à alta variedade de preços por peças de alto-falantes estaria mitigada, uma vez que, seja qual for o preço do produto, o recolhimento seria proporcional. Por outro lado, a prática de subfaturamento seria ilegal, de forma que, se ela efetivamente venha a ocorrer no caso concreto, existem os instrumentos legais cabíveis para combatê-la. Por fim, a recomendação da aplicação de uma alíquota ad valorem por parte da autoridade investigadora brasileira é corriqueira e, na visão da autoridade investigadora, soluciona as questões envolvendo a unidade de medida adequada levantadas acima.

Fonte: Resolução CAMEX n. 16, de 26 de novembro de 2019[83].

Importante mencionar que a forma de aplicação do direito como alíquota *ad valorem* ou específica é um dos fundamentos para uma redeterminação, nos termos da seção 3.8.6.

Ainda, os direitos podem ser fixos ou variáveis. Os direitos compensatórios fixos são a regra geral, segundo o qual a alíquota, seja ela *ad valorem* ou específica, será a mesma ao longo de toda a vigência da aplicação daquela medida.

Por outro lado, é possível a aplicação de direitos compensatórios variáveis, mas o Acordo sobre Subsídios e Medidas Compensatórias da OMC não traz maiores detalhamentos sobre o tema, tampouco o Decreto n. 10.839/2021. A questão foi detalhada com base em doutrina e precedentes no item 3.6.2.1, sobre direitos antidumping variáveis, onde se encontra maior debate.

---

[83] BRASIL. Resolução CAMEX n. 16, de 26 de novembro de 2019. Disponível em: <http://www.camex.gov.br/resolucoes-camex-e-outros-normativos/58-resolucoes-da-camex/2512-resolucao-n-16-de-26-de-novembro-de-2019>. Acesso em: 26 maio 2022.

Imagem – Formas de aplicação das medidas compensatórias – direitos definitivos fixos ou variáveis

Fonte: elaboração própria.

Segundo o art. 88 do Decreto n. 10.839/2021: "os direitos compensatórios e os compromissos permanecerão em vigor enquanto perdurar a necessidade de neutralizar o dano à indústria doméstica causado pelas importações do produto subsidiado". Apesar disso, conforme disposto no art. 89 do mesmo dispositivo legal, "todo direito compensatório definitivo será extinto no prazo de cinco anos, contado da data de sua aplicação ou de conclusão da revisão mais recente que tenha abrangido o subsídio, o dano à indústria doméstica e o nexo de causalidade entre ambos". O prazo de vigência dos direitos compensatórios definitivos é regulado pelo art. 132 do Código Civil, segundo o qual "prazos de meses e anos expiram no dia de igual número de início, ou no imediato, se faltar exata correspondência". Assim, os prazos dos direitos compensatórios definitivos aplicados expiram no dia de igual número ao da data de publicação no *Diário Oficial da União* da Resolução Gecex que aplicou o direito em questão, não se devendo diferenciar o final de vigência de uma medida e seu dia de expiração. Dessa forma, uma medida compensatória definitiva aplicada em 18 de janeiro de 2021, via de regra, deverá viger até 18 de janeiro de 2026, sendo este o último dia de sua vigência e também o dia de sua expiração.

3.6.2.2. Grupos de direitos compensatórios

Nas situações em que tenha sido determinado que a análise de casos individuais resultaria em sobrecarga desproposital e que o DECOM tiver realizado seleção de produtores ou exportadores para analisar questionário, serão aplicados direitos compensatórios individuais de mesmo valor para todos os produtores ou exportadores conhecidos que, embora não tenham sido incluídos na seleção, tenham apresentado as informações requeridas (art. 76 do Decreto n. 10.839/2021). Para o cálculo do direito de tais produtores, será utilizada a média ponderada do montante de subsídios apurado para produtores ou exportadores incluídos na seleção realizada (§ 1º do art. 76 do Decreto n. 10.839/2021).

Os critérios a serem adotados para a apuração do direito compensatório variam dependendo da quantidade de produtores/exportadores que foram investigados individualmente. Usualmente, os produtores/exportadores que responderam questionários e foram analisados individualmente são agregados em um único grupo para fins de aplicação do direito compensatório, conhecido como Grupo I. Caso haja respostas voluntárias e viabilidade na análise e validação dos seus respectivos dados, esta(s) empresa(s) poderão vir a compor o Grupo I. Já os produtores/exportadores conhecidos, mas não analisados individualmente tendo em vista procedimento de seleção dos respondentes (sem análise e validação dos seus respectivos dados), são agregados no que se denomina Grupo II. Por fim, os demais produtores/exportadores (*all others*) são agregados em um terceiro grupo (Grupo III). Cumpre destacar que o menor direito (*lesser duty*), descrito na seção 3.6.3.3, pode (e não necessariamente deve) ser aplicado apenas para o Grupo I de produtores ou exportadores, apesar de não ser comum em investigações antissubsídios.

Imagem – Grupos de direitos compensatórios

Fonte: elaboração própria.

3.6.2.3. Menor direito (*lesser duty*)

Conforme preceitua o art. 74 do Decreto n. 10.839/2021, o direito compensatório definitivo pode ser aplicado em montante igual ou inferior ao montante de subsídios apurado. A hipótese em que se aplica um direito compensatório inferior ao calculado é conhecida como menor direito ("*lesser duty rule*", em inglês). Em linha com as demais autoridades investigadoras mais atuantes do mundo, e ao contrário do que ocorre em investigações antidumping, a aplicação do menor direito é meramente opcional em investigações antissubsídios, sendo a aplicação ou não do menor direito um elemento a ser avaliado no âmbito da investigação, e não um dever da administração.

Recorde-se que, na legislação antidumping, a "regra do menor direito" ou "*lesser duty rule*" consiste em disposição OMC *Plus*, ou seja, compromisso adicional aos assumidos no âmbito da OMC, tendo em vista que, se por um lado o art. 9.1 do Acordo Antidumping apenas recomenda que o direito antidumping seja inferior à margem caso seja adequado para eliminar o dano à indústria doméstica, o Decreto n. 8.058/2013 determina a aplicação do menor direito em todos os casos e enumera as situações em que a referida regra não será aplicada. Dessa forma evita-se a aplicação de um direito antidumping excessivo. Sobre esse ponto, interessante mencionar que na União Europeia também há a incidência da possibilidade de cálculo do menor direito em investigações antissubsídios, mas que esta pode deixar de ser aplicada por uma análise de conveniência e oportunidade do "interesse da União"[84].

Não há, portanto, esse "dever" de aplicar o *lesser duty* nas investigações antissubsídios, mas tão somente um "poder" de aplicar um direito compensatório inferior ao montante de subsídios apurado. Há, na verdade, nos termos do § 2º do art. 74, algumas situações em que a aplicação do menor direito é vedada: I – produtores ou exportadores cujo montante de subsídios tenha sido calculado com base na melhor informação disponível ou cujo direito compensatório seja aplicado nos termos do disposto no art. 76 (seleção de empresas); II – redeterminações positivas relativas ao disposto no inciso II do *caput* do art. 150; e III – revisões: a) por alteração das circunstâncias que envolvam apenas o cálculo do montante de subsídio; b) aceleradas; ou c) anticircunvenção, sempre que o direito compensatório em vigor tenha sido aplicado com base no montante de subsídio.

---

[84] UNIÃO EUROPEIA. Consolidated text: Regulation (EU) 2016/1037 of the European Parliament and of the Council of 8 June 2016 on protection against subsidised imports from countries not members of the European Union (codification). Disponível em: <https://eur-lex. europa.eu/legal-content/EN/TXT/?uri=CELEX%3A02016R1037-2020081>. Acesso em: 22 jun. 2022. "*Where the Commission, on the basis of all the information submitted, can clearly conclude that it is not in the Union's interest to determine the amount of measures in accordance with the third subparagraph, the amount of the countervailing duty shall be less if such lesser duty would be adequate to remove the injury to the Union industry.*"

3.6.3. Compromissos

Os compromissos são regulados na Seção VI do Capítulo VI do Decreto n. 10.839/2021, e consistem em uma hipótese que permite que uma investigação antissubsídios seja suspensa sem a aplicação de medidas compensatórias provisórias ou direitos definitivos. Nos termos do art. 63 do Decreto n. 10.839/2021, "a investigação poderá ser suspensa sem a aplicação de medidas compensatórias provisórias ou direitos definitivos", caso o DECOM e a CAMEX considerem eventual compromisso proposto como satisfatório para eliminar o dano à indústria doméstica causado pelas importações do produto objeto da investigação.

Em comparação com o compromisso de preços existente em investigações antidumping, o compromisso no âmbito de investigações antissubsídios apresenta uma diferença importante consistente no fato de que tanto o governo do país exportador quanto o próprio produtor ou exportador investigado podem propor compromissos. Assim, no âmbito de investigações antissubsídios, importa também o comportamento do governo do país exportador, e não somente o do produtor ou exportador. Ou seja, não apenas as empresas, mas também os governos podem apresentar compromissos de preços, já que o subsídio é uma prática estatal, enquanto o dumping, uma prática privada. O compromisso assumido, porém, também varia a depender do interlocutor. Ademais, um alerta de que em investigações antissubsídios denomina-se tão somente como "compromissos", e não "compromissos de preços", tal qual normalmente realizado em investigações antidumping.

Imagem – Formas de aplicação das medidas compensatórias – compromissos de preço

Fonte: elaboração própria.

No compromisso oferecido pelo governo do país exportador, deve ser o DE-COM convencida de que o governo eliminará ou limitará o subsídio de modo a eliminar o dano à indústria doméstica (art. 63, inciso I, do Decreto n. 10.839/2021).

Por sua vez, o compromisso oferecido por produtores ou exportadores deve conter o compromisso de voluntariamente revisar os preços também de modo a eliminar o dano à indústria doméstica (art. 63, II, do Decreto n. 10.839/2021).

Outra característica importante do compromisso é que este pode ser recusado por ser ineficaz ou impraticável, o que também inclui motivos de política geral (art. 63, § 11, do Decreto n. 10.839/2021). Tal hipótese não foi expressamente prevista no regulamento brasileiro das investigações antidumping, apesar de aplicável por estar prevista no Acordo Antidumping e constar no Guia de Investigações Antidumping do DECOM. Para dar maior transparência do que seriam tais motivos de política geral, o art. 412 da Portaria SECEX n. 172/2022 esclareceu exemplos de situações que justificam tal recusa de proposta de compromisso de preços:

> I – se constate a concessão de subsídios proibidos;
>
> II – o setor do produto objeto seja afetado por sobrecapacidade produtiva ou excesso de oferta mundial identificada no médio ou longo prazo; e
>
> III – o produto objeto utilize insumo afetado por distorções devido a restrições à exportação estabelecidas pelo país investigado, com base no Inventário sobre restrições à exportação de matérias-primas industriais da Organização de Cooperação e de Desenvolvimento Econômico (OCDE) ou em qualquer outra base de dados da OCDE que substitua esta base de dados e identifique distorções com relação às matérias-primas.

O compromisso, se celebrado pelo DECOM e homologado pela CAMEX (art. 63, § 1º, do Decreto n. 10.839/2021), será monitorado pela autoridade investigadora e, em caso de violação, a investigação poderá ser retomada (art. 67 do Decreto n. 10.839/2021). Quanto à sua duração, o compromisso segue a duração de direitos compensatórios, e pode durar, no máximo, 5 (cinco) anos.

Caso o DECOM e o produtor ou exportador estrangeiro cheguem a um acordo sobre o compromisso de preços ofertado, a SECEX decidirá acerca da aceitação desse compromisso e, em caso de decisão positiva, o submeterá para homologação do Gecex, nos termos do inciso XI do art. 91 do Decreto n. 9.745, de 2019, e do inciso VIII do art. 6º do Decreto n. 11.428/2023.

Imagem – Formas de aplicação das medidas compensatórias – compromisso (trâmites)

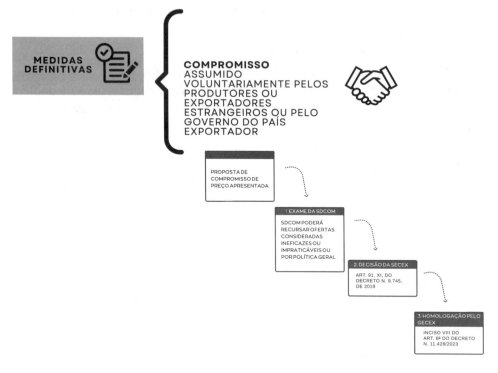

Fonte: elaboração própria.

> **MEDIDA ANTIDUMPING – FILMES PET – 1ª REVISÃO – EGITO, CHINA E ÍNDIA**
> *RESOLUÇÃO GECEX N. 203, DE 20 DE MAIO DE 2021*
>
> Trata-se de investigação referente à prorrogação dos direitos antidumping aplicados sobre as importações de filme PET, originárias do Egito, Índia e China, com imediata suspensão após a sua prorrogação para Egito e China.
>
> No que se refere especificamente à celebração de compromisso de preços, o DECOM entendeu que a celebração de eventual compromisso de preços apontada pela empresa Jindal seria impraticável, porque implicaria um ônus demasiado para o governo brasileiro, tanto em termos financeiros quanto operacionais, inclusive em termos de recursos humanos.

Fonte: Resolução GECEX n. 203, de 20 de maio de 2021[85].

---

[85] BRASIL. Resolução GECEX n. 203, de 20 de maio de 2021. Disponível em: <http://www.camex.gov.br/resolucoes-camex-e-outros-normativos/58-resolucoes-da-camex/3055-resolucao-gecex-n-203-de-20-de-maio-de-2021>. Acesso em: 13 jun. 2022.

3 • Investigações antissubsídios – teoria e prática

 MEDIDA ANTIDUMPING – CARTÃO SEMIRRÍGIDO (PAPEL CARTÃO) – 3ª REVISÃO – CHILE
PORTARIA SECEX N. 484, DE 10 DE JULHO DE 2019

Trata-se de investigação referente à prorrogação (terceira revisão) de medida antidumping aplicada às importações de cartões semirrígidos para embalagens.

No que se refere especificamente ao preço provável das importações com continuação de dumping e o seu provável efeito sobre os preços do produto similar no mercado interno brasileiro, a Portaria destacou que o compromisso de preços vigente até a terceira revisão impactou a avaliação do preço provável de exportação, dado que este preço foi regulado pelos termos do compromisso durante todo o período de revisão de dano. Logo, entendeu-se necessário complementar a análise de preço provável, posto que o preço praticado nas exportações para o Brasil poderia não refletir adequadamente o comportamento dos produtores/exportadores chilenos durante a totalidade do período de revisão.

A partir de outras análises de preço provável, a SECEX concluiu que o preço provável do Chile se encontraria subcotado, nesse sentido, o compromisso teria sido eficaz para a recuperação da indústria doméstica. Ademais, concluiu que a extinção da medida antidumping aplicada às importações brasileiras de cartões semirrígidos originários do Chile muito provavelmente levaria à continuação do dumping e à retomada do dano à indústria doméstica dele decorrente, de modo que a SECEX recomendou a prorrogação da medida antidumping em vigor. Isso porque eventual direito antidumping que refletisse as mesmas condições vigentes no compromisso poderia ser suficiente para impedir a retomada do dano à indústria doméstica decorrente das importações a preços de dumping de cartões semirrígidos originárias do Chile.

Assim, a nova prorrogação da medida antidumping se deu após o fim do compromisso de preços estabelecidos com a produtora/exportadora chilena Cartulinas CMPC S.A. (CMPC). Isto porque no âmbito da terceira revisão, não houve apresentação de nova proposta por parte da CPMC com relação a novos compromissos de preços.

Fonte: Portaria SECEX n. 484, de 10 de julho de 2019[86].

 MEDIDA ANTIDUMPING – PORCELANATOS – 1ª REVISÃO – CHINA
RESOLUÇÃO GECEX N. 100, DE 17 DE DEZEMBRO DE 2018

Trata-se de investigação referente à aplicação de medida antidumping (original), às importações de porcelanato técnico, originárias da China. No que se refere à violação de compromisso de preços, importante destacar que houve alteração no Termo de Compromisso de Preços homologado, que havia sido aplicado exclusivamente aos produtos contendo aprovação e o selo da CCCMC (Câmara de Comércio de Importadores e Exportadores de Metais Minerais e Químicos da China). A alteração se deu em razão da mera exclusão de determinadas empresas abarcadas pelos compromissos, após pedido apresentado pela própria CCCMC.

---

[86] BRASIL. Portaria SECEX n. 484, de 10 de julho de 2019. Disponível em: <https://www.in.gov.br/en/web/dou/-/portaria-n-484-de-10-de-julho-de-2019-191919366>. Acesso em: 20 maio 2022.

> Em decorrência de verificações *in loco* realizadas na produtora chinesa Foshan Xin Hua Tao Ceramics Co., Ltd e na trading company Grandhouse Ceramics Co., Ltd, diversas informações reportadas pela CCCMC não puderam ser validadas. Adicionalmente, foram constatadas inconsistências e incorreções nos dados reportados por essas duas empresas, bem como nos dados referentes às exportações da produtora realizadas por intermédio das trading companies Foshan Guci Industry Co., Ltd, Foshan Neo's Building Material Co., Ltd e Foshan Jiajin Imp & Exp Co., Ltd.
>
> Conforme exposto nos relatórios de verificação *in loco* anexados aos autos do processo referenciado, os problemas identificados não puderam ser esclarecidos no decorrer da referida verificação, visto que não estavam presentes representantes dessas empresas que compreendessem os registros contábeis constantes dos documentos apresentados para fins de comprovação das vendas. Ademais, foi negado acesso tempestivo ao sistema contábil das empresas e não foram apresentados todos os documentos solicitados pela equipe de verificação.
>
> À vista do exposto, notificou-se a CCCMC, por meio de ofício enviado em 27 de outubro de 2017, acerca das inconsistências e dos problemas observados na verificação e solicitaram-se esclarecimentos. Contudo, não foi protocolada resposta formal da CCCMC ou das cinco empresas referidas no ofício. Em mensagens enviadas por correio eletrônico foram apresentadas alegações que não condiziam com os problemas narrados no ofício e nos relatórios de verificação *in loco*.
>
> Após a realização de reunião com representantes da CCCMC, foi protocolado, em 22 de março de 2018, pedido de exclusão do compromisso de preços das empresas Foshan Xin Hua Tao Ceramics Co., Ltd e Grandhouse Ceramics Co., Ltd. Como motivação para o pedido de exclusão, a CCCMC afirmou que essas duas empresas estariam impondo empecilhos à condução do compromisso de preços, dificultando seu monitoramento e sua implementação. Ao não fornecer informações suficientes, essas empresas poderiam deslegitimar o cumprimento das demais empresas participantes do referido compromisso.
>
> Com base na mesma justificativa, a CCCMC também solicitou, em 25 de outubro de 2018, a exclusão das trading companies Foshan Guci Industry Co., Ltd, Foshan Neo's Building Material Co., Ltd e Foshan Jiajin Imp & Exp Co., Ltd.
>
> Em seus pedidos, a CCCMC afirmou que a exclusão dessas empresas seria a melhor forma de preservar o compromisso de preços em vigor e que a manutenção desse traria benefícios tanto ao Brasil quanto às empresas chinesas.

Fonte: Resolução GECEX n. 100, de 17 de dezembro de 2018[87].

MEDIDA ANTIDUMPING – LOUÇAS PARA MESA – INVESTIGAÇÃO ORIGINAL – CHINA
RESOLUÇÃO CAMEX N. 76, DE 17 DE OUTUBRO DE 2018

Trata-se de investigação referente à aplicação de medida antidumping (original), às importações de objetos de louça de mesa, originárias da China.

---

[87] BRASIL. Resolução GECEX n. 100, de 17 de dezembro de 2018. Disponível em: <http://antigo.camex.gov.br/resolucoes-camex-e-outros-normativos/58-resolucoes-da-camex/2161-resolucao-n-100-de-17-de-dezembro-de-2018>. Acesso em: 19 maio 2022.

> No que se refere à violação de compromisso de preços, a problemática principal decorreu do fato de que trading companies e não as próprias produtoras das louças distribuídas no Brasil terem celebrado os acordos com as autoridades investigadoras. Conforme disposto no acordo, trading companies só poderiam participar do compromisso na figura de exportadores exclusivos. Em certos casos, referida troca levou à ocorrência de infrações relacionadas à prestação de informações falsas à autoridade aduaneira brasileira.

Fonte: Resolução CAMEX n. 76, de 17 de outubro de 2018[88].

3.6.4. *Vedação ao duplo remédio* (double remedy)

A vedação ao duplo remédio (conforme denominado no caso DS379 – United States – Definitive Anti-Dumping and Countervailing Duties on Certain Products from China[89]) é tão importante na normativa de defesa comercial multilateral que é prevista no § 5º do art. VI do GATT/47, no § 2º do art. 1º do Decreto n. 8.058/2013 e no § 2º do art. 2º do Decreto n. 10.839/2021: "nenhum produto importado poderá estar sujeito, simultaneamente, à medida antidumping e à medida compensatória para neutralizar a mesma situação de dumping ou de subsídios à exportação". Assim, na aplicação de direitos compensatórios deve ser considerada a existência de direitos antidumping, para que o remédio da defesa comercial não seja aplicado duas vezes à mesma situação.

Considera-se um exemplo em que o preço de exportação seja igual a $10, e o valor normal seja igual a $20, teremos um direito antidumping equivalente a $10. Neste mesmo exemplo, a existência de um subsídio à produção (também conhecido como subsídio doméstico) não será capturada no direito antidumping, pois considera-se que subsídios domésticos diminuem igualmente tanto o preço de exportação, quanto o valor normal, por afetar a empresa como um todo. Assim, para os subsídios à produção, a vedação ao duplo remédio não se aplica, conforme previsto expressamente no § 1º do art. 119 da Portaria n. 172/2022.

---

[88] BRASIL. Resolução CAMEX n. 76, de 17 de outubro de 2018. Disponível em: <http://www.camex.gov.br/resolucoes-camex-e-outros-normativos/58-resolucoes-da-camex/2120-resolucao-n-76-de-17-de-outubro-de-2018>. Acesso em: 18 maio 2022.

[89] OMC. DS379 – United States — Definitive Anti-Dumping and Countervailing Duties on Certain Products from China. Disponível em: <https://www.wto.org/english/tratop_e/dispu_e/cases_e/ds379_e.htm>. Acesso em: 25 maio 2022.

Imagem – Vedação ao duplo remédio e não aplicabilidade aos subsídios à produção

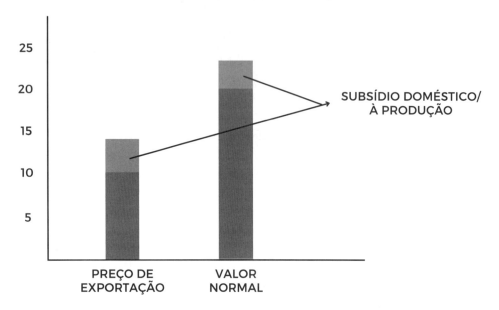

Fonte: elaboração própria.

Por outro lado, subsídios à exportação apenas reduzem o preço de exportação, e, por tal motivo, são capturados no direito antidumping. Assim, se, por exemplo, tivermos o subsídio à exportação igual a $4, os $10 de antidumping calculados já o incluem, conforme demonstrado no gráfico a seguir. Assim, caso seja aplicado um direito antidumping de $10, e um direito compensatório de $4, teremos aplicado $4 em excesso. Por tal motivo, deve-se, na hora de aplicação, ou reduzir o direito antidumping para $6 e aplicar $4 de direitos compensatórios, ou reduzir o direito compensatório para $0 e aplicar $10 de direitos antidumping. Assim, para os subsídios à exportação, a vedação ao duplo remédio se aplica, conforme previsto expressamente no § 2º do art. 119 da Portaria SECEX n. 172/2022, de modo que será apurada a diferença entre o montante de subsídios à exportação e o direito antidumping. Desse resultado, o DECOM poderá recomendar a aplicação do montante integral, conforme § 3º do mencionado artigo:

> I – do direito cuja vigência prevista se encerrará em momento posterior, no caso de se aplicar um direito antidumping ou direito compensatório referente ao subsídio à exportação quando já houver outra medida aplicada, redefinindo-se o valor do direito da outra medida de defesa comercial aplicada conco-

mitantemente sobre o mesmo produto e origem e cujo vencimento dar-se-á primeiramente como equivalente à diferença entre os dois montantes, aplicando-se o resíduo caso o resultado seja positivo ou zerando-se o montante desse direito caso o resultado não seja positivo; ou

II – do direito mais elevado entre as duas opções, seja o direito antidumping ou direito compensatório referente ao subsídio à exportação, redefinindo-se como equivalente a zero o valor do direito da outra medida de defesa comercial aplicada concomitantemente sobre o mesmo produto e origem.

Imagem – Vedação ao duplo remédio e aplicabilidade aos subsídios à exportação

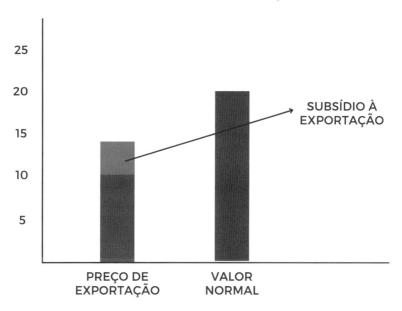

Fonte: elaboração própria.

 INVESTIGAÇÃO DE SUBSÍDIOS – FILMES PET – INVESTIGAÇÃO ORIGINAL – ÍNDIA
RESOLUÇÃO CAMEX N. 43, DE 3 DE JULHO DE 2008

Trata-se de investigação encerrada com a fixação de medida compensatória definitiva sobre as importações de filmes de PET, quando originárias da Índia.

No que se refere à determinação do montante da medida compensatória, considerando a vedação ao duplo remédio, destaca-se o seguinte, disposto na Resolução CAMEX:

> *"Tendo em conta que a subcotação é superior aos montantes de subsídios apurados, recomendar-se-ia a aplicação de medida compensatória sobre as exportações dessas empresas para o Brasil considerando-se o montante apurado de subsídios. Não obstante, face ao disposto no § 2º do art. 1º do Decreto n. 1.602, de 1995, e no § 2º do art. 1º do Decreto n. 1.751, de 1995, e tendo em conta a existência simultânea de investigação antidumping sobre as exportações do mesmo produto provenientes da Índia, a aplicação da medida compensatória deve atentar para o disposto no parágrafo 5 do Artigo VI do GATT/47, que dispõe que 'Nenhum produto do território de uma Parte Contratante importado no de outra Parte Contratante, estará sujeito ao mesmo tempo, a direitos 'anti-dumping' e a direitos de compensação, a fim de contrabalançar a mesma situação decorrente de 'dumping' ou de subsídios à exportação'.*
>
> *Assim, para fins de determinação do montante da medida compensatória, observou-se duas metodologias distintas.*
>
> *Para aquelas empresas cujo direito antidumping é superior à medida compensatória proposta em razão da existência de subsídios à exportação, o montante da medida compensatória em razão da existência de subsídios à exportação foi igual a zero. Naqueles casos em que foi observada a existência de outros subsídios acionáveis, o montante total destes outros subsídios acionáveis foi aplicado.*
>
> *Já nos casos em que a medida compensatória proposta em razão da existência de subsídios à exportação é superior ao direito antidumping, este último foi subtraído daquela. Quando cabível, ao montante de medidas compensatórias decorrentes da existência de subsídios à exportação foi adicionado o montante da medida compensatória decorrente da existência de outros subsídios acionáveis".*

Fonte: Resolução CAMEX n. 43, de 3 de julho de 2008[90].

 INVESTIGAÇÃO DE SUBSÍDIOS – FILMES PET – 1ª REVISÃO – ÍNDIA
RESOLUÇÃO GECEX N. 236, DE 27 DE AGOSTO DE 2021

Trata-se de investigação que resultou na prorrogação de direito compensatório definitivo (após a segunda aplicação), por um prazo de até 5 (cinco) anos, aplicado às importações brasileiras de filmes PET, originárias da Índia.

No que se refere à determinação do montante da medida compensatória com base na vedação ao duplo remédio, recomendou-se que os direitos antidumping aplicados sobre as importações de filme PET originários da Índia fossem ajustados, com base no seguinte:

> *"613. Conforme apontado, recomenda-se a aplicação da medida compensatória correspondente ao montante de subsídios total (b = a), o qual é o somatório dos montantes de subsídios à exportação (a.1) e à produção (a.2).*
>
> *614. Para as empresas cujo direito antidumping aplicado pela Resolução GECEX n. 203/2021 (c) foi maior que o montante de subsídios à exportação (a.1), o direito antidumping ajustado (d) deverá corresponder a (c – a.1), referente ao ajuste a título de double remedy.*

---

[90] BRASIL. Resolução CAMEX n. 43, de 3 de julho de 2008. Disponível em: <http://www.camex.gov.br/resolucoes-camex-e-outros-normativos/62-resolucoes-da-camex/em-vigor/710-resolucao-n-43-de-03-de-julho-de-2008>. Acesso em: 6 jun. 2022.

> 615. Já para as empresas cujo direito antidumping aplicado pela Resolução GECEX n. 203/2021 (c) foi zero ou foi menor que o montante de subsídios à exportação (a.1), o direito antidumping ajustado (d) deverá corresponder a zero".

Fonte: Resolução CAMEX n. 236, de 27 de agosto de 2021[91].

Há, ainda nesse contexto, a problemática que surge quando da aplicação concomitante de direitos antidumping e de direitos compensatórios em países de economia não mercado. Nos termos do art. 120 da Portaria SECEX n. 172/2022, na hipótese de investigação de subsídios acionáveis sobre o mesmo produto e origem de uma investigação de dumping concomitante em que seja utilizada metodologia alternativa para apuração do valor normal que não os preços e custos do país exportador, quando não prevalecerem condições de economia de mercado no segmento produtivo investigado nos termos da legislação em vigor, o DECOM deverá avaliar se os subsídios à produção são repassados ao preço de exportação (*pass through*), de modo a evitar que seja aplicado um duplo remédio para compensar o efeito do mesmo subsídio à produção, via direito compensatório e via valor normal apurado por metodologia alternativa (e.g., quando se adota um país substituto).

Note-se que a Portaria SECEX n. 172/2022 replica a metodologia adotada pelos Estados Unidos para economias não de mercado (*Non-market economy – NME methodology*), contestada pela China perante a OMC em ao menos duas ocasiões no que se refere à vedação ao duplo remédio (conforme denominado no caso DS379 – United States – Definitive Anti-Dumping and Countervailing Duties on Certain Products from China[92]).

> **DS379: UNITED STATES — DEFINITIVE ANTI-DUMPING AND COUNTERVAILING DUTIES ON CERTAIN PRODUCTS FROM CHINA**
> *RESOLUÇÃO GECEX N. 236, DE 27 DE AGOSTO DE 2021*
>
> "(d) com relação aos 'remédios duplos':
> (i) conclui que a imposição de remédios duplos, ou seja, a compensação da mesma subsidiação duas vezes pela imposição simultânea de obrigações antidumping calculados com base em uma metodologia NME e obrigações compensatórias, é inconsistente com o Artigo 19.3 do Acordo SCM; e, portanto,

---

[91] BRASIL. Resolução CAMEX n. 236, de 27 de agosto de 2021. Disponível em: <https://www.in.gov.br/en/web/dou/-/resolucao-gecex-n-236-de-27-de-agosto-de-2021-341366014>. Acesso em: 6 jun. 2022.

[92] OMC. DS379: United States – Definitive Anti-Dumping and Countervailing Duties on Certain Products from China. Disponível em: <https://www.wto.org/english/tratop_e/dispu_e/cases_e/ds379_e.htm>. Acesso em: 25 maio 2022.

> *(ii) reverte as conclusões do Painel nos parágrafos 14.129 e 14.130 do Relatório do Painel de que o Artigo 19.3 do Acordo SCM não aborda a questão de remédios duplos e que a China não estabeleceu que a compensação do mesmo subsídio duas vezes através da imposição simultânea de obrigações anti-dumping calculadas com base na metodologia NME e direitos compensatórios é inconsistente com o Artigo 19.3 do Acordo SCM602; e
>
> *(iii) conclui que, nos quatro conjuntos de investigações antidumping e obrigações compensatórias em questão, em virtude da imposição pelo USDOC de obrigações antidumping calculadas com base na metodologia NME, concomitantemente com a imposição de obrigações compensatórias sobre os mesmos produtos, sem ter avaliado se surgiram remédios duplos de tais direitos concomitantes, os Estados Unidos agiram de forma inconsistente com suas obrigações nos termos do Artigo 19.3 e, consequentemente, nos termos dos Artigos 10 e 32.1 do Acordo SCM." [tradução livre]

Fonte: WT/DS379[93-94].

DS449: UNITED STATES – COUNTERVAILING AND ANTI-DUMPING MEASURES ON CERTAIN PRODUCTS FROM CHINA
RESOLUÇÃO GECEX N. 236, DE 27 DE AGOSTO DE 2021

O caso foi estabelecido para esclarecer controvérsia apresentada pela China em relação às medidas tomadas pelos Estados Unidos com relação à aplicação de direitos compensatórios às importações de países de economia não de mercado (NME), e a alegada falha dos Estados Unidos em investigar e evitar remédios duplos em determinadas investigações envolvendo a aplicação de medidas compensatórias e direitos antidumping.

---

[93] *"(d) with respect to 'double remedies':*
(i) finds that the imposition of double remedies, that is, the offsetting of the same subsidization twice by the concurrent imposition of anti-dumping duties calculated on the basis of an NME methodology and countervailing duties, is inconsistent with Article 19.3 of the SCM Agreement; and, therefore
(ii) reverses the Panel's findings in paragraphs 14.129 and 14.130 of the Panel Report that Article 19.3 of the SCM Agreement does not address the issue of double remedies and that China did not establish that offsetting of the same subsidization twice through the concurrent imposition of anti-dumping duties calculated on the basis of an NME methodology and countervailing duties is inconsistent with Article 19.3 of the SCM Agreement 602; and
(iii) finds that, in the four sets of anti-dumping and countervailing duty investigations at issue, by virtue of the USDOC's imposition of anti-dumping duties calculated on the basis of an NME methodology, concurrently with the imposition of countervailing duties on the same products, without having assessed whether double remedies arose from such concurrent duties, the United States acted inconsistently with its obligations under Article 19.3, and, consequently, under Articles 10 and 32.1 of the SCM Agreement."

[94] OMC. United States – Definitive Anti-Dumping and Countervailing Duties on Certain Products from China. WT/DS379. Disponível em: <https://www.wto.org/english/tratop_e/dispu_e/cases_e/ds379_e.htm#>. Acesso em: 13 jun. 2022.

3 • *Investigações antissubsídios – teoria e prática*

Entre demais conclusões apresentadas, o painel considerou que o USDOC (United States Department of Commerce) impôs direitos antidumping calculados com base na metodologia NME e medidas compensatórias impostas concomitantemente aos mesmos produtos, sem ter investigado, com base em evidência positiva, se surgiram remédios duplos. Como consequência dessa constatação, o Painel considerou que nesses processos, os Estados Unidos agiram em desacordo com Artigos 19.3, 10 e 32.1 do Acordo sobre Subsídios e Medidas Compensatórias.

A decisão foi recorrida ao Órgão de apelação da OMC. Entre outras considerações a respeito da metodologia NME feita ao longo do documento, destaca-se o trecho abaixo:

> *"4.27. Observamos que o Painel, em sua Instrução Preliminar, descobriu que a descrição narrativa do problema levantado no pedido do Painel dizia respeito a 'uma questão muito específica: os Estados Unidos' alegaram 'falha em investigar e evitar remédios duplos em certas investigações e análises'. O Painel também observou que o pedido do painel definiu 'remédios duplos' como 'os remédios duplos que provavelmente resultarão quando o USDOC aplicar direitos compensatórios em conjunto com obrigações antidumping determinadas de acordo com a metodologia [NME] dos EUA'.*
>
> *4.28. Assim como o Painel, atribuímos importância ao fato de que a China acaba por desafiar apenas uma medida na Parte D de seu pedido no painel, a saber, o fracasso das autoridades americanas em investigar e evitar remédios duplos nas investigações e análises identificadas. A referência explícita na solicitação do painel a ' remédios duplos' é complementada por uma elaboração do que este conceito significa no contexto da presente disputa, declarando que são 'os remédios duplos que provavelmente resultarão quando o USDOC aplicar obrigações compensatórias em conjunto com obrigações antidumping determinadas de acordo com a metodologia [NME] dos EUA' em relação às investigações ou análises iniciadas entre 20 de novembro de 2006 e 13 de março de 2012. A narrativa de solicitação do painel explica suficientemente que, nas investigações e análises mencionadas nos Apêndices A e B, com exceção daquelas que resultaram em uma determinação negativa ou já foram julgadas no DS379, as autoridades dos EUA não investigaram e evitaram os remédios duplos que possam ter resultado disso. Consequentemente, o pedido do painel alega que esta falha dos Estados Unidos é uma violação do Artigo 19 do Acordo SCM. É verdade que o termo 'remédios duplos' faz parte da identificação da medida (o fracasso das autoridades americanas em investigar e evitar remédios duplos). No entanto, a palavra 'duplo' neste termo também dá uma indicação de que o problema com 'remédios duplos' é que eles resultam na cobrança de obrigações compensatórias que excedem os 'montantes apropriados em cada caso' no sentido do Artigo 19.3 do Acordo SCM. Portanto, é nossa opinião que a referência da narrativa a 'remédios duplos' ajuda a apresentar o problema claramente, fornecendo uma conexão entre a medida em questão (o fracasso das autoridades americanas em investigar e evitar duplos remédios) e as reivindicações legais (Artigos 10, 19 e 32 do Acordo SCM). Desta forma, o termo 'remédios duplos' 'claramente se conecta' e ajuda a demonstrar como a medida em questão é inconsistente com a disposição legal relevante do Artigo 19, ou seja, o Artigo 19.3". [tradução livre]*

Fonte: WT/DS449[95-96].

---

[95] *4.27. We note that the Panel, in its Preliminary Ruling, found that the narrative description of the problem raised in the panel request concerned "a very specific issue: the United States' alleged 'failure to investigate and avoid double remedies in certain investigations and reviews'".*

Curso de Defesa Comercial e Interesse Público no Brasil: teoria e prática

3.7. Das diferenças entre investigações antissubsídios originais e das revisões de final de período

As investigações antissubsídios originais possuem trâmites processuais e materiais que podem diferir daqueles das revisões de final de período (3.7.1). Assim, serão apresentadas algumas das análises que são realizadas especificamente nestas revisões de final de período (3.7.2).

3.7.1. Aspectos distintivos entre as investigações antissubsídios originais e as revisões de final de período

As medidas compensatórias resultantes de uma investigação antissubsídios original são aplicadas quando a importação de produtos objeto de concessão direta ou indireta de subsídios causar dano à indústria doméstica, nos termos do art. 2º do Decreto n. 10.839/2021.

The Panel also observed that the panel request defined "double remedies" as "the double remedies that are likely to result when the USDOC applies countervailing duties in conjunction with anti-dumping duties determined in accordance with the US [NME] methodology".
4.28. Like the Panel, we attach significance to the fact that China ultimately challenges only one measure in Part D of its panel request, namely, the failure of the US authorities to investigate and avoid double remedies in the identified investigations and reviews. The explicit reference in the panel request to "double remedies" is supplemented by an elaboration of what this concept means in the context of the present dispute by stating that it is "the double remedies that are likely to result when the USDOC applies countervailing duties in conjunction with anti-dumping duties determined in accordance with the US [NME] methodology" in respect of the investigations or reviews initiated between 20 November 2006 and 13 March 2012. The panel request narrative sufficiently explains that, in the investigations and reviews mentioned in Appendices A and B, with the exception of those that resulted in a negative determination or were already adjudicated in DS379, the US authorities failed to investigate and avoid double remedies that may have resulted therefrom. Consequently, the panel request alleges that this failure of the United States amounts to a violation of Article 19 of the SCM Agreement. It is true that the term "double remedies" forms part of the identification of the measure (the failure of the US authorities to investigate and avoid double remedies). Yet, the word "double" in this term also gives an indication that the problem with "double remedies" is that they result in the levying of countervailing duties exceeding the "appropriate amounts in each case" in the sense of Article 19.3 of the SCM Agreement. Therefore, it is our view that the narrative's reference to "double remedies" assists in presenting the problem clearly, by providing a connection between the measure at issue (the failure of the US authorities to investigate and avoid double remedies) and the legal claims (Articles 10, 19, and 32 of the SCM Agreement). In this way, the term "double remedies" "plainly connects" and aids in demonstrating how the measure at issue is inconsistent with the relevant legal provision in Article 19, i.e. Article 19.3".

[96] OMC. United States – Countervailing and Anti-dumping Measures on Certain Products from China. WT/DS449. Disponível em: <https://www.wto.org/english/tratop_e/dispu_e/cases_e/ds449_e.htm>. Acesso em: 13 jun. 2022.

Já em uma revisão de final de período, conforme disposto no art. 104 do Decreto n. 10.839/2021, é averiguado se a extinção do direito levaria muito provavelmente à continuação ou à retomada do subsídio acionável e do dano dele decorrente. Ou seja, contata-se ou a efetiva continuação da concessão do subsídio acionável ou a probabilidade da retomada desse subsídio acionável, assim como se investiga ou a permanência do dano ou a probabilidade de retomada desse dano em caso de retomada da concessão do subsídio acionável.

Imagem – Investigações antissubsídios originais *vs.* revisões de final de período

Fonte: elaboração própria.

O produto objeto de revisão de final de período normalmente será igual ao produto objeto de uma investigação antissubsídios original. Contudo, é possível que, em determinados casos, o escopo do produto objeto da revisão seja reduzido, o que pode ocorrer por vários motivos. Uma possibilidade seria a de a própria indústria doméstica considerar que não há necessidade de manter o mesmo escopo da investigação original. Outra seria a de a autoridade investigadora concluir, inclusive *ex officio*, com base nos elementos de prova presentes nos autos, que a redução de escopo se justifica. Sob nenhuma hipótese o escopo do produ-

Curso de Defesa Comercial e Interesse Público no Brasil: teoria e prática

to objeto da revisão será aumentado, uma vez que isso equivaleria a estender a aplicação de uma medida compensatória para produtos que não foram analisados anteriormente. Nesses casos, uma nova petição de início de investigação antissubsídios contendo esses produtos deve ser elaborada. Para maiores detalhes sobre o escopo do produto, remete-se à Seção 3.2.1 sobre produto objeto e produto similar, além da Seção 3.8.5, sobre avaliação de escopo.

3.7.2. Análises realizadas em revisões de final de período

Em uma revisão de final de período, conforme disposto no art. 104 do Decreto n. 10.839/2021, é averiguado se a extinção do direito levaria muito provavelmente à continuação ou à retomada do subsídio acionável e do dano dele decorrente. Ou seja, contata-se ou a efetiva continuação da concessão do subsídio acionável ou a probabilidade da retomada desse subsídio acionável (3.7.2.1), assim como se investiga ou a permanência do dano ou a probabilidade de retomada desse dano em caso de retomada da concessão do subsídio acionável (3.7.2.2). Essas análises podem resultar em diferentes resultados em termos de medidas compensatórias ao final da revisão de final de período (3.7.2.3).

3.7.2.1. Probabilidade de continuação ou retomada de subsídios acionáveis

Em uma revisão de final de período, apenas é necessário, consoante o art. 104 do Decreto n. 10.839/2021, avaliar a probabilidade de continuação ou retomada da concessão do subsídio acionável caso a medida seja extinta. Neste contexto, existem duas hipóteses a serem analisadas: continuação da concessão do subsídio acionável ou probabilidade de retomada da concessão do subsídio acionável.

A hipótese de análise de continuação da concessão do subsídio acionável ocorre quando tiver havido exportações do país ao qual se aplica a medida compensatória para o Brasil no período sob revisão em quantidades representativas. Ou seja, mesmo após a aplicação da medida compensatória continuou havendo fluxo comercial relevante daquele produto entre os países. Nesses casos, diferentemente da prática brasileira nas investigações antidumping, que é apurar a margem de dumping, mesmo tal apuração não ser uma obrigação decorrente do Acordo Antidumping, no caso de investigações de subsídios há tão somente uma resposta binária, de sim ou não quanto à probabilidade, sem o recálculo do montante do subsídio acionável. Em síntese: realiza-se a análise de continuação da concessão de subsídios acionáveis em casos em que houve exportações da origem investigada durante a vigência da medida. É verificado, então, se as exportações foram subsidiadas durante o período da revisão.

Imagem – Continuação da concessão de subsídios acionáveis em revisões de final de período

REVISÕES DE FINAL DE PERÍODO ANTISSUBSÍDIOS
ART. 104 DECRETO N. 10.839/2021

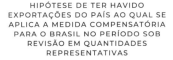

Fonte: elaboração própria.

Por sua vez, a hipótese de análise de retomada da concessão do subsídio acionável ocorre nos casos de não ter havido exportações do país ao qual se aplica a medida compensatória ou de ter havido apenas exportações em quantidades não representativas durante o período de revisão. Ou seja, após a aplicação da medida compensatória, o fluxo comercial daquele produto entre os países ou cessou ou foi reduzido a níveis insignificantes. Nesses casos, há quem sugira que a medida tenha sido aplicada de maneira excessiva, já que defesa comercial não deveria servir como meio de impedir o comércio internacional. Por outro lado, há quem argumente que esse fato acontece porque as exportações daquele país só eram competitivas quando favorecidas por subsídios, de modo que a medida compensatória poderia sim ter sido na medida adequada para neutralizar a prática desleal de comércio.

Em casos de retomada da concessão de subsídios acionáveis, é avaliado se, caso a medida fosse extinta, haveria a probabilidade de as exportações voltarem e de serem subsidiadas.

Em ambas as hipóteses, a determinação de que a extinção do direito levaria muito provavelmente à continuação ou à retomada da concessão do subsídio acionável deverá basear-se no exame objetivo de todos os fatores relevantes (art. 104 do Decreto n. 10.839/2021), incluindo aqueles elencados no art. 100: "I – a existência de subsídio acionável durante a vigência da medida compensatória; II – a aplicação ou a extinção de medidas compensatórias sobre o produto similar por outros países durante o período de revisão; e III – os planos governamentais, as políticas públicas e os demais documentos ou instrumentos relevantes sobre concessão de subsídios".

Imagem – Retomada da concessão de subsídios acionáveis em revisões de final de período

REVISÕES DE FINAL DE PERÍODO ANTISSUBSÍDIOS
ART. 104 DECRETO N. 10.839/2021

Fonte: elaboração própria.

Imagem – Critérios considerados nas análises de probabilidade de continuação ou retomada da concessão de subsídios acionáveis em Revisões de Final de Período

REVISÕES DE FINAL DE PERÍODO ANTISSUBSÍDIOS
ART. 104 DECRETO N. 10.839/2021

Fonte: elaboração própria.

3.7.2.2. Probabilidade de continuação ou retomada de dano

Nas revisões de final de período, conforme disposto no art. 105 do Decreto n. 10.839/2021, o DECOM deve avaliar se a extinção do direito levaria muito provavelmente à continuação ou à retomada da concessão do subsídio acionável e do dano dele decorrente. Assim, em revisões de final de período, não é necessária a constatação de dano material à indústria doméstica (*vide* Seção 3.4), mas sim determinação positiva quanto à probabilidade de continuação ou retomada do dano, no caso de extinção do direito. Neste contexto, existem também duas hipóteses a serem analisadas: probabilidade de continuação de dano ou retomada do dano.

A hipótese de análise de continuação do dano ocorre quando, durante a vigência da medida compensatória, ainda há dano à indústria doméstica causado pelas importações. Para que haja, portanto, uma análise de continuação de dano, é condição *sine qua non* que haja fluxo relevante de importações, ou seja, que seja um caso de análise de continuação subsídios acionáveis. Caso contrário, não seria possível argumentar no sentido de que importações inexistentes seriam a causa do dano incorrido pela indústria doméstica. Assim, o DECOM avalia, então, a probabilidade de que esse dano continue caso o direito seja extinto.

Imagem – Continuação de dano em revisões de final de período antissubsídios

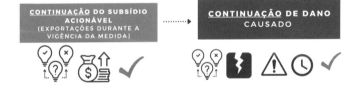

Fonte: elaboração própria.

Cenários em que haja continuação do dano da indústria doméstica mesmo com a vigência da medida compensatória trazem pelo menos duas discussões. A primeira no sentido de que o direito não está sendo suficiente para neutralizar o dano à indústria doméstica, de modo que seria possível a majoração desse montante (*vide* Seção 3.7.2.3.1). A segunda discussão é aquela no sentido de que o dano incorrido pela indústria doméstica não necessariamente é causado pelas importações daquela origem com relação à qual há medida compensatória, mas sim por outros fatores de dano, sendo necessária uma pormenorizada análise sobre fatores de não atribuição de dano (Seção 3.5.2).

Por sua vez, a hipótese de análise de retomada do dano ocorre quando a análise indica que o dano foi neutralizado ou que eventual dano incorrido no período de revisão não foi causado pelas importações sujeitas ao direito durante a vigência da medida. A retomada do dano pode acontecer tanto em casos em que o volume de importações cessou ou se tornou insignificante (análise de retomada da concessão de subsídios acionáveis) como nos casos em que o volume de importações continuou acontecendo (análise de continuação da concessão de subsídios acionáveis), mas sem que tenha levado a uma deterioração dos indicadores da indústria doméstica. Nesse caso, o DECOM avalia a probabilidade de a indústria doméstica voltar a sofrer dano causado pelas importações a preços subsidiados caso o direito seja extinto. Dessa forma, é possível que o direito seja prorrogado mesmo que o dano à indústria doméstica tenha cessado.

Imagem – Retomada de dano em revisões de final de período antissubsídios

Fonte: elaboração própria.

Em ambos os casos, a determinação de que a extinção do direito levará muito provavelmente à continuação ou à retomada do dano deverá basear-se no exame objetivo de todos os fatores relevantes, incluindo os elencados no art. 101 do Decreto n. 10.839/2021, quais sejam:

> I – a situação da indústria doméstica durante a vigência do direito definitivo;
> II – o volume das importações do produto objeto do direito durante a sua vigência e a provável tendência de comportamento dessas importações, em termos absolutos e relativos à produção ou ao consumo do produto similar no mercado interno brasileiro;

3 • Investigações antissubsídios – teoria e prática

III – o preço provável das importações do produto objeto do direito e o seu provável efeito sobre os preços do produto similar no mercado interno brasileiro;

IV – o impacto provável das importações do produto objeto do direito sobre a indústria doméstica, avaliado com base nos fatores e nos índices econômicos pertinentes definidos nos § 2º e § 3º do art. 24;

V – as alterações nas condições de mercado no país exportador, na República Federativa do Brasil ou em terceiros mercados, incluídas as alterações na oferta e na demanda do produto similar, em razão, por exemplo, da imposição de medidas de defesa comercial por outros países; e

VI – o efeito provável de outros fatores além das importações do produto objeto do direito sobre a indústria doméstica, tais como:

a) volume e preço de importações não sujeitas ao direito compensatório;

b) impacto de eventuais processos de liberalização das importações sobre os preços domésticos;

c) contração na demanda ou mudança nos padrões de consumo;

d) práticas restritivas ao comércio de produtores domésticos e estrangeiros e a concorrência entre eles;

e) progresso tecnológico;

f) desempenho exportador;

g) produtividade da indústria doméstica;

h) consumo cativo; e

i) importação ou revenda do produto importado pela indústria doméstica.

Verifica-se, portanto, a existência de critérios relacionados à análise de como a indústria doméstica e as importações sujeitas à medida compensatória se comportaram durante a vigência dessa medida, bem como de elementos referentes ao comportamento provável dessa indústria e dessas importações após a revisão.

3.7.2.3. Prorrogação da medida compensatória em revisões de final de período

Uma vez concluída de modo positivo a análise de probabilidade de continuação ou retomada da concessão de subsídios acionáveis e de continuação ou retomada de dano, seguida da análise de nexo de causalidade entre ambas, é possível prosseguir para uma determinação pela prorrogação da medida compensatória, de modo a encerrar a revisão de final de período. Nesse momento, é necessário definir o montante da medida compensatória prorrogada (3.7.2.3.1), além de também ser possível a prorrogação com a imediata suspensão em caso de dúvidas quanto à evolução futura das importações (3.7.2.3.2).

441

3.7.2.3.1. Igual montante ou majoração dos direitos compensatórios

Diferentemente do caso de revisões de final de período antidumping, em que há a possibilidade de, ao final de uma revisão, prorrogar em igual montante, reduzir ou majorar os direitos, em uma revisão de final de período antissubsídios há tão somente dois resultados em caso de prorrogação: igual valor ou extinção. Portanto, a regulamentação brasileira dessa vez não foi além da normativa multilateral.

Assim, interessante pontuar o que consta no art. 255, § 5º, da Portaria SECEX n. 172/2022, de que no caso de subsídios, diferentemente do caso de antidumping, somente por meio de revisões por alteração das circunstâncias é que o direito compensatório aplicado poderá ser alterado, nos termos do inciso II do art. 95 do Decreto n. 10.839/2021. Assim, ao passo que nas revisões de final de período antidumping é possível conduzir a revisão e a alteração do montante do direito no curso da própria revisão de final de período, nos termos do art. 104 do Decreto n. 8.058/2013, no caso de antissubsídios a revisão de final de período tem caráter estritamente binário: prorrogar/manter ou não prorrogar/extinguir a medida compensatória. Caso haja interesse em modificar o direito, deverá ser realizada uma revisão de final de período de modo simultâneo (no âmbito do mesmo processo) ou combinado (dois processos paralelos) com uma revisão de alteração de circunstâncias, nos termos do art. 255, § 2º, da Portaria SECEX n. 172/2022.

 INVESTIGAÇÃO DE SUBSÍDIOS – FILMES PET – 1ª REVISÃO – ÍNDIA
RESOLUÇÃO GECEX N. 236, DE 27 DE AGOSTO DE 2021

Trata-se de investigação que resultou na prorrogação de direito compensatório definitivo (após a segunda aplicação), por um prazo de até 5 (cinco) anos, aplicado às importações brasileiras de filmes PET, originárias da Índia.

No que se refere à determinação do montante da medida compensatória:

"635. No que concerne aos comentários da Terphane, a SDCOM reitera o apresentado no item 9.1, acima, e assenta que entende que as circunstâncias do caso não justificam a alteração do direito compensatório em vigor a teor do art. 68 do Decreto n. 1.751, de 1995, considerando que não estão presentes no caso concreto evidências de que haja alterações de circunstâncias de natureza significativa e duradoura.

636. Ademais, como bem assentou o Painel no caso US – Carbon Steel, não é pelo fato de ter havido cálculo que necessariamente a autoridade tem obrigação de seguir os montantes ali calculados, sendo que a avaliação da autoridade centra-se no fato de haver a continuidade ou não da subsidização: In our view, one of the components of the likelihood analysis in a sunset review under Article 21.3 is an assessment of the likely rate of subsidization. We do not consider, however, that an investigating authority must, in a sunset review, use the same calculation of the rate of subsidization as in an original investigation. What the investigating authority must do under Article 21.3 is to assess whether subsidization is likely to continue or recur should the CVD be revoked. This is, obviously, an inherently prospective analysis. Nonetheless, it must itself have an adequate basis in

3 • Investigações antissubsídios – teoria e prática

> *fact. The facts necessary to assess the likelihood of subsidization in the event of revocation may well be different from those which must be taken into account in an original investigation. Thus, in assessing the likelihood of subsidization in the event of revocation of the CVD, an investigating authority in a sunset review may well consider, inter alia, the original level of subsidization, any changes in the original subsidy programmes, any new subsidy programmes introduced after the imposition of the original CVD, any changes in government policy, and any changes in relevant socio-economic and political circumstances.*
>
> *637. Em outras palavras, tanto pela legislação multilateral, quanto pela legislação pátria, a autoridade não tem a obrigação de alterar os montantes originalmente aplicados. O exemplo hipotético trazido pela Terphane não pode ser considerado, pois omite inúmeros outros elementos a serem considerados na análise da autoridade, que vão muito além do mero montante do subsídio. Reitere-se, somente com a análise do caso concreto pode a autoridade entender existir ou não alteração de circunstância de natureza significativa e duradoura, mesmo em um cenário de alteração dos montantes dos subsídios. Ademais, após os ajustes necessários ao MEIS, verificou-se, para fins de determinação final, que os montantes de subsídios estão em patamares semelhantes para a única empresa que respondeu o questionário nesta revisão de final de período: nesta revisão, foram apurados US$ 104,26/t de montante de subsídios acionáveis no filme de PET exportado para o Brasil, enquanto na investigação original (encerrada em 2016) foram apurados US$ 96,79/t e, na primeira investigação (encerrada em 2008), foram apurados US$ 104,12/t em subsídios acionáveis nas exportações da Ester para o Brasil. Também por tais motivos, descabidos os comentários da empresa com relação ao direito compensatório da Ester.*
>
> *638. Assim, por entender não haver arrimo na argumentação da Terphane, esta SDCOM rejeita o argumento pela alteração dos montantes a serem recomendados".*

Fonte: Resolução CAMEX n. 236, de 27 de agosto de 2021[97].

3.7.2.3.2. Dúvidas sobre o comportamento futuro das importações (art. 106)

Quando dessa decisão pela prorrogação ou não da medida compensatória, há um cenário possível de que, mesmo com a prorrogação da medida, ela seja imediatamente suspensa. Ou seja, apesar de terem sido preenchidos os requisitos de probabilidade de continuação ou retomada da concessão de subsídios acionáveis, bem como de probabilidade de continuação ou retomada do dano, e do nexo causal entre ambos, existem ainda assim "dúvidas quanto à provável evolução futura das importações", nos termos do art. 106 do Decreto n. 10.839/2021.

Pela leitura do parágrafo único do art. 106 do Decreto n. 10.839/2021, nota-se que a redação espelha aquela do art. 109 do Decreto n. 8.05/2013, de modo

---

[97] BRASIL. Resolução CAMEX n. 236, de 27 de agosto de 2021. Disponível em: <https://www.in.gov.br/en/web/dou/-/resolucao-gecex-n-236-de-27-de-agosto-de-2021-341366014>. Acesso em: 6 jun. 2022.

que novamente se trata de hipótese aplicável apenas aos casos de retomada de dano, e não aos casos de continuação de dano. Independe, portanto, se se trata de um caso de probabilidade de continuação ou retomada da concessão de subsídios acionáveis, conforme a imagem a seguir.

Imagem – Hipóteses de cabimento do art. 106 do Decreto n. 10.839/2021

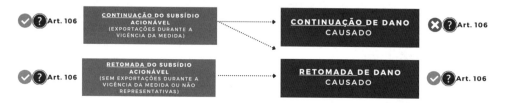

Fonte: elaboração própria.

Ainda não há precedentes de casos antissubsídios sobre os cenários que causariam essa "dúvida sobre a evolução futura das importações do produto objeto do direito compensatório". Assim, possivelmente a experiência das investigações antidumping e as normas previstas no Capítulo VI da Portaria SECEX n. 171/2022, nos arts. 253 e 272, poderão servir de base para a respectiva utilização desse dispositivo, *mutatis mutandis*. Para maiores detalhes sobre precedentes em investigações antidumping, remete-se à Seção 2.7.2.3.2 deste livro.

3.8. Outros tipos de revisões em investigações antissubsídios

Para além das tradicionais e mais comuns investigações originais e revisões de final de período, a legislação antissubsídios apresenta outros tipos de investigação, como a (3.8.1) revisão por alteração de circunstâncias, a (3.8.2) revisão acelerada, a (3.8.3) revisão anticircunvenção, a (3.8.4) revisão de restituição, a (3.8.5) avaliação de escopo e a (3.8.6) redeterminação, como se passa a apresentar. Menciona-se desde já que algumas dessas revisões consistem em regras "OMC *Plus*", na medida em que não há regulamentação multilateral sobre o tema (como é o caso da revisão anticircunvenção, a avaliação de escopo e a redeterminação), ao passo que outras detalham o que já está previsto no Acordo (revisão por alteração de circunstâncias, revisão de novo exportador e revisão de restituição). Importante destacar ainda que, apesar de tipicamente utilizarmos a expressão "revisões" para todo esse conjunto de procedimentos adicionais às investigações originais e às revisões de final de período, as avaliações de escopo e as redeterminações não são consideradas, formalmente, revisões. De todo modo já se apresenta, de modo resumido, uma tabela consolidada com os principais elementos de cada uma dessas investigações na legislação antissubsídios no Brasil.

Tabela – Outros tipos de revisões em investigações antissubsídios

OUTROS TIPOS DE REVISÕES EM INVESTIGAÇÕES ANTIDUMPING		
Revisão por alteração das circunstâncias	Subseção I da seção II do capítulo IX (arts. 98 a 102)	Decorrido no mínimo 1 ano, apura a existência de <u>alteração significativa e duradoura</u> que justifique a extinção ou alteração do direito em vigor.
Revisão acelerada	Subseção I da seção III do capítulo IX (arts. 110 a 114)	Revisão do direito em vigor para <u>produtor/exportador não individualmente investigado</u>
Revisão anticircunvenção	Subseção II da seção III do capítulo IX (arts. 115 a 133)	Investigação de práticas elisivas que <u>frustrem medidas compensatórias aplicadas</u>
Revisão de restituição	Subseção III da seção III do capítulo IX (arts. 134 a 139)	<u>Restituição de direitos recolhidos</u>, se o montante de subsídios apurado para o período de revisão for inferior ao direito vigente
Avaliação de escopo	Seção I do capítulo X (arts. 140 a 149)	Apura se um <u>certo produto está sujeito à medida compensatória</u> em vigor
Redeterminação	Seção II do capítulo X (arts. 150 a 156)	Determina se a medida compensatória aplicada teve sua <u>eficácia comprometida</u>

Fonte: elaboração própria.

3.8.1. Revisão por alteração das circunstâncias

A revisão por alteração de circunstâncias é o instrumento que apura a existência de alteração significativa e duradoura que justifique a extinção ou alteração do direito em vigor.

No âmbito doméstico, o Decreto n. 10.839/2021 apresenta disposições sobre a revisão por alteração de circunstâncias nos arts. 98 a 102, em sua Subseção I da Seção II (das revisões relativas à aplicação do direito) do Capítulo IX (da revisão dos direitos compensatórios e dos compromissos). Segundo seus termos, poderá ser iniciada uma revisão por alteração de circunstâncias quando, mediante petição apresentada por qualquer parte interessada na investigação original ou na última revisão de direito compensatório, forem apresentados indícios de que as circunstâncias que justificaram a aplicação do direito se alteraram de forma significativa e duradoura, não se configurando por oscilações ou flutuações inerentes ao mercado, entre outras.

Para que seja apresentada essa petição de alteração de circunstâncias, o *caput* do art. 98 do Decreto n. 10.839/2021 condiciona a um tempo mínimo de um ano da aplicação, alteração, prorrogação ou extensão do direito compensatório definitivo, podendo esse prazo ser excepcionado, desde que devidamente justificado pelo peticionário (§ 3º). A condução dessa investigação, por sua vez, deverá ser concluída no prazo de 12 (doze) a 15 (quinze) meses, sendo que, ao longo da revisão, os direitos permanecerão em vigor e não serão alterados (§ 2º do art. 102 do Decreto n. 10.839/2021). Nota-se que os prazos dessa revisão são superiores à revisão por alteração de circunstâncias de direitos antidumping, que devem ser concluídas no prazo de 10 (dez) a 12 (doze) meses. Trata--se, assim, de prazo nas revisões antissubsídios que mimetizam os prazos das revisões de final de período de medidas compensatórias, também de 12 (doze) a 15 (quinze) meses.

Serão dois, em síntese, os possíveis resultados de uma revisão de alteração de circunstâncias: I – o direito compensatório poderá ser extinto, caso seja improvável a continuação ou a retomada da existência de subsídio acionável e dano; ou II – o direito compensatório poderá ser alterado, caso ele tenha deixado de ser suficiente ou tenha se tornado excessivo para neutralizar os efeitos do subsídio ou caso tenha se tornado insuficiente para eliminar o dano à indústria doméstica causado pelas importações do produto objeto do direito. Explica-se a seguir, de modo visual, tais possíveis resultados:

Imagem – Possíveis resultados em uma revisão por alteração das circunstâncias

Fonte: elaboração própria.

A partir da imagem acima é possível notar a existência de 5 (cinco) resultados possíveis em uma revisão de alteração de circunstâncias. E a partir desses resultados é possível se inferir quais seriam as partes interessadas que teriam interesse em apresentar tal tipo de petição perante a autoridade de defesa comercial. Os exportadores afetados pela aplicação da medida ou os importadores adquirentes dos produtos objeto do direito compensatório poderão ter incentivos a apresentar petições com o objetivo de alcançar os resultados (A) (B) e (D), na medida em que poderá resultar ou na extinção ou na redução do direito atualmente em vigor.

> **MEDIDA ANTIDUMPING – PNEUS PARA BICICLETAS – 1ª REVISÃO – CHINA**
> *RESOLUÇÃO CAMEX N. 48, DE 10 DE OUTUBRO DE 2007; CIRCULAR N. 74, DE 31 DE OUTUBRO DE 2006*
>
> Trata-se de investigação, instaurada para fins de revisão do direito antidumping definitivo aplicado nas importações de pneumáticos novos de borracha para bicicletas, originárias da República Popular da China.
> Conforme Resolução n. 48, de 10 de outubro de 2007, encerrou-se a revisão de meio de período do direito antidumping aplicado, majorando a alíquota específica fixa do direito antidumping para US$ 1,45/kg (um dólar estadunidense e quarenta e cinco centavos por kg líquido).

> Entre as razões para tanto, destaca-se que a Circular n. 74, de 31 de outubro de 2006, aponta que do confronto do preço médio praticado pela indústria doméstica com o preço médio internado das exportações originárias da RPC, constatou-se que no período de janeiro a dezembro de 2005 o preço do pneu convencional para bicicleta importado da RPC entrou no mercado brasileiro subcotado em relação ao preço praticado pela indústria doméstica em US$ 0,79 (setenta e nove centavos de dólar estadunidense) por cada quilograma comercializado.

Fonte: Resolução CAMEX n. 48, de 10 de outubro de 2007[98]; e Circular n. 74, de 31 de outubro de 2006[99].

Por sua vez, a indústria doméstica terá incentivos a apresentar petições com o objetivo de alcançar os resultados (C) e (E), na medida em que poderá resultar na majoração do direito em vigor, seja porque a margem de subsídios apurada agora é maior, seja porque o dano incorrido da indústria doméstica permanece mesmo durante a vigência da medida, sendo necessária sua majoração para eliminar o dano causado pelas importações subsidiadas.

> **MEDIDA ANTIDUMPING – FILMES PET – 1ª REVISÃO – ARGENTINA**
> *RESOLUÇÃO CAMEX N. 81, DE 15 DE DEZEMBRO DE 2009*
>
> Em 24 de julho de 2008, a DAK Americas Argentina S.A., doravante peticionária, protocolizou no Ministério do Desenvolvimento, Indústria e Comércio Exterior – MDIC – petição de revisão do direito antidumping aplicado sobre as exportações de resinas PET provenientes da Argentina, com vistas à revogação da medida.
> A revisão do direito antidumping por alteração de circunstância foi iniciada por meio da Circular SECEX n. 23, de 24 de abril de 2009, publicada no D.O.U de 27 de abril de 2009 e encerrada por meio da Resolução CAMEX n. 81, de 15 de dezembro de 2009, publicada no DOU de 16 de dezembro de 2009, com a extinção do direito antidumping definitivo instituído pela Resolução CAMEX n. 29, de 26 de agosto de 2005, aplicado às importações brasileiras de resinas PET originárias da Argentina.
> Considerando que o produto argentino – mesmo com a suspensão do direito antidumping – não esteve subcotado em relação ao produto nacional, propôs-se a extinção do direito antidumping aplicado nas importações brasileiras de resinas PET originárias da República Argentina.

Fonte: Resolução CAMEX n. 81, de 15 de dezembro de 2009[100].

---

[98] BRASIL. Resolução CAMEX n. 48, de 10 de outubro de 2007. Disponível em <http://www.camex.gov.br/resolucoes-camex-e-outros-normativos/58-resolucoes-da-camex/647-resolucao-n-48-de-10-de-outubro-de-2007>. Acesso em: 25 maio 2022.

[99] BRASIL. Circular n. 74, de 31 de outubro de 2006. Disponível em: <https://www.gov.br/produtividade-e-comercio-exterior/pt-br/arquivos/circ2006-74.pdf>. Acesso em: 31 maio 2022.

[100] BRASIL. Resolução CAMEX n. 81, de 15 de dezembro de 2009. Disponível em: <http://www.camex.gov.br/component/content/article/resolucoes-camex-e-outros-normativos/58-resolucoes-da-camex/793-resolucao-n-81-de-15-de-dezembro-de-2009>. Acesso em: 7 jun. 2022.

3 • Investigações antissubsídios – teoria e prática

> ### 🔍 MEDIDA ANTIDUMPING – SACOS DE JUTA – 1ª REVISÃO – ÍNDIA
> *CIRCULAR SECEX N. 50, DE 8 DE JULHO DE 2003*
>
> Trata-se de investigação referente à revisão por alteração de circunstâncias do direito anti-dumping definitivo aplicado às importações de sacos de juta, quando originárias da Índia.
>
> Em 12 de abril de 2002, o Consulado Geral da Índia, em nome do Conselho de Desen-volvimento dos Fabricantes de Juta – JMDC, protocolou revisão do direito antidumping então em vigor, alegando a alteração das circunstâncias e a consequente inexistência de prática de dumping por parte das empresas indianas. Em face da insuficiência das informações apresentadas, a revisão foi encerrada e o direito anti-dumping não foi alterado. Destaca-se abaixo, a conclusão da revisão, disposta na Circular SECEX n. 50, de 8 de julho de 2003, publicada no DOU de 9 de julho de 2003:
>
> *"Foram oferecidas todas as oportunidades para que as empresas indianas defendessem seus interesses e para que estas apresentassem as informações solicitadas e indispensáveis ao exame do pedido por elas formulado. Foram remetidos questionários detalhando as informações necessárias e a forma como deveriam ser apresentadas, foi concedida prorrogação de prazo para a entrega dessas informações. Posteriormente foi transmitido ao JMDC que os dados originalmente apresentados em resposta aos questionários, pelas poucas empresas que os remeteram, eram insuficientes, pois pouco representavam em relação à produção estimada de cada uma delas, e concedeu-se nova oportunidade para a correção e complementação das informações.*
>
> *Isto não obstante as empresas indianas não forneceram as informações solicitadas, se limitando o JMDC a registrar que as informações e documentos apresentados para tentar demonstrar a inexistência da prática de dumping não poderiam ser considerados inadequados, pois eles refletiriam a imagem correta do preço do mercado dominante de sacos de juta.*
>
> *Considerando-se que as informações fornecidas não foram, à luz da legislação, suficientes para demonstrar que preços efetivamente foram praticados nas vendas destinadas a consumo no mercado indiano e que preços foram efetivamente praticados nas exportações, no período objeto da investigação, recomendou-se o encerramento da investigação sem a revisão do direito antidumping de 64,5% aplicado às importações de sacos de juta originárias da Índia, conforme estabelece a Portaria MICT/MF n. 16, de 1998".*

Fonte: Circular SECEX n. 50, de 8 de julho de 2003[101].

Interessante pontuar o que consta no art. 255, § 5º, da Portaria SECEX n. 172/2022, de que no caso de subsídios, diferentemente do caso de antidumping, somente por meio de revisões por alteração das circunstâncias é que o direito compensatório aplicado poderá ser alterado, nos termos do inciso II do art. 95 do Decreto n. 10.839/2021. Assim, ao passo que nas revisões de final de período antidumping é possível conduzir a revisão e a alteração do montante do direito

---

[101] BRASIL. Circular SECEX n. 50, de 8 de julho de 2003. Disponível em: <https://www.gov.br/produtividade-e-comercio-exterior/pt-br/arquivos/circSECEX50a_2003.pdf>. Acesso em: 7 jun. 2022.

Curso de Defesa Comercial e Interesse Público no Brasil: teoria e prática

no curso da própria revisão de final de período, nos termos do art. 107 do Decreto n. 8.058/2013 (*vide* Seção 2.7.2.3.1 deste livro, que trata da prorrogação do direito antidumping em igual montante, majorado ou com redução dos direitos), no caso de antissubsídios a revisão de final de período tem caráter estritamente binário: prorrogar/manter ou não prorrogar/extinguir a medida compensatória. Caso haja interesse em modificar o direito, deverá ser realizada uma revisão de final de período de modo simultâneo (no âmbito do mesmo processo) ou combinado (dois processos paralelos) com uma revisão de alteração de circunstâncias, nos termos do art. 255, § 2º, da Portaria SECEX n. 172/2022.

3.8.2. Revisão acelerada

A revisão acelerada é o instrumento que revisa o direito em vigor para produtor/exportador não individualmente investigado. No âmbito multilateral, o Acordo sobre Subsídios e Medidas Compensatórias, doravante ASMC, prevê a revisão sumária/acelerada (*expedited review*), prevista no art. 19.3 do ASMC, *in verbis*:

> Artigo 19.
>
> (...)
>
> 3. Quando se impõe direito compensatório sobre qualquer produto, será ele aplicado, nos montantes apropriados a cada caso, de forma não discriminatória sobre as importações do dito produto a partir de todas as origens que se determine estejam subsidiando e causando dano, exceto aquelas origens que tenham renunciado ao subsídio ou cujos compromissos ao abrigo dos termos deste Acordo tenham sido aceitos. Todo exportador cujos produtos sejam submetidos a direitos compensatórios definitivos, mas que não tenha sido de fato investigado por razões outras que não uma recusa de cooperar de sua parte, terá direito a reexame imediato que permita às autoridades estabelecer, prontamente, montante de direito compensatório individual para aquele exportador.

Inicialmente, cabe destacar que o objetivo da revisão acelerada é semelhante ao da revisão de novo exportador em casos de antidumping, qual seja a apuração de uma medida de defesa comercial individualizada para um produtor ou exportador que faça jus a essa apuração individual. Todavia, é notável a diferença entre esse instrumento do ASMC e a revisão de novo exportador prevista no Acordo Antidumping (*vide* Seção 2.8.2), conforme apontam Athayde, Ramos, Calvão e Raphanelli[102].

---

[102] ATHAYDE, Amanda; RAMOS, Adriano; CALVÃO, Hearle; RAPHANELLI, Daniel. Focinho de porco não é tomada: análise comparativa da revisão de novo exportador de direitos antidumping e da revisão acelerada de medidas compensatórias. *RDCI*, 5. ed., São Paulo, 2022.

3 • Investigações antissubsídios – teoria e prática

Primeiramente, deve-se observar que a revisão de novo exportador de direitos antidumping está restrita a peticionários que não tenham exportado no período de investigação, enquanto a revisão sumária ou acelerada de medidas compensatórias requer apenas que o exportador não tenha sido investigado por razões outras que não a própria recusa em cooperar com a investigação. Ademais, o ASMC não prevê a obrigação de suspensão da cobrança de direitos compensatórios sobre as importações provenientes de tais exportadores ou produtores enquanto se está realizando o exame, diferentemente do texto do Acordo Antidumping (art. 9.5). Damasceno Vieira (2012) observou também que o ASMC é omisso quanto à hipótese de as autoridades requererem garantias para eventual cobrança retroativa de direitos em relação ao período em que se iniciou o exame, previsão constante do Acordo Antidumping e que está vinculada justamente ao impedimento da cobrança de direito antidumping durante o procedimento previsto no art. 9.5.

A diferença entre a revisão acelerada, conforme previsto no art. 19.3 do ASMC, e a revisão de novo exportador, como previsto no art. 9.5 do Acordo Antidumping, parece refletir também diferenças substanciais encontradas em outras disposições de ambos os Acordos da OMC.

Por um lado, o art. 6.10 do Acordo Antidumping estabelece a previsão de a autoridade investigadora efetuar seleção de produtores ou exportadores[103] (além de importadores ou tipos de produto) para responder aos questionários encaminhados nas investigações quando o número de produtores ou exportadores for tão elevado que torne impraticável a determinação individual de margem de dumping para todos os produtores ou exportadores conhecidos. Desse modo, nos termos do art. 9.4 do mesmo Acordo, é comum que as autoridades investigadoras recorram, para apuração do direito antidumping dos produtores ou exportadores não incluídos na seleção, à média ponderada das margens de dumping apuradas para os produtores ou exportadores selecionados, como já explicado na Seção 2.1 *supra*. Como já indicado, nessa hipótese, os produtores ou exportadores não selecionados não farão jus à apuração de nova margem de dumping e de novo direito antidumping com base em pleitos de revisão de novo exportador.

Por outro lado, o ASMC não possui disposição equivalente ao art. 6.10 do Acordo Antidumping, de modo que a seleção de produtores ou exportadores

---

[103] Além de o ADA prever a hipótese de o número elevado de produtores ou exportadores justificar a seleção de determinadas interessadas para responder ao questionário, o art. 6.10 prevê também que o mesmo motivo pode justificar a seleção de importadores ou, ainda, a análise de tipos de produtos envolvidos.

Curso de Defesa Comercial e Interesse Público no Brasil: teoria e prática

não está diretamente prevista naquele Acordo[104]. Observe-se ainda que, enquanto o Acordo Antidumping estabelece a regra de apuração de margens de dumping e de direitos antidumping de modo individual, respectivamente, em seus arts. 6 e 9, o ASMC não estabelece como regra expressa a apuração de montantes de subsídios e a aplicação de medidas compensatórias em bases individuais, o que também parece explicar a ausência de disposições sobre seleção de produtores ou exportadores no Acordo. A única menção expressa a tratamento individual para produtores ou exportadores no ASMC é encontrada justamente no art. 19.3, que regula a realização de revisões sumárias/aceleradas, como reproduzido acima ("Todo exportador cujos produtos sejam submetidos a direitos compensatórios definitivos, mas que não tenha sido de fato investigado por razões outras que não uma recusa de cooperar de sua parte, terá direito a reexame imediato que permita às autoridades estabelecer, prontamente, montante de direito compensatório individual para aquele exportador")[105].

O ASMC permite inclusive a hipótese de realização de "investigações agregadas", sem apuração individual de montante de subsídios para nenhum produtor ou exportador do produto subsidiado[106], conforme enfatizado por Coppens (2014):

> (...) recall that members are allowed to perform an **investigation on an aggregate basis. CVDs have to be imposed on all sources found to be subsidized, although no prior investigation of all individual exporters is required.** An exporter who faces CVDs but was not investigated is entitled to an expedited review so that an individual CVD rate (or no rate at all) is established. **(grifo nosso)**

Por exemplo, na legislação estadunidense, o *Code of Federal Regulations (Title 19 Customs Duties)* estabelece a previsão de realização de investigação em

---

[104] Apesar de os Membros da OMC comumente adotarem as previsões de seleção de produtores ou exportadores em suas legislações nacionais, como ocorre no caso do Regulamento Antissubsídios Brasileiro.

[105] A leitura do art. 21.2 do ASMC também parece implicar que o tratamento individual será observado nas revisões conduzidas sob essa disposição do Acordo, uma vez que a revisão deve ser conduzida quando houver solicitação de qualquer das partes interessadas que apresente informação positiva comprobatória da necessidade de revisão, e que as partes interessadas terão o direito de requerer às autoridades que examinem se a manutenção do direito é necessária para contra-arrestar o subsídio, se o dano continuaria ou voltaria a ocorrer caso o direito fosse eliminado ou alterado, ou que examinem ambos.

[106] Nesse ponto, discorda-se da leitura feita por Damasceno Vieira (2012), que observou que o ASMC não menciona explicitamente a necessidade de cálculo de margem de subsídios individual, mas interpretou que "A quantificação do subsídio implica individualizar o montante do subsídio por empresa exportadora investigada" (p. 168).

452

3 • Investigações antissubsídios – teoria e prática

aggregate basis e apuração de direitos compensatórios de forma *country-wide*, havendo diversas menções a esse tratamento ao longo do regulamento[107].

A relação entre investigações agregadas e revisões aceleradas já foi objeto inclusive de um contencioso no Órgão de Solução de Controvérsias da OMC, no caso *US Softwood Lumber III*[108] do Canadá contra os Estados Unidos da América, em que se tratou, dentre outros pontos, sobre a obrigatoriedade de realização de revisões aceleradas nesse contexto de direitos compensatórios apurados de forma agregada[109].

Em suma, é possível concluir que as diferenças nas disposições do ASMC e do Acordo Antidumping em relação às revisões sumárias/aceleradas e revisões de novo exportador são significativas, possibilitando tratamentos distintos em pleitos apresentados por partes interessadas para individualização de direitos compensatórios e de direitos antidumping em vigor.

No âmbito doméstico, o Decreto n. 1.751, de 1995, foi o Regulamento Antissubsídios Brasileiro até fevereiro de 2022, em seu art. 69 estabelecia que:

---

[107] § 351.102 Definições. (...) (4) Base agregada. "Base agregada" significa o cálculo de uma taxa de subsídio em todo o país com base principalmente nas informações fornecidas pelo governo estrangeiro. (...) (41) Tarifas. "Taxas" significa as margens de dumping médias ponderadas individuais, as taxas de subsídio passíveis de compensação individuais, a taxa de subsídio em todo o país ou todas as outras taxas, conforme aplicável.

[108] WT/DS236/R. United states – preliminary determinations with respect to certain softwood lumber from Canada. Report of the Panel. Disponível em: <https://www.wto.org/english/tratop_e/dispu_e/cases_e/ds236_e.htm>. Acesso em: 15 mar. 2022.

[109] Os seguintes trechos do painel *US Softwood Lumber III* são elucidativos: "7.133 A Seção 777 da Lei de Tarifas dos Estados Unidos de 1930 não trata da condução de revisões administrativas ou aceleradas como tal, mas apenas prevê a possibilidade de investigações e revisões para calcular o montante de subsídio em uma base agregada e para determinar um país – montante de subsídio amplo. Em nossa opinião, o SAA151 apenas confirma que, embora não seja mais a regra, ainda é possível conduzir uma investigação ou uma revisão de forma agregada e determinar um montante de todo o país. (...) 7.140 (...) Consideramos que o fato de não existir regulamentação em relação ao caso aparentemente raro de investigações agregadas não implica que o USDOC seja obrigado por lei a negar quaisquer pedidos de revisão acelerada quando uma taxa de compensação agregada tiver sido aplicada. Em outras palavras, os regulamentos do USDOC são simplesmente omissos sobre o assunto. 7.141 Portanto, concordamos com os EUA que o fato de o USDOC não ter escolhido codificar regras específicas para lidar com o que poderia ser um número extremamente grande de revisões aceleradas em um caso agregado não diminui de forma alguma a autoridade estatutária do Departamento para conduzir tais comentários. 153. Portanto, descobrimos que o fato de 19 C.F.R. § 351.214(k)(1) não aborda especificamente a possibilidade de revisões aceleradas em casos agregados e não proíbe tais revisões".

> Art. 69. Quando um produto estiver sujeito a direitos compensatórios, proceder-se-á, caso solicitado, de imediato, revisão sumária com vistas a estabelecer, de forma acelerada, direito compensatório, **individual para quaisquer exportadores ou produtores, que não tenham sido de fato investigados, por outras razões que não uma recusa de cooperar com a investigação.** (grifo nosso)

Nota-se que a previsão normativa do Decreto n. 1.751, de 1995, basicamente retomava as diretrizes estabelecidas no ASMC. Isto é, todos os produtores ou exportadores que não tivessem se recusado a cooperar na investigação original que aplicou o direito compensatório teriam direito a solicitar a revisão sumária.

Assim, a revisão sumária podia ser estendida também a produtores ou exportadores que, apesar de terem exportado durante o período de investigação, não teriam sido selecionados para responder o questionário encaminhado pela autoridade investigadora, nos termos do § 1º do art. 20 do mesmo Decreto n. 1.751, de 1995. Dessa maneira, se concluía que a peticionária de uma revisão sumária cumpria o requisito para sua propositura quando não tivesse se recusado a cooperar com a investigação, com a condição de que estivesse a petição instruída com os dados necessários para o estabelecimento de direito compensatório individual.

Ademais, tampouco se observava qualquer previsão no sentido de suspensão da cobrança dos direitos compensatórios no âmbito dessa normativa. Se, por um lado, o Decreto n. 8.058/2013, em linha com as disposições do Acordo Antidumping, prevê a suspensão da cobrança do direito antidumping pela CAMEX em revisões de novo produto ou exportador, com base no disposto no art. 116 (suspensão da cobrança do direito antidumping prévia ao início da revisão de novo exportador para possibilitar as exportações quando não existem importações prévias em quantidades representativas para apuração de nova margem de dumping) e no § 1º do art. 115 (suspensão da cobrança do direito antidumping no curso da revisão, conforme previsto no Acordo Antidumping), por outro lado, o Decreto n. 1.751, de 1995, em linha com o ASMC, não possuía disposições semelhantes no que tange a revisões sumárias.

Nota-se, portanto, que o Decreto n. 1.751, de 1995, possuía disposições diferentes do Decreto n. 8.058/2013, assim como ASMC difere do Acordo Antidumping.

Registre-se que, em outubro de 2021, foi publicado o novo Regulamento Antissubsídios Brasileiro (Decreto n. 10.839, de 2021), que trouxe a atualização da normativa brasileira, inclusive para esse tipo de revisão, denominada revisão acelerada, conforme consta da Subseção I da Seção III (das revisões relativas ao escopo e à cobrança do direito) do Capítulo IX (da revisão dos direitos compensatórios e dos compromissos), arts. 110 a 114. Nos termos do referido decreto:

3 • Investigações antissubsídios – teoria e prática

Da revisão acelerada

Art. 110. Quando o produto estiver sujeito a direito compensatório, poderá ser solicitada, por meio de petição escrita e fundamentada, revisão do direito compensatório em vigor para produtor ou exportador que não tenha sido individualmente investigado, por outra razão além da recusa em cooperar com a investigação, com vistas a determinar o seu montante individual de subsídio.

Art. 111. A Subsecretaria de Defesa Comercial e Interesse Público da Secretaria de Comércio Exterior da Secretaria Especial de Comércio Exterior e Assuntos Internacionais do Ministério da Economia disporá de dois meses para analisar se a petição está devidamente instruída e, em caso positivo, a Secretaria de Comércio Exterior da Secretaria Especial de Comércio Exterior e Assuntos Internacionais do Ministério da Economia publicará no *Diário Oficial da União* ato para tornar público o início da revisão.

Art. 112. A Subsecretaria de Defesa Comercial e Interesse Público da Secretaria de Comércio Exterior da Secretaria Especial de Comércio Exterior e Assuntos Internacionais do Ministério da Economia poderá solicitar ao peticionário informações complementares a serem encaminhadas no prazo improrrogável de cinco dias, contado da data de ciência da solicitação.

Parágrafo único. Caso o peticionário ou o governo do país exportador negue acesso à informação necessária, não a forneça tempestivamente ou crie obstáculos à revisão, a Secretaria de Comércio Exterior da Secretaria Especial de Comércio Exterior e Assuntos Internacionais do Ministério da Economia encerrará a revisão sem a determinação de montante individual de subsídio para o peticionário.

Art. 113. A fase probatória da revisão será encerrada no prazo de noventa dias, contado da data de início da revisão.

Parágrafo único. Os elementos de prova apresentados após o encerramento da fase probatória da revisão não serão juntados aos autos do processo.

Art. 114. As revisões de que trata esta Subseção serão concluídas no prazo de sete meses, contado da data de seu início.

De modo geral, o novo Decreto n. 10.839, de 2021, que entrou em vigor em 16 de fevereiro de 2022, mantém as diretrizes constantes no ASMC e no próprio Decreto n. 1.751, de 1995, uma vez que a revisão acelerada se aplicará para revisar o direito compensatório em vigor para produtor ou exportador que não tenha sido individualmente investigado, por outra razão além da recusa em cooperar com a investigação, com vistas a determinar o seu montante individual de subsídio, e que também não há previsão de suspensão da cobrança de direitos compensatórios no curso da revisão. Percebe-se, assim, que o tratamento de re-

Curso de Defesa Comercial e Interesse Público no Brasil: teoria e prática

visões aceleradas no contexto de aplicação de medidas compensatórias em vigor é distinto do tratamento das revisões de novo produtor ou exportador no caso de direitos antidumping.

Como se pode notar, com o maior detalhamento, as disposições do novo decreto referentes à revisão acelerada estabelecem prazos definidos para a revisão, privilegiando o devido processo legal. Há também ênfase na necessidade de cooperação plena não só do peticionário, como também do governo do país exportador. Esse maior detalhamento do novo decreto vai ao encontro do aumento da transparência, da objetividade e da previsibilidade, fortalecendo a segurança jurídica, a ampla defesa e o contraditório dos atores de comércio exterior que utilizam os instrumentos de defesa comercial. Ressalte-se, ainda, que, conjuntamente com o novo Regulamento Antissubsídios Brasileiro, foi publicada a Portaria SECEX n. 172, de 14 de fevereiro de 2022, que dispõe sobre as informações necessárias para a elaboração de petições relativas a investigações originais, revisões e outros procedimentos previstos no Decreto n. 10.839, de 18 de outubro de 2021. Nessa nova portaria SECEX, um capítulo inteiro (Capítulo VI) estabelece o roteiro de petição para a revisão acelerada, indicando de forma clara e completa os requisitos que devem ser cumpridos pelos potenciais peticionários desse instrumento.

Em suma, nota-se que o Decreto n. 10.839, de 2021, assim como o anterior Decreto n. 1.751, de 1995, apresenta disciplinas distintas no que se refere à revisão acelerada em comparação à revisão de novo exportador prevista no Decreto n. 8.058/2013, do mesmo modo que o próprio ASMC difere do Acordo Antidumping.

Diante do exposto, Athayde, Ramos, Calvão e Raphanelli[110] notam que a normativa para as revisões de novo exportador de direitos antidumping, previstas tanto no Acordo Antidumping quanto no Decreto n. 8.058/2013, possui distinções relevantes quando comparada com a revisão acelerada/sumária de medidas compensatórias do ASMC e do Regulamento Antissubsídios Brasileiro, seja no antigo Decreto n. 1.751, de 1995, ou no novo Decreto n. 10.839, de 2021. A fim de se comparar as especificidades de cada uma dessas revisões, e não se confundir focinho de porco com tomada, apresenta-se a tabela abaixo:

---

[110] ATHAYDE, Amanda; RAMOS, Adriano; CALVÃO, Hearle; RAPHANELLI, Daniel. Focinho de porco não é tomada: análise comparativa da revisão de novo exportador de direitos antidumping e da revisão acelerada de medidas compensatórias. *RDCI*, 5. ed., São Paulo, 2022.

456

Imagem – Comparativo entre as revisões de novo exportador de direitos antidumping e da revisão sumária e revisão acelerada de medidas compensatórias

OUTROS TIPOS DE REVISÕES EM INVESTIGAÇÕES ANTISSUBSÍDIOS - DECRETO N. 10.839/2021			
REVISÃO ACELERADA	SUBSEÇÃO I DA SEÇÃO III DO CAPÍTULO IX (ARTS. 110 A 114)	REVISÃO DO DIREITO EM VIGOR PARA PRODUTOR/EXPORTADOR NÃO INDIVIDUALMENTE INVESTIGADO.	

	REVISÃO DE NOVO EXPORTADOR NO DECRETO N. 8.058/2013	REVISÃO SUMÁRIA DECRETO N. 1.751/1995	REVISÃO ACELERADA NO DECRETO N. 10.839/2021
QUEM PODE PETICIONAR?	PRODUTOR OU EXPORTADOR	PRODUTOR OU EXPORTADOR	PRODUTOR OU EXPORTADOR
REQUISITOS	NÃO TER EXPORTADO PARA O BRASIL DURANTE O PERÍODO DA INVESTIGAÇÃO. NÃO SER PARTE RELACIONADA DE PRODUTORES OU EXPORTADORES QUE TENHAM EXPORTADO PARA O BRASIL DURANTE O PERÍODO DA INVESTIGAÇÃO	NÃO TER SIDO INDIVIDUALMENTE INVESTIGADO POR OUTRA RAZÃO ALÉM DA RECUSA DE COOPERAR COM A INVESTIGAÇÃO PETIÇÃO FUNDAMENTADA QUE PERMITA O INÍCIO DA REVISÃO SUMÁRIA	NÃO TER SIDO INDIVIDUALMENTE INVESTIGADO POR OUTRA RAZÃO ALÉM DA RECUSA DE COOPERAR COM A INVESTIGAÇÃO PETIÇÃO FUNDAMENTADA QUE PERMITA O INÍCIO DA REVISÃO ACELERADA
OBJETIVO	OBTER NOVO DIREITO ANTIDUMPING INDIVIDUAL	OBTER NOVO DIREITO COMPENSATÓRIO INDIVIDUAL	OBTER NOVO DIREITO COMPENSATÓRIO INDIVIDUAL
SUSPENSÃO OU NÃO DOS DIREITOS DURANTE A REVISÃO	HÁ POSSIBILIDADE DE SUSPENSÃO DA COBRANÇA DO DIREITO DURANTE A REVISÃO DE NOVO EXPORTADOR, MEDIANTE COBRANÇA DE GARANTIAS	NÃO HÁ POSSIBILIDADE DE SUSPENSÃO DA COBRANÇA DO DIREITO DURANTE A REVISÃO SUMÁRIA	NÃO HÁ POSSIBILIDADE DE SUSPENSÃO DA COBRANÇA DO DIREITO DURANTE A REVISÃO ACELERADA

Fonte: elaboração própria, a partir de Athayde, Ramos, Calvão e Raphanelli.

3.8.3. Revisão anticircunvenção

A revisão anticircunvenção é o instrumento que investiga práticas elisivas que frustrem medidas compensatórias aplicadas. Não há normas multilaterais sobre circunvenção, pois na Rodada Uruguai não se obteve consenso em relação sobre a matéria[111]. Assim, o tema é alvo de reuniões semestrais no *Informal Group on Anti-Circunvention*, específico ao Comitê Antidumping da OMC.

No que se refere especificamente à não inclusão do tema circunvenção no arcabouço regulatório da OMC, Querino Flores indica que o tema foi retirado das negociações do Acordo Antidumping e de Subsídios e Medidas Compensatórias para que viesse a ser concluído e assim compor o GATT 1994. Após a ausência de consenso sobre o tema, apontada em decisão ministerial de

---

[111] Decision on Anti-Circumvention. Disponível em: <https://www.wto.org/english/docs_e/legal_e/39-dadp1_e.htm>. Acesso em: 8 jun. 2022.

Curso de Defesa Comercial e Interesse Público no Brasil: teoria e prática

1994[112], o presidente do então Comitê sobre Práticas Antidumping autorizou o início de consultas informais sobre circunvenção.

Em reunião levada a cabo entre 28 e 29 de abril de 1994, o Comitê de Práticas Anti-Dumping decidiu estabelecer o grupo informal (*Informal Group on Anti-Circunvention*). Nessa ocasião, o Comitê concordou que o Grupo Informal seria aberto a todos os Membros e não poderia fazer quaisquer decisões sobre as questões discutidas, mas faria recomendações para consideração pelo Comitê[113]. Sensêve[114] aponta que se definiu que este comitê informal teria como objetivos primários dirimir: (1) o que constitui circunvenção; (2) o que tem sido feito pelos Membros; e (3) a circunvenção em consonância com as regras da OMC (OMC, 1997, p. 2).

---

[112] Decision on Anti-Circumvention. Disponível em: <https://www.wto.org/english/docs_e/legal_e/39-dadp1_e.htm>. Acesso em: 8 jun. 2022.

[113] "Parágrafo 109. O Presidente lembrou que o Comitê havia decidido em sua reunião especial em dezembro de 1995 que o Presidente faria consultas informais sobre a tarefa atribuída ao Comitê pela Decisão Ministerial sobre anticircunvenção e informaria o Comitê periodicamente sobre o andamento dessas consultas informais. As consultas informais mais recentes a esse respeito foram realizadas em março de 1997. Como resultado dessas consultas, os Membros concordaram em uma estrutura para discussões contínuas sobre a questão anticircunvenção, conforme estabelecido no documento G/ADP/W/404, datado de 20 de março de 1997. 110. O Comitê tomou nota da estrutura acordada para discussão contínua da questão anticircunvenção. 111. O Presidente propôs que, para melhor realizar o trabalho estabelecido na estrutura, o Comitê estabelecesse um Grupo de Trabalho Informal sobre anticircunvenção. O Presidente observou que, assim como nas consultas informais realizadas até o momento, a participação no Grupo de Trabalho Informal seria aberta a todos os Membros. Além disso, como um Grupo de Trabalho Informal, este órgão não poderia tomar nenhuma decisão sobre os assuntos discutidos, mas faria recomendações para consideração do Comitê como um todo." [tradução livre] No original: "*109. The Chairman recalled that the Committee had decided at its special meeting in December 1995 that the Chairman would consult informally on the task set for the Committee by the Ministerial Decision on Anti-Circumvention, and would inform the Committee periodically on developments in those informal consultations. The most recent informal consultations in this regard were held in March 1997. As a result of those consultations, Members had agreed upon a framework for continued discussions of the issue of anti-circumvention, as set forth in document G/ADP/W/404, dated 20 March 1997. 110. The Committee took note of the agreed framework for continued discussion of the issue of anti-circumvention. 111. The Chairman proposed that, in order to best accomplish the work set out in the framework, the Committee establish an Informal Working Group on Anti-Circumvention. The Chairman noted that, as with the informal consultations held to date, participation in the Informal Working Group would be open to all Members. In addition, as an Informal Working Group, this body could not make any decisions on the issues discussed, but would make recommendations for consideration by the Committee as a whole*". G/ADP/M/10, 24 September 1997. Committee on Anti-Dumping Practices. Minutes of the regular meeting held on 28-29 April 1997.

[114] SENSÊVE, Bernardo de Castro. *A efetividade das medidas antidumping:* a circunvenção. Brasília: Universidade de Brasília, 2013.

> **DECISION ON ANTI-CIRCUMVENTION**
>
> *"Ministros,*
> *Observando que, embora o problema da circunvenção das medidas antidumping fizesse parte das negociações que precederam o Acordo sobre a Implementação do Artigo VI do GATT de 1994, os negociadores não conseguiram chegar a um acordo sobre o texto específico,*
> *Ciente da conveniência da aplicabilidade de regras uniformes nesta área o mais rápido possível,*
> *Decide encaminhar este assunto ao Comitê de Práticas Antidumping estabelecido sob aquele Acordo para deliberação". [tradução livre]*

Fonte: Decisão Ministerial da OMC sobre anticircunvenção[115].

Sensêve[116] aponta que não obstante a necessidade da multilaterização da circunvenção ser premente, a expectativa de que, a curto ou médio prazo, a OMC regule a circunvenção é ilusória. Há um embate aparentemente irresolúvel na OMC entre os países de perfil exportador e os países de perfil importador, cada qual obstinado a defender seu posicionamento sem ceder uma vantagem sequer à parte adversa. Sensêve acrescenta que[117] após o fim da Rodada do Uruguai muitos Membros passaram a adotar o posicionamento de que as regras de combate à circunvenção são compatíveis com as regras de OMC. As principais razões levantadas seriam as seguintes: (1) as medidas anticircunvenção objetivam "combater ou prevenir o dumping", nesse sentido, o art. VI do GATT autorizaria os Membros a impor direitos antidumping para "combater ou prevenir o dumping"; (2) as medidas tomadas a partir de constatações nas investigações anticircunvenção seriam tipos de medidas antidumping, portanto estariam previstas no art. 1º do AAD; (3) Uma investigação anticircunvenção e as suas medidas

---

[115] *"Ministers,*
Noting that while the problem of circumvention of anti-dumping duty measures formed part of the negotiations which preceded the Agreement on Implementation of Article VI of GATT 1994, negotiators were unable to agree on specific text,
Mindful of the desirability of the applicability of uniform rules in this area as soon as possible,
Decide to refer this matter to the Committee on Anti-Dumping Practices established under that Agreement for resolution." OMC. Uruguay Round Agreement. Decision on Anti-Circumvention. Disponível em: <https://www.wto.org/english/docs_e/legal_e/39-dadp1_e.htm>. Acesso em: 13 jun. 2022.

[116] SENSÊVE, Bernardo de Castro. *A efetividade das medidas antidumping:* a circunvenção. Brasília: Universidade de Brasília, 2013.

[117] SENSÊVE, Bernardo de Castro. *A efetividade das medidas antidumping:* a circunvenção. Brasília: Universidade de Brasília, 2013.

Curso de Defesa Comercial e Interesse Público no Brasil: teoria e prática

poderiam se enquadrar em "ações específicas contra o dumping", tal como estipulado no art. 18.1 do AAD; (4) A Decisão Ministerial de forma alguma estabelece exceções às regras do AAD, que de algum modo excluiriam as regras anticircunvenção da aplicação do AAD; (5) A Decisão Ministerial concorda implicitamente com a autoridade dos países para aplicar investigações anticircunvenção quando reconhece o desejo de obter regras uniformes *as soon as possible* (o quanto antes) e transferem a questão para o Comitê Antidumping para o desenvolvimento futuro (WANG, 2007, p. 17).

Nos termos do art. 10-A da Lei n. 9.019/1995, com redação incluída pela Lei n. 11.786/2008, "as medidas antidumping e compensatórias poderão ser estendidas a terceiros países, bem como a partes, peças e componentes dos produtos objeto de medidas vigentes, caso seja constatada a existência de práticas elisivas que frustrem a sua aplicação". Inicialmente, o tema foi disciplinado pela Resolução CAMEX n. 63/2010, e previa lista exemplificativa de práticas elisivas. Posteriormente, porém, a Resolução CAMEX n. 25/2011 limitou as hipóteses de circunvenção.

Nos termos do art. 29, *caput*, da Lei n. 12.546/2011, as investigações de defesa comercial serão baseadas na origem declarada. O § 2º determina que, ainda que as regras de origem não preferenciais tenham sido cumpridas, medidas antidumping e compensatórias poderão ser estendidas, em razão de revisão anticircunvenção, a produtos cuja origem é distinta daquela na qual se baseou a aplicação da referida medida, ou seja, a produtos originários de terceiros países. Assim, todos os procedimentos do DECOM baseiam-se na origem declarada, razão pela qual a extensão de medida de defesa comercial, em razão de revisão anticircunvenção, independe do cumprimento das regras de origem (não) preferenciais. Objetivo das revisões anticircunvenção, portanto, não é declarar a origem da mercadoria ou questionar a origem declarada, mas tão somente verificar se há prática elisiva. Em uma investigação de origem não preferencial há uma verdadeira triangulação do mesmo produto mediante a sua exportação por um terceiro país não sujeito à medida, conforme a Lei n. 12.546/2011 e a regulamentação trazida pelas Portarias SECEX n. 87, de 31 de março de 2021, e n. 94, de 10 de junho de 2021[118].

No âmbito doméstico, o Decreto n. 10.839/2021 apresenta disposições sobre a revisão anticircunvenção nos arts. 115 a 133, em sua Subseção II da Seção III (das revisões relativas ao escopo e à cobrança do direito) do Capítulo IX (da revisão dos direitos compensatórios e dos compromissos). Segundo o art. 116, "considera-se circunvenção a prática comercial que vise a frustrar a eficácia de medida compensatória em vigor por meio da introdução, no território nacional,

---

[118] Para maiores informações sobre investigações de origem não preferencial: <https://www.gov.br/produtividade-e-comercio-exterior/pt-br/assuntos/comercio-exterior/regimes-de-origem/investigacao-de-origem-nao-preferencial-1>. Acesso em: 13 abr. 2022.

460

das importações a que se refere o art. 115". Por sua vez, o art. 115 indica que a aplicação de medida compensatória poderá ser estendida por meio de revisão anticircunvenção às importações de:

I – partes, peças ou componentes originários ou procedentes do país sujeito a medida compensatória, destinados à industrialização, na República Federativa do Brasil, do produto sujeito a medida compensatória;

II – produto de terceiros países cuja industrialização com partes, peças ou componentes originários ou procedentes do país sujeito a medida compensatória resulte no produto sujeito a medida compensatória; ou

III – produto que, originário ou procedente do país sujeito a medida compensatória, apresente modificações marginais em relação ao produto sujeito a medida compensatória que não alterem o seu uso ou a sua destinação final.

A condução dessa investigação, por sua vez, deverá ser concluída no prazo de 6 (seis) a 9 (nove) meses (art. 122 do Decreto n. 10.839/2021), e poderão ser conduzidas verificações *in loco* para examinar os registros das empresas e comprovar as informações fornecidas.

Serão três, portanto, os fundamentos para uma revisão anticircunvenção:

Imagem – Possíveis fundamentos para uma revisão anticircunvenção nos termos do Decreto n. 10.839/2021

Fonte: elaboração própria.

Assim, apresenta-se a seguir um esquema visual sobre essas formas de implementação da prática elisiva da circunvenção:

Imagem – Formas de implementação da circunvenção nos termos do Decreto n. 10.839/2021

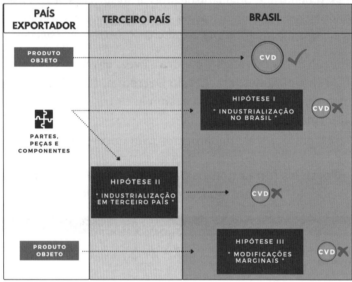

Fonte: elaboração própria.

Na hipótese I ("industrialização no Brasil"), há uma burla à aplicação do direito compensatório nacionalmente, na medida em que, uma vez aplicada a medida ao projeto objeto, as importações passaram a ser de suas partes, peças ou componentes, que serão então industrializadas no Brasil, justamente com o objetivo de não mais ser cobrado o direito compensatório. A análise de informações relativas aos produtores, exportadores ou importadores será feita para produtores, exportadores ou importadores individualmente, de maneira a verificar se, na hipótese do inciso I do *caput* do art. 115 do Decreto n. 10.839/2021: a) a revenda, no Brasil, do produto sujeito a medida compensatória industrializado com partes, peças ou componentes originários ou procedentes do país sujeito a medida compensatória ocorreu com valores inferiores ao preço de exportação apurado para o produto sujeito a medida compensatória, acrescido do montante de subsídios; b) as partes, as peças ou os componentes originários ou procedentes do país sujeito a medida compensatória não apresentam utilização distinta da industrialização do produto sujeito a medida compensatória; c) o início ou o aumento substancial da industrialização no Brasil ocorreu após o início da investigação que resultou na aplicação de medida compensatória; e d) as partes, as peças ou os componentes originários ou procedentes do país sujeitos a medida compensatória representam sessenta por cento ou mais do valor total de partes, peças ou componentes do produto industrializado no Brasil. Registre-se, ainda, que não se caracterizará a circunvenção quando o valor agregado nas operações de industrialização a que faz referência o inciso I do *caput* do art. 115 for superior a trinta e cinco por cento do custo de manufatura do produto, nos termos do art. 117, § 3º, do Decreto n. 10.839/2021[119].

 MEDIDA ANTIDUMPING – COBERTORES – 1ª REVISÃO – CHINA, URUGUAI E PARAGUAI
RESOLUÇÃO N. 12, DE 13 DE FEVEREIRO DE 2012

Trata-se de revisão anticircunvenção que estendeu a aplicação do direito antidumping definitivo às importações brasileiras de cobertores de fibras sintéticas, originárias do Uruguai e do Paraguai e às importações brasileiras de tecidos de felpa longa de fibras sintéticas, originárias da China. O produto objeto do direito andidumping estava limitado às importações brasileiras de cobertores de fibras sintéticas, não elétricos, originárias da República Popular da China.

No que se refere especificamente à extensão do direito antidumping, em razão de industrialização no Brasil, destaca-se o seguinte disposto na Resolução:

"A análise das importações da Fatex Indústria, Comércio, Importação e Exportação Ltda. teve por base a resposta da empresa importadora ao questionário e suas informações complementares, e os resultados da investigação in loco, conforme consta no Relatório de Verificação in Loco.

A empresa vendeu, no Brasil, durante o período de investigação, produto similar àquele objeto do direito antidumping, o qual foi fabricado efetivamente com tecido de felpa longa importado da China.

(...)

A partir de 2008, as importações brasileiras de tecidos de felpa longa aumentaram significativamente, com destaque para a elevação de 2009 para 2010, quando cresceram mais de 2.730 toneladas. Já o preço CIF de importação desses produtos em 2010 alcançou US$ 4,12/kg, ou seja, foi equivalente a 61% do preço CIF cobertor chinês importado nesse mesmo ano.

De acordo com as informações disponíveis nos autos da investigação, o preço médio de venda desse cobertor, confeccionado no Brasil com o tecido de felpa longa importado da China, foi inferior ao valor normal da investigação original".

Fonte: Resolução CAMEX n. 12, de 13 de fevereiro de 2012[120].

---

[119] Tais cenários de se verificar circunvenção pela hipótese I são replicados no art. 341 da Portaria SECEX n. 172/2022.

[120] BRASIL. Resolução CAMEX n. 12, de 13 de fevereiro de 2012. Disponível em: <http://www.camex.gov.br/resolucoes-camex-e-outros-normativos/58-resolucoes-da-camex/1075-resolucao-n-12-de-13-de-fevereiro-de-2012>. Acesso em: 22 maio 2022.

MEDIDA ANTIDUMPING – LAMINADOS PLANOS E CHAPAS GROSSAS – 1ª REVISÃO – CHINA E UCRÂNIA
RESOLUÇÃO N. 119, DE 18 DE DEZEMBRO DE 2014

Trata-se de revisão anticircunvenção que estendeu a aplicação do direito antidumping às importações brasileiras de chapas grossas pintadas, originárias da China, e às importações brasileiras de chapas grossas com adição de boro, originárias da China e da Ucrânia. O produto objeto do direito andidumping estava limitado às importações brasileiras de laminados planos de baixo carbono e baixa liga provenientes de lingotamento convencional ou contínuo, originárias da República da África do Sul, da República da Coreia, da República Popular da China e da Ucrânia.

No que se refere especificamente à extensão do direito antidumping, em razão de industrialização no Brasil, destaca-se o seguinte disposto na Resolução:

"6.1 Das importações de chapas grossas revestidas ou pintadas (Inciso III) (...)
Houve, ao longo do processo de investigação antidumping, um recrudescimento das importações brasileiras de chapas grossas pintadas de origem chinesa, de forma absoluta e em relação ao total de chapas grossas importadas da China, aqui incluídos os produtos objeto da medida antidumping e os produtos objeto desta revisão - chapas grossas com adição de boro e chapas grossas com pintura protetiva -, denotando mudança do perfil das importações com a finalidade única de frustrar a medida antidumping em vigor, implementada por meio da alteração da classificação fiscal.

No tocante à análise das modificações marginais, a referida pintura de chapas grossas não tem justificativa econômica outra senão a de frustrar a eficácia da medida antidumping vigente. Essa pintura tem baixa durabilidade e não agrega valor ao produto, tendo apenas a finalidade de conferir proteção temporária ao aço durante o transporte e manuseio.

Insta salientar que o preço médio ponderado para a origem chinesa das chapas grossas com pintura protetiva não apenas se manteve abaixo do valor normal apurado na investigação original, como também apresentou consistente diminuição ao longo do período analisado, estando também, de 2011 a 2013, abaixo do preço médio praticado para o produto objeto da medida antidumping.

6.2 Das importações de chapas grossas com adição de boro (Inciso III) (...) No que tange à Ucrânia, conforme apurado, a partir do início da investigação original de antidumping o país passou a exportar ao Brasil chapas grossas adicionadas de boro, por meio da NCM 7225.40.90,em detrimento das exportações destinadas ao Brasil do produto objeto da medida antidumping, comumente classificada nas NCM 7210.51.00 e 7210.52.00, sendo que essa situação foi acentuada a partir de 2013, com a aplicação da medida antidumping.
(...)".

Fonte: Resolução CAMEX n. 119[121], de 18 de dezembro de 2014.

---

[121] BRASIL. Resolução CAMEX n. 119, de 18 de dezembro de 2014. Disponível em: <http://www.camex.gov.br/component/content/article/62-resolucoes-da-camex/1443>. Acesso em: 6 jun. 2022.

REVISÃO ANTICIRCUNVENÇÃO – LAMINADOS PLANOS – 1ª REVISÃO – CHINA E UCRÂNIA

"(...)
No tocante à China, conforme apurado, muito embora esse país já exportasse chapas grossas com adição de boro desde 2011, essas quantidades eram pouco significativas tanto do ponto de vista relativo como absoluto. A partir de 2012, ano do início da investigação original, ocorreu crescimento exponencial dessas exportações com movimento simultâneo e oposto de diminuição das importações do produto objeto da medida antidumping. Dessa forma, o país passou a exportar chapas grossas adicionadas de boro, por meio da NCM 7225.40.90, em detrimento das exportações objeto da medida antidumping, realizadas pelas NCM 7210.51.00 e 7210.52.00.

Embora não tenha sido possível, por falta de informação proveniente das empresas investigadas, apurar preço de exportação individualizado, os preços médios ponderados das importações de chapas grossas adicionadas de boro, para ambas as origens, não apenas foram inferiores ao valor normal apurado na investigação original, como foram depreciados ao longo do período analisado, estando também, em 2012 e 2013, abaixo do preço médio praticado para o produto objeto da medida antidumping".

Fonte: Resolução n. 119, de 18 de dezembro de 2014[122].

Já na hipótese II ("industrialização em terceiro país"), há uma burla à aplicação do direito compensatório internacionalmente, na medida em que, uma vez aplicada a medida ao produto objeto, as importações passaram a ser de suas partes, peças ou componentes, que serão então industrializadas em um terceiro país não sujeito à medida e posteriormente exportados para o Brasil. A análise de informações relativas aos produtores, exportadores ou importadores será feita para produtores, exportadores ou importadores individualmente, de maneira a verificar se, na hipótese do inciso II do *caput* do art. 115 do Decreto n. 10.839/2021: a) a exportação do produto para o Brasil ocorreu com valores inferiores ao preço de exportação apurado para o produto sujeito a medida compensatória, acrescido do montante de subsídios; b) a exportação do produto para o Brasil correspondeu à proporção importante das vendas totais do produtor ou do exportador; c) o início ou o aumento substancial das exportações do produto para o Brasil ocorreu após o início da investigação que resultou na aplicação de medida compensatória; e d) as partes, as peças ou os componentes originários ou procedentes do país sujeito a medida compensatória representam sessenta

---

[122] BRASIL. Resolução n. 119, de 18 de dezembro de 2014. Disponível em: <https://pesquisa.in.gov.br/imprensa/jsp/visualiza/index.jsp?data=19/12/2014&jornal=1&pagina=39&totalArquivos=432>. Acesso em: 18 dez. 2022.

por cento ou mais do valor total de partes, peças ou componentes do produto exportado para o Brasil[123].

 MEDIDA ANTIDUMPING – COBERTORES – 1ª REVISÃO – CHINA, URUGUAI E PARAGUAI
RESOLUÇÃO N. 12, DE 13 DE FEVEREIRO DE 2012

Trata-se de revisão anticircunvenção que estendeu a aplicação do direito antidumping definitivo, pelo mesmo período de duração da medida, às importações brasileiras de cobertores de fibras sintéticas, originárias do Uruguai e do Paraguai e às importações brasileiras de tecidos de felpa longa de fibras sintéticas, originárias da China.

Com relação à existência de industrialização em terceiro país, destaca-se o seguinte disposto na Resolução:

"Quanto às importações de cobertores de fibras sintéticas originárias do Paraguai e do Uruguai, também ficou evidenciado que as partes, peças e componentes importados da China para confecção de cobertores nesses países representaram mais de 60% do valor total das partes, peças e componentes necessários para a fabricação desses cobertores. Além disso, o valor agregado no processo de industrialização em ambos os países foi inferior a 25%.

Observou, igualmente, elevação substantiva nos volumes de tecidos de felpa longa importados da China por ambos os países. Em 2010, houve um aumento de mais 1.300 toneladas no volume desses tecidos importados pelo Uruguai, em relação a 2009, e no que diz respeito ao Paraguai, tal volume, considerando os mesmos períodos, cresceu mais de 1.680 toneladas.

As importações brasileiras de cobertores de fibras sintéticas originárias desses países aumentaram em torno de 249 toneladas e 83 toneladas, respectivamente do Uruguai e do Paraguai, quando comparados 2009 e 2010. Com relação aos preços CIF médio de importação, em 2010, estes foram inferiores, inclusive, ao preço CIF médio de importação do produto chinês.

Além disso, considerando as informações disponíveis nos autos da investigação, os preços de venda dos cobertores paraguaios e uruguaios foram inferiores ao valor normal apurado na investigação original".

Fonte: Resolução CAMEX n. 12, de 13 de fevereiro de 2012[124].

 MEDIDA ANTIDUMPING – CABEDAIS E SOLAS DE SAPATOS – 1ª REVISÃO – CHINA
RESOLUÇÃO N. 42, DE 3 DE JULHO DE 2012

Trata-se de revisão anticircunvenção que estendeu a aplicação do direito antidumping definitivo, pelo mesmo período de duração da medida, às importações brasileiras de cabedais e de solas de calçados originárias da China.

---

[123] Tais cenários de se verificar circunvenção pela hipótese II são replicadas no art. 342 da Portaria SECEX n. 172/2022.

[124] BRASIL. Resolução CAMEX n. 12, de 13 de fevereiro de 2012. Disponível em: <http://antigo.camex.gov.br/resolucoes-camex-e-outros-normativos/58-resolucoes-da-camex/1094-resolucao-n-43-de-05-de-julho-de-2012>. Acesso em: 22 maio 2022.

3 • *Investigações antissubsídios – teoria e prática*

> Com relação à existência de industrialização em terceiro país, destaca-se o seguinte, disposto na Resolução:
>
> *"Por fim, as conclusões indicam que: a) Em relação à montagem de calçados na Indonésia e no Vietnã com partes, peças e componentes provenientes da China, ao amparo do inciso II do art. 4º da Portaria SECEX n. 21, de 2010, restou comprovado que a alteração nos fluxos comerciais verificada após a abertura da investigação original não decorreu de um processo, uma atividade ou uma prática insuficientemente motivada e sem justificativa econômica. Por esta razão, não foram encontrados indícios suficientes de práticas elisivas nas exportações de calçados da Indonésia e do Vietnã para o Brasil; b) Em relação à introdução no Brasil de cabedais e demais componentes de calçados originários da China, e destinados à montagem de calçados, ao amparo do inciso I do art. 4º da Portaria SECEX n. 21, de 2010, há elementos indicando a existência de práticas elisivas nas importações da empresa Mega Group International Indústria Comércio Importação e Exportação Ltda.".*

Fonte: Resolução CAMEX n. 43, de 3 de julho de 2012[125].

Ainda, na hipótese III ("modificações marginais"), a burla à aplicação do direito compensatória acontece por meio de modificações marginais em relação ao produto, que podem inclusive resultar em "salto tarifário", modificando sua posição em termos de NCM, mas que não alteram seu uso ou sua destinação final. A análise de informações relativas aos produtores, exportadores ou importadores será feita para produtores, exportadores ou importadores individualmente, de maneira a verificar se, na hipótese do inciso III do *caput* do art. 115 do Decreto n. 10.839/2021: a) a exportação do produto com modificações marginais para o Brasil ocorreu com valores inferiores ao preço de exportação apurado para o produto sujeito a medida compensatória, acrescido do montante de subsídios; b) a exportação do produto com modificações marginais para o Brasil correspondeu a proporção importante das vendas totais do produtor ou do exportador; e c) o início ou o aumento substancial das exportações do produto com modificações marginais para o Brasil ocorreu após o início da investigação que resultou na aplicação de medida compensatória[126].

MEDIDA ANTIDUMPING – LAMINADOS PLANOS E CHAPAS GROSSAS – 1ª REVISÃO – CHINA E UCRÂNIA
RESOLUÇÃO N. 119, DE 18 DE DEZEMBRO DE 2014

Trata-se de revisão anticircunvenção que estendeu a aplicação do direito antidumping definitivo, pelo mesmo período de duração da medida, às importações brasileiras de

---

[125] BRASIL. Resolução CAMEX n. 43, de 3 de julho de 2012. Disponível em: <http://antigo.camex.gov.br/resolucoes-camex-e-outros-normativos/58-resolucoes-da-camex/1094-resolucao-n-43-de-05-de-julho-de-2012>. Acesso em: 23 maio 2022.

[126] Tais cenários de se verificar circunvenção pela hipótese III são replicadas no art. 343 da Portaria SECEX n. 172/2022.

Curso de Defesa Comercial e Interesse Público no Brasil: teoria e prática

> chapas grossas pintadas, originárias da China, e às importações brasileiras de chapas grossas com adição de boro, originárias da China e da Ucrânia. Para tanto, referida Resolução apresenta a seguinte justificativa:
>
> *"Dessa forma, a existência de circunvenção não decorre tão somente de uma análise estatística dos fluxos de comércio dos países para o Brasil. A observância de coincidência entre algumas empresas produtoras/exportadoras envolvidas na investigação original e aquelas que se encontram atualmente produzindo e exportando chapas grossas com alterações marginais evidencia que há movimento deliberado no sentido de modificar marginalmente seu produto, alterando perfil comercial, com fim único de frustrar a medida antidumping em vigor".*

Fonte: Resolução n. 119, de 18 de dezembro de 2014[127].

Durante a análise, devem ser consideradas as alterações no fluxo comercial antes e após a aplicação da medida compensatória, justamente para poder analisar se há elementos confirmadores dos indícios de prática elisiva. Nos termos dos arts. 345 a 347 da Portaria SECEX n. 172/2022, deve-se informar a evolução do fluxo de comércio, indicando alterações ocorridas após o início do procedimento que deu origem à aplicação ou à última prorrogação da medida em vigor, considerando-se o período de revisão, inclusive, conforme se aplique: "I – importações brasileiras do produto objeto da revisão; II – importações brasileiras de partes, peças ou componentes originários ou procedentes do país sujeito à medida em vigor; III – importações, por terceiro país, de partes, peças ou componentes originários ou procedentes do país sujeito à medida em vigor". Ainda, devem ser fornecidas na petição, "sempre que possível, informações sobre existência de capacidade instalada e volume de produção do produto objeto da revisão incompatíveis com o volume exportado para o Brasil", conforme art. 346 da referida Portaria. Ademais, de acordo com o art. 347: "a petição deverá apresentar, na medida do possível, indícios sobre a oferta do produto objeto da revisão no país exportador, destacando: I – volume de produção; II – capacidade instalada; III – importações; e IV – exportações para outros países".

O objetivo de uma revisão anticircunvenção é, portanto, estender a medida compensatória que anteriormente era aplicada a certas importações para outras consideradas elisivas. Sempre que possível, "a extensão de uma medida antidumping será objeto de determinação individual para cada produtor, exportador ou importador conhecido do produto objeto da revisão anticircunvenção", se-

---

[127] BRASIL. Resolução n. 119, de 18 de dezembro de 2014. Disponível em: <http://www.camex.gov.br/component/content/article/resolucoes-camex-e-outros-normativos/58-resolucoes-da-camex/1443-resolucao-n-119-de-18-de-dezembro-de-2014>. Acesso em: 23 maio 2022.

468

gundo o art. 123 do Decreto n. 10.839/2021, mas, caso o número elevado de produtores, exportadores ou importadores torne impraticável a determinação individual, poderá ser realizada seleção, nos termos descritos nos parágrafos do mesmo artigo.

3.8.4. Revisão de restituição

A revisão de restituição é o instrumento que apura se há fundamentos para restituição de direitos compensatórios recolhidos se o montante de subsídios apurado para o período de revisão for inferior ao direito vigente.

No âmbito doméstico, o Decreto n. 10.839/2021 apresenta disposições sobre a revisão de restituição nos arts. 134 a 139, em sua Subseção III da Seção III (das revisões relativas ao escopo e à cobrança do direito) do Capítulo IX (da revisão dos direitos compensatórios e dos compromissos). Para que seja iniciada uma revisão de restituição, deve ser apresentado, pelo importador, uma petição escrita em que fundamenta, com elementos de prova, que o montante de direitos compensatórios recolhidos foi superior ao que seria devido caso o direito tivesse sido calculado com base no montante de subsídios apurado para o período de revisão. Para tanto, devem ser apresentadas evidências, já que meras alegações não são consideradas suficientes (art. 135, § 1º).

Ou seja, o importador deverá indicar em sua petição que, durante um determinado período de tempo, que será considerado o seu período de revisão (que deve ser de 6 (seis) a 12 (doze) meses, nos termos do art. 136 do Decreto n. 10.839/2021), os montantes que por esse importador foram recolhidos foram maiores do que teriam sido recolhidos se tivesse sido calculado com base no montante de subsídios apurado para aquele período específico. Tal petição deve ser protocolada no prazo de quatro meses, contado da data final do período de revisão[128]. Para tanto, a petição deve, conforme prevê o art. 137, conter informação precisa a respeito do montante a ser reembolsado e estar acompanhada de toda documentação aduaneira, original ou cópia autenticada, relativa ao recolhimento dos direitos compensatórios devidos. Ademais, deve conter elementos de prova relativos à concessão de subsídio e ao preço de exportação para o Brasil do produtor ou exportador para o qual o montante de subsídios tenha sido apurado.

---

[128] Art. 136, § 2º: "O final do período corresponderá necessariamente à data da última importação no intervalo em que a restituição é pleiteada e para a qual tenham sido recolhidos direitos compensatórios".

Imagem – Revisão de restituição

OUTROS TIPOS DE REVISÕES EM INVESTIGAÇÕES ANTISSUBSÍDIOS - DECRETO N. 10.839/2021		
REVISÃO DE RESTITUIÇÃO	SUBSEÇÃO III DA SEÇÃO III DO CAPÍTULO IX (ARTS. 134 A 139)	RESTITUIÇÃO DE DIREITOS RECOLHIDOS, SE O MONTANTE DE SUBSÍDIOS APURADO PARA O PERÍODO DE REVISÃO FOR INFERIOR AO DIREITO VIGENTE

MONTANTE DE SUBSÍDIOS

APURADA DURANTE O PERÍODO DE REVISÃO

$<$

DIREITO VIGENTE

Fonte: elaboração própria.

A investigação, por sua vez, deverá ser concluída no prazo de 10 (dez) meses. Como resultado da revisão, a margem de dumping calculada para o período de revisão servirá exclusivamente para calcular a eventual restituição de direitos compensatórios recolhidos em montante superior ao montante de subsídios apurado para o período de revisão (art. 138 do Decreto n. 10.839/2021). Não passará a ser, portanto, o novo montante de subsídios que servirá de base para a aplicação subsequente de um direito compensatório, por exemplo. Para este fim, seria necessário o peticionamento, por exemplo, de uma revisão de alteração de circunstâncias, *supra* descrito. A Portaria SECEX n. 172/2022 traz um passo a passo sobre as informações que devem ser apresentadas na petição de restituição.

3.8.5. Avaliação de escopo

A avaliação de escopo é o instrumento que apura se um certo produto está sujeito à medida compensatória em vigor. Trata-se, assim, de instrumento meramente interpretativo, a fim de se verificar se um determinado produto já está ou não inserido no escopo do produto. Não se trata de uma revisão que se presta a reanalisar o escopo de medidas compensatórias vigentes, com sua eventual redução, por exemplo (art. 148 do Decreto n. 10.839/2021). Para tanto, será necessário ter a discussão sobre escopo de produto e similaridade no âmbito de uma revisão de final de período, por exemplo (*vide* Seção 3.2.1, *supra*, deste livro).

No âmbito doméstico, o Decreto n. 10.839/2021 apresenta disposições sobre a avaliação de escopo nos arts. 140 a 149, na Seção I do Capítulo X (da avaliação de escopo e da redeterminação). A avaliação poderá ser solicitada por qualquer uma das partes interessadas, bem como por importadores, além de poder ser iniciada de ofício. Em caso de apresentação de petição escrita, deverá haver fundamentação sobre a descrição detalhada do produto a ser avaliado, acompanhada dos elementos de prova pertinentes, incluindo suas características técnicas e seus usos, bem como a sua classificação tarifária na NCM; e explicação pormenorizada, acompanhada de elementos de prova, das razões que levam o peticionário a entender que o produto está, ou não, sujeito à medida compensatória em vigor. Todos os requisitos de uma petição de avaliação de escopo constam da Portaria SECEX n. 172/2022.

Imagem – Avaliação de escopo

Fonte: elaboração própria.

Caso solicitada pela indústria doméstica, a tendência é que o pedido da avaliação de escopo seja no sentido de que os produtos analisados estejam sim no escopo da incidência, para que, portanto, sejam objeto da medida compensatória e haja, consequentemente, ou a cessação das importações daquele produto ou a redução do seu volume.

MEDIDA ANTIDUMPING – BATATAS CONGELADAS – INVESTIGAÇÃO ORIGINAL – ALEMANHA, BÉLGICA, FRANÇA E PAÍSES BAIXOS
CIRCULAR SECEX N. 8, DE 16 DE FEVEREIRO DE 2022

Trata-se de investigação referente à aplicação de medida antidumping (original), às importações de batatas congeladas, originárias da Alemanha, da Bélgica, da França e dos Países Baixos.

> Após abertura de avaliação de escopo específica solicitada pela Indústria Doméstica, determinou-se que as importações de batatas pré-fritas congeladas, sem cobertura, borrifadas com especiarias não estão sujeitas à aplicação das medidas antidumping referida.

Fonte: Circular SECEX n. 8, de 16 de fevereiro de 2022[129].

Por outro lado, caso solicitado pelos exportadores ou importadores, a tendência é que o pedido de avaliação de escopo seja no sentido de que os produtos analisados não estejam no escopo de incidência, para que não haja, portanto, a cobrança da medida compensatória, e para que seja mantido o fluxo comercial de importação daquele produto.

AVALIAÇÃO DE ESCOPO – CANECAS – ARGENTINA, CHINA E INDONÉSIA
CIRCULAR SECEX N. 4, DE 1ª DE FEVEREIRO DE 2019

Trata-se de avaliação de escopo com o fim de determinar se as canecas de vidro com tampa e canudo removíveis com capacidade para 500 ml estão sujeitas à aplicação dos direitos antidumping sobre as importações de objetos de vidro para mesa, originárias da Argentina, China e Indonésia.
A petição foi apresentada pela Batiki Comércio Importação e Exportação Ltda.

Fonte: Circular SECEX n. 4, de 1ª de fevereiro de 2019[130].

AVALIAÇÃO DE ESCOPO – CALÇADOS – CHINA
RESOLUÇÃO GECEX N. 88, DE 27 DE SETEMBRO DE 2016

Trata-se de avaliação de escopo com o fim de determinar que as sapatilhas para kart confeccionadas em camurça ou em microfibra, estão sujeitas à aplicação dos direitos antidumping sobre as importações de calçados da China.
A petição foi apresentada pela empresa Bersaghi Speed Comercial Importadora e Exportadora Ltda. A empresa Crocs Brasil Comércio de Calçados Ltda. e a Associação Brasileira das Indústrias de Calçados – ABICALÇADOS foram admitidas como partes interessadas nos dias 30 e 31 de maio de 2016.

Fonte: Resolução GECEX n. 88, de 27 de setembro de 2016[131].

---

[129] BRASIL. Circular SECEX n. 8, de 16 de fevereiro de 2022. Disponível em: <https://in.gov.br/en/web/dou/-/circular-n-8-de-16-de-fevereiro-de-2022-380809289>. Acesso em: 6 jun. 2022.

[130] BRASIL. Circular SECEX n. 4, de 1 de fevereiro de 2019. Disponível em: <https://www.in.gov.br/en/web/dou/-/circular-n-4-de-1-de-fevereiro-de-2019-61804476?inheritRedirect=true>. Acesso em: 5 jun. 2022.

[131] BRASIL. Resolução GECEX n. 88, de 27 de setembro de 2016. Disponível em: <https://www.in.gov.br/web/guest/materia/-/asset_publisher/Kujrw0TZC2Mb/content/id/21925572/do1-2016-09-28-resolucao-n-88-de-27-de-setembro-de-2016-21925368>. Acesso em: 14 maio 2022.

AVALIAÇÃO DE ESCOPO – OBJETOS DE VIDRO PARA MESA – ARGENTINA, CHINA E INDONÉSIA
PORTARIA SECINT N. 438, DE 7 DE JUNHO DE 2019

Trata-se de avaliação de escopo com o fim de esclarecer que sousplats de vidro sodocálcico, quando originários da Argentina, China e Indonésia, não estão sujeitos à incidência do direito antidumping.
A petição foi apresentada pela empresa Rafimex Comercial Importadora e Exportadora Ltda.

Fonte: Portaria SECINT n. 438, de 7 de junho de 2019[132].

Há, ainda, a possibilidade de início da investigação de ofício, por exemplo, a partir de consulta por órgãos governamentais, como a Receita Federal do Brasil (RFB).

 AVALIAÇÃO DE ESCOPO – PNEUS PARA ÔNIBUS OU CAMINHÃO – CHINA, COREIA DO SUL, JAPÃO, RÚSSIA E TAILÂNDIA
CIRCULAR SECEX N. 49, DE 1º DE DEZEMBRO DE 2023

Trata-se de avaliação de escopo iniciada a partir de consulta de auditora da Receita Federal do Brasil a respeito da incidência de direito antidumping sobre as importações de pneumáticos de borracha para caminhões, ônibus e similares (pneus de carga) dos aros 20", 22" e 22,5", comumente classificados no subitem 4011.20.90, originárias da China, quando esses pneumáticos estivessem montados em rodas (conjunto de pneu de carga de construção radial, de aros 20", 22" e 22,5", para uso em ônibus e caminhões, montado em rodas ou acompanhado de rodas, partes ou acessórios), quando essas importações fossem classificadas na NCM 8716.90.90.
Para tanto, foram comparadas as descrições do produto objeto do direito antidumping classificadas no subitem 4011.20.90 com as descrições dos pneus de carga importados nos códigos 8716.90.90, 8708.70.10 e 8708.70.90 e com as exclusões previstas na Resolução GECEX n. 198, de 3 de maio de 2021.
Para fins de início, o DECOM sinalizou que, em investigações anteriores, já entendeu que os conjuntos montados (pneu já montado em sua roda e, conforme o caso, demais acessórios como câmara, protetor [*flap*] e válvulas) e kits (pneu, roda e demais acessórios embalados conjuntamente, mas não montados) foram classificados e considerados como produto objeto da investigação.
Desse modo, sinalizou que não é porque as resoluções mencionadas indicam que as importações do produto objeto do direito são comumente classificadas no código 4011.20.90 que todas as importações de produtos classificadas nesta NCM estão sujeitas ao direito antidumping.

---

[132] BRASIL. Portaria SECINT n. 438, de 7 de junho de 2019. Disponível em: <https://www.in.gov.br/web/dou/-/portaria-n-438-de-7-de-junho-de-2019-161207720>. Acesso em: 7 jun. 2022.

Curso de Defesa Comercial e Interesse Público no Brasil: teoria e prática

> Assim, as informações coletadas pelo DECOM indicaram, para fins de início dessa avaliação de escopo, que as importações de pneus de carga, de construção radial, de aros 20", 22" e 22,5" para uso em ônibus e caminhões acompanhados de rodas ou montados em rodas, independentemente de sua classificação tarifária, devem ser igualmente sujeitas ao recolhimento dos direitos antidumping prorrogados pelas Resoluções GECEX n. 198 e 176, ambas de 2021.

Fonte: Circular SECEX n. 49, de 1º de dezembro de 2023[133].

Tendo em vista o caráter interpretativo desta avaliação de escopo, é bastante comum a participação de muitas partes interessadas no processo, razão pela qual é possível inclusive realizar audiências, para ouvir todas as partes interessadas no processo. O rito para as audiências em avaliações de escopo consta na Portaria SECEX n. 172/2022. Como se trata de um processo sujeito ao contraditório e à ampla defesa, as conclusões serão baseadas nos argumentos apresentados pelas partes interessadas no processo, considerando os critérios utilizados para definir o produto objeto da investigação, conforme estabelecido no art. 9º do Decreto n. 8.058/2013. A decisão final, por sua vez, é do GECEX, *vide* Seção 1.6 deste livro, já que se trata de uma decisão sobre a própria aplicação da medida compensatória.

3.8.6. Redeterminação

A redeterminação é o instrumento que determina se a medida compensatória aplicada teve sua eficácia comprometida.

No âmbito doméstico, o Decreto n. 10.839/2021 apresenta disposições sobre a revisão de redeterminação nos arts. 150 a 155, na Seção II do Capítulo X (da avaliação de escopo e da redeterminação). Segundo seus termos, especificamente no § 1º do art. 150, a eficácia da medida compensatória aplicada poderá ser comprometida por dois motivos: "I – em razão da forma de aplicação da medida; ou II – em razão da redução, da não alteração ou do aumento em valor inferior do preço de exportação em relação ao esperado com a aplicação, a alteração, a prorrogação ou a extensão de medida compensatória". Ou seja, são hipóteses em que o direito em vigor não está alcançando o objetivo inicialmente almejado quando da sua aplicação, sendo necessário um reajuste, seja com relação à sua forma de aplicação, seja com relação ao seu *quantum*. Serão dois, portanto, os fundamentos para uma redeterminação:

---

[133] BRASIL. Circular SECEX n. 49, de 1º de dezembro de 2023. Disponível em: <https://www.in.gov.br/en/web/dou/-/circular-n-49-de-1-de-dezembro-de-2023-527396635>. Acesso em: 5 dez. 2023.

474

3 • Investigações antissubsídios – teoria e prática

Imagem – Possíveis fundamentos para uma redeterminação

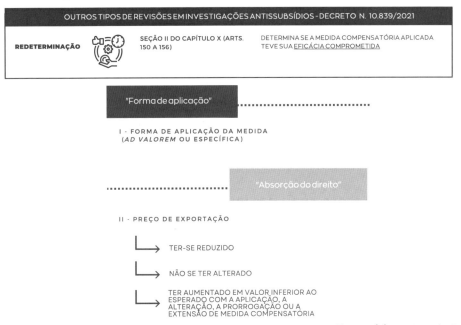

Fonte: elaboração própria.

Na hipótese I ("forma de aplicação") da redeterminação em razão da forma de aplicação de uma medida compensatória, pode ser realizada a alteração, por exemplo, de uma medida *ad valorem* para uma alíquota específica, ou vice-versa, fixa ou variável, sob a condição de que a medida compensatória tenha sido aplicada em montante inferior ao montante de subsídios apurado na investigação original ou na sua revisão mais recente (art. 151, § 3º, do Decreto n. 10.839/2021). Registre-se que "é facultado ao peticionário a indicação da forma de aplicação do direito compensatório que considera mais apropriada para a eliminação dos efeitos danosos das importações do produto subsidiado" (art. 121 da Portaria SECEX n. 172/2022). Caso seja decidida a alteração na forma de aplicação da medida, isso só poderá acontecer uma vez a cada cinco anos. A Portaria SECEX n. 172/2022 traz maiores detalhamentos sobre a petição de redeterminação.

Na hipótese II ("absorção do direito") da redeterminação em razão do preço de exportação, há uma tentativa de modificação no *quantum* da medida (art. 154 do Decreto n. 10.839/2021). Após a aplicação de um direito compensatório, espera-se que o preço do produto importado seja maior, de modo a não causar dano à indústria doméstica. Ocorre que, após a aplicação da medida, o exportador pode alterar o seu preço, reduzindo-o, basicamente "absorvendo" o montante aplicado do direito compensatório. Assim, a medida não alcançará seu resultado, pois o preço que o produto exportado chegará ao Brasil continuará causando dano à indústria doméstica. Interessante pontuar que, nos termos do art. 155 do Decreto n. 10.839/2021,

Curso de Defesa Comercial e Interesse Público no Brasil: teoria e prática

determinações positivas quanto à absorção de direitos, referida no inciso II do *caput* do art. 150, constituem indícios significativos de que a extinção do direito levará à continuação ou retomada da concessão de subsídios. A Portaria SECEX n. 172/2022 traz maiores detalhamentos sobre a petição de redeterminação.

Uma redeterminação só pode ser iniciada após no mínimo 9 (nove) meses da data de aplicação, alteração, prorrogação ou extensão da medida compensatória, mediante apresentação de petição fundamentada ou de ofício. Trata-se de prazo mais amplo do que aquele exigido para uma petição de redeterminação antidumping, que é de 6 (seis) meses. A condução dessa investigação, por sua vez, deverá ser concluída no prazo de 3 (três) meses (art. 153 do Decreto n. 10.839/2021).

3.9. Aspectos processuais das investigações antissubsídios

Sobre os aspectos processuais das investigações antidumping, cumpre inicialmente esclarecer sobre (3.9.1) prazos processuais nas investigações originais, (3.9.2) prazos processuais nas revisões de final de período, (3.9.3) a realização de verificações *in loco* e de verificações de elementos de prova, (3.9.4) confidencialidade, (3.9.5) roteiros e questionários, (3.9.6) Sistema Processual de Investigações – o SEI/ME e, por fim, (3.9.7) lançar breves considerações sobre o conceito de partes relacionadas em investigações antidumping.

Interessante mencionar, desde já, que, no contencioso da OMC DS437[134], o Painel relembrou que, no caso US – Softwood Lumber V (DS264[135]), já havia sido decidido que a quantidade e a qualidade das evidências necessárias para cumprir os requisitos relacionados à completude da informação ("*sufficiency of the evidence*") são distintas para fins de início de uma investigação quando comparadas com os requisitos para uma determinação preliminar ou final.

3.9.1. *Prazos processuais nas investigações antissubsídios originais*

Os prazos processuais nas investigações antissubsídios estão previstos detalhadamente no Capítulo VI, "Da investigação", do Decreto n. 10.839/2021. Nos termos do seu art. 68, as investigações antissubsídios originais são concluídas no prazo de doze meses, contato do início da investigação, mas é possível (e bastante comum) a sua prorrogação para até dezoito meses. Nota-se, portanto, que os

---

[134] OMC. DS437: United States – Countervailing Duty Measures on Certain Products from China. Disponível em: <https://www.wto.org/english/tratop_e/dispu_e/cases_e/ds437_e.htm>. Acesso em: 5 dez. 2023.

[135] OMC. DS264: United States – Final Dumping Determination on Softwood Lumber from Canada. Disponível em: <https://www.wto.org/english/tratop_e/dispu_e/cases_e/ds264_e.htm>. Acesso em: 5 dez. 2023.

476

prazos mínimos de uma investigação original antissubsídios é maior (doze meses) do que uma investigação original antidumping (dez meses), *vide* Seção 2.9.1.

Imagem – Prazos processuais em investigações antissubsídios originais

Fonte: elaboração própria.

Em grandes linhas, pode-se entender que uma investigação antissubsídios pode ser dividida em 6 (seis) etapas principais:

Imagem – Principais etapas processuais em investigações antidumping originais

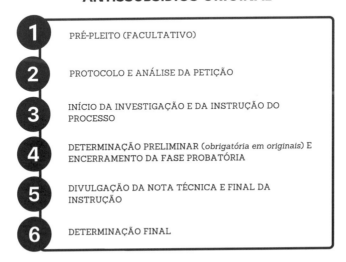

Fonte: elaboração própria.

Apresenta-se imagem a seguir contendo um passo a passo sobre os prazos processuais para o início de uma investigação original antissubsídios:

Tabela – Prazos processuais para iniciar uma investigação antissubsídios original

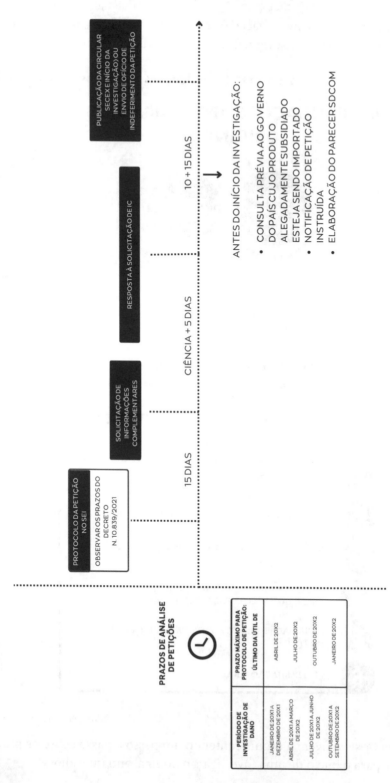

Fonte: elaboração própria.

3 • Investigações antissubsídios – teoria e prática

Note-se, aqui, uma peculiaridade das investigações antissubsídios: em qualquer caso, sempre antes do início da investigação, será oferecida oportunidade para a realização de consultas ao governo do país cujo produto alegadamente subsidiado esteja sendo importado ao Brasil e causando dano à indústria doméstica. Segundo o § 1º do art. 36 do Decreto n. 10.389/2021, "as consultas a que se refere o *caput* terão como objetivo esclarecer dúvidas sobre as informações e os elementos de prova constantes da petição, com vistas a obter solução mutuamente satisfatória".

Ressalte-se, ainda, que não é possível apresentar petições para início das investigações a qualquer tempo, dado que existe o que se chama de "janelas de petição". Nos termos do § 4º do art. 43 do Decreto n. 10.389/2021, "o peticionário terá até o último dia útil do quarto mês subsequente ao encerramento do período de investigação de dano para protocolar a petição" de investigação antissubsídios original, sem a necessidade de atualização dos períodos de investigação de subsídios e de dano. Nota-se que o termo inicial para a contagem do prazo para a petição, em investigações antissubsídio, é o período de investigação de *dano*, ao passo que em investigações antidumping, o termo é do encerramento do período de investigação de *dumping*. Isso acontece porque em investigações antissubsídios é possível haver um descasamento entre o período de análise dos subsídios e o período de análise do dano, a depender do tipo de subsídio investigado e o período de sua concessão, bem como sua caracterização como recorrente ou não recorrente. Isso aconteceu de modo intencional, já que esse descasamento permite à peticionária maior tempo para coletar todas as evidências dos alegados programas de subsídios exigidas pela autoridade para o início de uma investigação, possivelmente antes mesmo de iniciar a coleta de dados de dano.

Assim, considerando-se essa informação e o prazo para protocolo de petição mencionado no parágrafo anterior, anualmente tem-se quatro "janelas" para apresentação de petições de investigação antissubsídios originais[136].

Uma vez iniciada a investigação, inicia-se uma nova contagem de prazos processuais para a instrução. Em suma, a investigação original tem os seguintes grandes marcos em termos de documentos elaborados pela autoridade investigadora: (1) Circular SECEX de início da investigação, (2) Determinação Preliminar, com ou sem a recomendação de direitos provisórios, (3) Nota Técnica de Fatos Essenciais e (4) Determinação Final.

A imagem a seguir contém um passo a passo sobre os prazos processuais durante a instrução da investigação antissubsídios original.

---

[136] Guia de Investigações Antidumping do DECOM, 2022. Disponível em: <https://www.gov.br/produtividade-e-comercio-exterior/pt-br/assuntos/comercio-exterior/defesa-comercial-e-interesse-publico/guias>. Acesso em: 3 maio 2022.

Imagem – Prazos de uma investigação antissubsídios original

Fonte: elaboração própria.

Imagem – Marcos da investigação antissubsídios original

Fonte: elaboração própria.

Em todas as fases processuais, as partes interessadas serão notificadas dos dados e das informações necessários à instrução do processo, da forma e do prazo de sua apresentação (art. 174 do Decreto n. 10.839/2021). Caso, porém, qualquer parte interessada negue acesso à informação necessária, não a forneça tempestivamente ou crie obstáculos à investigação, o parecer referente às determinações preliminares ou finais será elaborado com base na melhor informação disponível, de acordo com as disposições do Capítulo XV, nos termos do art. 46, § 3º, do Decreto n. 10.839/2021. Trata-se, assim, da chamada *best information available*, ou "BIA". Essa melhor informação disponível pode ser, inclusive, aquilo que está contido na petição de início da investigação (parágrafo único do art. 174 do Decreto n. 10.839/2021), o que muito provavelmente é mais gravoso para o produtor/exportador, de modo que se trata de um instrumento dos acordos multilaterais em defesa comercial para incentivar a participação das empresas nos respectivos processos.

3.9.2. *Prazos processuais nas revisões de final de período*

Conforme já mencionado, em grandes linhas, pode-se entender que uma investigação antissubsídios pode ser dividida em 6 (seis) etapas principais:

Imagem – Prazos processuais em revisões de final de período antissubsídios originais

Fonte: elaboração própria.

Em grandes linhas, pode-se entender que uma investigação antissubsídios pode ser dividida em 6 (seis) etapas principais:

Imagem – Principais etapas processuais em revisões de final de período antissubsídios

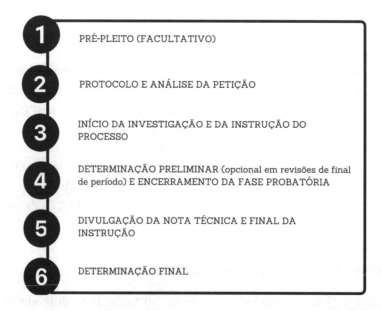

Fonte: elaboração própria.

Embora o Decreto n. 10.389/2021 preveja prazos detalhados para a análise de petições de investigações antissubsídios originais, conforme apresentado na Seção 3.9.1. Esses prazos, porém, não precisam ser necessariamente aplicados à análise de petições de revisões de final de período, uma vez que, conforme previsto no art. 90 do citado Decreto, as revisões de final de período apenas obedecerão no que couber aos prazos estabelecidos no Capítulo VI, entre os quais se encontram os prazos de análise de petição. Ademais, o art. 108 do Decreto n. 10.389/2021 apenas determina que a decisão de iniciar a revisão de final de período terá de ser publicada antes do término da vigência do direito compensatório, prazo esse que não é passível de prorrogação. Dado que a petição tem que ser protocolada com antecedência mínima de 4 (quatro) meses desse prazo, não há necessidade de a petição de revisão de final de período ser analisada de forma tão expedita quanto as petições de investigações antidumping originais.

Assim, é possível que se tenha o passo a passo sobre os prazos processuais para o início de uma revisão de final de período antissubsídios:

Tabela – Prazos processuais para iniciar uma revisão de final de período antissubsídios

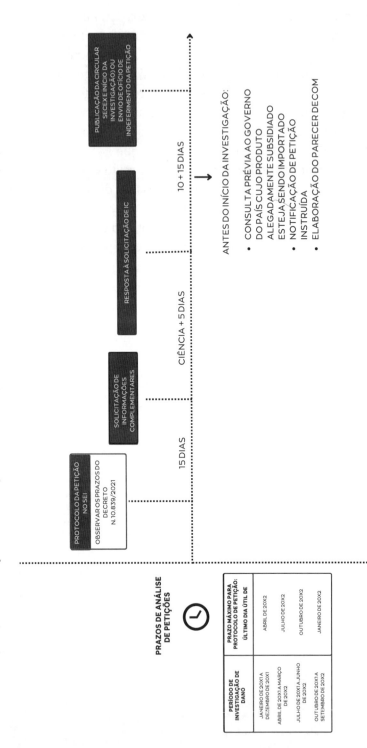

Fonte: elaboração própria.

Note-se, aqui, uma peculiaridade das investigações antissubsídios: em qualquer caso, sempre antes do início da investigação, será oferecida oportunidade para a realização de consultas ao governo do país cujo produto alegadamente subsidiado esteja sendo importado ao Brasil e causando dano à indústria doméstica. Segundo o § 1º do art. 36 do Decreto n. 10.389/2021, "as consultas a que se refere o *caput* terão como objetivo esclarecer dúvidas sobre as informações e os elementos de prova constantes da petição, com vistas a obter solução mutuamente satisfatória".

Uma vez iniciada a investigação, inicia-se uma nova contagem de prazos processuais para a instrução. Em suma, a revisão de final de período tem os seguintes grandes marcos em termos de documentos elaborados pela autoridade investigadora: (1) Circular SECEX de início da investigação, (2) Nota Técnica de Fatos Essenciais e (3) Determinação Final.

Imagem – Marcos da revisão de final de período antissubsídios

Fonte: elaboração própria.

Similarmente ao que acontece em investigações antidumping, uma das principais diferenças em termos de atos processuais na revisão de final de período em comparação com uma investigação original diz respeito à determinação preliminar. A elaboração de determinações preliminares não é obrigatória em revisões de final de período, diferentemente do que ocorre em investigações antissubsídios originais. No entanto, caso o DECOM decida realizar uma determinação preliminar no âmbito de uma revisão de final de período, a elaboração e a publicação dessa determinação seguirão, preferencialmente, os mesmos prazos previstos para determinações preliminares em investigações originais, os quais foram apresentados na pergunta anterior. Importante destacar que a emissão de determinação preliminar é condição para que as partes interessadas possam apresentar compromisso de preços, nos termos do § 6º do art. 63 do Decreto n. 10.839/2021, segundo o qual os produtores ou exportadores estrangeiros somente poderão oferecer compromissos de preços ou aceitar aqueles oferecidos pelo DECOM durante o período compreendido entre a data da publicação da determinação preliminar positiva de subsídios, de dano à indústria doméstica e de nexo de causalidade entre ambos, e o encerramento da fase probatória.

A imagem a seguir apresenta as revisões de final de período, é possível que se tenha o passo a passo sobre os prazos processuais para a instrução de uma revisão de final de período. Ressalte-se, porém, que os prazos de análise indicados nas tabelas a seguir são prazos internos e impróprios, de modo que seu descumprimento não gera repercussões processuais.

Nos termos do art. 109 do Decreto n. 10.839/2021, as revisões de final de período antissubsídios são concluídas no prazo de doze meses, contado do início da investigação, mas é possível (e bastante comum) a sua prorrogação para até quinze meses. Nota-se, portanto, que o prazo máximo de uma investigação de revisão de final de período antissubsídios é maior (quinze meses) do que uma revisão de final de período antidumping (doze meses), *vide* Seção 2.9.1.

3 • *Investigações antissubsídios – teoria e prática*

Imagem – Prazos de uma revisão de final de período antissubsídios

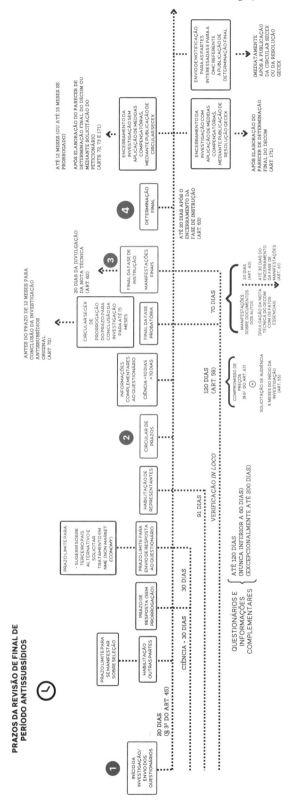

Fonte: elaboração própria.

Imagem – Prazos processuais em investigações antissubsídios originais e revisões de final de período

Fonte: elaboração própria.

3.9.3. Verificações in loco e verificações de elementos de prova

A verificação consiste em um procedimento que visa garantir a validade, integridade e autenticidade dos dados apresentados pelas partes interessadas em uma investigação de defesa comercial, informações essas que constituem a base para a tomada de decisão. Trata-se, assim, de um dever da autoridade investigadora, uma decorrência do cumprimento da obrigação prevista no *caput* do art. 48 do Decreto n. 10.839/2021, e uma forma para o cumprimento do dever previsto no art. 8 do Acordo sobre Subsídios e Medidas Compensatórias, dado que só se pode prosseguir com a investigação caso haja confiabilidade dos dados. O Anexo VI deste acordo multilateral inclusive dá maiores balizas ao procedimento de "investigações *in situ*", que teriam, segundo seus termos, objetivo principal de verificar informação fornecida pela empresa e obter maiores esclarecimentos.

3 • Investigações antissubsídios – teoria e prática

Para tanto, há duas possibilidades para a sua condução: (i) verificação *in loco* e (ii) verificações de elementos de prova, sem a obrigatoriedade legal de se conduzir necessariamente a tradicional verificação *in loco*. Apesar de pouco usual, em tese, não haveria impedimento para que uma autoridade investigadora buscasse se certificar da correção dessas informações por meio, por exemplo, do cruzamento de dados (análise da petição e dos questionários, comparação com os próprios apêndices e informações textuais, dados da RFB etc.).

A (i) verificação *in loco* consiste no procedimento segundo o qual servidores do DECOM realizam viagens para verificar os dados que foram apresentados no processo. Consiste na prática consolidada no Brasil e em autoridades ao redor do mundo, relevante para assegurar a validade das informações recebidas, tanto no que diz respeito aos dados submetidos por empresas que compõem a indústria doméstica como aos dados submetidos por produtores/exportadores, importadores dos produtos objeto de investigação e governos, no caso de investigações antissubsídios. Assim, interessante destacar que, no caso se verificações *in loco* em investigações antissubsídios, poderão ser realizadas tais verificações *in loco* não apenas em empresas, mas também nos governos, desde que estes sejam notificados e não apresentem objeções à realização do procedimento, nos termos do art. 48 do Decreto n. 10.839/2021.

É cabível, porém, que a autoridade investigadora conclua, por outro meio que não a verificação *in loco*, pela correção dos dados, documentos e informações apresentados, considerando-os suficientes para a condução da investigação e a fundamentação de decisão. Foi assim durante a pandemia da COVID-19, quando foram suspensas as viagens nacionais e internacionais, por prazo indeterminado. O DECOM, assim como todas as demais autoridades investigadoras ao redor do mundo, teve que encontrar soluções para esse procedimento sem que houvesse prejuízo para as partes interessadas no processo de defesa comercial.

Assim, foi publicada a Instrução Normativa n. 1, de 17 de agosto de 2020, referente aos procedimentos para a verificação das informações reportadas pelas partes interessadas e para a transmissão de documentos às partes interessadas pelo DECOM. Segundo seus termos, foram necessárias adaptações necessárias aos procedimentos das investigações de defesa comercial e das avaliações de interesse público conduzidas pelo Departamento de Defesa Comercial e Interesse Público, em decorrência da pandemia do novo coronavírus (COVID-19). Assim, durante um período foram realizadas, em vez das verificações *in loco*, as chamadas (ii) "verificações de elementos de prova", consistentes em análise detalhada de todas as informações submetidas, buscando verificar sua correção com base na análise cruzada das informações protocoladas por cada parte interessada com aquelas submetidas pelas demais partes, bem como com informações constantes de outras fontes disponíveis à Subsecretaria, se possível e quando aplicável.

489

PARECER N. 00654/2020/PGFN/AGU, DE 23 DE JULHO DE 2020

Em resposta à Nota Técnica n. 26689/2020/ME encaminhada pelo Departamento de Defesa Comercial e Interesse Público (DECOM), a AGU encaminhou esclarecimento sobre se a condução de verificação *in loco* constituiria motivação legítima para a aplicação do art. 67 da Lei n. 9.784, de 1999.

Nesse sentido, a resposta da AGU é clara no sentido de que se pode interpretar que "em circunstâncias normais aplica-se o prazo de 12 meses". Por outro lado, ante a anormalidade devido às circunstâncias da pandemia do COVID-19, a autoridade investigadora pode se valer do art. 11.4 do ADA, sendo o não cumprimento do prazo de 12 meses fundamentado em motivo de força maior, nos termos do art. 67 da Lei de Processo Administrativo. Além disso, foi igualmente destacado que, dada a suspensão da fase probatória, não se contabiliza para o cumprimento dos 12 meses, o período suspenso. Vale ressaltar novamente que o Parecer n. 00654/2020/PGFN/AGU foi aprovado pelos Despachos n. 02994/2020/PGFN/AGU e 03001/2020/PGFN/AGU, ambos de 28 de julho do mesmo ano.

Fonte: Resolução GECEX n. 134, de 23 de dezembro de 2020[137].

Posteriormente, foi revogada a Instrução Normativa n. 1, de 17 de agosto de 2020, e publicada a Instrução Normativa n. 3, de 22 de outubro de 2021, que determinou que, considerando a evolução da pandemia do COVID-19, seria dada preferência ao retorno aos procedimentos de verificação *in loco*, mas que, em caso de sua impossibilidade, retornar-se-ia à verificação de elementos de prova. Essa previsão permanece em vigor nos termos dos arts. 56 a 69 da Portaria SECEX n. 162, de 6 de janeiro de 2022, que consolida as normas gerais em defesa comercial.

MEDIDA ANTIDUMPING – MEIAS – INVESTIGAÇÃO ORIGINAL – CHINA, PARAGUAI E HONG KONG
CIRCULAR SECEX N. 54, DE 27 DE AGOSTO DE 2021

Trata-se de investigação iniciada para averiguar a existência de dumping nas exportações da China, Paraguai e de Hong Kong para o Brasil. O procedimento foi encerrado sem julgamento de mérito, dada a falta de acurácia e inadequação das informações prestadas pela indústria doméstica. Encerrada também a avaliação de interesse público relacionada, em razão de falta de objeto.

---

[137] BRASIL. Resolução GECEX n. 134, de 23 de dezembro de 2020. Disponível em: <https://www.in.gov.br/en/web/dou/-/resolucao-gecex-n-134-de-23-de-dezembro-de-2020-296450830>. Acesso em: 16 maio 2022.

> Conforme reporta a Circular em referência em seu item 1, após a realização da determinação preliminar, o DECOM procedeu à avaliação das respostas às informações complementares e à verificação dos dados submetidos nos autos do processo. Em razão da suspensão das verificações *in loco*, nos termos da Instrução Normativa n.1, de 17 de agosto de 2020, foram solicitados elementos de prova à peticionária.
>
> Verificadas inconsistências nos dados apresentados, concluiu-se pela falta de acurácia e inadequação dos dados constantes da petição de início, de modo que não houve, no caso em tela, confiabilidade suficiente para se alcançar uma determinação final de dano à indústria doméstica no âmbito do processo, nos termos do disposto no art. 180 do Decreto n. 8.058, de 2013, que estabelece que a autoridade investigadora levaria em conta, quando da elaboração de sua determinação, as informações verificáveis que tenham sido apresentadas tempestivamente e de forma adequada e, portanto, passíveis de utilização na investigação.

Fonte: Circular SECEX n. 54, de 27 de agosto de 2021[138].

A regra em vigor, portanto, é a seguinte:

Imagem – Regra geral e alternativa excepcional às verificações in loco

Fonte: elaboração própria.

3.9.4. Confidencialidade

Nos procedimentos de investigação antidumping conduzidos pelo DECOM, existem 3 (três) níveis de confidencialidade dos documentos e informações: (1) Público: informações e documentos que são publicados no DOU ou disponibilizados no sítio eletrônico do DECOM, acessíveis, portanto, ao público em geral; (2) Restrito: informações de acesso restrito às partes interessadas e aos seus representantes legais devidamente habilitados no Sistema SEI/ME; (3) Confidencial: informações assim identificadas pelas partes interessadas que as forneceram, desde que o pedido de confidencialidade seja devidamente justificado, bem como

---

[138] BRASIL. Circular SECEX n. 54, de 27 de agosto de 2021. Disponível em: < https://www.gov.br/produtividade-e-comercio-exterior/pt-br/acesso-a-informacao/legislacao/circulares-secex/2021/circular-secex-54_2021.pdf/view>. Acesso em: 22 maio 2022.

informações classificadas, de ofício, pelo DECOM como confidenciais[139]. Essas informações são utilizadas apenas pelo DECOM e não poderão ser reveladas sem autorização expressa da parte que as forneceu. Registre-se que os pareceres e notas técnicas confidenciais elaborados pelo DECOM podem ser disponibilizados também para as autoridades decisórias atuantes nos processos de defesa comercial (SECEX e GECEX), conforme art. 186, § 2º, do Decreto n. 10.839/2021.

Imagem – Níveis de confidencialidade

NÍVEIS DE CONFIDENCIALIDADE

PÚBLICO

INFORMAÇÕES DE DOMÍNIO PÚBLICO, DIVULGADAS NO *DIÁRIO OFICIAL DA UNIÃO* E NO SÍTIO ELETRÔNICO DO DECOM.

QUALQUER PESSOA PODE CONSULTAR ESSAS INFORMAÇÕES PÚBLICAS.

RESTRITO

(1) INFORMAÇÕES DE ACESSO RESTRITO ÀS PARTES INTERESSADAS DO PROCESSO EM QUESTÃO.

(2) APENAS AS PARTES INTERESSADAS E SEUS REPRESENTANTES LEGAIS DEVIDAMENTE HABILITADOS PODEM ACESSAR AS INFORMAÇÕES.

CONFIDENCIAL

INFORMAÇÕES SENSÍVEIS FORNECIDAS PELAS PARTES, SEJA DEVIDO A SUA PRÓPRIA NATUREZA, SEJA DEVIDO À JUSTIFICATIVA FORNECIDA PELA PARTE QUE A SUBMETEU.

INFORMAÇÕES CLASSIFICADAS DE OFÍCIO PELO DECOM COMO CONFIDENCIAIS.

APENAS O DECOM POSSUI ACESSO AOS AUTOS CONFIDENCIAIS DO PROCESSO.

PARECERES E NOTAS TÉCNICAS CONFIDENCIAIS ELABORADOS PELO DECOM SÃO DISPONIBILIZADOS TAMBÉM PARA AS AUTORIDADES DECISÓRIAS (SECEX E GECEX).

Fonte: elaboração própria.

---

[139] Por exemplo, quando há questionamento sobre similaridade, é relativamente comum o DECOM analisar, a partir dos dados da RFB, se há coincidência entre clientes da indústria doméstica e importadores das origens investigadas. No texto dos pareceres do DECOM, os nomes das empresas são sempre apresentados de forma confidencial.

As peticionárias e as partes interessadas tendem a submeter seus documentos e petições apenas nas versões restrita e confidencial, ao passo que o DECOM, com base em todas as informações recebidas, elabora os documentos de natureza pública, que são então publicados no DOU e/ou disponibilizados no sítio eletrônico do DECOM. Assim, nos termos do Decreto n. 10.839/2021, os documentos devem ser apresentados pelas partes interessadas simultaneamente em duas versões: "restrita" (documento não público, acessível apenas às partes interessadas); e "confidencial" (documento diretamente acessível apenas ao DECOM). Cumpre esclarecer que, caso não haja informação confidencial, o documento poderá ser fornecido apenas em bases restritas.

Registre-se que, caso haja a inclusão ou a exclusão de empresas do conceito de indústria doméstica (*vide* Seção 3.2.2 deste livro), pode ser necessário solicitar que as empresas levantem a confidencialidade de alguns dos seus dados. Ademais, caso alguma informação seja apresentada pelas partes interessadas como confidencial e o DECOM não aceite a justificativa de confidencialidade e a parte não abra mão dessa confidencialidade, a consequência é que o DECOM descartará tal informação e não poderá revelá-la às demais partes interessadas no processo.

Para fins das avaliações de interesse público, portanto, há os autos público e os autos confidenciais, ao passo que, para fins das investigações de defesa comercial, há apenas os autos restritos e confidenciais, conforme detalhado no Guia do Processo Administrativo Eletrônico (SEI) em Defesa Comercial e Interesse Público[140]. O Guia esclarece que com a integração dos procedimentos de defesa comercial e interesse público, os autos da investigação passarão a seguir a seguinte estrutura:

- Autos Restritos de Defesa Comercial (DC) (Processo principal de Defesa Comercial): Protocolo por assinatura no SEI e documento previamente assinado COM certificado digital;
- Autos Confidenciais de Defesa Comercial (Processo relacionado ao principal de DC): Protocolo por assinatura no SEI e documento previamente assinado COM certificado digital;
- Autos Restritos de Interesse Público (IP) (processo relacionado ao principal de DC): Protocolo por assinatura no SEI, SEM certificado digital;

---

[140] Guia de Investigações Antidumping do DECOM, 2021. Disponível em: <https://www.gov. br/produtividade-e-comercio-exterior/pt-br/assuntos/comercio-exterior/defesa-comercial-e-interesse-publico/guias>. Acesso em: 3 maio 2022.

- Autos Confidenciais de Interesse Público (Processo relacionado ao principal de DC): Protocolo por assinatura no SEI, SEM certificado digital.

Imagem – Autos em Defesa Comercial e Interesse Público

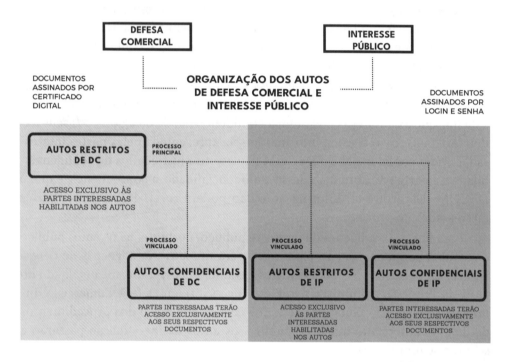

Fonte: elaboração própria.

Serão tratadas como informações confidenciais aquelas assim identificadas pelas partes interessadas, desde que seu pedido seja devidamente justificado. No entanto, conforme previsto no § 5º do art. 47 do Decreto n. 10.389/2021, não serão consideradas adequadas justificativas de confidencialidade para documentos, dados e informações, entre outros, quando estes tiverem notória natureza pública no Brasil, ou forem de domínio público, no Brasil ou no exterior, ou ainda, conforme relacionam as alíneas do inciso II do § 5º do mencionado artigo, forem documentos relativos:

a) à composição acionária e à identificação do sócio controlador;
b) à organização societária do grupo de que faça parte;
c) ao volume da produção, das vendas internas, das exportações, das importações e dos estoques;

d) aos contratos celebrados por escritura pública ou arquivados perante notário público ou em junta comercial, na República Federativa do Brasil ou no exterior; e

e) às demonstrações patrimoniais, financeiras e empresariais de companhia aberta, de companhia equiparada à companhia aberta, ou de empresas controladas por companhias abertas, inclusive as estrangeiras, e as suas subsidiárias integrais, que devam ser publicadas ou divulgadas em decorrência da legislação societária ou do mercado de valores mobiliários.

Registre-se que o DECOM costuma ser rigorosa na análise das justificativas de confidencialidade para documentos, dados e informações, no sentido de evitar deixar como confidenciais dados relativos como consumo cativo, capacidade instalada (nominal ou efetiva), número de empregados e receita líquida obtida com vendas no mercado interno. Caso as empresas as apresentem como confidenciais, o DECOM normalmente solicita que a parte reavalie a confidencialidade e, em caso de recusa, decide se rejeita ou não a informação. Esse rigor se justifica porque tais as informações podem ser muito importantes para a análise de dano. Por exemplo, se a empresa não abrir a confidencialidade a receita líquida no mercado interno, o DECOM não tem como revelar o preço de venda, que pode ser relevante para a análise do dano e para o contraditório e a ampla defesa no processo administrativo.

A fim de privilegiar o princípio da transparência, que rege a Administração Pública, o § 2º do art. 47 do Decreto n. 10.389/2021 determina que "as partes interessadas que fornecerem informações confidenciais deverão apresentar resumos restritos com detalhes que permitam a compreensão da informação fornecida, sob pena de ser desconsiderada a informação confidencial". O resumo restrito relativo a informações numéricas confidenciais deverá ser apresentado em formato numérico, na forma de números-índice, entre outros. Sobre o tema, o Guia de Investigações Antidumping do DECOM[141] explica como é possível apresentar a evolução de um indicador em números-índice:

---

[141] Guia de Investigações Antidumping do DECOM, 2022. Disponível em: <https://www.gov.br/produtividade-e-comercio-exterior/pt-br/assuntos/comercio-exterior/defesa-comercial-e-interesse-publico/guias>. Acesso em: 3 maio 2022.

Imagem – Elaboração de números-índice para fins de confidencialidade

IMPORTAÇÕES POR PERÍODO	
PERÍODO	IMPORTAÇÕES (T)
P1	17.018
P2	16.686
P3	16.015
P4	16.272
P5	16.641

1. ESCOLHER UM PERÍODO COMO REFERÊNCIA, NESSE CASO, P1.
2. MULTIPLICAR OS DEMAIS VALORES POR 100 E DIVIDIR PELO VALOR DE REFERÊNCIA, REALIZANDO SIMPLES "REGRA DE TRÊS".
3. NA INTERPRETAÇÃO DE TABELAS EM NÚMEROS-ÍNDICE, QUANDO O NÚMERO-ÍNDICE É MAIOR QUE 100, O VALOR OBSERVADO PARA ESSE ITEM DA SÉRIE É SUPERIOR AO VALOR DE REFERÊNCIA. POR SUA VEZ, QUANDO O NÚMERO-ÍNDICE É MENOR QUE 100, O VALOR OBSERVADO É INFERIOR AO DE REFERÊNCIA.

IDENTIFICAÇÃO DO VALOR DE REFERÊNCIA			
PERÍODO	IMPORTAÇÕES (T)	VALOR DE REFERÊNCIA	NÚMEROS-ÍNDICE
P1	17.018	17.018	100
P2	16.686		
P3	16.015		
P4	16.272		
P5	16.641		

CÁLCULO DOS NÚMEROS-ÍNDICE			
PERÍODO	IMPORTAÇÕES (T)	VALOR DE REFERÊNCIA	NÚMEROS-ÍNDICE	VARIAÇÃO
P1	17.018	17.018	100	
P2	16.686	(16.686 X 100) / 17.018	98	2% MENOR DO QUE EM P1
P3	16.015	(16.015 X 100) / 17.018	94	6% MENOR DO QUE EM P1
P4	16.272	(16.272 X 100) / 17.018	96	4% MENOR DO QUE EM P1
P5	16.641	(16.641 X 100) / 17.018	98	2% MENOR DO QUE EM P1

Fonte: elaboração própria.

Nota-se, portanto, uma preocupação no sentido de que tanto as avaliações de interesse público quanto as investigações de defesa comercial tenham o mesmo cuidado com a confidencialidade, sem que isso obste o direito ao contraditório e à ampla defesa das demais partes interessadas.

3.9.5. Dos roteiros e dos questionários

Os roteiros e os questionários em investigações antissubsídios estão detalhadamente previstos nos Apêndices da Portaria SECEX n. 172, de 14 de fevereiro de 2022, que dispõe sobre as normas referentes a investigações antissubsídios previstas no Decreto n. 10.839/2021. São os seguintes:

- Apêndice I – Apoio da Indústria Doméstica à Petição (*vide* Seção 3.2.2, sobre indústria doméstica e representatividade)
- Apêndice II – Apoio da Indústria Doméstica à Petição de Redeterminação (*vide* Seção 3.8.6, sobre redeterminação)
- Apêndice III – Dos Subsídios (*vide* Seção 3.3, sobre subsídios)
- Apêndice IV – Preço de Exportação (*vide* Seção 3.3.3, sobre cálculo do montante de subsídios acionáveis)

3 • Investigações antissubsídios – teoria e prática

- Apêndice V – Vendas Totais da Empresa (_vide_ Seção 3.4.2, sobre indicadores de desempenho da indústria doméstica)
- Apêndice VI – Consumo Cativo (_vide_ Seção 3.2.3, para composição do consumo nacional aparente)
- Apêndice VII – Vendas no Mercado Interno (_vide_ Seção 3.4.2, sobre indicadores de desempenho da indústria doméstica)
- Apêndice VIII – Capacidade Instalada (_vide_ Seção 3.4.2, sobre indicadores de desempenho da indústria doméstica)
- Apêndice IX – Estoques (_vide_ Seção 3.4.2, sobre indicadores de desempenho da indústria doméstica)
- Apêndice X – Valor de Estoque (_vide_ Seção 3.4.2, sobre indicadores de desempenho da indústria doméstica)
- Apêndice XI – Demonstração de Resultados – Vendas do Produto Similar Doméstico no Mercado Interno (_vide_ Seção 3.4.2, sobre indicadores de desempenho da indústria doméstica)
- Apêndice XII – Demonstração de Resultados – Exportações de Produto Similar (_vide_ Seção 3.4.2, sobre indicadores de desempenho da indústria doméstica)
- Apêndice XIII – Demonstração de Resultados – Revendas do Produto no Mercado Interno e Externo (_vide_ Seção 3.4.2, sobre indicadores de desempenho da indústria doméstica)
- Apêndice XIV – Emprego (_vide_ Seção 3.4.2, sobre indicadores de desempenho da indústria doméstica)
- Apêndice XV – Massa Salarial (_vide_ Seção 3.4.2, sobre indicadores de desempenho da indústria doméstica)
- Apêndice XVI – Retorno sobre o Investimento (_vide_ Seção 3.4.2, sobre indicadores de desempenho da indústria doméstica)
- Apêndice XVII – Fluxo de Caixa (_vide_ Seção 3.4.2, sobre indicadores de desempenho da indústria doméstica)
- Apêndice XVIII – Custo de Produção do Produto por Período (_vide_ Seção 3.4.2, sobre indicadores de desempenho da indústria doméstica)
- Apêndice XIX – Custo de Produção Mensal (_vide_ Seção 3.4.2, sobre indicadores de desempenho da indústria doméstica)
- Apêndice XX – Exportações dos Países Sujeitos à Medida (_vide_ Seção 3.4.2, sobre os indicadores de desempenho da indústria doméstica e Seção 3.7.2.2, sobre probabilidade de continuação ou retomada do dano, _vide_ Seção 3.8.6, sobre redeterminação)
- Apêndice XXI – Importações do Produto Objeto – P5 (_vide_ Seção 3.8.6, sobre redeterminação)

Curso de Defesa Comercial e Interesse Público no Brasil: teoria e prática

- Apêndice XXII – Importações do Produto Objeto – P1 a P4 (*vide* Seção 3.8.6, sobre redeterminação)
- Apêndice XXIII – Revenda do Produto Objeto Importado – P5 (*vide* Seção 3.8.6, sobre redeterminação)
- Apêndice XIV – Importações do Produto Objeto – período de apuração do montante de direito a ser restituído (*vide* Seção 3.8.6, sobre redeterminação)
- Apêndice XXV – Preço de Exportação Construído a partir do Preço de Revenda (*vide* Seção 3.8.6, sobre redeterminação)
- Apêndice XXVI – Preço de Exportação para Redeterminação (*vide* Seção 3.8.6, sobre redeterminação)
- Apêndice XXVII – Preço CIF Internado (*vide* Seção 3.8.6, sobre redeterminação)
- Apêndice XXVIII – Evolução das Importações (*vide* Seção 3.8.6, sobre redeterminação)

Deve-se ressaltar que diferentemente de uma investigação antidumping, em que os questionários de produtor/exportador seguem um roteiro previamente definido e público, no caso de investigações antissubsídios, os roteiros são customizados para cada investigação, já que cada uma poderá trazer informações e/ou documentos referentes a programas de subsídios específicos, que demandem perguntas também específicas.

3.9.6. *Sistema Processual de Investigações – SEI/ME*

As investigações de defesa comercial conduzidas pelo DECOM são inteiramente submetidas ao sistema processual de investigações denominado SEI/ME, o Sistema Eletrônico de Informações do Ministério da Economia, nos termos do art. 3º da Portaria SECEX n. 162/2022. Ademais, importante mencionar que em 2021 foi realizada a completa transição do antigo sistema Decom Digital – SDD para o SEI/ME, de modo que atualmente os autos tanto de defesa comercial quanto de interesse público estão no mesmo sistema. O Guia do Processo Administrativo Eletrônico (SEI) em Defesa Comercial e Interesse Público[142] esclarece que com a integração dos procedimentos de defesa comercial e interesse público, os autos da investigação passarão a seguinte estrutura descrita na Seção 3.9.4.

---

[142] Guia de Investigações Antidumping do DECOM, 2021. Disponível em: <https://www.gov.br/produtividade-e-comercio-exterior/pt-br/assuntos/comercio-exterior/defesa-comercial-e-interesse-publico/guias>. Acesso em: 3 maio 2022.

3 • Investigações antissubsídios – teoria e prática

Por fim, ressalta-se o cuidado quando da submissão das informações no SEI/ME, já que, nos termos do § 2º do art. 7º da Portaria SECEX n. 162/2022, a divulgação de informação confidencial por erro na protocolização ou na classificação do documento no SEI/ME é de responsabilidade exclusiva da parte interessada que o submeteu. Ademais, o § 1º explicita que, "no caso de inconsistência entre o teor do documento enviado e o de natureza confidencial, restrita ou pública dos autos no qual o documento foi protocolado no SEI/ME, prevalecerá a natureza dos autos no qual o documento foi protocolado pelo usuário externo". Adicionalmente às responsabilidades previstas na Portaria n. 294, de 2020, é de responsabilidade do usuário externo o correto protocolo dos documentos nos processos eletrônicos referentes às investigações e procedimentos, devendo necessariamente ser utilizado o peticionamento intercorrente em processos em curso.

3.9.7. Breves notas sobre partes relacionadas em investigações antissubsídios

O termo "partes relacionadas" (também expresso como "produtores vinculados" ou "partes associadas") aparece tanto no Acordo sobre Subsídios e Medidas Compensatórias da OMC quanto no Decreto n. 10.839/2021. O Decreto n. 10.839/2021 incorpora o regramento similarmente ao que já constava no Decreto n. 8.058/2013 sobre investigações antidumping, trazendo algumas exigências adicionais, conhecidas como regras "OMC *Plus*".[143] A despeito de sua importância para as investigações, não há definição precisa para o conceito de partes relacionadas em defesa comercial (doravante *partes relacionadas* ou *partes afiliadas*, também conhecidas, em inglês, como *related parties* ou *affiliated parties*). Ainda que alguns elementos conceituais possam ser encontrados, a definição não é uníssona na normativa multilateral ou mesmo na legislação brasileira, conforme mencionado por Athayde, Marssola, Viegas e Leite[144], ao analisar esse tema sob a perspectiva das investigações antidumping.

O Acordo sobre Subsídios e Medidas Compensatórias da OMC menciona o relacionamento entre as partes apenas na nota de rodapé 48, quando da de-

---

[143] O termo "OMC *Plus*" é aplicado em diferentes situações e contextos, e se refere a compromissos e obrigações assumidos pelos Membros que vão além do que imposto ou requerido pelos acordos no âmbito da OMC. Para uma discussão sobre o impacto do desenvolvimento de regras OMC *Plus*, cf. QIN, Julia Ya. WTO-Plus obligations and their implications for the world trade organization legal system. *Journal of World Trade*, v. 37, 2003. p. 483.

[144] ATHAYDE, Amanda; MARSSOLA, Julia; VIEGAS, Maria Augusta; LEITE, Victor. *Defesa comercial e direito societário:* partes relacionadas em investigações antidumping. Belo Horizonte: Ed. Fórum, 2021.

Curso de Defesa Comercial e Interesse Público no Brasil: teoria e prática

finição de indústria nacional[145]. O Decreto n. 10.839/2021, por sua vez, contém disposições mais detalhadas acerca das partes relacionadas em investigações antissubsídios, abarcando não apenas a definição de partes relacionadas para fins de indústria doméstica, mas também outras hipóteses em que o relacionamento entre as partes pode ter consequências processuais e materiais em um processo de defesa comercial. Trata-se, assim, de uma típica regra "OMC *Plus*", sem, no entanto, esgotar as discussões sobre as consequências do relacionamento e as metodologias que devem ser adotadas em investigações antidumping. Os principais artigos do Decreto n. 10.839/2021 sobre partes relacionadas são o art. 8º[146] (referente às empresas estrangeiras, produtoras/exportadoras do produto) e o art. 29, § 1º[147] (referente às empresas nacionais, que compõem a indústria doméstica). Nota-se que as hipóteses de relacionamento referentes às empresas estrangeiras são mais amplas que aquelas referentes às empresas nacionais.

---

[145] Nota de rodapé 48 do Acordo de Subsídios e Medidas Compensatórias da OMC. "*48. Para as finalidades deste parágrafo, só se considerará que os produtores estão vinculados aos exportadores ou aos importadores quando: (a) um deles controla diretamente ou indiretamente o outro; ou (b) ambos são direta ou indiretamente controlados por terceira pessoa; ou (c) ambos controlam, direta ou indiretamente, terceira pessoa, desde que haja razões para acreditar ou suspeitar que a relação tem por efeito levar o produtor em questão a comportar-se diferentemente de outros produtores não vinculados. Para as finalidades deste parágrafo, considerar-se-á que um controla o outro quando o primeiro estiver em condições legais ou operacionais de restringir ou provocar ações do outro*".

[146] Decreto n. 10.839/2021, art. 8º: "Para os fins do disposto neste Decreto, as partes serão consideradas relacionadas ou associadas se: I – uma delas ocupar cargo de responsabilidade ou de direção em empresa da outra; II – forem legalmente reconhecidas como associadas em negócios; III – forem empregador e empregado; IV – qualquer pessoa, direta ou indiretamente, possuir, controlar ou deter cinco por cento ou mais das ações ou dos títulos emitidos com direito a voto de ambas; V – uma delas, direta ou indiretamente, controlar a outra, inclusive por intermédio de acordo de acionistas; VI – forem ambas, direta ou indiretamente, controladas por uma terceira pessoa; VII – juntas controlarem direta ou indiretamente uma terceira pessoa; VIII – forem Membros da mesma família; ou IX – se houver relação de dependência econômica, financeira ou tecnológica com clientes, fornecedores ou financiadores que configure controle operacional".

[147] Decreto n. 10.839/2021, art. 29, § 1º: "§ 1º Para fins do disposto no inciso I do *caput*, os produtores domésticos serão considerados associados ou relacionados aos produtores estrangeiros, aos exportadores ou aos importadores somente no caso de: I – um deles controlar direta ou indiretamente o outro; II – ambos serem controlados direta ou indiretamente por um terceiro; ou III – juntos controlarem direta ou indiretamente um terceiro".

Imagem – Acordo sobre Subsídios e Medidas Compensatórias da OMC e artigos do Decreto n. 10.839/2021 sobre partes relacionadas investigadas pela prática de subsídios ou que compõem a indústria doméstica

Fonte: elaboração própria.

Importante destacar, ainda, que as hipóteses do Decreto n. 10.839/2021 elencadas envolvem não apenas o relacionamento entre empresas (como são as hipóteses previstas nos incisos II, IV, V, VI, VII e IX do art. 8º e nos incisos I, II e III do art. 29, § 1º, do Decreto n. 10.839/2021), mas também o relacionamento entre empresas e indivíduos (como são as hipóteses previstas nos incisos I, III e VIII do art. 8º do Decreto n. 10.839/2021). Por essa razão é que Athayde, Marssola, Viegas e Leite[148] se utilizam do termo "partes", para se referir às duas hipóteses de relacionamento, tanto entre empresas quanto entre empresas e indivíduos.

---

[148] ATHAYDE, Amanda; MARSSOLA, Julia; VIEGAS, Maria Augusta; LEITE, Victor. *Defesa comercial e direito societário:* partes relacionadas em investigações antidumping. Belo Horizonte: Ed. Fórum, 2021.

Imagem – Artigos do Decreto n. 10.839/2021 sobre partes relacionadas investigadas pela prática de subsídios ou que compõem a indústria doméstica por característica de relacionamento com empresa ou indivíduo

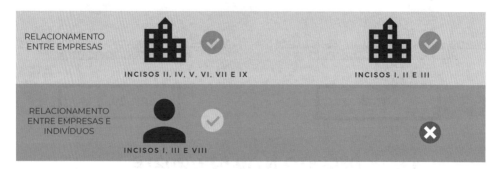

Fonte: elaboração própria.

4

INVESTIGAÇÕES DE SALVAGUARDAS – TEORIA E PRÁTICA

Para que se entenda a teoria e a prática sobre as investigações de salvaguardas no Brasil, inicialmente será apresentada a legislação de salvaguardas no contexto multilateral e nacional (4.1). Em seguida, serão explicados aspectos conceituais gerais (4.2), para que se possa então avançar para os detalhamentos sobre o aumento significativo das importações (4.3), prejuízo grave (4.4) e nexo de causalidade (4.5). Após, serão trazidas considerações sobre as medidas de salvaguardas (4.6) e breves explicações sobre aspectos processuais das investigações de salvaguardas (4.7). Finalmente, serão apresentadas algumas das distinções entre salvaguardas globais e preferenciais em Acordos de Livre Comércio (4.8).

4.1. Legislação de salvaguardas no contexto multilateral e no Brasil

Disposições sobre salvaguardas foram incorporadas pela primeira vez no Acordo Geral sobre Tarifas e Comércio (*General Agreement on Tariffs and Trade* – GATT) em 1947, através do art. XIX, que tratava de ações emergenciais sobre importações de produtos específicos. As disposições gerais sobre salvaguardas contidas no art. XIX do GATT 1947 (substituído pelo art. XIX do GATT 1994) foram esclarecidas e reforçadas pelo Acordo sobre Salvaguardas adotado durante a Rodada Uruguai. O art. XIX do Acordo Geral de Tarifas e Comércio 1994 (GATT 1994) e o Acordo sobre Salvaguardas fornecem a estrutura legal que rege o uso de medidas de salvaguarda no âmbito multilateral[1]. Consistente

---

[1] Alguma clareza sobre a relação entre o art. XIX do GATT 1994 e o Acordo sobre Salvaguardas é fornecida nos arts. 1 e 11.1(a) do Acordo sobre Salvaguardas. Assim, qualquer medida de salvaguarda imposta após a entrada em vigor dos Acordos da OMC deve cumprir as disposições tanto do Acordo sobre Salvaguardas quanto do art. XIX do GATT 1994, conforme já esclarecido pelo Órgão de Apelação em Korea – Dairy (Korea – Definitive Safeguard Measure on Imports of Certain Dairy Products, WT/DS98/AB/R, para. 77). O entendimento, portanto, é de que o Acordo sobre Salvaguardas não derrogou o texto do art. XIX do GATT 1947, incorporado ao texto do GATT 1994 ao final da Rodada.

503

Curso de Defesa Comercial e Interesse Público no Brasil: teoria e prática

em um dos documentos negociados e incorporados à ata final da Rodada Uruguai que criou a Organização Mundial do Comércio (OMC), que foi aprovada no Brasil pelo Decreto Legislativo n. 30, de 15 de dezembro de 1994, e promulgada pelo Decreto n. 1.355, de 30 de dezembro de 1994.

Leite[2] esclarece que as condições para aplicação da medida de salvaguarda no Acordo sobre Salvaguardas não são idênticas àquelas previstas no art. XIX do GATT 1994, que disciplinava as salvaguardas até a criação da OMC. Inicialmente, questionou-se se a introdução do Acordo sobre Salvaguardas[3] representava uma revogação do art. XIX[4], de forma que os Países-Membros da OMC deve-

---

[2] LEITE, Victor de Oliveira. Salvaguardas comerciais em defesa comercial: uma mudança no perfil de aplicação? Dissertação de mestrado, UnB, 2022.

[3] Segundo o autor: "O Acordo sobre Salvaguardas, em seu Artigo 2.1, apresenta apenas três elementos necessários para a aplicação da medida de salvaguarda: (1) o aumento significativo das importações, (2) o prejuízo grave ou a ameaça de sua ocorrência e o (3) nexo de causalidade entre esses elementos. O Acordo sobre Salvaguardas não condiciona a aplicação da medida à evolução não prevista ou aos compromissos assumidos perante o sistema multilateral de comércio. Segundo o dispositivo, uma medida de salvaguarda só poderá ser aplicada a um produto quando um Membro houver determinado que as importações daquele produto em seu território tenham aumentado em quantidades tais, seja em termos absolutos, seja em proporção à produção nacional, e ocorram em condições tais que causam ou ameaçam causar prejuízo grave ao setor nacional que produz bens similares ou diretamente concorrentes. (...) Ao não vincular à existência de um evento externo que tenha levado ao aumento das importações, o Acordo sobre Salvaguardas parece desvincular-se de um marco temporal pré-definido que deveria servir de parâmetro para a análise da evolução das importações. Se antes o comportamento das importações era medido com relação ao momento anterior à concessão tarifária e a outros compromissos, com o Acordo sobre Salvaguardas o aumento das importações seria analisado dentro do parâmetro temporal definido pela própria autoridade responsável pela condução da investigação. Ocorre que o Acordo sobre Salvaguardas não definiu um horizonte temporal sobre o qual as autoridades deveriam concentrar sua análise, ao contrário dos demais acordos de defesa comercial que determinam um período de análise dos dados para análise dos indicadores da indústria doméstica. A única exigência do Acordo sobre Salvaguardas é que a análise seja feita de forma objetiva, e é precisa demonstrar que a escolha dos períodos de análise não representa um viés de seleção". LEITE, Victor de Oliveira. Salvaguardas comerciais em defesa comercial: uma mudança no perfil de aplicação? Dissertação de Mestrado, UnB, 2022.

[4] Segundo o autor: "O Artigo XIX:1(a) do GATT 1994 estabelece que o Membro da organização pode aplicar uma medida de salvaguarda se identificar um aumento de importações que tenha causado ou ameace causar prejuízo grave à sua indústria doméstica em consequência da evolução não prevista das circunstâncias e por efeito dos compromissos assumidos em virtude daquele acordo. O instrumento foi estabelecido para ser usado como uma medida emergencial para situações em que os negociadores não tenham tido condições de antever o efeito disruptivo dos compromissos assumidos no seu mercado doméstico. Essas circunstâncias levaram a um aumento das importações que tivesse causado um prejuízo grave ou fosse capaz de ameaçar sua ocorrência. O texto do acordo não permitia a aplicação de uma medida de salvaguarda frente a qualquer aumento de importações, porque a razão das concessões

4 • Investigações de salvaguardas – teoria e prática

riam se pautar exclusivamente no Acordo sobre Salvaguardas na condução dos procedimentos de investigação e de imposição da medida de salvaguarda.

Tabela – Comparação entre o texto do art. XIX:1(a) do GATT 1994 e o art. 2.1 do Acordo sobre Salvaguardas

ART. XIX:1(A) DO GATT 1994	ART. 2.1 DO ACORDO SOBRE SALVAGUARDAS
Se, em consequência da evolução imprevista das circunstâncias e por efeito dos compromissos que uma Parte Contratante tenha contraído em virtude do presente Acordo, compreendidas as concessões tarifárias, **um produto for importado** no território da referida Parte Contratante em **quantidade por tal forma acrescida** e em tais **condições que cause ou ameace causar um prejuízo grave** aos produtores nacionais de produtos similares ou diretamente concorrentes, será facultado a essa Parte Contratante, na medida e durante o tempo que forem necessários para prevenir ou reparar esse prejuízo, suspender, no todo ou em parte, o compromisso assumido em relação a esse produto, ou retirar ou modificar a concessão.	Um Membro só poderá aplicar uma medida de salvaguarda a um produto após haver determinado, de conformidade com as disposições enunciadas abaixo, que as **importações** daquele produto em seu território **tenham aumentado em quantidades tais**, seja em termos absolutos, seja em proporção à produção nacional, **e ocorram em condições tais que causam ou ameaçam causar prejuízo grave** ao setor nacional que produz bens similares ou diretamente concorrentes.

Fonte: GATT 1994 e Acordo sobre Salvaguardas.

Elaboração: LEITE, Victor de Oliveira. Salvaguardas comerciais em defesa comercial: uma mudança no perfil de aplicação? Dissertação de mestrado, UnB, 2022.

Apesar desse argumento de uma suposta prevalência do Acordo sobre Salvaguardas sobre o art. XIX do GATT 1994, o Órgão de Solução de Controvérsias decidiu sobre a coexistência de ambos os dispositivos. Segundo argumentado em *Korea – Dairy*[5], os Acordos da OMC devem ser entendidos como um "compromisso único" com o resultado de que todas as obrigações da OMC são geralmente cumulativas e os Membros devem cumprir todas elas simultaneamente[6].

---

era estimular o crescimento do comércio. Nesse sentido, o aumento das importações deveria ser a causa da emergência vivenciada pela indústria doméstica a ser protegida. (...) O GATT 1994 põe especial ênfase às concessões tarifárias no rol de compromissos assumidos, sendo os compromissos o marco de comparação para estabelecimento das expectativas dos países relacionadas à evolução futuras das importações. Em termos de cumprimento das condições para a aplicação de uma salvaguarda, o Membro deveria demonstrar que os acordos pactuados na negociação (em especial a concessão tarifária), associados a um evento não previsto, levaram a um aumento das importações e este, por sua vez, causou ou ameaça causar prejuízo grave". LEITE, Victor de Oliveira. Salvaguardas comerciais em defesa comercial: uma mudança no perfil de aplicação? Dissertação de mestrado, UnB, 2022.

[5] Relatório do Órgão de Apelação, Korea – Definitive Safeguard Measure on Imports of Certain Dairy Products, WT/DS98/AB/R, adotado em 12 de janeiro de 2000, DSR 2000:I, 3, parágrafo 74.

[6] MUELLER, Felix. Is the General Agreement on Tariffs and Trade Article XIX "Unforeseen Clause" still effective under the Agreements on Safeguards. *Journal of International Trade*, v. 37 (6), p. 1119-1151, 2003, p. 1124.

Curso de Defesa Comercial e Interesse Público no Brasil: teoria e prática

Nesse sentido, a cláusula de evolução imprevista das circunstâncias deveria ser demonstrada como elemento factual para que uma medida de salvaguarda possa ser aplicada de forma consistente com as obrigações decorrentes dos acordos da OMC. Segundo o Órgão de Apelação, qualquer outra interpretação do art. XIX.1(a) do GATT 1994 tornaria a cláusula ineficaz, violando assim o princípio fundamental de eficácia na interpretação do tratado. As salvaguardas seriam, portanto, disciplinadas por dois instrumentos distintos: o art. XIX do GATT 1994 e o Acordo sobre Salvaguardas da OMC.

Assim, para compatibilizar os dois dispositivos, o Órgão de Solução de Controvérsias buscou diferenciar as condições de aplicação da medida e as circunstâncias necessárias para seu cumprimento. Se apoiando na redação do título do art. 2 do Acordo sobre Salvaguardas, o Órgão de Solução de Controvérsias definiu que as condições de aplicação de uma medida de salvaguarda seria o aumento significativo das importações que ocorram em condições tais que causam ou ameaçam causar prejuízo grave, além do nexo de causalidade entre eles. Assim, o critério de evolução não prevista das circunstâncias e o efeito dos compromissos assumidos passaram a ser tratados como aspectos circunstanciais ("circunstâncias", não "condições"[7]) da aplicação da medida.

Ocorre que essa interpretação foi alterada pelo Órgão de Apelação da OMC, por entender que era necessário conferir interpretação ao art. XIX do GATT 1994 que estabelecesse um sentido normativo para o dispositivo, não de mera justificativa para a existência do mecanismo. Consolidou-se, então, que as medidas de salvaguarda deveriam seguir as disposições tanto do art. XIX do GATT 1994 quanto do Acordo sobre Salvaguardas. O Órgão de Apelação da OMC, ao manter a exigência de se demonstrar que o aumento das importações decorre da evolução imprevista das circunstâncias, buscou dar sentido ao alcance da expressão.

Segundo o Órgão de Apelação da OMC, a imprevisibilidade relacionada ao aumento das importações decorre da evolução das circunstâncias de maneira

---

[7] Segundo o autor: "Com relação ao conceito de evolução não prevista das circunstâncias, a classificação desses elementos como uma 'circunstância' e não mais como uma 'condição' de aplicação não é esclarecedora. Ou a 'evolução não prevista' das circunstâncias dá causa ao aumento das importações como era entendido antes, e, portanto, não há diferença entre 'circunstância' e 'condição', ou a circunstância não prevista deixa de ser relevante para determinar a evolução das importações para ser mero elemento de contextualização do aumento das importações. Nessa situação, o aumento das importações seria uma condição autorrealizada, porque para estabelecer a condição de aplicação importaria tão somente que o aumento das importações acontecesse de maneira súbita, aguda e significativa". LEITE, Victor de Oliveira. Salvaguardas comerciais em defesa comercial: uma mudança no perfil de aplicação? Dissertação de mestrado, UnB, 2022, p. 38.

diferente do que poderia ter sido antecipada no processo de negociação das concessões comerciais. Essa posição foi manifestada em *Argentina – Footwear* e *Korea – Dairy*, em que o Órgão de Apelação da OMC reproduz, como parte de sua fundamentação, o dispositivo do grupo de trabalho que decidiu o caso *Hatter's Fur*[8]. Nesse caso, afirmou-se que as circunstâncias imprevistas devem ser interpretadas como sinônimo de desenvolvimentos ocorridos após a negociação da concessão tarifária relevante e que não seria razoável esperar que os negociadores do país que fez a concessão pudessem e devessem ter previsto quando a concessão foi negociada[9].

Assim, devido às conclusões do Órgão de Apelação referentes à necessidade de demonstrar a ocorrência das "circunstâncias não previstas", Leite[10] argumenta que não há diferença prática em classificar a evolução não prevista das circunstâncias como uma condição ou uma circunstância da aplicação da medida de salvaguarda. Os efeitos jurídicos da não determinação de "condições", bem como de "circunstâncias" que devem ser demonstradas de fato, são iguais[11].

Uma medida de salvaguarda é uma restrição temporária de importações usada para proteger a indústria doméstica de bens similares ou diretamente concorrentes prejudicada pela concorrência estrangeira no caso de o aumento das importações causar ou ameaçar prejuízos graves aos produtores nacionais de produtos similares ou diretamente concorrentes. Considerando-se que os países assumiram compromisso com tarifas máximas consolidadas vinculantes, as salvaguardas funcionam como "válvulas de escape" que permitem aumentos além da tarifa máxima consolidada, ou outras formas de proteção. O mecanismo de salvaguarda se justifica, então, como uma medida de emergência, com o objetivo de remediar os impactos negativos nas indústrias domésticas decorrentes de um "surto de importações" resultante da liberalização co-

---

[8] O caso *Hatter's Fur* foi o primeiro caso de salvaguardas a ser analisado em controvérsia, tendo sido analisado sob a égide única do art. XIX do GATT, já que esse caso é anterior ao estabelecimento da OMC. A proximidade da análise desse caso com as rodadas de negociação que resultaram em concessões significativas tornam esse caso um paradigma difícil de ser replicado. Todas as condições de proximidade temporal com o marco negociador e, portanto, com a base de comparação sobre a evolução das circunstâncias não se repetirão.

[9] Relatório do Órgão de Apelação, Korea – Definitive Safeguard Measure on Imports of Certain Dairy Products, WT/DS98/AB/R, adotado em 12 de janeiro de 2000, DSR 2000:I, 3, parágrafo 89. Relatório do Órgão de Apelação, Argentina – Safeguard Measures on Imports of Footwear, WT/DS121/AB/R, adotado em janeiro de 2000, DSR 2000:I, 575, parágrafo 96.

[10] LEITE, Victor de Oliveira. Salvaguardas comerciais em defesa comercial: uma mudança no perfil de aplicação? Dissertação de mestrado, UnB, 2022, p. 39.

[11] SYKES, 2006(b), p. 109.

Curso de Defesa Comercial e Interesse Público no Brasil: teoria e prática

mercial, ante uma evolução não prevista das circunstâncias. Essa medida é destinada, assim, a produtos específicos, para que a ação governamental não comprometa, em termos mais amplos, a agenda e os esforços de liberalização comercial. Além disso, deve ser temporária, seguindo um cronograma de desgravação, para permitir a exposição dos produtores domésticos à concorrência estrangeira na medida em que eles implementam os ajustes necessários para lidar com a dinâmica do livre comércio.

Leite e Gadelha[12] explicam que as salvaguardas "são, tanto pela natureza das situações necessárias para sua adoção quanto pelo alcance e contrapartidas que ensejam, mais raramente aplicadas pelos Países-Membros da OMC do que as medidas *antidumping* e as medidas compensatórias". Esclarecem os autores que a principal diferença entre as últimas e as salvaguardas é que para a aplicação das salvaguardas não é necessário que haja uma determinada conduta por parte do produtor/exportador estrangeiro, mas sim um aumento qualificado das importações do produto investigado, bem como um dano qualificado à indústria nacional.

Nessa toada, Leite[13] recorda que o preâmbulo do Acordo sobre Salvaguardas expressamente prevê que os países afirmam reconhecer a importância do ajustamento estrutural e a necessidade de estimular em vez de limitar a concorrência nos mercados internacionais. Nessa senda, os mecanismos de salvaguarda são definidos como um elemento para permitir uma restrição temporária sem perder de vista o objetivo maior: buscar ampla integração no comércio internacional.

No Brasil, inicialmente foi promulgado o Decreto n. 1.488, de 11 de maio de 1995, para regulamentar as investigações de salvaguardas em sede nacional, posteriormente alterado pelo Decreto n. 1.963, de 20 de junho de 1996, quanto à regulamentação dos procedimentos de aplicação de medidas de salvaguardas. Ainda não foi realizada atualização dessa legislação, diferentemente do que já aconteceu com o Decreto Antidumping n. 8.058/2013 e o Decreto de Subsídios e Medidas Compensatórias n. 10.839/2021. Menciona-se, ainda, a possibilidade prevista no Decreto n. 2.667, de 10 de julho de 1998, de que o Mercosul pode

---

[12] LEITE, Victor de Oliveira; GADELHA, Zahra Faheina. *Salvaguardas como medida de proteção e exposição à concorrên*cia: do interesse público na defesa comercial e na defesa da concorrência. In: ATHAYDE, Amanda; GUIMARÃES, Marcelo; BURNIER, Paulo (Orgs.). Comércio internacional e concorrência – desafios e perspectivas atuais, Volume I, 2018. Disponível em: <https://bit.ly/3sYSsQS>. Acesso em: 30 jun. 2021.

[13] LEITE, Victor de Oliveira. Salvaguardas comerciais em defesa comercial: uma mudança no perfil de aplicação? Dissertação de mestrado, UnB, 2022.

aplicar salvaguardas como entidade única, apesar de tal possibilidade nunca ter sido utilizada.

Em termos de regulamentos, a Portaria SECEX n. 169, de 25 de janeiro de 2022, consolidou normas específicas dos procedimentos administrativos relativos à aplicação de medidas de salvaguarda, e revogou as até então vigentes Circular SECEX n. 19, de 2 de abril de 1996, e Circular SECEX n. 59, de 28 de novembro de 2001.

Ademais, conforme se analisará detalhadamente no Capítulo 5, as investigações de salvaguardas podem contar com avaliações de interesse público, de modo que se tem o seguinte quadro da legislação antidumping multilateral e nacional:

Imagem – Legislação de salvaguardas multilateral e no Brasil

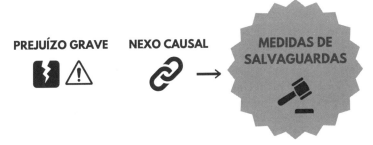

Fonte: elaboração própria.

Ademais, as regras gerais e consolidadas aplicáveis a todas as investigações de defesa comercial estão previstas na Portaria SECEX n. 162, de 6 de janeiro de

Curso de Defesa Comercial e Interesse Público no Brasil: teoria e prática

2022. Nos termos do art. 70 desta Portaria, foram revogadas diversas outras portarias anteriormente vigentes referentes a investigações de defesa comercial no Brasil, de modo a viabilizar a consolidação normativa:

I – da Portaria SECEX n. 41, de 27 de julho de 2018, publicada no *Diário Oficial da União* de 31 de julho de 2018 [sobre a habilitação da produção nacional de determinado produto como indústria fragmentada para fins de defesa comercial];

II – da Portaria SECEX n. 21, de 30 de março de 2020, publicada no *Diário Oficial da União* de 31 de março de 2020 [sobre notificação e comunicações às partes interessadas no âmbito de processos de defesa comercial];

III – da Portaria SECEX n. 103, de 27 de julho de 2021, publicada no *Diário Oficial da União* de 28 de julho de 2021 [sobre a utilização do sistema eletrônico de informação – SEI, como instrumento do processo administrativo];

IV – da Instrução Normativa SECEX n. 3, de 22 de outubro de 2021, republicada no *Diário Oficial da União* de 3 de novembro de 2021 [sobre as adaptações necessárias aos procedimentos das investigações de defesa comercial, notadamente nas verificações *in loco*, em decorrência da pandemia da COVID-19]; e

V – da Portaria SECEX n. 150, de 26 de novembro de 2021, publicada no *Diário Oficial da União* de 29 de novembro de 2021 [sobre pré-pleito].

4.2. Aspectos conceituais gerais

A fim de que se possa compreender uma investigação de salvaguardas, é necessário inicialmente apresentar os conceitos de (4.2.1) produto objeto e produto similar ou diretamente concorrente e (4.2.2) indústria doméstica.

4.2.1. Produto objeto e produto similar ou diretamente concorrente

O Acordo sobre Salvaguardas define, em seu art. 1.1, como condição para aplicação de uma medida de salvaguarda, "que as importações daquele produto em seu território tenham aumentado em quantidades tais, seja em termos absolutos, seja em proporção à produção nacional, e ocorram em condições tais que causam ou ameaçam causar prejuízo grave ao setor nacional que produz bens similares ou diretamente concorrentes". Essa mesma regra está reproduzida no art. 1º do Decreto n. 1.488/1995. Assim, diferentemente dos Acordos Antidumping ou Acordo sobre Subsídios e Medidas Compensatórias (*vide* Seções 2.2.1 e 3.2.1, respectivamente), o Acordo sobre Salvaguardas traz como objeto da análise não apenas o produto similar, mas também o produto "diretamente concorrente".

510

Imagem – Produto objeto, produto similar e diretamente concorrente nos Acordos Antidumping, Acordo sobre Subsídios e Medidas Compensatórias e Acordo sobre Salvaguardas

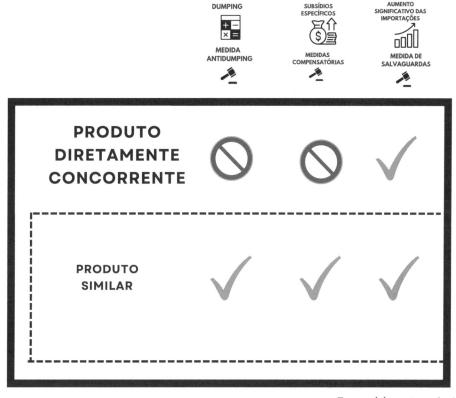

Fonte: elaboração própria.

Nem o art. XIX do GATT 1994 nem o Acordo sobre Salvaguardas apresentam critérios para a definição do "produto investigado" enquanto bens similares ou diretamente concorrentes. Apesar de discricionária, Leite[14] adverte que a definição do produto investigado impõe a necessidade de se avaliar as dinâmicas de concorrência para a definição do produto que se almeja proteger.

Assim, "produto objeto" é o produto objeto do aumento significativo das importações resultante de uma evolução não prevista das circunstâncias, que é o produto investigado exportado para o Brasil. Todos os demais produtos considerados na investigação serão considerados "produto similar ou diretamente concorrente". Assim, poderão ser considerados similares ou diretamente con-

---

[14] LEITE, Victor de Oliveira. Salvaguardas comerciais em defesa comercial: uma mudança no perfil de aplicação? Dissertação de mestrado, UnB, 2022, p. 43.

correntes ao produto objeto da investigação os produtos brasileiros considerados na análise do dano e na produção nacional. Recorde-se que, diferentemente das investigações antidumping e antissubsídios, as investigações de salvaguardas não possuem alvo países específicos (ou não devem possuir, como regra geral, nos termos do Acordo sobre Salvaguardas e do art. 5º do Decreto n. 1.488/1995), mas são orientadas por produtos específicos, razão pela qual não há análise de produtos importados das "demais origens não investigadas" como outro fator de dano. A imagem a seguir resume:

Imagem – Produto objeto e produto similar e diretamente concorrente em investigações de salvaguardas

(I) PRODUTO SIMILAR OU DIRETAMENTE CONCORRENTE AO "PRODUTO OBJETO"

COMPARAÇÃO DO PRODUTO OBJETO COM O PRODUTO DA INDÚSTRIA DOMÉSTICA PARA FINS DE ANÁLISE DO **DANO**

"PRODUTO OBJETO" DA INVESTIGAÇÃO

Produto investigado para o Brasil

ANÁLISE DAS IMPORTAÇÕES DO PRODUTO OBJETO PARA FINS DE ANÁLISE DA **EVOLUÇÃO DAS IMPORTAÇÕES RESULTANTE DA EVOLUÇÃO NÃO PREVISTA DAS CIRCUNSTÂNCIAS**

Fonte: elaboração própria.

Uma definição ampla do produto investigado pode implicar uma definição correspondentemente ampla para a indústria doméstica afetada e, consequentemente, a necessidade de se avaliar um conjunto mais abrangente de dados econômico-financeiros para determinar a existência de prejuízo grave da referida indústria. Uma definição ampla do produto também pode tornar mais complexa a análise de causalidade, caso se determine que há diferentes dinâmicas de concorrência entre categorias do produto analisado. Assim, quando o produto doméstico

4 • Investigações de salvaguardas – teoria e prática

é definido de forma a incluir fabricantes de produtos diretamente concorrentes, a despeito da ausência de similaridade, aumenta-se o ônus argumentativo da autoridade investigadora para determinar a causalidade entre o aumento das importações e o prejuízo grave da indústria doméstica. Segundo o autor, um exemplo recente de situação que ilustra uma investigação com produtos diferentes foi a investigação iniciada pela Colômbia, em 2019, em razão da importação de laminados de papelão revestidos de alumínio utilizados para o envase de produtos alimentícios (utilizados para montagem de caixas de leite e sucos, por exemplo), os quais afetariam a produção de sacos plásticos assépticos, alegadamente utilizados para o mesmo propósito[15]. Discussão similar ocorreu na investigação de salvaguardas de têxteis pelo Peru em face de exportações brasileiras, em que a discussão de produto similar ou diretamente concorrente também foi relevante para o caso[16].

4.2.2. Indústria nacional, indústria doméstica, representatividade, grau de apoio, indústria subnacional e indústria fragmentada

O Acordo sobre Salvaguardas define no art. 4.1(c) que, "para fins de determinação da existência de prejuízo ou de ameaça de prejuízo entender-se-á por 'indústria nacional' o conjunto dos produtores dos bens similares ou diretamente concorrentes que operem dentro do território de um Membro ou aqueles cuja produção conjunta de bens similares ou diretamente concorrentes constitua uma proporção substancial da produção nacional de tais bens". Essa mesma regra está reproduzida no art. 6º, III, do Decreto n. 1.488/1995.

Interessante notar que nem o Acordo sobre Salvaguardas e nem o Decreto n. 1.488/1995 apresentam detalhamento sobre os contornos ou testes para que se configure "indústria nacional". Esse fato parece estar correlacionado com a maior amplitude possível do produto objeto da investigação de salvaguardas, que abarca não apenas o produto similar, mas também o produto "diretamente concorrente", diferentemente dos Acordos Antidumping ou Acordo sobre Subsídios e Medidas Compensatórias (*vide* Seções 2.2.1 e 3.2.1, respectivamente). Sobre o tema, Leite[17] adverte que, de um lado, uma definição mais ampla do escopo da

---

[15] G/SG/N/6/COL/8, de 16 de abril de 2019.

[16] Nota à imprensa Ministério das Relações Exteriores e Ministério da Economia. Disponível em: <https://www.gov.br/mre/pt-br/canais_atendimento/imprensa/notas-a-imprensa/encerramento-de-investigacao-de-salvaguardas-pelo-peru-contra-importacoes-de-texteis-do-brasil-2013-nota-conjunta-do-ministerio-das-relacoes-exteriores-e-do-ministerio-da-economia-1>. Acesso em: 17 ago. 2022.

[17] LEITE, Victor de Oliveira. Salvaguardas comerciais em defesa comercial: uma mudança no perfil de aplicação? Dissertação de mestrado, UnB, 2022, p. 45.

investigação possibilita a defesa de um setor industrial com maior facilidade, na medida em que diversos produtos são incluídos numa mesma análise da situação econômico-financeira do setor. Não só a proteção do setor se torna mais eficaz, como também facilita o tratamento das informações, porque o setor pode apresentar dados agregados de seus indicadores. De outro, a inclusão de mais produtos torna mais complexa a investigação, porque ficam menos claras as relações de aumento das importações e seus efeitos sobre a indústria doméstica.

Para o autor, a estratégia de aumentar o escopo da investigação parece ir contra o propósito das medidas de salvaguarda do art. XIX do GATT 1994, que surgem como medida emergencial contra a importação de produtos específicos, e não como estratégia de proteção setorial. No entanto, em alguns casos, o escopo do produto investigado parece ter sido resultado dos contornos do setor industrial a ser protegido, numa definição pelo lado da oferta[18]. Essa definição pelo setor econômico implicaria, segundo Leite, uma identificação de indústria multiproduto que pode ser problemática porque torna menos transparente a ocorrência das condições necessárias para a aplicação de uma medida de salvaguarda.

Diversas das discussões sobre a diferença entre indústria nacional e indústria doméstica tendem a surgir em sede de investigações antidumping e antissubsídios, razão pela qual se remete para as respectivas Seções 2.2.1 e 3.2.1 deste livro.

SALVAGUARDAS – COCO RALADO – SEGUNDA REVISÃO
CIRCULAR SECEX N. 42, DE 30 DE JULHO DE 2009

Trata-se de segunda revisão referente à medida de salvaguarda sobre as importações de coco seco, sem casca, mesmo ralado.
Definiu-se como indústria doméstica a produção brasileira total de coco seco, produto diretamente concorrente ao importado, cultivada pelo conjunto dos produtores de coco, congregados pelo SINDCOCO, representante da totalidade dos produtores nacionais.

Fonte: Circular SECEX n. 42, de 30 de julho de 2009[19].

SALVAGUARDAS – VINHOS FINOS – INVESTIGAÇÃO ORIGINAL
CIRCULAR SECEX N. 9, DE 14 DE MARÇO DE 2012

Trata-se de investigação original referente à medida de salvaguarda sobre as importações brasileiras de vinho fino ou vinho de mesa.

---

[18] SYKES, Alan O. The WTO Agreement on Safeguards: A Commentary. Oxford: Oxford University Press, 2006. p. 148.

[19] BRASIL. Circular SECEX n. 42, de 30 de julho de 2009. Disponível em: <https://www.gov.br/produtividade-e-comercio-exterior/pt-br/arquivos/dwnla_1249490982.pdf>. Acesso em: 17 ago. 2022.

4 • Investigações de salvaguardas – teoria e prática

> Segundo os peticionários, o setor de vinhos é composto por um grande número de produtores, com forte concentração em pequenas e médias vinícolas, o que impossibilitou a apresentação de dados individualizados de todas as empresas do setor. Isto não obstante, foram tomados os dados da Cooperativa Vinícola Aurora Ltda., Vinhos Salton S/A, Vinícola Miolo Ltda., Cooperativa Viti Vinícola Aliança Ltda., ABEGE – Participações Ind. e Com. de Bebidas Ltda. e Lovara Vinhos Finos Ltda., que, segundo consta da petição, representam, em conjunto, mais de 50% da produção do Estado do Rio Grande do Sul, proporção considerada substancial para fins de análise da existência de prejuízo grave ou de ameaça de prejuízo grave.
>
> Ao final, a investigação foi encerrada pela própria SECEX, sem a aplicação de medidas de salvaguardas.

Fonte: Circular SECEX n. 9, de 14 de março de 2012[20].

4.3. Aumento significativo das importações

A fim de que se aplique uma salvaguarda, é necessário que haja (i) um aumento em quantidades tais que causem ou ameacem causar (ii) prejuízo grave à indústria doméstica que produz bens similares ou diretamente concorrentes, desde que haja (iii) nexo de causalidade entre eles. Esta seção se concentrará no primeiro destes três pilares.

Nos termos do art. 1 do Acordo sobre Salvaguardas da OMC, uma medida de salvaguarda só poderá ser aplicada a um produto quando um Membro houver determinado que as importações daquele produto em seu território tenham aumentado em quantidades tais, seja em termos absolutos, seja em proporção à produção nacional, e ocorram em condições tais que causam ou ameaçam causar prejuízo grave ao setor nacional que produz bens similares ou diretamente concorrentes. Essa mesma regra está reproduzida no art. 1º do Decreto n. 1.488/1995.

Conforme já mencionado na Seção 4.1 deste livro, relatórios dos Órgãos de Apelação da OMC[21] deixaram claro que as salvaguardas podem ser usadas apenas em resposta a "desenvolvimentos imprevistos", conforme art. XIX do GATT 1994[22].

---

[20] BRASIL. Circular SECEX n. 9, de 14 de março de 2012. Disponível em: <https://www.gov.br/produtividade-e-comercio-exterior/pt-br/arquivos/dwnla_1331819867.pdf>. Acesso em: 17 ago. 2022.

[21] Nos casos *Korea – Dairy* e *Argentina – Footwear*, o Órgão de Apelação reverteu a decisão do painel e esclareceu que a evolução imprevista das circunstâncias (*unforeseen developments*) deve ser interpretada como a ocorrência de acontecimentos novos após a negociação da concessão tarifária relevante, os quais não seria razoável supor que poderiam ser previstos pelos negociadores do país que fez a concessão ao tempo em que a negociação foi feita.

[22] O art. XIX:1(a) do GATT 1994 estabelece que um Membro da OMC pode impor uma medida de salvaguarda se, como resultado de acontecimentos imprevistos e do efeito de obriga-

Em *Korea – Dairy*[23], o Órgão de Apelação concluiu, com respeito ao requisito de aumento das importações, que a análise de importações "em tais quantidades aumentadas" não é uma determinação meramente matemática ou técnica. Ou seja, não basta uma investigação mostrar simplesmente que as importações do produto neste ano foram superiores às do ano passado. Em vez disso, deveria haver quantidades aumentadas que causassem ou ameaçassem causar prejuízos graves à indústria doméstica para cumprir esse requisito de aplicação de uma medida de salvaguarda. O Órgão de Apelação também concordou com o Painel que era necessário considerar as tendências intermediárias ao longo do período de investigação, e não apenas comparar os pontos finais. É assim que, segundo Leite[24], a leitura do art. 2.1 do Acordo sobre Salvaguardas c/c o art. XIX:1(a) do GATT 1994 exige que o aumento nas importações tenha sido recente o suficiente, repentino o suficiente, acentuado o suficiente e significativo o suficiente, tanto quantitativa quanto qualitativamente, para causar ou ameaçar causar "lesão grave".

Posteriormente, em *US-Wheat Gluten*[25], ecoando as conclusões do Órgão de Apelação em *Argentina-Footwear*[26], o Painel interpretou que a frase "em tais quantidades aumentadas" possuiria requisitos específicos no que diz respeito à natureza quantitativa e qualitativa do aumento das importações do produto objeto da investigação. Tanto o art. XIX:1(a) do GATT 1994 quanto o art. 2.1 do Acordo de Salvaguardas exigiriam que um produto esteja sendo importado para o território do Membro em questão em quantidades tão elevadas (absolutas ou relativas à produção doméstica) que causem ou ameacem causar danos graves. Assim, não basta qualquer aumento nas importações. Neste ponto, destaca-se que as salvaguardas podem ser legítimas não apenas em casos de aumento absoluto das importações, mas também em termos relativos à produção nacional.

ções contraídas, incluindo concessões tarifárias, um produto for importado em quantidades maiores e sob condições tais que causem ou ameacem prejuízos graves aos produtores nacionais de produtos similares ou diretamente concorrentes.

[23] OMC. DS98: Korea — Definitive Safeguard Measure on Imports of Certain Dairy Products. Disponível em: <https://www.wto.org/english/tratop_e/dispu_e/cases_e/ds98_e.htm>. Acesso em: 3 jun. 2022.

[24] LEITE, Victor de Oliveira. Salvaguardas comerciais em defesa comercial: uma mudança no perfil de aplicação? Dissertação de mestrado, UnB, 2022, p. 45.

[25] OMC. DS166: United States — Definitive Safeguard Measures on Imports of Wheat Gluten from the European Communities. Disponível em: <https://www.wto.org/english/tratop_e/dispu_e/cases_e/ds166_e.htm >. Acesso em: 3 jun. 2022.

[26] OMC. DS121: Argentina — Safeguard Measures on Imports of Footwear. Disponível em: <https://www.wto.org/english/tratop_e/dispu_e/cases_e/ds121_e.htm>. Acesso em: 3 jun. 2022.

4 • *Investigações de salvaguardas – teoria e prática*

Deste modo, para fins da investigação de salvaguardas, investiga-se um aumento qualificado das importações, ou seja, que deve acontecer de maneira súbita, aguda e significativa, para justificar a aplicação de uma medida de salvaguarda.

4.4. Do prejuízo grave

A fim de que se aplique uma salvaguarda, é necessário que haja um aumento em quantidades tais que causem ou ameacem causar prejuízo grave à indústria doméstica que produz bens similares ou diretamente concorrentes, desde que haja nexo de causalidade entre o aumento e o prejuízo. Esta seção se concentrará no segundo desses três pilares. Para tal compreensão, será inicialmente apresentado o conceito de (4.4.1) prejuízo grave ou ameaça de sua ocorrência, específico das investigações de salvaguardas, para em seguida apresentar os (4.4.2) indicadores de prejuízo grave ou ameaça de sua ocorrência.

4.4.1. Do prejuízo grave ou da ameaça de sua ocorrência

Considerando-se que medidas de salvaguardas devem ser adotadas em situações de emergência, entende-se que o padrão de dano é mais elevado que aquele a ser adotado ao analisar uma medida antidumping ou uma medida compensatória. Tanto é assim que a linguagem utilizada neste capítulo de salvaguarda difere dos demais capítulos anteriores, já que aqui se utiliza a expressão "prejuízo grave", em contraponto a "dano".

De acordo com o art. XIX do GATT 1994, os Membros estão autorizados a aplicar uma salvaguarda global se um produto estiver sendo importado "em quantidades tão elevadas e sob tais condições que causem ou ameacem prejuízos graves" a produtores domésticos de produtos similares ou diretamente concorrentes. Similarmente, o Acordo sobre Salvaguardas define no art. 4.1(a) "prejuízo grave" como "a deterioração geral significativa da situação de uma indústria nacional", e (b) "ameaça de prejuízo grave" como "o prejuízo grave que seja claramente iminente". Para a determinação da existência de prejuízo grave ou de ameaça de prejuízo grave, a autoridade deve se basear em fatos e não simplesmente em alegações, conjecturas ou possibilidades remotas, e conduzir uma análise objetiva. Essa mesma regra consta do art. 1º c/c art. 7º do Decreto n. 1.488/1995.

Especificamente sobre a ameaça de prejuízo grave, o § 3º do art. 7º do Decreto n. 1.488/1995 determina que se deve examinar, "quando for alegada ameaça de prejuízo grave, se é claramente previsível que o caso venha a se transformar em prejuízo grave, levando em conta fatores como a taxa de aumento das exportações para o Brasil e a capacidade de exportação do país de origem ou de exportação, existente ou potencial, e a probabilidade de as exportações resultantes dessa capacidade se destinarem ao mercado brasileiro".

Imagem – Conceito de prejuízo grave em investigações de salvaguardas

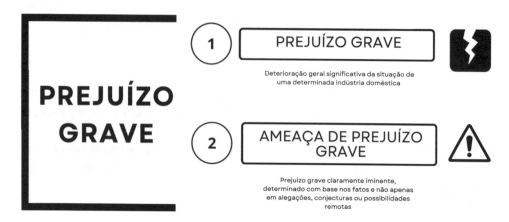

Fonte: elaboração própria.

4.4.2. Indicadores de prejuízo grave ou da ameaça de sua ocorrência

Na avaliação do prejuízo grave ou da ameaça de sua ocorrência à indústria doméstica, o art. 4.2(a) do Acordo sobre Salvaguardas da OMC determina quais são os critérios que devem ser avaliados para se determinar se o aumento das importações tem causado ou ameaça causar prejuízo grave. A autoridade possui uma lista mínima de fatores que precisam ser analisados pela autoridade investigadora quando de sua determinação sobre a existência de prejuízo grave ou de sua ameaça. O Acordo sobre Salvaguardas determina que as autoridades competentes avaliem todos os fatores relevantes de caráter objetivo e quantificável que tenham relação com a situação daquela indústria, especialmente (i) o ritmo de crescimento das importações do produto considerado, bem como (ii) seu crescimento em volume, em termos absolutos e relativos, (iii) a parcela do mercado interno absorvida pelas importações em acréscimo, (iv) as alterações no nível de vendas, (v) de produção, (vi) de produtividade, (vii) de utilização da capacidade, (viii) de lucros e perdas e (ix) de emprego. Trata-se, a nosso ver, de redação bem menos didática do que nos Acordo Antidumping e Acordo sobre Subsídios e Medidas Compensatórias.

Por sua vez, o art. 7º do Decreto n. 1.488/1995 determina que

> Art. 7º A investigação para a determinação de prejuízo grave ou ameaça de prejuízo grave decorrente do aumento das importações de determinado produto deverá levar em conta todos os fatores objetivos e quantificáveis relacionados à situação da indústria doméstica afetada, particularmente os seguintes:

4 • Investigações de salvaguardas – teoria e prática

I – o volume e a taxa de crescimento das importações do produto, em termos absolutos e relativos;

II – a parcela do mercado interno absorvida por importações crescentes;

III – o preço das importações, sobretudo para determinar se houve subcotação significativa em relação ao preço do produto doméstico similar;

IV – o consequente impacto sobre a indústria doméstica dos produtos similares ou diretamente concorrentes, evidenciado pelas alterações de fatores econômicos tais como: produção, capacidade utilizada, estoques, vendas, participação no mercado, preços (quedas ou sua não elevação, que poderia ter ocorrido na ausência de importações), lucros e perdas, rendimento de capital investido, fluxo de caixa e emprego;

V – outros fatores que, embora não relacionados com a evolução das importações, possuam relação de causalidade com o prejuízo ou ameaça de prejuízo à indústria doméstica em causa.

Cotejando ambos os documentos, é possível notar que os seguintes fatores devem ser examinados na determinação de prejuízo grave ou de sua ameaça à indústria doméstica:

Imagem – Fatores que devem ser examinados na determinação de prejuízo grave ou de sua ameaça à indústria doméstica em investigações de salvaguardas

Fonte: elaboração própria.

Quanto ao aspecto do (I) volume das importações, o art. 4.2(a) do Acordo sobre Salvaguardas determina que se analise o ritmo de crescimento das importações do produto considerado e o seu crescimento em volume, tanto em termos absoluto quanto relativos. Sendo que essa exigência também consta do art. 7º, I, do Decreto n. 1.488/1995.

Imagem – Fatores que devem ser examinados na determinação de prejuízo grave ou de sua ameaça à indústria doméstica em investigações de salvaguardas – volume das importações

Fonte: elaboração própria.

Quanto ao aspecto do (II) efeito das importações sobre a indústria doméstica, o art. 4.2(a) do Acordo sobre Salvaguardas determina que se verifique a parcela do mercado interno absorvida pelas importações em acréscimo. A respeito da análise do aumento significativo das importações, remete-se à Seção 4.3, e para a análise comparativa sobre produto similar ou diretamente concorrente, remete-se à Seção 4.2.1. Essa exigência também consta do art. 7º, II e III, do Decreto n. 1.488/1995.

Imagem – Fatores que devem ser examinados na determinação de prejuízo grave ou de sua ameaça à indústria doméstica em investigações de salvaguardas – efeito das importações

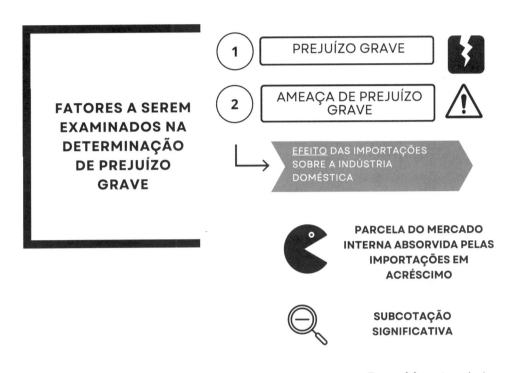

Fonte: elaboração própria.

Quanto ao aspecto do (III) consequente impacto das importações sobre a indústria doméstica, o art. 4.2(a) do Acordo sobre Salvaguardas determina que deverão ser avaliados todos os fatores relevantes de caráter objetivo e quantificável que tenham relação com a situação daquela indústria, em especial alterações no nível de vendas, a produção, a produtividade, a utilização da capacidade, os lucros e perdas e o emprego. Essa exigência também consta do art. 7º, IV, do Decreto n. 1.488/1995: "o consequente impacto sobre a indústria doméstica dos produtos similares ou diretamente concorrentes, evidenciado pelas alterações de fatores econômicos tais como: produção, capacidade utilizada, estoques, vendas, participação no mercado, preços (quedas ou sua não elevação, que poderia ter ocorrido na ausência de importações), lucros e perdas, rendimento de capital investido, fluxo de caixa e emprego".

Imagem – Fatores que devem ser examinados na determinação de prejuízo grave ou de sua ameaça à indústria doméstica em investigações de salvaguardas – impacto das importações sobre a indústria doméstica

Fonte: elaboração própria.

Ressalte-se assim que o grau de severidade[27-28] exigido pelo Acordo sobre Salvaguardas para determinar a deterioração da situação da indústria domés-

---

[27] Relatório do Órgão de Apelação, Argentina – Safeguard Measures on Imports of Footwear, WT/DS121/AB/R, adotado em janeiro de 2000, DSR 2000:I, 575, parágrafo 94. "*A aplicação de uma medida de salvaguarda não depende de ações comerciais 'injustas', como é o caso das medidas antidumping ou compensatórias. Assim, as restrições à importação impostas aos produtos dos Membros exportadores quando uma medida de salvaguarda é tomada devem ser vistas, como dissemos, como extraordinárias. E, ao interpretar os pré-requisitos para tais ações, sua natureza extraordinária deve ser levada em consideração.*" [tradução livre] No original: "*The application of a safeguard measure does not depend upon "unfair" trade actions, as is the case with anti-dumping or countervailing measures. Thus, the import restrictions that are imposed on products of exporting Members when a safeguard action is taken must be seen, as we have said, as extraordinary. And, when construing the prerequisites for taking such actions, their extraordinary nature must be taken into account*".

[28] Relatório do Órgão de Apelação, Argentina – Safeguard Measures on Imports of Footwear, WT/DS121/AB/R, adotado em janeiro de 2000, DSR 2000:I, 575, parágrafos 75 e s. "*Somos*

4 • Investigações de salvaguardas – teoria e prática

tica ("prejuízo grave ou sua ameaça") é superior àquele exigido pelo Acordo Antidumping e pelo Acordo sobre Subsídios e Medidas Compensatórias ("dano material, sua ameaça ou atraso material"), uma vez que as salvaguardas são aplicadas em situação de comércio leal, implementadas em face de uma situação de emergência no curso natural do comércio internacional, ao passo que medidas antidumping e compensatórias são aplicadas em caso de comércio desleal. Paradoxalmente, porém, Leite[29] constata que o Acordo sobre Salvaguardas exige uma avaliação bem menos detalhada do estado da indústria do que exigido pelo Acordo Antidumping e pelo Acordo sobre Subsídios e Medidas Compensatórias. A fim de facilitar a compreensão dos fatores de dano/prejuízo grave presentes no Acordo sobre Salvaguardas e no Acordo Antidumping, apresenta-se a seguir tabela elaborada por Leite de comparação com os critérios presentes nos dispositivos referentes à análise da situação da indústria doméstica:

---

fortalecidos em nossa visão de que o padrão de 'dano grave' no Acordo sobre Salvaguardas é muito alto quando comparamos esse padrão com o padrão de 'dano material' previsto no Acordo Anti-Dumping, o Acordo sobre Subsídios e Medidas Compensatórias (o 'Acordo SCM') e o GATT 1994. Acreditamos que a palavra 'grave' conota um padrão de dano muito mais alto do que a palavra 'material'. Além disso, sustentamos que está de acordo com o objeto e propósito do Acordo sobre Salvaguardas que o padrão de dano para a aplicação de uma medida de salvaguarda seja maior do que o padrão de dano para medidas anti-dumping ou compensatórias, uma vez que, como observamos anteriormente: [a] aplicação de uma medida de salvaguarda não depende de ações comerciais 'injustas', como é o caso das medidas antidumping ou compensatórias. Assim, as restrições à importação impostas aos produtos dos Membros exportadores quando uma medida de salvaguarda é tomada devem ser vistas, como dissemos, como extraordinárias". [tradução livre] No original: *"We are fortified in our view that the standard of 'serious injury' in the Agreement on Safeguards is a very high one when we contrast this standard with the standard of 'material injury' envisaged under the Anti-Dumping Agreement, the Agreement on Subsidies and Countervailing Measures (the 'SCM Agreement') and the GATT 1994. We believe that the word 'serious' connotes a much higher standard of injury than the word 'material'. Moreover, we submit that it accords with the object and purpose of the Agreement on Safeguards that the injury standard for the application of a safeguard measure should be higher than the injury standard for anti-dumping or countervailing measures, since, as we have observed previously:[t] he application of a safeguard measure does not depend upon 'unfair' trade actions, as is the case with anti-dumping or countervailing measures. Thus, the import restrictions that are imposed on products of exporting Members when a safeguard action is taken must be seen, as we have said, as extraordinary".*

[29] LEITE, Victor de Oliveira. Salvaguardas comerciais em defesa comercial: uma mudança no perfil de aplicação? Dissertação de mestrado, UnB, 2022.

Imagem – Fatores de dano/prejuízo grave presentes no Acordo sobre Salvaguardas e no Acordo Antidumping

	SALVAGUARDAS	ANTIDUMPING		SALVAGUARDAS	ANTIDUMPING
Vendas	✓	✓	Preços domésticos	✗	✓
Participação de mercado	✓	✓	Retorno sobre investimentos	✗	✓
Produção	✓	✓	Capacidade de captar recursos	✗	✓
Produtividade	✓	✓	Fluxo de caixa	✗	✓
Grau de ocupação	✓	✓	Crescimento da indústria	✗	✓
Lucros e perdas	✓	✓	Salários	✗	✓
Emprego	✓	✓	Aumento das importações	✓	✗
Estoques	✗	✓	Magnitude da margem de dumping	✗	✓

Fonte: elaboração própria, a partir de LEITE, Victor de Oliveira. Salvaguardas comerciais em defesa comercial: uma mudança no perfil de aplicação? Dissertação de mestrado, UnB, 2022.

Apesar dessa aparente contradição, Leite conclui no sentido de que ainda que a lista de critérios cuja análise é obrigatória para se determinar a situação da indústria doméstica nas investigações de salvaguarda seja menos extensa, a conclusão sobre o grau de severidade continua válida. Isso porque o Órgão de Solução de Controvérsias da OMC já teria se manifestado a respeito da lista de fatores incluída no Acordo sobre Salvaguardas que devem ser analisados pela autoridade, afirmando que a lista não é exaustiva e que a autoridade tem a obrigação de analisar todo fator que se apresente como relevante para a determinação sobre o estado da indústria.

Importante pontuar, ainda, que, mesmo nos casos de indústria fragmentada, conforme o previsto no § 2º do art. 1º do Decreto n. 9.107/2017, são aceitos indicadores de prejuízo grave ou da sua ameaça à indústria doméstica provenientes de fontes secundárias.

4.5. Do nexo de causalidade

A fim de que se aplique uma salvaguarda, é necessário que haja um aumento em quantidades tais que causem ou ameacem causar prejuízo grave à indústria doméstica que produz bens similares ou diretamente concorrentes, desde que

4 • Investigações de salvaguardas – teoria e prática

haja nexo de causalidade entre eles. Esta seção se concentrará no terceiro desses três pilares. Para tanto, primeiro será apresentada a análise positiva de causalidade, ou seja, do (4.5.1) impacto das importações do produto objeto da investigação, para que em seguida seja possível realizar a análise negativa de causalidade, ou seja, dos (4.5.2) outros fatores de dano, consistente na análise de não atribuição do dano às importações do produto objeto da investigação.

4.5.1. Impacto das importações na indústria doméstica

Nos termos do art. 4.2(b) do Acordo sobre Salvaguardas, a investigação deve demonstrar, com base em provas objetivas, a existência de um nexo de causalidade entre o aumento das importações do produto em questão e o prejuízo grave ou a ameaça de prejuízo grave. Esse dispositivo é reproduzido no § 1º do art. 7º do Decreto n. 1.488/1995.

Não basta, porém, que se comprove ter havido aumento das importações em razão da evolução imprevista das circunstâncias e que, paralelamente, a indústria nacional esteja sofrendo, ou ameaçada de sofrer, um prejuízo grave. É fundamental que as autoridades competentes pela investigação demonstrem que esse prejuízo está ocorrendo em virtude do aumento das importações, mas não necessariamente como sendo a única causa[30]. Assim, durante a análise do nexo causal, é necessário separar e distinguir os efeitos das importações e de possíveis outras causas de dano à indústria doméstica.

---

[30] OMC. Appellate Body Report, *US – Wheat Gluten*, paras. 67-68: *"[O] termo 'o nexo de causalidade' denota, a nosso ver, uma relação de causa e efeito tal que o aumento das importações contribui para 'causar', 'produzir' ou 'induzir' o dano grave. Embora essa contribuição deva ser suficientemente clara para estabelecer a existência da 'relação causal' exigida, a linguagem na primeira frase do Artigo 4.2(b) não sugere que o aumento das importações seja a única causa do dano grave, ou que 'outros fatores' causadores de prejuízo devem ser excluídos da determinação de prejuízo grave. Pelo contrário, a linguagem do Artigo 4.2(b), como um todo, sugere que 'o nexo causal' entre o aumento das importações e o prejuízo grave pode existir, mesmo que outros fatores também estejam contribuindo, 'ao mesmo tempo', para a situação da indústria nacional".* [tradução livre] No original: *"[The] term 'the causal link' denotes, in our view, a relationship of cause and effect such that increased imports contribute to 'bringing about', 'producing' or 'inducing' the serious injury. Although that contribution must be sufficiently clear as to establish the existence of 'the causal link' required, the language in the first sentence of Article 4.2(b) does not suggest that increased imports be the sole cause of the serious injury, or that 'other factors' causing injury must be excluded from the determination of serious injury. To the contrary, the language of Article 4.2(b), as a whole, suggests that 'the causal link' between increased imports and serious injury may exist, even though other factors are also contributing, 'at the same time', to the situation of the domestic industry".*

Curso de Defesa Comercial e Interesse Público no Brasil: teoria e prática

Imagem – Resumo da análise de causalidade

ANÁLISE POSITIVA DA CAUSALIDADE ⊕
É PRECISO DEMONSTRAR QUE EXISTE NEXO CAUSAL ENTRE AS IMPORTAÇÕES E O PREJUÍZO GRAVE OU SUA AMEAÇA À INDÚSTRIA DOMÉSTICA

EXAME DE NÃO ATRIBUIÇÃO ⊖
SÃO EXAMINADOS ELEMENTOS DE PROVA APRESENTADOS E OUTROS FATORES QUE POSSAM SIMULTANEAMENTE ESTAR CAUSANDO PREJUÍZO GRAVE OU SUA AMEAÇA À INDÚSTRIA DOMÉSTICA

Fonte: elaboração própria.

O § 1º do art. 7º do Decreto n. 1.488/1995 é explícito em sinalizar que a análise positiva de causalidade "será baseada em provas objetivas, que demonstrem a existência de nexo causal entre o aumento das importações do produto de que se trata e o alegado prejuízo grave ou ameaça de prejuízo grave".

Imagem – Análise positiva da causalidade

ANÁLISE POSITIVA DA CAUSALIDADE ⊕
É PRECISO DEMONSTRAR QUE EXISTE NEXO CAUSAL ENTRE AS IMPORTAÇÕES E O PREJUÍZO GRAVE OU SUA AMEAÇA À INDÚSTRIA DOMÉSTICA

A ANÁLISE DE CAUSALIDADE DEVE BASEAR-SE NO EXAME:

DOS ELEMENTOS DE PROVA PERTINENTES APRESENTADOS;

- DEMONSTRAÇÃO DE QUE O AUMENTO DAS IMPORTAÇÕES É A CAUSA PARA O PREJUÍZO GRAVE OU SUA AMEAÇA

Fonte: elaboração própria.

Assim, a análise positiva da causalidade constitui um exame de correlação temporal, por meio do qual se avalia como os indicadores de prejuízo grave ou de sua ameaça à indústria doméstica respondem ao aumento das importações.

Pérola[31] sinaliza que se espera que haja uma correlação entre o aumento das importações e os indicadores da indústria tanto no tempo quanto no ritmo do crescimento das importações, de modo que um aumento significativo do volume importado deveria levar a uma retração mais importante dos indicadores, enquanto uma eventual diminuição do ritmo poderia levar a uma retração mais moderada dos indicadores. Em que pese seja um exame de correlação temporal, Leite[32] reconhece que os efeitos negativos para a indústria doméstica decorrentes do aumento da concorrência externa podem acontecer com certa defasagem de tempo.

4.5.2. Outros fatores – não atribuição

Dita a parte final do art. 4.2(b), parte final do Acordo sobre Salvaguardas, que "quando outros fatores que não o aumento das importações estiverem simultaneamente causando prejuízo à indústria nacional, tal prejuízo não poderá ser atribuído ao aumento das importações". O art. XIX do GATT 1994 ou mesmo o Acordo sobre Salvaguardas não apresentam definições elaboradas sobre o estabelecimento da relação de causalidade, nem oferecem indicativo sobre outros fatores que possam ser eventualmente importantes nessa avaliação, de forma que é necessário buscar os pronunciamentos do Órgão de Solução de Controvérsias para obter clarificações sobre sua definição.

O Órgão de Solução de Controvérsias da OMC já afirmou que a obrigação de a autoridade analisar todos os fatores relevantes não se limita a avaliar os fatores que sejam apresentados pelas partes interessadas no curso da investigação, devendo a autoridade exercer uma instrução ativa, buscando identificar e avaliar os possíveis fatores que possam exercer pressão sobre o estado da indústria doméstica[33]. Assim, deve a autoridade investigadora separar e distinguir a eventual contribuição desses outros fatores que não o aumento das importações ao prejuízo grave causado ou ameaçado de causar à indústria doméstica.

---

[31] PIÉROLA, Fernando. *The Challenge of Safeguards in the WTO. In The Challenge of Safeguards in the WTO.* Cambridge: Cambridge University Press, 2014. p. 230.

[32] LEITE, Victor de Oliveira. Salvaguardas comerciais em defesa comercial: uma mudança no perfil de aplicação? Dissertação de mestrado, UnB, 2022, p. 58.

[33] BOSSCHE, Peter van den; ZDOUC, Werner. *World Trade Organization*: Text, Cases and Materials. 4. ed. Nova York: Cambridge University Press, 2017. p. 644.

Imagem – Outros fatores de não atribuição da causalidade

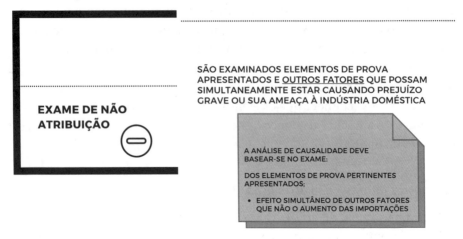

Fonte: elaboração própria.

As dificuldades na determinação da causalidade principalmente sobre o aspecto negativo da não atribuição são os principais desafios para as autoridades na determinação sobre se o aumento das importações tem causado ou ameaçam causar prejuízo grave a uma indústria doméstica. Para Sykes, o Órgão de Solução de Controvérsias avançou o entendimento da causalidade, definindo-a como mera correlação temporal entre as importações e o agravamento da situação da indústria, porém definiu uma série de comandos que torna a tarefa de estabelecer o nexo causal virtualmente impossível[34]. Isso porque, para dar cumprimento à parte final do artigo referente ao comando de não se atribuir o prejuízo causado por outros fatores ao aumento das importações, o Acordo sobre Salvaguardas exige que se faça, nos termos de Leite[35], uma espécie de quantificação do prejuízo causado por cada fator. Assim é que muitas vezes pode ser difícil separar em que medida um determinado evento deve ser tratado como uma evolução não prevista das circunstâncias que levam ao aumento das importações e como causa da deterioração dos indicadores da indústria[36]. Para Sykes, portanto, essa é uma dificuldade intransponível porque se busca atribuir relação causal entre eventos que são duas manifestações de um mesmo fenômeno.

Assim, apesar de a análise de nexo de causalidade na salvaguarda não ser idêntica à das investigações antidumping, o Órgão de Apelação da OMC já se

---

[34] SYKES, Alan O. The Fundamental Deficiencies of the Agreement on Safeguards: a reply to Professor Lee. *Journal of World Trade*, 2006(a). 979-996, p. 984.

[35] LEITE, Victor de Oliveira. Salvaguardas comerciais em defesa comercial: uma mudança no perfil de aplicação? Dissertação de mestrado, UnB, 2022, p. 58.

[36] SYKES, 2006(b), p. 209.

manifestou no sentido de que existem similaridades no exame de não atribuição em ambos os acordos[37].

US-WHEAT GLUTEN – DS166: UNITED STATES – DEFINITIVE SAFEGUARD MEASURES ON IMPORTS OF WHEAT GLUTEN FROM THE EUROPEAN COMMUNITIES

Trata-se de disputa acerca de medida de salvaguarda aplicada pelos Estados Unidos nas importações de glúten de trigo, sob a forma de restrição quantitativa de importações do produto. A medida envolveu União Europeia, Austrália, Canadá e Nova Zelândia.

A UE alegou que tal medida era uma violação aos artigos 2, 4, 5 e 12 do Acordo sobre Salvaguardas e solicitou o estabelecimento de um painel. A reunião para deliberar sobre a legalidade da imposição da medida ocorreu em julho de 1999, na qual o Órgão de Solução de Controvérsias entendeu que a determinação da medida de salvaguarda aplicada pelos EUA era inconsistente com os artigos 2.1 e 4 do Acordo, uma vez que a análise da causalidade dos prejuízos sofridos pelo País não assegurava que foram causados pelas importações. O Órgão determinou também a retirada do Canadá dos efeitos da medida. O Estados Unidos recorreu da decisão e, apesar de não ter conseguido reverter a decisão, a OMC mudou um importante entendimento de que o aumento das importações deveria, por si só, causar "graves prejuízos".

Fonte: DS166: United States – Definitive Safeguard Measures on Imports of Wheat Gluten from the European Communities[38].

US LAMB – DS177: UNITED STATES – SAFEGUARD MEASURE ON IMPORTS OF FRESH, CHILLED OR FROZEN LAMB FROM NEW ZEALAND

Trata-se de disputa sobre medida de salvaguarda imposta pelos EUA sobre importações de carne de cordeiro. Nesse caso, o órgão de solução de controvérsias concluiu que os EUA infringiram o artigo 4.1 do Acordo sobre Salvaguardas porque incluíram como produtores domésticos aqueles que produziam produtos similares, além de não terem demonstrado a relação de causalidade entre as importações e a ameaça de "grave prejuízo".

Fonte: DS177: United States – Safeguard Measure on Imports of Fresh, Chilled or Frozen Lamb from New Zealand[39].

---

[37] OMC. Appellate Body in US – Line Pipe. "Adopted panel and Appellate Body reports relating to the not attribution language in the Agreement on Safeguards can provide guidance in interpreting the non-attribution language in Article 3.5 of the Anti-Dumping Agreement. We are of the view that this reasoning applies both ways".

[38] OMC. DS166: United States — Definitive Safeguard Measures on Imports of Wheat Gluten from the European Communities. Disponível em: <https://www.wto.org/english/tratop_e/dispu_e/cases_e/ds166_e.htm>. Acesso em: 3 jun. 2022.

[39] OMC. DS177: United States — Safeguard Measure on Imports of Fresh, Chilled or Frozen Lamb from New Zealand. Disponível em: <https://www.wto.org/english/tratop_e/dispu_e/cases_e/ds177_e.htm>. Acesso em: 3 jun. 2022.

Curso de Defesa Comercial e Interesse Público no Brasil: teoria e prática

Similarmente, o art. 7º, inciso V, do Decreto n. 1.488/1995 determina que a investigação leve em conta "outros fatores que, embora não relacionados com a evolução das importações, possuam relação de causalidade com o prejuízo ou ameaça de prejuízo à indústria doméstica em causa". Nesse caso, o § 2º indica que, "existindo outros fatores, distintos dos aumentos das importações que, concomitantemente, estejam causando ameaça de prejuízo ou prejuízo grave à indústria doméstica em questão, este prejuízo grave não será atribuído ao aumento das importações".

Em suma, conforme aduzido em linhas pretéritas, o aumento das importações não precisa ser o único fator a causar dano à indústria, de forma que, mesmo sendo identificados outros fatores para a deterioração dos indicadores da indústria, a medida de salvaguarda pode estar em conformidade com o Acordo sobre Salvaguardas, devendo a autoridade investigadora, contudo, separar e distinguir a eventual contribuição desses outros fatores.

4.6. Da medida de salvaguardas

As medidas de salvaguarda podem possuir formas de aplicação diferentes dos demais instrumentos de defesa comercial (4.6.1). Ademais, há peculiaridade sobre a duração das medidas de salvaguardas provisórias e definitivas (4.6.2), sendo cabível, ainda, a negociação de compensações ou a imposição de retaliações (3.6.3).

4.6.1. Formas de aplicação das salvaguardas

Conforme já mencionado, as salvaguardas são definidas como uma medida de intervenção excepcional e temporária ao comércio internacional. Contudo, não há no Acordo sobre Salvaguardas um parâmetro de limite para definir a extensão da medida aplicada, nem uma definição sobre a forma como a salvaguarda pode ser aplicada, porque ela pode ser consubstanciada como qualquer desvio temporário das concessões assumidas nos acordos multilaterais. O art. 5.1 sinaliza inclusive que os Membros da OMC "deverão escolher as medidas que mais convenham à consecução daqueles objetivos".

Qualquer que seja a forma de aplicação escolhida, o art. 5 do Acordo sobre Salvaguardas disciplina que a aplicação da medida será na proporção necessária para prevenir ou remediar prejuízo grave e facilitar o ajustamento da indústria doméstica afetada. O art. 8º do Decreto n. 1.488/1995 contém o mesmo dispositivo em seu *caput*, e em seus incisos determina que serão aplicadas pela forma de: "I – elevação do imposto de importação, por meio de adicional à Tarifa Externa Comum – TEC, sob a forma de alíquota *ad valorem*, de alíquota específica ou da

530

combinação de ambas; ou II – restrições quantitativas". Assim, das várias formas possíveis de aplicação de uma medida de salvaguarda, destacam-se as seguintes: (i) tarifas adicionais; (ii) restrição quantitativa (quota); (iii) quota-tarifária.

Imagem – Formas de aplicação das salvaguardas

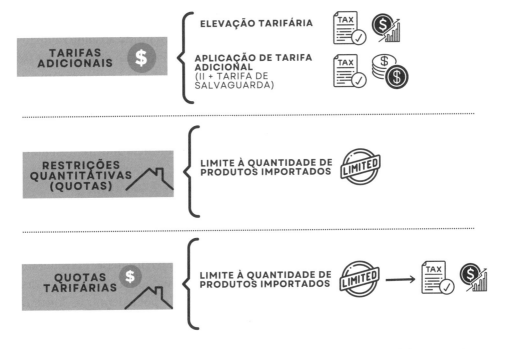

Fonte: elaboração própria.

Quanto à medida de salvaguarda aplicada na forma de (i) tarifas adicionais, consiste em um direito adicional sobre a tarifa de importação que incide sobre tal produto, por alíquota *ad valorem*, específica ou da combinação de ambas (mistas). Pode ser aplicada como forma de elevação tarifária (uma nova tarifa mais elevada) ou aplicação de tarifa adicional (coexistência de uma tarifa de importação e uma tarifa de salvaguarda que incidem cumulativamente sobre as importações).

As medidas de salvaguarda provisórias, nos termos do art. 4º, § 3º, do Decreto n. 1.488/1995 serão necessariamente "aplicadas como elevação do imposto de importação, por meio de adicional à Tarifa Externa Comum – TEC, sob a forma de alíquota *ad valorem*, de alíquota específica ou da combinação de ambas".

> **SALVAGUARDAS – BRINQUEDOS – 2ª REVISÃO**
> *RESOLUÇÃO CAMEX N. 47, DE 29 DE DEZEMBRO DE 2003*
>
> Trata-se de segunda revisão de medida de salvaguarda, sob a forma de elevação da alíquota do imposto de importação, de 10%, sobre as importações de brinquedos acabados, impostas para o período de 1º de janeiro a 31 de dezembro de 2004.

Fonte: Resolução CAMEX n. 47, de 29 de dezembro de 2003[40].

Por sua vez, a medida de salvaguarda aplicada na forma de (ii) restrição quantitativa (quota) consiste no estabelecimento de um limite absoluto à quantidade de produtos importados, representando uma limitação direta de acesso ao mercado importador, já que, atingido aquele montante, não se autorizam novas importações (quotas). Ressalte-se que, segundo o art. 5.1 do Acordo sobre Salvaguardas, em caso de uma restrição quantitativa, a quantidade das importações não pode ser limitada abaixo do nível de um período recente, que corresponderá à média das importações efetuadas nos três últimos anos representativos para os quais se disponha de estatísticas de importação. O mesmo dispositivo é reproduzido no art. 8º, § 1º, do Decreto n. 1.488/1995.

Segundo Leite[41], a qualificação de período de três últimos anos "representativos" permite que a autoridade desvie dos últimos três anos cronológicos, quando justificar que determinado lapso temporal não seja representativo, seja porque algum evento não duradouro fez com que ele não fosse considerado adequado, seja porque alguma limitação na disponibilidade de estatísticas macule sua representatividade. Dessa forma, a autoridade pode definir os "últimos três anos representativos", desde que devidamente justificado, como um lapso temporal de trinta e seis meses ainda que o término não seja coincidente com o final do período de análise de aumento das importações. E para além de análise do período dos três últimos anos limitada ao período investigado, a autoridade poderia incluir o período de tempo transcorrido desde o fim do período investigado até o momento da definição da medida de salvaguarda.

Ainda, o art. 5.2(a) do Acordo sobre Salvaguardas determina que nos casos em que seja distribuída uma quota entre países supridores, o Membro que aplica as restrições poderá buscar um acordo quanto à distribuição das parcelas da

---

[40] BRASIL. Resolução CAMEX n. 47, de 29 de dezembro de 2003. Disponível em: <http://www.camex.gov.br/component/content/article/62-resolucoes-da-camex/439>. Acesso em: 1º jun. 2022.

[41] LEITE, Victor de Oliveira. Salvaguardas comerciais em defesa comercial: uma mudança no perfil de aplicação? Dissertação de mestrado, UnB, 2022, p. 64.

quota com todos os demais Membros que tenham um interesse substancial no suprimento do produto em questão. Nos casos em que tal método não seja razoavelmente factível, o Membro que aplica a medida atribuirá aos Membros que tenham um interesse substancial no suprimento do produto parcelas baseadas nas proporções da quantidade ou valor totais das importações do produto efetuadas por tais Membros durante um período representativo anterior, levando devidamente em conta quaisquer fatores especiais que possam ter afetado ou estar afetando o comércio desse produto. O mesmo dispositivo é reproduzido no art. 8º, §§ 3º e 4º do Decreto n. 1.488/1995, sobre distribuição e outros critérios de alocação de quotas.

Por fim, quanto à medida de salvaguarda aplicada na forma de (iii) quota-tarifária, consiste no estabelecimento de um limite relativo à quantidade de produtos importados, representando uma limitação parcial de acesso ao mercado importador, já que acima de uma determinada quantidade, a tarifa passa a ser substancialmente mais elevada (quota-tarifária). Assim, define-se um volume de importações sobre o qual se aplica a tarifa usual de importação, e define-se uma tarifa adicional que é aplicada sobre o volume importado sobressalente. Nessa modalidade, há duas tarifas de importação, uma incidente sobre os produtos intraquota e outra incidente sobre os produtos extraquota (a tarifa extraquota é definida pela soma da tarifa usual e da tarifa adicional).

> **SALVAGUARDAS AÇO – UNIÃO EUROPEIA**
> *WT/DS595/R, DE 29 DE ABRIL DE 2022*
>
> A Comissão Europeia impôs, em 2019, medidas de salvaguarda sobre as cotas de importação em certos produtos siderúrgicos para ajudar a conter o desvio comercial ocasionado pela imposição dos EUA de 2018 da seção 232 de tarifas de importação de 25% sobre os referidos produtos. As medidas de salvaguarda da Comissão Europeia haviam sido prorrogadas a partir de julho de 2021. As quotas tarifárias com sobretaxas de 25% sobre as importações que excederem os limites estabelecidos por categoria de produto foram mantidas na revisão periódica realizada pela Comissão Europeia de 2022, em que foram reavaliadas as medidas de salvaguarda de importação de aço.

Fonte: WT/DS595/R, de 29 de abril de 2022[42].

O cálculo necessário para determinar a alíquota, no entanto, não está definido no Acordo sobre Salvaguardas, e as autoridade investigadoras possuem ampla discricionariedade para definir o cálculo, mantendo o ônus argumenta-

---

[42] OMC. WT/DS595/R, de 29 de abril de 2022. Disponível em: <https://www.wto.org/english/tratop_e/dispu_e/595r_e.pdf>. Acesso em: 6 jun. 2022.

tivo para demonstrar que a alíquota calculada está em conformidade com o acordo. Sobre esse ponto, Leite[43] bem destaca que, de acordo com o art. XIX:1 do GATT, uma medida de salvaguarda consiste em uma medida que suspende, retira ou modifica um compromisso assumido pelo Membro no âmbito da OMC. Assim, se a medida proposta implicar um aumento tarifário que não supere as tarifas consolidadas, essa medida não seria propriamente dita uma salvaguarda.

SALVAGUARDAS – COCO RALADO – INVESTIGAÇÃO ORIGINAL
RESOLUÇÃO CAMEX N. 19, DE 30 DE JULHO DE 2002

Trata-se de investigação original referente à medida de salvaguarda, na forma de restrição quantitativa, sobre as importações de coco seco, sem casca, mesmo ralado.

As cotas foram estabelecidas para períodos de doze meses, com início em 1º de setembro de 2002, e flexibilizadas em 5%, 10% e 15% da cota do primeiro período, como segue: 3.957 toneladas no primeiro período; 4.154,9 toneladas no segundo período; 4.352,7 toneladas no terceiro período; e 4.550,6 toneladas no último período de vigência da medida.

Fonte: Resolução CAMEX n. 19, de 30 de julho de 2002[44].

SALVAGUARDAS – COCO RALADO – 1ª REVISÃO
RESOLUÇÃO CAMEX N. 19, DE 25 DE JULHO DE 2006

Trata-se de primeira revisão de medida de salvaguarda, na forma de restrição quantitativa, sobre as importações de coco seco, sem casca, mesmo ralado.

As cotas foram estabelecidas para períodos de doze meses, com início em 1º de setembro de 2006, e flexibilizadas em 5%, 10% e 15% da cota do primeiro período, como segue: 4.778 toneladas no primeiro período (1º de setembro de 2006 a 31 de agosto de 2007); 5.017 toneladas no segundo período (1º de setembro de 2007 a 31 de agosto de 2008); 5.256 toneladas no terceiro período (1º de setembro de 2008 a 31 de agosto de 2009); e 5.495 toneladas no quarto período de vigência da medida prorrogada (1º de setembro de 2009 a 31 de agosto de 2010).

Fonte: Resolução CAMEX n. 19, de 25 de julho de 2006[45].

---

[43] LEITE, Victor de Oliveira. Salvaguardas comerciais em defesa comercial: uma mudança no perfil de aplicação? Dissertação de mestrado, UnB, 2022, p. 66.

[44] BRASIL. Resolução CAMEX n. 19, de 30 de julho de 2002. Disponível em: <http://www.camex.gov.br/resolucoes-camex-e-outros-normativos/58-resolucoes-da-camex/370-resolucao-n-19-de-30-de-julho-de-2002>. Acesso em: 4 jun. 2022.

[45] BRASIL. Resolução CAMEX n. 19, de 25 de julho de 2006. Disponível em: <http://www.camex.gov.br/resolucoes-camex-e-outros-normativos/58-resolucoes-da-camex/567-

SALVAGUARDAS – COCO RALADO – 2ª REVISÃO
RESOLUÇÃO CAMEX N. 51, DE 27 DE JULHO DE 2010
RESOLUÇÃO CAMEX N. 7, DE 10 DE FEVEREIRO DE 2012

Trata-se de segunda revisão de medida de salvaguarda, na forma de restrição quantitativa, sobre as importações de coco seco, sem casca, mesmo ralado.

As cotas foram estabelecidas para períodos de doze meses, com início em 1º de setembro de 2010, e flexibilizadas em 5% da cota do primeiro período, como segue: 5.770 t (cinco mil, setecentas e setenta toneladas) no primeiro período (de 1º de setembro de 2010 a 31 de agosto de 2011) e 6.058 t (seis mil e cinquenta e oito toneladas) no segundo período de vigência da medida prorrogada (de 1º de setembro de 2011 a 31 de agosto de 2012).

Fonte: Resolução CAMEX n. 51, de 27 de julho de 2010[46], Resolução CAMEX n. 7, de 10 de fevereiro de 2012[47].

4.6.2. *Duração da medida de salvaguardas e salvaguardas provisórias*

A limitação temporal de vigência de uma medida de salvaguarda é uma inovação do Acordo sobre Salvaguardas com relação ao sistema previsto no GATT 1947, cujo propósito é estruturar o ajustamento à proteção à indústria doméstica.

Dessa forma, o art. 7.1 do Acordo sobre Salvaguardas prevê que "as medidas de salvaguarda só serão aplicadas durante o período que seja necessário para prevenir ou remediar o prejuízo grave e facilitar o ajustamento". O mesmo dispositivo é reproduzido no art. 9º do Decreto n. 1.488/1995. Assim, as medidas possuem carácter temporário e só devem ser aplicadas quando acompanhadas de um termo de ajuste, que permita à indústria doméstica adquirir ou recuperar as condições de exposição ao ambiente de concorrência internacional. As salvaguardas, portanto, são um instrumento de proteção da indústria doméstica que exige uma contrapartida de ajuste. Segundo Gadelha e Leite, consiste não apenas em um período em que as condições de concorrência são modificadas em favor da indústria doméstica para permitir sua recuperação, mas um período de verdadeira preparação dessa indústria para que conquiste uma dinamização estrutural que permita sua inserção num ambiente de livre concorrência[48].

---

resolucao-n-19-de-25-de-julho-de-2006 >. Acesso em: 3 jun. 2022.

[46] BRASIL. Resolução CAMEX n. 51, de 27 de julho de 2010. Disponível em: <http://www.camex.gov.br/resolucoes-camex-e-outros-normativos/58-resolucoes-da-camex/878-resolucao-n-51-de-27-de-julho-de-2010>. Acesso em: 4 jun. 2022.

[47] BRASIL. Resolução CAMEX n. 7, de 10 de fevereiro de 2012. Disponível em: <http://www.camex.gov.br/resolucoes-camex-e-outros-normativos/58-resolucoes-da-camex/1058-resolucao-n-07-de-10-de-fevereiro-de-2012>. Acesso em: 29 maio 2022.

[48] GADELHA, Zahra Faheina; LEITE, Victor de Oliveira. Salvaguardas como medida de pro-

Curso de Defesa Comercial e Interesse Público no Brasil: teoria e prática

> 🔍 **SALVAGUARDAS – COCO RALADO – 2ª REVISÃO**
> *RESOLUÇÃO CAMEX N. 51, DE 27 DE JULHO DE 2010*
> *RESOLUÇÃO CAMEX N. 7, DE 10 DE FEVEREIRO DE 2012*
>
> Trata-se de segunda revisão de medida de salvaguarda, na forma de restrição quantitativa, sobre as importações de coco seco, sem casca, mesmo ralado.
>
> Quando da aplicação pelo Brasil da medida de salvaguarda ao coco seco, por exemplo, exigiu-se a apresentação de um plano de ajuste que consistiu na recuperação e na renovação de coqueirais, implicando aumento de produtividade, e a capacitação, em tecnologia da produção e gerência, de produtores, trabalhadores rurais e profissionais que prestavam assistência técnica ao agronegócio do coco. Para avaliar o plano de ajuste, foi constituído um grupo de trabalho interministerial, que foi responsável por analisar o plano do ponto de vista técnico e econômico.

Fonte: Resolução CAMEX n. 51, de 27 de julho de 2010[49]; Resolução CAMEX n. 7, de 10 de fevereiro de 2012[50].

Nos termos do art. 7.1 do Acordo sobre Salvaguardas, a duração padrão de uma medida de salvaguarda é de até quatro anos. Esse artigo contém diversos elementos para incentivar que as salvaguardas devam ser impostas pelo menor tempo possível, se ajustando ao tempo necessário para atingir os objetivos de sua implementação. O mesmo dispositivo é reproduzido no art. 9º, § 1º, do Decreto n. 1.488/1995.

Esse período de aplicação pode ser prorrogado caso haja determinação de que a medida de salvaguarda continua a ser necessária para prevenir ou remediar o prejuízo grave e de que haja provas de que a indústria está em processo de ajustamento (art. 7.2 do Acordo sobre Salvaguardas c/c art. 9º, § 2º, do Decreto n. 1.488/1995). Em todo caso, o período total de aplicação das salvaguardas, incluindo o período de aplicação de qualquer medida provisória, não deve exceder oito anos (art. 7.3 do Acordo sobre Salvaguardas c/c art. 9º, § 3º, do Decreto n. 1.488/1995).

---

teção e exposição à concorrência: do interesse público na defesa comercial e na defesa da concorrência. In: ATHAYDE, Amanda et al. (Orgs.). *Novas fronteiras na interface entre comércio internacional e defesa da concorrência* – Volume I. Brasília: UnB, 2018. Disponível em: <https://www.amandaathayde.com.br/livros-organizados>. Acesso em: 7 abr. 2022.

[49] Resolução CAMEX n. 51, de 27 de julho de 2010. Disponível em: <http://www.camex.gov.br/resolucoes-camex-e-outros-normativos/58-resolucoes-da-camex/878-resolucao-n-51-de-27-de-julho-de-2010>. Acesso em: 6 jun. 2022.

[50] Resolução CAMEX n. 7, de 10 de fevereiro de 2012. Disponível em: <http://www.camex.gov.br/resolucoes-camex-e-outros-normativos/58-resolucoes-da-camex/1058-resolucao-n-07-de-10-de-fevereiro-de-2012>. Acesso em: 6 jun. 2022.

4 • Investigações de salvaguardas – teoria e prática

Para implementar uma medida provisória, deve-se demonstrar que, diante de circunstâncias críticas, qualquer demora na implementação da medida acarretará dano de difícil reparação (art. 6º do Acordo sobre Salvaguardas e art. 4º do Decreto n. 1.488/1995). A duração da medida provisória não excederá 200 dias, e seu prazo de aplicação será incluído na contagem no cálculo máximo da vigência da salvaguarda (oito anos). Prazo diferente se aplica para países em desenvolvimento, conforme mencionado adiante.

Caso o período definido na aplicação da salvaguarda seja superior a um ano, o art. 7.4 do Acordo sobre Salvaguardas, c/c o art. 9º, § 4º, do Decreto n. 1.488/1995, determina que sua aplicação seja progressivamente liberalizada, em intervalos regulares, durante o período de aplicação ("cronograma de liberalização progressiva"). Em casos excepcionais, o processo de liberalização poderá ser iniciado a partir do segundo ano.

Ademais, se a duração da medida for superior a três anos, o Membro que a aplicar examinará a situação o mais tardar na metade do período de aplicação da medida e, se for o caso, suspenderá a medida ou acelerará o ritmo da liberalização. Os demais Membros ficam autorizados a exercer seus direitos de compensação e retaliação, nos termos do art. 8.3 do Acordo sobre Salvaguardas, c/c o art. 9º, § 5º, do Decreto n. 1.488/1995.

Ainda, o art. 7.5 do Acordo sobre Salvaguardas impõe outra limitação temporal. Para garantir que os Membros não tentem contornar a duração máxima de uma medida de salvaguarda aplicando nova medida após o encerramento da primeira, o que tornaria ineficaz uma limitação máxima de vigência da salvaguarda, o Acordo sobre Salvaguardas dispõe que nova medida sobre o mesmo produto só poderá ser aplicada uma vez transcorrido período igual àquele durante o qual a medida esteve vigente. Trata-se, assim, do chamado "período de graça", durante o qual não é possível aplicar uma nova salvaguarda para aquele produto objeto da medida.

Por sua vez, o art. 9º, §§ 8º a 10, do Decreto n. 1.488/1995 indica que, "antes de decorridos pelo menos dois anos do término do período de duração de uma medida de salvaguarda, é vedada a aplicação de nova medida sobre um mesmo produto". Ainda, caso a medida de salvaguarda tenha sido aplicada por período superior a quatro anos, a vedação de aplicação de uma nova medida sobre o mesmo produto se aplica a prazo igual à metade do período de sua duração. Não obstante, "poderão ser novamente aplicadas medidas de salvaguarda contra as importações de um mesmo produto por um prazo máximo de 180 dias, se: a) houver transcorrido pelo menos um ano desde a data de aplicação da medida de salvaguarda contra a importação desse produto; b) nos cinco anos imediatamente anteriores à data de introdução da medida de salvaguarda, não se tenha aplicado tal medida mais de duas vezes ao mesmo produto". Prazo diferente se aplica para países em desenvolvimento, conforme mencionado adiante.

Imagem – Duração da aplicação das salvaguardas

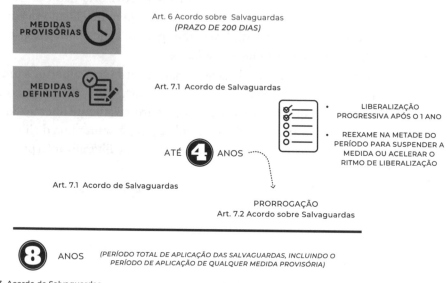

Fonte: elaboração própria.

Leite[51] esclarece que essa limitação temporal é diferente para países em desenvolvimento. A norma prevista no art. 9.2 do Acordo sobre Salvaguardas constitui outro dispositivo constante do Acordo sobre Salvaguardas para dar efetividade ao princípio do tratamento especial e diferenciado aos países em desenvolvimento, e estende o período de vigência máxima de uma medida de salvaguarda aplicada por um país em desenvolvimento por dois anos adicionais. O período máximo de vigência de uma medida de salvaguarda será, portanto, de dez anos para países em desenvolvimento.

A parte final desse artigo também flexibiliza para os países em desenvolvimento o período em que o país não pode aplicar nova medida sobre o mesmo

---

[51] LEITE, Victor de Oliveira. Salvaguardas comerciais em defesa comercial: uma mudança no perfil de aplicação? Dissertação de mestrado, UnB, 2022, p. 66.

produto. Enquanto os demais países só podem aplicar novas medidas sobre o mesmo produto decorrido período igual àquele durante o qual se tenha aplicado anteriormente a medida, aos países em desenvolvimento é garantido o benefício de redução desse prazo à metade, desde que o período de não aplicação seja de ao menos dois anos.

Imagem – Duração da aplicação das salvaguardas – países em desenvolvimento

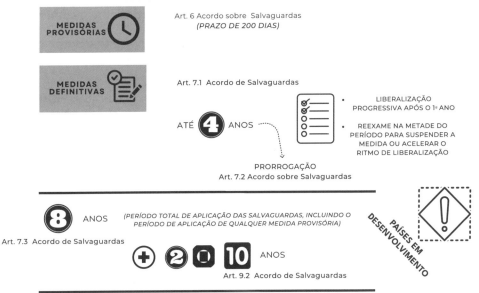

Fonte: elaboração própria.

4.6.3. Compensações e retaliações

Conforme já mencionado, as medidas de salvaguarda implicam a suspensão ou a modificação de concessões ofertadas pelos Membros da OMC quando das negociações para o estabelecimento da organização, consubstanciadas nas suas tarifas consolidadas na OMC. Diante disso, são previstos no Acordo sobre Salvaguardas mecanismos que buscam restabelecer o equilíbrio no comércio internacional por duas formas: (i) oferta de novas concessões pelo país aplicador da salvaguarda ao país afetado (compensações), ou (ii) suspensão de concessões pelo país afetado ao país que aplicou a salvaguarda (retaliações).

Sobre as (i) compensações, segundo o art. 8.1 do Acordo sobre Salvaguardas, o Membro que aplicar ou prorrogar uma medida de salvaguarda deve procurar manter um nível de concessões e de outras obrigações substancialmente equivalentes ao existente nos termos do GATT 1994 entre ele e os Membros afetados pela medida. Com o fim de alcançar esse objetivo, os Membros interessados poderão chegar a acordo com relação a qualquer forma adequada de compensação comercial pelos efeitos adversos da medida sobre o seu comércio. Igualmente, o art. 11, § 1º, do Decreto n. 1.488/1995 sinaliza que "poderão ser celebrados acordos com relação a qualquer forma adequada de compensação comercial pelos efeitos adversos da medida de salvaguarda sobre o comércio".

 ALGODÃO – COMPENSAÇÕES – BRASIL E ESTADOS UNIDOS
WT/DS267/46, DE 23 DE OUTUBRO DE 2014

Trata-se de compensações entre Brasil e Estados Unidos no ano de 2014. Apesar de não se referir especificamente às compensações existentes em investigações de salvaguardas, objeto deste capítulo do livro, pode explicitar a forma de se implementar um acordo de compensações, com uma experiência concreta brasileira.

Originariamente, em 2004, Brasil e Estados Unidos se enfrentaram em disputa na OMC, tendo o Brasil vencido a controvérsia em relação aos subsídios recebidos por produtores brasileiros de algodão dos EUA. Ficou estabelecido o direito do Brasil de impor sanções contra produtos norte-americanos no valor de US$ 830 milhões. O Brasil concordou em suspender a retaliação caso os Estados Unidos depositassem dinheiro em um fundo de assistência para produtores brasileiros de algodão. Em 2013, após discussões orçamentárias no Congresso estadunidense, o país suspendeu os depósitos. Nesse sentido, o governo brasileiro passou a ameaçar impor tarifas mais altas para produtos dos EUA.

Em 2014, foi celebrado o acordo em questão, em que os Estados Unidos se comprometeram a pagar US$ 300 milhões ao Instituto Brasileiro de Algodão (IBA) e, em troca, o Brasil se comprometeu a não retaliar e a não apresentar novas queixas ao Órgão de Solução de Controvérsias da OMC.

Fonte: WT/DS267/46, de 23 de outubro de 2014[52].

Por sua vez, caso não seja possível alcançar uma forma mutuamente acordada para determinar as compensações ao Membro afetado, este poderá exercer o direito de suspender concessões ao Membro que aplicou a salvaguarda, ou seja, de aplicar (ii) retaliações, nos termos apresentados nos arts. 8.2 e 8.3 do Acordo

---

[52] OMC. WT/DS267/46, de 23 de outubro de 2014. Disponível em: <https://docs.wto.org/dol2fe/Pages/SS/directdoc.aspx?filename=q:/WT/DS/267-46.pdf&Open=True>. Acesso em: 6 jun. 2022.

de Salvaguardas. Similarmente, o art. 11, § 2º, do Decreto n. 1.488/1995 adverte que, na tomada de decisão sobre a introdução de uma medida de salvaguarda, o Governo brasileiro levará igualmente em conta o fato de que, nos casos em que não haja acordo sobre compensação adequada, os Governos interessados podem, nos termos do Acordo de Salvaguarda e do GATT 1994, suspender concessões substancialmente equivalentes, desde que tal suspensão não seja reprovada pelo Conselho para o Comércio de Bens da OMC. Em todo caso, conforme § 3º do mencionado artigo, "o direito de suspensão de concessões equivalentes não será exercido durante os três primeiros anos de vigência de uma medida de salvaguarda, desde que esta tenha sido adotada como resultado de um aumento das importações em termos absolutos" e desde que tal medida se conforme com as disposições do Acordo (art. 8.2 do Acordo de Salvaguardas).

Imagem – Desdobramentos da aplicação das salvaguardas

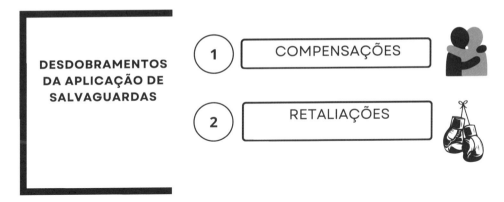

Fonte: elaboração própria.

Sobre esse tema, importante mencionar que foi publicada no Brasil, em maio de 2022, a Lei n. 14.353/2022 (resultado da Medida Provisória n. 1.098/2022), que autoriza o Brasil a retaliar países em disputas paralisadas na OMC. A lei autoriza a Camex a aplicar sanções comerciais unilaterais a países contra os quais o Brasil possui controvérsia pendente de julgamento de apelação na OMC[53].

---

[53] Segundo a Confederação Nacional da Indústria (CNI), entre os países contra os quais o Brasil tinha demandas em aberto em 2020, Canadá e China aceitaram aderir a um arranjo plurilateral formado por 15 Membros da OMC que procuram resolver as pendências por

> **DS437: UNITED STATES – COUNTERVAILING DUTY MEASURES ON CERTAIN PRODUCTS FROM CHINA**
> *RECOURSE TO ARTICLE 22.6 OF THE DSU BY THE UNITED STATES (DECISION BY THE ARBITRATOR)*
>
> Trata-se de arbitragem decorrente de petição apresentada pela China contra os Estados Unidos. As medidas contestadas dos Estados Unidos dizem respeito à imposição de direitos compensatórios sobre uma série de produtos chineses e as investigações que levaram à imposição de tais medidas. Essas medidas foram consideradas inconsistentes com a OMC no processo original e de cumprimento (original and compliance proceedings). Isto, após China ter solicitado autorização do DSB (Dispute Settlement Body) para suspender as concessões em uma quantia anual de US$ 2,4 bilhões. Os Estados Unidos se opuseram a esse pedido, culminando em processo de arbitragem.
>
> O DSB concluiu que o nível de N/I (nullification or impairment) de benefícios acumulados para a China como resultado das metodologias inconsistentes da OMC usadas pelos Estados Unidos em processos referentes a aplicação de medidas compensatórias envolvendo produtos importados da China seria de USD 645,121 milhões por ano. Portanto, permitiu que a China solicite autorização do DSB para suspender concessões ou outras obrigações em um nível não superior a USD 645,121 milhões por ano.

Fonte: WT/DS437/ARB[54].

4.7. Aspectos processuais das investigações de salvaguardas

Sobre os aspectos processuais das investigações de salvaguardas, cumpre apresentar (4.7.1) os prazos processuais nas investigações, (4.7.2) as verificações *in loco* e as verificações de elementos de prova, (4.7.3) a confidencialidade, (4.7.4) os roteiros e questionários e (4.7.5) o Sistema Processual de Investigações – o SEI/ME.

Interessante mencionar, desde já, que, no contencioso da OMC DS437[55], o Painel relembrou que, no caso US – Softwood Lumber V (DS264[56]), já havia sido

---

meio de arbitragem. Essas demandas totalizavam US$ 4,3 bilhões. Outros US$ 3,7 bilhões em exportações brasileiras envolvem disputas contra Estados Unidos, Índia, Indonésia e Tailândia, que não aceitaram a arbitragem alternativa. Fonte: Agência Senado. Disponível em: <https://www12.senado.leg.br/noticias/materias/2022/05/27/lei-autoriza-brasil-a-retaliar-paises-em-disputas-paralisadas-na-organizacao-mundial-do-comercio>. Acesso em: 3 jun. 2022.

[54] OMC. United States – Countervailing Duty Measures On Certain Products From China. WT/DS437/ARB. Disponível em: <https://docs.wto.org/dol2fe/Pages/SS/directdoc.aspx?filename=q:/WT/DS/437ARB.pdf&Open=True>. Acesso em: 13 jun. 2022.

[55] OMC. DS437: United States – Countervailing Duty Measures on Certain Products from China. Disponível em: <https://www.wto.org/english/tratop_e/dispu_e/cases_e/ds437_e.htm>. Acesso em: 5 dez. 2023.

[56] OMC. DS264: United States – Final Dumping Determination on Softwood Lumber from Canada. Disponível em: <https://www.wto.org/english/tratop_e/dispu_e/cases_e/ds264_e.htm>. Acesso em: 5 dez. 2023.

decidido que a quantidade e a qualidade das evidências necessárias para cumprir os requisitos relacionados à completude da informação ("*sufficiency of the evidence*") são distintas para fins de início de uma investigação quando comparadas com os requisitos para uma determinação preliminar ou final.

4.7.1. Prazos processuais nas investigações

Os prazos processuais nas investigações de salvaguardas são bem mais enxutos do que aqueles previstos nos Decretos n. 8.058/2013, sobre investigações antidumping, e 10.839/2021, sobre investigações antissubsídios. O Acordo sobre Salvaguardas da OMC não contém requisitos procedimentais detalhados, mas exige razoável grau de publicidade da investigação, e que as partes interessadas (importadores, exportadores, produtores etc.) tenham a oportunidade de apresentar suas opiniões e responder aos argumentos levantados por outras partes interessadas (art. 3.1 do Acordo de Salvaguardas). Entre os tópicos sobre os quais se devem buscar opiniões está se uma medida de salvaguarda seria ou não de interesse público. As autoridades competentes são obrigadas a publicar um relatório apresentando e explicando suas conclusões sobre todas as questões pertinentes, incluindo uma demonstração da relevância dos fatores examinados.

Não há no Decreto n. 1.488/1995 prazos mínimos e máximos para a investigação de salvaguardas, diferentemente do regramento detalhado contido no Decreto Antidumping e no Decreto de Subsídios e Medidas Compensatórias. Em grandes linhas, a investigação tem os seguintes grandes marcos em termos de documentos elaborados pela autoridade investigadora: (1) Circular SECEX de início da investigação, (2) Determinação Preliminar, com ou sem a recomendação de salvaguardas provisórias; e (3) Determinação Final.

Imagem – Principais etapas de investigações de salvaguardas

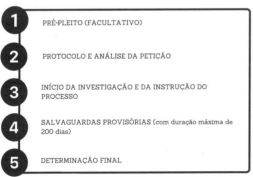

Fonte: elaboração própria.

Curso de Defesa Comercial e Interesse Público no Brasil: teoria e prática

4.7.2. Verificações in loco e verificações de elementos de prova

A verificação consiste em um procedimento que visa a garantir a validade, integridade e autenticidade dos dados apresentados pelas partes interessadas em uma investigação de defesa comercial, informações essas que constituem a base para a tomada de decisão. No caso de investigações de salvaguardas, como se trata não de uma investigação de prática desleal, mas sim da investigação que tem como base um surto de importações, não há, via de regra, necessidade de se realizarem verificações *in loco* ou de elementos de prova em exportadores, mas tão somente na indústria doméstica. Caso, ainda assim, venha a ser realizado esse procedimento nos exportadores, por alguma razão que a autoridade investigadora entenda pertinente, é possível assumir que os mesmos procedimentos genericamente aplicáveis às verificações *in loco* e às verificações de elementos de prova em investigações antidumping (*vide* Seção 2.9.3) e antissubsídios (*vide* Seção 3.9.3) aplicar-se-ão.

4.7.3. Confidencialidade

Nos termos do art. 3.2 do Acordo sobre Salvaguardas, "toda informação que, por sua natureza, seja confidencial ou que tenha sido fornecida com caráter confidencial, será, após a devida justificação, tratada como tal pelas autoridades competentes".

Nos procedimentos de investigação de salvaguardas conduzidos pelo DECOM, existem 3 (três) níveis de confidencialidade dos documentos e informações: (1) Público: informações e documentos que são publicados no DOU ou disponibilizados no sítio eletrônico do DECOM, acessíveis, portanto, ao público em geral; (2) Restrito: informações de acesso restrito às partes interessadas e aos seus representantes legais devidamente habilitados no Sistema SEI/ME; (3) Confidencial: informações assim identificadas pelas partes interessadas que as forneceram, desde que o pedido de confidencialidade seja devidamente justificado, bem como informações classificadas, de ofício, pelo DECOM como confidenciais[57]. Essas informações são utilizadas apenas pelo DECOM e não poderão ser reveladas sem autorização expressa da parte que as forneceu. Registre-se que os pareceres e notas técnicas confidenciais elaborados pelo DECOM podem ser disponibilizados também para as autoridades decisórias atuantes nos processos de defesa comercial (SECEX e GECEX).

---

[57] Por exemplo, quando há questionamento sobre similaridade é relativamente comum o DECOM analisar, a partir dos dados da RFB, se há coincidência entre clientes da indústria doméstica e importadores das origens investigadas. No texto dos pareceres do DECOM, os nomes das empresas são sempre apresentados de forma confidencial.

Imagem – Níveis de confidencialidade

NÍVEIS DE CONFIDENCIALIDADE

PÚBLICO

INFORMAÇÕES DE DOMÍNIO PÚBLICO, DIVULGADAS NO *DIÁRIO OFICIAL DA UNIÃO* E NO SÍTIO ELETRÔNICO DO DECOM.

QUALQUER PESSOA PODE CONSULTAR ESSAS INFORMAÇÕES PÚBLICAS.

RESTRITO

(1) INFORMAÇÕES DE ACESSO RESTRITO ÀS PARTES INTERESSADAS DO PROCESSO EM QUESTÃO.

(2) APENAS AS PARTES INTERESSADAS E SEUS REPRESENTANTES LEGAIS DEVIDAMENTE HABILITADOS PODEM ACESSAR AS INFORMAÇÕES.

CONFIDENCIAL

INFORMAÇÕES SENSÍVEIS FORNECIDAS PELAS PARTES, SEJA DEVIDO A SUA PRÓPRIA NATUREZA, SEJA DEVIDO À JUSTIFICATIVA FORNECIDA PELA PARTE QUE A SUBMETEU.

INFORMAÇÕES CLASSIFICADAS DE OFÍCIO PELO DECOM COMO CONFIDENCIAIS.

APENAS O DECOM POSSUI ACESSO AOS AUTOS CONFIDENCIAIS DO PROCESSO.

PARECERES E NOTAS TÉCNICAS CONFIDENCIAIS ELABORADOS PELO DECOM SÃO DISPONIBILIZADOS TAMBÉM PARA AS AUTORIDADES DECISÓRIAS (SECEX E GECEX).

Fonte: elaboração própria.

As peticionárias e as partes interessadas tendem a submeter seus documentos e petições apenas nas versões restrita e confidencial, ao passo que o DECOM, com base em todas as informações recebidas, elabora os documentos de natureza pública, que são então publicados no DOU e/ou disponibilizados no sítio eletrônico do DECOM. O Decreto n. 1.488/1995, dado que mais enxuto e antigo que os demais Decretos que regem defesa comercial no Brasil, possui menos detalhamento sobre o tema. Em seu art. 3º, no § 6º, determina que "toda informação prestada em caráter sigiloso pelos interessados em uma investigação de salvaguardas será, mediante prévia justificação, classificada como tal pela SECEX e não poderá ser divulgada sem o consentimento expresso da parte que a forneceu. Assim, a Portaria SECEX n. 169/2022 atualiza a nomenclatura

Curso de Defesa Comercial e Interesse Público no Brasil: teoria e prática

utilizada no Decreto, e esclarece, em seu art. 6º, que, "nos termos dos §§ 6º, 7º e 8º do art. 3º do Decreto n. 1.488, de 1995, as informações prestadas em caráter sigiloso, entendidas como 'confidenciais', estarão sujeitas às exigências do presente capítulo".

Assim, o art. 6º da Portaria SECEX n. 169/2022 determina que os documentos devem ser apresentados pelas partes interessadas simultaneamente em duas versões: "restrita" (documento não público, acessível apenas às partes interessadas); e "confidencial" (documento diretamente acessível apenas ao DECOM), conforme destacado na Seção 3.9.4 acima. Cumpre esclarecer que, caso não haja informação confidencial, o documento poderá ser fornecido apenas em bases restritas.

Registre-se que, caso haja a inclusão ou a exclusão de empresas do conceito de indústria doméstica (*vide* Seção 2.2.2 deste livro), pode ser necessário solicitar que as empresas levantem a confidencialidade de alguns dos seus dados. Ademais, caso alguma informação seja apresentada pelas partes interessadas como confidencial e o DECOM não aceite a justificativa de confidencialidade e a parte não abra mão dessa confidencialidade, a consequência é que o DECOM descartará tal informação e não poderá relevá-la às demais partes interessadas no processo.

Para fins das avaliações de interesse público, portanto, há os autos restritos e os autos confidenciais, ao passo que, para fins das investigações de defesa comercial, há outros autos restritos e confidenciais, conforme detalhado no Guia do Processo Administrativo Eletrônico (SEI) em Defesa Comercial e Interesse Público[58]. O Guia esclarece que com a integração dos procedimentos de defesa comercial e interesse público, os autos da investigação passarão a seguir a seguinte estrutura:

- Autos restritos de Defesa Comercial (DC) (Processo principal de Defesa Comercial): Protocolo por assinatura no SEI e documento previamente assinado COM certificado digital;
- Autos confidenciais de Defesa Comercial (Processo relacionado ao principal de DC): Protocolo por assinatura no SEI e documento previamente assinado COM certificado digital;
- Autos Públicos de Interesse Público (IP) (Processo relacionado ao principal de DC): Protocolo por assinatura no SEI, SEM certificado digital;
- Autos Confidenciais de Interesse Público (Processo relacionado ao principal de DC): Protocolo por assinatura no SEI, SEM certificado digital.

---

[58] Guia de Investigações Antidumping do DECOM, 2021. Disponível em: <https://www.gov.br/produtividade-e-comercio-exterior/pt-br/assuntos/comercio-exterior/defesa-comercial-e-interesse-publico/guias>. Acesso em: 3 maio 2022.

Imagem – Autos em Defesa Comercial e Interesse Público

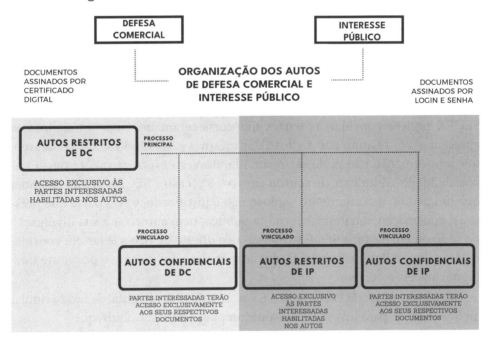

Fonte: elaboração própria.

Serão tratadas como informações confidenciais aquelas assim identificadas pelas partes interessadas, desde que seu pedido seja devidamente justificado. A fim de privilegiar, porém, o princípio da transparência, que rege a Administração Pública, o art. 3.2 do Acordo sobre Salvaguardas, que determina que se poderá solicitar às partes responsáveis pela apresentação de informação confidencial que forneçam resumos não confidenciais da mesma ou, se aquelas partes indicarem que tal informação não pode ser resumida, que exponham as razões pelas quais um resumo não pode ser apresentado. Todavia, se as autoridades competentes concluírem que uma solicitação para que se considere uma informação como confidencial não se justifica, e se a parte interessada não deseja torná-la pública nem autorizar sua divulgação em termos gerais ou resumidos, as autoridades poderão desconsiderar a informação em tela, a menos que lhes seja satisfatoriamente demonstrado, por fontes apropriadas, que a informação é correta.

Registre-se que o DECOM costuma ser rigorosa na análise das justificativas de confidencialidade para documentos, dados e informações, no sentido de evitar deixar como confidenciais dados relativos como consumo cativo, capacidade instalada (nominal ou efetiva), número de empregados e receita líquida obtida com vendas no mercado interno. Caso as empresas as apresentem como confidenciais, o DECOM normalmente solicita que a parte reavalie a confidencialida-

Curso de Defesa Comercial e Interesse Público no Brasil: teoria e prática

de e, em caso de recusa, decide se rejeita ou não a informação. Esse rigor se justifica porque tais informações podem ser muito importantes para a análise de dano. Por exemplo, se a empresa não abrir a confidencialidade a receita líquida no mercado interno, o DECOM não tem como revelar o preço de venda, que pode ser relevante para a análise do dano e para o contraditório e a ampla defesa no processo administrativo.

Ademais, conforme previsto no § 7º do art. 3º do Decreto n. 1.488/1995, "a SECEX poderá convidar as partes que forneceram informações sigilosas a apresentar um resumo não sigiloso das mesmas e, na hipótese de declararem que a informação não pode ser resumida, deverão expor as razões dessa impossibilidade". Feito isso, de acordo com o § 8º, "caso a SECEX venha entender que um pedido de tratamento sigiloso não é justificado, e se a parte que prestou a informação não desejar torná-la pública, nem autorizar a sua divulgação no todo ou em parte, a SECEX reserva-se o direito de não a levar em consideração, salvo se lhe for demonstrado, de maneira convincente e por fonte fidedigna, que ela é correta".

O § 5º do art. 6º da Portaria SECEX n. 169/2022 acrescenta, de modo similar ao que já existe para investigações antidumping e antissubsídios, que

> Art. 6º
>
> (...)
>
> § 5º Não serão consideradas adequadas justificativas de confidencialidade para documentos, dados e informações, entre outros:
>
> I – quando tenham notória natureza pública no Brasil, ou sejam de domínio público, no Brasil ou no exterior; ou
>
> II – os relativos:
>
> *a)* à composição acionária e identificação do respectivo controlador;
>
> *b)* à organização societária do grupo de que faça parte;
>
> *c)* ao volume da produção, das vendas internas, das exportações, das importações e dos estoques;
>
> *d)* a quaisquer contratos celebrados por escritura pública ou arquivados perante notário público ou em junta comercial, no Brasil ou no exterior; e
>
> *e)* a demonstrações patrimoniais, financeiras e empresariais de companhia aberta; companhia equiparada à companhia aberta; ou de empresas controladas por companhias abertas, inclusive as estrangeiras, e suas subsidiárias integrais, que devam ser publicadas ou divulgadas em virtude da legislação societária ou do mercado de valores mobiliários.

Ainda, de acordo com o § 6º do art. 6º da Portaria SECEX n. 169/2022, "o resumo restrito relativo a informações numéricas confidenciais deverá ser apresentado em formato numérico, na forma de números-índice, entre outros". Sobre o tema, o Guia de Investigações Antidumping do DECOM[59] explica como é possível apresentar a evolução de um indicador em números-índice:

Imagem – Elaboração de números-índice para fins de confidencialidade

IMPORTAÇÕES POR PERÍODO	
PERÍODO	IMPORTAÇÕES (T)
P1	17.018
P2	16.686
P3	16.015
P4	16.272
P5	16.641

1. ESCOLHER UM PERÍODO COMO REFERÊNCIA, NESSE CASO, P1.
2. MULTIPLICAR OS DEMAIS VALORES POR 100 E DIVIDIR PELO VALOR DE REFERÊNCIA, REALIZANDO SIMPLES "REGRA DE TRÊS".
3. NA INTERPRETAÇÃO DE TABELAS EM NÚMEROS-ÍNDICE, QUANDO O NÚMERO-ÍNDICE É MAIOR QUE 100, O VALOR OBSERVADO PARA ESSE ITEM DA SÉRIE É SUPERIOR AO VALOR DE REFERÊNCIA. POR SUA VEZ, QUANDO O NÚMERO-ÍNDICE É MENOR QUE 100, O VALOR OBSERVADO É INFERIOR AO DE REFERÊNCIA.

IDENTIFICAÇÃO DO VALOR DE REFERÊNCIA			
PERÍODO	IMPORTAÇÕES (T)	VALOR DE REFERÊNCIA	NÚMEROS-ÍNDICE
P1	17.018	17.018	100
P2	16.686		
P3	16.015		
P4	16.272		
P5	16.641		

CÁLCULO DOS NÚMEROS-ÍNDICE			
PERÍODO	IMPORTAÇÕES (T)	VALOR DE REFERÊNCIA	NÚMEROS-ÍNDICE	VARIAÇÃO
P1	17.018	17.018	100	
P2	16.686	(16.686 X 100) / 17.018	98	2% MENOR DO QUE EM P1
P3	16.015	(16.015 X 100) / 17.018	94	6% MENOR DO QUE EM P1
P4	16.272	(16.272 X 100) / 17.018	96	4% MENOR DO QUE EM P1
P5	16.641	(16.641 X 100) / 17.018	98	2% MENOR DO QUE EM P1

Fonte: elaboração própria.

Nota-se, portanto, uma preocupação no sentido de que tanto as avaliações de interesse público quanto as investigações de defesa comercial tenham o mesmo cuidado com a confidencialidade, sem que isso obste o direito ao contraditório e à ampla defesa das demais partes interessadas.

4.7.4. Dos roteiros e dos questionários

O roteiro para a apresentação de petições de investigações de salvaguardas está previsto no Anexo Único da Portaria SECEX n. 169/2022, que dispõe sobre as normas referentes a investigações de salvaguardas previstas no Decreto n. 1.488/1995. O documento é mais enxuto do que aqueles descritos para investigações antidumping e antissubsídios, contendo não os apêndices, mas sim uma lista de itens que devem ser apresentados pela peticionária:

---

[59] Guia de Investigações Antidumping do DECOM, 2022. Disponível em: <https://www.gov.br/produtividade-e-comercio-exterior/pt-br/assuntos/comercio-exterior/defesa-comercial-e-interesse-publico/guias>. Acesso em: 3 maio 2022.

Curso de Defesa Comercial e Interesse Público no Brasil: teoria e prática

- Qualificação dos peticionários
- Produto Objeto do Pedido de Investigação
- Produção Nacional e da Representatividade do Peticionário (informações dos últimos 12 meses)
- Das Importações do Produto em Questão
- Do Prejuízo Grave ou Ameaça de Prejuízo Grave
- Do Compromisso de Ajuste

É bastante provável que, com a atualização do Decreto, em linha com o que foi realizado com as investigações antissubsídios em 2021, haja uma completa reorganização dos referidos roteiros, de modo a aprimorar o detalhamento a respeito dos trâmites das salvaguardas.

4.7.5. *Sistema Processual de Investigações – SEI/ME*

As investigações de defesa comercial são inteiramente submetidas ao sistema processual de investigações denominado SEI/ME, o Sistema Eletrônico de Informações do Ministério da Economia, nos termos do art. 3º da Portaria SECEX n. 162/2022. Ademais, importante mencionar que em 2021 foi realizada a completa transição do antigo sistema Decom Digital – SDD para o SEI/ME, de modo que atualmente os autos tanto de defesa comercial quanto de interesse público estão no mesmo sistema. O Guia do Processo Administrativo Eletrônico (SEI) em Defesa Comercial e Interesse Público[60] esclarece que, com a integração dos procedimentos de defesa comercial e interesse público, os autos da investigação passarão a estrutura descrita na Seção 4.7.3.

Por fim, ressalta-se o cuidado quando da submissão das informações no SEI/ME, já que, nos termos do § 2º do art. 7º da Portaria SECEX n. 162/2022, a divulgação de informação confidencial por erro na protocolização ou na classificação do documento no SEI/ME é de responsabilidade exclusiva da parte interessada que o submeteu. Ademais, o § 1º explicita que: "no caso de inconsistência entre o teor do documento enviado e o de natureza confidencial, restrita ou pública dos autos no qual o documento foi protocolado no SEI/ME, prevalecerá a natureza dos autos no qual o documento foi protocolado pelo usuário externo". Adicionalmente às responsabilidades previstas na Portaria n. 294, de 2020, é de responsabilidade do usuário externo o correto protocolo dos documentos nos processos eletrônicos referentes às investigações e procedimentos, devendo necessariamente ser utilizado o peticionamento intercorrente em processos em curso.

---

[60] Guia de Investigações Antidumping do DECOM, 2021. Disponível em: <https://www.gov.br/produtividade-e-comercio-exterior/pt-br/assuntos/comercio-exterior/defesa-comercial-e-interesse-publico/guias>. Acesso em: 3 maio 2022.

550

4.8. Distinções entre salvaguardas globais e salvaguardas preferenciais em Acordos de Livre Comércio

No nível multilateral, o art. XIX do GATT e o Acordo sobre Salvaguardas fornecem a estrutura legal que rege o uso de medidas de salvaguarda entre os Membros da OMC. Uma salvaguarda multilateral é aplicada, via de regra[61], de forma não discriminatória (ou seja, aos bens alvo da medida independentemente da origem), uma vez que o art. 2.2 do Acordo sobre Salvaguardas esclarece ainda que "as medidas de salvaguarda serão aplicadas a um produto importado independentemente de sua procedência".

Ocorre que os mecanismos multilaterais de defesa comercial descritos nos Capítulos 2 (antidumping), 3 (subsídios e medidas compensatórias) e 4 (salvaguardas) não excluem a possibilidade de se prever as chamadas "salvaguardas preferenciais" em acordos preferenciais de comércio. Isso porque disposições de salvaguarda que fornecem proteção temporária contra surtos de importação que causam sérios prejuízos aos produtores domésticos também são parte integrante da maioria dos acordos regionais de comércio (*Regional Trade Agreements* – RTA), uma vez que representam mecanismos para lidar com os efeitos das iniciativas de liberalização comercial sob o acordo aplicável.

Esse tema mostra-se especialmente interessante diante da explosão de acordos preferenciais de comércio no mundo diante da chamada "crise do multilateralismo"[62], na medida em que acordos bilaterais ou birregionais surgem nesse contexto de impasse criado na Rodada Doha, em estagnação diante do desafio de se alcançar um cenário "ambicioso, que seria muito difícil de ser alcançado". A proliferação de acordos preferenciais de comércio reflete uma "fragmentação de regras" multilaterais e na personalização daquelas compreendidas nos acor-

---

[61] As disposições de salvaguarda permitem tratamento discriminatório em dois casos: 1) ao excluir países parceiros das ações globais de salvaguarda e 2) ao excluir países terceiros e apenas impor ações de salvaguarda bilaterais ou regionais aos países parceiros. Sobre o item 2), diversos acordos regionais preveem que as importações do parceiro podem ser excluídas de uma ação de salvaguarda global, sujeito a certos critérios. Na maioria dos casos, a condição para a exclusão do(s) parceiro(s) é "se tais importações não forem uma causa substancial de lesão grave ou ameaça de lesão". Outros acordos de livre comércio estabelecem que as importações do parceiro devem ser excluídas de uma ação de salvaguarda global, se determinados critérios forem atendidos. A formulação encontrada com mais frequência é "a menos que tais importações representem uma 'parte substancial' do total de importações" e tais importações "contribuam de maneira importante para o prejuízo grave ou ameaça de prejuízo grave".

[62] GUERO, Isabelle Ruiz. Do declínio do multilateralismo à fragmentação do sistema de comércio internacional: acenos sobre como a OMC pode se manter relevante. In: ATHAYDE, Amanda; SEGALOVICH, Daniel; ANDRADE, Gabriel. *Comércio internacional e concorrência*: desafios e perspectivas atuais – Volume IV. Brasília: Universidade de Brasília, Faculdade de Direito, 2022.

Curso de Defesa Comercial e Interesse Público no Brasil: teoria e prática

dos, em uma equalização dos interesses e entendimentos das partes signatárias, nos termos de Thorstensen[63].

As salvaguardas preferenciais, portanto, são medidas de defesa comercial, de caráter temporário, previstas no âmbito de acordos preferenciais de comércio. A medida busca prevenir ou remediar o prejuízo grave sofrido pela indústria doméstica da Parte importadora em decorrência de um surto de importação de determinado bem que desfruta da preferência tarifária negociada. Consistem, assim, em instrumentos também de "válvula de escape" ao comércio internacional, mas aplicáveis apenas aos Membros daquele acordo de comércio específico. Isso porque a presença de uma opção de salvaguarda em um acordo comercial facilita maiores reduções tarifárias durante a negociação de um acordo comercial, agindo como uma forma de "seguro" contra uma mudança inesperada no ambiente econômico, uma vez que mitiga as consequências adversas de um aumento inesperado das importações.

Assim, no caso da salvaguarda preferencial, a medida será aplicável apenas aos parceiros comerciais que foram beneficiados pela liberalização comercial específica do acordo e, portanto, que serão afetados também de forma específica. Assim, as salvaguardas preferenciais são instrumentos temporários que oferecem uma rede de segurança à indústria doméstica durante o período de liberalização tarifária objeto daquele acordo de livre comércio entre as partes contratantes.

Para que seja aplicada, é necessária a análise do nexo de causalidade entre o aumento das importações de produtos objeto de preferência tarifária, originários de país signatário do acordo, e a comprovação de que tais importações tenham causado ou ameacem causar prejuízo grave à indústria doméstica do país importador. Assim, caso verificadas presentes essas condições, é possível aplicar a salvaguarda preferencial, no âmbito daquele acordo comercial e de acordo com as suas disposições contidas em seção específica do acordo.

A aplicação de salvaguarda preferencial se dá, usualmente, de duas formas: (i) congelamento do cronograma de desgravação e (ii) retrocesso ao teto da tarifa-base.

A primeira delas diz respeito (i) ao congelamento do cronograma de desgravação para determinado produto objeto do acordo comercial. Ou seja, se até o momento da aplicação da medida o bem desfruta de uma preferência tarifária de 50% sobre a tarifa base do acordo (i.e., o imposto de importação que era de 10% já está em 8% para as importações daquela origem abarcada pelo acordo de livre comércio), essa preferência é mantida, não se avançando com a desgravação prevista no acordo, até que se extinga o período de aplicação da salvaguarda (i.e., congela em 8% o cronograma de desgravação tarifária, não alcançando a meta para aquele produto durante o período da aplicação).

---

[63] THORSTENSEN, Vera; SANCHEZ BADIN, Michelle Ratton; MÜLLER, Carolina; ELEOTERIO, Belisa. Acordos preferenciais de comércio: da multiplicação de novas regras aos mega-acordos comerciais. *Política Externa (USP)*, v. 23, p. 151-179, 2014.

A outra forma usual de aplicação de salvaguarda bilateral se dá por meio (ii) do aumento do imposto de importação até o teto da tarifa-base acordada para o bem em questão. Ou seja, retrocede-se no cronograma de desgravação à situação anterior à concessão da preferência tarifária (i.e., o imposto de importação que era de 10% e já está em 8% para as importações daquela origem abarcada pelo acordo de livre comércio volta para 10%). Cabe ressaltar que o congelamento da preferência tarifária ou o aumento da tarifa se dá enquanto durar a aplicação da medida de salvaguarda. Em ambos os casos, após o fim da medida, a preferência tarifária que o bem irá desfrutar passa ao patamar previsto no cronograma normal de desgravação acordado.

Imagem – Formas de aplicação da salvaguarda preferencial

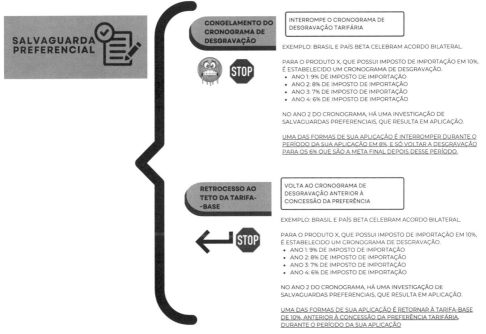

Fonte: elaboração própria.

O período para a aplicação de uma salvaguarda preferencial costuma ser delimitado pelo lapso temporal entre a desgravação tarifária completa do bem e o período de transição. Existem acordos que, no entanto, são silentes em relação a um período máximo para aplicação de salvaguardas bilaterais. Para esses casos, a aplicação de salvaguarda bilateral pode ocorrer a qualquer tempo.

> **SALVAGUARDA – NÃO TECIDOS – INVESTIGAÇÃO ORIGINAL – ISRAEL**
> CIRCULAR SECEX N. 63, DE 24 DE SETEMBRO DE 2020
> CIRCULAR SECEX N. 19, DE 30 DE MARÇO DE 2020
>
> Trata-se de investigação encerrada, sem julgamento de mérito, para averiguar a existência de dano grave causado à indústria doméstica decorrente do aumento preferencial das importações de não tecidos para aplicação em produtos de higiene pessoal, originárias de Israel, consoante o disposto no Capítulo V do Acordo de Livre Comércio Mercosul-Israel. Encerrada também a avaliação de interesse público conduzida relacionada, por perda de objeto.
>
> Conforme exposto na circular em referência, a salvaguarda bilateral somente poderia ser aplicada mediante comprovação de que o aumento das importações israelenses de não tecidos teria causado dano grave à indústria doméstica. Contudo, a alteração injustificada dos dados e informações acerca dos indicadores de dano da peticionária levantaram insanáveis dúvidas acerca da confiabilidade e higidez de tais informações, colocando em questionamento, inclusive, as condições que justificaram o início da investigação e comprometendo, por fim, a continuidade da instrução processual. Por tal razão, recomendou-se o encerramento da investigação.

Fonte: Circular SECEX n. 63, de 24 de setembro de 2020[64]; Circular SECEX n. 19[65], de 30 de março de 2020.

Athayde, Boaventura e Sabino[66] realizaram um levantamento exploratório das cláusulas de defesa comercial em 19 (dezenove) acordos preferenciais de comércio celebrados pelo Brasil que estejam atualmente em vigor e que tratem especificamente do comércio de bens. Buscou-se analisar tais acordos com base nos seguintes parâmetros: (A) existência ou não de cláusulas sobre mecanismos multilaterais, subdivididos entre cláusulas sobre: (A.1) antidumping, (A.2) medidas compensatórias e (A.3) salvaguardas multilaterais; (B) existência ou não de cláusulas sobre salvaguardas preferenciais; (C) forma de aplicação das salvaguardas preferenciais, como o estabelecimento de quota fixada, a suspensão temporária do cronograma de desgravação tarifária para o produto sujeito à me-

---

[64] BRASIL. Circular GECEX n. 63, de 24 de setembro de 2020. Disponível em: <https://www.diariomunicipal.sc.gov.br/arquivosbd/atos/2020/09/1601043106_circular_n_63_de_24_de_setembro_de_2020.pdf >. Acesso em: 6 jun. 2022.

[65] BRASIL. Circular SECEX n. 19, 30 de março de 2020. Disponível em: <https://www.in.gov.br/web/dou/-/circular-n-19-de-30-de-marco-de-2020-250407129?inheritRedirect=true&redirect=%2Fconsulta%3Fq%3DCIRCULAR%2520N%25C2%25BA%25203.938%26start%3D7%26delta%3D50%26publish%3Dpast-year>. Acesso em: 1º jun. 2022.

[66] ATHAYDE, Amanda; BOAVENTURA, Elisa; SABINO, Aline. Acordos preferenciais de comércio e defesa comercial: o que dizem as cláusulas de defesa comercial nos acordos celebrados pelo Brasil. *RDCI*, 5. ed., São Paulo, 2022.

dida ou na temporária redução parcial ou total da margem de preferência tarifária vigente para o produto sujeito à medida, entre outros; (D) vigência da salvaguarda preferencial após o período de transição; (E) possibilidade ou não de aplicação de salvaguardas preferenciais provisórias. Sobre este contexto de cláusulas de defesa comercial em acordos comerciais, Goldbaum[67] sustenta que a ênfase brasileira foi transferida para a celebração de acordos comerciais.

Segundo as autoras, verificou-se que (A) as cláusulas sobre mecanismos multilaterais se alicerçam sobre negociações de regras gerais, que visam a facilitação do processo de liberalização do comércio global. Isso posto, vislumbra-se que a grande maioria dos acordos – 15 (quinze) dos 19 (dezenove) acordos – faz apenas menção ao disposto no GATT ou no âmbito da OMC como parte do seu entendimento nacional e internacional acerca da matéria de (A.1) antidumping e (A.2) medidas compensatórias aplicada multilateralmente, fazendo referência, inclusive, aos artigos da norma que devem ser observados. Portanto, a convergência se dá de forma natural, pois os estados-Membros dos acordos estão abrigados sob a dinâmica desses fóruns multilaterais. Interessante notar que, como já seria esperado, os acordos mais antigos não previam regras sobre as cláusulas multilaterais, como o Acordo de Preferência Tarifária Regional n. 4 – (1984). Destaca-se, ainda, que acordos com menor escopo de produtos ou com parceiros comerciais com fluxo mais restrito podem não conter também esse tipo de cláusula – como os acordos Brasil-Guiana e São Cristóvão e Névis AAP n. 38 (2004), Brasil-Suriname AAP n. 25 (2004) e Brasil-Paraguai ACE n. 74 (2020).

Curioso notar, também, que, enquanto 15 (quinze) dos 19 (dezenove) acordos trazem cláusulas acerca da matéria de (A.1) antidumping e (A.2) medidas compensatórias, apenas 12 (doze) tratam de salvaguardas globais (A.3), o que sinaliza um cuidado ou uma preocupação menor dos países com essa previsão em seus acordos preferenciais de comércio. Dentre os acordos analisados, apenas o MCS-Israel ALC MCS-Israel (2010), celebrado em 18 de dezembro de 2007 e internalizado em 27 de abril de 2010, apresenta inovação quanto à aplicação de salvaguardas globais. Com mecanismos diversos, o acordo conta com a exclusão do parceiro em caso de aplicação de salvaguardas globais sobre importações[68], com regras inéditas quando se trata de acordos firmados pelo Brasil.

---

[67] GOUDBAUM, Sergio. Defesa comercial, acordos comerciais e os rumos da inserção do Brasil na economia mundial. *Revista de Direito do Comércio Internacional*, n. 5, jun. 2022. Disponível em: <https://enlaw.com.br/revista/826/ler?page=121>. Acesso em: 27 jun. 2022.

[68] Sobre a exclusão de parceiros preferenciais em caso de aplicação de salvaguardas globais, importante mencionar a necessidade de se manter o paralelismo. Ou seja, se essa origem será excluída da aplicação, também o volume de importações dessa origem deve ser excluído para fins de análise do prejuízo causado pelas importações na investigação de salvaguardas. Assim

Curso de Defesa Comercial e Interesse Público no Brasil: teoria e prática

Isso posto, pode-se associar o feito à evolução do entendimento firmado e construído pelos negociadores brasileiros, assim como a uma continuidade e construção histórica da defesa comercial brasileira e seus mecanismos, que se refletem nos acordos firmados.

Quanto às disposições sobre salvaguardas preferenciais (B), diferentemente da cautela verificada quanto às cláusulas de salvaguardas globais, 17 (dezessete) dentre os 19 (dezenove) acordos analisados apresentam cláusulas de salvaguarda preferencial[69]. Ou seja, há mais acordos com cláusulas de salvaguarda preferencial do que com cláusulas de salvaguarda global. Nesse ponto, acredita-se que se trata de cláusula interessante por estabelecer disposições passíveis de personalização, proveniente das características intrínsecas ao relacionamento comercial entre as partes signatárias.

Nesse universo de 17 (dezessete) acordos com cláusulas de salvaguarda preferencial, 15 (quinze) apresentam (C) cláusulas determinando a forma de aplicação das salvaguardas preferenciais[70]. Destaca-se que a partir de 1991, com a celebração do Mercosul ACE n. 18 (1991), todos os acordos que possuem salvaguardas preferenciais contêm cláusula sobre a sua forma de aplicação.

Outrossim, somente 6 (seis) dentre os 19 (dezenove) acordos analisados apresentam cláusula quanto (D) a vigência das salvaguardas preferenciais após o período de transição[71]. Trata-se, assim, de cláusula que sinaliza uma maior dificuldade de consenso entre as partes em processo de negociação do acordo preferencial de comércio, que começa a surgir nos acordos analisados a partir de 2005 apenas.

Interessante destacar que tanto o MCS-Colômbia, Equador e Venezuela ACE n. 59 (2005) quanto o MCS-Colômbia ACE n. 72 (2017) versam sobre a possibilidade de aplicação de medidas especiais sobre a importação de produtos específicos listados em seus apêndices, as quais não poderão ser aplicadas simultaneamente com as medidas de salvaguardas preferenciais previstas no Anexo V. O ponto comum entre os acordos é a presença de todas as cláusulas

---

já foi feito no Brasil, quando da investigação da salvaguarda de vinhos em 2012. Naquela oportunidade, já havia a internalização do Acordo de Livre Comércio Brasil-Israel, o que causou mudanças na análise das importações, nos termos do item 4.3.2. da Circular SECEX n. 9, de 14 de março de 2012. Disponível em: <https://www.gov.br/produtividade-e-comercio-exterior/pt-br/arquivos/dwnla_1331819867.pdf>. Acesso em: 27 jun. 2022.

[69] Excepcionam-se: o AAP n. 41 (2004) (II.9) e o ACE n. 74 (2020) (II.19).

[70] Excepcionam-se: o ACE n. 2 (1985) (II.2) e o ACE n. 14 (1990) (II.3).

[71] São eles: ACE n. 59 (2005) (II.10), ACE n. 62 (2007) (II.12), ALC MCS-Israel (2010) (II.14), ACE n. 69 (2014) (II.15), ACE n. 72 (2017) (II.17) e ACP MCS-Egito (2017) (II.18).

4 • Investigações de salvaguardas – teoria e prática

de defesa comercial analisadas no presente artigo e que ambos foram celebrados pela Colômbia.

Ademais, somente 11 (onze) acordos apresentam cláusulas que versam sobre (E) salvaguardas preferenciais provisórias[72]. Nota-se que, a partir do acordo MCS-Chile ACE n. 35 (1996), todos os acordos que possuem salvaguardas preferenciais apresentam salvaguardas preferenciais provisórias, com exceção do Brasil-Guiana e São Cristóvão e Névis AAP n. 38 (2004) e do ACP MCS-Egito (2017). Ressalta-se, ainda, que, em 7 (sete) desses 11 (onze) acordos que apresentam cláusulas que versam sobre salvaguardas preferenciais provisórias[73], a cláusula de salvaguarda preferencial provisória prevê que a duração da medida não excederá 180 (cento e oitenta) dias, enquanto em 3 (três) desses acordos[74] a cláusula de salvaguarda preferencial provisória prevê que a duração da medida não excederá 200 (duzentos) dias.

Tratou-se, assim, segundo Athayde, Boaventura e Sabino, de análise sobretudo quantitativa, que poderia servir de base para futuras pesquisas qualitativas e aprimoramentos da prática negociadora brasileira nos capítulos de defesa comercial em negociações de acordos preferenciais de comércio.

---

[72] Excepcionam-se: com exceção do APTR n. 4 (1984) (II.1), ACE n. 2 (1985) (II.2), ACE n. 14 (1990) (II.3) e ACE n. 18 (1991) (II.4), APP n. 38 (2004) (II.8) e ACP MCS-Egito (2017) (II.18).

[73] São eles: ACE n. 35 (II.5); ACE n. 36 (II.6); ACE n. 53 (II.7); ACE n. 59 (II.10); ACE n. 58 (II.11); ACE n. 62 (II.12) e ACE n. 72 (II.17).

[74] São eles: ACP MCS-Índia (II.13), ALC MSC-Israel (II.14) e ACP MCS-SACU (II.16).

5

AVALIAÇÕES DE INTERESSE PÚBLICO EM DEFESA COMERCIAL – TEORIA E PRÁTICA

Para que se entenda a teoria e a prática sobre as avaliações de interesse público em defesa comercial no Brasil, inicialmente será apresentada a legislação de interesse público no contexto multilateral e nacional (5.1), bem como em algumas outras jurisdições (5.2). Em seguida, será exposto o embate de visões que existe sobre o tema de interesse público em defesa comercial (5.3). Depois, serão apresentados os critérios materiais de interesse público em defesa comercial: características do produto, da cadeia produtiva e do mercado do produto sob análise (5.4), oferta internacional do produto sob análise (5.5), oferta nacional do produto sob análise (5.6) e impactos da medida de defesa comercial na dinâmica do mercado nacional (5.7). A seguir, será discutida a possibilidade de existirem outros critérios materiais de avaliação (5.8). Por fim, serão trazidas breves explicações sobre aspectos processuais das avaliações de interesse público (5.9).

5.1. Legislação de interesse público em defesa comercial no contexto multilateral e no Brasil

A Organização Mundial do Comércio (OMC) não possui uma normativa multilateral específica a respeito da cláusula de interesse público em defesa comercial. Apesar disso, a própria redação dos acordos multilaterais evidencia que a aplicação de uma medida de defesa comercial é uma faculdade do Membro da OMC, não uma obrigação, ainda que preenchidos todos os requisitos para a sua aplicação[1]. Ou seja, a aplicação de uma medida de defesa comercial consiste em

---

[1] Segundo Marina de Carvalho, a não inclusão de uma cláusula expressa de interesse público no Acordo Antidumping trouxe alguns reflexos para a referida legislação. A autora destaca a ampla previsão de inclusão de partes consideradas interessadas – grupos ou entidades potencialmente afetados pelas medidas – no processo de investigação; o reforço do devido processo legal a fim de que seja realizada uma avaliação mais neutra e objetiva por parte da

Curso de Defesa Comercial e Interesse Público no Brasil: teoria e prática

uma faculdade dada aos Membros da OMC para a aplicação dos respectivos remédios comerciais, não havendo uma garantia ou uma espécie de "direito adquirido" da indústria doméstica em sua aplicação, mesmo que preenchidos os requisitos da legislação multilateral.

No Acordo sobre a Implementação do Artigo VI do Acordo Geral de Tarifas e Comércio 1994 (GATT 1994) (doravante "Acordo Antidumping"), o art. 9.1 é expresso sobre a competência das autoridades do Membro importador a decisão sobre a imposição ou não de direito antidumping, quando estiverem preenchidos os requisitos necessários, e a decisão sobre se o montante do direito antidumping a ser imposto será a totalidade da margem de dumping ou menos do que esse valor. Ou seja, há uma indicação clara da competência de cada Membro "impor ou não" a medida antidumping. A justificativa para a não aplicação de uma medida antidumping, quando preenchidos todos os requisitos necessários, portanto, consiste na argumentação do interesse público, ainda que não expressamente redigido no Acordo Antidumping[2].

Similarmente, no Acordo sobre Subsídios e Medidas Compensatórias tem-se, no art. 19.2, a previsão expressa sobre a competência das autoridades do Membro importador às decisões sobre impor ou não direito compensatório naqueles casos em que todos os requisitos para o fazer tiverem sido preenchidos e sobre se o montante do direito compensatório deve ser igual ou menor do que a totalidade do subsídio. Novamente, registra-se a indicação clara da competência de cada Membro "impor ou não" a medida compensatória. A justificativa para a

---

autoridade competente; e as previsões quanto à necessidade de análise de fatores diversos e externos à indústria local para a determinação do nexo de causalidade entre o dumping e o dano causado. (DE CARVALHO, Marina Amaral Egydio et al. Documento de Trabalho 007/2021 – Defesa da Concorrência e Defesa Comercial: benchmarking internacional sobre a estrutura, funções e inter-relações das instituições. Conselho Administrativo de Defesa Econômica (Cade), Departamento de Estudos Econômicos, 2021. Disponível em: <https://cdn.cade.gov.br/Portal/centrais-de-conteudo/publicacoes/estudos-economicos/documentos-de-trabalho/2021/Documento-de-Trabalho_Defesa-da-Concorencia-e-Defesa-Comercial_benchmarking-internacional-sobre-a-estrutura-funcoes-e-inter-relacoes-das-instituicoes.pdf>. Acesso em: 3 jun. 2022.

[2] Reconhece-se que existe argumentação contrária, no sentido de que o art. 9.1 do Acordo Antidumping, ao não ser expresso sobre interesse público, seria a base tão somente para a aplicação da regra do menor direito (*lesser duty*), de modo que interesse público e menor direito seriam conceitos distintos e não inter-relacionados. A nosso ver, apesar de distintos os conceitos, o art. 9.1. não deixa de ser a base para o interesse público no âmbito multilateral, na medida em que tão somente faculta a aplicação da medida de defesa comercial, e não a obriga. Comentários ao art. 9.1. OMC TN/RL/W/232. *Vide* comentários de Membros da OMC. "*Various delegations emphasized the view that public interest and lesser duty are distinct concepts and should not be traded off against each other.*" Disponível em: <https://www.wto.org/english/tratop_e/rulesneg_e/rules_may08_annexa_e.doc>. Acesso em: 31 maio 2022.

5 • Avaliações de interesse público em defesa comercial – teoria e prática

não aplicação de uma medida compensatória, quando preenchidos todos os requisitos necessários, portanto, consiste na argumentação do interesse público, ainda que não expressamente redigido no Acordo sobre Subsídios e Medidas Compensatórias[3].

Por sua vez, o Acordo sobre Salvaguardas é ainda mais explícito sobre a existência de considerações de interesse público. Nos termos do art. 3.1,

> 1. Um Membro só poderá aplicar uma medida de salvaguarda após investigação conduzida por suas autoridades competentes de conformidade com procedimentos previamente estabelecidos e tornados públicos nos termos do Artigo X do GATT 1994. Tal investigação compreenderá a publicação de um aviso destinado a informar razoavelmente todas as partes interessadas, assim como audiências públicas ou outros meios idôneos pelos quais os importadores, os exportadores e outras partes interessadas possam apresentar provas e expor suas razões, e ter ainda a oportunidade de responder à argumentação das outras partes e apresentar suas opiniões, inclusive, entre outras coisas, sobre se a aplicação da medida de salvaguarda seria ou não do interesse público.

Ou seja, a parte final desse artigo explicita de maneira límpida a possibilidade de serem apontados argumentos de interesse público na aplicação de uma medida de salvaguarda.

No Brasil, a cláusula de interesse público está prevista no ordenamento jurídico brasileiro desde o ano de 1995, com a publicação do Decreto n. 1.602, de 23 de agosto de 1995 (art. 64, § 3º)[4], referente às medidas antidumping, e do

---

[3] Para Marina de Carvalho, vale ressaltar, nem o GATT47, tampouco os Acordos Antidumping e Subsídios, preveem diretamente a alteração ou suspensão de direitos em função do interesse público. Nesse sentido, as previsões do art. 9.1 do Acordo Antidumping e o art. 3.2 do Acordo sobre Salvaguardas são vagas no que diz respeito a esse tema. (DE CARVALHO, Marina Amaral Egydio et al. Documento de Trabalho 007/2021 – Defesa da Concorrência e Defesa Comercial: benchmarking internacional sobre a estrutura, funções e inter-relações das instituições. Conselho Administrativo de Defesa Econômica (Cade), Departamento de Estudos Econômicos, 2021. Disponível em: <https://cdn.cade.gov.br/Portal/centrais-de-conteudo/publicacoes/estudos-economicos/documentos-de-trabalho/2021/Documento-de--Trabalho_Defesa-da-Concorencia-e-Defesa-Comercial_benchmarking-internacional-sobre-a-estrutura-funcoes-e-inter-relacoes-das-instituicoes.pdf>. Acesso em: 3 jun. 2022).

[4] Decreto n. 1.602, de 23 de agosto de 1995. Art. 64. As determinações ou decisões, preliminares ou finais, relativas à investigação, serão adotadas com base em parecer da SECEX. § 3º Em circunstâncias excepcionais, mesmo havendo comprovação de dumping e de dano dele decorrente, as autoridades referidas no art. 2º poderão decidir, por razões de interesse nacional, pela suspensão da aplicação do direito ou pela não homologação de compromissos de preços, ou, ainda, respeitado o disposto no parágrafo único do art. 42, pela aplicação de direito em valor diferente do que o recomendado, e, neste caso, o ato deverá conter as razões que fundamentaram tal decisão.

Curso de Defesa Comercial e Interesse Público no Brasil: teoria e prática

Decreto n. 1.751, de 19 de dezembro de 1995 (artigo 73, § 3º)[5], referente às medidas compensatórias. Naquele momento, tal prerrogativa era denominada "interesse nacional". O Decreto n. 1.488, de 11 de maio de 1995, referente às medidas de salvaguardas, mais enxuto, não deixava expressa a cláusula de interesse público, mas sim implícito, ao utilizar, em seu art. 1º, a expressão "poderão ser aplicadas as medidas de salvaguardas", e não "deverão". Registre-se, ainda, que isso já estava explicitamente previsto no art. 3.1 do Acordo sobre Salvaguardas, incorporado à ata final da Rodada Uruguai, que criou a Organização Mundial do Comércio (OMC). Essa ata final foi aprovada no Brasil pelo Decreto Legislativo n. 30, de 15 de dezembro de 1994, e promulgada pelo Decreto n. 1.355, de 30 de dezembro de 1994. A menção expressa à cláusula de interesse público (e não mais "interesse nacional") permaneceu nas atualizações das legislações antidumping e antissubsídios, respectivamente nos art. 3º do Decreto n. 8.058/2013 e art. 3º do Decreto n. 10.839/2021.

Em termos de regulamentos, foi só a partir de 2012, com a publicação da Resolução CAMEX n. 13, de 29 de fevereiro de 2012[6], que foi instituído o Grupo Técnico de Interesse Público (GTIP), com o objetivo de analisar a suspensão ou alteração de medidas antidumping e compensatórias definitivas, bem como a não aplicação de medidas antidumping e compensatórias provisórias, por razões de interesse público. No mesmo ano foi publicada a Resolução CAMEX n. 50, de 5 de julho de 2012[7], com roteiro de análise do interesse público.

A análise de interesse público foi, então, novamente regulamentada em 2015, primeiramente pela Resolução CAMEX n. 27, de 29 de abril de 2015[8], sobre procedimentos de análise de pleitos de interesse público, que também atribuiu o GTIP à Secretaria de Acompanhamento Econômico do Ministério da Fazenda (SEAE/MF). Posteriormente houve regulamentação do interesse público pela Resolução CAMEX n. 93, de 24 de setembro de 2015[9].

---

[5] Decreto n. 1.751, de 19 de dezembro de 1995. Art. 73. As determinações ou decisões, preliminares ou finais, relativas à investigação, serão adotadas com base em parecer da SECEX. § 3ª Em circunstâncias excepcionais, mesmo havendo comprovação de subsídio acionável e de dano dele decorrente, as autoridades referidas no art. 2ª poderão decidir, em face de razões de interesse nacional, pela suspensão da aplicação do direito ou pela não homologação de compromissos, ou, ainda, respeitado o disposto no parágrafo único do art. 52, pela aplicação de direito em valor diferente do que o recomendado, e, nestes casos, o ato deverá conter as razões que fundamentaram a decisão.

[6] BRASIL. Resolução CAMEX n. 13, de 29 de fevereiro de 2012.

[7] BRASIL. Resolução CAMEX n. 50, de 5 de julho de 2012.

[8] BRASIL. Resolução CAMEX n. 27, de 29 de abril de 2015.

[9] BRASIL. Resolução CAMEX n. 93, de 24 de setembro de 2015.

5 • *Avaliações de interesse público em defesa comercial – teoria e prática*

Em 2016, houve uma troca na atribuição do GTIP, que passou para a Secretaria de Assuntos Internacionais do Ministério da Fazenda (SAIN/MF), nos termos da Resolução CAMEX n. 30, de 31 de março de 2016. Posteriormente, por meio da Resolução CAMEX n. 29, de 11 de abril de 2017, foram previstos os prazos e trâmites processuais. Nesses casos, a decisão final sobre defesa comercial e interesse público era do Conselho de Ministros da Câmara de Comércio Exterior (CAMEX)[10], nos termos do art. 2º, incisos XV a XII, do Decreto n. 4732, de 10 de junho de 2003, sem hipótese de recurso. A decisão poderia ser tomada *ad referendum* pelo Gecex, que era parte da estrutura hierárquica da CAMEX, nos termos do seu art. 5º, § 4º, inciso II.

Em 2019, com a entrada em vigor dos Decretos n. 9.679, de 2 de janeiro de 2019, n. 9.745, de 8 de abril de 2019, e n. 10.072, de 18 de outubro de 2019, houve a alteração da competência para as avaliações de interesse público, que passaram a ser desempenhadas pelo Departamento de Defesa Comercial e Interesse Público (DECOM), e não mais pelo GTIP. A decisão final a respeito da suspensão ou alteração de medidas antidumping e compensatórias definitivas, bem como de não aplicação de medidas antidumping e compensatórias provisórias, por sua vez, passou a ser, temporariamente, entre janeiro e outubro de competência da Secretaria Especial de Comércio Exterior e Assuntos Internacionais (SECINT) do Ministério da Economia, nos termos do art. 77, inciso VI do Decreto n. 9.679, de 2 de janeiro de 2019, confirmado pelo art. 82, inciso V, do Decreto n. 9.745, de 8 de abril de 2019. A competência da SECINT para essa tomada de decisão vigorou entre janeiro e outubro, e o recurso administrativo era dirigido ao Ministro da Economia.

---

[10] Criada em 1995, originalmente a Camex estava vinculada ao Conselho de Governo da Presidência da República, porém ainda sem poderes deliberativos ou operacionais. Possuía um conselho de ministros composto pelos principais ministérios que tratavam de temas afins ao comércio exterior e era presidida pelo chefe da Casa Civil. Em 1998, com a criação do Ministério do Desenvolvimento, Indústria e Comércio Exterior, a Câmara passou a integrar sua estrutura. O Decreto n. 8.807, de 12 de julho de 2016, mudou um aspecto importante na institucionalidade da Camex, que passou então a ser presidida pelo Presidente da República, enquanto a Secretaria Executiva passou ao Ministério das Relações Exteriores (MRE). Em 2017, a Camex foi transferida novamente do MRE para o MDIC, que passou a indicar o secretário-executivo da Câmara. Em 2019 foi publicado o Decreto n. 10.044, de 2019, e desde então a Câmara de Comércio Exterior – Camex tem a atribuição de formular, adotar, implementar e coordenar as políticas e atividades relativas ao comércio exterior brasileiro à atração de investimentos estrangeiros diretos, a investimentos brasileiros no exterior, aos temas tarifários e não tarifários e ao financiamento às exportações com o objetivo de promover o aumento da produtividade e da competitividade das empresas brasileiras no mercado internacional. Disponível em: <https://www.gov.br/produtividade-e-comercio-exterior/pt-br/assuntos/camex/sobre-a-camex/sobre-a-camex>. Acesso em: 8 abr. 2022. Em 2023, foi publicada a nova estrutura do Decreto Camex, nos termos do Decreto n. 11.428/2023.

Curso de Defesa Comercial e Interesse Público no Brasil: teoria e prática

Com a promulgação do Decreto n. 10.044, de 4 de outubro de 2019, a competência para, ao final, decidir sobre a suspensão ou alteração da exigibilidade de direitos antidumping e medidas compensatórias passou a ser do Comitê Executivo de Gestão da Câmara de Comércio Exterior (GECEX), que não alterou as respectivas competências do DECOM e da SECEX, previstas no Decreto n. 9.745, de 8 de abril de 2019. Não foi prevista qualquer hierarquia entre GECEX e o Conselho de Estratégia Comercial (CEC) no texto do Decreto n. 10.044, de 4 de outubro de 2019, mas o entendimento jurídico prevalecente foi de que, por se tratar de processo administrativo, sujeito a contraditório e ampla defesa, seria necessário, para cumprir a Lei de Processo Administrativo e a Constituição Federal, a existência de instância recursal das decisões do GECEX. Assim, os recursos administrativos têm seguido para o CEC para deliberação.

Em 2023, com a reestruturação dos ministérios, a competência decisória da Camex para decisões de defesa comercial e interesse público foi definida nos termos do Decreto n. 11.428/2023. Nos termos do art. 3º, VII, desse novo decreto, ficou expressa a competência recursal do CEC com relação às decisões do Gecex. Dúvida pode ser levantada, quanto à redação do decreto, se a competência recursal seria apenas para defesa comercial, já que a redação é "decidir, em última instância, acerca de recursos administrativos interpostos em face de decisões do Comitê Executivo de Gestão em matéria de defesa comercial", ou se poderia abarcar também os temas de interesse público levados a recurso. A nosso ver, é forçosa a interpretação de que cabe ao CEC analisar todos os temas recursais da decisão do GECEX, não apenas pela lógica do direito administrativo, mas também porque a avaliação de interesse público é um sucedâneo processual da análise principal de defesa comercial.

Para maiores detalhes sobre a estrutura e o fluxo decisório sobre defesa comercial e interesse público no Brasil, recomenda-se a Seção 1.5 deste livro, *supra.*

Nesse contexto de alteração das estruturas decisórias, no início de 2019 foi realizada alteração nos trâmites processuais, a fim de atualizar a avaliação de interesse público em defesa comercial com as novas legislações em vigor. Em 17 de abril de 2019, foi publicada a Portaria SECEX n. 8, de 15 de abril de 2019, e, após consulta pública, foi publicada em 30 de janeiro de 2020 a Portaria SECEX n. 13, de 29 de janeiro de 2020, que trouxe uma série de consolidações, tanto materiais quanto processuais[11]. Em 7 de março de 2023, a Portaria SECEX n. 237 fez um ajuste na Portaria SECEX n. 13/2020.

---

[11] BRASIL, Eric Universo Rodrigues; VALLE, Marília Castañon Penha. Defesa comercial: novas regras para a interação entre investigações de defesa comercial e avaliações de interesse público. *Revista de Direito do Comércio Internacional*, n. 2. 2019. Disponível em: <https://enlaw.com.br/revista/634/ler?page=197>. Acesso em: 27 jun. 2022.

5 • Avaliações de interesse público em defesa comercial – teoria e prática

Novamente, evidenciando o debate constante a respeito do tema de interesse público no Brasil, em 10 de abril de 2023, a SECEX/MDIC abriu consulta pública, por meio da Circular n. 12/2023, para obter contribuições da sociedade civil a respeito da atualização do arcabouço legal que regulamenta as avaliações de interesse público em defesa comercial[12].

A motivação da consulta pública foi de que o atual regulamento da avaliação de interesse público no âmbito da defesa comercial brasileira, consolidado por meio da Portaria SECEX n. 13, de 2020, imporia elevado ônus aos usuários do sistema de defesa comercial e à Administração Pública federal, que, de forma concomitante às investigações de defesa comercial, teria que se dedicar à consolidação e análise das informações relativas a eventual impacto econômico de possível aplicação das medidas antidumping e compensatórias.

A minuta de Portaria inicialmente proposta para consulta pública reconhecia a existência de 3 (três) categorias distintas de interesse público que poderiam fundamentar a suspensão/alteração de uma medida de defesa comercial:

> (a) Interesse público político-estratégico, que deverá ser apreciado pelos membros da CAMEX, sem exigência de observância de contraditório entre as partes afetadas pela medida de defesa comercial;
>
> (b) Interesse público com enfoque econômico-social, que deverá ser refletido em análise efetuada pelo DECOM, observado procedimento administrativo que garantirá o exercício do direito ao contraditório e à ampla defesa das partes interessadas, após a aplicação de medida de defesa comercial;
>
> (c) Interesse público por desabastecimento em função de alteração repentina das condições de oferta no mercado (risco de desabastecimento), que deverá ensejar a suspensão das medidas de defesa comercial, caso haja alteração das condições de oferta do produto, ocasionando desabastecimento do mercado brasileiro. Neste caso, a medida deverá ser suspensa após a observância de procedimento expedito.

A grande novidade parece ser o reconhecimento expresso de um interesse público político-estratégico (a), a ser endereçado diretamente na CAMEX. Este ponto pareceu, inicialmente, estar bastante alinhado ao que está apresentado no item 5.8 deste livro, sobre "outros critérios materiais possíveis em avaliações de interesse público".

Ademais, na minuta de Portaria inicialmente proposta para consulta pública, o interesse público com enfoque econômico-social (b) passaria a ser realiza-

---

[12] Consulta Pública SECEX/MDIC: <https://www.gov.br/participamaisbrasil/consulta-publica-decom-ip>.

Curso de Defesa Comercial e Interesse Público no Brasil: teoria e prática

do exclusivamente *após* a imposição de medida de defesa comercial, mediante solicitação dos interessados ou por interesse do Governo brasileiro, modificando a lógica atual de concomitância das análises. A consulta pública inclusive sugeria que a avaliação de interesse público seja requerida pelas partes interessadas somente após a aplicação das medidas de defesa comercial, em um prazo de 30 dias após sua aplicação, prorrogação ou alteração pela CAMEX. Este ponto, em termos materiais, parece estar em linha com os itens 5.4, 5.5, 5.6 e 5.7 deste livro, que tratam dos requisitos econômico-sociais que podem ser considerados em uma análise técnica de interesse público em defesa comercial.

A minuta de Portaria inicialmente proposta para consulta pública previu, ainda, que análises de interesse público com enfoque econômico-social referentes às indústrias fragmentadas não seriam admitidas, uma vez que essa organização do mercado, conforme disposto no art. 37, § 3º, do Decreto n. 8.058, de 2013, e no art. 31, § 4º, do Decreto n. 10.839, de 2021, envolvia um número especialmente elevado de produtores domésticos e, portanto, refletiria elevada competição entre os seus atores.

Ainda, no que diz respeito à avaliação de interesse público em função de alteração repentina das condições de oferta no mercado, que apresentem risco real e iminente de desabastecimento para o mercado nacional (c), a minuta de Portaria inicialmente proposta para consulta pública previu procedimento expedito que consultasse apenas as empresas produtoras nacionais para confirmação das informações relativas à eventual parada da planta ou outro evento similar. Essa avaliação poderia ocorrer a qualquer momento durante a imposição das medidas de defesa comercial. Este ponto parece estar em linha, em termos materiais, com o item 5.6.2 deste livro, que antes estava inserido na análise sobre a oferta nacional e agora passa a ter escopo próprio de análise.

Após as contribuições recebidas em sede da consulta pública, foi publicada, em 16 de novembro de 2023, a Portaria SECEX n. 282/2023, que é a nova legislação em vigor para tratar de interesse público em defesa comercial no Brasil.

Nos termos do art. 3º da Portaria SECEX n. 282/2023, haverá apenas duas modalidades de interesse público:

> I – econômico-social, destinada a examinar os efeitos positivos e negativos da medida antidumping ou compensatória sobre os agentes econômicos pertencentes à cadeia de produção, distribuição, venda e consumo em que se situa a indústria doméstica, incluídos seus elos a montante e a jusante; ou
>
> II – na interrupção, total ou parcial, da fabricação e do fornecimento por produtora nacional do produto doméstico similar ao sujeito à medida antidumping ou compensatória, desde que significativa, com duração permanente ou temporária.

Nota-se, portanto, que a previsão contida na minuta de Portaria para consulta pública, referente a uma modalidade de interesse público "político-estratégico", não consta na legislação. A nosso ver, não se trata de uma vedação, na medida em que a decisão final da CAMEX pode ser baseada em outros fatores, inclusive em elementos políticos e estratégicos, como sinalizado no item 5.8 deste livro, sobre "outros critérios materiais possíveis em avaliações de interesse público". Apesar disso, parece-nos acertada a decisão de não se prever expressamente essa hipótese no âmbito da Portaria SECEX por dois principais motivos. Primeiro, porque se trata de um fator decisório de competência da CAMEX, razão pela qual, se fosse o caso, poderia ser regulamentada no âmbito específico daquele Conselho. Segundo, porque a inclusão expressa dessa modalidade de interesse público em regulamento SECEX parecia trazer a discussão político-estratégica para a discussão no próprio DECOM e na SECEX, cujas análises historicamente são reconhecidas por sua tecnididade.

A imagem a seguir resume a base legal multilateral e nacional para as avaliações de interesse público:

Imagem – Legislação sobre interesse público multilateral e no Brasil

Fonte: elaboração própria.

Curso de Defesa Comercial e Interesse Público no Brasil: teoria e prática

5.2. Legislação de interesse público em defesa comercial em outras jurisdições

Conforme já mencionado, a Organização Mundial do Comércio (OMC) não possui uma normativa multilateral específica a respeito da cláusula de interesse público em defesa comercial. Assim, o interesse público em defesa comercial é objeto de legislações de alguns dos Membros, e não de todos, como Brasil, Canadá, União Europeia, Nova Zelândia e Reino Unido. Existem outras jurisdições em que existem precedentes menos avançados sobre o tema, como China, Índia, Malásia e Tailândia. Considerando que o objetivo deste livro é tratar da defesa comercial no Brasil, não será realizada uma extensa apresentação das normativas e da prática de interesse público em outros países, mas tão somente um breve sobrevoo, para compreensão geral sobre o assunto.

Em relação à União Europeia, um primeiro ponto que se deve destacar a respeito do uso da cláusula de interesse público na União Europeia é que ela é conduzida como uma cláusula de "interesse da União", que possui contornos peculiares. Essa cláusula, criada em 1996, era então chamada de cláusula de "interesse comunitário" (Community Interest). A Comissão Europeia, órgão do bloco, conduz paralelamente a investigação de dumping e a avaliação de interesse da União sobre a aplicação da medida antidumping. A Comissão parte do pressuposto que a aplicação de medida antidumping já é, por si só, de interesse da União, visto que sua aplicação objetiva resolver problemas decorrentes do dano causado no mercado interno pela importação de bens das origens que estão sendo investigadas na avaliação. Contudo, a Comissão busca considerar em sua análise o possível ônus que a aplicação da medida de defesa comercial poderia trazer ao mercado interno. Nesse sentido, usuários de forma geral, empresas a jusante, organizações de consumidores e demais interessados podem submeter informações para contribuir com a avaliação de interesse da União, caso acreditem que a aplicação da medida de defesa comercial trará mais prejuízos que benefícios à economia. Não há, porém, clareza sobre quais são os critérios de análise do "interesse da União" na legislação comunitária. Interessante, ainda, pontuar os possíveis resultados da análise de "interesse da União": (i) aplicação da medida de defesa comercial; (ii) não aplicação da medida de defesa comercial; (iii) alteração na duração da medida; (iv) alteração na forma de aplicação da medida (alíquota específica, *ad valorem*, imposição de preço mínimo de importação, compromisso de preço etc.). Ou seja, não se altera o *quantum* da medida de defesa comercial por meio do uso do "interesse da União".

O Canadá, por sua vez, prevê em sua legislação que, após o resultado da investigação que constata a viabilidade da aplicação de medidas de defesa comercial, poderá ser conduzida uma investigação de interesse público sobre a aplicação da medida. Trata-se de uma análise de interesse público conduzida após a decisão final sobre a defesa comercial, e não paralela à investigação, tal qual acontece na União Europeia e no Brasil. Sobre os elementos materiais levados em consideração na tomada de decisão por interesse público, destacam-se a indisponibilidade de oferta alternativa em outros países, os impactos à concorrência no mercado interno, os impactos nas cadeias a jusante e a montante, os eventuais prejuízos a consumidores e as limitações de acesso à tecnologias. Interessante, ainda, pontuar os possíveis resultados da análise de interesse público: (i) redução do nível/*quantum* da medida de defesa comercial ou (ii) definição de preço ou preços que sejam adequados para remover o dano. Ou seja, não se altera a duração da medida de defesa comercial, diferentemente da prática da União Europeia, mas há possibilidade de se alterar o *quantum* da medida.

Já a Nova Zelândia, ao investigar se a imposição da medida de defesa comercial é de interesse público, inclui critérios como o efeito da medida sobre os preços do objeto sujeito a dumping ou subsidiado e bens similares, a escolha e a disponibilidade de produtos, a qualidade de produtos e serviços, o desempenho financeiro da indústria doméstica, os níveis de emprego, a existência de oferta nacional e internacional de produtos similares, além de outros critérios para a existência da competição do mercado. Tais fatores, porém, não restringem a discricionariedade do chefe do executivo para uma tomada de decisão sobre interesse público. Interessante, ainda, pontuar os possíveis resultados da análise de interesse público: (i) não aplicação da medida de defesa comercial ou (ii) aplicação da medida de defesa comercial nos termos previamente recomendados. Ou seja, não se altera o *quantum* da medida de defesa comercial, similarmente ao que é realizado na União Europeia, e diferente da prática do Canadá. Ademais, cumpre mencionar que na Nova Zelândia as avaliações de interesse público são obrigatórias, realizadas após a conclusão das investigações de defesa comercial. A avaliação de interesse público é, assim, de um "passo dois", realizado em até 90 (noventa) dias após a conclusão da investigação de defesa comercial.

Ademais, destaca-se a evolução recente do Reino Unido, desde 2018, com a sua saída da União Europeia. Observa-se uma remodelagem de seu sistema de defesa comercial, com a inserção do Teste de Interesse Econômico (EIT), equivalente à análise de interesse público. O referido teste considera o impacto esperado no Reino Unido da imposição de uma medida de defesa comercial, em comparação com o impacto de não tomar medidas ou introduzir uma medida diferente. O objetivo do processo é determinar se a implementação de uma medida de defesa comercial proposta é do interesse econômico mais amplo do Reino Unido. Para tanto, são levados em conta critérios como o prejuízo causado à indústria do Reino Unido pelas importações e benefícios para essa indústria de remover tal prejuízo, a importância econômica das indústrias e consumidores

Curso de Defesa Comercial e Interesse Público no Brasil: teoria e prática

afetados, o impacto provável nas indústrias mais amplas do Reino Unido e nos consumidores, bem como efeitos regionais e de determinados grupos específicos, além de consequências prováveis para o ambiente competitivo e a estrutura dos mercados do Reino Unido para esses bens. Interessante, ainda, pontuar os possíveis resultados da análise de interesse público: (i) aplicação da medida de defesa comercial nos termos previamente recomendados; (ii) não aplicação da medida de defesa comercial; (iii) alteração na duração da medida; (iv) alteração na forma de aplicação da medida (alíquota específica, *ad valorem*, imposição de preço mínimo de importação, compromisso de preço etc.); e (v) alteração no escopo do produto afetado pela medida. Ou seja, não se altera o *quantum* da medida de defesa comercial, similarmente à experiência do "interesse da União".

5.3. Interesse público em defesa comercial: uma análise sobre o conceito

Conforme já argumentado, nesse contexto mais amplo de interface entre comércio internacional e concorrência pode ser situado o embate de visões entre defesa comercial e interesse público[13]. Conforme já argumentado, defesa comercial é, longe de ser consensual, um tema altamente conflitivo[14]. E o conflito é natural, pois advém da própria natureza do instrumento, com a participação de partes interessadas com interesses econômicos antagônicos. É justamente nesse contexto de conflito de visões de mundo que surge a cláusula de interesse público, que traz ao país usuário do instrumento de defesa comercial a possibilidade

---

[13] A interação entre as políticas de concorrência e o comércio internacional é uma discussão desafiadora. Essa interação foi incluída como tema na Declaração de Doha, mas, devido à sua complexidade de avanço, foi retirada em 2004. A discussão abriu espaço para a tentativa de negociação acerca de alguns subtópicos, como bem destaca Marina de Carvalho, entre eles: a unificação dos conceitos aplicados ao direito da concorrência e à legislação de defesa comercial, como "mercado relevante" e a definição de "produto similar", e "análise de poder de mercado" e a "análise de dano" (DE CARVALHO, Marina Amaral Egydio et al. Documento de Trabalho 007/2021 – Defesa da Concorrência e Defesa Comercial: benchmarking internacional sobre a estrutura, funções e inter-relações das instituições. Conselho Administrativo de Defesa Econômica (Cade), Departamento de Estudos Econômicos, 2021. Disponível em: <https://cdn.cade.gov.br/Portal/centrais-de-conteudo/publicacoes/estudos-economicos/documentos-de-trabalho/2021/Documento-de-Trabalho_Defesa-da-Concorencia-e-Defesa-Comercial_benchmarking-internacional-sobre-a-estrutura-funcoes-e-inter-relacoes-das-instituicoes.pdf>. Acesso em: 3 jun. de 2022).

[14] As primeiras reflexões apresentadas sobre esse tema por uma das autoras deste livro podem ser encontradas neste artigo: ATHAYDE, Amanda; BOAVENTURA, Elisa. Novos temperos no direito do comércio internacional e no direito da concorrência: interfaces, obstáculos e ressignificados. In: TIMM, Luciano B.; FRANÇA, Maria Carolina (Orgs.). *A nova regulação econômica*. 1. ed. São Paulo: CEDES, 2022. p. 17-58.

de avaliar a repercussão mais ampla da aplicação do instrumento de defesa comercial para a sociedade. Ou seja, longe de ser um contraponto obrigatório aos argumentos da indústria doméstica favoráveis à defesa comercial, e longe de ser uma concordância imediata com os argumentos daqueles contrários à defesa comercial, a cláusula de interesse público tem a difícil missão de ser o "fiel da balança" quando da aplicação ou não de uma medida de defesa comercial[15].

Cordovil[16] entende que "a medida de defesa comercial é a garantia que um país tem de que, diante de uma abertura ao comércio leal, a preços esperados, em volumes razoáveis, ele terá armas para se proteger das exportações que constituírem exceções a estas regras". Nesse sentido, a autora compara as medidas de defesa comercial a uma "peneira" utilizada diante do fluxo de importações, para identificar a prática de *dumping* e subsídios aplicáveis pelos países exportadores. Nessa toada, a autora[17] explica que o interesse público serve de justificativa para se negar a aplicação de mecanismos de defesa comercial nos casos em que "se entender que os benefícios gerados, por estas medidas, à indústria doméstica, são menores do que os prejuízos provocados aos agentes diversamente afetados (consumidores, usuários industriais do produto, importadores, sociedade em geral etc.)". A autora destaca que o termo "interesse público" é considerado indeterminado, e, justamente devido a sua indeterminação, passou a ser utilizado de forma ampla, pois possibilita a sua constância ao longo dos anos e a sua adapta-

---

[15] Nas palavras de Marina de Carvalho, a avaliação do interesse público serve como um contrabalanço aos efeitos adversos das medidas antidumpings, tendo em vista, simplificadamente, três fatos decorrentes dessas medidas, quais sejam: 1. a recomendação da investigação de dumping de aplicação do direito quando identificados o dumping, o dano e o nexo causal entre eles; 2. seus efeitos não se limitam ao produtor doméstico; 3. as medidas podem afetar usuários industriais e consumidores finais do produto, além de impactar os preços e afetar o abastecimento interno. (DE CARVALHO, Marina Amaral Egydio et al. Documento de Trabalho 007/2021-Defesa da Concorrência e Defesa Comercial: benchmarking internacional sobre a estrutura, funções e inter-relações das instituições. Conselho Administrativo de Defesa Econômica (Cade), Departamento de Estudos Econômicos, 2021. Disponível em: <https://cdn.cade.gov.br/Portal/centrais-de-conteudo/publicacoes/estudos-economicos/documentos-de-trabalho/2021/Documento-de-Trabalho_Defesa-da-Concorencia-e-Defesa-Comercial_benchmarking-internacional-sobre-a-estrutura-funcoes-e-inter-relacoes--das-instituicoes.pdf>. Acesso em: 3 jun. 2022).

[16] CORDOVIL, Leonor. O interesse público no antidumping. Tese de doutorado, disponível em: <https://www.teses.usp.br/teses/disponiveis/2/2133/tde-20102011-131305/pt-br.php>. Acesso em: 1º jul. 2021. p. 17.

[17] CORDOVIL, Leonor. O interesse público no antidumping. Tese de doutorado, disponível em: <https://www.teses.usp.br/teses/disponiveis/2/2133/tde-20102011-131305/pt-br.php>. Acesso em: 1º jul. 2021. p. 48.

Curso de Defesa Comercial e Interesse Público no Brasil: teoria e prática

ção às mudanças. Ademais, destaca[18] que "a maioria dos países adota o termo [interesse público], ou algum outro semelhante, em suas legislações nacionais. Em todos eles, há um interesse ou vontade maior do que as vontades individuais, que forma o caminho pelo qual deve seguir o Estado na realização de suas "políticas e princípios", configurando outro motivo pelo qual utiliza-se o "interesse público" para justificar a suspensão ou revogação de medida de defesa comercial. Assim, além de ser uma expressão quase que universal, possui definição indeterminada, de modo que pode se adaptar às mudanças.

Dessa forma, Cordovil ainda destaca que, por mais que sejam criadas normas e parâmetros técnicos para averiguar a ocorrência ou não de prática em face da qual é possível aplicar medida de defesa comercial, em última instância, cabe à autoridade decidir se esta é aplicável. Em alguns casos, a aplicação de medidas de defesa comercial não é considerada benéfica para o mercado nacional, optando-se por sua suspensão ou revogação, sendo que a autoridade muitas vezes justifica sua decisão informando que age conforme o interesse público. Tendo isso em consideração, Cordovil[19] entende que há certa discricionariedade na aplicação ou não de medidas de defesa comercial, assim como a sua manutenção, pois a autoridade, em consonância com o caso concreto, pode optar ou não por aplicá-las, tendo em vista a sua natureza facultativa.

De Souza parece se alinhar a tal visão, entendendo que o interesse público surgiu da necessidade de conciliar a proteção da indústria doméstica contra importações desleais, função da defesa comercial, com a manutenção da concorrência (e seus consequentes benefícios) naquele mercado, objeto da defesa da concorrência. Nesse sentido, as avaliações de interesse público analisam o impacto líquido (efeitos positivos menos efeitos negativos) da aplicação da medida de defesa comercial, de maneira a definir se há elementos – ou não – que justifiquem a sua alteração ou suspensão[20].

É assim que a análise de interesse público deve almejar o efeito em toda a sociedade, incluindo aqueles setores ou consumidores dispersos, que não têm voz em disputas altamente complexas como as de defesa comercial. O interesse difuso, portanto, não só pode, como deve ser ouvido, ainda que seu som seja, normalmente, pouco vocal, justamente pela baixa capacidade de organização.

---

[18] CORDOVIL, Leonor. O interesse público no antidumping. Tese de doutorado, disponível em: <https://www.teses.usp.br/teses/disponiveis/2/2133/tde-20102011-131305/pt-br.php>. Acesso em: 1ª jul. 2021. p. 94.

[19] Ibidem, p. 49.

[20] DE SOUZA, Guilherme Gomes. Interesse público em defesa comercial: quem é beneficiado? Monografia UnB, 2022, p. 25.

5 • Avaliações de interesse público em defesa comercial – teoria e prática

Igualmente os setores usuários dos produtos afetados pelas medidas de defesa comercial, que podem se ver diante "da cruz e da espada", pois dependem do fornecedor para adquirir seus insumos e, por isso mesmo, podem ter receio em manifestar-se contrariamente em uma investigação.

Melo[21] insere essa discussão da cláusula de interesse público em um contexto mais amplo, da aplicação das medidas de defesa comercial por Membros da OMC desenvolvidos e em desenvolvimento. Segundo a autora, a cláusula de interesse público parece ser adequada como metodologia de balancear os interesses dos setores industriais domésticos, e tem espaço para avançar também em países em desenvolvimento, como tem sido feito no Brasil.

Nesse embate de visões, Oliveira sugere que a aplicação de medidas antidumping tende a privilegiar grupos de maior poder econômico e "reflete, sobremaneira, a existência de poder de mercado doméstico, sendo aplicada com frequência em setores oligopolistas"[22]. Por sua vez, Kannenbley Jr., Remédio e Oliveira entendem que uma medida de defesa comercial, como a medida antidumping, "pode colocar em risco não apenas o aumento da eficiência econômica do setor protegido, como pode comprometer a competitividade geral da economia, visto que muitos produtos atingidos pelas medidas são insumos para outras indústrias"[23]. Lourenço, Silveira, Oliveira e Vasconcelos argumentam que haveria um consenso de que somente a existência da legislação antidumping já seria suficiente para alterar o comportamento estratégico de empresas nacionais e internacionais[24]. Bown chama atenção para o risco de as

---

[21] MELO, Déborah de Sousa e Castro. Does the Public Interest Clause represent a suitable method to promote balance? Dissertação de mestrado, USP, 2016.

[22] OLIVEIRA, R. Atos de concentração nos setores mais protegidos por medidas antidumping: uma análise descritiva. *Revista de Defesa da Concorrência*, v. 8, n. 2 (2020), p. 305. Disponível em: <https://revista.cade.gov.br/index.php/revistadedefesadaconcorrencia/article/view/499>. Acesso em: 28 out. 2021.

[23] KANNEBLEY JÚNIOR, S.; REMÉDIO, R.; OLIVEIRA, G. Antidumping e concorrência no Brasil: uma avaliação empírica. Departamento de Estudos Econômicos, Documento de Trabalho n. 001/2017. Conselho Administrativo de Defesa Econômica: Brasília, 2017. p. 6. Disponível em: <https://cdn.cade.gov.br/Portal/centrais-de-conteudo/publicacoes/estudos--economicos/documentos-de-trabalho/2017/documento-de-trabalho-n01-2017-antidumping-e-concorrencia-no-brasil-uma-avaliacao-empirica.pdf>. Acesso em: 31 out. 2021.

[24] LOURENÇO, L.; SILVEIRA, D.; OLIVEIRA, G.; VASCONCELOS, C. Do Antidumping Measures Increase Market Power? Evidence From Latin American Countries. *The International Trade Journal*, 2021. DOI: 10.1080/08853908.2021.1992320. Disponível em: <https://www.tandfonline.com/doi/abs/10.1080/08853908.2021.1992320?journalCode=uitj20#.YXAZqnRiJps.linkedin>. Acesso em: 31 out. 2021.

Curso de Defesa Comercial e Interesse Público no Brasil: teoria e prática

empresas se valeram de tais remédios comerciais para defender seu próprio interesse, ainda que esse esteja em desacordo com o interesse do país como um todo. O autor aponta para as possibilidades de manipulação dessas empresas, a fim de segmentarem mercados e de aumentarem os custos de suas concorrentes domésticas[25]. Já Goldbaum[26] sustenta que a defesa comercial pode ser influenciada pela relação contracíclica entre proteção comercial e crescimento econômico do país.

Contrapondo-se a tal visão, Campos[27] sustenta que a defesa comercial estaria sendo indevidamente classificada como medida protecionista, o que seria prejudicial para quem a ela recorre e para a instituição governamental que a aplica. Para o autor, defesa comercial não ergue barreiras ao comércio, mas apenas anula um desequilíbrio, de modo que seria absolutamente errado classificá-la como protecionista.

Assim, conforme já mencionado no Capítulo 1, o conflito sobre o tema de defesa comercial e interesse público advém, portanto, da própria natureza do instrumento, com a participação de partes interessadas com interesses econômicos antagônicos.

Longe de ser consensual, defesa comercial é um tema altamente conflitivo[28]. E o conflito é natural, pois advém da própria natureza do instrumento, que conta com a participação de partes com interesses econômicos antagônicos:

(i)   Por um lado, a indústria doméstica beneficiada pela aplicação do instrumento de defesa comercial tende a ser favorável a esse instituto, normalmente argumentando o preenchimento dos requisitos da legislação multilateral e nacional;

---

[25] BOWN, Chad P. *The global resort to antidumping, safeguards, and other trade remedies amidst the economic crisis.* Londres, UE: World Bank, Brandeis University & The Brookings Institution, 2009.

[26] GOUDBAUM, Sergio. Defesa comercial, defesa comercial e crescimento econômico: um debate em aberto. A defesa comercial sob ataque. *Revista de Direito do Comércio Internacional*, n. 2, 2019. Disponível em: <https://enlaw.com.br/revista/634/ler?page=185>. Acesso em: 27 jun. 2022.

[27] CAMPOS, Aluísio de Lima. A defesa comercial sob ataque. *Revista de Direito do Comércio Internacional*, n. 2, 2019. Disponível em: <https://enlaw.com.br/revista/634/ler?page=165>. Acesso em: 27 jun. 2022.

[28] As primeiras reflexões apresentadas sobre esse tema pela autora deste livro podem ser encontradas neste artigo: ATHAYDE, Amanda; BOAVENTURA, Elisa. Novos temperos no direito do comércio internacional e no direito da concorrência: interfaces, obstáculos e ressignificados. In: TIMM, Luciano B.; FRANÇA, Maria Carolina (Orgs.). *A nova regulação econômica.* 1. ed. São Paulo: CEDES, 2022. p. 17-58.

5 • *Avaliações de interesse público em defesa comercial – teoria e prática*

(ii) Do outro lado estão os produtores/exportadores afetados pela medida e os usuários do produto afetado pela medida de defesa comercial (como as indústrias nos elos a jusante na cadeia produtiva e os consumidores finais), que serão afetados pelo consequente aumento dos preços recorrentes da medida adicional, e que tendem a ser contrários à defesa comercial.

Durante o Grupo de Trabalho sobre a Interação entre Comércio e Política de Concorrência, da OMC, realizado em 1998[29], foi reiteradamente defendida a ideia de que as políticas comercial e concorrencial exercem papéis complementares na promoção de eficiência e desenvolvimento, bem como do bem-estar do consumidor. Segundo os estudiosos, ambas promovem tais objetivos: a primeira por meio da redução das barreiras governamentais impostas ao comércio internacional, e a segunda através do combate às práticas anticompetitivas de empresas que interferem no funcionamento eficiente do mercado, dificultando seu acesso. Além disso, destacou-se no trabalho o fato de que a política de concorrência é outrossim essencial para a promoção de igualdade de oportunidades competitivas no comércio internacional, o que, por sua vez, é a função central da OMC. Tudo isso demonstra a interdependência e a complementariedade entre as duas políticas.

Similarmente, Domingues[30] considera que as políticas concorrencial e de defesa comercial são duas faces da mesma moeda. Isso, pois, em que pese sejam diferentes em seus objetivos, regras e métodos de análise[31], é preciso que dialoguem entre si, isto é, que sejam convergentes, haja vista que podem se afetar mutuamente e colocar em risco o bem-estar social e o desenvolvimento econômico e social do país.

---

[29] WORLD TRADE ORGANIZATION. Synthesis Paper on The Relationship of Trade and Competition Policy to Development and Economic Growth. 18 de setembro de 1998.

[30] DOMINGUES, Juliana Oliveira. Concorrência e comércio internacional: reflexões sobre as duas faces da mesma moeda. In: *O direito brasileiro em evolução*. São Paulo: Almedina, 2017.

[31] Para a autora, tais políticas se diferenciam, sobretudo, no que tange a dois aspectos: o alcance das suas normas e os sujeitos por elas beneficiados. Nesse sentido, enquanto as políticas concorrenciais são nacionais – com pouca distinção entre as indústrias – e voltadas aos interesses dos consumidores, as políticas de defesa comercial seguem as regras multilaterais da OMC – levando em consideração as particularidades de indústrias específicas – e visam, em um primeiro grau, à proteção dos interesses dos produtores. (DOMINGUES, Juliana Oliveira. Concorrência e comércio internacional: reflexões sobre as duas faces da mesma moeda. In: *O direito brasileiro em evolução*. São Paulo: Almedina, 2017.)

Curso de Defesa Comercial e Interesse Público no Brasil: teoria e prática

Por sua vez, Bown e McCulloch[32] chamam a atenção para a possibilidade de as medidas antidumping se tornarem ferramentas de exploração do poder de mercado. Tatiana Lins Cruz, em sua dissertação de mestrado intitulada "O uso de medidas antidumping como mecanismo de barreira à entrada no mercado brasileiro"[33], chama atenção para outra questão relevante acerca da relação entre as defesas comercial e concorrencial. Segundo ela, se as medidas antidumpings forem utilizadas com um caráter protecionista quanto às importações, seus efeitos podem ser contrários aos pretendidos, haja vista o impedimento da entrada de novos concorrentes no mercado, o que favoreceria, sobretudo, indústrias já competitivas e restringiria a competição do mercado doméstico como um todo.

O Instituto Brasileiro de Estudos de Concorrência, Consumo e Comércio Internacional (IBRAC), em seu 24° Seminário Internacional de Defesa da Concorrência, de 2018, apresentou um painel interessante sobre a questão: "Política de Defesa da Concorrência e Medidas de Defesa Comercial no Brasil: Um Diálogo Possível?"[34]. No referido evento, foram levantados pontos comuns e pontos divergentes entre as políticas concorrencial e de defesa comercial. Entre as similaridades de ambas, destacaram-se as políticas de intervenção e controle do ambiente socioeconômico. Já entre os pontos distintos, tem-se, segundo o painel, os meios utilizados e os objetos de proteção. Contudo, ressalvou-se a necessidade de refletir sobre as possíveis contribuições recíprocas entre as duas áreas, na medida em que essas se complementam na promoção e garantia do interesse público na ordem econômica constitucional.

Essa preocupação estatal mais ampla com os reflexos da aplicação das medidas de defesa comercial não é recente. Em 2018, o Banco Mundial, em parceria com a Secretaria de Acompanhamento Econômico do então Ministério da Fazenda (SEAE/MF), realizou estudo com sugestões de aprimoramento para a legislação sobre interesse público em defesa comercial[35]. Também é possível men-

---

[32] BOWN, Chad; MCCULLOCH, Rachel. *Antidumping and market competition*: implications for emerging economies. 2015.

[33] CRUZ, Tatiana Lins. O uso de medidas antidumping como mecanismo de barreira à entrada no mercado brasileiro. 2014. Dissertação de mestrado, Universidade de São Paulo. Disponível em: <https://www.teses.usp.br/teses/disponiveis/2/2135/tde-26022016-112122/publico/Dissertacao_Tatiana_Lins_Cruz_final.pdf>. Acesso em: 10 jun. 2022.

[34] SEMINÁRIO INTERNACIONAL DE DEFESA DA CONCORRÊNCIA, 24ª, 2018, Campos do Jordão-SP. Instituto Brasileiro de Estudos de Concorrência, Consumo e Comércio Internacional (IBRAC), 2018, 62p. Disponível em: <https://www.ibrac.org.br/UPLOADS/Eventos/383/Slides%20-%20Painel%209%20-%20Concorr%C3%AAncia%20e%20Defesa%20Comercial.pdf>. Acesso em: 10 jun. 2022.

[35] FERRAZ, Lucas. Suggestions for improvements in Brazil's current legislation on public interest in antidumping disciplines. Working Paper/FGV, 2018.

5 • *Avaliações de interesse público em defesa comercial – teoria e prática*

cionar uma série de precedentes do Cade em análises de Atos de Concentração com indicação de reflexos das medidas antidumping[36-37-38-39-40]. De Jesus já analisou, inclusive, quais foram os andamentos dados aos ofícios encaminhados pelo Cade à então CAMEX[41]. E tais preocupações também já foram manifestadas pela SEAE/MF em outros precedentes[42-43].

Nesse contexto, o estudo "Antidumping e Concorrência no Brasil: uma análise empírica", feito pelo Cade, em 2017[44], sustentou que a aplicação das medidas de defesa comercial pelo governo brasileiro aumentou o poder de mercado das grandes firmas dos setores mais produtivos e com maior margem de lucro bruto, seus principais beneficiários. Argumentou-se também que as mesmas medidas representaram uma redução na produtividade da indústria, de modo que não se traduziram em benefícios para a atividade econômica como um todo.

Em 2019, foi publicado um novo estudo pelo Cade, intitulado "Probabilidade de investigação e aplicação de medidas antidumping para a indústria brasileira: efeitos para a concorrência"[45]. Esse estudo aponta que classes industriais

---

[36] CADE. Ato de Concentração n. 08012.001885/2007-11 – Owens Corning e Compagnie de Saint-Gobain, sobre revisão da TEC. Jul. 2008.

[37] CADE. Consulta n. 08700.001710/2012-13 – ABIPET, sobre os impactos da regra de origem do Mercosul na indústria de PET. Out. 2013.

[38] CADE. Processo Administrativo n. 08012.009462/2006-69 – ABRINQ, sobre a competência para examinar a validade e a legalidade de políticas específicas em matéria de defesa comercial. Jul. 2015.

[39] CADE. Ato de Concentração n. 08700.000436/2014-27 – Braskem/Solvay no mercado de PVC. Nov. 2014.

[40] CADE. Ato de Concentração n. 08700.0003441/2014-47 – ICL/Bromisa, sobre imposição de medidas antidumping. Dez. 2014.

[41] DE JESUS, Agnes. The four practical interactions between competition policy and trade defense: an empirical analysis of the brazilian competition authority jurisprudence. In: ATHAYDE, Amanda; CINTRA DE MELO, Lílian (Orgs.). Comércio internacional e concorrência: desafios e perspectivas atuais – Volume I. Brasília: Faculdade de Direito – UnB, 2021. Disponível em: <https://www.amandaathayde.com.br/livros-organizados>. Acesso em: 7 abr. 2022.

[42] SEAE. Nota Técnica n. 001/2018-GMF/SPE/SEAE/MF, mercado de aços planos. . 2018.

[43] SEAE. Nota Técnica n. 105/2017-COGCR/SUCON/SEAE/MF, mercado de sal. Ago. 2017.

[44] KANNEBLEY JÚNIOR, Sérgio; REMÉDIO, Rodrigo Ribeiro; OLIVEIRA, Glauco Avelino Sampaio. Documento de Trabalho n ./2017. Antidumping e concorrência no Brasil: uma avaliação empírica. CADE. 2017. Disponível em: <https://cdn.cade.gov.br/Portal/centrais--de-conteudo/publicacoes/estudos-economicos/documentos-de-trabalho/2017/documento-de-trabalho-n01-2017-antidumping-e-concorrencia-no-brasil-uma-avaliacao-empirica.pdf>. Acesso em: 20 jun. 2022.

[45] KANNEBLEY JÚNIOR; OLIVEIRA, Glauco Avelino Sampaio. Documento de Trabalho n.

Curso de Defesa Comercial e Interesse Público no Brasil: teoria e prática

mais intensivas em capital têm maior propensão a investigar, assim como aquelas com menores margens de lucro, podendo ser entendido como tentativa de proteger, ou elevar, esse indicador, que tende a diminuir com o aumento da concorrência. A concentração setorial também está correlacionada positivamente à probabilidade de investigação, expressa pelo efeito marginal positivo da variável de participação de mercado defasada. Entretanto, o que mais se destaca na análise, em termos setoriais é o fato de a classe industrial estar exposta à competição internacional, expresso pela relevância do impacto da participação das importações de um país em determinada classe industrial. De fato, a combinação de ameaça competitiva, com capacidade de proteção, além de motivações estratégicas e retaliação são, qualitativamente, os fatores mais relevantes na explicação do crescente número de petições por medidas antidumping da indústria brasileira. Conforme argumentado, a política antidumping se desenvolveria em um ambiente internacional estratégico, caracterizada por relações comerciais retaliatórias entre parceiros frequentes com consequências sobre o grau de concorrência doméstica. Embora os efeitos sobre a estrutura de mercado após a adoção da medida antidumping não sejam conclusivos, entende-se que algum grau de distorção nos mercados possa existir. Isso pode dificultar não apenas o acesso dos consumidores domésticos aos produtos sujeitos ao direito antidumping, mas também penalizar os exportadores frequentes duplamente, já que podem fazer uso de produtos atingidos pelo antidumping na forma de insumos industriais, mas também por poder sofrer com possível retaliação em seus mercados destinos.

Também em 2019, foi publicado estudo do Instituto de Pesquisa Econômica Aplicada (Ipea)[46], que tratou o teste de interesse público como a maneira utilizada para analisar o resultado líquido dos efeitos das medidas antidumping sobre as condições da concorrência no mercado daquele determinado produto objeto. Nesse viés, mesmo que demonstrada a redução dos competidores com as referidas medidas, é possível que sua aplicação seja de interesse público. De acordo com a análise apresentada, os efeitos dessas medidas recaem sobre os mercados

---

002/2019. Probabilidade de investigação e aplicação de medidas antidumping para a indústria brasileira: efeitos para a concorrência. CADE. 2019. Disponível em: <https://cdn.cade. gov.br/Portal/centrais-de-conteudo/publicacoes/estudos-economicos/documentos-de-trabalho/2019/documento-de-trabalho-n02-2019-probabilidade-de-investigacao-e-aplicacao--de-medidas-antidumping-para-a-industria-brasileira-efeitos-para-a-concorrencia.pdf >. Acesso em: 20 jun. 2022.

[46] NAIDIN, L. C. *Interesse público*: implicações para a política anti-dumping no Brasil. Brasília: IPEA, 2019. Disponível em: <http://repositorio.ipea.gov.br/bitstream/11058/9528/1/INterese%20p%C3%BAblico_implica%C3%A7%C3%B5es%20para%20a%20pol%C3%ADtica%20antidumping%20no%20Brasil.pdf>. Acesso em: 10 jun. 2022.

5 • *Avaliações de interesse público em defesa comercial – teoria e prática*

a jusante e sobre o montante da cadeia produtiva, além disso, são simultâneos e variam conforme as estruturas dos mercados e as características técnicas do produto. No mesmo sentido, Macera[47] destaca o procedimento de avaliação dos efeitos sobre a concorrência adotado por alguns países, a exemplo do Canadá, haja vista que, em que pese visem tão somente a corrigir distorções nas práticas de comércio e não a limitar o acesso de um produtor estrangeiro ao mercado, tais medidas antidumping podem restringir o acesso a fontes alternativas daquele determinado produto.

Adiante, em 2021, foi realizado novo estudo do Ipea[48] sobre a relação entre as medidas antidumping e o aumento de poder de mercado das empresas peticionárias. O objetivo do estudo foi fornecer evidências dos efeitos adversos da imposição de medidas antidumping sobre a competitividade de diversos setores de atividade econômica. Para mapear o comportamento estratégico das firmas, bem como a evolução do poder de mercado, o modelo empírico consistiu em estimar o de Lerner como uma medida de *mark-up*. Em média, os resultados sugerem uma relação positiva entre a imposição de medidas antidumping e o aumento do poder de mercado. Essa evolução do *mark-up* se revela, segundo o estudo, especialmente maior para as economias da América Latina em comparação com os demais países emergentes e outras economias ao redor do mundo. Além disso, o efeito sobre o poder de mercado seria maior no longo prazo e, dependendo da especificação do conjunto de países, nulo no curto prazo.

Também merece destaque a publicação, em 2021, de novo estudo do Cade, dessa vez sobre Defesa da Concorrência e Defesa Comercial: *benchmarking* internacional sobre a estrutura, funções e inter-relações das instituições[49]. Tal pesquisa buscou estabelecer um panorama geral de como diferentes países têm estruturado as relações entre defesa comercial e concorrencial, de como suas autoridades atuam frente a casos de defesa comercial de relevância concorrencial e de quando estariam estas aptas a intervir em prol do interesse público.

---

[47] MACERA, Andrea Pereira. Interesse público e defesa comercial: considerações gerais. *Revista Brasileira de Comércio Exterior*, Rio de Janeiro, n. 114, p. 12-19, 2013.

[48] LOURENÇO, Lucas dos Santos; SILVEIRA, Douglas Sad; OLIVEIRA, Glauco Avelino Sampaio. Brasília: IPEA, 2021. Disponível em: <http://repositorio.ipea.gov.br/bitstream/11058/10587/1/_TD%202651.pdf>. Acesso em: 10 jun. 2022.

[49] CARVALHO, Marina Amaral Egydio. Documento de Trabalho DEE/Cade n. 007/2021. Defesa da Concorrência e Defesa Comercial: benchmarking internacional sobre a estrutura, funções e inter-relações das instituições. 2021. Disponível em: <https://cdn.cade.gov.br/Portal/centrais-de-conteudo/publicacoes/estudos-economicos/documentos-de-trabalho/2021/Documento-de-Trabalho_Defesa-da-Concorencia-e-Defesa-Comercial_benchmarking-internacional-sobre-a-estrutura-funcoes-e-inter-relacoes-das-instituicoes.pdf >. Acesso em: 3 maio 2022.

Curso de Defesa Comercial e Interesse Público no Brasil: teoria e prática

Apesar de todos esses reiterados estudos do Cade sobre o tema, Sayeg[50] defende que o Cade atue de maneira mais efetiva na avaliação do interesse público nos casos de defesa comercial, uma vez que, atualmente, em que pese seja consultado para tanto, realiza análises muito superficiais, distantes daquelas feitas em atos de concentração ou em investigações de cartel. Importante frisar, nesse sentido, que o Cade não faz a análise de interesse público, pois se restringe a apresentar considerações sobre aspectos concorrenciais em sede de defesa comercial, que abarca diversos outros parâmetros não estritamente relacionados aos temas de concorrência.

Esse documento vem ao encontro de uma série de publicações realizadas pela SECEX entre 2019 e 2022, com o objetivo de aumentar a transparência, a previsibilidade e a segurança jurídica do que são os instrumentos de defesa comercial e a cláusula de interesse público, dentre os quais pode-se mencionar: "Guia de Investigações Antidumping", "Guia de Interesse Público em Defesa Comercial", "Guia do Cálculo da Margem de Dumping em Investigações Antidumping no Brasil", "Guia do Processo Administrativo Eletrônico (SEI) em Defesa Comercial e Interesse Público", "Guia de Apoio ao Exportador Brasileiro Investigado em Processos de Defesa Comercial no Exterior", "SDCOMMecum", todos disponíveis publicamente, em português e inglês[51].

Diante de todo o exposto, e após tantos debates e reflexões ao longo dos últimos anos, o Guia de Interesse Público em Defesa Comercial do DECOM[52] definiu que a avaliação de interesse público no Brasil buscará, de modo geral, responder à seguinte pergunta: a imposição da medida de defesa comercial impacta a oferta do produto sob análise no mercado interno, de modo a prejudicar significativamente a dinâmica do mercado nacional? Em termos específicos, busca-se com a avaliação de interesse público responder à seguinte pergunta: a imposição da medida de defesa comercial impacta a oferta do produto sob análise no mercado interno (oriunda tanto de produtores nacionais quanto de im-

---

[50] SAYEG, Fernanda Manzano. A necessidade de aprimoramento da avaliação de interesse público em casos de defesa comercial. Editora WebAdvocacy. www.webadvocacy.com.br. N. 2, Brasília. 26 de maio de 2021. Disponível em: <https://webadvocacy.com.br/wp-content/uploads/2021/05/a-avaliac%CC%A7a%CC%83o-de-interesse-pu%CC%81blico-no-brasil.pdf>. Acesso em: 10 jun. 2022.

[51] Guias SECEX sobre Defesa Comercial e Interesse Público. Disponível em: <https://www.gov.br/produtividade-e-comercio-exterior/pt-br/assuntos/comercio-exterior/defesa-comercial-e-interesse-publico/guias>. Acesso em: 9 fev. 2022.

[52] Guia de Interesse Público em Defesa Comercial do DECOM, 2020. Disponível em: <https://www.gov.br/produtividade-e-comercio-exterior/pt-br/assuntos/comercio-exterior/defesa-comercial-e-interesse-publico/guias>. Acesso em: 3 maio 2022.

portações), de modo a prejudicar significativamente a dinâmica do mercado nacional (incluindo os elos a montante, a jusante e a própria indústria), em termos de preço, quantidade, qualidade e variedade, entre outros?

Nesse sentido, a avaliação de interesse público no Brasil é realizada, nos termos da Portaria SECEX n. 282/2023, e quando se tratar de análise completa, na modalidade do art. 3º, I, "econômico-social", é destinada a examinar os efeitos positivos e negativos da medida antidumping ou compensatória sobre os agentes econômicos pertencentes à cadeia de produção, distribuição, venda e consumo em que se situa a indústria doméstica, incluídos seus elos a montante e a jusante. A avaliação levará em conta os seguintes elementos primordiais: (1) características, cadeia produtiva e mercado do produto sob análise; (2) oferta internacional do produto sob análise; e (3) oferta nacional do produto sob análise. Para a avaliação final, além do aprofundamento dos elementos da análise preliminar, será analisado primordialmente o seguinte critério adicional: (4) impactos da medida de defesa comercial na dinâmica do mercado nacional.

Imagem – Elementos da avaliação de interesse público em defesa comercial no Brasil

Fonte: elaboração própria.

Curso de Defesa Comercial e Interesse Público no Brasil: teoria e prática

Registre-se que os elementos de análise para a avaliação de interesse público do art. 3º, I, "econômico-social", da Portaria n. 282/2023 permaneceram bastante semelhantes àqueles anteriormente previstos na Portaria SECEX n. 13/2020, conforme se pode visualizar na tabela comparativa abaixo:

Imagem – Elementos de interesse público em defesa comercial no Brasil

CRITÉRIOS ANALISADOS NA AVALIAÇÃO DE INTERESSE PÚBLICO			
CRITÉRIOS ANALISADOS	AVALIAÇÃO PRELIMINAR DE INTERESSE PÚBLICO, NOS TERMOS DA REVOGADA PORTARIA SECEX N. 13/2020	AVALIAÇÃO FINAL DE INTERESSE PÚBLICO, NOS TERMOS DA REVOGADA PORTARIA SECEX N. 13/2020	AVALIAÇÃO DE INTERESSE PÚBLICO, NOS TERMOS DA PORTARIA SECEX N. 282/2023, ATUALMENTE VIGENTE
I. CARACTERÍSTICAS DO PRODUTO, DA CADEIA PRODUTIVA E DO MERCADO DE PRODUTO SOB ANÁLISE			
I.1 Características do produto sob análise	Sim	Sim	Sim
I.2 Cadeia produtiva do produto sob análise	Sim	Sim	Sim
I.3 Substitutibilidade do produto sob análise	Sim	Sim	Sim
I.4 Concentração do mercado do produto sob análise	Sim	Sim	Não* (excluído)
II. OFERTA INTERNACIONAL DO PRODUTO SOB ANÁLISE			
II.1 Origens alternativas do produto sob análise	Sim	Sim	Sim
II.2 Barreiras tarifárias e não tarifárias ao produto sob análise	Sim	Sim	Sim
III. OFERTA NACIONAL DO PRODUTO SOB ANÁLISE			
III.1 Consumo nacional aparente do produto sob análise	Sim	Sim	Não* (excluído)
III.2 Risco de desabastecimento e de interrupção do fornecimento em termos quantitativos	Sim	Sim	Sim
III.3 Risco de restrições à oferta nacional em termos de preço, qualidade e variedade	Sim	Sim	Sim
IV. IMPACTOS DA MEDIDA DE DEFESA COMERCIAL NA DINÂMICA DO MERCADO NACIONAL			
IV.1 Impactos na indústria doméstica	Não (apenas na avaliação final)	Sim	Sim
IV.2 Impactos na cadeia a montante	Não (apenas na avaliação final)	Sim	Sim
IV.3 Impactos na cadeia a jusante	Não (apenas na avaliação final)	Sim	Sim
ANEXO			
Simulação de impactos	Não (apenas na avaliação final)	Sim	Sim

Fonte: elaboração própria, a partir do Guia de Interesse Público do DECOM.

5.4. Critérios materiais (econômico-sociais) de interesse público no Brasil: características do produto, da cadeia produtiva e do mercado do produto sob análise

Neste bloco de critérios de avaliação de interesse público, são analisados (5.4.1) as características do produto sob análise, (5.4.2) a cadeia produtiva do produto sob análise, (5.4.3) a substitutibilidade do produto sob análise, e (5.4.4) a concentração do mercado do produto sob análise. Registre-se que os elementos de análise para a avaliação de interesse público do art. 3º, I, "econômico-social", da Portaria n. 282/2023 permaneceram bastante semelhantes àqueles anteriormente previstos na Portaria SECEX n. 13/2020, conforme se pode visualizar na tabela comparativa abaixo. Apesar de o elemento da concentração do mercado do produto sob análise não estar mais expressamente previsto na Portaria, na medida em que consta no Guia de Interesse Público, seguirá objeto de análise neste livro, apesar de parecer obter menor foco para o DECOM. É o que se passa a detalhar.

Imagem – Critérios materiais de interesse público em defesa comercial no Brasil – I) características do produto, da cadeia produtiva e do mercado de produto sob análise

CRITÉRIOS ANALISADOS NA AVALIAÇÃO DE INTERESSE PÚBLICO			
CRITÉRIOS ANALISADOS	AVALIAÇÃO PRELIMINAR DE INTERESSE PÚBLICO, NOS TERMOS DA REVOGADA PORTARIA SECEX N. 13/2020	AVALIAÇÃO FINAL DE INTERESSE PÚBLICO, NOS TERMOS DA REVOGADA PORTARIA SECEX N. 13/2020	AVALIAÇÃO DE INTERESSE PÚBLICO, NOS TERMOS DA PORTARIA SECEX N. 282/2023, ATUALMENTE VIGENTE
I. CARACTERÍSTICAS DO PRODUTO, DA CADEIA PRODUTIVA E DO MERCADO DE PRODUTO SOB ANÁLISE			
I.1 Características do produto sob análise	Sim	Sim	Sim
I.2 Cadeia produtiva do produto sob análise	Sim	Sim	Sim
I.3 Substitutibilidade do produto sob análise	Sim	Sim	Sim
I.4 Concentração do mercado do produto sob análise	Sim	Sim	Não* (excluído)

Fonte: elaboração própria, a partir do Guia de Interesse Público do DECOM.

5.4.1. Características do produto sob análise

O presente critério de avaliação de interesse público tende a ser, na maioria dos casos, bastante descritivo. Trata-se da base para a análise posterior, de modo que praticamente replica o que consta no parecer de defesa comercial. Em síntese, o Guia de Interesse Público em Defesa Comercial do DECOM[53] consolida os seguintes itens a serem analisados, de modo não exaustivo:

Imagem – Critérios materiais de interesse público em defesa comercial no Brasil – I.1) características do produto sob análise

Fonte: elaboração própria, a partir do Guia de Interesse Público do DECOM e da Portaria SECEX n. 282/2023.

Inicialmente é preciso distinguir se o produto sob análise é insumo ou produto final. Isso porque, quando se trata de insumo para outras cadeias produtivas, a aplicação de uma medida de defesa comercial traz, pelo menos em tese, maiores preocupações, dadas as possíveis repercussões em outros elos produtivos brasileiros, sinalizando a necessidade de se analisar, em termos mais amplos, o interesse público na aplicação da medida de defesa comercial. Diversas medidas de defesa comercial são aplicadas a matérias-primas ou bens intermediários utilizados pelas indústrias locais em seus processos produtivos. Segundo Naidin[54], mais de 80% das medidas antidumping e compensatórias aplicadas em 2018 no país foram aplicadas a bens intermediários. Kotsiubska[55], por sua vez, sinaliza que o impacto de tais medidas nas indústrias se

---

[53] Guia de Interesse Público em Defesa Comercial do DECOM, 2020. Disponível em: <https://www.gov.br/produtividade-e-comercio-exterior/pt-br/assuntos/comercio-exterior/defesa-comercial-e-interesse-publico/guias>. Acesso em: 3 maio 2022.

[54] NAIDIN, Leane. *Interesse público*: implicações para a política antidumping no Brasil. Brasília: IPEA, 2019. Disponível em: < http://repositorio.ipea.gov.br/bitstream/11058/9528/1/INteresse%20público_implicações%20para%20a%20política%20antidumping%20no%20Brasil.pdf>. Acesso em: 2 jun. 2022.

[55] KOTSIUSBKA, Viktoriia. Public interest consideration in domestic and international anti--dumping disciplines. Universidade de Berna: World Trade Institute, Dissertação de mestrado, set. 2011. Disponível em: <https://www.wti.org/media/filer_public/82/63/82633863-36ea--42d8-9b8f-9d6a313b77c5/masters_thesis_viktoriia_kotsiubska.pdf>. Acesso em: 2 jun. 2022.

traduz, inicialmente, por um aumento dos custos de produção, podendo afetar sua capacidade de competição não apenas no mercado nacional, mas também nos mercados de exportação.

Nem sempre é simples uma classificação do produto sob análise como um insumo ou como um produto final, dado que os produtos investigados em defesa comercial podem constar em diversos elos da cadeia. E esse aspecto é bastante relevante, não apenas por ser o primeiro dos critérios de análise, mas também porque será a base para a avaliação de impacto (*vide* Seção 5.7).

> **AVALIAÇÃO DE INTERESSE PÚBLICO – SERINGAS DESCARTÁVEIS – 2ª REVISÃO – CHINA**
> *RESOLUÇÃO GECEX N. 216, DE 21 DE JUNHO DE 2021.*
>
> Trata-se de investigação referente à prorrogação de direito antidumping definitivo, aplicado às importações brasileiras de seringas descartáveis de uso geral, originárias da República Popular da China. Suspendeu-se sua aplicação, por até um ano, em razão de interesse público.
>
> No que se refere à classificação do produto sob análise como um insumo ou como um produto final, destaca-se o seguinte:
>
> *"O produto objeto dessa avaliação é um dispositivo médico de precisão, sendo de uso generalizado em hospitais, clínicas, laboratórios e farmácias, principalmente para inserir substâncias líquidas por via intravenosa ou intramuscular, ou retirar sangue, para citar suas principais aplicações.*
>
> *Desta forma, para fins da avaliação de interesse público, o produto sob análise é considerado um bem de consumo intermediário, com base na classificação objetiva BEC – padrão estatístico internacional de classificação por grandes categorias econômicas na delimitação deste produto, com aplicação para o setor de saúde".*

Fonte: Resolução GECEX n. 216, de 21 de junho de 2021[56].

5.4.2. Cadeia produtiva do produto sob análise

Esse critério de avaliação de interesse público, similarmente ao anterior, tende a ser, na grande maioria dos casos, bastante descritivo. Trata-se da base para a análise posterior, de modo que praticamente replica o que consta no parecer de defesa comercial. Em síntese, o Guia de Interesse Público em Defesa Comercial do DECOM[57] consolida os seguintes itens a serem analisados, de modo não exaustivo:

---

[56] BRASIL. Resolução Gecex n. 216, de 21 de junho de 2021. Disponível em: <https://www.in.gov.br/en/web/dou/-/resolucao-gecex-n-216-de-21-de-junho-de-2021-327332721>. Acesso em: 18 maio 2022.

[57] Guia de Interesse Público em Defesa Comercial do DECOM, 2020. Disponível em: <https://www.gov.br/produtividade-e-comercio-exterior/pt-br/assuntos/comercio-exterior/defesa-comercial-e-interesse-publico/guias>. Acesso em: 3 maio 2022.

Imagem – Critérios materiais de interesse público em defesa comercial no Brasil – I.2) cadeia produtiva do produto sob análise

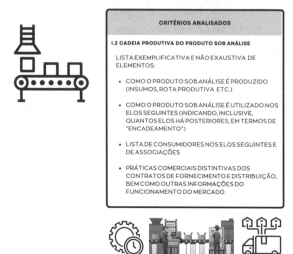

Fonte: elaboração própria, a partir do Guia de Interesse Público do DECOM e da Portaria SECEX n. 282/2023.

Trata-se de item relevante para a compreensão de todas as etapas do processo produtivo e da cadeia produtiva do produto sob análise, como os insumos utilizados, as rotas de produção e os elos a montante e a jusante da cadeia. Assim, é importante compreender como o produto sob análise é utilizado nos elos seguintes da cadeia, indicando quantos elos posteriores existem e explanando o "encadeamento" dos setores nesse processo produtivo. Assim, em síntese, é necessário apresentar informações para a caracterização dos elos a montante na cadeia produtiva do produto sob análise (indicando, se possível, fornecedores, canais de distribuição, itens fornecidos, origens, dentre outras características relevantes).

Quando aplicável, também é interessante indicar se há práticas comerciais distintas na importação do produto sob análise e na sua aquisição no mercado doméstico, bem como mencionar a existência de contratos de fornecimento e sua periodicidade, regras de precificação, lotes usuais de comércio, bem como outras informações pertinentes no mercado.

 MEDIDA ANTIDUMPING – FILMES PET – 2ª REVISÃO – CHINA, EGITO E ÍNDIA
RESOLUÇÃO GECEX N. 203, DE 20 DE MAIO DE 2021

Trata-se de investigação referente à prorrogação de direito antidumping definitivo aplicado às importações brasileiras de Filme PET, originárias do Egito, Índia e China, com imediata suspensão após a sua prorrogação para o Egito e a China.

> Especificamente no que se refere à análise das características do produto, cadeia produtiva e mercado do produto sob análise no âmbito da avaliação de interesse público, destacam-se as conclusões seguintes dispostas na Resolução em referência:
> (i) Características do produto sob análise: para fins de avaliação final de interesse público, verifica-se que o produto em análise é considerado insumo para embalagens flexíveis e, ainda, para determinadas aplicações industriais.
> (ii) Cadeia produtiva do produto sob análise: para fins de avaliação final de interesse público, os filmes PET integram uma cadeia produtiva que apresenta: (a) no segundo elo a montante, Ácido Tereftálico Purificado (PTA) e do Mono-Etileno Glicol (MEG); (b) no elo imediatamente anterior, resina PET; (c) no elo imediatamente posterior, aplicações industriais e embalagens flexíveis; e, por fim, (d) diversos setores industriais que atendem aos consumidores finais.

Fonte: Resolução Gecex n. 203, de 20 de maio de 2021[58].

5.4.3. Substitutibilidade do produto sob análise

Em síntese, o Guia de Interesse Público em Defesa Comercial do DECOM[59] consolida os seguintes itens a serem analisados, de modo não exaustivo:

Imagem – Critérios materiais de interesse público em defesa comercial no Brasil – I.3) substitutibilidade do produto sob análise

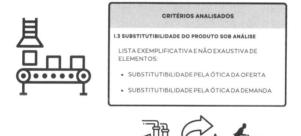

Fonte: elaboração própria, a partir do Guia de Interesse Público do DECOM e da Portaria SECEX n. 282/2023.

---

[58] BRASIL. Resolução Gecex n. 203, de 20 de maio 2021. Disponível em: <https://www.in.gov.br/en/web/dou/-/resolucao-gecex-n-203-de-20-de-maio-de-2021-321226347>. Acesso em: 6 jun. 2022.

[59] Guia de Interesse Público em Defesa Comercial do DECOM, 2020. Disponível em: <https://www.gov.br/produtividade-e-comercio-exterior/pt-br/assuntos/comercio-exterior/defesa-comercial-e-interesse-publico/guias>. Acesso em: 3 maio 2022.

Curso de Defesa Comercial e Interesse Público no Brasil: teoria e prática

Esse critério da substitutibilidade na avaliação de interesse público difere da análise de similaridade que consta na investigação de defesa comercial (*vide* Seções 2.2.1, 3.2.1 e 4.2.1). Recorde-se que o termo "produto objeto da investigação" engloba, para fins de defesa comercial, produtos idênticos ou que apresentem características físicas ou composição química e características de mercado semelhantes. De modo exemplificativo, o exame objetivo das características físicas ou da composição química do produto objeto da investigação leva em consideração a matéria-prima utilizada, as normas e especificações técnicas e o processo produtivo. Também de modo exemplificativo, o exame objetivo das características de mercado levará em consideração usos e aplicações, grau de substitutibilidade e canais de distribuição. Assim, ainda que haja a menção à substitutibilidade como um dos fatores da análise de características de mercado semelhantes para a definição do "produto objeto" da investigação, a análise de substitutibilidade em interesse público é bastante mais ampla.

Em defesa comercial, a substitutibilidade visa a definir se um determinado produto será considerado ou não alvo da medida, ou seja, se fará ou não parte do escopo de produto objeto da análise, relevante não apenas durante a investigação, mas também para o caso de aplicação da medida ao final do caso. Ou seja, é relevante para fins de justa comparação entre o produto produzido pela indústria doméstica e o produto sob investigação. Por sua vez, em interesse público, a substitutibilidade visa a verificar se há, (i) pela ótica da oferta, a possibilidade de novos produtores daquele produto sob análise, bem como se há, (ii) pela ótica da demanda, produtos que são diretamente concorrentes, e que poderia redirecionar a demanda em caso da aplicação da medida de defesa comercial.

Sobre a substitutibilidade sob a ótica da oferta (i), conforme Guia de Interesse Público em Defesa Comercial do DECOM[60], a substitutibilidade se relaciona à avaliação da capacidade e da disponibilidade de outras empresas começarem a produzir e ofertar o produto sob análise. Para tanto, é interessante identificar se há mudanças recorrentes, ao longo do período da investigação, de empresas produtoras do produto sob análise. Se houver entrada no passado recente de novos produtores, há uma sinalização para o futuro de possível substitutibilidade pela ótica da oferta, que poderia resultar em um aumento da produção no Brasil, de modo a sinalizar uma menor preocupação em termos de interesse público, já que, pelo menos em termos quantitativos, haveria uma oferta relevante para os consumidores. Há que se analisar, portanto, se há barreiras

---

[60] Guia de Interesse Público em Defesa Comercial do DECOM, 2020. Disponível em: <https://www.gov.br/produtividade-e-comercio-exterior/pt-br/assuntos/comercio-exterior/defesa-comercial-e-interesse-publico/guias>. Acesso em: 3 maio 2022.

à entrada relevantes, se os custos fixos para instalação são significativos ou não etc. Ainda, pode-se analisar se há uma alta ociosidade da indústria doméstica, que pode sinalizar uma baixa probabilidade da existência de novas empresas que viriam a ser substitutas pela ótica da oferta do produto.

> **MEDIDA ANTIDUMPING – FILMES PET – 1ª REVISÃO – EGITO, CHINA E ÍNDIA**
> *RESOLUÇÃO GECEX N. 203, DE 20 DE MAIO DE 2021*
>
> Trata-se de investigação referente à prorrogação de direito antidumping definitivo, aplicado às importações brasileiras de Filme PET, originárias do Egito, Índia e China, com imediata suspensão após a sua prorrogação para Egito e China.
> No que se refere à substitutibilidade sob a ótica da oferta, destacou-se que não haveria indícios de que outras empresas poderiam passar a ofertar o produto sob análise no mercado nacional no curto prazo. Trata-se de fator reforçado pela existência de barreiras à entrada no mercado.

Fonte: Resolução GECEX n. 203, de 20 de maio de 2021[61].

Sobre a substitutibilidade sob a ótica da demanda (ii), conforme Guia de Interesse Público em Defesa Comercial do DECOM[62], a substitutibilidade é aferida pela possibilidade de os consumidores desviarem sua demanda para outros produtos, cujas características, preços e utilidades são similares. Ou seja, busca-se verificar, com critérios qualitativos, qual seria a postura do consumidor em caso de aumento de preços ou de escassez do produto na hipótese da imposição de uma medida de defesa comercial. Seria possível alterar a demanda para outro produto?

Nessa análise, podem ser considerados, dentre outros fatores, o perfil dos clientes, a importância da marca e o padrão de compra dos consumidores no passado, em resposta ao aumento de preços ou termos de comercialização. Atos de concentração anteriormente analisados pelo Conselho Administrativo de Defesa Econômica (Cade) podem ser relevantes como subsídio para esse tipo de análise em interesse público, apesar de não haver qualquer vinculação entre ambas as autoridades. Assim, é relevante que as partes interessadas na avaliação de interesse público apresentem informações sobre as diferenças de usos, de quali-

---

[61] BRASIL. Resolução GECEX n. 203, de 20 de maio de 2021. Disponível em: <http://www.camex.gov.br/resolucoes-camex-e-outros-normativos/58-resolucoes-da-camex/3055-resolucao-gecex-n-203-de-20-de-maio-de-2021>. Acesso em: 6 jun. 2022.

[62] Guia de Interesse Público em Defesa Comercial do DECOM, 2020. Disponível em: <https://www.gov.br/produtividade-e-comercio-exterior/pt-br/assuntos/comercio-exterior/defesa-comercial-e-interesse-publico/guias>. Acesso em: 3 maio 2022.

dade e de tecnologia entre os produtos que podem ser ou não substitutos, bem como dados de elasticidade do preço da demanda. Vale destacar que, em alguns casos, não é possível se chegar a uma conclusão acerca da substitutibilidade entre diferentes bens, de modo que se torna um critério inconclusivo. Também é desejável a apresentação de dados de elasticidade do preço da oferta, que pode ser importante para se analisar os impactos da imposição da medida de defesa comercial. Isso porque se há substitutibilidade, aumenta-se o grau de elasticidade do produto no modelo de equilíbrio parcial, que tende a ser utilizado na análise de impactos (*vide* Seção 5.7).

 MEDIDA ANTIDUMPING – FILMES PET – 1ª REVISÃO – EGITO, CHINA E ÍNDIA
RESOLUÇÃO GECEX N. 203, DE 20 DE MAIO DE 2021

Trata-se de investigação referente à prorrogação de direito antidumping definitivo, por um prazo de até 5 (cinco) anos, aplicado às importações brasileiras de Filme PET, originárias do Egito, Índia e China, com imediata suspensão após a sua prorrogação para Egito e China.

Especificamente no que se refere à discussão sobre substitutibilidade sob a ótica da demanda, destaca-se a discussão referente ao fato de que o filme PET poderia ser substituído por outros insumos, como Filmes de Polipropileno (BOPP). Concluiu-se que entre a diversidade de tipos de filmes laminados, identificou-se algum grau de substitutibilidade entre os filmes PET e os de BOPP, sugerindo viabilidade técnica no possível desvio de demanda entre os produtos. Dessa forma, em termos de demanda, considerou-se haver uma substitutibilidade limitada para o produto sob análise. Ademais, entende-se que não havia indícios de viabilidade da substituição pela ótica da oferta.

A seguir, alguns trechos da decisão sobre o tema:

> "Verifica-se que as características de cada tipo de filme laminado determinam sua viabilidade e aplicação, podendo ainda haver combinação e tratamento desses produtos de forma a adaptar melhor as propriedades a cada finalidade. Dentre a diversidade de tipos de filmes laminados, identificou-se algum grau de substitutibilidade entre os filmes PET e os de BOPP, sugerindo viabilidade técnica no possível desvio de demanda entre os produtos. Por outro lado, não se pode afastar a limitação frente à viabilidade econômica a ser considerada na substituição entre ambos os produtos, como evidenciado nas relações entre clientes trazidas pela indústria doméstica.
>
> Dessa forma, para fins de avaliação final de interesse público, em termos de demanda, considera-se haver uma substitutibilidade limitada para o produto sob análise".

Fonte: Resolução GECEX n. 203, de 20 de maio de 2021[63].

---

[63] BRASIL. Resolução GECEX n. 203, de 20 de maio de 2021. Disponível em: <http://www.camex.gov.br/resolucoes-camex-e-outros-normativos/58-resolucoes-da-camex/3055-resolucao-gecex-n-203-de-20-de-maio-de-2021>. Acesso em: 6 jun. 2022.

5 • Avaliações de interesse público em defesa comercial – teoria e prática

AVALIAÇÃO DE INTERESSE PÚBLICO – TUBOS DE FERRO FUNDIDO – INVESTIGAÇÃO ORIGINAL – CHINA, EMIRADOS ÁRABES E ÍNDIA
RESOLUÇÃO GECEX N. 8, DE 7 DE NOVEMBRO DE 2019

Trata-se de investigação referente à aplicação de direito antidumping definitivo às importações brasileiras de tubos de ferro fundido, originárias de China, Emirados Árabes Unidos e Índia, e suspende sua aplicação, por até um ano, em razão de interesse público.

Especificamente no que se refere à discussão sobre substitutibilidade sob a ótica da demanda, destaca-se o seguinte, disposto na Resolução:

"(...) conclui-se que a substituição entre tubos é possível em casos específicos, havendo limitações de ordem técnica na escolha dos produtos. Ou seja, os projetos executados pelas empresas de saneamento podem apresentar características intrínsecas, tornando-os únicos, de forma que haverá, entre os tipos de tubo, uma escolha ótima para cada projeto.

Dessa forma, diante do que foi exposto neste tópico, considera-se, para fins de análise da avaliação de interesse público, que existem elementos para caracterizar a existência, com restrições, de produtos substitutos aos tubos de ferro fundido".

Fonte: Resolução GECEX n. 8, de 7 de novembro de 2019[64].

MEDIDO ANTIDUMPING – ANÍDRIDO FTÁLICO – INVESTIGAÇÃO ORIGINAL – RÚSSIA E ISRAEL
RESOLUÇÃO GECEX N. 286, DE 21 DE DEZEMBRO DE 2021

Trata-se de investigação referente à aplicação de direito antidumping definitivo às importações brasileiras de Anidrido Ftálico, originárias da Rússia e de Israel.

Especificamente no que se refere à discussão sobre substitutibilidade sob a ótica da demanda, destaca-se o seguinte, disposto na Resolução:

"69. Por fim, o CADE informou, em manifestação protocolada em 11 de maio de 2021, que, na análise do voto do conselheiro no âmbito do Ato de Concentração n. 08012.03577/2002-18, haveria existência de substitutos ao anidrido ftálico pela ótica da demanda, sendo estes o terefialato de polietileno (PET) e diciclopentadieno (DCPD), que seriam utilizados de forma conjunta com o ácido fumárico e/ou com o anidrido maleico.

70. Assim, para fins de avaliação final de interesse público, diante das informações apresentadas, não foram identificados substitutos para o produto sob análise em relação à ótica da oferta. Já pela ótica da demanda, em que pese a ausência de manifestação do elo demandante do produto, há elementos que indicam substitutibilidade do anidrido ftálico por produtos alternativos".

Fonte: Resolução GECEX n. 286, de 21 de dezembro de 2021[65].

---

[64] BRASIL. Resolução GECEX n. 8, de 7 de novembro de 2019. Disponível em: <https://www.in.gov.br/en/web/dou/-/resolucao-n-8-de-7-de-novembro-de-2019-226835585>. Acesso em: 6 jun. 2022.

[65] BRASIL. Resolução GECEX n. 286, de 21 de dezembro de 2021. Disponível em: <https://in.gov.br/web/dou/-/resolucao-gecex-n-286-de-21-de-dezembro-de-2021-369377010>. Acesso em: 6 jun. 2022.

5.4.4. Concentração do mercado do produto sob análise

Registre-se, novamente, que o elemento da concentração do mercado do produto sob análise não está mais expressamente previsto na Portaria SECEX n. 282/2023. Apesar disso, na medida em que consta no Guia de Interesse Público, seguirá objeto de análise neste livro, apesar de parecer obter menor foco para o DECOM.

Esse critério da concentração de mercado na avaliação de interesse público era uma das partes em que mais se utilizam dados quantitativos. Conforme Guia de Interesse Público em Defesa Comercial do DECOM[66], sobre estrutura de mercado e concorrência, era necessário avaliar de que modo a aplicação de uma medida de defesa comercial pode prejudicar a concorrência, reduzir a rivalidade e aumentar o poder de mercado da indústria doméstica. Nesse item, normalmente a análise subdividia-se em: (i) de concentração de mercado, (ii) barreiras à entrada e (iii) atos de concentração.

Na lógica concebida, sobre os (i) índices de concentração de mercado, tais como o Índice Herfindahl-Hirschman (HHI), C4 e/ou Índice de Lerner, os outros indicadores são relevantes para análise, uma vez que sinalizam que essa concentração resulta (ou não) em poder de mercado da indústria doméstica. O índice Herfindahl-Hirschman é uma medida da dimensão das empresas relativamente à sua indústria e um indicador do grau de concorrência entre elas, dado pela seguinte fórmula:

Imagem – Índice Herfindahl-Hirschman (HHI)

ÍNDICE HERFINDAHL-HIRSCHMAN

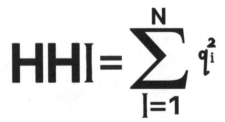

- ONDE: "N" É O NÚMERO DE EMPRESAS NO MERCADO E "Q" É A PARTICIPAÇÃO DE MERCADO DE CADA EMPRESA.
- 0 < HHI ≤ 10.000. SE O HHI É PRÓXIMO DE 0, INFINITAS EMPRESAS NO MERCADO. SE IGUAL A 10.000, MONOPÓLIO TOTAL DE UMA EMPRESA.

Fonte: elaboração própria.

---

[66] Guia de Interesse Público em Defesa Comercial do DECOM, 2020. Disponível em: <https://www.gov.br/produtividade-e-comercio-exterior/pt-br/assuntos/comercio-exterior/defesa-comercial-e-interesse-publico/guias>. Acesso em: 3 maio 2022.

Para que se tenha os dados de "N" e "q", a informação vem do parecer de defesa comercial, que possui dados verificados pela equipe investigadora sobre o número de empresas e a respectiva participação de mercado. Para fins de parecer preliminar, normalmente esse cálculo do HHI é realizado no nível do país, dado o curto prazo para a elaboração do mesmo. Para fins de parecer final, normalmente esse trecho do parecer tornava-se mais denso, chegando ao nível de participação de mercado de cada empresa de cada um dos países que compõem o mercado brasileiro. Para isso, era relevante que houvesse a análise de toda a série temporal, para verificar quais empresas aumentaram ou reduziram sua participação no mercado brasileiro ao longo dos anos, identificando se havia, portanto, um maior ou menor grau de concorrência entre elas. Em investigações originais, a tendência era que, como havia um aumento na quantidade das importações (requisito necessário para a condução de uma investigação de defesa comercial, *vide* Seções 2.2.3, 3.2.3 e 4.3), houvesse uma redução no HHI ao longo dos cinco períodos da investigação. Em revisões de final de período, os cenários podem ser diversos. Poderia ser o caso de que, após a aplicação de uma medida de defesa comercial, houvesse a redução das importações das empresas daquela origem alvo, ao passo que outras origens passariam a exportar para o Brasil, podendo haver também um aumento ou redução das vendas das empresas no Brasil (indústria doméstica ou outros produtores nacionais, *vide* Seções 2.2.2, 3.2.2 e 4.2.2). Nesse caso, poderia ser que houvesse uma modificação no HHI tanto no sentido de aumento quanto de redução do seu índice, tendo que se avaliar a respectiva participação de mercado.

Nota-se, portanto, que, ainda que se realizasse uma análise de concentração de mercado, e apesar de o instrumental utilizado ser o HHI, tratava-se de análise diferente daquela feita pelo Cade. Operacionalmente, tratava-se de análise bastante mais profunda, dado que se realiza um cálculo em nível desagregado, no nível da empresa, inclusive das exportadoras que compõem o mercado brasileiro.

Registre-se, novamente, que o elemento da concentração do mercado do produto sob análise não está mais expressamente previsto na Portaria SECEX n. 282/2023.

> **AVALIAÇÃO DE INTERESSE PÚBLICO EM INVESTIGAÇÃO AD – FENOL – 3ª REVISÃO**
> *RESOLUÇÃO N. 91, DE 16 DE SETEMBRO DE 2020*
>
> Trata-se de investigação antidumping definitivo, referente às importações brasileiras de fenol, originárias dos Estados Unidos da América e da União Europeia. Suspende sua aplicação em razão de interesse público.
>
> No que se refere especificamente à existência de barreiras à entrada no mercado, destaca-se o disposto seguinte na Resolução:

> *"Em relações às operações de fusões e aquisições no setor químico que possam tornar o mercado de fenol ainda mais concentrado, destaca-se que, em 2014, foi aprovado sem restrições pelo CADE o Ato de Concentração n. 08700.003330/2014-85, que tratava de operação no âmbito de aquisição de controle na fabricação de resinas termofixas, com reflexos no mercado de resinas industriais, entre elas resinas fenólicas. Segundo o Parecer Técnico n. 157 da Superintendência-Geral do CADE, a operação não resultaria em qualquer sobreposição horizontal no Brasil, uma vez que os grupos atuariam em segmentos distintos. Não se verificaria, ainda, nenhuma relação vertical entre as atividades/produtos das partes no Brasil.*
>
> *Sendo assim, não se pode afastar da presente análise a característica deste mercado de fenol de elevada concentração em cadeias complexas com elevados custos de operação, dificultando entrada de novos players competitivos na produção mundial, algo intrínseco à estrutura de produtos químicos. Por outro lado, não se pode omitir o efeito observado de concentração deste mercado na evolução da série acima, de HHI de 5.887 pontos no período da investigação original para o período da revisão atual 9.097, o que fica evidenciado principalmente no período dos últimos dez anos, refletidos na baixa penetração de importações".*

Fonte: Resolução GECEX n. 91, de 16 de setembro de 2020[67].

O Guia de Interesse Público em Defesa Comercial do DECOM[68] indica que também deve ser observada (ii) a existência de barreiras à entrada no mercado ou de qualquer fator que coloque um potencial entrante no mercado em posição de desvantagem em relação aos agentes econômicos já estabelecidos. Alguns exemplos de barreiras à entrada são os custos irrecuperáveis (*sunk costs*), barreiras legais ou regulatórias, recursos de propriedade exclusiva das empresas instaladas, economias de escala e/ou de escopo, grau de integração da cadeia produtiva, fidelidade dos consumidores às marcas estabelecidas e ameaça de reação dos competidores instalados. Ainda nesse quesito, vale informar o histórico de entrada(s) de novo(s) agente(s) no mercado, a fim de que seja possível considerar elementos de probabilidade, tempestividade e suficiência dessas eventuais entradas no mercado.

 MEDIDA ANTIDUMPING – FILMES PET – 1ª REVISÃO – EGITO, CHINA E ÍNDIA
RESOLUÇÃO GECEX N. 203, DE 20 DE MAIO DE 2021

Trata-se de investigação referente à prorrogação de direito antidumping definitivo, aplicado às importações brasileiras de Filme PET, originárias do Egito, Índia e China, com imediata suspensão após a sua prorrogação para Egito e China.

---

[67] BRASIL. Resolução GECEX n. 91, de 16 de setembro de 2020. Disponível em: <https://www.in.gov.br/en/web/dou/-/resolucao-n-91-de-16-de-setembro-de-2020-277906775>. Acesso em: 6 jun. 2022.

[68] Guia de Interesse Público em Defesa Comercial do DECOM, 2020. Disponível em: <https://www.gov.br/produtividade-e-comercio-exterior/pt-br/assuntos/comercio-exterior/defesa-comercial-e-interesse-publico/guias>. Acesso em: 3 maio 2022.

> No que se refere especificamente à existência de barreiras à entrada no mercado, destaca-se o disposto seguinte na Resolução:
>
> *"Sobre possíveis barreiras à entrada, indica-se que não houve entrada de qualquer nova empresa no período de mais de dez anos contido entre T1 e T10, sendo que possíveis novos entrantes teriam em contexto de rivalidade local empresa que detém mais de [CONFIDENCIAL] do mercado e com capacidade ociosa, como será detalhado no subitem 2.3.1. Nesse cenário, questões de economia de escala podem desincentivar o aumento de capacidade produtiva, conforme corroborado pelo [CONFIDENCIAL] no trecho a seguir: (...)".*

Fonte: Resolução GECEX n. 203, de 20 de maio de 2021[69].

Ainda, quanto aos (iii) atos de concentração, trata-se de apresentação meramente descritiva de eventuais movimentos concentracionistas ou de desconcentração observados junto à autoridade competente, o Cade. Eventuais preocupações apontadas nos pareceres do Cade podem ser apresentadas nesta seção da avaliação de interesse público, sem caráter vinculante. Maior relevância sobre esse requisito pode ocorrer quando o ato de concentração ocorrer concomitantemente à avaliação de interesse público, pois pode haver variação significativa do HHI antes e após a operação.

Registre-se, novamente, que o elemento da concentração do mercado do produto sob análise não está mais expressamente previsto na Portaria SECEX n. 282/2023.

 MEDIDA ANTIDUMPING – LAMINADOS DE ALUMÍNIO – ORIGINAL – CHINA
RESOLUÇÃO GECEX N. 13, DE 22 DE FEVEREIRO DE 2021 (PRELIMINAR).
CIRCULAR SECEX N. 2, DE 27 DE JANEIRO DE 2022 (DETERMINAÇÃO FINAL)

Trata-se da investigação referente à medida antidumping (original) às importações de laminados de alumínio da China, a qual não restou aplicada, uma vez que não houve comprovação suficiente da existência de nexo de causalidade entre as importações investigadas a preço de dumping e o dano sofrido pela indústria doméstica.

Na avaliação de interesse público preliminar constou o seguinte:

"Considerando a afirmação das partes interessadas e do CADE, referente à aquisição da Arconic pela CBA no final de 2019, foi realizado um recálculo do HHI para P5, período durante o qual se iniciou a união entre as duas empresas. Apurando-se o HHI a partir da soma da participação de mercado da CBA e da Arconic em

---

[69] BRASIL. Resolução GECEX n. 203, de 20 de maio de 2021. Disponível em: <http://www.camex.gov.br/resolucoes-camex-e-outros-normativos/58-resolucoes-da-camex/3055-resolucao-gecex-n-203-de-20-de-maio-de-2021>. Acesso em: 6 jun. 2022.

> *uma única empresa, e mantendo-se o percentual registrado para os demais agentes naquele período, o índice subiria para 1.364 pontos (crescimento de 63,6%), mas permanecendo ainda no nível de mercado não concentrado".*

Fonte: Resolução GECEX n. 13, de 22 de fevereiro de 2021[70],
e Circular SECEX n. 2, de 27 de janeiro de 2022[71].

Cumpre mencionar que o Cade pode, em sua análise de atos de concentração, encontrar preocupações concorrenciais resultantes de efeitos do comércio internacional, dentre eles, da aplicação de medidas de defesa comercial. Sobre esse tema, De Jesus realizou pesquisa empírica sobre as formas de interação entre o Cade e as autoridades de defesa comercial nos anos prévios a 2018[72]. De Jesus apontou para a existência de quatro maneiras de interação entre política de defesa comercial e política concorrencial, no âmbito da jurisprudência do Cade, são elas: (i) debates e pronunciamentos sobre competência; (ii) uso de medidas de defesa comercial para discutir e estabelecer o mercado relevante; (iii) reconhecimento de importações como mecanismos para contestar poder de mercado e promover a concorrência no mercado; e (iv) uso de medidas de defesa comercial para manter e/ou aumentar poder de mercado. Ademais, há pesquisa no sentido de avaliar se um Acordo em Controle de Concentrações (ACC) no Cade poderia impor uma obrigação de uma empresa não requerer uma medida de defesa comercial[73].

---

[70] BRASIL. Resolução GECEX n. 13, de 22 de fevereiro de 2021. Disponível em: < https://www.gov.br/produtividade-e-comercio-exterior/pt-br/acesso-a-informacao/legislacao/circulares-secex/2021/circular-secex-13_2021.pdf>. Acesso em: 21 jun. 2022.

[71] BRASIL. Circular SECEX n. 2, de 27 de janeiro de 2022. Disponível em: <https://www.gov.br/produtividade-e-comercio-exterior/pt-br/acesso-a-informacao/legislacao/circulares-secex/2022/circular-secex-002_2022.pdf/view>. Acesso em: 21 jun. 2022.

[72] DE JESUS, Agnes. The four practical interactions between competition policy and trade defense: an empirical analysis of the brazilian competition authority jurisprudence. In: ATHAYDE, Amanda; CINTRA DE MELO, Lílian (Orgs). *Comércio internacional e concorrência*: desafios e perspectivas atuais – Volume I. Brasília: Faculdade de Direito – UnB, 2021. Disponível em: <https://www.amandaathayde.com.br/livros-organizados>. Acesso em: 7 abr. 2022.

[73] GARCIA, Alana Demarqui. Um ACC do Cade pode impor a obrigação de uma empresa não requerer medida de defesa comercial? Uma análise do acordo de investimento da Braskem. In: ATHAYDE, Amanda; GUIMARÃES, Marcelo; DA SILVEIRA, Paulo Burnier (Orgs.). *Comércio internacional e concorrência*: desafios e perspectivas atuais – Volume III. Brasília: Faculdade de Direito – UnB, 2018. Disponível em: <https://www.amandaathayde.com.br/livros-organizados>. Acesso em: 7 abr. 2022.

5 • Avaliações de interesse público em defesa comercial – teoria e prática

Ademais, houve caso em que o Ato de Concentração no Cade[74] enfrentou oposição de seus clientes justamente diante da ausência de opções de aquisição de insumos via importações, diante da vigência de medida antidumping. A atuação dos terceiros inteiressados se tornou central na análise sobre a Operação, de modo que as Requerentes da Operação e os clientes celebraram um acordo privado, intitulado "Termo de Compromisso", para garantir condições de fornecimento e para que fosse solicitada a extinção da medida de defesa comercial então vigente. Como resultado da apresentação do Termo de Compromisso negociado de modo privado, a SG/Cade entendeu que os compromissos endereçavam grande parte das preocupações concorrenciais externadas pelos agentes de mercado. Em sua conclusão, a SG/Cade ressaltou "a importância do efetivo cumprimento das cláusulas estabelecidas entre as referidas instituições para a mitigação de aspectos importantes das preocupações concorrenciais no caso em tela. Dessa forma, pontue-se que a violação dos compromissos firmados [acesso restrito às Requerentes e ao Terceiro Interessado]." Diante disso, nos termos da Resolução Camex n. 41, de 18 de junho de 2018, o direito antidumping aplicado sobre as importações brasileiras de refratários básicos magnesianos originários da China e do México foi suspenso e posteriormente extinto.

Registre-se, novamente, que o elemento da concentração do mercado do produto sob análise não está mais expressamente previsto na Portaria SECEX n. 282/2023.

5.5. Critérios materiais (econômico-sociais) de interesse público no Brasil: oferta internacional do produto sob análise

Neste bloco de critérios de avaliação de interesse público, são analisadas (5.5.1) as origens alternativas do produto sob análise, e (5.5.2) as barreiras tarifárias e não tarifárias. É o que se passa a detalhar.

---

[74] CADE. Ato de Concentração 08700.001697/2017-15, RHI AG e Magnesita Refratários S.A. "Por meio deste TERMO DE COMPROMISSO, a Magnesita garante e assume perante o SNIC, associadas ao SNIC e LafargeHolcim a tomada de ações imediatas, para que seja solicitado o pedido de revisão e eliminação dos direitos antidumping atualmente vigentes em relação às importações brasileiras de refratários básicos magnesianos, originárias da China e do México, conforme estabelecido pela Resolução CAMEX n. 107/2013. Inclusive, a Magnesita contará com o apoio do SNIC, que na qualidade de associação de empresas clientes que certamente será consultado pela autoridade, para que o pleito seja atendido na maior brevidade possível tão logo feito o protocolo conforme acima."

Curso de Defesa Comercial e Interesse Público no Brasil: teoria e prática

Imagem – Critérios materiais de interesse público em defesa comercial no Brasil – II) oferta internacional do produto sob análise

CRITÉRIOS ANALISADOS NA AVALIAÇÃO DE INTERESSE PÚBLICO			
CRITÉRIOS ANALISADOS	**AVALIAÇÃO PRELIMINAR DE INTERESSE PÚBLICO, NOS TERMOS DA REVOGADA PORTARIA SECEX N. 13/2020**	**AVALIAÇÃO FINAL DE INTERESSE PÚBLICO, NOS TERMOS DA REVOGADA PORTARIA SECEX N. 13/2020**	**AVALIAÇÃO DE INTERESSE PÚBLICO, NOS TERMOS DA PORTARIA SECEX N. 282/2023, ATUALMENTE VIGENTE**
II. OFERTA INTERNACIONAL DO PRODUTO SOB ANÁLISE			
II.1 Origens alternativas do produto sob análise	Sim	Sim	Sim
II.2 Barreiras tarifárias e não tarifárias ao produto sob análise	Sim	Sim	Sim

Fonte: elaboração própria, a partir do Guia de Interesse Público do DECOM.

5.5.1. Origens alternativas do produto sob análise

Neste critério da avaliação de interesse público, busca-se verificar a disponibilidade de alternativas no fornecimento do produto sob análise. Para tanto, em casos de investigação original, o objetivo será verificar, em uma análise prospectiva, no caso de aplicação do direito, se haverá outras origens alternativas para a importação pelo Brasil, ou mesmo se, com a aplicação do direito, aquela origem gravada continuará sendo uma origem viável para as importações. Em casos de revisão de final de período, o objetivo será verificar, em uma análise retrospectiva, se outras origens não gravadas se tornaram origens alternativas de importação pelo Brasil após a aplicação do direito (ou seja, se houve desvio de comércio, e não apenas destruição de comércio), e mesmo se as origens que foram gravadas continuaram como origens viáveis durante a aplicação do direito.

Para tanto, a análise segue um passo a passo, partindo de dados mais amplos, mundiais, para dados mais restritos, voltados para a realidade brasileira. Assim, normalmente, o passo a passo em um parecer de interesse público segue a seguinte ordem de análise: (i) produção mundial do produto sob análise; (ii) exportações mundiais do produto sob análise; (iii) fluxo de comércio (exportações menos importações) dos exportadores mundiais do produto sob análise; (iv) importações brasileiras do produto sob análise, em termos de volume e preço, de modo não exaustivo:

598

Imagem – Critérios materiais de interesse público em defesa comercial no Brasil – II.1.) origens alternativas do produto sob análise

II. OFERTA INTERNACIONAL DO PRODUTO SOB ANÁLISE

CRITÉRIOS ANALISADOS

II.1 ORIGENS ALTERNATIVAS DO PRODUTO SOB ANÁLISE

LISTA EXEMPLIFICATIVA E NÃO EXAUSTIVA DE ELEMENTOS:

- DADOS DE PRODUÇÃO MUNDIAL DO PRODUTO SOB ANÁLISE (ANÁLISE DE CONCENTRAÇÃO DE MERCADO, DE GRUPOS ECONÔMICOS, SE APLICÁVEL)
- DADOS DE EXPORTAÇÃO MUNDIAL DO PRODUTO SOB ANÁLISE (VOLUME E PREÇO)
- DADOS DE BALANÇA COMERCIAL DOS EXPORTADORES MUNDIAIS DO PRODUTO SOB ANÁLISE
- DADOS DE IMPORTAÇÃO BRASILEIRA DO PRODUTO SOB ANÁLISE (VOLUME E PREÇO), TANTO DAS ORIGENS GRAVADAS QUANTO DAS NÃO GRAVADAS
- CAPACIDADE INSTALADA DE PRODUÇÃO (E DE EVENTUAL EXCESSO DE CAPACIDADE) DO PRODUTO SOB ANÁLISE OU DE SEU SUBSTITUTO EM ORIGENS ALTERNATIVAS

Fonte: elaboração própria, a partir do Guia de Interesse Público do DECOM e da Portaria SECEX n. 282/2023.

Para a análise sobre (i) produção mundial do produto sob análise, a informação normalmente existe com dados mais amplos, agregados, no nível de setor, por exemplo. É assim que comumente existem estudos setoriais que sinalizam dados estimados de produção mundial, normalmente por região geográfica. Caso haja dados por empresas, é interessante para uma possível análise sobre produção de grupos econômicos e suas respectivas exportações, em termos consolidados (e não necessariamente por origem), para o Brasil. Para tanto, podem ser analisados tanto dados de capacidade de produção, capacidade instalada de produção (e de eventual excesso de capacidade) ou dados de produção efetiva, a depender da sua respectiva disponibilidade. Vale destacar, contudo, que a eventual existência de capacidade instalada não é, por si só, indicativo de viabilidade de exportações ao mercado brasileiro, uma vez que há vários fatores que dificultam a importação de outras origens, como questões acerca de qualidade, adaptação à linha de produção e necessidade de homologação.

Para a análise sobre (ii) exportações mundiais do produto sob análise, o objetivo é identificar quem são os principais exportadores do mercado, qual o comportamento da(s) origem(ns) alvo da investigação, para verificar se esta(s) é(são) ou não importante(s) *player(s)* no cenário mundial. Ainda, é relevante para verificar o comportamento das demais origens gravadas, se houver medidas já aplicadas com base em investigações anteriores. Além disso, é relevante para identificar quem são os exportadores que não são nem gravados e nem sob análise na investigação em curso, para verificar se há alternativas, ainda que em tese, de exportações para o Brasil. Assim, ao final será possível verificar o percentual das exportações mundiais que não está nem sob análise na investigação de defesa comercial e nem como origem gravada, o que significaria, em teoria, que poderiam ser origens com eventual potencial para exportar para o Brasil.

Ainda, além da análise em termos de volume das exportações mundiais, é possível comparar o preço médio das exportações mundiais das principais origens, a fim de verificar se determinadas origens que, teoricamente, poderiam ser alternativas em termos de volume realmente se confirmam em termos de preço.

Nessa lógica, busca-se entender a dinâmica de países exportadores do produto sob análise, com quantidade, preço e percentual de suas participações no comércio mundial, fluxo de exportações e importações no produto, considerando as fontes disponíveis de estatísticas de comércio exterior ou estudos setoriais. Cumpre destacar que é relevante a informação sobre a existência de partes relacionadas[75] da própria indústria doméstica nas possíveis origens alternativas, a fim de se observar se tais países se configuram, de fato, como uma fonte alternativa do produto sob análise. Registre-se que, como a fonte de dados para essa análise de exportações mundiais é, tipicamente, uma base de dados pública (ex. TradeMap ou Comtrade), não necessariamente alcança o nível do produto específico sob análise, mas sim um nível de SH 6 dígitos ou NCM 8 dígitos, de modo que não há depuração dos dados, como se faz em defesa comercial. Trata-se, assim, de uma limitação dos dados que deve ser ponderada na análise.

 AVALIAÇÃO DE INTERESSE PÚBLICO – TUBOS DE FERRO FUNDIDO – INVESTIGAÇÃO ORIGINAL – CHINA, EMIRADOS ÁRABES E ÍNDIA
RESOLUÇÃO GECEX N. 8, DE 7 DE NOVEMBRO DE 2019

Trata-se de investigação referente à aplicação de direito antidumping definitivo às importações brasileiras de tubos de ferro fundido, originárias de China, Emirados Árabes Unidos e Índia. Suspendeu-se a aplicação, por até um ano, em razão de interesse público, posteriormente prorrogada por mais um ano (Resolução Gecex n. 113, de 5 de novembro de 2020) e definitivamente extinta ao final dos dois anos (Resolução Gecex n. 264, de 1º de novembro de 2021).

---

[75] Para maiores informações sobre partes relacionadas, sugere-se: ATHAYDE, Amanda; MARSSOLA, Julia; VIEGAS, Maria Augusta; LEITE, Victor. *Defesa comercial e direito societário:* partes relacionadas em investigações antidumping. Belo Horizonte: Ed. Fórum, 2021.

5 • Avaliações de interesse público em defesa comercial – teoria e prática

No que se refere especificamente às possíveis origens alternativas para fornecimento do produto sob análise:

"O pico de importações realizadas pela própria SGC em 2014 é justificado pela necessidade de a indústria doméstica atender ao crescimento do mercado após o grave incêndio ocorrido em suas instalações industriais em P2 [CONFIDENCIAL]. Ainda assim, percebe-se que, em 2012 e 2013, ou seja, mesmo antes do incêndio mencionado, as importações da fabricante nacional de tubos de ferro fundido foram bastante significativas. Com isso, a peticionária da medida de defesa comercial foi a maior importadora do produto submetido à análise durante o período de investigação, sendo responsável por [CONFIDENCIAL] do total geral de importações de P1 a P5.

Com o intuito de entender a evolução das importações das origens investigadas e outras fontes alternativas num cenário mais recente, foram analisados os períodos de P6 (outubro de 2017 a setembro de 2018) e de P7 (outubro de 2018 a agosto de 2019).

Desde o último período da investigação, mesmo que em P7 tenham sido contabilizados apenas 11 (onze meses), pode ser observado que: a) as importações totais vêm decaindo; b) as importações investigadas também diminuíram; e c) não há indícios de surgimento de origens alternativas significativas.

Assim, tendo em vista que, ao longo de dez anos, apenas 5 (cinco) origens se mostraram viáveis, dentre as quais 3 (três) estão sob investigação e as outras 2 (duas), França e Espanha, [CONFIDENCIAL], e que esse cenário se manteve ao serem observados dados recentes, não foram identificados indícios de outras origens viáveis para fornecimento do produto submetido à análise".

Fonte: Resolução Gecex n. 8, de 7 de novembro de 2019[76].

Ademais, a compreensão de dados de (iii) fluxo de comércio dos exportadores mundiais do produto sob análise (exportações menos importações) é elementar para analisar a capacidade líquida de atender a eventual demanda do mercado brasileiro. Ou seja, pode até ser que o exportador tenha um forte perfil exportador, mas se tiver um perfil importador ainda mais relevante, seu saldo do comércio internacional líquido pode ser negativo, sinalizando, eventualmente, uma menor propensão em conseguir ser uma origem alternativa para o Brasil em caso da aplicação de uma medida de defesa comercial. É relevante atentar, portanto, para o sinal, negativo ou positivo, do saldo desse fluxo comercial do exportador mundial do produto sob análise, já que, se for negativo, pode sinalizar que há mais importações do que exportações, e, se for positivo, pode sinalizar que há mais exportações do que importações.

---

[76] BRASIL. Resolução GECEX n. 8, de 7 de novembro de 2019. Disponível em: <http://www.camex.gov.br/resolucoes-camex-e-outros-normativos/58-resolucoes-da-camex/2497-resolucao-n-8-de-7-de-novembro-de-2019>. Acesso em: 6 jun. 2022.

> **MEDIDA ANTIDUMPING – PVC-S – 2ª REVISÃO – CHINA**
> *RESOLUÇÃO GECEX N. 73, DE 14 DE AGOSTO DE 2020*
>
> Trata-se de investigação referente à aplicação de direito antidumping (primeira revisão) às importações de resinas de policloreto de vinila obtidas por processo de suspensão (PVC-S), originárias da República Popular da China.
>
> Especificamente no que se refere à compreensão de dados de fluxo de comércio, destaca-se que, para a China, os volumes de importação foram analisados de forma líquida de importações da indústria doméstica:
>
>> "Quanto à existência da situação pontual de os produtores nacionais terem apresentado dificuldades de ofertar o produto e, assim, a cadeia de fornecimento do PVC-S ter passado por problemas de abastecimento e restrição de oferta e a consequente redução do imposto de importação, relembre-se que os volumes de importação analisados no presente documento estão líquidos de importações da indústria doméstica, ou seja, não se infere que o crescimento das importações teria sido motivado pela necessidade da própria indústria de buscar fonte alternativa de fornecimento na China. Ademais, ainda que volumes de importação da indústria doméstica em T16 fossem considerados, independentemente da origem, há que se destacar que os dados históricos da investigação original e das revisões anteriores evidenciam que não seria comportamento inédito o recurso da indústria doméstica a volumes eventuais de importação, por questões particulares aos seus negócios. Outro argumento relevante a ser elencado refere-se à significativa diversidade de origens das importações registradas em T16, além daquelas retomadas da China, o que indica que não seriam apenas as importações da China que teriam o condão de abastecer o mercado no período analisado, visto terem representado, conforme indicado no item 5.1, parcela de 16,5% das importações totais de T16 analisadas, restando a maior parte das importações (83,5%) como tendo sido provenientes de outras origens.
>> (...)".

Fonte: Resolução GECEX n. 73, de 14 de agosto de 2020[77].

Não obstante, para completude das informações sobre origens alternativas, importante avançar o estudo para as (iv) importações brasileiras do produto sob análise, em termos de volume e preço. Assim, trata-se de um cenário de "teste fático" da hipótese sobre os exportadores mundiais enviarem ou não seus produtos para o Brasil. A existência de um relevante exportador mundial, com saldo do fluxo de comércio positivo, não exportar para o Brasil ou não ser um exportador relevante pelo menos, pode sinalizar a existência de outros fatores a serem analisados para que se viabilize, de fato, uma exportação para o Brasil e a configuração daquela origem como alternativa. Pode ser que os custos de transporte sejam relevantes, pode ser que haja relacionamento entre as partes exportadoras

---

[77] BRASIL. Resolução GECEX n. 73, de 14 de agosto de 2020. Disponível em: <http://www.camex.gov.br/resolucoes-camex-e-outros-normativos/58-resolucoes-da-camex/2747-resolucao-n-73-de-14-de-agosto-de-2020>. Acesso em: 6 jun. 2022.

ou importadoras, pode ser que haja dificuldades com a homologação dos produtos no Brasil, dentre outros aspectos.

Assim, nesse quesito são investigados, de modo detalhado, dados de importação brasileira do produto sob análise (volume e preço), tanto das origens gravadas quanto das não gravadas. É possível que mesmo as origens gravadas continuem sendo ofertantes do produto sob análise, mas é possível também que tenha havido desvio de comércio para outras origens. É importante que, em casos de revisões de final de período, em especial, seja analisada toda a série histórica, desde a primeira investigação original, abarcando todas as investigações do produto envolvendo todas as origens, pois será relevante para verificar a tendência de comportamento das importações brasileiras após a aplicação de medidas de defesa comercial.

Desse modo, além da análise em termos de volume das importações brasileiras, é possível comparar o preço médio dessas importações brasileiras das principais origens, a fim de se verificar se determinadas origens que, em tese, poderiam ser alternativas em termos de volume realmente se confirmam em termos de preço. Esse dado inclusive será relevante para comparar os preços internacionais com o preço da indústria doméstica, *vide* análise da Seção 5.6.3, sobre riscos de restrições à oferta nacional em termos de preço.

INVESTIGAÇÃO ANTIDUMPING – ACRILATO DE BUTILA – 1ª REVISÃO – ESTADOS UNIDOS DA AMÉRICA
FONTE: RESOLUÇÃO GECEX N. 186, DE 30 DE MARÇO DE 2021

Trata-se de investigação referente à prorrogação de direito antidumping definitivo, por um prazo de até 5 (cinco) anos, aplicado às importações brasileiras de acrilato de butila, originárias dos Estados Unidos da América.

No que se refere às conclusões sobre origens alternativas do produto sob análise, destaca-se o seguinte disposto na Resolução em referência:

> *"Dessa forma, o direito antidumping aplicado em relação às importações originárias dos EUA não foi suficiente para afastar a referida origem do mercado brasileiro, mas reduziu o volume importado. Já o direito antidumping aplicado em relação à África do Sul, Alemanha e Taipé Chinês praticamente afastou as 3 (três) origens do mercado. Como resultado, o volume total importado pelo Brasil estagnou após T6, passando até a cair consideravelmente a partir de T12.*
>
> *Ademais, é possível observar a emergência de novas origens alternativas com penetração no mercado brasileiro ao final do período, como Arábia Saudita, China, Rússia e Coreia do Sul, todos exportadores relevantes a nível mundial".*

Fonte: Resolução GECEX n. 186, de 30 de março de 2021[78].

---

[78] BRASIL. Resolução GECEX n. 186, de 30 de março de 2021. Disponível em: <http://www.camex.gov.br/resolucoes-camex-e-outros-normativos/58-resolucoes-da-camex/2956-resolucao-gecex-n-186-de-30-de-marco-de-2021>. Acesso em: 6 jun. 2022.

> **MEDIDA ANTIDUMPING – LÁPIS DE ESCREVER – INVESTIGAÇÃO ORIGINAL – CHINA**
> *RESOLUÇÃO GECEX N. 141, DE 19 DE JANEIRO DE 2021*
>
> Trata-se de investigação referente à aplicação de direito antidumping definitivo, às importações brasileiras de lápis de escrever, originárias da República Popular da China. A Resolução em referência também encerrou a avaliação de interesse público instaurada relacionada.
>
> No que se refere às conclusões sobre origens alternativas do produto sob análise, destaca-se o seguinte disposto na Resolução em referência:
>
>> *"Por fim, ressalte-se que na presente avaliação final foi aprofundada a investigação sobre os impactos da medida de defesa comercial na dinâmica do mercado nacional, em continuidade e em complemento às conclusões preliminares, que por ocasião recomendou, no princípio da cautela, a não aplicação de direito provisório, justamente por não se ter ainda disponíveis conclusões definitivas sobre, entre outros fatores, as implicações de impacto da medida de defesa comercial no mercado brasileiro.*
>>
>> *Nesse contexto, reconhece-se que, em termos de oferta internacional, a aplicação do direito antidumping dificilmente terá o condão de afastar a origem em análise do mercado brasileiro e torná-lo pouco competitivo, com base em sua participação de mercado estimada com a aplicação do direito antidumping. Ou seja, há elementos de que, mesmo com a aplicação da medida, manter-se-á cenário de rivalidade no Brasil, a partir da penetração das importações chinesas e a elevação de participação no mercado dos produtores nacionais. Ainda que exista impacto da aplicação do direito antidumping, algo esperado pela natureza da aplicação da medida de defesa comercial, observa-se que a China continuará a exportar de modo significativo ao país, dado que pela simulação de impactos as importações de lápis originários da China representariam, ainda assim, quase [CONFIDENCIAL] do mercado brasileiro, além da possibilidade de fontes alternativas não gravadas como Vietnã e Paquistão.*
>>
>> *Do ponto de vista do atendimento aos consumidores brasileiros, entende-se que a demanda nacional continuará sendo satisfatoriamente atendida, em termos da capacidade produtiva da indústria doméstica, isto é, em termos de quantidade, qualidade e variedade disponível ao consumidor brasileiro. Em relação à dinâmica de preços, mesmo com a aplicação do direito antidumping, o produto importado possui preço bastante inferior na comparação ao preço médio CIF praticado pela indústria doméstica, o que reforça a rivalidade neste mercado".*

Fonte: Resolução GECEX n. 141, de 19 de janeiro de 2021[79].

Por fim, sobre origens alternativas, importante avançar a análise para a (v) capacidade instalada de produção (e de eventual excesso de capacidade) do produto sob análise ou de seu substituto em origens alternativas. Trata-se de dado nem sempre disponível, já que informações sobre capacidade instalada de pro-

---

[79] BRASIL. Resolução GECEX n. 141, de 19 de janeiro de 2021. Disponível em: <http://www.camex.gov.br/resolucoes-camex-e-outros-normativos/58-resolucoes-da-camex/2889-resolucao-gecex-n-141-de-19-de-janeiro-de-2021>. Acesso em: 6 jun. 2022.

dução encontram-se disponíveis normalmente em níveis mais agregados, para todo um setor. Por meio dessa informação, é possível investigar se alguma origem, ainda que não atualmente exportadora para o Brasil, poderia ter capacidade de redirecionar suas exportações para o país, tornando-se assim uma eventual origem alternativa para o mercado brasileiro no futuro.

> **AVALIAÇÃO DE INTERESSE PÚBLICO – LAMINADOS A QUENTE – 1ª REVISÃO – RÚSSIA E CHINA**
> RESOLUÇÃO GECEX N. 5, DE 15 DE JANEIRO DE 2020
>
> Trata-se de avaliação de interesse público encerrada com extinção das medidas antidumping aplicadas sobre as importações brasileiras de laminados a quente originárias de Rússia e China.
> No que se refere à análise de capacidade instalada de produção no âmbito de possíveis origens alternativas, destaca-se o seguinte:
> *"Por meio da Resolução CAMEX n. 34, de 21 de maio de 2018, a qual determinou a aplicação das medidas compensatórias descritas no item 1.1.2 deste parecer, também se decidiu por suspender a exigibilidade de tal medida de defesa comercial, em razão de interesse público.*
> *Consoante o Anexo II da referida Resolução, foram feitas análises e considerações relacionadas (i) aos contextos internacional e nacional e (ii) à avaliação dos efeitos das medidas. Em relação (i) aos contextos internacional e nacional, observou-se que haveria excesso de oferta mundial de aço e de capacidade de produção (overcapacity) chinesa, com fechamento de mercados em vários casos de antidumping contra a China, o que seria um argumento favorável à aplicação da medida antidumping".*

Fonte: Resolução GECEX n. 5, de 15 de janeiro de 2020[80].

5.5.2. Barreiras tarifárias e não tarifárias ao produto sob análise

Para que se tenha um cenário completo sobre oferta internacional do produto sob análise, cumpre também entender a existência de barreiras tarifárias e não tarifárias. Para tanto, normalmente passa-se pela seguinte ordem de análise: (i) imposto de importação no Brasil; (ii) existência de preferências tarifárias; (iii) medidas de defesa comercial aplicadas ao produto pelo Brasil e por outros países; (iv) temporalidade das medidas de defesa comercial; (v) outras barreiras não tarifárias. Em síntese, o Guia de Interesse Público em Defesa Comercial do DECOM[81] consolida os seguintes itens a serem analisados, de modo não exaustivo:

---

[80] BRASIL. Resolução GECEX n. 5, de 15 de janeiro de 2020. Disponível em: <https://www.in.gov.br/web/dou/-/resolucao-n-5-de-15-de-janeiro-de-2020-238540809>. Acesso em: 6 jun. 2022.

[81] Guia de Interesse Público em Defesa Comercial do DECOM, 2020. Disponível em: <https://www.gov.br/produtividade-e-comercio-exterior/pt-br/assuntos/comercio-exterior/defesa-comercial-e-interesse-publico/guias>. Acesso em: 3 maio 2022.

Imagem – Critérios materiais de interesse público em defesa comercial no Brasil – II.2) barreiras tarifárias e não tarifárias ao produto sob análise

Fonte: elaboração própria, a partir do Guia de Interesse Público do DECOM e da Portaria SECEX n. 282/2023.

No estudo sobre a (ii) tarifa de importação no Brasil aplicável ao produto sob análise, busca-se obter indícios de um maior ou menor nível tarifário do mercado do produto sob análise à concorrência internacional. Assim, realiza-se um comparativo entre as alíquotas de importação brasileira e a média dos países da OMC, além da comparação com a média dos principais produtores e exportadores do produto sob análise e com a média dos países da OMC (alíquota aplicada).

Pode ser, porém, que a análise sob o ponto de vista da tarifa de importação seja insuficiente, já que é necessário verificar a (ii) existência de preferências tarifárias que alterem as tarifas genericamente aplicáveis. Ademais, essa existência pode ser importante para que se compreenda que há um processo de redução das barreiras à importação do produto sob análise de alguma origem, de modo que essa origem poderia vir a ser uma origem alternativa.

5 • Avaliações de interesse público em defesa comercial – teoria e prática

O Guia de Interesse Público em Defesa Comercial do DECOM[82] indica que também é preciso avaliar se o produto já constou em alguma lista tarifária específica[83]. Ou seja, podem ser consideradas na análise de barreiras tarifárias a informação de que o produto consta ou não em listas como ex-tarifário, Lista de Exceções à Tarifa Externa Comum ("LETEC"), Lista de Exceções de Bens de Informática e de Telecomunicações ("LEBIT"), Lista de Reduções Temporárias por Desabastecimento etc. Interessante mencionar que a existência de uma redução temporária do imposto de importação por razões de desabastecimento pode ser importante para a avaliação de interesse público, na medida em que pode sinalizar um risco da aplicação ou prorrogação da medida de defesa comercial, ao passo que a indústria doméstica pode não estar conseguindo atender à demanda nacional em termos de quantidade.

SALVAGUARDA – NÃO TECIDOS – INVESTIGAÇÃO ORIGINAL – ISRAEL
CIRCULAR SECEX N. 63, DE 24 DE SETEMBRO DE 2020

Trata-se de investigação encerrada, sem julgamento de mérito, para averiguar a existência de dano grave causado à indústria doméstica decorrente do aumento preferencial das importações de não tecidos para aplicação em produtos de higiene pessoal, originárias de Israel, consoante o disposto no Capítulo V do Acordo de Livre Comércio Mercosul-Israel. Encerrada também a avaliação de interesse público conduzida relacionada, por perda de objeto.

Note-se que com vistas a subsidiar a tomada de decisão referente ao início da investigação, a Secretaria de Comércio Exterior solicitou a elaboração de estudo à Subsecretaria de Inteligência e Estatística de Comércio Exterior (SITEC) sobre a correlação entre a evolução da desgravação tarifária, que chegou a 0% em 2017, e o crescimento das importações.

Fonte: Circular SECEX n. 63, de 24 de setembro de 2020[84].

MEDIDA ANTIDUMPING – PVC-S – 2ª REVISÃO – CHINA
RESOLUÇÃO GECEX N. 225, DE 24 DE SETEMBRO DE 2021

Trata-se de investigação referente à aplicação de direito antidumping (segunda revisão) às importações de resinas de policloreto de vinila obtidas pelo processo de suspensão (PVC-S), originárias da República Popular da China, com sua imediata suspensão

---

[82] Guia de Interesse Público em Defesa Comercial do DECOM, 2020. Disponível em: <https://www.gov.br/produtividade-e-comercio-exterior/pt-br/assuntos/comercio-exterior/defesa-comercial-e-interesse-publico/guias>. Acesso em: 3 maio 2022.

[83] Sobre o tema dos instrumentos de gestão tarifária, sugere-se: BARROS, Juliana Maria de Almeida. Defesa de interesses no comércio exterior: uma análise da utilização dos instrumentos de gestão tarifária entre 2011 e 2018. Dissertação de mestrado, IDP, 2022.

[84] BRASIL. Circular GECEX n. 63, de 24 de setembro de 2020. Disponível em: <https://www.diariomunicipal.sc.gov.br/arquivosbd/atos/2020/09/1601043106_circular_n_63_de_24_de_setembro_de_2020.pdf >. Acesso em: 6 jun. 2022.

Curso de Defesa Comercial e Interesse Público no Brasil: teoria e prática

após a prorrogação. Encerrou-se, na mesma ocasião, avaliação de interesse público em relação à medida antidumping definitiva aplicada às importações brasileiras de PVC-S originárias da República Popular da China. Houve a suspensão da medida antidumping com fundamento no art. 109 do Decreto n. 8.508/2013, por meio da Resolução CAMEX n. 73, de 14 de agosto de 2020.

Posteriormente, foi solicitada a reaplicação da medida antidumping suspensa com fundamento no art. 109 do Decreto n. 8.508/2013, sob o argumento de que havia a retomada dos volumes de importação que retomariam o dano causado à indústria doméstica, cuja decisão foi tomada em sede da Resolução GECEX n. 225, de 24 de setembro de 2021.

Especificamente no que se refere à existência de uma redução temporária do imposto de importação por razões de desabastecimento, destacam-se as seguintes considerações:

"(...) Não se pode desconsiderar, porém, conforme detalhado no item 5.4 deste documento, que o próprio Gecex tomou a decisão de reduzir a alíquota do imposto de importação do produto em 11 de dezembro de 2020, por meio da Resolução GECEX n. 127, de 10 de dezembro de 2020, prorrogada pela Resolução GECEX n. 174, de 22 de março de 2021, cuja entrada em vigor ocorreu no dia 30 de março de 2021, por razões de desabastecimento. Por esse motivo, e considerando se tratar de um fator que pode, em tese, ter reflexos na evolução das importações, será apontado nesta Nota Técnica identificando explicitamente ambos os elementos na série cronológica.

Assim, análises específicas quanto ao desabastecimento, como aquelas que embasaram a Resolução GECEX n. 127, de 10 de dezembro de 2020, e Resolução GECEX n. 174, de 22 de março de 2021, não serão objeto da presente Nota Técnica, dado que extrapolam o escopo do presente procedimento em defesa comercial. Tais questões podem eventualmente ser endereçadas por outros órgãos competentes deste Ministério da Economia ou por outros Membros do Gecex.

(...)

No item 5.4, será trazida a questão da redução do imposto de importação incidente sobre o PVC-S, dado que não se pode desconsiderar que essa redução pode se tratar de um fator que pode, em tese, ter reflexos na evolução das importações da China no período pós-suspensão da medida antidumping contra a origem".

Fonte: Resolução Gecex n. 225, de 24 de setembro de 2021[85].

Na análise sobre as (iii) medidas de defesa comercial aplicadas ao produto pelo Brasil e por outros países, o objetivo é analisar se o produto sob análise é um produto típico de lógica "dumpeadora", classicamente usuária de defesa comercial no Brasil e no mundo. Assim, pela ótica das medidas aplicadas pelo Brasil, aprofundam-se as considerações sobre viabilidade de fontes alternativas, por meio da verificação da existência de diferentes medidas de defesa comercial aplicadas pelo Brasil ao produto sob análise (incluindo análise de temporalidade, comportamento de grupos econômicos etc.). Ou seja, é possível que haja, na

---

[85] BRASIL. Resolução GECEX n. 255, de 24 de setembro de 2021. Disponível em: < https://www.legisweb.com.br/legislacao/?id=420740>. Acesso em: 6 jun. 2022.

análise das exportações mundiais, por exemplo, uma determinada origem com grande capacidade de produção e capacidade ociosa. No entanto, se o Brasil já estiver aplicando medidas de defesa comercial, isso pode impactar na averiguação da oferta internacional do produto para o Brasil. Similarmente, é importante observar a existência de medidas de defesa comercial sobre produtos correlatos. Ainda, pela ótica das medidas aplicadas por outros países ao produto em análise, é interessante para que se verifique uma possível mudança no fluxo de comércio aplicado após a aplicação de uma dada medida de defesa comercial por um dado país.

MEDIDA ANTIDUMPING – CHAPAS GROSSAS – 1ª REVISÃO – ÁFRICA DO SUL, CHINA, COREIA DO SUL E UCRÂNIA
PORTARIA N. 4.434, DE 1º DE OUTUBRO DE 2019

Trata-se de investigação, a qual prorroga direito antidumping definitivo (primeira revisão), aplicado às importações brasileiras de laminados planos de baixo carbono e baixa liga provenientes de lingotamento convencional ou contínuo, originárias da África do Sul, China, Coreia do Sul e Ucrânia.

No que se refere à análise de medidas de defesa comercial aplicadas por outros países, importante destacar a influência que teve para a aplicação de medida antidumping no Brasil. Isto, considerando que caso o direito antidumping (então já em vigor) fosse extinto, seria muito provável o direcionamento da oferta excedente do produto sob análise para o Brasil. In verbis:

"(...) não se pode ignorar o comportamento do mercado global, com a oferta excessiva de aço ainda persistente, o aumento de medidas de defesa comercial aplicadas à cadeia do aço e inclusive às chapas grossas, além das medidas aplicadas pelos EUA no âmbito da Seção 232, que foram sucedidas pela aplicação de medidas de salvaguardas pela União Europeia e por investigações de salvaguardas em outros países, como Turquia, Egito e Canadá. Acrescente-se, ainda, a manutenção das medidas de salvaguarda aplicadas pela África do Sul, Índia e Tailândia.

Diante do exposto, pode-se inferir que, caso o direito antidumping seja extinto, é muito provável o direcionamento da oferta excedente do produto sob análise para o Brasil, o qual exercerá pressão sobre os indicadores de volume da indústria doméstica.

Conclui-se, assim, que, caso a medida antidumping seja extinta, as exportações da África do Sul, China, Coreia e Sul e Ucrânia destinadas ao Brasil a preços de dumping muito provavelmente aumentarão, tanto em termos absolutos quanto em relação ao consumo e à produção."

Fonte: Portaria n. 4.434, de 1º de outubro de 2019[86].

---

[86] BRASIL. Portaria n. 4.434, de 1º de outubro de 2019. Disponível em: <https://www.in.gov.br/web/dou/-/portaria-n-4.434-de-1-de-outubro-de-2019-219471875>. Acesso em: 13 jun. 2022.

> **MEDIDA ANTIDUMPING – FILMES PET – 1ª REVISÃO – CHINA, EGITO E ÍNDIA**
> *RESOLUÇÃO GECEX N. 203, DE 20 DE MAIO DE 2021*
>
> Trata-se de investigação, a qual prorroga direito antidumping definitivo (primeira revisão), aplicado às importações brasileiras de Filme PET, originárias do Egito, Índia e China, com imediata suspensão após a sua prorrogação para Egito e China.
>
> No que se refere à análise de medidas de defesa comercial aplicadas, importante destacar a observação feita pela Autoridade Investigadora com relação a exportadora Uflex. Nesse sentido, reconheceu a possibilidade de eventuais alterações dos fluxos comerciais, considerando-se a presença de empresas do mesmo grupo em origens gravadas por medidas de defesa comercial, o que tenderia a influenciar o comportamento futuro das importações originárias do Egito, na hipótese de extinção da medida. In verbis:
>
> > "Em 2008, foi a primeira aplicação de medidas de defesa comercial em relação ao Grupo Uflex, em face das importações a preço de dumping originárias da Índia. Em seguida, houve aumento das exportações de produtos fabricados pela subsidiária da Uflex nos Emirados Árabes Unidos e do México, as quais detiveram parcela relevante do total importado de filmes PET pelo Brasil à época. Aplicou-se então medida antidumping sobre as importações originárias dos referidos países, em 2012. Na sequência, as exportações do grupo passaram a ser originadas do Egito, cuja medida antidumping sob revisão foi imposta em 2015.
> >
> > Pelo exposto, ainda que não seja adequada a análise cumulada dos dados de potencial exportador, reconhece-se a possibilidade de eventuais alterações dos fluxos comerciais, considerando-se a presença de empresas do mesmo grupo em origens gravadas por medidas de defesa comercial, o que tenderá a influenciar o comportamento futuro das importações originárias do Egito, na hipótese de extinção da medida".
>
> Fonte: Resolução GECEX n. 203, de 20 de maio de 2021[87].

Ainda, sobre a (iv) temporalidade das medidas de defesa comercial aplicadas sobre o produto sob análise, o objetivo era, segundo o Guia de Interesse Público em Defesa Comercial do DECOM[88], ponderar, com base no tempo de vigência de tais medidas, os benefícios aos produtores domésticos *versus* efeitos negativos sobre outros agentes econômicos e a sociedade em geral. A relação entre o lapso temporal de aplicação das medidas de defesa comercial não

---

[87] BRASIL. Resolução GECEX n. 203, de 20 de maio de 2021. Disponível em: <http://www.camex.gov.br/resolucoes-camex-e-outros-normativos/58-resolucoes-da-camex/3055-resolucao-gecex-n-203-de-20-de-maio-de-2021>. Acesso em: 13 jun. 2022.

[88] Guia de Interesse Público em Defesa Comercial do DECOM, 2020. Disponível em: <https://www.gov.br/produtividade-e-comercio-exterior/pt-br/assuntos/comercio-exterior/defesa-comercial-e-interesse-publico/guias>. Acesso em: 3 maio 2022.

representa fato estanque em si, logo devem ter seus impactos verificados no mercado ao longo do tempo. Apesar de constar no Guia, esse item não consta mais do Anexo Único à Portaria SECEX n. 282/2023 como um dos itens de análise dentro do critério de "barreiras tarifárias e não tarifárias ao produto sob análise". É possível, portanto, antever um menor enfoque nesse item dado pelo DECOM.

Ainda assim, sobre esse tema da temporalidade das medidas de defesa comercial no Brasil, destaca-se a pesquisa desenvolvida por Marques[89], que avaliou o comportamento das importações brasileiras (i) tanto após o início das investigações de dumping, como (ii) depois da extinção das medidas aplicadas. Segundo o autor, quanto (i) aos efeitos do início das investigações, constatou-se que há redução de valores e volumes importados de países alvo da investigação antidumping e, no sentido contrário, mas em menor magnitude, crescimento do fluxo importado de países não investigados (outras origens). Por sua vez, quanto (ii) às estimativas relativas ao período após a extinção das medidas, os resultados sugerem uma recuperação das importações originárias de países anteriormente alvo da investigação antidumping apenas no primeiro ano após o fim da vigência e, para os países não investigados (outras origens), redução de preços a partir do segundo ano e um aumento de quantidades a partir do quarto ano após as medidas deixarem de vigorar. Assim, Marques conclui que há indicativos de que as investigações antidumping transmitem seus efeitos no comércio de forma rápida e intensa desde seu início e, por outro lado, após as medidas deixarem de vigorar, parece haver uma certa inércia para o fluxo de comércio se restabelecer.

AVALIAÇÃO DE INTERESSE PÚBLICO – FENOL – INVESTIGAÇÃO ORIGINAL – ESTADOS UNIDOS DA AMÉRICA E DA UNIÃO EUROPEIA
RESOLUÇÃO GECEX N. 248, DE 15 DE SETEMBRO DE 2021

Trata-se de investigação, a qual encerra avaliação de interesse público com prorrogação da suspensão das medidas antidumping aplicadas às importações brasileiras de fenol, originárias dos Estados Unidos da América e da União Europeia, por até um ano.

No que se refere ao impacto da temporalidade das medidas de defesa comercial aplicadas no âmbito da avaliação de interesse público, destaca-se a concentração no mercado brasileiro sem que os clientes brasileiros recorressem a importações provenientes de outras origens:

---

[89] MARQUES, Dilso Marvell. Análise acerca da persistência dos efeitos das medidas antidumping sobre as importações brasileiras. Dissertação de mestrado, UnB. 2021. Disponível em: <https://repositorio.unb.br/bitstream/10482/41339/1/2021_DilsoMarvellMarques.pdf>. Acesso em: 6 jun. 2022.

> *"Por outro lado, não foi registrado significativo desvio de comércio das origens gravadas para outras origens, de modo que, após a aplicação das medidas antidumping, o volume total das importações (isto é, proveniente de origens gravadas e não gravadas) reduziu significativamente. E aqui vale novamente lembrar a temporalidade das medidas em vigor: ao longo de cerca de 18 anos de vigência dos direitos antidumping, o mercado não foi capaz de alocar sua demanda para outra origem. Em outras palavras, mesmo havendo outras origens possíveis de importações para o Brasil – como China, Coreia do Sul e Taipé Chinês (com base em dados da produção mundial) e Coreia do Sul, Tailândia e Arábia Saudita (com base em dados de exportações mundiais e de fluxo de comércio) -, tais países não se mostraram, na prática, origens alternativas para o Brasil. Atualmente as importações brasileiras são basicamente feitas da África do Sul, mas o volume exportado é bem inferior ao das origens gravadas na investigação original e sua participação é baixa no mercado brasileiro.*
>
> *Do ponto de vista da oferta nacional, registra-se a importância do consumo cativo de fenol pela Rhodia, em patamares semelhantes às vendas da empresa na participação das operações totais da empresa ao longo de toda a série analisada. Tal situação pode suscitar preocupação quanto a uma possível restrição à oferta nacional de fenol em uma possível evolução de demanda destes produtos a jusante, em que pese o panorama atual de ociosidade produtiva da indústria doméstica".*

Fonte: Resolução GECEX n. 248, de 15 de setembro de 2021[90].

 MEDIDA ANTIDUMPING – ALTO-FALANTES – 2ª REVISÃO – CHINA
RESOLUÇÃO CAMEX N. 16, DE 26 DE NOVEMBRO DE 2019

Trata-se de investigação, referente à prorrogação de direito antidumping definitivo aplicado às importações brasileiras de alto-falantes, originárias da China. A medida original foi aplicada, por um prazo de até 5 (cinco) anos, em 13 de dezembro de 2007, e foi prorrogada duas vezes: após revisões de final de período concluídas em 2013 e 2019, uma vez que foi comprovada a probabilidade de continuação/retomada do dumping e do dano à indústria doméstica decorrente de tal prática.

Nota-se que apesar da temporalidade da medida antidumping aplicada, não houve avaliação de interesse público.

Fonte: Resolução CAMEX n. 16, de 26 de novembro de 2019[91].

---

[90] BRASIL. Resolução GECEX n. 248, de 15 de setembro de 2021. Disponível em: <https://www.in.gov.br/web/dou/-/resolucao-gecex-n-248-de-15-de-setembro-de-2021-345128825>. Acesso em: 6 jun. 2022.

[91] BRASIL. Resolução CAMEX n. 16, de 26 de novembro de 2019. Disponível em: <http://www.camex.gov.br/resolucoes-camex-e-outros-normativos/58-resolucoes-da-camex/2512-resolucao-n-16-de-26-de-novembro-de-2019>. Acesso em: 6 jun. 2022.

> **MEDIDA ANTIDUMPING – CADEADOS – REAPLICAÇÃO DE DIREITO SUSPENSO – CHINA**
> *RESOLUÇÃO GECEX N. 142, DE 31 DE DEZEMBRO DE 2020*
>
> Trata-se de investigação referente à reaplicação de direito antidumping definitivo, aplicado às importações brasileiras de cadeados, originárias da China, e imediatamente suspenso. A medida já passou por sucessivas prorrogações desde a investigação original, levada a cabo em 1995. Nota-se que apesar da temporalidade da medida antidumping aplicada, não houve avaliação de interesse público.

Fonte: Resolução GECEX n. 142, de 31 de dezembro de 2020[92].

> **MEDIDA ANTIDUMPING – VENTILADORES DE MESA – 4ª REVISÃO – CHINA**
> *PORTARIA SECINT N. 474, DE 28 DE JUNHO DE 2019*
>
> O produto está sujeito a medida antidumping desde 1994, tendo sido prorrogada em decorrência de outros três processos de revisão de final de período, concluídos nos anos de 2001, 2007, 2013 e 2019. Originalmente, em 2001, a alíquota aplicada variava de 44,71% até 96,58%, a depender da empresa exportadora. Em 2007, a alíquota passou a abranger todas as produtoras/exportadoras chinesas e passou a ser de 45,24%. Na terceira revisão, em 2013, optou-se pela alíquota específica no valor de US$ 26,30 por unidade (equivalente a alíquota ad valorem de 319,95%). Na quarta revisão, em 2019, optou-se pela alíquota específica no valor de US$ 11,76 por unidade (equivalente a alíquota ad valorem de 319,95%).
> Nota-se que apesar da temporalidade da medida antidumping aplicada, não houve avaliação de interesse público.

Fonte: Portaria SECINT n. 474, de 28 de junho de 2019[93].

Registre-se, novamente, que a temporalidade das medidas de defesa comercial não consta mais do Anexo Único à Portaria SECEX n. 282/2023 como um dos itens de análise dentro do critério de "barreiras tarifárias e não tarifárias ao produto sob análise".

Por fim, quanto a (v) outras barreiras não tarifárias, é interessante avaliar se há outras barreiras não tarifárias, governamentais ou privadas, em mercados consumidores mundiais (como a necessidade de homologação do produto, a

---

[92] BRASIL. Resolução GECEX n. 142, de 31 de dezembro de 2020. Disponível em: <http://camex.gov.br/resolucoes-camex-e-outros-normativos/58-resolucoes-da-camex/2873-resolucao-gecex-n-142-de-31-de-dezembro-de-2020>. Acesso em: 6 jun. 2022.

[93] BRASIL. Portaria SECINT n. 474, de 28 de junho de 2019. Disponível em: <http://www.camex.gov.br/resolucoes-camex-e-outros-normativos/124-portarias-secint/2248-portaria-n-474-de-28-de-junho-de-2019>. Acesso em: 6 jun. 2022.

existência de normas técnicas etc.). Reconhece-se, aqui, uma dificuldade probatória para que esse elemento seja efetivamente considerado nas avaliações de interesse público em defesa comercial.

 AVALIAÇÃO DE INTERESSE PÚBLICO – AÇOS GNO – ALEMANHA, CHINA, COREIA DO SUL E TAIPÉ CHINÊS
RESOLUÇÃO CAMEX N. 68, DE 14 DE JULHO DE 2020

Trata-se de investigação, que encerra avaliação de interesse público com manutenção do direito antidumping definitivo aplicado às importações brasileiras de aço GNO originárias da Alemanha, da China, da Coreia do Sul e de Taipé Chinês.

No que se refere à análise de outras barreiras não tarifárias, em comparação ao cenário internacional, a principal questão apresentada pelas partes como outra barreira não tarifária corresponde ao processo de homologação de novos fornecedores. Destaca-se, em síntese, os pontos abaixo trazidos no item 2.2.2.5:

"Não obstante, a principal questão apresentada pelas partes como outra barreira não tarifária corresponde ao processo de homologação de novos fornecedores. É válido lembrar que, conforme já relatado neste documento, as Portarias SECINT n. 494 e 495/2019 estabeleceram que, ao final do prazo de um ano da alteração dos direitos antidumping por razões de interesse público, um dos aspectos a ser levado em consideração seria se as empresas pleiteantes de interesse público apresentariam seus esforços e resultados na homologação de outras origens alternativas.

(...)

Passando-se às considerações sobre alterações nos elementos que embasaram as decisões das Portarias SECINT n. 494 e 495/2019, verifica-se que, diante dos documentos apresentados pelas partes, e ainda considerando a análise feita no subitem 2.2.1, sobre origens alternativas, há elementos para se considerar a empresa [CONFIDENCIAL] como um potencial fornecedor adicional para o mercado brasileiro. Apesar de dificuldades pontuais de homologação apresentadas, a empresa foi capaz de fornecer quantidades relativamente significativas para as [CONFIDENCIAL], atendendo, portanto, a especificidades de diferentes processos produtivos.

Ainda assim, deve-se reforçar que tal fato não é suficiente para enquadrar a [CONFIDENCIAL] como uma fonte alternativa segura para as importações brasileiras, na medida em que, como visto acima, sua emersão no mercado brasileiro é recente, com oscilações nas quantidades representativas das importações totais.

Assim, para fins desta avaliação de interesse público, não foram encontradas barreiras não tarifárias impostas pelo Brasil sobre as importações de aço GNO. Por outro lado, a natureza do produto sob análise e de suas aplicações sujeitam a oferta desse produto a restrições, como pôde ser observado a partir dos elementos apresentados neste tópico.

(...)".

Fonte: Resolução CAMEX n. 68, de 14 de julho de 2020[94].

---

[94] BRASIL. Resolução CAMEX n. 68, de 14 de julho de 2020. Disponível em: <http://www.camex.gov.br/resolucoes-camex-e-outros-normativos/58-resolucoes-da-camex/2732-resolucao-n-68-de-14-de-julho-de-2020>. Acesso em: 6 jun. 2022.

5.6. Critérios materiais (econômico-sociais) de interesse público no Brasil: oferta nacional do produto sob análise

Neste bloco de critérios de avaliação de interesse público, são analisados (5.6.1) o consumo nacional aparente do produto sob análise, (5.6.2) o risco de desabastecimento e de interrupção do fornecimento em termos quantitativos e (5.6.3) o risco de restrições à oferta nacional em termos de preço, qualidade e variedade. Registre-se que os elementos de análise para a avaliação de interesse público do art. 3º, I, "econômico-social", da Portaria n. 282/2023 permaneceram bastante semelhantes àqueles anteriormente previstos na Portaria SECEX n. 13/2020, conforme se pode visualizar na tabela comparativa abaixo. Apesar de o elemento do consumo nacional aparente do produto sob análise não estar mais expressamente previsto na Portaria, na medida em que consta no Guia de Interesse Público, seguirá objeto de análise neste livro, apesar de parecer obter menor foco para o DECOM. É o que se passa a detalhar.

Imagem – Critérios materiais de interesse público em defesa comercial no Brasil – III) oferta nacional do produto sob análise

CRITÉRIOS ANALISADOS NA AVALIAÇÃO DE INTERESSE PÚBLICO			
CRITÉRIOS ANALISADOS	AVALIAÇÃO PRELIMINAR DE INTERESSE PÚBLICO, NOS TERMOS DA REVOGADA PORTARIA SECEX N. 13/2020	AVALIAÇÃO FINAL DE INTERESSE PÚBLICO, NOS TERMOS DA REVOGADA PORTARIA SECEX N. 13/2020	AVALIAÇÃO DE INTERESSE PÚBLICO, NOS TERMOS DA PORTARIA SECEX N. 282/2023, ATUALMENTE VIGENTE
III. OFERTA NACIONAL DO PRODUTO SOB ANÁLISE			
III.1 Consumo nacional aparente do produto sob análise	Sim	Sim	Não* (excluído)
III.2 Risco de desabastecimento e de interrupção do fornecimento em termos quantitativos	Sim	Sim	Sim
III.3 Risco de restrições à oferta nacional em termos de preço, qualidade e variedade	Sim	Sim	Sim

Fonte: elaboração própria, a partir do Guia de Interesse Público do DECOM.

5.6.1. Consumo nacional aparente do produto sob análise

Registre-se, conforme anteriormente mencionado, que o elemento do consumo nacional aparente do produto sob análise não está mais expressamente previsto na Portaria. Apesar disso, na medida em que consta no Guia de Interesse Público, seguirá objeto de análise neste livro, apesar de parecer ser objeto de foco para o DECOM apenas para a análise de defesa comercial.

Curso de Defesa Comercial e Interesse Público no Brasil: teoria e prática

Assim, conforme já mencionado nos capítulos anteriores, *vide* Seções 2.2.3, 3.2.3 e 4.3, o mercado brasileiro é composto pela soma das vendas internas (da indústria doméstica e das outras empresas nacionais) e das importações (tanto das origens sob análise quanto de outras origens). Caso haja consumo cativo de parte da produção, este dado deve ser somado ao montante do mercado brasileiro, configurando o que se denomina "consumo nacional aparente".

Para fins da avaliação de interesse público, é necessário compreender o comportamento das vendas da indústria doméstica, das vendas de outros produtores nacionais, consumo cativo, *tolling*[95], das importações da origem investigada e das importações de outras origens. A importância dessa análise é verificar o quanto as vendas da indústria doméstica e as importações representam do consumo nacional aparente. Com isso, é possível verificar, por exemplo, a existência de eventual grau de dependência do mercado brasileiro à oferta nacional e internacional do produto sob análise. Nesse contexto, poderão ser destacadas possíveis importações realizadas pela própria indústria doméstica. Com esse cenário, portanto, é possível entender, em especial em revisões de final de período, quando há uma maior série de dados, tendências em termos de participação das importações e das vendas nacionais para fins de composição do consumo nacional aparente.

Nota-se que, para fins da caracterização da oferta nacional do produto sob análise, se faz necessário o entendimento do conceito de mercado brasileiro e de consumo nacional aparente, razão pela qual se retoma brevemente os conceitos e a forma típica de análise.

Na análise das importações em termos absolutos, observa-se tanto o comportamento do volume e do valor i) das importações do produto originárias dos países investigados quanto o comportamento do volume e do valor ii) das importações do produto originárias dos demais países e iii) das importações totais do produto. Esses comportamentos são analisados i) individualmente, bem como ii) em comparação um com o outro, a fim de avaliar se houve aumento absoluto significativo das importações do produto objeto da investigação, se houve aumento da participação dessas importações nas importações totais do produto e se houve aumento dessas importações em relação às importações do produto provenientes das demais origens. Cumpre esclarecer que o DECOM analisa a evolução de cada um dos indicadores supracitados ao longo dos cinco subperíodos de investigação de dano (via de regra).

---

[95] *Tolling* pode ser entendido como o processo de produção utilizando-se da infraestrutura e do *know-how* de outras empresas.

Imagem – Análise das importações (volume, valor e preço) em termos absolutos

	IMPORTAÇÕES TOTAIS (VOLUME, VALOR E PREÇO)					
	P1	P2	P3	P4	P5	P1 – P5
Origem investigada 1						
Origem investigada 2						
Total (sob análise)						
Origem investigada 3						
Origem investigada 4						
Total (exceto sob análise)						
Total geral						

Fonte: elaboração própria.

Por sua vez, na análise das importações em termos relativos, avalia-se se houve aumento significativo das importações do produto objeto da investigação no mercado brasileiro e em relação à produção e ao consumo no Brasil. Assim, para compreender a análise em termos relativos, é preciso apresentar o conceito de mercado brasileiro, apresentado a seguir:

Imagem – Conceito de mercado brasileiro

Fonte: elaboração própria.

Curso de Defesa Comercial e Interesse Público no Brasil: teoria e prática

Assim, na análise das importações em termos relativos ao mercado brasileiro e em termos da produção, portanto, tipicamente é realizada uma análise nos seguintes termos:

Imagem – Análise das importações (volume) em termos relativos ao mercado brasileiro

IMPORTAÇÕES TOTAIS (VOLUME, VALOR E PREÇO)						
	P1	P2	P3	P4	P5	P1 – P5
Mercado brasileiro (A+B+C)						
A. Vendas internas – indústria doméstica						
B. Vendas internas – outras empresas						
C. Importações totais						
C1. Importações – origens sob análise						
C2. Importações – outras origens						
PARTICIPAÇÃO NO MERCADO BRASILEIRO						
Participação das vendas internas da indústria doméstica {A/(A+B+C)}						
Participação das vendas internas de outras empresas {B/(A+B+C)}						
Participação das importações totais {C/(A+B+C)}						
Participação das importações – outras origens {C2/(A+B+C)}						
REPRESENTATIVIDADE DAS IMPORTAÇÕES DE ORIGENS SOB ANÁLISE						
Participação no mercado brasileiro {C1/(A+B+C)}						
Participação nas importações totais {C1/C}						
F. Volume de produção nacional {F1+F2}						
F1. Volume de produção – indústria doméstica						
F2. Volume de produção – outras empresas						
Relação com o volume de produção nacional {C1/F}						

Fonte: elaboração própria.

5 • Avaliações de interesse público em defesa comercial – teoria e prática

Incumbe destacar que, caso haja consumo cativo, a análise das importações em termos relativos poderá ser dividida em duas partes, quais sejam: análise em relação ao mercado brasileiro e análise em relação ao consumo nacional aparente. É necessário, portanto, diferenciar ambos os conceitos, para que se possa avançar:

- Para fins de determinação do mercado brasileiro, são considerados: i) o volume total de vendas no mercado interno brasileiro do produto similar doméstico de fabricação própria, líquido de devoluções, bem como ii) o volume das importações totais do produto, independentemente de sua origem. Note-se que as revendas de produtos importados por produtores nacionais não são consideradas no volume total de vendas desses produtores no mercado interno brasileiro, uma vez que já estão incluídas no volume das importações totais do produto, evitando-se, assim, dupla contagem. Destaque-se que o volume de vendas no mercado interno inclui tanto aquele referente às vendas do produto similar de fabricação própria das empresas que apresentaram a petição quanto aquele referente às vendas do produto similar de fabricação própria de outras empresas produtoras nacionais. A mesma lógica se aplica ao consumo cativo na determinação do consumo nacional aparente, de modo que é considerado tanto o consumo cativo dos peticionários quanto o de outras empresas nacionais produtoras do produto similar, caso tais outras empresas tenham apresentado os dados necessários.

- Para fins de determinação do consumo nacional aparente, são considerados: i) o volume total de vendas no mercado brasileiro do referido produto acrescido ii) do volume total do produto similar fabricado no Brasil e destinado para consumo cativo. O consumo nacional aparente, portanto, pode ser maior que o mercado brasileiro, uma vez que também considera parte da demanda nacional que apenas pode ser suprida por produtos fabricados pelo próprio demandante (consumo cativo). Ou seja, o consumo nacional aparente também considera o produto similar de fabricação própria que, embora consumido no Brasil, não é destinado à venda no mercado interno brasileiro. Por essa razão, o consumo nacional aparente pode incluir, por exemplo, o volume produzido do produto similar utilizado como matéria-prima ou insumo na fabricação de outros produtos pela própria empresa produtora nacional, sem emissão de nota fiscal de venda, do produto similar de fabricação própria entre plantas da mesma empresa.

Imagem – Conceito de consumo nacional aparente

Fonte: elaboração própria.

Assim, na análise das importações em termos relativos são avaliadas tanto a evolução: i) do mercado brasileiro, ii) do consumo nacional aparente (se houver consumo cativo) e iii) da produção nacional do produto similar, separadamente, ao longo do período de investigação de dano, quanto a evolução iv) da participação das importações do produto objeto da investigação no mercado brasileiro, v) da participação das importações do produto objeto da investigação no consumo nacional aparente e vi) da relação dessas importações com a produção nacional no período supracitado. Na análise das importações em termos relativos ao consumo nacional aparente, portanto, tipicamente é realizada uma análise nos seguintes termos:

Imagem – Análise das importações (volume) em termos relativos ao consumo nacional aparente

DO MERCADO BRASILEIRO E DA EVOLUÇÃO DAS IMPORTAÇÕES (EM VOLUME)						
	P1	P2	P3	P4	P5	P1 – P5
Mercado brasileiro (A+B+C)						
A. Vendas internas – indústria doméstica						
B. Vendas internas – outras empresas						
C. Importações totais						

5 • *Avaliações de interesse público em defesa comercial – teoria e prática*

C1. Importações – origens sob análise					
C2. Importações – outras origens					
CONSUMO NACIONAL APARENTE					
CNA {A+B+C+D}					
D. Consumo cativo					
REPRESENTATIVIDADE DAS IMPORTAÇÕES DE ORIGENS SOB ANÁLISE					
Participação no mercado brasileiro {C1/(A+B+C)}					
Participação no CNA {C1/(A+B+C+D)}					
Participação nas importações totais {C1/C}					
F. Volume de produção nacional {F1+F2}					
F1. Volume de produção – indústria doméstica					
F2. Volume de produção – outras empresas					
Relação com o volume de produção nacional {C1/F}					

Fonte: elaboração própria.

Por fim, menciona-se que os dados de volume de produção também subsidiam a análise de risco de desabastecimento do mercado, conforme Seção 5.6.2 a seguir.

5.6.2. *Risco de desabastecimento e de interrupção do fornecimento em termos quantitativos*

Recorde-se, de início, que este elemento de análise de interesse público passou a deter, nos termos do art. 3º, II, da Portaria SECEX n. 282/2023, maior centralidade nas avaliações de interesse público em defesa comercial. Para além de ser um dos elementos possíveis de análise quando de uma avaliação do tipo "econômico-social", pode ser objeto de investigação específica, no caso de interrupção, total ou parcial, da fabricação e do fornecimento por produtora nacional do produto doméstico similar ao sujeito à medida antidumping ou compensatória, desde que significativa, com duração permanente ou temporária.

Em síntese, o Guia de Interesse Público em Defesa Comercial do DECOM[96] consolida os seguintes itens a serem analisados, de modo não exaustivo:

---

[96] Guia de Interesse Público em Defesa Comercial do DECOM, 2020. Disponível em: <https://www.gov.br/produtividade-e-comercio-exterior/pt-br/assuntos/comercio-exterior/defesa-comercial-e-interesse-publico/guias>. Acesso em: 3 maio 2022.

621

Imagem – Critérios materiais de interesse público em defesa comercial no Brasil – III.2) risco de desabastecimento e de interrupção do fornecimento em termos quantitativos

III. OFERTA NACIONAL DO PRODUTO SOB ANÁLISE

CRITÉRIOS ANALISADOS

III.2 RISCO DE DESABASTECIMENTO E DE INTERRUPÇÃO DO FORNECIMENTO EM TERMOS QUANTITATIVOS

LISTA EXEMPLIFICATIVA E NÃO EXAUSTIVA DE ELEMENTOS:

- DADOS DE PRODUÇÃO NACIONAL EM TERMOS DE CAPACIDADE INSTALADA (NOMINAL E EFETIVA), OCIOSA E ESTOQUES, NOS TERMOS DE DEFESA COMERCIAL, EM COMPARAÇÃO COM O MERCADO BRASILEIRO. INCLUIR ANÁLISE DE EVENTUAL INTERRUPÇÃO DA PRODUÇÃO NACIONAL
- RISCOS DE DESABASTECIMENTO EM TERMOS DE PRIORIZAÇÃO DE MERCADO (MERCADO EXTERNO *VS* MERCADO INTERNO *VS* CONSUMO CATIVO *VS* VENDAS PARA RELACIONADAS)
- DISCRIMINAÇÃO DE CLIENTES

Fonte: elaboração própria, a partir do Guia de Interesse Público do DECOM e da Portaria SECEX n. 282/2023.

Nessa seção, busca-se analisar o risco de desabastecimento e de interrupção do fornecimento pela indústria doméstica, em caso de aplicação ou de manutenção da aplicação da medida de defesa comercial. A preocupação com a capacidade de oferta da produção nacional é essencial para avaliar em que medida os consumidores do produto poderão ser atingidos. Para tanto, é possível fazer uma análise (i) retrospectiva e outra (ii) prospectiva.

Na (i) análise retrospectiva de desabastecimento, é importante avaliar se já houve exceções à tarifa de importação com base em argumentos de desabastecimento, conforme já mencionado na Seção 5.5.2, de barreiras tarifárias ao produto sob análise. Caso haja histórico de desabastecimento do produto, há uma forte sinalização do risco de se aplicar ou manter aplicada a medida de defesa comercial. Há que se avaliar o risco de interrupção permanente de produção da indústria doméstica do produto sob análise ou a produção em volume irrisório para atendimento do mercado brasileiro. Tais situações podem ocorrer quando a indústria doméstica deixa de produzir nacionalmente o produto sob análise e passa a ser total ou predominantemente importador/revendedor, ou em hipóteses cuja destinação da produção seja consumida de forma cativa pela indústria doméstica, sem destinação ao mercado brasileiro.

5 • *Avaliações de interesse público em defesa comercial – teoria e prática*

AVALIAÇÃO DE INTERESSE PÚBLICO – IMÃS DE FERRITE – INVESTIGAÇÃO ORIGINAL – CHINA E CORÉIA DO SUL
RESOLUÇÃO GECEX N. 35, DE 4 DE MAIO DE 2020

Trata-se de investigação referente à avaliação de interesse público, encerrada com suspensão da exigibilidade das medidas antidumping vigentes sobre as importações brasileiras de ímãs de ferrite em forma de segmento (arco), originárias de China e Coreia do Sul.

No que se refere especificamente à análise retrospectiva de desabastecimento, destaca-se:

> *"(...) Além disso, os dados constantes nos autos e comprovados por meio das verificações in loco realizadas na sede da Ugimag e da Supergauss revelaram que cada uma das produtoras nacionais oferece algum tipo de limitação em seu processo produtivo, o que gera insegurança ao atendimento da demanda nacional. Ainda que as empresas enfatizem possíveis estratégias comerciais complementares, nada foi materializado a ponto de serem evidenciadas em cenário prospectivo, o que gera risco severo de desabastecimento do produto aos consumidores brasileiros.*
>
> *Não obstante, no âmbito da Resolução Camex n. 102/2018, houve reconhecimento governamental de necessidade de isenção de imposto de importação de, pelo menos, parcela de ímãs de ferrite, o que indica a importância do produto na cadeia de automotiva e corrobora a condição da dificuldade de capacidade de produção nacional.*
>
> *Por fim, deve-se lembrar que a medida de defesa comercial foi concedida para neutralizar o efeito de importações a preço de dumping que causavam dano a toda uma cadeia produtiva. Tal cadeia produtiva, porém, apresenta cenário de dificuldade para atendimento ao mercado nacional de forma adequada, uma vez que foram constatadas limitações produtivas que trazem insegurança ao atendimento da demanda nacional o que pode gerar inclusive possível risco de desabastecimento do produto.*
>
> *(...)".*

Fonte: Resolução GECEX n. 35, de 4 de maio de 2020[97].

AVALIAÇÃO DE INTERESSE PÚBLICO – PVC-S – ESTADOS UNIDOS DA AMÉRICA E DO MÉXICO
CIRCULAR GECEX N. 63, DE 27 DE SETEMBRO DE 2021

Trata-se de investigação referente à quinta revisão de final de período do direito antidumping, aplicado às importações brasileiras de resina de policloreto de vinila obtida por processo de suspensão (PVC-S), originárias dos Estados Unidos da América e do México.

No que se refere especificamente à análise retrospectiva de desabastecimento, destacam-se dois fatores específicos. Inicialmente, destaca-se que situações climáticas

---

[97] BRASIL. Resolução GECEX n. 35, de 4 de maio de 2020. Disponível em: <https://www.in.gov.br/en/web/dou/-/resolucao-n-35-de-4-de-maio-de-2020-255166832?utm>. Acesso em: 6 jun. 2022.

Curso de Defesa Comercial e Interesse Público no Brasil: teoria e prática

adversas impactaram negativamente a produção de PVC-S nos EUA, conforme evidencia-se abaixo:

"(...) segundo consta das publicações, havia a expectativa de aumento gradual na oferta mundial de PVC-S, contudo, devido a situações climáticas adversas que impactaram negativamente a produção de PVC-S nos EUA, em especial, devido à ocorrência de cinco furacões em 2020 e à tempestade de inverno Uri, em fevereiro de 2021, a oferta de PVC continuou aquém da demanda. Ainda assim, espera-se que a demanda por vinílicos continue crescendo em 2021, conforme o ritmo de vacinação contra a Covid-19 aumente e as atividades retornem à normalidade, bem como em decorrência de investimentos contínuos em construção civil e em infraestrutura, em especial em mercados em desenvolvimento.

139. O mercado brasileiro também foi afetado por esses fatores, tendo sido constatada situação de risco de desabastecimento, o que motivou as decisões da Camex de reduções temporárias da alíquota do imposto de importação de PVC-S mediante o estabelecimento de quotas, conforme detalhado no item 3.3".

Outro fator relevante se refere ao impacto de acidente geológico decorrentes da extração de sal gema em Alagoas. Destaca-se tal fator abaixo:

"305. Destaca-se que, no período P4, conforme relatado pela Braskem em sua petição inicial e constante das notas explicativas da administração às demonstrações financeiras consolidadas e individuais em 31 de dezembro de 2019, em maio de 2019 (P4), devido a problemas geológicos que seriam decorrentes da extração de sal gema em Alagoas, consoante apontado em relatório do Serviço Geológico do Brasil (CPRM), a empresa realizou dispêndios que somaram [CONFIDENCIAL] R$, em P4. Esse dispêndio total refere-se a todos os negócios da empresa. Assim, de acordo com o critério de rateio adotado pela empresa para distribuição das despesas para o produto similar de fabricação própria vendido no mercado interno, tal dispêndio somou [CONFIDENCIAL] R$.

(...)

308. Não obstante a melhora apresentada nos resultados financeiros da indústria doméstica quando excluídas as despesas decorrentes dos problemas geológicos ligados à extração de sal gema em Alagoas, verificou-se que persistiria o cenário de resultados e margens negativas nas vendas do produto similar de fabricação própria no mercado interno, indicando não ser esse o único fator a afetar as margens e a rentabilidade da operação.

309. Contudo, dada a magnitude da variação positiva observada, pode-se concluir que, no período P4, as despesas decorrentes do acidente geológico ligados à extração de sal gema em Alagoas, impactaram significativamente os indicadores financeiros da indústria doméstica.

(...)".

Fonte: Circular GECEX n. 63, de 27 de setembro de 2021[98].

---

[98] BRASIL. Circular GECEX n. 63, de 27 de setembro de 2021. Disponível em: <https://in.gov.br/en/web/dou/-/circular-n-63-de-27-de-setembro-de-2021-348208183>. Acesso em: 6 jun. 2022.

624

5 • *Avaliações de interesse público em defesa comercial – teoria e prática*

AVALIAÇÃO DE INTERESSE PÚBLICO – TUBOS DE FERRO FUNDIDO – INVESTIGAÇÃO ORIGINAL – CHINA, EMIRADOS ÁRABES E ÍNDIA
RESOLUÇÃO GECEX N. 8, DE 7 DE NOVEMBRO DE 2019

Trata-se de investigação referente à prorrogação (primeira, em andamento) do direito antidumping, aplicado às importações brasileiras de tubos de ferro fundido, originárias de China, Emirados Árabes Unidos e Índia. Suspendeu sua aplicação, por até um ano, em razão de interesse público.

No que se refere especificamente à análise retrospectiva de desabastecimento, considerando incêndio ocorrido nas instalações da SGC (peticionária) em P2 e ainda a elevada concentração de mercado, não se pôde descartar o risco de abastecimento e de interrupção de fornecimento, em situações específicas.

Fonte: Resolução GECEX n. 8, de 7 de novembro de 2019[99].

AVALIAÇÃO DE INTERESSE PÚBLICO – RESINAS PET – 1ª REVISÃO – CHINA, TAIPÉ CHINÊS, ÍNDIA E INDONÉSIA
CIRCULAR SECEX N. 80, DE 25 DE NOVEMBRO DE 2021

Trata-se de investigação referente à prorrogação (primeira, em andamento) do direito antidumping, aplicado às importações brasileiras de resina PET, originárias da República Popular da China, de Taipé Chinês, da República da Índia e da República da Indonésia.

No que se refere especificamente à análise retrospectiva de desabastecimento, importante destacar que o DECOM destacou levar em consideração incêndio ocorrido na unidade fabril da peticionária em agosto de 2021:

"378. Por fim, no curso desta revisão, a SDCOM levará em consideração o eventual impacto da interrupção total da produção de resina PET pela Indorama, em decorrência do incêndio ocorrido na unidade fabril da peticionária em agosto de 2021. De acordo com a empresa, o fornecimento vem sendo mantido por meio de estoques de contingência e importação de outras unidades fabris do grupo Indorama no mundo. A também peticionária solicitou junto à Secretaria da Fazenda do Estado de Pernambuco, o diferimento do ICMS na importação de Resina PET acabada (NCM/SH 3907.61.00) e na aquisição interna e/ou importação da Resina PET amorfa (NCM/SH 3907.69.00), concedido pelo Decreto Estadual n. 51494, de 29 de setembro de 2021, publicado no Diário Oficial do Estado em 30.09.2021".

Fonte: Circular SECEX n. 80, de 25 de novembro de 2021[100].

---

[99] BRASIL. Resolução GECEX n. 8, de 7 de novembro de 2019. Disponível em: <https://www.in.gov.br/en/web/dou/-/resolucao-n-8-de-7-de-novembro-de-2019-226835585>. Acesso em: 6 jun. 2022.

[100] BRASIL. Circular SECEX n. 80, de 25 de novembro de 2021. Disponível em: <https://www.gov.br/produtividade-e-comercio-exterior/pt-br/acesso-a-informacao/legislacao/circulares-secex/2021/circular-secex-80_2021.pdf/@@download/file/Circular%20SECEX%2080_2021.pdf>. Acesso em: 6 jun. 2022.

AVALIAÇÃO DE INTERESSE PÚBLICO – SERINGAS DESCARTÁVEIS – 2ª REVISÃO – CHINA
RESOLUÇÃO GECEX N. 216, DE 21 DE JUNHO DE 2021

Trata-se de avaliação de interesse público referente à investigação antidumping quanto à importação de seringas descartáveis, envolvendo as origens da China.

Especificamente sobre a análise retrospectiva de desabastecimento:

> "Ademais, como a indústria doméstica apresenta vendas no mercado externo, deve-se também observar se existe a possibilidade de priorização de tais operações, o que poderia acarretar risco de desabastecimento ao mercado brasileiro. Para tanto, analisam-se as características da totalidade das operações da indústria doméstica (vendas ao mercado interno e exportações), conforme tabela abaixo:
>
> (...)
>
> Observa-se que, em todos os períodos, a maior parte da destinação da produção de seringas descartáveis da indústria doméstica foi para as vendas no mercado interno, que, em média, corresponderam a [CONFIDENCIAL]% do total de vendas. As vendas no mercado interno equivaleram a, em média, [CONFIDENCIAL]% das vendas totais entre T1 e T5, a [CONFIDENCIAL]% entre T6 e T10 e a [CONFIDENCIAL]% entre T11 e T15.
>
> Já as vendas no mercado externo corresponderam a, em média, [CONFIDENCIAL]% entre T1 e T5, a [CONFIDENCIAL]% entre T6 e T10 e a [CONFIDENCIAL]% entre T11 e T15.
>
> Isto posto, para fins desta avaliação de interesse público, observa-se que a indústria doméstica de seringas descartáveis tende a priorizar suas vendas para o mercado interno, não havendo elementos que indiquem priorização das vendas externas. Além disso, no contexto da pandemia, asseveram-se ações governamentais de restrição à exportação de seringas e agulhas para fins de abastecimento local, condicionando o referido produto ao licenciamento especial para exportação por meio da Portaria Secex n. 19/2019 e de Ato Siscomex Exportação n. 039/2020"*.

Fonte: Resolução Gecex n. 216, de 21 de junho de 2021[101].

 AVALIAÇÃO DE INTERESSE PÚBLICO – ELETRODOS DE GRAFITE – 1ª REVISÃO – CHINA
RESOLUÇÃO CAMEX N. 66, DE 20 DE SETEMBRO DE 2018

Trata-se de avaliação de interesse público que culminou na suspensão de medida antidumping definitiva aplicada sobre as importações brasileiras de eletrodos de grafite menores, originárias da República Popular da China.

Especificamente sobre a análise retrospectiva de desabastecimento, culminou como um dos motivadores para a suspensão da medida. In verbis:

> "VI.1 Inadequação da medida antidumping em vigor
>
> 273. A investigação de dumping e sua posterior revisão consideraram como indústria doméstica a GrafTech, que, à época, produzia eletrodos usinados (NCM 8545.11.00) e não usinados (3801.10.00). Desde 2014, entretanto, ocorreu uma profunda alteração no cenário, corroborado pela própria indústria nacional, com o

---

[101] BRASIL. Resolução Gecex n. 216, de 21 de junho de 2021. Disponível em: <https://www.in.gov.br/en/web/dou/-/resolucao-gecex-n-216-de-21-de-junho-de-2021-327332721>. Acesso em: 18 maio 2022.

5 • Avaliações de interesse público em defesa comercial – teoria e prática

> *encerramento da produção dos eletrodos não usinados. Ainda que a usinagem de eletrodos tenha sido continuada, a situação atual não guarda mais correspondência com o processo produtivo existente à época da investigação de antidumping.*
>
> *274. Não obstante, a medida antidumping em vigor abarca as duas NCMs do processo antidumping original. Tal situação configura permanência indevida da medida de defesa comercial, pois o escopo produzido pela indústria doméstica atualmente difere significativamente do escopo da investigação, da aplicação e da prorrogação da medida vigente.*
>
> *275. Tal situação prejudica a ampliação da concorrência, uma vez que os demais usinadores e os usinadores potenciais brasileiros não podem recorrer ao mercado nacional para adquirir o produto não usinado, nem tampouco podem importá-lo da China sem pagar elevada sobretaxa referente ao antidumping. Enquanto isso, a única representante da indústria nacional, GrafTech, possui produção verticalizada dos eletrodos de grafite, importando o produto não usinado de suas próprias empresas coligadas instaladas em origens não afetadas por medidas antidumping e até mesmo beneficiadas por preferência tarifária, como o México".*

Fonte: Resolução CAMEX n. 66, de 20 de setembro de 2018[102].

Na (ii) análise prospectiva de desabastecimento, é importante comparar os dados de capacidade instalada efetiva, dados de produção e o grau de ocupação da indústria doméstica com o mercado brasileiro e o consumo nacional aparente. Ganha especial relevância identificar casos em que a capacidade instalada nacional não é suficiente para atender a todo o mercado nacional. Assim, há naturalmente uma dependência das importações para atendimento da demanda nacional, razão pela qual a oferta nacional pode não ser suficiente para garantir a adequada oferta do produto sob análise. Deve-se avaliar também se os dados de produção, efetivos, sinalizam que o mercado brasileiro consegue ou não ser completamente atendido pela produção nacional.

Imagem – Análise da capacidade instalada efetiva, da produção nacional e do grau de ocupação em relação ao mercado brasileiro e ao consumo nacional aparente, na análise sobre o risco de desabastecimento e de interrupção do fornecimento em termos quantitativos

ANÁLISE PROSPECTIVA DE DESABASTECIMENTO					
	CAPACIDADE INSTALADA EFETIVA	PRODUÇÃO	GRAU DE OCUPAÇÃO	MERCADO BRASILEIRO	CONSUMO NACIONAL APARENTE
P1					
P2					

---

[102] BRASIL. Resolução CAMEX n. 66, de 20 de setembro de 2018. Disponível em: <https://www.in.gov.br/web/guest/materia/-/asset_publisher/Kujrw0TZC2Mb/content/id/41782217/UCEQlTzKXPyVi6cWuD3q0ksQ>. Acesso em: 9 jun. 2022.

P3									
P4									
P5									

Fonte: elaboração própria, a partir do Guia de Interesse Público do DECOM.

Deve-se atentar também para situações em que a indústria doméstica possa priorizar exportações ou suas próprias operações, por exemplo, quando a empresa é pertencente a grupo em cadeia verticalizada, com consumo cativo ou vendas a empresas relacionadas, trazendo eventual risco de desabastecimento ao mercado brasileiro.

Imagem – Análise da priorização ou não de vendas da indústria na análise sobre o risco de desabastecimento e de interrupção do fornecimento em termos quantitativos

	ANÁLISE PROSPECTIVA DE DESABASTECIMENTO									
	VENDAS NO MERCADO INTERNO	%	VENDAS NO MERCADO EXTERNO	%	CONSUMO CATIVO	%	TOLLING	%	OPERAÇÕES TOTAIS
P1									
P2									
P3									
P4									
P5									

Fonte: elaboração própria, a partir do Guia de Interesse Público do DECOM.

Da mesma forma, deve-se observar a existência de eventuais questões de práticas discriminatórias (em termos de preço, qualidade etc.) em relação a determinados clientes ou tipos de clientes, que possam comprometer o acesso de determinado grupo ao produto sob análise.

> **AVALIAÇÃO DE INTERESSE PÚBLICO – FENOL – INVESTIGAÇÃO ORIGINAL – ESTADOS UNIDOS DA AMÉRICA E DA UNIÃO EUROPEIA**
> *RESOLUÇÃO GECEX N. 248, DE 15 DE SETEMBRO DE 2021*
>
> Trata-se de investigação, a qual encerra avaliação de interesse público com prorrogação da suspensão das medidas antidumping aplicadas às importações brasileiras de fenol, originárias dos Estados Unidos da América e da União Europeia, por até um ano. No que se refere à existência de eventuais questões de eventuais práticas discriminatórias (em termos de preço, qualidade etc.) em relação a determinados clientes ou tipos de clientes, a Resolução dispõe o seguinte:

> "(...)
>
> r) A princípio, a indústria doméstica teria condições, em termos de volume, de atender o mercado brasileiro. Contudo, deve-se destacar o relevante papel do consumo cativo por parte da Rhodia e a constatação de que o contrato da Rhodia com um de seus principais clientes apresenta cláusulas que balizam a relação entre as partes com rigidez de operações [CONFIDENCIAL]
>
> (...)
>
> 132. Sobre o consumo cativo, a Rhodia argumentou que tal indicador não deveria constituir uma preocupação no que se refere a possível desabastecimento do mercado. Conforme relatado, mesmo que a empresa rodasse seu consumo cativo na capacidade máxima ([CONFIDENCIAL]), ainda haveria disponibilidade de [CONFIDENCIAL], quantidade suficiente para atender todo o mercado brasileiro.
>
> 133. Ademais, não foram indicadas alterações no que se refere à celebração de contratos. Não obstante, a empresa esclareceu que, em função da periculosidade no transporte do fenol, parte dos clientes optariam por cláusulas de exclusividade que seriam destinadas a assegurar a qualidade e segurança do produto. Além desses pontos, a Rhodia argumentou que essas cláusulas permitiriam otimização logística, garantia de fornecimento a maior e sistemas de monitoramento e controle de estoques. Em complemento, indicou que tais cláusulas não seriam rígidas e permitiriam a saída do cliente sem multa, condicionada à existência de aviso prévio. Por fim indicou que essas particularidades não impediriam compras spot ou por meio de contratos sem exclusividade. Como referência, a empresa informou que [CONFIDENCIAL] do fenol vendido em T22 foi por meio de contratos.
>
> 134. Assim, apesar dos esclarecimentos adicionais apresentados sobre consumo cativo e sobre as cláusulas de exclusividade nos contratos com clientes, não foram verificadas alterações sobre esse quesito capazes de alterar os elementos que embasaram a tomada de decisão da Resolução Gecex n. 91/2020".

Fonte: Resolução GECEX n. 248, de 15 de setembro de 2021[103].

Importante mencionar que essa análise de desabastecimento parece ganhar ainda mais peso em sede da nova proposta de Portaria SECEX que regulamentará os trâmites de interesse público em defesa comercial. Segundo a Consulta Pública aberta pela Circular SECEX n. 12/2023, fica expressa a existência de interesse público por desabastecimento em função de alteração repentina das condições de oferta no mercado (risco de desabastecimento), que deverá ensejar a suspensão das medidas de defesa comercial, caso haja alteração das condições de oferta do produto, ocasionando desabastecimento do mercado brasileiro. Neste caso, a medida deverá ser suspensa após a observância de procedimento expedito[104].

---

[103] BRASIL. Resolução GECEX n. 248, de 15 de setembro de 2021. Disponível em: <https://www.in.gov.br/web/dou/-/resolucao-gecex-n-248-de-15-de-setembro-de-2021-345128825>. Acesso em: 6 jun. 2022.

[104] <https://www.gov.br/participamaisbrasil/consulta-publica-decom-ip>.

5.6.3. Risco de restrições à oferta nacional em termos de preço, qualidade e variedade

Ainda na análise da oferta nacional, para além de uma análise quantitativa, como a realizada na Seção anterior, é necessário avançar a análise para critérios qualitativos, como o eventual risco de restrições à oferta nacional em termos de (i) preço, (ii) qualidade e variedade. Ou seja, mais do que aspectos puramente quantitativos (volume), esse elemento avalia aspectos mais qualitativos para os consumidores intermediários e finais. Em síntese, o Guia de Interesse Público em Defesa Comercial do DECOM[105] consolida os seguintes itens a serem analisados, de modo não exaustivo:

Imagem – Critérios materiais de interesse público em defesa comercial no Brasil – III.3) risco de restrições à oferta nacional em termos de preço, qualidade e variedade

Fonte: elaboração própria, a partir do Guia de Interesse Público do DECOM e da Portaria SECEX n. 282/2023.

---

[105] Guia de Interesse Público em Defesa Comercial do DECOM, 2020. Disponível em: <https://www.gov.br/produtividade-e-comercio-exterior/pt-br/assuntos/comercio-exterior/defesa-comercial-e-interesse-publico/guias>. Acesso em: 3 maio 2022.

5 • Avaliações de interesse público em defesa comercial – teoria e prática

Segundo o Guia de Interesse Público em Defesa Comercial do DECOM[106], para a análise de eventual risco de restrições à oferta nacional em termos de (i) preço, com base nas informações oriundas da defesa comercial, é possível avaliar a evolução do preço com custo do produto sob análise, a fim de se aferir a ocorrência ou não de eventual descolamento entre o custo e o preço do produto sob análise. Não se trata, aqui, de uma avaliação do mérito de qual o montante dessa relação, dado que entendemos não caber à administração pública um tipo de análise desse tipo, mas sim uma análise de tendência, ao longo dos períodos. Ou seja, é esperado que, em uma investigação original, a relação custo/preço esteja se deteriorando, já que essa é inclusive uma das bases da investigação de defesa comercial (a existência de indicadores de dano da indústria doméstica). Em uma revisão de final de período, por sua vez, é de algum modo esperado que, após a aplicação da medida de defesa comercial, haja uma melhora nos indicadores da indústria doméstica, justamente para que se deixe de incorrer em dano. O objetivo dessa análise, portanto, é avaliar tendência de eventual descolamento extraordinário entre ambas as variáveis, que poderia sinalizar algum risco de restrição à oferta nacional tendo em vista esse aumento significativo dos preços.

Imagem – Análise da relação custo/preço na análise sobre o risco de restrições à oferta nacional em termos de preço, qualidade e variedade

	RELAÇÃO CUSTO/PREÇO		
	CUSTO DE PRODUÇÃO	PREÇO DE VENDA NO MERCADO INTERNO	RELAÇÃO CUSTO/PREÇO (%)
P1			
P2			
P3			
P4			
P5			

Fonte: elaboração própria, a partir do Guia de Interesse Público do DECOM.

Ainda, na análise de eventual risco de restrições à oferta nacional em termos de preço, é possível analisar a flutuação de preços com base em índices de preços calculados por instituições reconhecidas, como Instituto Brasileiro de Geografia e Estatística (IBGE) e Fundação Getúlio Vargas (FGV). Assim, compara-se o preço nominal do produto sob análise da indústria doméstica com o índice de preço, a fim de se verificar se seguem a mesma tendência ou não.

---

[106] Guia de Interesse Público em Defesa Comercial do DECOM, 2020. Disponível em: <https://www.gov.br/produtividade-e-comercio-exterior/pt-br/assuntos/comercio-exterior/defesa-comercial-e-interesse-publico/guias>. Acesso em: 3 maio 2022.

Ademais, nessa análise de eventual risco de restrições à oferta nacional em termos de preço é possível comparar o preço da indústria doméstica com preços internacionais do produto sob análise, como aqueles já identificados na Seção 5.5.1, sobre origens alternativas, quando se pode comparar com os preços efetivamente praticados por outras origens nas importações brasileiras ou ainda com os preços médios das exportações mundiais.

Por sua vez, para a análise de eventual risco de restrições à oferta nacional em termos de (ii) qualidade e variedade, trata-se de análise baseada sobretudo nas manifestações e documentações apresentadas aos autos pelas partes interessadas. Esses argumentos, pela experiência do DECOM, tendem a não ser centrais para as avaliações de interesse público, já que dependem da apresentação de elementos de prova bastante concretos, como trocas de e-mails com clientes, distribuidores, fornecedores, por exemplo, com o respectivo risco de retaliação pela parte afetada pela comprovação. Da mesma forma, considerações acerca da tecnologia do produto sob análise podem ser elementos de interesse público.

AVALIAÇÃO DE INTERESSE PÚBLICO – AÇOS GNO – ALEMANHA, CHINA, COREIA DO SUL E TAIPÉ CHINÊS
RESOLUÇÃO CAMEX N. 68, DE 14 DE JULHO DE 2020

Trata-se de investigação, que encerra avaliação de interesse público com manutenção do direito antidumping definitivo aplicado às importações brasileiras de aço GNO originárias da Alemanha, da China, da Coreia do Sul e de Taipé Chinês.

No que se refere à análise de eventual risco de restrições à oferta nacional em termos de qualidade e variedade, destaca-se o seguinte disposto na Resolução, no que se refere à diferenciação entre o produto doméstico e internacional:

"(...)

Diante do exposto, não houve alterações em relação aos elementos que embasaram as decisões das Portarias SECINT n. 494 e 495 de 2019, de forma que se mantém o entendimento de que não foi possível indicar diferenças de qualidade entre o produto nacional e o importado capazes de afetar a análise de interesse público.

Ainda assim, há elementos no sentido de que, para o mercado brasileiro estar alinhado à tecnologia apresentada pelos produtos importados, o aumento da oferta do aço GNO com revestimento C5 é necessário. Caso contrário, a Aperam não teria divulgado a aprovação do investimento para tornar o revestimento C5 o padrão da empresa. Ademais, percebe-se, [CONFIDENCIAL].

(...)".

Fonte: Resolução CAMEX n. 68, de 14 de julho de 2020[107].

---

[107] BRASIL. Resolução CAMEX n. 68, de 14 de julho de 2020. Disponível em: <http://www.camex.gov.br/resolucoes-camex-e-outros-normativos/58-resolucoes-da-camex/2732-resolucao-n-68-de-14-de-julho-de-2020>. Acesso em: 6 jun. 2022.

> **MEDIDA ANTIDUMPING – FIOS DE NAILON – 1ª REVISÃO – CHINA, COREIA DO SUL E TAIPÉ CHINÊS**
> *RESOLUÇÃO CAMEX N. 19, DE 20 DE DEZEMBRO DE 2019*
>
> Trata-se de investigação, a qual resulta na prorrogação de direito antidumping definitivo, aplicado às importações brasileiras de fios de náilon, originários da China, Coreia do Sul e Taipé Chinês.
>
> No que se refere à análise de eventual risco de restrições à oferta nacional em termos de qualidade e variedade, destaca-se o seguinte disposto na Resolução, no que se refere à diferenciação entre o produto doméstico e internacional:
>
> *"(...)*
>
> *3.8 Dos comentários acerca das manifestações*
>
> *Com relação à manifestação da Farbe, inicialmente, salienta-se o devido apreço à atitude da empresa de retratação quanto ao erro cometido. Ressalte-se, a esse respeito, que todas as partes interessadas são responsáveis pelas informações levadas ao processo, sendo, portanto, importante que se atentem sempre à correção e adequação dos argumentos suscitados.*
>
> *A respeito da desconsideração de evidências, reitera-se que os relatórios de não conformidade apresentados se trata de dados amostrais e, ainda que validados e considerados como evidência de hipotética qualidade inferior do produto doméstico frente ao similar importado, a autoridade investigadora reafirma, novamente, que a qualidade por si só não descaracteriza a similaridade dos produtos e que tanto o produto importado quanto o produzido pela indústria doméstica se enquadram no escopo da definição de produto analisado.*
>
> *Mais uma vez, esclarece-se que a alegada melhor qualidade de um produto importado frente ao nacional poderia, no limite, ser interpretada como uma justificativa de preferência do consumidor pelo importado, mas não como um fator decisivo para afastar a similaridade entre os produtos importado e nacional, tampouco como um fator de dano à indústria doméstica.*
>
> *(...)".*

Fonte: Resolução CAMEX n. 19, de 20 de dezembro de 2019[108].

> **MEDIDA ANTIDUMPING – CALÇADOS – 2ª REVISÃO – CHINA**
> *RESOLUÇÃO GECEX N. 303, DE 23 DE FEVEREIRO DE 2022*
>
> Trata-se de investigação, a qual resulta na prorrogação de direito antidumping definitivo, aplicado às importações brasileiras de calçados, originárias da China. Encerra a avaliação de interesse público instaurada por meio da Circular Secex n. 67/2021.

---

[108] BRASIL. Resolução CAMEX n. 19, de 20 de dezembro de 2019. Disponível em: <http://www.camex.gov.br/resolucoes-camex-e-outros-normativos/58-resolucoes-da-camex/2516-resolucao-n-19-de-20-de-dezembro-de-2019>. Acesso em: 6 jun. 2022.

Curso de Defesa Comercial e Interesse Público no Brasil: teoria e prática

No que se refere à análise de eventual risco de restrições à oferta nacional em termos de qualidade e variedade, destaca-se o seguinte disposto na Resolução:

"Já em termos de variedade e qualidade, observou-se uma redução da variedade de modelos importados da China, com a exclusão de uma faixa de calçados com preços intermediários, diminuindo o acesso a produtos pelas classes de menor poder aquisitivo. Nesse sentido, os elementos apresentados indicam que as importações, inclusive da origem investigada, complementam a oferta nacional

Dessa forma, ainda que se verifique uma redução da variedade de modelos calçados originários da China, observa-se que o mercado brasileiro passou a ser abastecido por outros grandes produtores/exportadores mundiais, ou seja, Vietnã e mesmo com a aplicação do direito antidumping, inclusive com calçados dotados de maior tecnologia de amortecimento, com maior investimento em pesquisas e melhor performance. Indonésia, capazes de complementar a produção brasileira de calçados. No que se refere à questão dos preços, os elementos mostram que, em quase todo o período analisado, foi a própria indústria doméstica que ofertou os produtos mais baratos, o que atenderia à população de menor renda. Ademais, percebe-se que a rivalidade entre o produto nacional e o importado se manteve mesmo após a aplicação da medida antidumping".

Fonte: Resolução GECEX n. 303, de 23 de fevereiro de 2022[109].

Por fim, sobre eventuais (iii) condutas anticompetitivas (unilaterais ou coordenadas) no setor do produto sob análise, cujos elementos de prova podem advir de investigações do Cade, de eventuais demandas administrativas e/ou judiciais etc., apesar de constar no Guia, esse item não se encontra mais no Anexo Único à Portaria SECEX n. 282/2023 como um dos itens de análise dentro do critério de "riscos de restrições à oferta nacional em termos de preço, qualidade e variedade". É possível, portanto, antever um menor enfoque nesse item dado pelo DECOM.

Trata-se de apresentação meramente descritiva de eventuais movimentos de investigações ou condenações apontadas junto à autoridade competente, o Cade. Eventuais preocupações apontadas nos pareceres do Cade podem ser apresentadas nesta seção da avaliação de interesse público, sem caráter vinculante.

5.7. Critérios materiais (econômico-sociais) de interesse público no Brasil: impactos da medida de defesa comercial na dinâmica do mercado nacional

Na avaliação final de interesse público, é necessário analisar os possíveis efeitos decorrentes da medida de defesa comercial e estimativas dos possíveis

---

[109] BRASIL. Resolução GECEX n. 303, de 23 de fevereiro de 2022. Disponível em: <https://www.in.gov.br/web/dou/-/resolucao-gecex-n-303-de-23-de-fevereiro-de-2022-383062511>. Acesso em: 6 jun. 2022.

634

5 • Avaliações de interesse público em defesa comercial – teoria e prática

impactos da aplicação ou de suspensão/alteração da medida sobre a indústria doméstica. Para tanto, podem ser utilizados tanto descrições de impactos qualitativos quanto quantitativos. Neste bloco de critérios de avaliação de interesse público, são analisados (5.7.1) impactos na indústria doméstica, (5.7.2) impactos na cadeia a montante, e (5.7.3) impactos na cadeia a jusante. É o que se passa a detalhar.

Imagem – Critérios materiais de interesse público em defesa comercial no Brasil – IV) impactos da medida de defesa comercial na dinâmica do mercado nacional

CRITÉRIOS ANALISADOS NA AVALIAÇÃO DE INTERESSE PÚBLICO			
CRITÉRIOS ANALISADOS	AVALIAÇÃO PRELIMINAR DE INTERESSE PÚBLICO, NOS TERMOS DA REVOGADA PORTARIA SECEX N. 13/2020	AVALIAÇÃO FINAL DE INTERESSE PÚBLICO, NOS TERMOS DA REVOGADA PORTARIA SECEX N. 13/2020	AVALIAÇÃO DE INTERESSE PÚBLICO, NOS TERMOS DA PORTARIA SECEX N. 282/2023, ATUALMENTE VIGENTE
IV. IMPACTOS DA MEDIDA DE DEFESA COMERCIAL NA DINÂMICA DO MERCADO NACIONAL			
IV.1 Impactos na indústria doméstica	Não (apenas na avaliação final)	Sim	Sim
IV.2 Impactos na cadeia a montante	Não (apenas na avaliação final)	Sim	Sim
IV.3 Impactos na cadeia a jusante	Não (apenas na avaliação final)	Sim	Sim
ANEXO			
Simulação de impactos	Não (apenas na avaliação final)	Sim	Sim

Fonte: elaboração própria, a partir do Guia de Interesse Público do DECOM.

5.7.1. *Impactos na indústria doméstica*

Segundo o Guia de Interesse Público em Defesa Comercial do DECOM[110], sob o ponto de vista dos impactos sobre a indústria doméstica, a análise de impactos pode conter, entre outras, as seguintes considerações:

* se houve/haverá a recuperação dos indicadores da indústria doméstica e a cessação do dano após a aplicação da medida de defesa comercial;

---

[110] Guia de Interesse Público em Defesa Comercial do DECOM, 2020. Disponível em: <https://www.gov.br/produtividade-e-comercio-exterior/pt-br/assuntos/comercio-exterior/defesa-comercial-e-interesse-publico/guias>. Acesso em: 3 maio 2022.

Curso de Defesa Comercial e Interesse Público no Brasil: teoria e prática

- se tal recuperação da indústria doméstica pode/poderá levar ao retorno do investimento, tanto em capacidade produtiva quanto em novos investimentos em pesquisa e desenvolvimento, ou em outros esforços em inovação;
- se houve/haverá aumento da participação de mercado da indústria doméstica, refletindo-se no aumento de vendas no mercado interno e externo, de capacidade produtiva e/ou de efetiva produção, de produtividade, faturamento e resultados financeiros, entre outros;
- se houve/haverá economias de escala e/ou de escopo na produção da indústria doméstica, no sentido de que uma maior produção poderá levar à maior diluição dos custos fixos, que poderão (i) ser repassados, ainda que parcialmente, à cadeia a jusante na forma de preços mais baixos e/ou (ii) levar à recuperação das margens de lucro da empresa;
- se a aplicação da medida de defesa comercial levou/levará a indústria doméstica a contratar mais mão de obra, elevando o nível de emprego e de produtividade;
- se a aplicação da medida de defesa comercial levou/levará a uma maior renda disponível, de modo que os agentes de mercado econômicos poderão estimular a produção em outros setores da economia;
- se a aplicação da medida de defesa comercial possui impactos locais/regionais;
- se existem condições de mercado no elo a montante que podem prejudicar em duplicidade os elos a jusante (ex.: existência de outras medidas de defesa comercial a montante).

Ademais, nos termos do Anexo Único da Portaria SECEX n. 282/2023, houve a inclusão expressa de que deve ser levada em conta a existência e a caracterização de eventuais políticas públicas que tenham por objeto ou afetem o produto similar doméstico.

Em síntese, o Guia de Interesse Público em Defesa Comercial do DECOM[111] consolida os seguintes itens a serem analisados, de modo não exaustivo:

---

[111] Guia de Interesse Público em Defesa Comercial do DECOM, 2020. Disponível em: <https://www.gov.br/produtividade-e-comercio-exterior/pt-br/assuntos/comercio-exterior/defesa-comercial-e-interesse-publico/guias>. Acesso em: 3 maio 2022.

636

Imagem – Critérios materiais de interesse público em defesa comercial no Brasil – IV.1) impactos da medida de defesa comercial na indústria doméstica

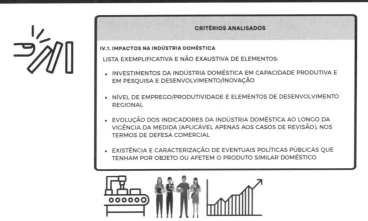

Fonte: elaboração própria, a partir do Guia de Interesse Público do DECOM e da Portaria SECEX n. 282/2023.

Assim, trata-se de uma análise normalmente descritiva dos indicadores da indústria doméstica, baseando-se sobretudo na investigação de defesa comercial. Ressaltam-se, sobretudo, elementos qualitativos, como níveis de emprego, rentabilidade da indústria doméstica, investimentos realizados ao longo dos anos, com a expansão produtiva ou pesquisa e desenvolvimento, por exemplo.

Sobre esse tema, interessante mencionar a pesquisa desenvolvida por Cavalcante[112], que buscou verificar relação entre o uso de medidas antidumping e seus impactos em inovação em empresas da indústria doméstica "protegidas" pela medida. Segundo o autor, verificou-se que a presença de proteção apresentou impactos da inovação na abertura de mercados, na flexibilidade produtiva e na redução de custos de produção. Em termos de dispêndio em Pesquisa & Desenvolvimento (P&D) foi possível observar que empresas protegidas apresentam investimentos maiores em P&D do que empresas não protegidas com impactos na redução de custos de produção. Nesse ínterim, a adoção de tecnologias teve impacto na redução de hiatos tecnológicos em indústrias protegidas na expansão do mix de produtos das empresas. E, ainda, o fator desempenho foi importante influenciador na inovação de empresas com impacto em mercado e na melhoria de produto, ao passo que outro efeito aqui identificado foi o uso da proteção em contraponto ao

---

[112] CAVALCANTE, Anderson Luiz Monteiro. Precisamos falar sobre antidumping e inovação: fatores condicionantes e impactos em empresas protegidas. Dissertação de mestrado, UnB, 2020. Disponível em: <https://repositorio.unb.br/handle/10482/39091>. Acesso em: 2 jun. 2022.

Curso de Defesa Comercial e Interesse Público no Brasil: teoria e prática

baixo desempenho. O apoio governamental não foi associado pelo autor à proteção na explicação dos demais efeitos da inovação, delimitando uma possível utilização do incentivo governamental de modo alternativo à proteção. Em relação ao emprego, Cavalcante constatou que as empresas protegidas não possuem maior número de pessoas do que aquelas não protegidas – o que pode ser justificado pelas empresas protegidas serem intensivas em capital. E no que tange aos padrões de inovação, foram observados pelo autor dois clusters, com a prevalência de grupos não protegidos no cluster mais inovador, enquanto a presença de grupos protegidos se mostrou relevante no cluster menos inovativo.

5.7.2. Impactos na cadeia a montante

Segundo o Guia de Interesse Público em Defesa Comercial do DECOM[113], sob a perspectiva de possíveis efeitos decorrentes da medida de defesa comercial e estimativas dos possíveis impactos da aplicação ou de suspensão/alteração da medida sobre a cadeia a montante, igualmente são realizadas considerações. Isso porque eventual suspensão/alteração de medidas de defesa comercial pode ter um efeito adverso sobre o segmento a montante (de matérias-primas, componentes etc.), dado que o desempenho econômico desses agentes depende, em parte, da prosperidade da indústria doméstica peticionária do direito antidumping ou da medida compensatória. Ademais, nos termos do Anexo Único da Portaria SECEX n. 282/2023, houve a inclusão expressa de que deve ser levada em conta a existência e a caracterização de eventuais políticas públicas que tenham por objeto ou afetem o produto similar doméstico.

Assim, na avaliação final dos efeitos esperados da medida de defesa comercial na indústria doméstica e impactos a montante, é necessário analisar, de modo mais amplo, os impactos na cadeia a montante. Sob o ponto de vista dos impactos sobre a cadeia a montante, uma análise de impactos deve conter, entre outras, as seguintes considerações:

- se a aplicação da medida de defesa comercial levou/levará à recuperação da participação de mercado da indústria doméstica e ao consequente aumento da sua produção, o que pode/poderá aumentar a demanda por insumos da cadeia a montante (a variar conforme seu grau de dependência), com consequente crescimento do volume de vendas, do faturamento e dos resultados financeiros dos dois elos;
- se eventual recuperação da indústria doméstica pode/poderá levar ao retorno do investimento no elo a montante, tanto em capacidade pro-

---

[113] Guia de Interesse Público em Defesa Comercial do DECOM, 2020. Disponível em: <https://www.gov.br/produtividade-e-comercio-exterior/pt-br/assuntos/comercio-exterior/defesa-comercial-e-interesse-publico/guias>. Acesso em: 3 maio 2022.

dutiva quanto em novos investimentos em pesquisa e desenvolvimento, ou em outros esforços em inovação;
- se houve/haverá economias de escala e de escopo, no sentido de que uma maior produção nos elos a montante poderá levar a uma maior diluição dos custos fixos, aumentando as margens de lucro dessas indústrias;
- se a aplicação da medida de defesa comercial levou/levará os elos a montante a contratar mais mão de obra, elevando o nível de emprego e de produtividade;
- se a aplicação da medida de defesa comercial levou/levará a uma maior renda disponível, de modo que os agentes de mercado econômicos poderão estimular a produção em outros setores da economia;
- se a aplicação da medida de defesa comercial possui impactos locais/regionais.

Em síntese, o Guia de Interesse Público em Defesa Comercial do DECOM[114] consolida os seguintes itens a serem analisados, de modo não exaustivo:

Imagem – Critérios materiais de interesse público em defesa comercial no Brasil – IV.2) impactos da medida de defesa comercial na cadeia a montante

IV. IMPACTOS DA MEDIDA DE DEFESA COMERCIAL NA DINÂMICA DO MERCADO NACIONAL

CRITÉRIOS ANALISADOS

IV.2. IMPACTOS NA CADEIA A MONTANTE

LISTA EXEMPLIFICATIVA E NÃO EXAUSTIVA DE ELEMENTOS:

- INVESTIMENTOS DO ELO A MONTANTE EM CAPACIDADE PRODUTIVA E EM PESQUISA E DESENVOLVIMENTO/INOVAÇÃO
- NÍVEL DE EMPREGO/PRODUTIVIDADE E ELEMENTOS DE DESENVOLVIMENTO REGIONAL
- GRAU DE DEPENDÊNCIA DO ELO A MONTANTE EM RELAÇÃO AO FORNECIMENTO À INDÚSTRIA DOMÉSTICA
- CONDIÇÕES DE MERCADO NO ELO A MONTANTE QUE PODEM PREJUDICAR EM DUPLICIDADE OS ELOS A JUSANTE (EX. EXISTÊNCIA DE OUTRAS MEDIDAS DE DEFESA COMERCIAL A MONTANTE)
- EXISTÊNCIA E CARACTERIZAÇÃO DE EVENTUAIS POLÍTICAS PÚBLICAS QUE TENHAM POR OBJETO OU AFETEM O PRODUTO SIMILAR DOMÉSTICO

Fonte: elaboração própria, a partir do Guia de Interesse Público do DECOM e da Portaria SECEX n. 282/2023.

---

[114] Guia de Interesse Público em Defesa Comercial do DECOM, 2020. Disponível em: <https://www.gov.br/produtividade-e-comercio-exterior/pt-br/assuntos/comercio-exterior/defesa-comercial-e-interesse-publico/guias>. Acesso em: 3 maio 2022.

Igualmente é importante observar relatórios de investimentos atuais e futuros da indústria a montante no Brasil e na região, tanto em capacidade produtiva quanto em pesquisa, desenvolvimento e inovação, indicando, se possível, os resultados alcançados. Em termos práticos, porém, verifica-se uma baixa participação das indústrias a montante nas avaliações de interesse público no Brasil. Isso pode se dar por uma série de motivos, e um dos que se aventa é que, como em muitos casos a produção da indústria doméstica é verticalizada, a própria indústria doméstica seria a indústria a montante, tornando redundante essa análise. Outra possível razão é que, por vezes, a indústria a montante também é usuária dos instrumentos de defesa comercial, resultando em um efeito cascata de medidas de defesa comercial ao longo da cadeia produtiva. Além disso, é possível que em alguns casos o elo a montante é muito disperso, e não consegue aportar elementos suficientes para a avaliação de interesse público.

 MEDIDA ANTIDUMPING – CORPOS MOEDORES – INVESTIGAÇÃO ORIGINAL – ÍNDIA
PORTARIA SECINT N. 247, DE 28 DE MARÇO DE 2019

Trata-se de investigação referente à aplicação de direito compensatório, às importações brasileiras de corpos moedores em ferro fundido e/ou aço ligado ao cromo, para aplicação em moinhos, originárias da Índia. Na mesma ocasião, encerrou-se avaliação de interesse público sem suspensão da aplicação dos direitos antidumping e compensatório vigentes sobre as importações do mesmo produto e origem.

No que se refere especificamente ao fato de que a aplicação da medida de defesa comercial possui impactos locais/regionais, concluiu-se pelo impacto positivo da produção nacional de corpos moedores pela indústria doméstica no mercado de sucata, elo à montante na cadeia produtiva. Entre as informações trazidas no âmbito do processo, destaca-se:

"*3.2. Impacto na cadeia a montante*
Durante esta avaliação de interesse público manifestaram-se as empresas Allinoxx, Piratini, Sianfer e Vip como afetadas na cadeia a montante. Elas defenderam a manutenção da medida antidumping e a aplicação de medida compensatória sob o argumento de que estas medidas são essenciais ao negócio de venda de sucata para a Magotteaux, que por sua vez produz os corpos moedores. As empresas citadas não apresentaram, no entanto, dados que corroboram essa afirmação.
(...)
3.5.4. Do nível de emprego
Sobre o nível de emprego, segundo estudo da LCA, a imposição de medida antidumping e compensatória representaria uma perda de 267 unidades de emprego.

5 • Avaliações de interesse público em defesa comercial – teoria e prática

> No entanto, a indústria a montante, de sucata, também argumenta que eventual não aplicação da medida de defesa comercial poderia causar prejuízo aos empregos em seu elo na cadeia".

Fonte: Portaria SECINT n. 247, de 28 de março de 2019[115].

5.7.3. Impactos na cadeia a jusante/no consumidor final

Segundo o Guia de Interesse Público em Defesa Comercial do DECOM[116], sob a perspectiva de possíveis efeitos decorrentes da medida de defesa comercial e estimativas dos possíveis impactos da aplicação ou de suspensão/alteração da medida sobre a cadeia a jusante/no consumidor final, igualmente são realizadas considerações. Isso porque eventual aplicação de medidas de defesa comercial pode ter um efeito adverso sobre o segmento a jusante/no consumidor final, dado que os insumos desses agentes poderão, no todo ou em parte, ter repasse de custos decorrente da imposição do direito antidumping ou da medida compensatória. Nesse contexto, busca-se analisar as condições de oferta e demanda do produto, visando a determinar os impactos, os custos e a possibilidade da transmissão desses custos aos preços finais. Também é preciso analisar reflexos em termos de empregos e renda na cadeia a jusante. Ademais, nos termos do Anexo Único da Portaria SECEX n. 282/2023, houve a inclusão expressa de que deve ser levada em conta a existência e a caracterização de eventuais políticas públicas que tenham por objeto ou afetem o produto similar doméstico.

Sob o ponto de vista dos impactos sobre a cadeia a jusante, uma análise deve conter, entre outras, as seguintes considerações:

- se a aplicação da medida de defesa comercial levou/levará ao aumento de custos do elo a jusante (a variar conforme o grau de dependência do elo a jusante em relação à distribuição da indústria doméstica) e ao consequente aumento de seus preços, ou redução da produção, ou a redução de opções aos consumidores, ou a perda de competitividade

---

[115] BRASIL. Portaria SECINT n. 247, de 28 de março de 2019. Disponível em: <http://www.camex.gov.br/resolucoes-camex-e-outros-normativos/124-portarias-secint/2245-portaria-n-247-de-28-de-marco-de-2019>. Acesso em: 6 jun. 2022.

[116] Guia de Interesse Público em Defesa Comercial do DECOM, 2020. Disponível em: <https://www.gov.br/produtividade-e-comercio-exterior/pt-br/assuntos/comercio-exterior/defesa-comercial-e-interesse-publico/guias>. Acesso em: 3 maio 2022.

Curso de Defesa Comercial e Interesse Público no Brasil: teoria e prática

(nacional e/ou internacional), com a consequente redução do volume de vendas, do faturamento e dos resultados financeiros do elo seguinte. Sabe-se que o efeito das medidas de defesa comercial depende da elasticidade-preço da demanda, pois se a elasticidade-preço da demanda for inelástica, poderá haver maiores implicações negativas no bem-estar dos consumidores;

- se a aplicação da medida de defesa comercial levou/levará os elos a jusante a contratar menos mão de obra, reduzindo o nível de emprego e de produtividade;
- se a aplicação da medida de defesa comercial levou/levará a uma menor renda disponível, de modo que os agentes de mercado econômicos poderão desestimular a produção em outros setores da economia;
- se a aplicação da medida de defesa comercial possui impactos locais/regionais.

Nota-se, assim, que no caso de o produto sob análise ser insumo, é importante a participação das empresas dos elos a jusante seguintes na avaliação de interesse público, para que estas apresentem dados detalhados, por exemplo, de seus preços de aquisição, da representatividade deste custo no seu produto, do preço de venda do produto afetado (dados contábeis, inclusive). Tais dados são necessários na medida em que grande parte dos produtos analisados não fazem parte da cesta de produtos analisados pela defesa comercial. Podem ser apresentados relatórios de investimentos atuais e futuros da indústria a jusante no Brasil e na região, tanto em capacidade produtiva quanto em pesquisa, desenvolvimento e inovação, indicando, se possível, os resultados alcançados. Menciona-se, ainda, que é possível que seja realizada verificação *in loco* para examinar os registros e comprovar as informações fornecidas pelas partes interessadas.

Em síntese, o Guia de Interesse Público em Defesa Comercial do DECOM[117] consolida os seguintes itens a serem analisados, de modo não exaustivo:

---

[117] Guia de Interesse Público em Defesa Comercial do DECOM, 2020. Disponível em: <https://www.gov.br/produtividade-e-comercio-exterior/pt-br/assuntos/comercio-exterior/defesa-comercial-e-interesse-publico/guias>. Acesso em: 3 maio 2022.

642

Imagem – Critérios materiais de interesse público em defesa comercial no Brasil – IV.3) impactos da medida de defesa comercial na cadeia a jusante

IV. IMPACTOS DA MEDIDA DE DEFESA COMERCIAL NA DINÂMICA DO MERCADO NACIONAL

CRITÉRIOS ANALISADOS

IV.3. IMPACTOS NA CADEIA A JUSANTE

LISTA EXEMPLIFICATIVA E NÃO EXAUSTIVA DE ELEMENTOS:

- INVESTIMENTOS DO ELO A JUSANTE EM CAPACIDADE PRODUTIVA E EM PESQUISA E DESENVOLVIMENTO/INOVAÇÃO
- NÍVEL DE EMPREGO/PRODUTIVIDADE E ELEMENTOS DE DESENVOLVIMENTO REGIONAL
- GRAU DE DEPENDÊNCIA DO ELO A JUSANTE EM RELAÇÃO À DISTRIBUIÇÃO DA INDÚSTRIA DOMÉSTICA
- REPRESENTATIVIDADE DO CUSTO DO PRODUTO SOB ANÁLISE NO ELO A JUSANTE
- RISCOS DE AUMENTO DE SEUS PREÇOS, OU REDUÇÃO DA PRODUÇÃO, OU REDUÇÃO DE OPÇÕES AOS CONSUMIDORES, OU PERDA DE COMPETITIVIDADE (NACIONAL E/OU INTERNACIONAL), COM A CONSEQUENTE REDUÇÃO DO VOLUME DE VENDAS, DO FATURAMENTO E DOS RESULTADOS FINANCEIROS DO ELO SEGUINTE
- DADOS DE ELASTICIDADE-PREÇO DA DEMANDA
- EXISTÊNCIA E CARACTERIZAÇÃO DE EVENTUAIS POLÍTICAS PÚBLICAS QUE TENHAM POR OBJETO OU AFETEM O PRODUTO SIMILAR DOMÉSTICO

Fonte: elaboração própria, a partir do Guia de Interesse Público do DECOM e da Portaria SECEX n. 282/2023.

Em termos práticos, verifica-se um certo receio na participação das indústrias a jusante nas avaliações de interesse público no Brasil. Isso pode se dar por uma série de motivos, e um dos que se aventa é que, como se trata da fornecedora do produto, há uma preocupação com a continuidade do fornecimento ou de um atrito na relação comercial. Ademais, nota-se uma dificuldade de obtenção de informações dos consumidores finais, quando se trata de produto final e não de insumo. Sobre esse ponto, cooperações institucionais com a Secretaria Nacional do Consumidor (SENACON) do Ministério da Justiça ou com os Ministérios e Agências setoriais podem ajudar.

 MEDIDA ANTIDUMPING – LÁPIS DE ESCREVER – INVESTIGAÇÃO ORIGINAL – CHINA
RESOLUÇÃO GECEX N. 141, DE 19 DE JANEIRO DE 2021

Trata-se de investigação referente à aplicação de direito antidumping definitivo, às importações brasileiras de lápis de escrever, originárias da República Popular da China.

Curso de Defesa Comercial e Interesse Público no Brasil: teoria e prática

A Resolução em referência também encerrou a avaliação de interesse público instaurada relacionada.

No que se refere ao fato de o lápis ser insumo essencial à educação, destaca-se:

"Reconhece-se que os lápis objeto da investigação de dumping são produtos relacionados à atividade educacional. Em que pese a dificuldade de apuração dos gastos com o produto em licitações públicas pelo Brasil, tendo em vista os quase 6 (seis) mil entes federativos existentes no país, pode-se inferir algum tipo de efeito do direito antidumping aplicado na elevação de custos neste setor, motivado pela possível elevação de preços do produto em caráter geral em cerca de 6,8%, conforme resultados da simulação de impacto.

No entanto, em que pese os esforços da SDCOM de obtenção de dados mais acurados sobre a representatividade do lápis no setor educacional com base nas consultas realizadas ao ente governamental FNDE e também ao Ministério da Educação, não foram apresentados dados sobre a representatividade dos lápis nos custos gerais com material escolar ou no orçamento da educação pública, ainda que esta pareça ser reduzida ou de efeito essencialmente difuso. Diante da ausência da participação dos órgãos precipuamente responsáveis pela política pública de educação no Brasil, é possível presumir impacto não tão evidente no setor educacional como um todo. Deve-se ressaltar que as aquisições de material escolar ocorrem de forma descentralizada no país, a critério dos 5.570 (cinco mil, quinhentos e setenta) entes municipais, 27 (vinte e sete) unidades federativa e da União, ainda que ocasionalmente se aproveitem registros de preços realizados por órgãos como o FNDE".

Fonte: Resolução GECEX n. 141, de 19 de janeiro de 2021[118].

5.7.4. Modelos econômicos

Para além dos elementos exemplificativos apresentados acima, o Guia de Interesse Público em Defesa Comercial do DECOM[119] informa que, sobre os impactos da aplicação ou suspensão/alteração da medida de defesa comercial, é possível, caso se deseje, estimar quantitativamente os impactos por meio de um modelo econômico.

Existem várias formas de se avaliar os impactos na cadeia, sendo que os dois métodos quantitativos mais utilizados na literatura são (i) a análise de custo-benefício e a (ii) análise de equilíbrio geral e parcial. Convém ressaltar que, apesar de sua importância informacional, modelos econômicos são tão somente ferramen-

---

[118] BRASIL. Resolução GECEX n. 141, de 19 de janeiro de 2021. Disponível em: <http://www.camex.gov.br/resolucoes-camex-e-outros-normativos/58-resolucoes-da-camex/2889-resolucao-gecex-n-141-de-19-de-janeiro-de-2021>. Acesso em: 6 jun. 2022.

[119] Guia de Interesse Público em Defesa Comercial do DECOM, 2020. Disponível em: <https://www.gov.br/produtividade-e-comercio-exterior/pt-br/assuntos/comercio-exterior/defesa-comercial-e-interesse-publico/guias>. Acesso em: 3 maio 2022.

tas de apoio à decisão e seus resultados não possuem condão vinculativo e nem se sobrepõem a outras metodologias para análise. Nesse sentido, as partes podem igualmente apresentar informações descritivas ou qualitativas como elementos para análise de interesse público, tais como já mencionadas anteriormente.

Segundo o art. 15, § 2º, da Portaria SECEX n. 282/2023, simulações de impacto sobre o bem-estar, da ótica do produtor ou do consumidor, serão realizadas preferencialmente com base em modelo de equilíbrio parcial. Outros modelos poderão ser utilizados nas simulações a que se refere o § 2º, desde que demonstrada sua melhor adequação aos objetivos da análise.

Desde já se reconhece que a metodologia de impactos utilizada pelo DECOM pode ser alvo de críticas. Gomes sustenta a inadequabilidade do modelo de equilíbrio parcial na análise de interesse público[120]. Segundo Nascimento, Floresti e Brasil[121], embora a metodologia do Modelo de Equilíbrio Parcial baseado em François seja intuitiva e de fácil apresentação, ela se mostraria incompleta no que diz respeito à intuição do conceito de interesse público. Assim, segundo os autores, seria necessário se relacionar o modelo em questão com outras metodologias que sejam capazes de mensurar o impacto econômico para os diversos agentes e elos na cadeia, o que demandaria Modelos de Equilíbrio Geral e a utilização de Modelos de Insumo-Produto, os quais possuiriam a vantagem de ser mais fáceis de se manipular e estar alinhados com as contas nacionais divulgadas pelo IBGE.

Uma (i) análise de custo-benefício envolve um processo sistemático para calcular e comparar os benefícios e custos de aplicar, suspender ou alterar uma medida de defesa comercial e deve apresentar, entre outras, as seguintes considerações:

a) o efeito das tarifas, a depender da elasticidade-preço da demanda;

b) a recuperação da indústria doméstica, em termos de aumento de vendas, faturamento etc.;

c) a presença de economias de escala e de escopo, que podem diluir custos fixos;

---

[120] GOMES, Marcus Vinícius de Souza. *RBCE Revista Brasileira de Comércio Exterior* n. 144. Jul./Set. 2020. Disponível em: <http://www.funcex.org.br/publicacoes/rbce/material/rbce/Funcex_RBCE144_Artigo_Marcus.pdf>. Acesso em: 27 jun. 2022.

[121] NASCIMENTO, Thiago Oliveira; FLORESTI, Guilherme Venturini; BRASIL, Eric Universo. Metodologias para avaliação de impacto econômico e interesse público. *RBCE Revista Brasileira de Comércio Exterior* n. 146. Fev. 2021. Disponível em: <https://funcex.org.br/info/rbce-146-janeiro-fevereiro-marco-2021/metodologias-para-avaliacao-de-impacto-economico-e-interesse-publico>. Acesso em: 27 jun. 2022.

d) a realização de investimentos, tanto em capacidade produtiva quanto em pesquisa e desenvolvimento;
e) a geração de empregos;
f) o estímulo à produção em alguns setores.

Por sua vez, uma (ii) análise de equilíbrio parcial ou geral da medida antidumping ou compensatória parte da decisão sobre qual método a ser utilizado. Essa escolha sempre vai envolver uma decisão: enquanto o modelo de Equilíbrio Geral permite considerar os efeitos entre os mercados e dará resultados mais agregados, o Equilíbrio Parcial não considera efeitos entre mercados e dará resultados tão desagregados quanto se desejar. Como exemplo de equilíbrio parcial, entre outras metodologias, o DECOM tem realizado, até o presente momento, simulações de impacto sobre o bem-estar (na ótica do produtor ou do consumidor), com base em Modelo de Equilíbrio Parcial. Ressalte-se que análises quantitativas e determinados modelos econômicos, apesar de sua importância informacional, representam ferramentas de apoio à decisão e seus resultados não possuem condão vinculativo e nem se sobrepõem a outras metodologias e elementos de análise.

Em todos os casos, é necessário apresentar detalhamento dos parâmetros utilizados, bem como a memória de cálculo completa, incluindo, necessariamente, as bases brutas e todos os demais elementos utilizados para o cálculo (planilhas, códigos-fonte etc.), de modo a permitir ao DECOM refazer a simulação.

MEDIDA ANTIDUMPING – CILINDROS DE AÇO LIGADO – INVESTIGAÇÃO ORIGINAL – CHINA
RESOLUÇÃO GECEX N. 225, DE 23 DE JULHO DE 2021

Trata-se de investigação referente à aplicação de direito antidumping definitivo às importações brasileiras de cilindros de aço ligado, sem costura (emenda), projetados para armazenamento ou transporte de gás natural comprimido ou gás natural veicular (GNV), originárias da China.

No que se refere à simulação com base em Modelo de Equilíbrio Parcial, destaca-se o seguinte disposto na resolução:

"Em adição, a simulação realizada com base no Modelo de Equilíbrio Parcial sugere que a China permanecerá como origem fornecedora relevante de cilindros para GNV ao mercado brasileiro, mesmo com a imposição do direito antidumping nos patamares recomendados no Processo SECEX n. 52272.004057/2019-08. Com base no cenário observado em P5, espera-se que os produtores chineses mantenham participação entre [CONFIDENCIAL]% e [CONFIDENCIAL]% do mercado brasileiro, considerando os intervalos de elasticidade utilizados.

Nesse contexto, reconhece-se que, em termos de oferta internacional, a aplicação do direito antidumping dificilmente terá o condão de afastar a origem em análise do mercado brasileiro e torná-lo menos competitivo, com base nas participações de mercado estimadas com a aplicação do direito antidumping. Ou seja,

> *há elementos de que, mesmo com a aplicação da medida e a elevação de participação no mercado dos produtores domésticos, manter-se-á cenário de rivalidade no Brasil, a partir da continuidade da penetração das importações chinesas".*

Fonte: Resolução GECEX n. 225, de 23 de julho de 2021[122].

 MEDIDA ANTIDUMPING – ANIDRIDO FTÁLICO – INVESTIGAÇÃO ORIGINAL – RÚSSIA E ISRAEL
RESOLUÇÃO GECEX N. 286, DE 21 DE DEZEMBRO DE 2021

Trata-se de investigação referente à aplicação de direito antidumping definitivo, às importações brasileiras de Anidrido Ftálico, originárias da Rússia e de Israel.

No que se refere à simulação com base em Modelo de Equilíbrio Parcial, destaca-se o seguinte disposto na resolução:

> *"332. No tocante às simulações com base no Modelo de Equilíbrio Parcial, foi estimado um efeito negativo de US$ 1,38 milhão no bem-estar da economia brasileira da eventual aplicação da medida de defesa comercial, o que representa [CONFIDENCIAL] % do mercado brasileiro de anidrido ftálico. Estimou-se, ademais, uma elevação de 6,80% no preço médio do produto no mercado brasileiro e uma redução de 3,87% na quantidade consumida do produto. Reconhece-se, portanto, que as medidas antidumping impactariam negativamente a cadeia a jusante do produto em análise.*
>
> *333. No entanto, apesar da redução estimada de participação das importações russas no mercado brasileiro, estimou-se que a China e Coreia do Sul aumentariam suas exportações para o Brasil, atingindo participações entre [CONFIDENCIAL] % e [CONFIDENCIAL] % e entre [CONFIDENCIAL] % e [CONFIDENCIAL] %, respectivamente, de modo a se consolidar como possíveis origens alternativas. Registre-se, além disso, que as demais origens também expandiriam suas exportações destinadas ao Brasil, atingindo uma participação entre [CONFIDENCIAL] % e [CONFIDENCIAL] %.*
>
> *334. No caso de Israel, cumpre registrar que a medida de defesa comercial calculada com base na determinação final da investigação antidumping teria impactos pouco expressivos, fazendo com que a participação das importações provenientes dessa origem no mercado brasileiro declinasse entre [CONFIDENCIAL].*
>
> *Há de se considerar também que esta origem possui preferência tarifária de 100% em relação ao anidrido ftálico, fato que favorece a corrente de comércio entre os dois países".*

Fonte: Resolução GECEX n. 286, de 21 de dezembro de 2021[123].

---

[122] BRASIL. Resolução GECEX n. 225, de 23 de julho de 2021. Disponível em: <https://in.gov.br/en/web/dou/-/resolucao-gecex-n-225-de-23-de-julho-de-2021-334569638>. Acesso em: 6 jun. 2022.

[123] BRASIL. Resolução GECEX n. 286, de 21 de dezembro de 2021. Disponível em: <https://in.gov.br/web/dou/-/resolucao-gecex-n-286-de-21-de-dezembro-de-2021-369377010>. Acesso em: 6 jun. 2022.

5.8. Outros critérios materiais possíveis em avaliações de interesse público (incluindo o político-estratégico)

Para além dos critérios expressamente mencionados no Guia de Interesse Público em Defesa Comercial do DECOM[124] e no Anexo Único da Portaria SE-CEX n. 282/2023, é possível que outros sejam analisados pelo Gecex quando da tomada de decisão sobre interesse público. Conforme mencionado na Seção 1.5, sobre estrutura e fluxo decisório sobre defesa comercial e interesse público no Brasil, o DECOM é a autoridade que conduz as investigações de defesa comercial e as avaliações de interesse público. Foi essa a autoridade que publicou o referido Guia, com os critérios materiais de análise, visando a aumentar a segurança jurídica e a previsibilidade dessa política pública.

Em 2023, com a reestruturação dos ministérios, a competência decisória da Camex para decisões de defesa comercial e interesse público foi definida nos termos do Decreto n. 11.428/2023. Não há expressa menção a decisões por interesse público (a única menção a interesse público consta do art. 2º, que diz que integra a Camex o Comitê de Defesa Comercial e Interesse Público), mas, conforme já apresentado, a avaliação de interesse público é um sucedâneo processual da análise principal de defesa comercial, de modo que a competência do Gecex e a consequente competência recursal do CEC resta mantida.

Assim, outros critérios materiais podem ser utilizados nessa análise. Apesar de não ser, em nossa opinião, interessante em termos de política pública um desvio nos critérios do Guia, não se pode desconsiderar essa possibilidade.

Historicamente, a Camex tomou decisões de suspensão de medidas de defesa comercial por razões de interesse público com base em critérios mais amplos, ainda que não expressamente detalhados nas resoluções publicadas, como relações diplomáticas com outros países, efeitos do câmbio etc.

Essa possibilidade foi expressamente mencionada em sede da Consulta Pública aberta pela Circular SECEX n. 12/2023, que previu, de modo expresso, no art. 2º, III, da minuta de Portaria, o interesse público "político-estratégico, com o fito de verificar a pertinência de determinada medida antidumping ou compensatória às estratégias e metas estabelecidas pelo Governo para o alcance dos objetivos atribuídos ao Estado Brasileiro". Tanto é assim que, na exposição de motivos, são mencionados como temas não relacionados exclusivamente às avaliações concorrenciais e econômicas os seguintes temas: "como relações bilaterais e multilaterais entre os países, industrialização, posicionamento inter-

---

[124] Guia de Interesse Público em Defesa Comercial do DECOM, 2020. Disponível em: <https://www.gov.br/produtividade-e-comercio-exterior/pt-br/assuntos/comercio-exterior/defesa-comercial-e-interesse-publico/guias>. Acesso em: 3 maio 2022.

nacional da economia, emprego, meio ambiente, governança e preocupações sociais"[125]. Apesar de esse texto ter sido incluído na consulta pública, na sua versão final, constante na Portaria SECEX n. 282/2023, foi excluída a menção expressa a essa modalide de interesse público "político-estratégico".

Ademais, há de se reconhecer que podem surgir situações excepcionalíssimas que possam vir a justificar a existência de outros critérios de análise, como aconteceu com produtos médicos diante da pandemia da COVID-19.

MEDIDA ANTIDUMPING – TUBOS DE PLÁSTICO PARA COLETA DE SANGUE A VÁCUO – 1ª REVISÃO – CHINA, ESTADOS UNIDOS DA AMÉRICA E REINO UNIDO
RESOLUÇÃO GECEX N. 193, DE 28 DE ABRIL DE 2021

Trata-se de investigação referente à prorrogação de direito antidumping definitivo, aplicado às importações brasileiras de tubos de plástico para coleta de sangue a vácuo, originárias da China, Estados Unidos da América e do Reino Unido. Mantém vigente a suspensão, por interesse público, dos direitos antidumping aplicado às importações brasileiras de tubos de plástico para coleta de sangue a vácuo, tendo por objetivo facilitar o combate à pandemia do Corona Vírus / Covid-19.

Com relação a diferentes critérios de análise, destaca-se a suspensão para facilitar o combate à pandemia:

"(...)
1.2.2 Da suspensão por interesse público para facilitar o combate à pandemia do Covid-19

No intuito de facilitar o combate à pandemia do Covid-19, o Comitê Executivo de Gestão da Câmara de Comércio Exterior decidiu suspender, até 30 de setembro de 2020, por interesse público, os direitos antidumping aplicados às importações brasileiras de tubos de plástico para coleta de sangue a vácuo, originárias da República Federal da Alemanha, dos Estados Unidos da América, do Reino Unido da Grã-Bretanha e Irlanda do Norte e da República Popular da China. A decisão consta na Resolução CAMEX n. 23, de 25 de março de 2020, publicada no Diário Oficial da União no dia 26 de março de 2020.

No mesmo mote, foi publicada no D.O.U., em 16 de janeiro de 2021, a Resolução GECEX n. 174, de 15 de janeiro de 2021, novamente suspendendo a aplicação, por razões de interesse público, até 30 de junho de 2021, do direito antidumping sobre as importações brasileiras de tubos de plástico para coleta de sangue a vácuo, comumente classificadas nos itens 3822.00.90, 3926.90.40 e 9018.39.99 da NCM, quando originárias da Alemanha, China, Estados Unidos e Reino Unido.
(...)".

Fonte: Resolução GECEX n. 193, de 28 de abril de 2021[126].

---

[125] <https://www.gov.br/participamaisbrasil/consulta-publica-decom-ip>.

[126] BRASIL. Resolução GECEX n. 193, de 28 de abril de 2021. Disponível em: <http://www.camex.gov.br/resolucoes-camex-e-outros-normativos/58-resolucoes-da-camex/3043-resolucao-gecex-n-193-de-28-de-abril-de-2021>. Acesso em: 6 jun. 2022.

Curso de Defesa Comercial e Interesse Público no Brasil: teoria e prática

Uma decisão de interesse público de caráter mais amplo também aconteceu no final de 2022, quando da decisão do caso de subsídios de laminados de alumínio. Nos termos do Anexo III da Resolução Gecex n. 431, de 21 de dezembro de 2022, a medida foi suspensa por 3 meses para que houvesse a decisão, pelo próximo governo, sobre a aplicação ou não da medida ("decide-se pela aplicação das medidas compensatórias, conforme recomendação do DECOM, com sua suspensão imediata e temporária, até 31 de março de 2023, período suficiente para que o próximo governo possa avaliar e deliberar sobre o caso, no que tange à dimensão de interesse público para a natureza específica da medida avaliada. Os elementos apresentados demonstram haver condições excepcionais que balizam a decisão pelo colegiado de suspensão imediata da medida de defesa comercial, por prazo determinado, sendo o direito compensatório automaticamente reaplicado caso não haja a prorrogação da suspensão no prazo estabelecido."). Ou seja, o "interesse público mais amplo" foi a mudança de governo. Em 16 de março de 2023, às vésperas da comitiva presidencial do Brasil para a China, houve nova decisão do Gecex postergando a decisão de aplicação das medidas compensatórias, suspendendo a aplicação da medida por mais três meses[127].

Ademais, cumpre mencionar uma discussão interessante. Seria possível a diferenciação entre os critérios de análise quando se trata de uma investigação de dumping ou de subsídios?

Por um lado, por meio de um viés mais legalista, há quem argumente que não há qualquer fundamento legal que permita essa diferenciação dos critérios de avaliação de interesse público quanto ao tipo de investigação que se conduz. Para Ferrazzo e Negrão, por exemplo, considerando os parâmetros detalhados já existentes na normativa brasileira de interesse público, a princípio não haveria necessidade de parâmetros distintos e específicos para dumping, subsídios e indústrias fragmentadas, dado que aspectos particulares referentes a subsídios ou indústrias fragmentadas podem ser levados em consideração no processo decisório, considerando os fatos específicos de cada caso[128].

---

[127] Camex. Disponível em: <https://www.gov.br/produtividade-e-comercio-exterior/pt-br/assuntos/camex/atas-e-resolucoes/gecex/extratos/deliberacoes-da-202a-reuniao-do-comite-executivo-de-gestao-gecex>. Acesso em: 25 mar. 2023.

[128] FERRAZZO, Bruna Linhares; NEGRÃO, Francisco Niclós. São necessários parâmetros diferenciados para análise de interesse público em casos de dumping, de subsídios ou de indústrias fragmentadas? In: ATHAYDE, Amanda; CINTRA DE MELO, Lílian (Orgs.). *Comércio internacional e concorrência*: desafios e perspectivas atuais – Volume III Brasília: Faculdade de Direito – UnB, 2021. Disponível em: <https://www.amandaathayde.com.br/livros-organizados>. Acesso em: 7 abr. 2022.

5 • Avaliações de interesse público em defesa comercial – teoria e prática

Por outro lado, como argumento favorável a um maior rigor na aplicação de medidas compensatórias e, por conseguinte, a um menor uso de interesse público em casos de investigações de subsídios, menciona-se o fato de que o subsídio é uma prática estatal, que consequentemente tem efeitos mais amplos e nefastos em toda a economia, não sendo adequado se "relevar" essa prática desleal por meio do uso de interesse público.

Athayde e Medrado realizam estudo[129] que identifica que, considerando o histórico brasileiro, quando há a aplicação da medida antidumping sem impactos da cláusula de interesse público, a tendência é que o mesmo resultado aconteça na aplicação da medida compensatória, não havendo impactos por interesse público[130]. Similarmente, quando há a utilização de interesse público na investigação antidumping, o mesmo resultado tende a acontecer na investigação antissubsídios, também sendo replicado o impacto por interesse público[131].

Nota-se, assim, que, apesar de a análise por defesa comercial ser bidirecional, a análise de interesse público tende a ser aplicada de modo unidirecional, como um sucedâneo da análise anterior, conforme explicitado na imagem a seguir:

Imagem – Vetor unidirecional das avaliações de IP em medidas compensatórias (CVD) e medidas antidumping

Fonte: Athayde e Medrado (2024).

Esse vetor unidirecional leva à constatação de que a experiência brasileira tem sido no sentido de aplicar a cláusula de interesse público proporcionalmente mais a casos de subsídios (40%) do que a casos de dumping (5%).

---

[129] ATHAYDE, Amanda; MEDRADO, Renê. *Por uma análise bidimensional do interesse público no Brasil*: da excepcionalíssima utilização da cláusula de interesse público a casos de subsídios. No prelo. 2024.

[130] Isso aconteceu no caso de corpos moedores (AD em 2018, CVD em 2019, ambos sem interesse público), em filmes Pet (AD em 2018, 2019 e 2021 e CVD em 2021) e em laminados a frio (AD em 2019 e CVD em 2022).

[131] Isso aconteceu em laminados a quente (AD em 2018, CVD em 2018) e, de maneira diferente, no caso de laminados de alumínio (AD sem aplicação, CVD em 2022).

Diante disso, a tese que os autores propõem é que seja possível a diferenciação dos casos de interesse público por tipo de instrumento de defesa comercial utilizado, de modo que seja excepcionalíssimo o uso da cláusula de interesse público em casos de subsídios, em comparação com uma investigação de dumping. Ou seja, propõe-se uma ruptura à tendência brasileira, conforme imagem abaixo e argumentos apresentados na próxima Seção:

Imagem – Proposta de ruptura ao vetor unidirecional das avaliações de IP em medidas compensatórias (CVD) e medidas antidumping

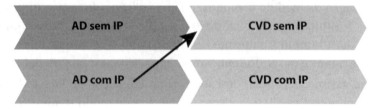

Fonte: Athayde e Medrado (2024).

Assim, Athayde e Medrado defendem que os argumentos para um maior rigor na aplicação de medidas compensatórias e, consequentemente, um menor uso de interesse público em casos de investigações antissubsídios, comparativamente à aplicação de medidas antidumping, são os seguintes: conjuntura internacional de endereçamento às políticas estatais de subsídios (i); natureza material das próprias investigações antissubsídios (ii).

Em termos de conjuntura internacional de endereçamento às políticas estatais de subsídios (i), as regras multilaterais teriam se mostrado insuficientes para se contrapor à extensa concessão de subsídios governamentais. A magnitude da preocupação com os subsídios, objeto de ampla discussão e preocupação mundial e de medidas concretas de alguns países, sobretudo da União Europeia e dos Estados Unidos, ainda não encontra eco no Brasil. Não há, ainda, discussões referentes a iniciativas brasileiras mais amplas para endereçar a concessão de subsídios estrangeiros, com impactos negativos para a economia nacional. Diante desse vácuo na política comercial unilateral brasileira, o instrumento atualmente vigente no Brasil que se visualiza como possível – e viável – é justamente a aplicação das medidas compensatórias em investigações antissubsídios que preencham os requisitos da legislação multilateral e nacional. Essa utilização está, segundo os autores, em linha com a própria atualização do Decreto de Subsídios e Medidas Compensatórias no Brasil, que foi publicado em 2021 e entrou em vigor em 2022, com o objetivo de modernizar a legislação e aparelhá-la de instrumentos mais modernos à conjuntura atual. Assim, para que o Brasil precise criar instrumentos unilaterais, sustentam que o Brasil já conta com o instru-

5 • *Avaliações de interesse público em defesa comercial – teoria e prática*

mento adequado, de natureza multilateral, que é justamente a aplicação prioritária das medidas compensatórias.

Em termos da natureza material das próprias investigações antissubsídios (ii), o dumping, apesar de convencionado como uma prática desleal de comércio, por se tratar de uma prática privada, teria efeitos mais restritos, e serão tanto maiores quanto maiores forem as importações do produto daquele país. No caso de subsídios, os autores argumentam que se trata de prática pública que repercute em toda a economia, alterando significativamente as próprias condições de concorrência no mercado mundial. Assim, embora os subsídios estejam entre os instrumentos de política industrial mais frequentemente usados pelos governos para fomentar economias e atingir metas políticas, eles também podem ter efeitos distorcivos[132]. Há, inclusive, o estudo do Global Trade Atlas, que aponta que os subsídios representaram 44% das intervenções consideradas prejudiciais ao mercado[133]. Ademais, os subsídios têm menor transparência do que o dumping[134]. A prática de dumping é mais fácil de identificar – dado que relacionada a preços no mercado – e, portanto, de comprovar em uma investigação antidumping. A prática de subsídios, por sua vez, encontra maior dificuldade de comprovação, pois podem não estar consubstanciados em leis, decretos ou portarias estatais, mas sim em práticas governamentais mais sutis, que acabam concedendo, *de facto*, benefícios a empresas. Assim, o custo de uma investigação de subsídios é significativamente maior do que o de uma investigação antidumping, decorrente desse maior esforço comprobatório, potencializado pela falta de transparência governamental. Diante de tais diferenças estruturais entre ambos os instrumentos, Athayde e Medrado argumentam que os subsídios alteram a base da competitividade da economia e poderão ter efeitos ainda mais relevantes para a sociedade brasileira do que a aplicação pontual de uma medida antidumping.

---

[132] MARSSOLA, Julia; WOUTERS, Jan. The international legal framework for industrial policy: World Trade Organization disciplines and rules. In: CHRISTOPHE, Jean et al. *EU Industrial Policy in the Multipolar Economy.* Cheltenham, UK: Edgard Elgar, 2022, p. 122-158. Disponível em: <https://www.elgaronline.com/display/book/9781800372634/book-part-9781800372634-9. xml>. Acesso em: 1 mar. 2024.

[133] GLOBAL TRADE ALERT. *Global Dynamics.* Policy Instruments Used. Disponível em: <https://www.globaltradealert.org/global_dynamics/area_all/year-to_2022/day-to_1222>. Acesso em: 1 mar. 2024. Dados e metodologia disponíveis no *site*.

[134] OMC. Agenda do Conselho de Bens. Minutes of the meeting of the Council for Trade in Goods. 21 Oct. 2021. China – Subsidy Transparency and China's Publication and Inquiry Point Obligations Under China's Protocol Of Accession – Request From Australia, Canada, the European Union, Japan, the United Kingdom, and the United States.

Curso de Defesa Comercial e Interesse Público no Brasil: teoria e prática

5.9. Aspectos processuais das avaliações de interesse público

Sobre os aspectos processuais das avaliações de interesse público, cumpre inicialmente esclarecer (5.9.1) quais são os possíveis resultados de uma avaliação de interesse público em defesa comercial. Em seguida, importante apresentar (5.9.2) quais são os procedimentos a serem adotados pelas partes interessadas posteriormente à suspensão por interesse público. Por fim, serão brevemente apresentadas considerações a respeito (5.9.3) da confidencialidade das informações apresentadas na investigação, (5.9.4) dos prazos processuais nas investigações, (5.9.5) dos roteiros e dos questionários e (5.9.6) do Sistema Processual de Investigações – o SEI/ME.

5.9.1. *Possíveis resultados de uma avaliação de interesse público em defesa comercial: manutenção, suspensão, alteração ou extinção da medida (e outros?)*

Nas avaliações de interesse público conduzidas no âmbito de investigações antidumping, o DECOM poderá recomendar e o Gecex poderá decidir, nos termos do art. 3º do Decreto n. 8.058, de 26 de julho de 2013, por:

> I – suspender, por até um ano, prorrogável uma única vez por igual período, a exigibilidade de direito antidumping definitivo, ou de compromisso de preços, em vigor;
>
> II – não aplicar direitos antidumping provisórios; ou
>
> III – homologar compromisso de preços ou aplicar direito antidumping definitivo em valor diferente do que o recomendado.

Por sua vez, nas avaliações de interesse público conduzidas no âmbito de investigações antissubsídios, o DECOM poderá recomendar, nos termos do art. 4º do Decreto n. 10.839, de 18 de outubro de 2021: "I – suspender a exigibilidade de direito compensatório definitivo ou de compromisso em vigor; II – não aplicar medidas compensatórias provisórias; ou III – homologar compromisso ou aplicar direito compensatório definitivo em valor diferente do recomendado (...)".

Conforme já mencionado, o Decreto n. 1.488, de 11 de maio de 1995, referente às medidas de salvaguardas, é mais enxuto, e não deixa expressa a cláusula de interesse público, mas sim implicitamente, ao utilizar, em seu art. 1º, a expressão "poderão ser aplicadas as medidas de salvaguardas", e não "deverão". Assim, não há maior detalhamento, nesse normativo, sobre os possíveis resultados de uma avaliação de interesse público.

Registre-se que, apesar de a redação mencionar o Decreto n. 1.751, de 1995, para as investigações antissubsídios, essa normativa foi atualizada em 2021, nos termos do Decreto n. 10.839, de 18 de outubro de 2021.

5 • *Avaliações de interesse público em defesa comercial – teoria e prática*

Ou seja, parece que, pela leitura literal da legislação a existência dos seguintes possíveis resultados de uma avaliação de interesse público em defesa comercial no Brasil, do modo consolidado na tabela abaixo:

Imagem – Possíveis resultados da avaliação de interesse público em defesa comercial no Brasil – leitura literal

POSSÍVEIS RESULTADOS DA AVALIAÇÃO DE INTERESSE PÚBLICO EM DEFESA COMERCIAL NA EXPERIÊNCIA INTERNACIONAL		
Possíveis resultados da avaliação de interesse público em defesa comercial	BRASIL	FUNDAMENTAÇÃO
Aplicação da medida de defesa comercial	✓	
Suspender, por até um ano, prorrogável uma única vez por igual período, a exigibilidade de direito antidumping definitivo	✓	Art. 3º, inciso I, do Decreto n. 8.058/2013
Suspender, por até um ano, prorrogável uma única vez por igual período, a exigibilidade de compromisso de preços. Em vigor	✓	Art. 3º, inciso I, do Decreto n. 8.058/2013
Não aplicação do direito antidumping ou compensatório provisório	✓	Art. 3º, inciso II, do Decreto n. 8.058/2013 Art. 4º, inciso II, do Decreto n. 10.839/2021
Homologação de compromisso de preços	✓	Art. 3º, inciso III, do Decreto n. 8.058/2013 Art. 4º, inciso III, do Decreto n. 10.839/2021
Aplicação de direito antidumping ou compensatório definitivo em valor diferente do recomendado	✓	Art. 3º, inciso III, do Decreto n. 8.058/2013 Art. 4º, inciso III, do Decreto n. 10.839/2021
Suspender a exigibilidade de direito compensatório definitivo	✓	Art. 4º, inciso I, do Decreto n. 10.839/2021
Suspender a exigibilidade de compromisso em vigor	✓	Art. 4º, inciso I, do Decreto n. 10.839/2021

Fonte: elaboração própria.

Nota-se, assim, que não há hipótese no âmbito da legislação nacional de não aplicação de medidas de defesa comercial definitivas por razões de interesse público, mas tão somente de não aplicação de medidas provisórias ou de suspensão da exigibilidade do direito. Nesse sentido, a extinção do direito antidumping só é possível quando se toma em conta a lógica antidumping, após o primeiro ano de suspensão ou após o segundo ano prorrogado de suspensão da referida medida antidumping. No caso de direitos compensatórios, por sua vez, a suspensão ocorre, geralmente, por todo o período de vigência da medida, sem o mesmo procedi-

Curso de Defesa Comercial e Interesse Público no Brasil: teoria e prática

mento que existe em investigações antidumping, em que há necessariamente uma suspensão por um ou dois períodos.

É interessante, nesse contexto, destacar a experiência internacional sobre o tema dos possíveis resultados de uma avaliação de interesse público, para se avaliar convergências e/ou divergências entre a prática brasileira e de outras jurisdições. Conforme mencionado na Seção 5.2 deste livro, jurisdições como União Europeia, Canadá, Nova Zelândia e Reino Unido também conduzem avaliações de interesse público e há alguns resultados possíveis de suas análises.

Retomando brevemente, recordam-se os possíveis resultados da análise de "interesse da União" na União Europeia: (i) aplicação da medida de defesa comercial; (ii) não aplicação da medida de defesa comercial; (iii) alteração na duração da medida; (iv) alteração na forma de aplicação da medida (alíquota específica, *ad valorem*, imposição de preço mínimo de importação, compromisso de preço etc.). Ou seja, não se altera o *quantum* da medida de defesa comercial por meio do uso do "interesse da União".

No Canadá, por sua vez, é possível ter os seguintes resultados da análise de interesse público: (i) redução do nível/*quantum* da medida de defesa comercial ou (ii) definição de preço ou preços que sejam adequados para remover o dano. Ou seja, não se altera a duração da medida de defesa comercial, como pode acontecer na União Europeia, mas há possibilidade de se alterar o *quantum* da medida.

Na Nova Zelândia, por sua vez, é possível que a avaliação resulte na: (i) não aplicação da medida de defesa comercial ou (ii) aplicação da medida de defesa comercial nos termos previamente recomendados. Ou seja, não se altera o *quantum* da medida de defesa comercial, similarmente ao que é realizado na União Europeia, e diferente da prática do Canadá.

Por fim, no Reino unido, há os seguintes possíveis resultados da análise de interesse público: (i) aplicação da medida de defesa comercial nos termos previamente recomendados; (ii) não aplicação da medida de defesa comercial; (iii) alteração na duração da medida; (iv) alteração na forma de aplicação da medida (alíquota específica, *ad valorem*, imposição de preço mínimo de importação, compromisso de preço etc.); e (v) alteração no escopo do produto afetado pela medida. Ou seja, não se altera o *quantum* da medida de defesa comercial, similarmente à experiência do "interesse da União". É o que se apresenta na tabela consolidada abaixo, também objeto de análise comparativa por Staibano[135]:

---

[135] STAIBANO, Marina. Parâmetros para modulação/alteração de direitos com base em elementos de interesse público. In: ATHAYDE, Amanda; CINTRA DE MELO, Lílian (Orgs.). *Comércio internacional e concorrência*: desafios e perspectivas atuais – Volume III. Brasília: Faculdade de Direito – UnB, 2021. Disponível em: <https://www.amandaathayde.com.br/livros-organizados>. Acesso em: 7 abr. 2022.

5 • *Avaliações de interesse público em defesa comercial – teoria e prática*

Imagem – Possíveis resultados da avaliação de interesse público em defesa comercial na experiência internacional

POSSÍVEIS RESULTADOS DA AVALIAÇÃO DE INTERESSE PÚBLICO EM DEFESA COMERCIAL NA EXPERIÊNCIA INTERNACIONAL				
Possíveis resultados da avaliação de interesse público em defesa comercial na experiência internacional	UNIÃO EUROPEIA	CANADÁ	NOVA ZELÂNDIA	REINO UNIDO
(I) Aplicação da medida de defesa comercial	✓	✓	✓	✓
(II) Não aplicação da medida de defesa comercial	✓	✓	✓	✓
(III) Alteração na duração da medida	✓	✗	✗	✓
(IV) Alteração na forma de aplicação da medida	✓	✗	✗	✓
(IV.2.) Imposição de preço mínimo de importação	✓	✓ (similar aos resultados V e VII)	✗	✓
(IV.3.) Compromisso de preço	✓	✗	✗	✓
(V) Redução do nível/*Quantum* da medida de defesa comercial	✗	✓	✗	✗
(VI) Definição de preço ou preços que sejam adequados para remover o dano	✗	✓	✗	✗
(VII) Alteração do escopo da medida	✗	✗	✗	✓

Fonte: elaboração própria.

Diante desse quadro comparativo das jurisdições estrangeiras, é possível fazer os seguintes questionamentos, a respeito da legislação brasileira: (1) é possível que haja uma alteração na duração da medida de defesa comercial por razões de interesse público? (2) É possível que haja uma alteração na forma de aplicação da medida, por exemplo, com a modificação da forma de aplicação do direito (alíquota específica ou *ad valorem*)? (3) É possível que haja a alteração do escopo de produto afetado pela medida de defesa comercial? (4) É possível que a alteração no *quantum* da medida seja feita a ponto de o seu montante chegar a zero, ou a quase zero?

Quanto (1) à possibilidade de alteração na duração da medida de defesa comercial por razões de interesse público, entendemos que sim[136], seria possível

---

[136] Em sentido contrário, registramos a posição de STAIBANO, que entende que não há possibilidade prevista na norma brasileira para alteração do produto, da forma de aplicação ou da duração da medida (considerando que a suspensão e não aplicação não alteram o prazo

Curso de Defesa Comercial e Interesse Público no Brasil: teoria e prática

esse resultado. Nos termos da Lei n. 9.019/1995, em seu art. 9º, II, os direitos terão vigência temporária, a ser definida no ato de seu estabelecimento, observado que os definitivos ou o compromisso homologado só permanecerão em vigor durante o tempo e na medida necessária para eliminar ou neutralizar as práticas de dumping e a concessão de subsídios que estejam causando dano. O mesmo é definido no art. 93 do Decreto n. 8.058/2013[137], sobre investigações antidumping, e no art. 89 do Decreto n. 10.839/2021[138], sobre investigações antissubsídios. Estipula-se que em nenhuma hipótese vigorarão por mais de cinco anos, exceto quando, no caso de revisão, se mostre necessário manter a medida para impedir a continuação ou a retomada do dumping e do dano causado pelas importações objeto de dumping ou subsídio. Tanto é assim que as Resoluções Camex que determinam a aplicação de medidas de defesa comercial tipicamente usam a expressão "por um prazo de **até** 5 (cinco) anos". Ou seja, pela previsão legal é possível extrair que o direito não pode vigorar por mais de cinco anos, mas pode, portanto, vigorar por menos de cinco anos. Adicionalmente, deve-se lembrar que o próprio acordo antidumping da OMC confere no art. 9º a faculdade de aplicar ou não a medida antidumping e no art. 11 está a gênese de que a duração da medida é de *até* 5 anos. Ou seja, foi garantida a faculdade de os Membros decidirem aplicar ou não, e por quanto tempo.

Nessa mesma linha a regra do art. 11.1 do Acordo Antidumping estabelece que a medida permanecerá em vigor apenas enquanto for necessária para neutralizar o dumping danoso. A justificativa, para tanto, pode ser que um tempo menor de duração da medida pode ser suficiente para eliminar ou neutralizar as práticas de dumping e a concessão de subsídios que estejam causando dano. Nesse caso, não se estaria falando de razão de interesse público, mas de análise realizada no âmbito da investigação de defesa comercial. Similarmente, enten-

---

legal de duração da medida em questão). STAIBANO, Marina. Parâmetros para modulação/ alteração de direitos com base em elementos de interesse público. In: ATHAYDE, Amanda; CINTRA DE MELO, Lílian (Orgs.). *Comércio internacional e concorrência*: desafios e perspectivas atuais – Volume III. Brasília: Faculdade de Direito – UnB, 2021. Disponível em: <https://www.amandaathayde.com.br/livros-organizados>. Acesso em: 7 abr. 2022. *Data maxima venia*, discordamos dessa conclusão, pelas razões apresentadas neste livro.

[137] Art. 93 do Decreto n. 8.058/2013. "Todo direito antidumping definitivo será extinto no prazo de cinco anos, contado da data de sua aplicação ou da data da conclusão da mais recente revisão que tenha abrangido o dumping, o dano à indústria doméstica e o nexo de causalidade entre ambos, conforme estabelecido na Seção II do Capítulo VIII".

[138] Art. 89 do Decreto n. 10.839/2021. "Todo direito compensatório definitivo será extinto no prazo de cinco anos, contado da data de sua aplicação ou de conclusão da revisão mais recente que tenha abrangido o subsídio, o dano à indústria doméstica e o nexo de causalidade entre ambos, conforme estabelecido na Seção II do Capítulo IX".

demos ser possível outra justificativa também: a existência de razões de interesse público que indicassem a necessidade de redução temporal da medida. Quando a legislação brasileira indica que aplicação de direito antidumping ou compensatório definitivo pode ser realizada em valor diferente do recomendado, esse "valor" não é apenas do *quantum* da medida, mas também pode ser o valor temporal da medida, ou seja, sua respectiva duração.

Assim foi o caso, por exemplo, na investigação antidumping sobre os produtos de aço inoxidável laminados a frio nas exportações da África do Sul, Espanha, França, Japão e México para o Brasil. Como resultado da primeira revisão de final de período, realizada entre 2005 e 2006, a Resolução CAMEX n. 10, de 2 de maio de 2006, publicada no DOU de 23 de maio de 2006[139], encerrou a revisão com a prorrogação do direito antidumping aplicado às importações brasileiras de produtos planos de aço inoxidável, laminados a frio, de espessura não superior a 3 mm, exclusive os aços refratários, na forma de alíquota específica, por dois anos. Tal prazo de aplicação foi justificado por se tratar de setor sensível, cujos preços tiveram comportamento influenciado pela demanda asiática e por incertezas que permeavam o mercado internacional e limitavam previsões quanto à evolução desses preços.

AVALIAÇÃO DE INTERESSE PÚBLICO – AÇO PLANO INOXIDÁVEL – 1ª REVISÃO – ÁFRICA DO SUL, ESPANHA, FRANÇA, JAPÃO E MÉXICO
RESOLUÇÃO GECEX N. 193, DE 28 DE ABRIL DE 2021

Trata-se de investigação referente à prorrogação de direito antidumping definitivo, aplicado às importações brasileiras de tubos de plástico para coleta de sangue a vácuo, originárias da China, Estados Unidos da América e do Reino Unido. Mantém vigente a suspensão, por interesse público, dos direitos antidumping aplicado às importações brasileiras de tubos de plástico para coleta de sangue a vácuo, tendo por objetivo facilitar o combate à pandemia do Corona Vírus / Covid-19.

Com relação a diferentes critérios de análise, destaca-se a suspensão para facilitar o combate à pandemia:

"(...)

1.2.2 Da suspensão por interesse público para facilitar o combate à pandemia do Covid-19

No intuito de facilitar o combate à pandemia do Covid-19, o Comitê Executivo de Gestão da Câmara de Comércio Exterior decidiu suspender, até 30 de setembro de 2020, por interesse público, os direitos antidumping aplicados às importações brasileiras de tubos de plástico para coleta de sangue a vácuo, originárias da República Federal da Alemanha, dos Estados Unidos da América, do Reino Unido

---

[139] Resolução CAMEX n. 10, de 2 de maio de 2006. Circular SECEX 15, de 24 de fevereiro de 2021. Disponível em: <http://www.camex.gov.br/resolucoes-camex-e-outros-normativos/58-resolucoes-da-camex/559-resolucao-n-10-de-02-de-maio-de-2006>. Acesso em: 7 abr. 2021.

Curso de Defesa Comercial e Interesse Público no Brasil: teoria e prática

> *da Grã-Bretanha e Irlanda do Norte e da República Popular da China. A decisão consta na Resolução CAMEX n. 23, de 25 de março de 2020, publicada no Diário Oficial da União no dia 26 de março de 2020.*
>
> *No mesmo mote, foi publicada no D.O.U., em 16 de janeiro de 2021, a Resolução GECEX n. 174, de 15 de janeiro de 2021, novamente suspendendo a aplicação, por razões de interesse público, até 30 de junho de 2021, do direito antidumping sobre as importações brasileiras de tubos de plástico para coleta de sangue a vácuo, comumente classificadas nos itens 3822.00.90, 3926.90.40 e 9018.39.99 da NCM, quando originárias da Alemanha, China, Estados Unidos e Reino Unido.*
>
> *(...)".*

Fonte: Resolução CAMEX n. 10, de 2 de maio de 2006[140].

Quanto (2) à possibilidade de alteração na forma de aplicação da medida, por razões de interesse público, entendemos que sim[141], seria possível esse resultado. Quando a legislação brasileira indica que aplicação de direito antidumping ou compensatório definitivo pode ser realizada em valor diferente do recomendado, esse "valor" não é apenas do *quantum* da medida, mas também o valor referenciado, ou seja, um valor de alíquota específica ou um valor percentual, *ad valorem*.

Assim foi o caso, por exemplo, na avaliação de interesse público referente à investigação antidumping de n-butanol em face das exportações dos Estados Unidos, África do Sul e Rússia para o Brasil, conduzida entre 2016 e 2017. O resultado da avaliação de interesse público, consubstanciado na Resolução CAMEX n. 48, de 5 de julho de 2017, foi a alteração da forma de aplicação do direito antidumping sobre as importações brasileiras de n-butanol, com a alteração da forma de aplicação das medidas antidumping de alíquota específica para alíquota *ad valorem*.

---

[140] BRASIL. Resolução CAMEX n. 10, de 2 de maio de 2006. Disponível em: <http://www.camex.gov.br/resolucoes-camex-e-outros-normativos/58-resolucoes-da-camex/559-resolucao-n-10-de-02-de-maio-de-2006#:~:text=Encerra%20a%20revis%C3%A3o%20dos%20direitos,prorroga%C3%A7%C3%A3o%20dos%20direitos%20em%20vigor>. Acesso em: 7 abr. 2021.

[141] Em sentido contrário, registramos a posição de STAIBANO, que entende que não há possibilidade prevista na norma brasileira para alteração do produto, da forma de aplicação ou da duração da medida (considerando que a suspensão e não aplicação não alteram o prazo legal de duração da medida em questão). STAIBANO, Marina. Parâmetros para modulação/alteração de direitos com base em elementos de interesse público. In: ATHAYDE, Amanda; CINTRA DE MELO, Lílian (Orgs.). *Comércio internacional e concorrência*: desafios e perspectivas atuais – Volume III. Brasília: Faculdade de Direito – UnB, 2021. Disponível em: <https://www.amandaathayde.com.br/livros-organizados>. Acesso em: 7 abr. 2022. *Data maxima venia*, discordamos dessa conclusão, pelas razões apresentadas neste livro.

> **AVALIAÇÃO DE INTERESSE PÚBLICO – N-BUTANOL – 1ª REVISÃO – ESTADOS UNIDOS DA AMÉRICA, ÁFRICA DO SUL E RÚSSIA**
> RESOLUÇÃO CAMEX N. 48, DE 5 DE JULHO DE 2017, MENCIONADA NA
> CIRCULAR SECEX N. 47, DE 14 DE JULHO DE 2021
>
> Trata-se de investigação que encerrou a avaliação de interesse público, sem a suspensão, mas com alteração da forma de cálculo, do direito antidumping aplicado às importações brasileiras de n-butanol.
>
> Com relação aos resultados de uma avaliação de interesse público, destaca-se:
>
>> "1.3. Da avaliação de interesse público – Estados Unidos, África do Sul e Rússia (2016-2017).
>>
>> 8. Em 6 de outubro de 2016, a Oxiteno Nordeste S.A. Indústria e Comércio protocolou junto à secretaria do Grupo Técnico de Avaliação de Interesse Público (GTIP) pedido de instauração de avaliação de interesse público, visando à: a) suspensão das medidas antidumping contra a importação de n-butanol – quer das medidas antidumping em vigor contra os Estados Unidos, quer das eventuais medidas antidumping definitivas que poderiam vir a ser aplicadas pela CAMEX contra a África do Sul e a Rússia, cuja investigação encontrava-se ainda em curso; ou b) alternativamente, na hipótese de o GTIP chegar à conclusão de que não subsiste interesse público suficiente para motivar a suspensão da medida, alteração da forma de aplicação das medidas antidumping de alíquota específica para alíquota ad valorem. 9. Em 7 de julho de 2017 foi publicada no DOU a Resolução CAMEX n. 48, de 5 de julho de 2017, encerrando a avaliação de interesse público, sem suspensão, mas com alteração da forma de aplicação do direito antidumping sobre as importações brasileiras de n-butanol de que tratam a Resolução CAMEX n. 76, de 5 de outubro de 2011 (alterada pela Resolução CAMEX n. 48, de 3 de julho de 2014) e a Resolução CAMEX n. 127, de 22 de dezembro de 2016. Em vista disso, o direito antidumping passou a ser aplicado nos percentuais estabelecidos na tabela a seguir:".

Fonte: Resolução CAMEX n. 48, de 5 de julho de 2017, mencionada na Circular SECEX n. 47, de 14 de julho de 2021[142].

Mesmo no âmbito do decreto antidumping anterior (Decreto n. 1.602/1995), já restava consolidada essa interpretação. Como se viu, o § 3º do art. 64 previa a possiblidade de aplicação de direitos em valor diferente do recomendado, por razões de interesse nacional. Sob a égide desse marco legal, existiram casos que alteraram a forma de aplicação da medida com fundamento nesse dispositivo

---

[142] BRASIL. Circular SECEX n. 47, de 14 de julho de 2021. Disponível em: <https://in.gov.br/web/dou/-/circular-n-47-de-14-de-julho-de-2021-332180420>. Acesso em: 7 jun. 2022.
BRASIL. Circular SECEX n. 85, de 22 de dezembro de 2021. Disponível em: <https://www.in.gov.br/en/web/dou/-/circular-n-85-de-22-de-dezembro-de-2021-369787012>. Acesso em: 7 abr. 2022.

legal. Esse foi o caso na investigação sobre importações de policloreto de vinila (PVC-S), originárias dos EUA e do México, que teve, por meio da Resolução CAMEX n. 66/2011, a alteração da forma de aplicação do direito, passando de direito específico móvel para alíquota *ad valorem* de 16%. Sobre esse ponto, interessante notar que a cláusula de interesse público foi utilizada com a justificativa de "restaurar a eficácia do direito aplicado", sendo que, em regra, o instrumento correto para tal finalidade seria uma revisão de redeterminação, nos termos já apresentados nas Seções 2.8.6 e 3.8.6, sobre investigações antidumping e antissubsídios, respectivamente.

AVALIAÇÃO DE INTERESSE PÚBLICO – POLICLORETO DE VINILA – INVESTIGAÇÃO ORIGINAL – ESTADOS UNIDOS DA AMÉRICA E MÉXICO
RESOLUÇÃO CAMEX N. 66, DE 6 DE SETEMBRO DE 2011

Trata-se de investigação referente à alteração de forma de aplicação do direito antidumping definitivo aplicado às importações brasileiras de resina de policloreto de vinila, de que trata a Resolução CAMEX n. 85, de 2010.
Com relação aos resultados de uma avaliação de interesse público, destaca-se que:
"Art. 2: *A alteração da forma de aplicação do direito antidumping referida no art. 1º foi determinada pela necessidade de se restaurar a eficácia do direito aplicado*". BRASIL, Câmara de Comércio Exterior.

Fonte: Resolução CAMEX n. 66, de 6 de setembro de 2011[143].

Similarmente aconteceu na investigação referente às importações de glifosato (n-fosfonometil glicina) destinadas exclusivamente à fabricação de herbicidas originárias da China. Nos termos da Resolução CAMEX n. 45, de 5 de julho de 2012[144], e considerando a relevância do setor agrícola e a manutenção da produção nacional, a CAMEX alterou a forma de aplicação do direito antidumping de alíquota *ad valorem*, anteriormente definida. Novamente, interessante notar que a cláusula de interesse público foi para alterar a forma de aplicação da medida sendo que, em regra, o instrumento correto para tal finalidade seria uma revisão de redeterminação, nos termos já apresentados nas Seções 2.8.6 e 3.8.6, sobre investigações antidumping e antissubsídios, respectivamente.

---

[143] BRASIL. Resolução CAMEX n. 66, de 6 de setembro de 2011. Disponível em: <http://www.camex.gov.br/component/content/article/resolucoes-camex-e-outros-normativos/58-resolucoes-da-camex/992-resolucao-n-66-de-06-de-setembro-de-2011>. Acesso em: 7 jun. 2022.

[144] BRASIL. Resolução n. 45, de 5 de julho de 2012. Disponível em: <http://www.camex.gov.br/component/content/article/62-resolucoes-da-camex/1096>. Acesso em: 3 jun. de 2022.

5 • *Avaliações de interesse público em defesa comercial – teoria e prática*

AVALIAÇÃO DE INTERESSE PÚBLICO – GLIFOSATO – INVESTIGAÇÃO ORIGINAL – CHINA
RESOLUÇÃO CAMEX N. 45, DE 5 DE JULHO DE 2012

Com relação aos resultados de uma avaliação de interesse público, destaca-se:

"Art. 1º Alterar a forma de aplicação do direito antidumping definitivo aplicado às importações de glifosato (n-fosfonometil glicina), em suas diferentes formas (ácido, sais e formulado) e graus de concentração, destinado, exclusivamente, à fabricação de herbicida, classificado nos itens 2931.00.32, 2931.00.39, 3808.93.24, da Nomenclatura Comum do MERCOSUL – NCM, quando originárias da República Popular da China, prorrogado pela Resolução n. 3, de 3 de fevereiro de 2009, da Câmara de Comércio Exterior, de alíquota ad valorem para direito específico, fixado em dólares dos Estados Unidos da América, (...)".

Fonte: Resolução CAMEX n. 45, de 5 de julho de 2012[145].

Essa também foi a solução para o caso de canetas esferográficas originárias da China, em que a alíquota da medida foi definida por razões de interesse nacional, com o objetivo de evitar excessiva onerosidade na aquisição de material didático-escolar (Resolução CAMEX n. 24/2010)[146].

AVALIAÇÃO DE INTERESSE PÚBLICO – CANETAS ESFEROGRÁFICAS – INVESTIGAÇÃO ORIGINAL – CHINA
RESOLUÇÃO CAMEX N. 24, DE 28 DE ABRIL DE 2010

Trata-se de investigação referente à aplicação de direito antidumping definitivo às importações brasileiras de canetas esferográficas fabricadas à base de resinas plásticas de corpo único tipo monobloco ou desmontável, retrátil ou não, com ou sem grip, com tinta gel ou à base de óleo, originárias da República Popular da China.

Com relação aos resultados de uma avaliação de interesse público, destaca-se que a alíquota específica do direito antidumping foi aplicada em 14,52 US$/kg, por razões de interesse nacional, considerando a necessidade de se evitar onerar as despesas de aquisição de material didático-escolar de que trata o inciso VIII do art. 70 da Lei n. 9.394, de 20 de dezembro de 1996.

O montante recomendado por defesa comercial diferia daquele que foi aplicado em razões de interesse público, já que a proposta do então DECOM era a seguinte:

---

[145] BRASIL. Resolução CAMEX n. 45, de 5 de julho de 2012. Disponível em: <http://www.camex.gov.br/component/content/article/resolucoes-camex-e-outros-normativos/58-resolucoes-da-camex/1096-resolucao-n-45-de-05-de-julho-de-2012>. Acesso em: 7 jun. 2022.

[146] BRASIL. Resolução CAMEX n. 24, de 28 de abril de 2010. Disponível em: <http://www.camex.gov.br/component/content/article/62-resolucoes-da-camex/905>. Acesso em: 25 abr. 2022.

Curso de Defesa Comercial e Interesse Público no Brasil: teoria e prática

> *"A margem absoluta de dumping apurada foi convertida para quilograma, para fins de aplicação de direito antidumping, considerando ser impraticável a cobrança da medida em unidades. Essa conversão foi realizada com base na média observada nas respostas ao questionário, correspondente a 0,0062 kg por unidade em P5, obtendo-se o valor US$ 30,64 (trinta dólares estadunidenses e sessenta e quatro centavos por quilograma)".*

Fonte: Resolução CAMEX n. 24, de 28 de abril de 2010[147].

Nota-se, portanto, que a interpretação de que é possível alterar a forma de aplicação da medida (alíquota específica ou *ad valorem*), por interesse público, está consolidada no Brasil.

Por sua vez, a alteração na forma de aplicação da medida, por interesse público, para a imposição de preço mínimo de importação, por sua vez, nos parece também abarcada pela legislação brasileira, que indica que aplicação de direito antidumping ou compensatório definitivo pode ser realizada em valor diferente do recomendado. Trata-se, assim, de hipótese similar àquela de alteração no nível/*quantum* da medida de defesa comercial. A dificuldade, nesse caso, seria a metodologia para a definição de um preço mínimo de importação que seja minimamente objetiva.

Ainda sobre a alteração na forma de aplicação da medida, por interesse público, por meio da aceitação de compromisso de preço, apesar de prevista na experiência internacional como uma espécie do gênero alteração na forma de aplicação, no Brasil é hipótese expressa prevista na legislação. Ou seja, reconhece-se que, mesmo que haja uma negativa do compromisso de preço por razões de defesa comercial, seja em investigação antidumping (art. 67, § 10, do Decreto n. 8.058/2013) ou em investigações antissubsídios (art. 63, § 11, do Decreto n. 10.839/2021), é possível que, por interesse público, esse mesmo compromisso de preços seja aceito pelo tomador de decisão.

Quanto (3) à possibilidade de alteração do escopo do produto objeto da medida de defesa comercial, por razões de interesse público, entendemos que há argumentos de que sim[148], seria possível esse resultado, apesar de outros bons

---

[147] BRASIL. Resolução CAMEX n. 24, de 28 de abril de 2010. Disponível em: <http://www.camex.gov.br/component/content/article/62-resolucoes-da-camex/905>. Acesso em: 25 abr. 2022.

[148] Em sentido contrário, registramos a posição de STAIBANO, que entende que não há possibilidade prevista na norma brasileira para alteração do produto, da forma de aplicação ou da duração da medida (considerando que a suspensão e não aplicação não alteram o prazo legal de duração da medida em questão). STAIBANO, Marina. Parâmetros para modulação/alteração de direitos com base em elementos de interesse público. In: ATHAYDE, Amanda; CINTRA DE MELO, Lílian (Orgs.). *Comércio internacional e concorrência*: desafios e pers-

contra-argumentos. A nosso ver, essa é a hipótese que demanda maior esforço interpretativo, dentre todas as outras acima apresentadas. Isso porque, diferentemente das hipóteses acima, em que facilmente é possível perceber que o "valor" da medida pode ser alterado não apenas em termos quantitativos monetários, mas também em termos temporais e referenciados à sua forma de aplicação (específica ou *ad valorem*, imposição de preço mínimo de importação, compromissos de preços etc.), o escopo da medida parece, em uma análise preliminar, não dizer respeito ao valor.

Como argumentos pró a alteração do escopo do produto por interesse público, pode-se dizer que ao ser possível alterar o valor da medida de defesa comercial, concede-se à autoridade pública tomadora de decisão uma ferramenta para endereçar a alteração do direito da maneira como for mais adequada ao interesse público. E isso poderá incluir, se for o caso, a redução do escopo de uma medida de defesa comercial. Indiretamente estar-se-á reduzindo o valor total da medida, ao passo que, reduzindo a base de cálculo da medida aplicada, haverá também uma redução proporcional de seu valor, quando arrecadado para a Receita Federal do Brasil.

Essa hipótese poderia ser interessante para a autoridade pública decisória em circunstâncias da avaliação de interesse público tais que, embora os produtos objeto da investigação de defesa comercial sejam similares, nos termos da investigação antidumping (art. 9º do Decreto n. 8.058/2013) ou da investigação antissubsídios (art. 7º do Decreto n. 10.839/2021), há algum elemento qualitativo que justifica a sua não incidência. Poderia ser o caso, por exemplo, de um produto que, apesar de ser similar, não possui produção nacional, e que pode ser importante para a sociedade brasileira. Pode ser o caso, por exemplo, de um produto que possui características ambientais mais favoráveis ao consumidor brasileiro (orgânicos, baixa pegada de carbono) e que, por isso, seria mais interessante a não incidência do direito antidumping.

Como argumentos contra a alteração do escopo por interesse público, porém, reconhece-se que abrir essa possibilidade pode, consequentemente, abrir uma "caixa de pandora". Isso porque os interesses econômicos poderiam vir mais fortemente demandar a exclusão específica de determinados produtos do escopo, de modo a atender interesses específicos de determinados importadores ou clientes. Ocorre que este não pode ser um argumento para a negativa dessa prerrogativa para a administração pública, especialmente diante da necessidade de

---

pectivas atuais – Volume III. Brasília: Faculdade de Direito – UnB, 2021. Disponível em: <https://www.amandaathayde.com.br/livros-organizados>. Acesso em: 7 abr. 2022. *Data maxima venia*, discordamos dessa conclusão, pelas razões apresentadas neste livro.

Curso de Defesa Comercial e Interesse Público no Brasil: teoria e prática

presunção de boa-fé dos administrados, nos termos expressos do inciso II, art. 2º, da Lei de Liberdade Econômica (Lei n. 13.874/2019).

Outro contra-argumento sobre essa redução de escopo por interesse público poderia ser uma suposta violação do art. 9.2 do Acordo Antidumping, que determina que "quando o direito antidumping é imposto sobre um produto, será o mesmo cobrado nos valores adequados a cada caso, sem discriminação, sobre todas as importações do produto julgadas serem praticadas a preço de dumping e danosas à indústria nacional, qualquer que seja sua procedência, com exceção daquelas origens com as quais foram acordados compromissos de preços sob a égide deste Acordo". Assim, poder-se-ia dizer que a exclusão de determinados produtos do escopo feriria o princípio da não discriminação, e que só seria possível a exclusão por meio de pedido da indústria doméstica, por exemplo, em uma revisão de final de período.

Data maxima venia, entendemos que, assim como é possível a redução dos montantes de direitos, por razões de interesse público a diferentes origens, por critérios eventualmente definidos na modulação do *quantum*, igualmente seria possível excluir parte do escopo de produto por interesse público.

Em ambos estar-se-ia admitindo que as importações praticadas a preço de dumping poderiam causar dano à indústria doméstica. Em um caso, porque o montante poderia ser menor do que o menor direito. No outro caso, porque alguns produtos não seriam objeto de incidência do direito, de modo que estes poderiam similarmente causar dano à indústria doméstica. Ademais, não haveria uma exclusão imediata desses produtos do escopo do produto, mas sim uma suspensão da exigibilidade da sua cobrança para determinados produtos. Assim, o direito estaria aplicado, sem qualquer discriminação entre as origens, com uma restrição em sua forma de cobrança, abarcado, portanto, dentro da discricionariedade atribuída pelos Acordos Multilaterais da OMC que determinam que a medida de defesa comercial pode ser aplicada quando preenchidos os requisitos necessários, mas que não necessariamente será aplicada, caso assim seja o desejo do Membro. Esse argumento fica ainda mais forte no caso de revisões de final de período em que seja constatada a retomada do dano. Ou seja, nos casos em que não há dano causado pelas importações praticadas a preço de dumping, a incidência do art. 9.2 do Acordo Antidumping ficaria mitigada, conforme jurisprudência da OMC no Painel em *US – Corrosion-Resistant Steel Sunset Review*, que analisou o artigo de revisões (art. 11.3) e concluiu que quando os negociadores quiseram que algum artigo específico do Acordo fosse aplicado a outro, fizeram isso de forma específica[149]. Assim, inexistindo referência específi-

---

[149] *"Embora os parágrafos 4 e 5 do Artigo 11 contenham várias referências cruzadas a outros*

5 • *Avaliações de interesse público em defesa comercial – teoria e prática*

ca para revisões de final de período ao art. 9.2 do Acordo Antidumping, não haveria qualquer restrição à suspensão da exigibilidade do direito a parte do escopo do produto, especialmente em revisões de final de período com retomada de dano causado pelas importações.

Por fim, quanto à (4) possibilidade de alteração no *quantum* da medida seja feita a ponto de o seu montante chegar a zero, ou a quase zero, há que se retomar a dificuldade que permeia todos os casos em que há uma alteração no *quantum* da medida por interesse público. A busca por parâmetros objetivos é uma das grandes dificuldades, dado que a experiência não torna público quais foram os critérios para se recalcular o direito.

Uma metodologia possível, ainda que tipicamente aplicada por defesa comercial, é a regra do menor direito (*lesser duty*). Como se sabe, a utilização da regra do menor direito (*lesser duty*) em investigações de defesa comercial é uma consequência da discussão sobre interesse público durante as negociações do acordo antidumping da OMC, que culminou na possibilidade de aplicação de uma margem inferior quando se constata que ela é suficiente para neutralizar o dano da indústria doméstica. A regra do menor direito deve ser aplicada no Brasil para aqueles exportadores que colaborarem com a investigação antidumping (arts. 67, *caput*, e 78, § 1º, do Decreto n. 8.058/2013), e é facultada em investigações antissubsídios (art. 74 do Decreto n. 10.839/2021). É possível argumentar que as avaliações de interesse público podem se utilizar desse instrumental para

---

artigos do Acordo Antidumping, nenhuma referência cruzada foi feita no texto do Artigo 11 ao Artigo 5.6. Estas referências cruzadas (bem como outras referências cruzadas no Acordo Antidumping, como, por exemplo, no Artigo 12.3, indicam que, quando os redatores pretendiam tornar uma disposição específica também aplicável em um contexto diferente, eles não fizeram tão explicitamente. Portanto, sua falha em incluir uma referência cruzada no texto do Artigo 11.3, ou, nesse caso, em qualquer outro parágrafo do Artigo 11, para o Artigo 5.6 (ou vice-versa) demonstra que eles não pretendiam tornar os padrões probatórios do Artigo 5.6 aplicável a revisões de final de período." [tradução livre] No original: "Although paragraphs 4 and 5 of Article 11 contain several cross-references to other articles in the Anti-Dumping Agreement, no such cross-reference has been made in the text of Article 11 to Article 5.6. These cross-references (as well as other cross-references in the Anti-Dumping Agreement, such as, for example, in Article 12.3) indicate that, when the drafters intended to make a particular provision also applicable in a different context, they did so explicitly. Therefore, their failure to include a cross-reference in the text of Article 11.3, or, for that matter, in any other paragraph of Article 11, to Article 5.6 (or vice versa) demonstrates that they did not intend to make the evidentiary standards of Article 5.6 applicable to sunset reviews". Ver ORGANIZAÇÃO MUNDIAL DO COMÉRCIO, United States — Sunset Review of Anti-Dumping Duties on Corrosion-Resistant Carbon Steel Flat Products from Japan (D244), Relatório do Painel (WT/DS244/R), Genebra, 2003, §7.27. Disponível em: <https://docs.wto.org/dol2fe/Pages/SS/directdoc.aspx?filename=Q:/WT/DS/244R-00.pdf&Open=True>. Acesso em: 25 abr. 2022.

Curso de Defesa Comercial e Interesse Público no Brasil: teoria e prática

ampliar sua aplicação para outros exportadores, ainda que não colaboradores. Certo é que seriam levantados argumentos contrários no sentido de que a ampliação do uso da regra do menor direito para além das hipóteses de colaboração no processo de defesa comercial poderia resultar em um prejuízo para a investigação, na medida em que seriam gerados menos incentivos para a colaboração dos exportadores. Ocorre que a avaliação de interesse público corre de modo paralelo, com parâmetros diferentes de análise, e visa a analisar o impacto mais amplo da aplicação daquela medida na sociedade. Assim, ainda que se trate de uma metodologia típica de defesa comercial, a avaliação de interesse público pode se utilizar desse instrumental para definir um novo *quantum* da medida antidumping ou compensatória. Essa metodologia traz, em si, a vantagem de ser previsível e de ter parâmetros objetivos. Por outro lado, essa metodologia tem como restrição as suas próprias balizas, ou seja, resultará em direitos que sejam suficientes para neutralizar o dano, e nunca alcançará montantes inferiores. Assim, caso, por justificativas de interesse público, haja elementos no sentido de que o montante deva ser ainda inferior à metodologia do menor direito, esse instrumental não será suficiente, sendo necessário o aprimoramento de metodologias, sejam qualitativas, sejam quantitativas.

Sobre esse tema da modulação do *quantum* das medidas de defesa comercial por razões de interesse público, Marssola[150] realiza estudo comparativo entre a experiência brasileira e a canadense sobre critérios para alterar medidas de defesa comercial. Recorde-se, como apresentado acima, que apenas o Canadá, na experiência internacional, possui expressamente essa possibilidade, apesar de o Reino Unido, na prática, sinalizar em eventos sua competência para também ter esse resultado em seu "teste de interesse econômico" (*economic interest test*). Segundo a autora, dos 7 (sete) precedentes canadenses de avaliações de interesse público completas, em 5 (cinco) delas a decisão teria sido no sentido de reduzir as medidas antidumping originalmente impostas, jamais de suspender. Com relação ao cálculo para chegar ao valor e ao montante da redução do direito aplicado nesses casos no Canadá, Marssola identifica três metodologias de redução do *quantum* da medida: (i) princípio do menor direito (*lesser duty*), para aplicar direito menor do que a margem de dumping; (ii) compromisso de preços (valores mínimos ou médios de revenda); (iii) simulação de um direito de equilíbrio ótimo a partir de diversos critérios apresentados pelas Partes.

---

[150] MARSSOLA, Julia. Quais os critérios para alterar medidas de defesa comercial por interesse público? Uma análise da experiência do Brasil e do Canadá. In: ATHAYDE, Amanda; MAIOLINO, Isabela; SILVEIRA, Paulo Burnier (Orgs.). *Comércio internacional e concorrência*: desafios e perspectivas atuais – Volume II. Brasília: Faculdade de Direito – UnB, 2019. Disponível em: <https://www.amandaathayde.com.br/livros-organizados>. Acesso em: 7 abr. 2022.

5 • Avaliações de interesse público em defesa comercial – teoria e prática

No Brasil, Marssola aponta casos históricos que preveem metodologias para alteração do *quantum* da medida. São eles: laminados planos de aço silício de grãos não orientados (aço GNO) originários da China, Coreia do Sul e Taipei Chinês, nos termos da Resolução CAMEX n. 108, de 4 de novembro de 2015, poderiam ser usados como parâmetros: (i) preço médio de exportação mundial; (ii) preço médio da produtora doméstica no mercado interno; (iii) custo total da produtora doméstica; (iv) custo de internação das importadoras no período de investigação; (v) custo de internação dos importadores sem antidumping (período em que o direito foi reduzido a zero para determinada cota); e (vi) valor médio do dólar comercial.

AVALIAÇÃO DE INTERESSE PÚBLICO – AÇOS GNO – INVESTIGAÇÃO ORIGINAL – CHINA, COREIA DO SUL E TAIPÉ CHINÊS
RESOLUÇÃO CAMEX N. 108, DE 4 DE NOVEMBRO DE 2015

Trata-se de investigação referente à avaliação de interesse público, que culminou na redução do valor do direito antidumping definitivo aplicado por meio da Resolução CAMEX n. 49, de 16 de julho de 2013, enquanto durar a respectiva medida, às importações brasileiras de laminados planos de aço ao silício, denominados magnéticos, de grãos não orientados (GNO).

Com relação aos resultados de uma avaliação de interesse público, destaca-se:

"(...) Durante a avaliação de interesse público foram considerados os seguintes elementos: (i) os efeitos do direito antidumping sobre as indústrias fabricantes de equipamentos elétricos decorrem da essencialidade e da impossibilidade de substituição do aço GNO na fabricação de motores, geradores elétricos e compressores herméticos; (ii) a competitividade das indústrias usuárias do aço GNO está relacionada ao acesso ao insumo sem sobretaxas; (iii) a política de desoneração e estímulo às exportações, expressa no Plano Nacional de Exportações; (iv) o aumento indesejado dos custos dos equipamentos elétricos de alta eficiência energética e as consequências negativas para as indústrias fabricantes desses equipamentos, no que diz respeito a sua competitividade internacional; (v) a preservação da produção nacional de aço GNO para mitigar o risco de desabastecimento do mercado interno. Desse modo, buscando o equilíbrio de mercado entre as partes envolvidas, e para permitir que as empresas operem em condições competitivas, do ponto de vista econômico-financeiro, considerou-se haver elementos de interesse público para a alteração do direito antidumping em vigor, na forma de redução das alíquotas aplicadas".

Fonte: Resolução CAMEX n. 108, de 4 de novembro de 2015[151].

---

[151] BRASIL. Resolução CAMEX n. 108, de 4 de novembro de 2015. Disponível em: <https://www.in.gov.br/materia/-/asset_publisher/Kujrw0TZC2Mb/content/id/33303656/do1-2015-11-05-resolucao-n-108-de-4-de-novembro-de-2015-33303647>. Acesso em: 3 jun. 2022.

Já nos casos de vidros para eletrodomésticos de linha fria, nos termos da Resolução CAMEX n. 46, de 4 de julho de 2014, as alíquotas foram alteradas por razões de interesse público, "com vistas a preservar a estabilidade dos preços", mas sem transparência sobre os critérios utilizados para essa modulação.

MEDIDA ANTIDUMPING – VIDROS – INVESTIGAÇÃO ORIGINAL – CHINA
RESOLUÇÃO CAMEX N. 46, DE 3 DE JULHO DE 2014

Trata-se de investigação referente à aplicação de direito antidumping definitivo, por um prazo de até 5 (cinco) anos, às importações brasileiras de vidros para uso em eletrodomésticos da linha fria, originárias da República Popular da China.
Com relação aos resultados de uma avaliação de interesse público, destaca-se:
"(...) Art. 2º A alíquota específica do direito antidumping foi aplicada por razões de interesse público, considerando a necessidade de preservar a estabilidade dos preços. (...)".

Fonte: Resolução CAMEX n. 46, de 3 de julho de 2014[152].

Também em 2009, outro caso foi afetado por interesse público em termos mais amplos, consistente na política governamental de estímulo à aquisição de automóveis populares.

MEDIDA ANTIDUMPING – PNEUS DE AUTOMÓVEIS – INVESTIGAÇÃO ORIGINAL – CHINA
CIRCULAR SECEX N. 46, DE 8 DE JULHO DE 2008

Trata-se de investigação referente à medida antidumping original aplicada às importações brasileiras de pneus novos de borracha dos tipos utilizados em automóveis de passageiros, de construção radial, originárias da China.
Na época, a Resolução CAMEX n. 49, de 2009, estabeleceu a suspensão, por até seis meses, da aplicação do direito antidumping mencionado para fabricantes de veículos de passageiros, tendo em vista o interesse nacional expresso na política governamental de estímulo à aquisição de automóveis populares, mediante redução do imposto sobre produtos industrializados – IPI.

Fonte: Circular SECEX n. 46, de 8 de julho de 2008[153].

---

[152] BRASIL. Resolução CAMEX n. 46, de 3 de julho de 2014. Disponível em: <http://www.camex.gov.br/resolucoes-camex-e-outros-normativos/58-resolucoes-da-camex/1354-resolucao-n-46-de-03-de-julho-de-2014>. Acesso em: 3 jun. 2022.

[153] BRASIL. Circular SECEX n. 46, de 8 de julho de 2008. Disponível: <https://www.gov.br/produtividade-e-comercio-exterior/pt-br/arquivos/dwnla_1216136752.pdf>. Acesso em: 19 maio 2022.

5 • *Avaliações de interesse público em defesa comercial – teoria e prática*

Similarmente sem qualquer nota técnica pública sobre a metodologia de alteração do *quantum* da medida de defesa comercial por razões de interesse público é o caso de calçados provenientes da China, que teve a alíquota específica reduzida, mas sem clareza sobre seus parâmetros. Consta na decisão apenas que o cálculo que conduziu a esse montante levou em consideração o aumento do imposto de importação para os produtos abrangidos pela medida no período de investigação, a fim de evitar ônus excessivo à população de menor poder aquisitivo, nos termos da Resolução CAMEX n. 20, de 1º de março de 2016.

AVALIAÇÃO DE INTERESSE PÚBLICO – CALÇADOS – 1ª REVISÃO – CHINA
RESOLUÇÃO CAMEX N. 20, DE 1º DE MARÇO DE 2016

Trata-se de investigação responsável pela prorrogação de direito antidumping definitivo, aplicado às importações brasileiras de calçados, originárias da China.
No que se refere à redução de alíquotas por razões de interesse público, destaca-se o disposto abaixo:

"(...)
Art. 1º Encerrar a revisão do direito antidumping iniciada pela Circular SECEX n. 9, de 24 de fevereiro de 2015, publicada no DOU de 21 de março de 2015, prorrogando, por um prazo de até 5 (cinco) anos, o direito antidumping definitivo aplicado por meio da Resolução CAMEX n. 14, de 4 de março de 2010, às importações brasileiras de calçados, comumente classificados nas posições 6402 a 6405 da Nomenclatura Comum do Mercosul – NCM, originárias da República Popular da China.
Art. 2º Reduzir, de ofício, por razões de interesse público, enquanto durar a respectiva medida, o valor do direito antidumping, a ser recolhido sob a forma de alíquota específica fixada em dólares estadunidenses por par, nos montantes especificados a seguir. A decisão considerou o impacto estimado do aumento de preço dos produtos no custo de vida da população de baixa renda.
[CONFIDENCIAL].
(...)".

Fonte: Resolução CAMEX n. 20, de 1º de março de 2016[154].

Apesar de haver, portanto, a possibilidade de alteração no *quantum* da medida, não há precedentes brasileiros no sentido de que seu montante chegasse a zero, ou a quase zero. Parece-nos que não há, porém, qualquer trava na

---

[154] BRASIL. Resolução CAMEX n. 20, de 1º de março de 2016. Disponível em: <http://www.camex.gov.br/resolucoes-camex-e-outros-normativos/58-resolucoes-da-camex/1616-resolucao-n-20-de-01-de-marco-de-2016-21282781> Acesso em: 3 jun. 2022.

Curso de Defesa Comercial e Interesse Público no Brasil: teoria e prática

legislação que impeça que isso aconteça, por exemplo, quando da decisão por aplicar a medida por um valor diferente. O mesmo vale para a decisão de suspender por um ano e depois por reaplicar a medida em valor diferente do recomendado por defesa comercial. Mas suponhamos um exemplo extremo, em que uma medida antidumping tenha sido suspensa por interesse público por um ano, prorrogável por mais um ano. Ao final desses dois anos, a legislação antidumping determina que a medida deve ser extinta ou reaplicada. Não há contornos a respeito dessa reaplicação final. Seria possível reaplicar a medida com um valor de zero ou próximo a zero? A nosso ver, apesar de formalmente possível, essa não parece ser a razão de ser da norma. Ou seja, ao impor prazos processuais para uma tomada de decisão sobre extinção, a norma determina que a autoridade pública se posicione definitivamente sobre a adequação ou não da medida quanto ao interesse público. Reduzir a zero ou a próximo de zero seria praticamente manter a suspensão da medida pelo restante dos 5 (cinco) anos de sua aplicação, contornando a disposição do decreto antidumping, aproximando à normativa atribuída a subsídios. Assim, entendemos que é sim possível que haja, no momento da reaplicação, uma aplicação da medida em montante alterado, ainda que em valor significativamente menor, desde que não se configure uma burla à determinação de reaplicação da medida, de modo a chegar a zero ou a próximo de zero.

Dessa maneira, cotejando esses argumentos, entendemos que é possível interpretar as possibilidades de uso de interesse público no Brasil de forma similar ao verificado na experiência internacional, do seguinte modo consolidado na tabela abaixo:

Imagem – Possíveis resultados da avaliação de interesse público em defesa comercial na experiência internacional e no Brasil – leitura interpretativa

POSSÍVEIS RESULTADOS DA AVALIAÇÃO DE INTERESSE PÚBLICO EM DEFESA COMERCIAL NA EXPERIÊNCIA INTERNACIONAL					
Possíveis resultados da avaliação de interesse público em defesa comercial na experiência internacional	UNIÃO EUROPEIA	CANADÁ	NOVA ZELÂNDIA	REINO UNIDO	BRASIL
(I) Aplicação da medida de defesa comercial	✓	✓	✓	✓	✓
(II) Não aplicação da medida de defesa comercial					
(II.1) Medida definitiva	✓	⊘	✓	✓	⊘
(II.2) Medida provisória	✓	⊘	✓	✓	✓ Art. 3º, inciso II, do Decreto n. 8.058/2013 Art. 4º, inciso II, do Decreto n. 10.839/2021
(III) Alteração na duração da medida	✓	⊘	⊘	✓	✓
(IV) Alteração na forma de aplicação da medida					
(IV.1.) Alíquota específica, *ad valorem*	✓	⊘	⊘	✓	✓
(IV.2.) Imposição de preço mínimo de importação	✓	✓ (similar aos resultados V e VII)	⊘	✓	✓

POSSÍVEIS RESULTADOS DA AVALIAÇÃO DE INTERESSE PÚBLICO EM DEFESA COMERCIAL NA EXPERIÊNCIA INTERNACIONAL					
Possíveis resultados da avaliação de interesse público em defesa comercial na experiência internacional	UNIÃO EUROPEIA	CANADÁ	NOVA ZELÂNDIA	REINO UNIDO	BRASIL
(IV.3.) Compromisso de preço	✓	⊘	⊘	✓	✓ Art. 3º, inciso III, do Decreto n. 8.058/2013 Art. 4º, inciso I, do Decreto n. 10.839/2021 Art. 4º, inciso III, do Decreto n. 10.839/2021
(V) Redução do nível/Quantum da medida de defesa comercial	⊘	✓	⊘	⊘	✓ Art. 3º, inciso III, do Decreto n. 8.058/2013 Art. 4º, inciso III, do Decreto n. 10.839/2021
(VI) Definição de preço ou preços que sejam adequados para remover o dano	⊘	✓	⊘	⊘	✓ Art. 3º, inciso III, do Decreto n. 8.058/2013 Art. 4º, inciso III, do Decreto n. 10.839/2021
(VII) Alteração do escopo da medida	⊘	⊘	⊘	✓	✓
(VIII) Suspender, por até um ano, prorrogável uma única vez por igual período, a exigibilidade de direito antidumping definitivo	⊘	⊘	⊘	⊘	✓ Art. 3º, inciso I, do Decreto n. 8.058/2013
(IX) Suspender, por até um ano, prorrogável uma única vez por igual período, a exigibilidade de compromisso de preços, em vigor	⊘	⊘	⊘	⊘	✓ Art. 3º, inciso I, do Decreto n. 8.058/2013
(X) Suspender a exigibilidade de direito compensatório definitivo	⊘	⊘	⊘	⊘	✓ Art. 4º, inciso I, do Decreto n. 10.839/2021

Fonte: elaboração própria.

5.9.2. Procedimentos posteriores à suspensão por interesse público de uma medida de defesa comercial

Apesar de os Decretos Antidumping, de Subsídios e Medidas Compensatórias e de Salvaguardas preverem a possibilidade da utilização da cláusula de interesse público, não há, naqueles normativos, detalhamento sobre os aspectos procedimentais. A Portaria SECEX n. 282/2023, atualmente em vigor, é que detalha os procedimentos a serem seguidos.

Importante destacar, de pronto, que há uma relevante distinção dos efeitos do uso da cláusula de interesse público em caso de suspensão quanto às medidas antidumping em comparação com as medidas compensatórias. Ao passo que o art. 3º do Decreto n. 8.058/2013 determina prazo intermediário à vigência da medida para a decisão de interesse público, o art. 4º do Decreto n. 10.839/2021 determina a vigência dessa decisão até o final da medida. Esse ponto já foi apresentado anteriormente, na Seção 5.9.1, sobre possíveis resultados de uma avaliação de interesse público. Para fins do que cabe a essa seção, dos procedimentos posteriores à suspensão por interesse público, cabe recordar apenas o seguinte:

Imagem – Procedimentos posteriores à suspensão por interesse público em antidumping e em antissubsídios

Fonte: elaboração própria.

Curso de Defesa Comercial e Interesse Público no Brasil: teoria e prática

A nova Portaria SECEX n. 282/2023 apresenta os possíveis procedimentos posteriores a uma suspensão por interesse público: (i) pedido de reaplicação das medidas antidumping e compensatórias, nos termos dos arts. 29 e seguintes; (ii) prorrogação da suspensão da exigibilidade de medidas antidumping e compensatórias, nos termos dos arts. 33 e segiuntes; e (iii) reavaliação das medidas antidumping e compensatórias aplicadas em montante diferente do recomendado, nos termos dos arts. 38 e seguintes.

A imagem a seguir evidencia as hipóteses e seus recpectivos prazos processuais de análise:

5 • Avaliações de interesse público em defesa comercial – teoria e prática

Imagem – Aspectos processuais referentes aos procedimentos posteriores à suspensão por interesse público em antidumping e medida compensatória

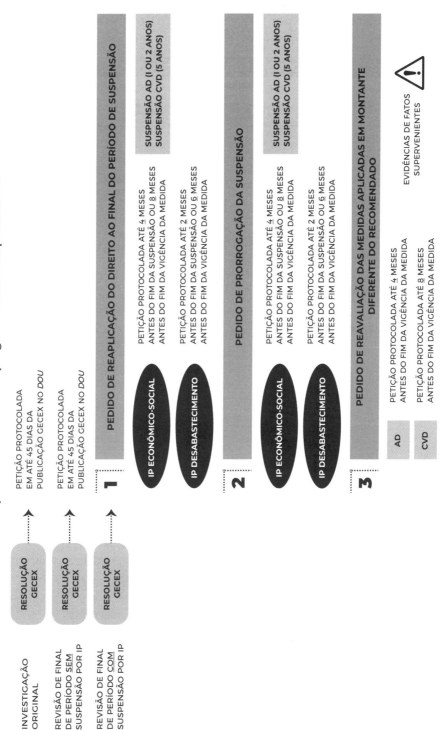

Fonte: elaboração própria.

Imagem – Possíveis resultados dos procedimentos posteriores à suspensão por interesse público de uma medida antidumping vs. medida compensatória

POSSÍVEIS RESULTADOS DOS PROCEDIMENTOS POSTERIORES À SUSPENSÃO POR INTERESSE PÚBLICO	BRASIL	MEDIDA ANTIDUMPING	MEDIDA COMPENSATÓRIA
Aplicação da medida de defesa comercial	✓		
Suspender, por até um ano, prorrogável uma única vez por igual período, a exigibilidade de direito antidumping definitivo	✓	Art. 3º, inciso I, do Decreto n. 8.058/2013	
Suspender, por até um ano, prorrogável uma única vez por igual período, a exigibilidade de compromisso de preços. Em vigor	✓	Art. 3º, inciso I, do Decreto n. 8.058/2013	
Não aplicação do direito antidumping ou compensatório provisório	✓	Art. 3º, inciso II, do Decreto n. 8.058/2013	Art. 4º, inciso II, do Decreto n. 10.839/2021
Homologação de compromisso de preços	✓	Art. 3º, inciso III, do Decreto n. 8.058/2013	Art. 4º, inciso III, do Decreto n. 10.839/2021
Aplicação de direito antidumping ou compensatório definitivo em valor diferente do recomendado	✓	Art. 3º, inciso III, do Decreto n. 8.058/2013	Art. 4º, inciso III, do Decreto n. 10.839/2021
Suspender a exigibilidade de direito compensatório definitivo	✓		Art. 4º, inciso I, do Decreto n. 10.839/2021
Suspender a exigibilidade de compromisso em vigor	✓		Art. 4º, inciso I, do Decreto n. 10.839/2021

Fonte: elaboração própria.

MEDIDA ANTIDUMPING – FILAMENTOS SINTÉTICOS TEXTURIZADOS – PEDIDO DE REAPLICAÇÃO DE MEDIDA SUSPENSA POR INTERESSE PÚBLICO – CHINA E ÍNDIA
RESOLUÇÃO GECEX N. 508, DE 16 DE AGOSTO DE 2023

Trata-se de investigação referente à aplicação de direito antidumping definitivo às importações brasileiras de filamentos sintéticos texturizados, originárias da China e Índia, suspenso por interesse público por 1 (um) ano.

No que se refere ao pedido de reaplicação, o DECOM apontou o seguinte:

> "174. Dessa maneira, o requisito de viabilidade da reaplicação da medida antidumping deve se basear na existência de fato superveniente aos fatos nos quais se baseou a Avaliação de Interesse Público. Entende-se como fato superveniente aquele que possa alterar as conclusões do parecer final da avaliação de interesse público, consoante § 2º do art. 15 da Portaria Secex n. 13/2020.

> *175. A Abrafas, pleiteante da reaplicação da medida antidumping alegou dois fatos supervenientes: o agravamento do dano à indústria doméstica e alterações nos excedentes mundiais de origens alternativas.*
>
> *176. Tendo em consideração os argumentos detalhados no item 3.5.1 deste documento, o suposto agravamento do dano à indústria doméstica, apontado pela Abrafas, não foi considerado como fato superveniente.*
>
> *177. No que diz respeito aos excedentes de outras origens, destaca-se que, no Parecer SEI N. 11306/2022/ME citado, a ausência de origens alternativas foi o principal elemento que justificou a recomendação de suspensão do direito: (...)*
>
> *178. Desse modo, foi realizada análise detalhada neste documento seguindo a orientação do Guia de Interesse Público, bem como a prática deste Departamento no que tange a análise da existência de origens alternativas do produto sob análise. Conquanto tenha se observado aumento na produção de fios de poliéster de possíveis origens alternativas em 2022 quando comparada a 2020, assim como na capacidade produtiva dessas origens no mesmo período, essas elevações não parecem ter se consubstanciado em elevação substancial do seu excedente produtivo, tampouco no aumento de suas exportações".*

Fonte: Resolução GECEX n. 508, de 16 de agosto de 2023[155].

MEDIDA ANTIDUMPING – SERINGAS DESCARTÁVEIS – PEDIDO DE REAPLICAÇÃO DE MEDIDA SUSPENSA POR INTERESSE PÚBLICO – CHINA
RESOLUÇÃO GECEX N. 487, DE 16 DE JUNHO DE 2023

Trata-se de pedido de reaplicação de direito antidumping suspenso por interesse público, originalmente aplicado para seringas descartáveis originárias da China. O DECOM apontou o seguinte:

> *"165. Ressalta-se ainda que, quando da avaliação de interesse pública realizada concomitantemente com a última revisão, não foram lançadas dúvidas ou questionamentos sobre capacidade da indústria doméstica de abastecer o mercado brasileiro em cenário de estabilidade e previsibilidade, como o observado no momento.*
>
> *166. Os demais fatos supervenientes foram relacionados a eventual risco de desabastecimento e de interrupção do fornecimento em termos quantitativos de seringas em função da pandemia da COVID-19. Nesse sentido, foram apontados de forma conjunta: (i) arrefecimento da pandemia da Covid-19; (ii) queda na demanda por seringas (inclusive por entes estatais) e decorrente aumento de ociosidade da indústria doméstica; (iii) declaração do fim da Emergência de Saúde Pública de Importância Nacional (ESPIN); e a (iv) declaração do fim da Emergência de Saúde Pública da pandemia de Covid-19 pela OMS.*

---

[155] BRASIL. Resolução GECEX n. 508, de 16 de agosto de 2023. Disponível em: <https://www.in.gov.br/en/web/dou/-/resolucao-gecex-n-508-de-16-de-agosto-de-2023-503894934>. Acesso em: 21 dez. 2023.

Curso de Defesa Comercial e Interesse Público no Brasil: teoria e prática

> *167. As informações apresentadas pela requente demonstram: o avanço e posterior estabilidade da cobertura vacinal contra a COVID-19; o planejamento conjunto do cronograma, entre entes públicos e privados, de fornecimento de seringas para realização das campanhas de vacinação; o intervalo entre as fases das campanhas de vacinação; o arrefecimento da pandemia da COVID-19 – corroborado pelas declarações do fim da Emergência de Saúde Pública de Importância Nacional pelo MS e do fim da Emergência de Saúde Pública da pandemia de Covid-19 pela OMS –; a queda na demanda por seringas (inclusive por entes estatais); e a consolidação de outras origens de importação no mercado brasileiro.*
>
> *(...)*
>
> *170. Os referidos fatos supervenientes mitigam as preocupações levantadas, nos termos do Parecer final de avaliação de interesse público SEI n. 8272/2021/ME, sobre o atendimento no curto prazo da demanda imediata do mercado brasileiro por seringas descartáveis, para fins da intensificação da vacinação da população brasileira em face da pandemia do Covid-19.*
>
> *171. Haja vista os elementos analisados, consoante o demandado pelo § 2º do art. 15 da Portaria SECEX n. 13/2020, conclui-se que foram apresentados fatos supervenientes que alteraram as conclusões constantes do parecer final da avaliação de interesse público anterior que recomendou a suspensão da medida antidumping definitiva".*

Fonte: Resolução GECEX n. 487, de 16 de junho de 2023[156].

5.9.3. Confidencialidade

Nos termos do art. 22 da Portaria SECEX n. 282/2023, "As partes interessadas deverão indicar claramente, em sua petição e demais manifestações e documentos acessórios juntados aos autos do processo, quais informações são confidenciais, sob pena de serem tratadas como restritas".

Caso haja informações confidenciais em documento a ser juntado aos autos, a parte interessada que submeter a informação confidencial deverá, simultaneamente: I – protocolar nos autos confidenciais uma versão integral, com os elementos reputados como confidenciais destacados, identificada no topo de cada página com o termo [VERSÃO CONFIDENCIAL], em vermelho; e II – protocolar nos autos restritos uma versão parcial, identificada no topo de cada página com o termo [VERSÃO RESTRITA], em azul, devendo conter resumos restritos com justificativas para a confidencialidade de cada dado identificado como confidencial e com detalhes que permitam a compreensão da informação fornecida,

---

[156] BRASIL. Resolução GECEX n. 487, de 16 de junho de 2023. Disponível em: <https://www.in.gov.br/en/web/dou/-/resolucao-gecex-n-487-de-16-de-junho-de-2023-490446826>. Acesso em: 26 dez. 2023.

bem como ser editada com marcas, rasuras ou supressões, de modo a omitirem-se estritamente os elementos reputados como confidenciais.

Para fins das avaliações de interesse público, portanto, há os autos restritos e os autos confidenciais, ao passo que para fins das investigações de defesa comercial, há outros autos restritos e confidenciais.

Imagem – Autos em Defesa Comercial e Interesse Público

Fonte: elaboração própria.

Ademais, a recomendação é que a versão pública de informações numéricas confidenciais passíveis de sumarização deverá ser apresentada na forma de números-índice ou outro indicador que permita a compreensão sobre a natureza da informação. Sobre o tema, o Guia de Investigações Antidumping do DECOM[157] explica como é possível apresentar a evolução de um indicador em números-índice:

---

[157] Guia de Investigações Antidumping do DECOM, 2022. Disponível em: <https://www.gov.br/produtividade-e-comercio-exterior/pt-br/assuntos/comercio-exterior/defesa-comercial-e-interesse-publico/guias>. Acesso em: 3 maio 2022.

Imagem – Elaboração de números-índice para fins de confidencialidade

IMPORTAÇÕES POR PERÍODO	
PERÍODO	IMPORTAÇÕES (T)
P1	17.018
P2	16.686
P3	16.015
P4	16.272
P5	16.641

1. ESCOLHER UM PERÍODO COMO REFERÊNCIA, NESSE CASO, P1.
2. MULTIPLICAR OS DEMAIS VALORES POR 100 E DIVIDIR PELO VALOR DE REFERÊNCIA, REALIZANDO SIMPLES "REGRA DE TRÊS".
3. NA INTERPRETAÇÃO DE TABELAS EM NÚMEROS-ÍNDICE, QUANDO O NÚMERO-ÍNDICE É MAIOR QUE 100, O VALOR OBSERVADO PARA ESSE ITEM DA SÉRIE É SUPERIOR AO VALOR DE REFERÊNCIA. POR SUA VEZ, QUANDO O NÚMERO-ÍNDICE É MENOR QUE 100, O VALOR OBSERVADO É INFERIOR AO DE REFERÊNCIA.

IDENTIFICAÇÃO DO VALOR DE REFERÊNCIA			
PERÍODO	IMPORTAÇÕES (T)	VALOR DE REFERÊNCIA	NÚMEROS-ÍNDICE
P1	17.018	17.018	100
P2	16.686		
P3	16.015		
P4	16.272		
P5	16.641		

CÁLCULO DOS NÚMEROS-ÍNDICE				
PERÍODO	IMPORTAÇÕES (T)	VALOR DE REFERÊNCIA	NÚMEROS-ÍNDICE	VARIAÇÃO
P1	17.018	17.018	100	
P2	16.686	(16.686 X 100) / 17.018	98	2% MENOR DO QUE EM P1
P3	16.015	(16.015 X 100) / 17.018	94	6% MENOR DO QUE EM P1
P4	16.272	(16.272 X 100) / 17.018	96	4% MENOR DO QUE EM P1
P5	16.641	(16.641 X 100) / 17.018	98	2% MENOR DO QUE EM P1

Fonte: elaboração própria.

Nota-se, portanto, uma preocupação no sentido de que as avaliações de interesse público possuam o mesmo cuidado com a confidencialidade que as investigações de defesa comercial, sem que isso obste o direito ao contraditório e à ampla defesa das demais partes interessadas, mediante a obrigação de apresentação de versão pública da informação nos autos do processo.

5.9.4. *Prazos processuais nas investigações*

Nos termos do art. 3º da Portaria SECEX n. 282/2023, o processo de avaliação de interesse público em defesa comercial, quando conduzido pelo DECOM, terá as seguintes modalidades: I – econômico-social, destinada a examinar os efeitos positivos e negativos da medida antidumping ou compensatória sobre os agentes econômicos pertencentes à cadeia de produção, distribuição, venda e consumo em que se situa a indústria doméstica, incluídos seus elos a montante e a jusante; ou II – na interrupção, total ou parcial, da fabricação e do fornecimento por produtora nacional do produto doméstico similar ao sujeito à medida antidumping ou compensatória, desde que significativa, com duração permanente ou temporária.

Na modalidade de interesse público do inciso I, econômico-social, a petição de avaliação de interesse público deverá ser protocolada no prazo improrrogável de 45 dias, contado da data de publicação da Resolução GECEX (art. 7º da Portaria SECEX n. 282/2023). O fluxo processual segue apresentado a seguir:

5 • *Avaliações de interesse público em defesa comercial – teoria e prática*

Imagem – Fluxograma processual do interesse público econômico-social

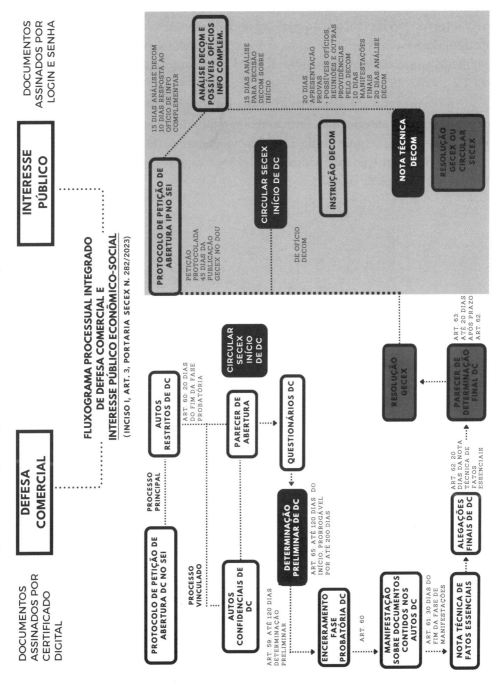

Fonte: elaboração própria.

Curso de Defesa Comercial e Interesse Público no Brasil: teoria e prática

Por sua vez, na modalidade de interesse público do inciso II, de interrupção total ou parcial da fabricação ou fornecimento, a petição de avaliação de interesse público poderá ser protocolada a qualquer tempo, enquanto perdurar a interrupção da fabricação e do fornecimento por produtora nacional do produto doméstico similar ao sujeito à medida antidumping ou compensatória, inclusive no curso de investigação de defesa comercial (art. 8º da Portaria SECEX n. 282/2023).

O fluxo processual é demonstrado a seguir, e as principais diferenças quanto ao procedimento anterior são, basicamente, o fato de a petição poder ser apresentada a qualquer tempo, desde que com evidências de interrupção no fornecimento ou na fabricação, bem como com prazos significativamente mais curtos de análise e tomada de decisão:

5 • Avaliações de interesse público em defesa comercial – teoria e prática

Imagem – Fluxograma processual do interesse público econômico-social

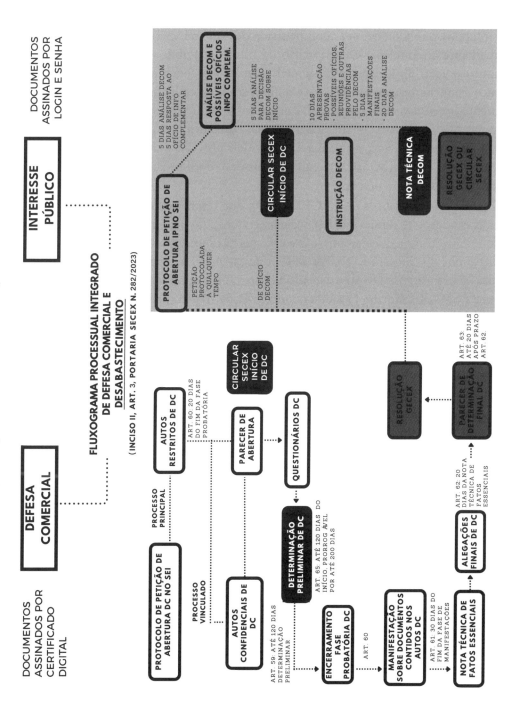

Fonte: elaboração própria.

Curso de Defesa Comercial e Interesse Público no Brasil: teoria e prática

5.9.5. Dos roteiros e dos questionários

Nos termos do art. 5º da Portaria SECEX n. 282/2023, a petição de avaliação de interesse público deve ser acompanhada do Anexo Único da Portaria (muito semelhante ao anteior "Questionário de Interesse Público"). Para o interesse público do art. 3º, I, econômico-social, apenas o preenchimento desse Anexo Único é suficiente. Por sua vez, para o interesse público do art. 3º, II, desabastecimento, além dos elementos probatórios que indiquem a necessidade de adoção das medidas excepcionais decorrentes de uma avaliação de interesse público, deverá ser indicado, se possível, o período previsto para a interrupção de fornecimento por produtora nacional do produto doméstico similar ao sujeito à medida antidumping ou compensatória.

Dentre os Membros do GECEX, aquele que trazia maiores discussões acadêmicas a respeito de sua participação era o Conselho Administrativo de Defesa Econômica (Cade), que não possuía voto, mas tão somente voz nas deliberações, nos termos do Decreto n. 10.044/2019, que estrutura a Camex (*vide* Seção 1.5, *supra*, sobre estrutura e fluxo decisório sobre defesa comercial e interesse público no Brasil). Conforme já mencionado, o Cade não compõe mais a estrutura decisória da Camex, nos termos do Decreto n. 11.428/2023.

Contrariamente à presença do Cade nas deliberações do GECEX sobre defesa comercial e interesse público, mencionava-se a posição ainda que contestável e por muitos já superada referente ao fato de que sob o ponto de vista econômico as políticas antitruste e de defesa comercial – tuteladas pelo Cade e pelo GECEX respectivamente – teriam objetivos distintos que poderiam eventualmente levar a situações conflitantes. Em trabalho publicado em 2002, Tavares de Araújo[158] menciona que a política de defesa comercial seria um re-

---

[158] "*A interação entre antidumping e antitruste é tema polêmico em todo processo de integração, tanto por razões jurídicas quanto econômicas. Do ponto de vista legal, as regras antidumping permitem práticas como compromissos de preços e restrições comerciais quantitativas que são proibidas pela lei da concorrência e punem certos tipos de diferenciação de preços que são justificáveis pelas regras antitruste. Do ponto de vista econômico, as duas políticas perseguem objetivos diferentes que eventualmente podem levar a situações conflitantes. O antidumping é um remédio comercial para indústrias prejudicadas pela concorrência de importações. O objetivo final do antitruste é promover o bem-estar do consumidor e a eficiência produtiva, que dependem em parte da contestabilidade do mercado, em que a concorrência das importações geralmente desempenha um papel fundamental.*" [tradução livre] No original: "*The interaction between antidumping and antitrust is a polemic issue in every integration process for both legal and economic reasons. From a legal perspective, antidumping rules allow practices such as price undertakings and quantitative trade restrictions that are forbidden by competition law, and punish certain types of price differentiation that are justifiable under the antitrust rules. From an economic viewpoint, the two policies pursue different objectives that eventually may lead to conflicting situations. Antidumping*

médio comercial para indústrias prejudicadas pela concorrência de importação, enquanto o objetivo final do antitruste seria o de promover o bem-estar do consumidor e a eficiência produtiva[159], que em parte dependem da contestabilidade do mercado, em que a concorrência de importação muitas vezes desempenha um papel fundamental.

A preocupação com referidos interesses antagônicos e impossibilidade de conciliação entre ambas as políticas parece encontrar respaldo, considerando – de forma isolada – que o Cade historicamente vem solicitando a redução, exclusão ou revisão de diversas medidas de defesa comercial aplicadas pela autoridade de defesa comercial[160]. Isso porque ainda que para muitos autores prevaleça a visão convergente de que, sem a legislação antitruste, não há livre comércio – no Brasil, destaque-se, representada pelo Cade –, há também quem defenda que as barreiras comerciais desempenham um importante papel no recrudescimento da crise dos mercados globalizados[161].

---

is a trade remedy for industries injured by import competition. The final goal of antitrust is to promote consumer welfare and productive efficiency, which in part depend upon market contestability, wherein import competition often plays a key role". TAVARES DE ARAÚJO, José (2002). Legal and Economic Interfaces Between Antidumping and Competition Policy. World Competition. Vol. 25, n. 2.

[159] Não se pode deixar de mencionar também uma alegada crise no antitruste, que vem apresentando discussões cada vez mais intensas sobre seus reais objetivos. Seria o objetivo do antitruste em essência reduzir preços aos consumidores, a la Chicago, ou haveria espaço para outros objetivos, a la Neobrandeisianos, como a rivalidade do mercado, a existência de competidores, a inovação, a promoção de um mercado socialmente consciente das realidades ambiental, trabalhista, de gênero, entre outros?
Algumas destas reflexões apresentadas encontram-se disponíveis no seguinte artigo, elaborado pelas autoras: ATHAYDE, Amanda; CINTRA DE MELO, Lílian. *Jota*, ago./2021. Disponível em: <https://www.jota.info/opiniao-e-analise/colunas/elas-no-jota/economia--mercado-e-pressoes-globais-comercio-internacional-e-concorrencia=26082021-#:~:text-Com%C3%A9rcio%20internacional%20e%20concorr%C3%AAncia%20est%C3%A3o,do%20 direito%2C%20marcado%20pela%20historicidade>. Acesso em: 15 jun. 2022.

[160] Para maiores referências sobre essa interface entre as autoridades responsáveis pela defesa da concorrência e defesa commercial, recomenda-se a leitura do artigo seguinte: "The four practical interactions between competition policy and trade defense: an empirical analysis of the brazilian competition authority jurisprudence". DE JESUS, Agnes Macedo; ATHAYDE, Amanda; GUIMARÃES, Marcelo; SILVEIRA, Paulo Burnier da (Orgs.). *Comércio internacional e concorrência*: desafios e perspectivas atuais – Volume I. Brasília: Faculdade de Direito – UnB, 2018.

[161] HEINEMANN, Andreas; CHOI, Yo Sop. *Competition and Trade: The Rise of Competition Law in Trade Agreements and Its Implications for the World Trading System*. World Competition, 43(4):521-542, 2020. Disponível em: <https://www.zora.uzh.ch/id/eprint/196346/1/ Choi_Heinemann_Competition%26Trade_World_Competition_2020_off-print.pdf>. Acesso em: 23 ago. 2021.

Curso de Defesa Comercial e Interesse Público no Brasil: teoria e prática

Leite e Gadelha[162] apontam também que a proteção da indústria não é, porém, um fim em si mesmo; e os objetivos politicamente determinados da ordem econômica devem ser perseguidos por meio do conjunto dos programas do Estado, em que sejam também privilegiados os demais interesses econômicos que conformam a ordem econômica. Em referência a Farina e Azevedo[163], submetem que as políticas industriais e de defesa da concorrência podem apresentar desenhos cujos contornos venham a estabelecer "conjunto articulado de ações cujo objetivo maior é estabelecer um ambiente favorável e indutor da busca permanente da competitividade". Nesse sentido, apontam que diversos autores entendem que o interesse público pode ser o instrumento capaz de convergir os interesses de proteção da indústria doméstica e de defesa do ambiente concorrencial.

Gabardo[164] aponta que há ampla possibilidade de cooperação entre a Defesa Comercial e do Direito da Concorrência. Exemplifica que no âmbito do procedimento de avaliação de interesse público instaurado relacionado ao caso do Cartel do Sal Marinho, representantes do Cade realizaram uma apresentação aos representantes do Gtip a respeito das investigações conduzidas naquele órgão atinente ao conluio empresarial. Também favoravelmente à presença do Cade nas deliberações do Gecex sobre defesa comercial e interesse público, é possível indicar o Documento de Trabalho n. 007/2021, intitulado "Defesa da Concorrência e Defesa Comercial: benchmarking internacional sobre a estrutura, funções e inter-relações das instituições", elaborado pela consultora Marina Amaral Egydio de Carvalho e publicado pelo Departamento de Estudos Econômicos – DEE[165]. Segundo seus termos, seria louvável o esforço brasileiro de incluir a ava-

---

[162] LEITE, Victor de Oliveira; GADELHA, Zahra Faheina. Salvaguardas como medida de proteção e exposição à concorrência: do interesse público na defesa comercial e na defesa da concorrência. In: ATHAYDE, Amanda; GUIMARÃES, Marcelo; SILVEIRA, Paulo Burnier da (Orgs.). *Comércio internacional e concorrência*: desafios e perspectivas atuais – Volume I. Brasília: Faculdade de Direito – UnB, 2018.

[163] FARINA, Elizabeth Maria Mercier Querido; AZEVEDO, Paulo Furquim de. Política industrial e defesa da concorrência: considerações sobre a experiência brasileira nos anos 90. *Economia*, Niterói, v. 2, n. 2, p. 513-547, 2001.

[164] GABARDO, Márcio Marques. Defesa comercial e concorrência: situações em que a cooperação entre as duas áreas se faz necessária. ATHAYDE, Amanda; MAIOLINO, Isabela; SILVEIRA, Paulo Burnier da (Orgs.). *Comércio internacional e concorrência*: desafios e perspectivas atuais – Volume II. Brasília: Faculdade de Direito – UnB, 2019.

[165] CARVALHO, Marina Amaral Egydio. Documento de Trabalho DEE/Cade n. 007/2021. Defesa da concorrência e defesa comercial: benchmarking internacional sobre a estrutura, funções e inter-relações das instituições. 2021. Disponível em: <https://cdn.cade.gov.br/Portal/centrais-de-conteudo/publicacoes/estudos-economicos/documentos-de-trabalho/2021/Documento--de-Trabalho_Defesa-da-Concorencia-e-Defesa-Comercial_benchmarking-internacional-so-bre-a-estrutura-funcoes-e-inter-relacoes-das-instituicoes.pdf >. Acesso em: 3 maio 2022.

5 • Avaliações de interesse público em defesa comercial – teoria e prática

liação de interesse público em um quadro regulatório, com parâmetros objetivos de análise e devido processo legal. Aponta-se no documento que os procedimentos de avaliação de interesse público no Brasil guardam semelhanças com diversos outros países. Interseção entre autoridades de defesa comercial e defesa da concorrência é comum e institucionalizada, de modo que não haveria qualquer vedação para que a autoridade de defesa da concorrência atue com advocacia da concorrência em casos de defesa comercial, sob provocação de terceiros ou de ofício. Sobre esse assunto, interessante mencionar a pesquisa empírica conduzida por Bussmann, que identificou que houve, entre 2019 e junho de 2021, 100% de alinhamento entre as recomendações do DECOM e as decisões finais do GECEX[166].

5.9.6. Sistema Processual de Investigações – SEI/ME

As avaliações de interesse público em defesa comercial são inteiramente submetidas ao sistema processual de investigações denominado SEI/ME, o Sistema Eletrônico de Informações do Ministério da Economia, nos termos da Portaria SECEX n. 282/2023 c/c art. 3º da Portaria SECEX n. 162/2022.

Ademais, importante mencionar que em 2021 foi realizada a completa transição do antigo Sistema Decom Digital – SDD para o SEI/ME, também para as investigações de defesa comercial, de modo que atualmente ambos os autos estão no mesmo sistema. O Guia do Processo Administrativo Eletrônico (SEI) em Defesa Comercial e Interesse Público[167] esclarece que com a integração dos procedimentos de defesa comercial e interesse público, os autos da investigação passarão a seguir a estrutura descrita nas Seções 2.9.4, 3.9.4 e 4.7.3 deste livro.

---

[166] BUSSMAN, Tanise Brandão. Qual o peso do CADE nas avaliações de interesse público em defesa comercial após o Decreto 10.044/2019 da CAMEX? Uma análise dos processos de interesse público entre 2019 e junho de 2021. In: ATHAYDE, Amanda; CINTRA DE MELO, Lílian (Orgs.). *Comércio internacional e concorrência*: desafios e perspectivas atuais – Volume III. Brasília: Faculdade de Direito – UnB, 2021. Disponível em: <https://www.amandaathayde.com.br/livros-organizados>. Acesso em: 7 abr. 2022.

[167] Guia de Investigações Antidumping do DECOM, 2021. Disponível em: <https://www.gov.br/produtividade-e-comercio-exterior/pt-br/assuntos/comercio-exterior/defesa-comercial-e-interesse-publico/guias>. Acesso em: 3 maio 2022.

ANEXO I

EVOLUÇÃO HISTÓRICA DA LEGISLAÇÃO DE DEFESA COMERCIAL NO BRASIL				
	GERAL	**AD**	**CVD**	**SVG**
1994	Ata final da Rodada Uruguai que criou a (OMC), aprovada pelo Decreto Legislativo n. 30, de 15 de dezembro de 1994, e promulgada pelo Decreto n. 1.355, de 30 de dezembro de 1994	Acordo sobre a Implementação do Artigo VI do Acordo Geral de Tarifas e Comércio 1994 (GATT 1994) (doravante "Acordo Antidumping")	Acordo sobre Subsídios e Medidas Compensatórias	Acordo sobre Salvaguardas
1995		Decreto n. 1.602, de 23 de agosto de 1995	Decreto n. 1.751, de 19 de dezembro de 1995	Decreto n. 1.488, de 11 de maio de 1995
1996			Circular SECEX n. 20, de 2 de abril de 1996, sobre investigações de subsídios e medidas compensatórias	Decreto n. 1.936, de 20 de junho de 1996 Circular SECEX n. 19, de 2 de abril de 1996, sobre investigações de salvaguardas
2001	Circular SECEX n. 59, de 28 de novembro de 2001	Circular SECEX n. 59, de 28 de novembro de 2001	Circular SECEX n. 59, de 28 de novembro de 2001	Circular SECEX n. 59, de 28 de novembro de 2001
2013		Decreto n. 8.058, de 26 de julho de 2013 Portaria SECEX n. 36, de 18 de setembro de 2013, publicada no *Diário Oficial da União* de 19 de setembro de 2013, que tratava das propostas de compromissos de preços		

Curso de Defesa Comercial e Interesse Público no Brasil: teoria e prática

	GERAL	AD	CVD	SVG
		Portaria SECEX n. 41, de 11 de outubro de 2013, publicada no *Diário Oficial da União* de 14 de outubro de 2013, que tratava das petições de investigação original de dumping		
		Portaria SECEX n. 42, de 17 de outubro de 2013, publicada no *Diário Oficial da União* de 18 de outubro de 2013, que tratava das petições de investigações anticircunvenção		
		Portaria SECEX n. 44, de 29 de outubro de 2013, publicada no *Diário Oficial da União* de 30 de outubro de 2013, que tratava das petições de revisões de final de período		
2016		Portaria SECEX n. 42, de 14 de setembro de 2016, publicada no *Diário Oficial da União* de 15 de setembro de 2106, que tratava das petições de avaliação de escopo		
2017	Decreto n. 9.107, de 26 de julho de 2017, que dispõe sobre os prazos e os requisitos aplicáveis às indústrias fragmentadas no âmbito de investigações de defesa comercial			
2018	Portaria SECEX n. 41, de 27 de julho de 2018, publicada no *Diário Oficial da União* de 31 de julho de 2018, sobre a habilitação da produção nacional de determinado produto como indústria fragmentada para fins de defesa comercial	Portaria SECEX n. 72, de 19 de dezembro de 2018, publicada no *Diário Oficial da União* de 20 de dezembro de 2018, que tratava das petições de redeterminação		

Anexo I

	GERAL	AD	CVD	SVG
2019	Decretos n. 9.679, de 2 de janeiro de 2019, n. 9.745, de 8 de abril de 2019, e n. 10.072, de 18 de outubro de 2019, alterando a competência decisória sobre defesa comercial e interesse público para a SECINT/ME Decreto n. 10.044, de 4 de outubro de 2019, decisória sobre defesa comercial e interesse público sai da SECINT e vai para o Gecex	Decreto n. 10.044, de 4 de outubro de 2019, decisória sobre defesa comercial e interesse público sai da SECINT e vai para o Gecex	Decretos n. 9.679, de 2 de janeiro de 2019, n. 9.745, de 8 de abril de 2019, e n. 10.072, de 18 de outubro de 2019, alterando a competência decisória sobre defesa comercial e interesse público para a SECINT/ME Decreto n. 10.044, de 4 de outubro de 2019, decisória sobre defesa comercial e interesse público sai da SECINT e vai para o Gecex	Decretos n. 9.679, de 2 de janeiro de 2019, n. 9.745, de 8 de abril de 2019, e n. 10.072, de 18 de outubro de 2019, alterando a competência decisória sobre defesa comercial e interesse público para a SECINT/ME Decreto n. 10.044, de 4 de outubro de 2019, decisória sobre defesa comercial e interesse público sai da SECINT e vai para o Gecex
2020	Portaria SECEX n. 21, de 30 de março de 2020, publicada no *Diário Oficial da União* de 31 de março de 2020, sobre notificação e comunicações às partes interessadas no âmbito de processos de defesa comercial			
2021	Portaria SECEX n. 103, de 27 de julho de 2021, publicada no *Diário Oficial da União* de 28 de julho de 2021, sobre a utilização do sistema eletrônico de informação – SEI, como instrumento do processo administrativo Instrução Normativa SECEX n. 3, de 22 de outubro de 2021, republicada no *Diário Oficial da União* de 3 de novembro de 2021, sobre as adaptações necessárias aos procedimentos das investigações de defesa comercial, notadamente nas verificações *in loco*, em decorrência da pandemia da COVID-19 Portaria SECEX n. 150, de 26 de novembro de 2021, publicada no *Diário Oficial da União* de 29 de novembro de 2021, sobre pré-pleito	Portaria SECEX n. 151, de 26 de novembro de 2021, publicada no *Diário Oficial da União* de 29 de novembro de 2021, que tratava sobre preço provável Portaria SECEX n. 152, de 26 de novembro de 2021, publicada no *Diário Oficial da União* de 29 de novembro de 2021, que tratava sobre a recomendação de prorrogação do direito antidumping com imediata suspensão de sua aplicação e da eventual recomendação da retomada imediata da cobrança, com base no art. 109 do Decreto n. 8.058/2013 Portaria SECEX n. 153, de 26 de novembro de 2021, publicada no *Diário Oficial da União* de 29 de novembro de 2021, que tratava da prorrogação do direito antidumping em montante inferior ao do direito em vigor	Decreto n. 10.839, de 18 de outubro de 2021	

Curso de Defesa Comercial e Interesse Público no Brasil: teoria e prática

	GERAL	AD	CVD	SVG
2022	Portaria SECEX n. 162, de 6 de janeiro de 2022, dispõe sobre e consolida regras gerais aplicáveis a todas as investigações de defesa comercial	Portaria SECEX n. 171, de 9 de fevereiro de 2022, dispõe sobre e consolida as normas referentes a investigações antidumping	Portaria SECEX n. 172, de 14 de fevereiro de 2022	Portaria SECEX n. 169, de 25 de janeiro de 2022
2023	Decreto n. 11.428/2023, altera a estrutura decisória sobre defesa comercial e interesse público, mas fica mantida no Gecex	Decreto n. 11.428/2023, altera a estrutura decisória sobre defesa comercial e interesse público, mas fica mantida no Gecex	Decreto n. 11.428/2023, altera a estrutura decisória sobre defesa comercial e interesse público, mas fica mantida no Gecex	Decreto n. 11.428/2023, altera a estrutura decisória sobre defesa comercial e interesse público, mas fica mantida no Gecex

ANEXO II

EVOLUÇÃO HISTÓRICA DA LEGISLAÇÃO DE INTERESSE PÚBLICO NO BRASIL	
1995	Decreto n. 1.602, de 23 de agosto de 1995 Decreto n. 1.751, de 19 de dezembro de 1995 Acordo sobre Salvaguardas
2012	Resolução CAMEX n. 13, de 29 de fevereiro de 2012, foi instituído o Grupo Técnico de Interesse Público (GTIP) Resolução CAMEX n. 50, de 5 de julho de 2012, com roteiro de análise do interesse público
2015	Resolução CAMEX n. 27, de 29 de abril de 2015, sobre procedimentos de análise de pleitos de interesse público e atribuindo GTIP à SEAE/MF Resolução CAMEX n. 93, de 24 de setembro de 2015, com nova regulamentação sobre interesse público
2016	Resolução CAMEX n. 30, de 31 de março de 2016, atribuindo o GTIP à SAIN/MF
2017	Resolução CAMEX n. 29, de 7 de abril de 2017, estabelecendo prazos para a análise de interesse público
2019	Decretos n. 9.679, de 2 de janeiro de 2019, n. 9.745, de 8 de abril de 2019, e n. 10.072, de 18 de outubro de 2019, alterando a competência decisória sobre defesa comercial e interesse público para a SECINT/ME Portaria SECEX n. 8, de 15 de abril de 2019 Decreto n. 10.044, de 4 de outubro de 2019, decisória sobre defesa comercial e interesse público sai da SECINT e vai para o Gecex
2020	Portaria SECEX n. 13, de 29 de janeiro de 2020
2023	Modificação da Portaria SECEX n. 13/2020 pela Portaria SECEX n. 237, de 7 de março de 2023, que torna todas as avaliações de interesse público facultativas Minuta de Portaria em consulta pública pela Circular SECEX n. 12/2023, de 10 de abril de 2023. Portaria SECEX n. 282, de 16 de novembro de 2023

REFERÊNCIAS

ANGRASSTEK Craig. *The History and Future of the World Trade Organization*, WTO Publications, 2013, Disponível em: <https://www.wto.org/english/res_e/booksp_e/historywto_e.pdf>. Acesso em: 18 maio 2022.

ATHAYDE, Amanda; BOAVENTURA, Elisa. Novos temperos no direito do comércio internacional e no direito da concorrência: interfaces, obstáculos e ressignificados. In: TIMM, Luciano B.; FRANÇA, Maria Carolina (Orgs.). *A nova regulação econômica*. São Paulo: CEDES, 2022. pp. 17-58.

ATHAYDE, Amanda; BOAVENTURA, Elisa; SABINO, Aline. Acordos preferenciais de comércio e defesa comercial: o que dizem as cláusulas de defesa comercial nos acordos celebrados pelo Brasil. *RDCI*, São Paulo, 2022.

ATHAYDE, Amanda; BUAIZ, José Alexandre; REBELLO, Daniel Costa; SOBRINHO, Camila; BENTO, Bruna Passarelli. *Compliance Officers*, monitores corporativos e *trustees*. *Portal Jota*, 9 fev. 2023. Disponível em: <https://www.jota.info/opiniao-e-analise/artigos/compliance-officers-monitores-corporativos-e-trustees-no-direito-antitruste-e-na-lei-anticorrupcao%e2%80%af-09022023>. Acesso em: 20 dez. 2023.

ATHAYDE, Amanda; CAMPOS, Mírian. EUA: entrelinhas da proposta de alteração dos regulamentos de antidumping e subsídios. *Portal Conjur*, 3 dez. 2023. Disponível em: <https://www.conjur.com.br/2023-dez-03/entrelinhas-da-proposta-de-alteracao-dos-regulamentos-de-antidumping-e-subsidios-dos-eua/>. Acesso em: 21 dez. 2023.

ATHAYDE, Amanda; CINTRA DE MELO, Lílian. Jota, ago./2021. Disponível em: <https://www.jota.info/opiniao-e-analise/colunas/elas-no-jota/economia-mercado-e-pressoes-globais-comercio-internacional-e-concorrencia-26082021#:~:text=Com%-C3%A9rcio%20internacional%20e%20concorr%C3%AAncia%20est%C3%A3o,do%20direito%2C%20marcado%20pela%20historicidade>. Acesso em: 15 jun. 2022.

ATHAYDE, Amanda; CINTRA DE MELO, Lílian. Economia, mercado e pressões globais: comércio internacional e concorrência. Portal Jota, 26 de agosto de 2021.

ATHAYDE, Amanda; MARSSOLA, Julia; VIEGAS, Maria Augusta; LEITE, Victor. *Defesa comercial e direito societário:* partes relacionadas em investigações antidumping. Belo Horizonte: Ed. Fórum, 2021.

ATHAYDE, Amanda: MEDRADO, Renê. *Por uma análise bidimensional do interesse público no Brasil*: da excepcionalíssima utilização da cláusula de interesse público a casos de subsídios. No prelo. 2024.

ATHAYDE, Amanda; RAMOS, Adriano; CALVÃO, Hearle; RAPHANELLI, Daniel. Focinho de porco não é tomada: análise comparativa da revisão de novo exportador de direitos antidumping e da revisão celerada e medidas compensatórias. *RDCI*, São Paulo, 2022.

BARRAL, Welber; BROGINI, Gilvan. *Manual prático de defesa comercial*. São Paulo, Aduaneiras: Imprenta, 2007. p. 37.

BARROS, Juliana Maria de Almeida. Defesa de interesses no comércio exterior: uma análise da utilização dos instrumentos de gestão tarifária entre 2011 e 2018. Dissertação de mestrado, IDP, 2022.

BLONIGEN, Bruce A. Antidumping. Working Paper 8398. 2001. Disponível em: <https://www.nber.org/system/files/working_papers/w8398/w8398.pdf>. Acesso em: 10 jun. 2022.

BOSSCHE, Peter van den; ZDOUC, Werner. *World Trade Organization*: Text, Cases and Materials. 4. ed. Nova York: Cambridge University Press, 2017. p. 644.

BOWN, Chad P. *The global resort to antidumping, safeguards, and other trade remedies amidst the economic crisis*. Londres, UE: World Bank, Brandeis University & The Brookings Institution, 2009.

BOWN, Chad P. Trade remedies and World Trade Organization dispute settlement: why are so few challenged? *The Journal of Legal Studies*, v. 34, n. 2, 2005. p. 515-555.

BOWN, Chad; MC CULLOCH, Rachel. *Antidumping and market competition:* implications for emerging economies. 2015.

BRASIL, Eric Universo Rodrigues; VALLE, Marília Castañon Penha. Defesa comercial: novas regras para a interação entre investigações de defesa comercial e avaliações de interesse público. *Revista de Direito do Comércio Internacional*, n. 2, 2019. Disponível em: <https://enlaw.com.br/revista/634/ler?page=197>. Acesso em: 27 jun. 2022.

BRASIL. Ata final que incorpora os resultados das negociações comerciais multilaterais da Rodada Uruguai, 1994. Disponível em: <http://www.planalto.gov.br/ccivil_03/decreto/1990-1994/anexo/and1355-94.pdf>. Acesso em: 21 maio 2022.

BRASIL. Circular GECEX n. 63, de 24 de setembro de 2020. Disponível em: <https://www.diariomunicipal.sc.gov.br/arquivosbd/atos/2020/09/1601043106_circular_n_63_de_24_de_setembro_de_2020.pdf >. Acesso em: 6 jun. 2022.

BRASIL. Circular GECEX n. 63, de 27 de setembro de 2021. Disponível em: <https://in.gov.br/en/web/dou/-/circular-n-63-de-27-de-setembro-de-2021-348208183>. Acesso em: 6 jun. 2022.

BRASIL. Circular n. 74, de 31 de outubro de 2006. Disponível em: <https://www.gov.br/produtividade-e-comercio-exterior/pt-br/arquivos/circ2006-74.pdf>. Acesso em: 31 maio 2022.

BRASIL. Circular SECEX n. 2, de 27 de janeiro de 2022. Disponível em: <https://in.gov.br/en/web/dou/-/circular-n-2-de-27-de-janeiro-de-2022-376608400>. Acesso em: 26 maio 2022.

Referências

BRASIL. Circular SECEX n. 2, de 27 de janeiro de 2022. Disponível em: <https://www.gov.br/produtividade-e-comercio-exterior/pt-br/acesso-a-informacao/legislacao/circulares-secex/2022/circular-secex-002_2022.pdf/view>. Acesso em: 21 jun. 2022.

BRASIL. Circular SECEX n. 4, de 1º de fevereiro de 2019. Disponível em: <https://www.in.gov.br/en/web/dou/-/circular-n-4-de-1-de-fevereiro-de-2019-61804476?inheritRedirect=true>. Acesso em: 5 jun. 2022.

BRASIL. Circular SECEX n. 8, de 16 de fevereiro de 2022. Disponível em: <https://www.gov.br/produtividade-e-comercio-exterior/pt-br/acesso-a-informacao/legislacao/circulares-secex/2022/circular-secex-008_2022.pdf/view>. Acesso em: 16 maio 2022.

BRASIL. Circular SECEX n. 8, de 16 de fevereiro de 2022. Disponível em: <https://in.gov.br/en/web/dou/-/circular-n-8-de-16-de-fevereiro-de-2022-380809289>. Acesso em: 6 jun. 2022.

BRASIL. Circular SECEX n. 9, de 14 de março de 2012. Disponível em: <https://www.gov.br/produtividade-e-comercio-exterior/pt-br/arquivos/dwnla_1331819867.pdf>. Acesso em: 17 ago. 2022.

BRASIL. Circular SECEX n. 9, de 16 de fevereiro de 2022. Disponível em: <https://www.in.gov.br/en/web/dou/-/circular-n-9-de-16-de-fevereiro-de-2022-380784182>. Acesso em: 26 maio 2022.

BRASIL. Circular SECEX n. 18, de 24 de maio de 2023. Disponível em: <https://www.in.gov.br/en/web/dou/-/circular-n-18-de-24-de-maio-de-2023-485626848>. Acesso em: 26 dez. 2023.

BRASIL. Circular SECEX n. 19, 30 de março de 2020. Disponível em: <https://www.in.gov.br/web/dou/-/circular-n-19-de-30-de-marco-de-2020-250407129?inheritRedirect=true&redirect=%2Fconsulta%3Fq%3DCIRCULAR%2520N%25C2%25BA%25203.938%26start%3D7%26delta%3D50%26publish%3Dpast-year>. Acesso em: 1º jun. 2022.

BRASIL. Circular SECEX n. 28, de 10 de agosto de 2023. Disponível em: <https://www.in.gov.br/en/web/dou/-/circular-n-28-de-28-de-julho-de-2023-499593835>. Acesso em: 21 dez. 2023.

BRASIL. Circular SECEX n. 32, de 23 de agosto de 2023. Disponível em: <https://www.in.gov.br/en/web/dou/-/circular-n-32-de-23-de-agosto-de-2023-505137060>. Acesso em: 21 dez. 2023.

BRASIL. Circular SECEX n. 38, de 28 de junho de 2019. Disponível em: <https://www.in.gov.br/en/web/dou/-/circular-no-38-de-28-de-junho-de-2019-180696798?mkt_tok=eyJpIjoiWkRSa05UTmxaakJsTkRJdyIsInQiOiI0RWRmMlwvcHhLaDh3dEZielZqczQ0ZGNKbW95dWJ0cmd4R2kwVWxhbm1wU1l6TVdMRXRKVHVSXC9sbWhYYXC83T2tDNDU5RktRczg2Sm12cDRjZFlFQko3UWJZZnpkTkRPV3dRbDhsWHRUckJFSm0rM1RTRG9WOHg3MlFIaTV1dnNoNiJ9>. Acesso em: 22 maio 2022.

BRASIL. Circular SECEX n. 38, de 6 de setembro de 2023. Disponível em: <https://www.in.gov.br/en/web/dou/-/circular-n-38-de-6-de-setembro-de-2023-508635301>. Acesso em: 21 dez. 2023.

Curso de Defesa Comercial e Interesse Público no Brasil: teoria e prática

BRASIL. Circular SECEX n. 42, de 30 de julho de 2009. Disponível em: <https://www.gov.br/produtividade-e-comercio-exterior/pt-br/arquivos/dwnla_1249490982.pdf>. Acesso em: 17 ago. 2022.

BRASIL. Circular SECEX n. 43, de 18 de junho de 2020. Disponível em: < https://www.gov.br/produtividade-e-comercio-exterior/pt-br/acesso-a-informacao/legislacao/circulares-secex/2021/circular-secex-43_2021.pdf/view>. Acesso em: 16 maio 2022.

BRASIL. Circular SECEX n. 45, de 26 de outubro de 2023. Disponível em: <https://www.in.gov.br/en/web/dou/-/circular-n-45-de-26-de-outubro-de-2023-519175780>. Acesso em: 30 out. 2023.

BRASIL. Circular SECEX n. 47, de 14 de julho de 2021. Disponível em: <https://in.gov.br/web/dou/-/circular-n-47-de-14-de-julho-de-2021-332180420>. Acesso em: 7 jun. 2022.

BRASIL. Circular SECEX n. 48, de 10 de novembro de 2023. Disponível em: <https://www.in.gov.br/en/web/dou/-/circular-n-48-de-10-de-novembro-de-2023-522849695>. Acesso em: 20 dez. 2023.

BRASIL. Circular SECEX n. 49, de 28 de julho de 2016. Disponível em: <https://www.in.gov.br/materia/-/asset_publisher/Kujrw0TZC2Mb/content/id/23373769/do1-2016-07-29-circular-n-49-de-28-de-julho-de-2016-23373176 >. Acesso em: 26 maio 2022.

BRASIL. Circular SECEX n. 49, de 1º de dezembro de 2023. Disponível em: <https://www.in.gov.br/en/web/dou/-/circular-n-49-de-1-de-dezembro-de-2023-527396635>. Acesso em: 5 dez. 2023.

BRASIL. Circular SECEX n. 50, de 12 de setembro de 2013. Disponível em: <https://www.gov.br/produtividade-e-comercio-exterior/pt-br/arquivos/dwnla_1379076186.pdf>. Acesso em: 21 maio 2022.

BRASIL. Circular SECEX n. 50, de 8 de julho de 2003. Disponível em: <https://www.gov.br/produtividade-e-comercio-exterior/pt-br/arquivos/circSECEX50a_2003.pdf>. Acesso em: 9 jul. 2022.

BRASIL. Circular SECEX n. 54, de 27 de agosto de 2021. Disponível em: <https://www.gov.br/produtividade-e-comercio-exterior/pt-br/acesso-a-informacao/legislacao/circulares-secex/2021/circular-secex-54_2021.pdf/view>. Acesso em: 24 maio 2022.

BRASIL. Circular SECEX n. 54, de 27 de agosto de 2021. Disponível em: <https://www.gov.br/produtividade-e-comercio-exterior/pt-br/acesso-a-informacao/legislacao/circulares-secex/2021/circular-secex-54_2021.pdf/view>. Acesso em: 22 maio 2022.

BRASIL. Circular SECEX n. 54, de 27 de agosto de 2021. Disponível em: <https://www.legisweb.com.br/legislacao/?id=419452>. Acesso em: 22 maio 2022.

BRASIL. Circular SECEX n. 58, de 16 de dezembro de 2002. Disponível em: <https://www.gov.br/produtividade-e-comercio-exterior/pt-br/arquivos/circsecex58a_2002.pdf>. Acesso em: 4 jun. 2022.

BRASIL. Circular SECEX n. 80, de 25 de novembro de 2021. Disponível em: <https://www.gov.br/produtividade-e-comercio-exterior/pt-br/acesso-a-informacao/legislacao/circulares-secex/2021/circular-secex-80_2021.pdf/@@download/file/Circular%20SECEX%2080_2021.pdf>. Acesso em: 6 jun. 2022.

Referências

BRASIL. Circular SECEX n. 85, de 22 de dezembro de 2021. Disponível em: <https://www.in.gov.br/en/web/dou/-/circular-n-85-de-22-de-dezembro-de-2021-369787012>. Acesso em: 7 abr. 2022.

BRASIL. Circular SECEX n. 93, de 5 de dezembro de 2003. Disponível em: <https://www.gov.br/produtividade-e-comercio-exterior/pt-br/arquivos/circsecex93a_2003.pdf>. Acesso em: 23 maio 2022.

BRASIL. Ministério da Economia. Análise de Impacto Regulatório – Legislação Antissubsídios. Disponível em: <https://www.gov.br/economia/pt-br/assuntos/air/relatorios-de-air-2/secint/sece>. Acesso em: 21 jun. 2022.

BRASIL. Ministério da Economia. Histórico de Defesa Comercial no Brasil, 2016. Disponível em: <https://www.gov.br/produtividade-e-comercio-exterior/pt-br/assuntos/mdic/comercio-exterior/sistemas-on-line-54>. Acesso em: 10 jun. 2022.

BRASIL. Ministério da Economia, Secretaria Especial de Comércio Exterior e Assuntos Internacionais, Secretaria de Comércio Exterior, Subsecretaria de Defesa Comercial e Interesse Público. Apresentação sobre o trabalho da SDCOM. Brasília, 2019.

BRASIL. Portaria CAMEX n. 4.593, de 2 de outubro de 2019. Disponível em: <https://www.in.gov.br/web/dou/-/portaria-n-4.593-de-2-de-outubro-de-2019-219665563>. Acesso em: 20 maio 2022.

BRASIL. Portaria Interministerial MICT/MF n. 46, de 12 de julho de 2000. Disponível em: <http://www.comexresponde.gov.br/portalmdic/arquivos/dwnl_1221842744.pdf >. Acesso em: 24 maio 2022.

BRASIL. Portaria n. 4.434, de 1º de outubro de 2019. Disponível em: <https://www.in.gov.br/web/dou/-/portaria-n-4.434-de-1-de-outubro-de-2019-219471875>. Acesso em: 13 jun. 2022.

BRASIL. Portaria n. 474 SECINT, de 28 de junho de 2019. Disponível em: <https://www.in.gov.br/en/web/dou/-/portaria-no-474-de-28-de-junho-de-2019-180695621>. Acesso em: 23 maio 2022.

BRASIL. Portaria SECEX n. 473, de 28 de junho de 2019. Disponível em: <http://www.camex.gov.br/resolucoes-camex-e-outros-normativos/124-portarias-secint/2247-portaria-n-473-de-28-de-junho-de-2019>. Acesso em: 24 maio 2022.

BRASIL. Portaria SECEX n. 484, de 10 de julho de 2019. Disponível em: <https://www.in.gov.br/en/web/dou/-/portaria-n-484-de-10-de-julho-de-2019-191919366>. Acesso em: 20 maio 2022.

BRASIL. Portaria SECINT n. 506, de 24 de julho de 2019. Disponível em: < https://www.in.gov.br/en/web/dou/-/portaria-secint-n-506-de-24-de-julho-de-2019-205250517>. Acesso em: 17 ago. 2022.

BRASIL. Portaria SECINT n. 247, de 28 de março de 2019. Disponível em: <http://www.camex.gov.br/resolucoes-camex-e-outros-normativos/124-portarias-secint/2245-portaria-n-247-de-28-de-marco-de-2019>. Acesso em: 4 jun. 2022.

Curso de Defesa Comercial e Interesse Público no Brasil: teoria e prática

BRASIL. Portaria SECINT n. 4.434, de 2 de outubro de 2019. Disponível em: <http://www.camex.gov.br/resolucoes-camex-e-outros-normativos/124-portarias-secint/2477-portaria-secint-n-4-434-de-1-de-outubro-de-2019>. Acesso em: 18 maio 2022.

BRASIL. Portaria SECINT n. 4.593, de 2 de outubro de 2019. Disponível em: <http://www.camex.gov.br/resolucoes-camex-e-outros-normativos/124-portarias-secint/2478-portaria-secint-n-4-593-de-2-de-outubro-de-2019>. Acesso em: 26 maio 2022.

BRASIL. Portaria SECINT n. 438, de 7 de junho de 2019. Disponível em: <https://www.in.gov.br/web/dou/-/portaria-n-438-de-7-de-junho-de-2019-161207720>. Acesso em: 7 jun. 2022.

BRASIL. Portaria SECINT n. 4.539, de 2 de outubro de 2019. Disponível em: < http://www.camex.gov.br/resolucoes-camex-e-outros-normativos/124-portarias-secint/2478-portaria-secint-n-4-593-de-2-de-outubro-de-2019>. Acesso em: 26 maio 2022.

BRASIL. Portaria SECINT n. 473, de 28 de junho de 2019. Disponível em: <http://www.camex.gov.br/resolucoes-camex-e-outros-normativos/124-portarias-secint/2247-portaria-n-473-de-28-de-junho-de-2019>. Acesso em: 26 maio 2022.

BRASIL. Portaria SECINT n. 474, de 28 de junho de 2019. Disponível em: <http://www.camex.gov.br/resolucoes-camex-e-outros-normativos/124-portarias-secint/2248-portaria-n-474-de-28-de-junho-de-2019>. Acesso em: 6 jun. 2022.

BRASIL. Resolução CAMEX n. 3, de 16 de fevereiro de 2017. Disponível em: <http://www.camex.gov.br/resolucoes-camex-e-outros-normativos/58-resolucoes-da-camex/1782-resolucao-n-03-de-16-de-fevereiro-de-2017>. Acesso em: 24 maio 2022.

BRASIL. Resolução CAMEX n. 3/2014. Disponível em: <http://www.camex.gov.br/resolucoes-camex-e-outros-normativos/58-resolucoes-da-camex/1307-resolucao-n-03-de-16-de-janeiro-de-2014#:~:text=RESOLU%C3%87%C3%83O%20N%C2%BA%203%2C%20DE%2016%20DE%20JANEIRO%20DE%202014&text=%2F01%2F2014)-,Aplica%20direito%20antidumping%20definitivo%2C%20por%20um%20prazo%20de%20at%C3%A9%205,da%20Rep%C3%BAblica%20Popular%20da%20China>. Acesso em: 27 fev. 2024.

BRASIL. Resolução CAMEX n. 5, de 16 de fevereiro de 2017. Disponível em: <http://www.camex.gov.br/resolucoes-camex-e-outros-normativos/58-resolucoes-da-camex/1785-resolucao-n-05-de-16-de-fevereiro-de-2017#:~:text=Aplica%20direito%20antidumping%20definitivo%2C%20por,da%20Rep%C3%BAblica%20Popular%20da%20China>. Acesso em: 24 maio 2022.

BRASIL. Resolução CAMEX n. 7, de 10 de fevereiro de 2012. Disponível em: <http://www.camex.gov.br/resolucoes-camex-e-outros-normativos/58-resolucoes-da-camex/1058-resolucao-n-07-de-10-de-fevereiro-de-2012>. Acesso em: 29 maio 2022.

BRASIL. Resolução CAMEX n. 7, de 10 de fevereiro de 2012. Disponível em: <http://www.camex.gov.br/resolucoes-camex-e-outros-normativos/58-resolucoes-da-camex/1058-resolucao-n-07-de-10-de-fevereiro-de-2012>. Acesso em: 6 jun. 2022.

BRASIL. Resolução CAMEX n. 7, de 30 de outubro de 2019. Disponível em: <https://www.in.gov.br/en/web/dou/-/resolucao-n-7-de-30-de-outubro-de-2019-224954645>. Acesso em: 19 maio 2022.

Referências

BRASIL. Resolução CAMEX n. 10, de 18 de fevereiro de 2016. Disponível em: <https://pesquisa.in.gov.br/imprensa/jsp/visualiza/index.jsp?data=19/02/2016&jornal=1&pagina=17&total Arquivos=340>. Acesso em: 28 maio 2022.

BRASIL. Resolução CAMEX n. 10, de 2 de maio de 2006. Disponível em: <http://www.camex.gov.br/resolucoes-camex-e-outros-normativos/58-resolucoes-da-camex/559-resolucao-n-10-de-02-de-maio-de-2006#:~:text=Encerra%20a%20revis%C3%A3o%20dos%20direitos,prorroga% C3%A7%C3%A3o%20dos%20direitos%20em%20vigor>. Acesso em: 7 abr. 2021.

BRASIL. Resolução CAMEX n. 10, de 2 de maio de 2006. Circular SECEX 15, de 24 de fevereiro de 2021. Disponível em: <http://www.camex.gov.br/resolucoes-camex-e-outros-normativos/58-resolucoes-da-camex/559-resolucao-n-10-de-02-de-maio-de-2006>. Acesso em: 7 abr. 2021.

BRASIL. Resolução CAMEX n. 12, de 13 de fevereiro de 2012. Disponível em: <http://www.camex.gov.br/resolucoes-camex-e-outros-normativos/58-resolucoes-da-camex/1075-resolucao-n-12-de-13-de-fevereiro-de-2012>. Acesso em: 22 maio 2022.

BRASIL. Resolução CAMEX n. 13, de 29 de fevereiro de 2012.

BRASIL. Resolução CAMEX n. 16, de 26 de novembro de 2019. Disponível em: <http://www.camex.gov.br/resolucoes-camex-e-outros-normativos/58-resolucoes-da-camex/2512-resolucao-n-16-de-26-de-novembro-de-2019>. Acesso em: 26 maio 2022.

BRASIL. Resolução CAMEX n. 18, de 25 de julho de 2006. Disponível em: <http://www.camex.gov.br/component/content/article/62-resolucoes-da-camex/566>. Acesso em: 24 maio 2022.

BRASIL. Resolução CAMEX n. 18, de 29 de junho de 2005. Disponível em: <http://www.camex.gov.br/resolucoes-camex-e-outros-normativos/62-resolucoes-da-camex/em-vigor/507-resolucao-n-18-de-29-de-junho-de-2005>. Acesso em: 13 jun. 2022.

BRASIL. Resolução CAMEX n. 18, de 25 de julho de 2006. Disponível em: <http://www.camex.gov.br/component/content/article/resolucoes-camex-e-outros-normativos/58-resolucoes-da-camex/566-resolucao-n-18-de-25-julho-de-2006>. Acesso em: 24 maio 2022.

BRASIL. Resolução CAMEX n. 19, de 20 de dezembro de 2019. Disponível em: <http://www.camex.gov.br/resolucoes-camex-e-outros-normativos/58-resolucoes-da-camex/2516-resolucao-n-19-de-20-de-dezembro-de-2019>. Acesso em: 6 jun. 2022.

BRASIL. Resolução CAMEX n. 19, de 25 de julho de 2006. Disponível em: <http://www.camex.gov.br/resolucoes-camex-e-outros-normativos/58-resolucoes-da-camex/567-resolucao-n-19-de-25-de-julho-de-2006 >. Acesso em: 3 jun. 2022.

BRASIL. Resolução CAMEX n. 19, de 30 de julho de 2002. Disponível em: <http://www.camex.gov.br/resolucoes-camex-e-outros-normativos/58-resolucoes-da-camex/370-resolucao-n-19-de-30-de-julho-de-2002>. Acesso em: 4 jun. 2022.

BRASIL. Resolução CAMEX n. 20, de 1º de março de 2016. Disponível em: <http://www.camex.gov.br/resolucoes-camex-e-outros-normativos/58-resolucoes-da-camex/1616-resolucao-n-20-de-01-de-marco-de-2016>. Acesso em: 28 maio 2022.

Curso de Defesa Comercial e Interesse Público no Brasil: teoria e prática

BRASIL. Resolução CAMEX n. 20, de 1º de março de 2016. Disponível em: <https://www.in.gov.br/materia/-/asset_publisher/Kujrw0TZC2Mb/content/id/21282892/do1-2016-03-02-resolucao-no-20-de-1-de-marco-de-2016-21282781>. Acesso em: 3 jun. 2022.

BRASIL. Resolução CAMEX n. 24, de 28 de abril de 2010. Disponível em: <http://www.camex.gov.br/component/content/article/62-resolucoes-da-camex/905>. Acesso em: 25 abr. 2022.

BRASIL. Resolução CAMEX n. 25, de 5 de outubro de 2004. Disponível em: <http://www.camex.gov.br/resolucoes-camex-e-outros-normativos/58-resolucoes-da-camex/471-resolucao-n-25-de-05-de-outubro-de-2004>. Acesso em: 4 jun. 2022.

BRASIL. Resolução CAMEX n. 27, de 29 de abril de 2015.

BRASIL. Resolução CAMEX n. 34, de 21 de maio de 2018. Disponível em: <http://www.camex.gov.br/resolucoes-camex-e-outros-normativos/58-resolucoes-da-camex/2030-resolucao-n-34-de-21-de-maio-de-2018>. Acesso em: 4 jun. 2022.

BRASIL. Resolução CAMEX n. 42, de 3 de julho de 2012. Disponível em: <http://www.camex.gov.br/component/content/article/62-resolucoes-da-camex/1161>. Acesso em: 23 maio 2022.

BRASIL. Resolução CAMEX n. 43, de 3 de julho de 2008. Disponível em: <http://www.camex.gov.br/resolucoes-camex-e-outros-normativos/62-resolucoes-da-camex/em-vigor/710-resolucao-n-43-de-03-de-julho-de-2008>. Acesso em: 6 jun. 2022.

BRASIL. Resolução CAMEX n. 43, de 3 de julho de 2012. Disponível em: <http://antigo.camex.gov.br/resolucoes-camex-e-outros-normativos/58-resolucoes-da-camex/1094-resolucao-n-43-de-05-de-julho-de-2012>. Acesso em: 23 maio 2022.

BRASIL. Resolução CAMEX n. 46, de 3 de julho de 2014. Disponível em: <http://www.camex.gov.br/resolucoes-camex-e-outros-normativos/58-resolucoes-da-camex/1354-resolucao-n-46-de-03-de-julho-de-2014>. Acesso em: 26 maio 2022.

BRASIL. Resolução CAMEX n. 47, de 29 de dezembro de 2003. Disponível em: <http://www.camex.gov.br/component/content/article/62-resolucoes-da-camex/439>. Acesso em: 1º jun. 2022.

BRASIL. Resolução CAMEX n. 48, de 10 de outubro de 2007. Disponível em < http://www.camex.gov.br/resolucoes-camex-e-outros-normativos/58-resolucoes-da-camex/647-resolucao-n-48-de-10-de-outubro-de-2007>. Acesso em: 25 maio 2022.

BRASIL. Resolução CAMEX n. 50, de 5 de julho de 2012.

BRASIL. Resolução CAMEX n. 51, de 23 de junho de 2016. Disponível em: <http://www.camex.gov.br/resolucoes-camex-e-outros-normativos/58-resolucoes-da-camex/1650-resolucao-n-51-de-23-de-junho-de-2016>. Acesso em: 24 maio 2022.

BRASIL. Resolução CAMEX n. 51, de 23 de junho de 2016. Disponível em: <http://www.camex.gov.br/resolucoes-camex-e-outros-normativos/58-resolucoes-da-camex/1650-resolucao-n-51-de-23-de-junho-de-2016#:~:text=RESOLU%C3%87%C3%83O%20N%C2%BA%2051%2C%20DE%2023%20DE%20JUNHO%20DE,faces%2C%20origin%C3%A1rias%20da%20Coreia%20do%20Sul%20e%20China>. Acesso em: 23 maio 2022.

Referências

BRASIL. Resolução CAMEX n. 51, de 27 de julho de 2010. Disponível em: <http://www. camex.gov.br/resolucoes-camex-e-outros-normativos/58-resolucoes-da-camex/878-resolucao-n-51-de-27-de-julho-de-2010>. Acesso em: 6 jun. 2022.

BRASIL. Resolução CAMEX n. 66, de 6 de setembro de 2011. Disponível em: <http:// www.camex.gov.br/component/content/article/resolucoes-camex-e-outros-normativos/58-resolucoes-da-camex/992-resolucao-n-66-de-06-de-setembro-de-2011>. Acesso em: 7 jun. 2022.

BRASIL. Resolução CAMEX n. 66, de 20 de setembro de 2018. Disponível em: <https:// www.in.gov.br/web/guest/materia/-/asset_publisher/Kujrw0TZC2Mb/content/id/41782217/UCEQlTzKXPyVi6cWuD3q0ksQ>. Acesso em: 9 jun. 2022.

BRASIL. Resolução CAMEX n. 68, de 14 de julho de 2020. Disponível em: <http://www. camex.gov.br/resolucoes-camex-e-outros-normativos/58-resolucoes-da-camex/2732-resolucao-n-68-de-14-de-julho-de-2020>. Acesso em: 6 jun. 2022.

BRASIL. Resolução CAMEX n. 76, de 17 de outubro de 2018. Disponível em: <http:// www.camex.gov.br/resolucoes-camex-e-outros-normativos/58-resolucoes-da-camex/2120-resolucao-n-76-de-17-de-outubro-de-2018>. Acesso em: 18 maio 2022.

BRASIL. Resolução CAMEX n. 81, de 15 de dezembro de 2009. Disponível em: <http:// www.camex.gov.br/component/content/article/resolucoes-camex-e-outros-normativos/58-resolucoes-da-camex/793-resolucao-n-81-de-15-de-dezembro-de-2009>. Acesso em: 7 jun. 2022.

BRASIL. Resolução CAMEX n. 93, de 24 de setembro de 2015.

BRASIL. Resolução CAMEX n. 108, de 4 de novembro de 2015. Disponível em: <https:// www.in.gov.br/materia/-/asset_publisher/Kujrw0TZC2Mb/content/id/33303656/do1-2015-11-05-resolucao-n-108-de-4-de-novembro-de-2015-33303647>. Acesso em: 3 jun. 2022.

BRASIL. Resolução CAMEX n. 119, de 18 de dezembro de 2014. Disponível em: <http:// www.camex.gov.br/component/content/article/62-resolucoes-da-camex/1443>. Acesso em: 6 jun. 2022.

BRASIL. Resolução CAMEX n. 122/2014. Disponível em: <http://camex.gov.br/resolucoes-camex-e-outros-normativos/58-resolucoes-da-camex/1446-resolucao-n-122-de-18-de-dezembro-de-2014>. Acesso em: 27 fev. 2024.

BRASIL. Resolução CAMEX n. 236, de 27 de agosto de 2021. Disponível em: <https:// www.in.gov.br/en/web/dou/-/resolucao-gecex-n-236-de-27-de-agosto-de-2021-341366014>. Acesso em: 6 jun. 2022.

BRASIL. Resolução GECEX n. 3, de 16 de janeiro de 2020. Disponível em: <https://www. in.gov.br/web/dou/-/resolucao-gecex-n-3-de-14-de-janeiro-de-2020-238384133>. Acesso em: 17 maio 2022.

BRASIL. Resolução GECEX n. 5, de 15 de janeiro de 2020. Disponível em: <https://www. in.gov.br/web/dou/-/resolucao-n-5-de-15-de-janeiro-de-2020-238540809>. Acesso em: 6 jun. 2022.

Curso de Defesa Comercial e Interesse Público no Brasil: teoria e prática

BRASIL. Resolução GECEX n. 8, de 7 de novembro de 2019. Disponível em: <https://www.in.gov.br/en/web/dou/-/resolucao-n-8-de-7-de-novembro-de-2019-226835585>. Acesso em: 6 jun. 2022.

BRASIL. Resolução GECEX n. 13, de 22 de fevereiro de 2021. Disponível em: < https://www.gov.br/produtividade-e-comercio-exterior/pt-br/acesso-a-informacao/legislacao/circulares-secex/2021/circular-secex-13_2021.pdf>. Acesso em: 21 jun. 2022.

BRASIL. Resolução GECEX n. 35, de 4 de maio de 2020. Disponível em: <https://www.in.gov.br/en/web/dou/-/resolucao-n-35-de-4-de-maio-de-2020-255166832?utm>. Acesso em: 6 jun. 2022.

BRASIL. Resolução GECEX n. 46, de 5 de julho de 2017. Disponível em: <http://www.camex.gov.br/resolucoes-camex-e-outros-normativos/58-resolucoes-da-camex/1878-resolucao-n-46-de-5-de-julho-de-2017>. Acesso em: 18 maio 2022.

BRASIL. Resolução GECEX n. 73, de 14 de agosto de 2020. Disponível em: <http://www.camex.gov.br/resolucoes-camex-e-outros-normativos/58-resolucoes-da-camex/2747-resolucao-n-73-de-14-de-agosto-de-2020>. Acesso em: 6 jun. 2022.

BRASIL. Resolução GECEX n. 88, de 27 de setembro de 2016. Disponível em: <https://www.in.gov.br/web/guest/materia/-/asset_publisher/Kujrw0TZC2Mb/content/id/21925572/do1-2016-09-28-resolucao-n-88-de-27-de-setembro-de-2016-21925368>. Acesso em: 14 maio 2022.

BRASIL. Resolução GECEX n. 91, de 16 de setembro de 2020. Disponível em: <https://www.in.gov.br/en/web/dou/-/resolucao-n-91-de-16-de-setembro-de-2020-277906775>. Acesso em: 6 jun. 2022.

BRASIL. Resolução GECEX n. 100, de 17 de dezembro de 2018. Disponível em: < http://antigo.camex.gov.br/resolucoes-camex-e-outros-normativos/58-resolucoes-da-camex/2161-resolucao-n-100-de-17-de-dezembro-de-2018>. Acesso em: 19 maio 2022.

BRASIL. Resolução GECEX n. 134, de 23 de dezembro de 2020. Disponível em: <http://www.camex.gov.br/component/content/article/resolucoes-camex-e-outros-normativos/58-resolucoes-da-camex/2858-resolucao-gecex-n-134-de-23-de-dezembro-de-2020>. Acesso em: 16 maio 2022.

BRASIL. Resolução GECEX n. 134, de 23 de dezembro de 2020. Disponível em: <https://www.in.gov.br/en/web/dou/-/resolucao-gecex-n-134-de-23-de-dezembro-de-2020-296450830>. Acesso em: 16 maio 2022.

BRASIL. Resolução GECEX n. 141, de 19 de janeiro de 2021. Disponível em: <http://www.camex.gov.br/resolucoes-camex-e-outros-normativos/58-resolucoes-da-camex/2889-resolucao-gecex-n-141-de-19-de-janeiro-de-2021>. Acesso em: 6 jun. 2022.

BRASIL. Resolução GECEX n. 142, de 31 de dezembro de 2020. Disponível em: <http://camex.gov.br/resolucoes-camex-e-outros-normativos/58-resolucoes-da-camex/2873-resolucao-gecex-n-142-de-31-de-dezembro-de-2020>. Acesso em: 6 jun. 2022.

BRASIL. Resolução GECEX n. 176, de 19 de março de 2021. Disponível em: <https://www.in.gov.br/en/web/dou/-/resolucao-gecex-n-176-de-19-de-marco-de-2021-309644615>. Acesso em: 6 jun. 2022.

Referências

BRASIL. Resolução GECEX n. 186, de 30 de março de 2021. Disponível em: <http://www.camex.gov.br/resolucoes-camex-e-outros-normativos/58-resolucoes-da-camex/2956-resolucao-gecex-n-186-de-30-de-marco-de-2021>. Acesso em: 6 jun. 2022.

BRASIL. Resolução GECEX n. 193, de 28 de abril de 2021. Disponível em: <http://www.camex.gov.br/resolucoes-camex-e-outros-normativos/58-resolucoes-da-camex/3043-resolucao-gecex-n-193-de-28-de-abril-de-2021>. Acesso em: 24 maio 2022.

BRASIL. Resolução GECEX n. 193, de 28 de abril de 2021. Disponível em: <http://www.camex.gov.br/resolucoes-camex-e-outros-normativos/58-resolucoes-da-camex/3043-resolucao-gecex-n-193-de-28-de-abril-de-2021>. Acesso em: 6 jun. 2022.

BRASIL. Resolução GECEX n. 199, de 4 de maio de 2021. Disponível em: <https://www.in.gov.br/en/web/dou/-/resolucao-gecex-n-199-de-4-de-maio-de-2021-317955151>. Acesso em: 25 maio 2022.

BRASIL. Resolução Gecex n. 203, de 20 de maio 2021. Disponível em: <https://www.in.gov.br/en/web/dou/-/resolucao-gecex-n-203-de-20-de-maio-de-2021-321226347>. Acesso em: 6 jun. 2022.

BRASIL. Resolução GECEX n. 203, de 20 de maio de 2021. Disponível em: <http://www.camex.gov.br/resolucoes-camex-e-outros-normativos/58-resolucoes-da-camex/3055-resolucao-gecex-n-203-de-20-de-maio-de-2021>. Acesso em: 14 maio 2022.

BRASIL. Resolução GECEX n. 215, de 21 de junho de 2021. Disponível em: <https://www.in.gov.br/web/dou/-/resolucao-gecex-n-215-de-21-de-junho-de-2021-327365375>. Acesso em: 21 jun. 2021.

BRASIL. Resolução GECEX n. 216, de 21 de junho de 2021. Disponível em: <https://www.in.gov.br/en/web/dou/-/resolucao-gecex-n-216-de-21-de-junho-de-2021-327332721>. Acesso em: 18 maio 2022.

BRASIL. Resolução GECEX n. 225, de 23 de julho de 2021. Disponível em: <https://in.gov.br/en/web/dou/-/resolucao-gecex-n-225-de-23-de-julho-de-2021-334569638>. Acesso em: 6 jun. 2022.

BRASIL. Resolução GECEX n. 248, de 15 de setembro de 2021. Disponível em: <https://www.in.gov.br/web/dou/-/resolucao-gecex-n-248-de-15-de-setembro-de-2021-345128825>. Acesso em: 6 jun. 2022.

BRASIL. Resolução GECEX n. 252, de 24 de setembro de 2021. Disponível em: <https://in.gov.br/en/web/dou/-/resolucao-gecex-n-252-de-24-de-setembro-de-2021-347366084>. Acesso em: 6 jun. 2022.

BRASIL. Resolução GECEX n. 254, de 24 de setembro de 2021. Disponível em: <https://www.in.gov.br/web/dou/-/resolucao-gecex-n-254-de-24-de-setembro-de-2021-347589296>. Acesso em: 24 maio 2022.

BRASIL. Resolução GECEX n. 255, de 24 de setembro de 2021. Disponível em: <https://in.gov.br/en/web/dou/-/resolucao-gecex-n-255-de-24-de-setembro-de-2021-347646716>. Acesso em: 24 maio 2022.

BRASIL. Resolução GECEX n. 255, de 24 de setembro de 2021. Disponível em: < https://www.legisweb.com.br/legislacao/?id=420740 >. Acesso em: 6 jun. 2022.

Curso de Defesa Comercial e Interesse Público no Brasil: teoria e prática

BRASIL. Resolução GECEX n. 286, de 21 de dezembro de 2021. Disponível em: <https://in.gov.br/web/dou/-/resolucao-gecex-n-286-de-21-de-dezembro-de-2021-369377010>. Acesso em: 6 jun. 2022.

BRASIL. Resolução GECEX n. 302, de 16 de fevereiro de 2022. Disponível em: <https://in.gov.br/web/dou/-/resolucao-gecex-n-302-de-16-de-fevereiro-de-2022-380804751>. Acesso em: 28 maio 2022.

BRASIL. Resolução GECEX n. 303, de 23 de fevereiro de 2022. Disponível em: <https://www.in.gov.br/web/dou/-/resolucao-gecex-n-303-de-23-de-fevereiro-de-2022-383062511>. Acesso em: 24 maio 2022.

BRASIL. Resolução GECEX n. 303, de 23 de fevereiro de 2022. Disponível em: <https://www.in.gov.br/web/dou/-/resolucao-gecex-n-303-de-23-de-fevereiro-de-2022-383062511>. Acesso em: 6 jun. 2022.

BRASIL. Resolução GECEX n. 305, 24 de fevereiro de 2022. Disponível em: <https://www.in.gov.br/web/dou/-/resolucao-gecex-n-305-de-24-de-fevereiro-de-2022-382674363>. Acesso em: 26 maio 2022.

BRASIL. Resolução GECEX n. 487, de 16 de junho de 2023. Disponível em: <https://www.in.gov.br/en/web/dou/-/resolucao-gecex-n-487-de-16-de-junho-de-2023-490446826>. Acesso em: 26 dez. 2023.

BRASIL. Resolução GECEX n. 506, de 16 de agosto de 2023. Disponível em: <https://www.in.gov.br/en/web/dou/-/resolucao-gecex-n-506-de-16-de-agosto-de-2023-503895094>. Acesso em: 21 dez. 2023.

BRASIL. Resolução GECEX n. 507, de 16 de agosto de 2023. Disponível em: <https://www.in.gov.br/en/web/dou/-/resolucao-gecex-n-507-de-16-de-agosto-de-2023-503894853>. Acesso em: 21 dez. 2023.

BRASIL. Resolução GECEX n. 508, de 16 de agosto de 2023. Disponível em: <https://www.in.gov.br/en/web/dou/-/resolucao-gecex-n-508-de-16-de-agosto-de-2023-503894934>. Acesso em: 21 dez. 2023.

BRASIL. Resolução GECEX n. 528, de 17 de outubro de 2023. Disponível em: <https://www.in.gov.br/en/web/dou/-/resolucao-gecex-n-528-de-17-de-outubro-de-2023-517000848>. Acesso em: 20 dez. 2023.

BRASIL. Resolução GECEX n. 540, de 15 de dezembro de 2023. Disponível em: <https://www.in.gov.br/en/web/dou/-/resolucao-gecex-n-540-de-15-de-dezembro-de-2023-531390200#msdynttrid=_6577C36_10Dm6KBxgWX2rYYLcH5ii8ZbRFIz8U5zJk>. Acesso em: 20 dez. 2023.

BRASIL. Resolução n. 119, de 18 de dezembro de 2014. Disponível em: <http://www.camex.gov.br/component/content/article/62-resolucoes-da-camex/1443>. Acesso em: 18 dez. 2022.

BRASIL. Resolução n. 119, de 18 de dezembro de 2014. Disponível em: <https://pesquisa.in.gov.br/imprensa/jsp/visualiza/index.jsp?data=19/12/2014&jornal=1&pagina=39&totalArquivos=432>. Acesso em: 18 dez. 2022.

Referências

BRASIL. Resolução n. 119, de 18 de dezembro de 2014. Disponível em: <http://www.camex.gov.br/component/content/article/resolucoes-camex-e-outros-normativos/58-resolucoes-da-camex/1443-resolucao-n-119-de-18-de-dezembro-de-2014>. Acesso em: 23 maio 2022.

BRASIL. Resolução n. 45, de 5 de julho de 2012. Disponível em: <http://www.camex.gov.br/component/content/article/62-resolucoes-da-camex/1096>. Acesso em: 3 jun. de 2022.

BUSSMAN, Tanise Brandão. Qual o peso do CADE nas avaliações de interesse público em defesa comercial após o Decreto 10.044/2019 da CAMEX? Uma análise dos processos de interesse público entre 2019 e junho de 2021. In: *Comércio internacional e concorrência*: desafios e perspectivas atuais – Volume III. ATHAYDE, Amanda; CINTRA DE MELO, Lílian (Orgs.). Brasília: Faculdade de Direito – UnB, 2021. Disponível em: <https://www.amandaathayde.com.br/livros-organizados>. Acesso em: 7 abr. 2022.

CADE. Ato de Concentração n. 08012.001885/2007-11 – Owens Corning e Compagnie de Saint-Gobain, sobre revisão da TEC. Jul. 2008.

CADE. Ato de Concentração n. 08700.0003441/2014-47 – ICL/Bromisa, sobre imposição de medidas antidumping. Dez. 2014.

CADE. Ato de Concentração n. 08700.000436/2014-27 – Braskem/Solvay no mercado de PVC. Nov. 2014.

CADE. Ato de Concentração 08700.001697/2017-15, RHI AG e Magnesita Refratários S.A.

CADE. Consulta n. 08700.001710/2012-13 – ABIPET, sobre os impactos da regra de origem do Mercosul na indústria de PET. Out. 2013.

CADE. Processo Administrativo n. 08012.009462/2006-69 – ABRINQ, sobre a competência para examinar a validade e a legalidade de políticas específicas em matéria de defesa comercial. Jul. 2015.

CAMPOS, Aluísio de Lima. A defesa comercial sob ataque. *Revista de Direito do Comércio Internacional*, n. 2, 2019. Disponível em: < https://enlaw.com.br/revista/634/ler?page=165>. Acesso em: 27 ju

CARVALHO, Marina Amaral Egydio. Documento de Trabalho DEE/Cade n. 007/2021. Defesa da Concorrência e Defesa Comercial: benchmarking internacional sobre a estrutura, funções e inter-relações das instituições, 2021. Disponível em: <https://cdn.cade.gov.br/Portal/centrais-de-conteudo/publicacoes/estudos-economicos/documentos-de-trabalho/2021/Documento-de-Trabalho_Defesa-da-Concorencia-e-Defesa-Comercial_benchmarking-internacional-sobre-a-estrutura-funcoes-e-inter-relacoes-das-instituicoes.pdf >. Acesso em: 3 maio 2022.

CAVALCANTE, Anderson Luiz Monteiro. Precisamos falar sobre antidumping e inovação: fatores condicionantes e impactos em empresas protegidas. Dissertação de mestrado, UnB, 2020. Disponível em: <https://repositorio.unb.br/handle/10482/39091>. Acesso em: 2 jun. 2022.

CHANG, Há-Joong, *Chutando a escada:* a estratégia de desenvolvimento em perspectiva histórica, São Paulo: Unesp, 2004. p. 60.

Curso de Defesa Comercial e Interesse Público no Brasil: teoria e prática

CHARNOVITZ, Steve. Green Subsidies and the WTO. *Policy Research Working Paper*, n. 7060. World Bank Group, Washington, DC., 2014. Disponível em: <https://openknowledge.worldbank.org/handle/10986/20500>. Acesso em: 24 maio 2022.

CHO, Sungjoon. *The* nature of remedies in international trade law. *U. Pitt. L. Rev.*, v. 65, p. 763, 2003.

CHOI, Nakgyoon. Economic Effects of Anti-Dumping Duties: Protectionist Measures or Trade Remedies? *KIEP Research Paper, Working Papers,* 2016. Disponível em: <https://deliverypdf.ssrn.com/delivery.php?ID=663088101094066099127108093098120006019074041037048078090070015097017005119004000122107117023039103016043126065021078017065004031015032054022020120029009090800603008406600908603110510300109401003012401700607412201101000803110807911708512609502512300510 1&EXT=pdf&INDEX=TRUE>. Acesso em: 31 maio 2022.

COMISSÃO EUROPEIA. Disponível em: <https://trade.ec.europa.eu/doclib/press/index.cfm?id=2310>. Acesso em 26. Mai. 2022.

CORDOVIL, Leonor. O interesse público no antidumping. Tese de doutorado, disponível em: <https://www.teses.usp.br/teses/disponiveis/2/2133/tde-20102011-131305/pt-br.php>. Acesso em: 1º jul. 2021.

CRUZ, Tatiana Lins. O uso de medidas antidumping como mecanismo de barreira à entrada no mercado brasileiro, 2014. Dissertação de mestrado, Universidade de São Paulo. Disponível em: <https://www.teses.usp.br/teses/disponiveis/2/2135/tde-26022016-112122/publico/Dissertacao_Tatiana_Lins_Cruz_final.pdf>. Acesso em: 10 jun. 2022.

CZAKO, Judith; HUMAN, Johann; MIRANDA, Jorge. *A Handbook on Anti-Dumping Investigations*. World Trade Organization: Cambridge, 2003.

DECOM. Roteiros e Questionários em Investigações Antidumping. Disponível em: <https://www.gov.br/produtividade-e-comercio-exterior/pt-br/assuntos/comercio-exterior/defesa-comercial-e-interesse-publico/roteiros-e-questionarios/roteiros-e-questionarios-de-antidumping>. Acesso em: 5 maio 2022.

DECOM/SECEX/ME. Guia de investigações antidumping. Disponível em: <https://www.gov.br/produtividade-e-comercio-exterior/pt-br/assuntos/comercio-exterior/defesa-comercial-e-interesse-publico/guias>. Acesso em: 2 jun. 2021.

DE JESUS, Agnes. The four practical interactions between competition policy and trade defense: an empirical analysis of the brazilian competition authority jurisprudence. In: *Comércio internacional e concorrência*: desafios e perspectivas atuais – Volume I. ATHAYDE, Amanda; CINTRA DE MELO, Lílian (Orgs.). Brasília: Faculdade de Direito – UnB, 2021. Disponível em: <https://www.amandaathayde.com.br/livros-organizados>. Acesso em: 7 abr. 2022.

DE OLIVEIRA PRESTES, Valdeir; BATISTA, Camila Lais Ramalho; KRAJEVSKI, Luis Claudio. Do antidumping ao dumping: a sobretaxa no setor de leite brasileiro. 58° Congresso da Sociedade Brasileira de Economia, Administração e Sociologia Rural (SOBER). Foz do Iguaçu-PR, 2020. Disponível em: <https://www.researchgate.net/profile/Valdeir--De-Prestes/publication/352102511_DO_ANTIDUMPING_AO_DUMPING_A_SO-BRETAXA_NO_SETOR_DE_LEITE_BRASILEIRO_FROM_ANTIDUMPING_TO_

Referências

DUMPING_THE_EXCHANGE_RATE_IN_THE_BRAZILIAN_MILK_SECTOR_Grupo_de_Trabalho_GT_1_-Mercado_Agricola_e_Comercio_Exteri/links/60b9000 3458515218f89de41/DO-ANTIDUMPING-AO-DUMPING-A-SOBRETAXA-NO--SETOR-DE-LEITE-BRASILEIRO-FROM-ANTIDUMPING-TO-DUMPING-THE--EXCHANGE-RATE-IN-THE-BRAZILIAN-MILK-SECTOR-Grupo-de-Trabalho-GT--1-Mercado-Agricola-e-Comercio-Exteri.pdf>. Acesso em: 31 maio 2022.

DE SOUZA, Guilherme Gomes. Interesse público em defesa comercial: quem é beneficiado? Monografia UnB, 2022. p. 25.

Decision on Anti-Circumvention. Disponível em: <https://www.wto.org/english/docs_e/legal_e/39-dadp1_e.htm>. Acesso em: 8 jun. 2022.

DOMINGUES, Juliana Oliveira. Concorrência e Comércio Internacional: reflexões sobre as duas faces da mesma moeda. In: *O direito brasileiro em evolução*. São Paulo: Almedina, 2017.

DS336: Japan — Countervailing Duties on Dynamic Random Access Memories from Korea. Disponível em: <https://docs.wto.org/dol2fe/Pages/SS/directdoc.aspx?filename=Q:/WT/DS/336ABR.pdf&Open=True>. Acesso em: 5 jun. 2022.

ESTADOS UNIDOS, USTR Report in the Appellate Body of the World Trade Organization, Washington, 2020, p. 82. Disponível em:<https://ustr.gov/sites/default/files/Report_on_the_Appellate_Body_of_the_World_Trade_Organization.pdf> . Acesso em: 13 abr. 2022.

ESTADOS UNIDOS. H.R.6121 – Eliminating Global Market Distortions to Protect American Jobs Act of 2021. Disponível em: <https://www.congress.gov/bill/117th-congress/house-bill/6121>. Acesso em: 21 jun. 2022.

EUROPEAN UNION. Regulation to address distortions caused by foreign subsidies in the Single Market. Disponível em: <https://ec.europa.eu/commission/presscorner/detail/en/ip_21_1982>. Acesso em: 24 maio 2022.

EUROPEAN UNION. White Paper on foreign subsidies in the Single Market. Disponível em: <https://ec.europa.eu/commission/presscorner/detail/en/ip_20_1070>. Acesso em: 24 maio 2022.

FARINA, Elizabeth Maria Mercier Querido; AZEVEDO, Paulo Furquim de. Política industrial e defesa da concorrência: considerações sobre a experiência brasileira nos anos 90. *Economia*, Niterói, v. 2, n. 2, p. 513-547, 2001, p. 8.

FERRAZ, Lucas. Suggestions for improvements in Brazil's current legislation on public interest in antidumping disciplines. *Working Paper*/FGV, 2018.

FERRAZZO, Bruna Linhares; NEGRÃO, Francisco Niclós. São necessários parâmetros diferenciados para análise de interesse público em casos de dumping, de subsídios ou de indústrias fragmentadas? In: ATHAYDE, Amanda; CINTRA DE MELO, Lílian (Orgs.). *Dumping, subsídios e salvaguardas*: revisitando aspectos técnicos dos instrumentos de defesa comercial. Brasília: Faculdade de Direito – UnB, 2021. Disponível em: <https://www.amandaathayde.com.br/livros-organizados>. Acesso em: 7 abr. 2022.

Curso de Defesa Comercial e Interesse Público no Brasil: teoria e prática

FONSECA, Marco César Saraiva da. A aplicação do direito antidumping – o conceito de "all others' rate". In: Felipe Hees e Marília Castañon Penha Valle (Orgs.). *Dumping, subsídios e salvaguardas*: revisitando aspectos técnicos dos instrumentos de defesa comercial. São Paulo: Singular, 2012.

FORGIONI, Paula. *A evolução do direito comercial brasileiro*: da mercancia ao mercado. São Paulo: Revista dos Tribunais, 2009.

FREUD, Sigmund (2010). O mal-estar na civilização. In: S. Freud. *Obras Completas* (P. C. Souza, trad., vol. 18). São Paulo: Companhia das Letras. (Trabalho publicado originalmente em 1930.)

FUKAHORI, Yasukata. The Doha Development Round of the WTO Negotiations: A Possible Future Direction, 2013.

GABARDO, Márcio Marques. Defesa comercial e concorrência: situações em que a cooperação entre essas duas áreas se faz necessária. In: ATHAYDE, Amanda; MAIOLINO, Isabela; SILVEIRA, Paulo Burnier da (Orgs.). *Comércio internacional e concorrência*: desafios e perspectivas atuais – Volume II. Brasília: Faculdade de Direito – UnB, 2019.

GADELHA, Zahra Faheina; LEITE, Victor de Oliveira. Salvaguardas como medida de proteção e exposição à concorrência: do interesse público na defesa comercial e na defesa da concorrência. In: ATHAYDE, Amanda et al. (Orgs.). *Novas fronteiras na interface entre comércio internacional e defesa da concorrência*, Vol. I. Brasília: UnB, 2018. Disponível em: <https://www.amandaathayde.com.br/livros-organizados>. Acesso em: 7 abr. 2022.

GARCIA, Alana Demarqui. Um ACC do Cade pode impor a obrigação de uma empresa não requerer medida de defesa comercial? Uma análise do acordo de investimento da Braskem. In: ATHAYDE, Amanda; GUIMARÃES, Marcelo; DA SILVEIRA, Paulo Burnier (Orgs.). *Comércio internacional e concorrência*: desafios e perspectivas atuais – Volume III. Brasília: Faculdade de Direito – UnB, 2018. Disponível em: <https://www.amandaathayde.com.br/livros-organizados>. Acesso em: 7 abr. 2022.

GITAM *Review of International Business*, Forthcoming, 2008.

GLOBAL TRADE ALERT. *Global Dynamics*. Policy Instruments Used. Disponível em: <https://www.globaltradealert.org/global_dynamics/area_all/year-to_2022/day--to_1222>. Acesso em: 1 mar. 2024.

GOLDBAUM, Sergio; PEDROZO, Euclides. Impacto do Decreto n. 8.058/2013 sobre investigações antidumping no Brasil. *Revista Direito GV*, v. 15, 2019. Disponível em: <https://www.scielo.br/j/rdgv/a/tdGvRSMTn4Fy6CkShR9SKyJ/?format=pdf&lang=pt>. Acesso em: 31 maio 2022. Sobre os primeiros anos de aplicação do Decreto n. 8.058/2013, Kanas e Muller fazem um balanço preliminar. KANAS, Vera; MULLER, Carolina. The New Brazilian Anti-Dumping Regulation: a balance of the first years. *Global Trade and Customs Journal*, vol. 12, Issue 11&12. Nov./Dec. 2017.

GOMES, Marcus Vinícius de Souza. *Revista Brasileira de Comércio Exterior*, n. 144, jul./set. 2020. Disponível em: <http://www.funcex.org.br/publicacoes/rbce/material/rbce/Funcex_RBCE144_Artigo_Marcus.pdf>. Acesso em: 27 jun. 2022.

Referências

GOUDBAUM, Sergio. Defesa comercial, acordos comerciais e os rumos da inserção do Brasil na economia mundial. *Revista de Direito do Comércio Internacional*, n. 5, jun. 2022. Disponível em: <https://enlaw.com.br/revista/826/ler?page=121>. Acesso em: 27 jun. 2022.

GUERO, Isabelle Ruiz. Do declínio do multilateralismo à fragmentação do sistema de comércio internacional: acenos sobre como a OMC pode se manter relevante. In: ATHAYDE, Amanda; SEGALOVICH, Daniel; ANDRADE, Gabriel. *Comércio internacional e concorrência*: desafios e perspectivas atuais, vol. IV. Brasília: Universidade de Brasília, Faculdade de Direito, 2022.

Guia de Cálculo da Margem de Dumping em Investigações Antidumping no Brasil do DECOM. Disponível em: <https://www.gov.br/produtividade-e-comercio-exterior/pt--br/assuntos/comercio-exterior/defesa-comercial-e-interesse-publico/guias>. Acesso em: 3 maio 2022.

Guia de Interesse Público em Defesa Comercial do DECOM, 2020. Disponível em: <https://www.gov.br/produtividade-e-comercio-exterior/pt-br/assuntos/comercio-exterior/defesa-comercial-e-interesse-publico/guias>. Acesso em: 3 maio 2022.

Guia de Investigações Antidumping do DECOM, 2021. Disponível em: <https://www.gov.br/produtividade-e-comercio-exterior/pt-br/assuntos/comercio-exterior/defesa--comercial-e-interesse-publico/guias>. Acesso em: 3 maio 2022.

Guia de Investigações Antidumping do DECOM, 2022. Disponível em: <https://www.gov.br/produtividade-e-comercio-exterior/pt-br/assuntos/comercio-exterior/defesa--comercial-e-interesse-publico/guias>. Acesso em: 3 maio 2022.

Guia externo [de] investigações antidumping [recurso eletrônico] / Ministério da Economia, Secretaria Especial de Comércio Exterior e Assuntos Internacionais, Secretaria de Comércio Exterior, Subsecretaria de Defesa Comercial e Interesse Público. 2. ed. Brasília: DECOM/ Ministério da Economia, 2020. Disponível em: <https://www.gov.br/produtividade-e-comercio-exterior/pt-br/assuntos/comercio-exterior/defesa-comercial-e-interesse-publico/arquivos/guias/guia-ad-consolidado-final.pdf>. Acesso em: 20 maio 2022.

Guia externo de apoio ao exportador brasileiro investigado em processos de defesa comercial no exterior. Ministério da Economia, Secretaria Especial de Comércio Exterior e Assuntos Internacionais, Secretaria de Comércio Exterior, Subsecretaria de Defesa Comercial e Interesse Público. 2. ed. Brasília: DECOM/ Ministério da Economia, 2020. Disponível em: <https://www.gov.br/produtividade-e-comercio-exterior/pt-br/assuntos/comercio-exterior/defesa-comercial-e-interesse-publico/arquivos/guias/guia-externo-apoio-exportador>. Acesso em: 6 abr. 2022.

Guias SECEX sobre Defesa Comercial e Interesse Público. Disponível em: <https://www.gov.br/produtividade-e-comercio-exterior/pt-br/assuntos/comercio-exterior/defesa--comercial-e-interesse-publico/guias>. Acesso em: 9 fev. 2022.

HEINEMANN, Andreas; CHOI, Yo Sop. Competition and Trade: The Rise of Competition Law in Trade Agreements and Its Implications for the World Trading System. World Competition, 43(4):521-542, 2020. Disponível em: <https://www.zora.uzh.ch/id/

Curso de Defesa Comercial e Interesse Público no Brasil: teoria e prática

eprint/196346/1/Choi_Heinemann_Competition%26Trade_World_Competition_2020_ off-print.pdf>. Acesso em: 23 ago. 2021.

IRTI, Natalino. A ordem jurídica do mercado. *Revista de Direito Mercantil, Industrial, Econômico e Financeiro.* São Paulo, n. 145, p. 44- 49, jan./mar. 2007.

IRTI, Natalino. A ordem jurídica do mercado. *Revista de Direito Mercantil, Industrial, Econômico e Financeiro.* São Paulo, n. 145, p. 44- 49, jan./mar. 2007.

IRWIN, Douglas; MAVROIDIS, Petros C.; SYKES, Alan O. *The Genesis of the GATT.* Nova Iorque: Oxford University Press, 2006, p. 176. Nessa obra, os autores discutem o GATT 1947. As conclusões a que os autores chegam para explicar as razões de teoria econômica para a celebração do GATT 1947 podem ser aplicadas à OMC uma vez que esse acordo constitui uma das bases do sistema multilateral de comércio.

Joint Statement of the Trilateral Meeting of the Trade Ministers of Japan, the United States and the European Union. Disponível em: <https://trade.ec.europa.eu/doclib/ docs/2020/january/tradoc_158567.pdf>. Acesso em: 24 maio 2022.

KANNEBLEY JÚNIOR, S.; REMÉDIO, R.; OLIVEIRA, G. Antidumping e concorrência no Brasil: uma avaliação empírica. Departamento de Estudos Econômicos, Documento de Trabalho n. 001/2017. Conselho Administrativo de Defesa Econômica: Brasília, 2017. p. 6. Disponível em: <https://cdn.cade.gov.br/Portal/centrais-de-conteudo/publicacoes/ estudos-economicos/documentos-de-trabalho/2017/documento-de-trabalho-n-01-2017-antidumping-e-concorrencia-no-brasil-uma-avaliacao-empirica.pdf>. Acesso em: 31 out. 2021.

KLITGAARD, Thomas; SCHIELE, Karen. Free versus fair trade: the dumping issue. *Current Issues in Economics and Finance*, v. 4, n. 8, 1998. Disponível em: <https://deliveryp-df.ssrn.com/delivery.php?ID=7080200930870 210850900780750850991090590040610 3 2064017118120015005089095031084107089101045036122006102119124127115030 11 7007060000030048065113 27124011081002093004042050070105077086025019004 1 0311712702312212771260840020650890720 25 091030080089093110 &EXT=pdf&IN-DEX=TRUE>. Acesso em: 31 maio 2022.

KOTSIUSBKA, Viktoriia. Public interest consideration in domestic and international anti-dumping disciplines. Universidade de Berna: World Trade Institute, Dissertação de mestrado, set. 2011. Disponível em: <https://www.wti.org/media/filer_public/82/63/ 82633863-36ea-42d8-9b8f-9d6a313b77c5/masters_thesis_viktoriia_kotsiubska.pdf>. Acesso em: 2 jun. 2022.

LEITE, Victor de Oliveira. Salvaguardas comerciais em defesa comercial: uma mudança no perfil de aplicação? Dissertação de mestrado, UnB, 2022. p. 58.

LEONI, Gabriela. Arbitragem e comércio internacional: resultados e perspectivas a partir do WTO Multi-party Interim Appeal Arrangement (MPIA), 2022. Disponível em: <https://www.amandaathayde.com.br/_files/ugd/62c611_fdcbecf7132b4e2491d-da423bf36816b.pdf>.

LOURENÇO, L.; SILVEIRA, D.; OLIVEIRA, G.; VASCONCELOS, C. Do Antidumping Measures Increase Market Power? Evidence From Latin American Countries. *The Inter-*

national Trade Journal*, 2021. DOI: 10.1080/08853908.2021.1992320. Disponível em: <https://www.tandfonline.com/doi/abs/10.1080/08853908.2021.1992320?journalCode=uitj20#.YXAZqnRiJps.linkedin>. Acesso em: 31 out. 2021.

LOURENÇO, Lucas dos Santos; SILVEIRA, Douglas Sad; OLIVEIRA, Glauco Avelino Sampaio. Brasília: IPEA, 2021. Disponível em: <http://repositorio.ipea.gov.br/bitstream/11058/10587/1/_TD%202651.pdf>. Acesso em: 10 jun. 2022.

MACERA, Andrea Pereira. Interesse público e defesa comercial: considerações gerais. *Revista Brasileira de Comércio Exterior*, Rio de Janeiro, n. 114, p. 12-19, 2013.

MARQUES, Dilso Marvell. Análise acerca da persistência dos efeitos das medidas antidumping sobre as importações brasileiras. Dissertação de mestrado, UnB, 2021. Disponível em: <https://repositorio.unb.br/bitstream/10482/41339/1/2021_DilsoMarvellMarques.pdf>. Acesso em: 6 jun. 2022.

MARSSOLA, Julia. Quais os critérios para alterar medidas de defesa comercial por interesse público? Uma análise da experiência do Brasil e do Canadá. In: ATHAYDE, Amanda; MAIOLINO, Isabela; SILVEIRA, Paulo Burnier (Orgs.). *Comércio internacional e concorrência*: desafios e perspectivas atuais – volume II. Brasília: Faculdade de Direito – UnB, 2019. Disponível em: <https://www.amandaathayde.com.br/livros-organizados>. Acesso em: 7 abr. 2022.

MARSSOLA, Julia; WOUTERS, Jan. The international legal framework for industrial policy: World Trade Organization disciplines and rules. In: CHRISTOPHE, Jean et al. *EU Industrial Policy in the Multipolar Economy*. Cheltenham, UK: Edgard Elgar, 2022, p. 122-158. Disponível em: <https://www.elgaronline.com/display/book/9781800372634/book-part-9781800372634-9.xml>. Acesso em: 1 mar. 2024.

MATSUSHITA, Mitsuo; MAVROIDIS, Petros C.; SCHOENBAUM, Thomas J. *The World Trade Organization*: Law, Practice, and Policy. 2. ed. Nova Iorque: Cambridge University Press, 2008, p. 9.

MAZZUOLI, Valerio de Oliveira. *Curso de Direito Internacional Público*, 2020, p. 173.

MDIC. *Dados brutos de defesa comecial e interesse público*. Disponível em: <https://www.gov.br/mdic/pt-br/assuntos/comercio-exterior/defesa-comercial-e-interesse-publico/estatisticas-e-historico/dados-brutos-de-defesa-comercial-e-interesse-publico>. Acesso em: 12 mar. 2024.

MEDRADO, Renê; ATHAYDE, Amanda; SAYEG, Carol; HEINZEN, Julia. *Compromissos de preços e* trustees *em defesa comercial*: uma proposta possível para a solução de um problema concreto no fluxo de comércio internacional. No prelo. 2024.

MELO, Déborah de Sousa e Castro. Does the Public Interest Clause represent a suitable method to promote balance? Dissertação de mestrado, USP, 2016.

MONTEIRO, Henrique; ATHAYDE, Amanda; MARSSOLA, Julia. A busca pela definição de empresa estatal nos acordos da OMC. Livro de Comércio Internacional BMJ, 2022.

MUELLER, Felix. Is the General Agreement on Tariffs and Trade Article XIX "Unforeseen Clause" still effective under the Agreements on Safeguards. *Journal of International Trade*, v. 37 (6), p. 1119-1151, 2003.

Curso de Defesa Comercial e Interesse Público no Brasil: teoria e prática

NAIDIN, Leane. Interesse público: implicações para a política antidumping no Brasil. IPEA, 2019. Disponível em: < http://repositorio.ipea.gov.br/bitstream/11058/9528/1/INteresse%20público_implicações%20para%20a%20política%20antidumping%20no%20Brasil.pdf>. Acesso em: 2 jun. 2022.

NAKAMURA, Beatriz Lie W.; RAMOS, Daniele. Medida antidumping: uma análise da aplicação do departamento de defesa comercial brasileiro. Disponível em: <https://downloads.editoracientifica.org/articles/201202482.pdf>. Acesso em: 20 maio 2022.

NASCIMENTO, Thiago Oliveira; FLORESTI, Guilherme Venturini; BRASIL, Eric Universo. Metodologias para avaliação de impacto econômico e interesse público. *Revista Brasileira de Comércio Exterior*, n. 146, fev. 2021. Disponível em: <https://funcex.org.br/info/rbce-146-janeiro-fevereiro-marco-2021/metodologias-para-avaliacao-de-impacto-economico-e-interesse-publico>. Acesso em: 27 jun. 2022.

NOGUEIRA, Anna Carolina; MAGRINI, Naiana. Concentração setorial na aplicação de medidas antidumping no Brasil: análise de fatores jurídicos e econômicos. In: ATHAYDE, Amanda; CINTRA DE MELO, Lílian (Orgs.). *Comércio internacional e concorrência*: desafios e perspectivas atuais – Volume III. Brasília: Faculdade de Direito – UnB, 2021. Disponível em: <https://www.amandaathayde.com.br/livros-organizados>. Acesso em: 7 abr. 2022.

NOGUÉS, Julio J.; BARACAT, Elías. Political economy of antidumping and safeguards in Argentina. *World Bank Publications*, 2005. Disponível em: <https://books.google.com.br/books? hl=pt-BR&lr=&id=NFWOZKPsRbIC&oi=fnd&pg=PA1&dq=NOGU%3%89S,+Julio+J.%3B+BARACAT,+El%C3%ADas.+Political+economy+of+antidumping+and+safeguards+in+Argentina.+&ots=Iu8sNPJiYp&sig=bP9IJe3iKDxN7_ATpqpdqnBLFXs#v=onepage&q=NOGU%C3%89S%2C%20Julio%20J.%3B%20BARACAT%2C%20El%C3%ADas.%20Political%20economy%20of%20antidumping%20and%20saf eguards%20i n%20Argentina. &f=false>. Acesso em: 31 maio 2022.

NOTTAGE, Hunter. Trade in War's Darkest Hour: Churchill and Roosevelt's daring 1941 Atlantic Meeting that linked global economic cooperation to lasting peace and security. Disponível em: <https://www.wto.org/english/thewto_e/history_e/tradewar-darkhour41_e.htm>. Acesso em: 19 maio 2022.

OLIVEIRA, R. Atos de concentração nos setores mais protegidos por medidas antidumping: uma análise descritiva. *Revista de Defesa da Concorrência*, v. 8, n. 2, 2020, p. 305. Disponível em: <https://revista.cade.gov.br/index.php/revistadedefesadaconcorrencia/article/view/499>. Acesso em: 28 out. 2021.

OMC. Agenda do Conselho de Bens. Minutes of the meeting of the Council for Trade in Goods. 21 Oct. 2021. China – Subsidy Transparency and China's Publication and Inquiry Point Obligations Under China's Protocol Of Accession – Request From Australia, Canada, the European Union, Japan, the United Kingdom, and the United States.

OMC. Appellate Body in US – Line Pipe.

OMC. Argentina – Definitive Anti-Dumping Duties on Poultry from Brazil. *WT/DS241/..* Disponível em: <https://docs.wto.org/dol2fe/Pages/SS/directdoc.aspx?filename=Q:/WT/DS/241R-00.pdf&Open=True>. Acesso em: 31 maio 2022.

Referências

OMC. DS121: Argentina – Safeguard Measures on Imports of Footwear. Disponível em: <https://www.wto.org/english/tratop_e/dispu_e/cases_e/ds121_e.htm>. Acesso em: 3 jun. 2022.

OMC. DS166: United States – Definitive Safeguard Measures on Imports of Wheat Gluten from the European Communities. Disponível em: <https://www.wto.org/english/tratop_e/dispu_e/cases_e/ds166_e.htm>. Acesso em: 3 jun. 2022.

OMC. DS177: United States – Safeguard Measure on Imports of Fresh, Chilled or Frozen Lamb from New Zealand. Disponível em: <https://www.wto.org/english/tratop_e/dispu_e/cases_e/ds177_e.htm>. Acesso em: 3 jun. 2022.

OMC. DS379: United States – Definitive Anti-Dumping and Countervailing Duties on Certain Products from China. Disponível em: <https://www.wto.org/english/tratop_e/dispu_e/cases_e/ds379_e.htm>. Acesso em: 25 maio 2022.

OMC. DS264: United States – Final Dumping Determination on Softwood Lumber from Canada. Disponível em: <https://www.wto.org/english/tratop_e/dispu_e/cases_e/ds264_e.htm>. Acesso em: 5 dez. 2023.

OMC. DS402: United States – Use of Zeroing in Anti-Dumping Measures Involving Products from Korea. Disponível em: <https://www.wto.org/english/tratop_e/dispu_e/cases_e/ds402_e.htm>. Acesso em: 23 maio 2022.

OMC. DS437: United States – Countervailing Duty Measures on Certain Products from China. Disponível em: <https://www.wto.org/english/tratop_e/dispu_e/cases_e/ds437_e.htm>. Acesso em: 5 dez. 2023.

OMC. DS464: United States – Anti-Dumping and Countervailing Measures on Large Residential Washers from Korea. Disponível em: <https://www.wto.org/english/tratop_e/dispu_e/cases_e/ds464_e.htm>. Acesso em: 1º jun. 2022.

OMC. DS534: United States – Anti-Dumping Measures Applying Differential Pricing Methodology to Softwood Lumber from Canada. Disponível em: <https://www.wto.org/english/tratop_e/dispu_e/cases_e/ds534_e.htm>. Acesso em: 1º jun. 2022.

OMC. EU initiates WTO dispute complaint regarding UK low carbon energy subsidies. Disponível em: <https://www.wto.org/english/news_e/news22_e/ds612rfc_30mar22_e.htm>. Acesso em: 24 maio 2022.

OMC. European Communities – Anti-Dumping Duties on Malleable Cast Iron Tube or Pipe Fittings from Brazil. WT/DS219/AB/R, paras. 190-193. Disponível em: <https://docs.wto.org/dol2fe/Pages/SS/directdoc.aspx?filename=Q:/WT/DS/219ABR.pdf&Open=True>. Acesso em: 4 jun. 2022.

OMC. Morocco – Anti-Dumping Measures on Certain Hot-Rolled Steel from Turke. WT/DS513/R, paras. 7.148-7.149. Disponível em: <https://docs.wto.org/dol2fe/Pages/FE_Search/FE_S_S006.aspx?DataSource=Cat&query=@Symbol=WT/DS513/R*&Language=English&Context=ScriptedSearches&languageUIChanged=true>. Acesso em: 26 maio 2022.

OMC. TN/RL/GEN/45. Further submission on when and how to allocate subsidy benefits over time. 3 June 2005. Disponível em: <https://jmcti.org/2000round/com/doha/tn/rl/tn_rl_gen_045.pdf >. Acesso em: 25 maio 2022.

Curso de Defesa Comercial e Interesse Público no Brasil: teoria e prática

OMC. United States – Anti-Dumping and Countervailing Measures on Certain Coated Paper from Indonesia. WT/DS491/R, paras. 7.209 – 7.210. Disponível em: <https://docs.wto.org/dol2fe/Pages/SS/directdoc.aspx?filename=q:/WT/DS/491R.pdf&Open=-True>. Acesso em: 4 jun. 2022.

OMC. United States – Anti-Dumping Measures on Certain Hot-Rolled Steel Products from Japan. WT/DS184/AB/R, para. 189. Disponível em: <https://www.wto.org/english/tratop_e/dispu_e/cases_e/ds184_e.htm>. Acesso em: 7 jun. 2022.

OMC. United States – Countervailing and Anti-dumping Measures on Certain Products from China. WT/DS449. Disponível em: <https://www.wto.org/english/tratop_e/dispu_e/cases_e/ds449_e.htm>. Acesso em: 13 jun. 2022.

OMC. United States – Countervailing Duty Measures On Certain Products From China. WT/DS437/ARB. Disponível em: <https://docs.wto.org/dol2fe/Pages/SS/directdoc.aspx?filename=q:/WT/DS/437ARB.pdf&Open=True>. Acesso em: 13 jun. 2022.

OMC. United States – Definitive Anti-Dumping and Countervailing Duties on Certain Products from China. WT/DS379. Disponível em: <https://www.wto.org/english/tratop_e/dispu_e/cases_e/ds379_e.htm#>. Acesso em: 13 jun. 2022.

OMC. United States – Final Dumping Determination on Softwood Lumber from Canada (US – Softwood Lumber V). WT/DS264/R, paras. 7.152-7.153, 7.156-7.157. Disponível em:<https://docs.wto.org/dol2fe/Pages/FE_Search/FE_S_S006.aspx?DataSource=Cat&query=@Symbol=WT/DS264/R&Language=English&Context=Scripted Searches&languageUIChanged=true >. Acesso em: 24 maio 2022. WT/DS513/R. Disponível em: <https://docs.wto.org/dol2fe/Pages/FE_Search/FE_S_S006.aspx?DataSource=Cat&query=@Symbol=WT/DS513/R*&Language=English&Context=ScriptedSearches&languageUIChanged =true >. Acesso em: 26 maio 2022.

OMC. United States – Laws, Regulations and Methodology for Calculating Dumping Margins (Zeroing). WT/DS294/AB/RW – para. 453. Disponível em: <https://docs.wto.org/dol2fe/Pages/SS/directdoc.aspx?filename=Q:/WT/DS/294ABRW.pdf&Open=True>. Acesso em: 13 jun. 2022.

OMC. Uruguay Round Agreement. Decision on Anti-Circumvention. Disponível em: <https://www.wto.org/english/docs_e/legal_e/39-dadp1_e.htm>. Acesso em: 13 jun. 2022.

OMC. WT/DS267/46, de 23 de outubro de 2014. Disponível em: <https://docs.wto.org/dol2fe/Pages/SS/directdoc.aspx?filename=q:/WT/DS/267-46.pdf&Open=True>. Acesso em: 6 jun. 2022.

OMC. WT/DS595/R, de 29 de abril de 2022. Disponível em: <https://www.wto.org/english/tratop_e/dispu_e/595r_e.pdf >. Acesso em: 6 jun. 2022.

ORGANIZAÇÃO MUNDIAL DO COMÉRCIO, Canada – Measures Affecting the Export of Civilian Aircraft (DS70), Relatório do Órgão de Apelação (WT/DS70/AB/R), Genebra, 1999, § 154. Disponível em:<https://docs.wto.org/dol2fe/Pages/SS/directdoc.aspx?filename=Q:/WT/DS/70ABR.pdf&Open=True>. Acesso em: 14 abr. 2022.

Referências

ORGANIZAÇÃO MUNDIAL DO COMÉRCIO, China – Countervailing and Anti-Dumping Duties on Grain Oriented Flat-rolled Electrical Steel from the United States (DS414), Relatório do Painel (WT/DS414/R), Genebra, 2012, §§ 7.87-7.88. Disponível em:< https://docs.wto.org/dol2fe/Pages/SS/directdoc.aspx?filename=Q:/WT/DS/414R.pdf&Open=True> Acesso em: 13 abr. 2022.

ORGANIZAÇÃO MUNDIAL DO COMÉRCIO, página eletrônica, About WTO – History of the multilateral trading system. Disponível em: <https://www.wto.org/english/thewto_e/history_e/history_e.htm>. Acesso em: 17 maio 2022.

ORGANIZAÇÃO MUNDIAL DO COMÉRCIO, Settling Disputes – A unique contribution. Disponível em: <https://www.wto.org/english/thewto_e/whatis_e/tif_e/disp1_e.htm>. Acesso em: 17 maio 2022.

ORGANIZAÇÃO MUNDIAL DO COMÉRCIO, United States – Countervailing Measures Concerning Certain Products from the European Communities (DS212), Relatório do Painel (WT/DS212/R), Genebra, 2002, §§ 7.57-7.58. Disponível em: <https://docs.wto.org/dol2fe/Pages/SS/directdoc.aspx?filename=Q:/WT/DS/212R.pdf&Open=True>. Acesso em: 14 abr. 2022.

ORGANIZAÇÃO MUNDIAL DO COMÉRCIO, United States – Definitive Anti-Dumping And Countervailing Duties On Certain Products From China (DS379), Relatório do Painel (WT/DS379/R), Genebra, 2010, § 8.94. Disponível em: <https://docs.wto.org/dol2fe/Pages/SS/directdoc.aspx?filename=Q:/WT/DS/379R-01.pdf&Open=True>. Acesso em: 13 abr. 2022; e Relatório do Órgão de Apelação (WT/DS379/AB/R), Genebra, 2011, §§ 320-322. Disponível em:<https://docs.wto.org/dol2fe/Pages/SS/directdoc.aspx?filename=Q:/WT/DS/379ABR.pdf&Open=True>. Acesso em: 13 abr. 2022.

ORGANIZAÇÃO MUNDIAL DO COMÉRCIO, United States – Definitive Anti-Dumping And Countervailing Duties On Certain Products From China (DS379), Relatório do Órgão de Apelação (WT/DS379/AB/R), Genebra, 2011, § 290. Disponível em:<https://docs.wto.org/dol2fe/Pages/SS/directdoc.aspx?filename=Q:/WT/DS/379ABR.pdf&Open=True>. Acesso em: 13 abr. 2022.

ORGANIZAÇÃO MUNDIAL DO COMÉRCIO, United States – Final Countervailing Duty Determination with respect to certain Softwood Lumber from Canada (DS257), Relatório do Órgão de Apelação (WT/DS257/AB/RW), Genebra, 2005. Disponível em:< https://docs.wto.org/dol2fe/Pages/SS/directdoc.aspx?filename=Q:/WT/DS/257ABRW.pdf&Open=True>. Acesso em: 20 abr. 2022.

ORGANIZAÇÃO MUNDIAL DO COMÉRCIO, United States – Preliminary Determinations with Respect to Certain Softwood Lumber from Canada (DS256), Relatório do Painel (WT/DS236/R), Genebra, 2002. Disponível em: <https://docs.wto.org/dol2fe/Pages/SS/directdoc.aspx?filename=Q:/WT/DS/236R-00.pdf&Open=True>. Acesso em: 20 abr. 2022.

ORGANIZAÇÃO MUNDIAL DO COMÉRCIO, United States – Sunset Review of Anti-Dumping Duties on Corrosion-Resistant Carbon Steel Flat Products from Japan (D244), Relatório do Painel (WT/DS244/R), Genebra, 2003, § 7.27. Disponível em: <https://docs.wto.org/dol2fe/Pages/SS/directdoc.aspx?filename=Q:/WT/DS/244R-00.pdf&Open=True>. Acesso em: 25 abr. 2022.

Curso de Defesa Comercial e Interesse Público no Brasil: teoria e prática

PIÉROLA, Fernando. *The Challenge of Safeguards in the **WTO**. In The Challenge of Safeguards in the WTO*. Cambridge: Cambridge University Press, 2014. p. 230.

POERSCHKE, Rafael Pentiado; HENKIN, Hélio; DA SILVA, Ricardo Dias. The reform of the brazilian anti-dumping regime: a partial review of the determinants and the implications of decree 8,058/2013. *Austral: Brazilian Journal of Strategy & International Relations*, v. 10, n. 19, 2021. Disponível em: <https://www.seer.ufrgs.br/index.php/austral/article/view/111922/63500>. Acesso em: 31 maio 2022.

POLANYI, Karl. *A grande transformação. As origens da nossa época*. 3. ed. São Paulo: Campus, 2000, p. 290.

Principles and purposes of anti-dumping provisions: communication from the delegation of Hong Kong, MTN.GNG/NG8/51, 3 de julho de 1989. Disponível em: <https://www.worldtradelaw.net/document.php?id=history/urad/W46.pdf&mode=download>. Acesso em: 21 maio 2022.

RAMOS, Adriano Macedo; JUNIOR, Newton Batista da Costa; CALVÃO, Hearle Vieira. Analysis of the european commission's proposal on foreign subsidies that distort the european internal Market. In: ATHAYDE, Amanda; MELO, Lílian Cintra. *Comércio internacional e concorrência*: perspectivas atuais. vol. 3. Brasília: Universidade de Brasília, 2021. Disponível em: <https://www.amandaathayde.com.br/_files/ugd/62c611_766e-7608b5b34862aefd5b7769850100.pdf>. Acesso em: 18 maio 2022.

Regulation on distortive foreign subsidies. Disponível em: <https://oeil.secure.europarl.europa.eu/oeil/popups/ficheprocedure.do?reference=2021/0114(COD)&l=en>. Acesso em: 21 jun. 2022.

Relatório do Órgão de Apelação, Korea – Definitive Safeguard Measure on Imports of Certain Dairy Products, WT/DS98/AB/R, adotado em 12 de janeiro de 2000, DSR 2000:I, 3, parágrafo 74.

RIBEIRO, Djamila. *O que é lugar de fala?*. Belo Horizonte: Letramento, 2017. 112 p. (Feminismos Plurais).

ROCHA, Ana Vitória Ferreira; PINHEIRO, Nathália Amorim. Subsídios transacionais e China: um estudo do caso China – Egito e o Regulamento de Execução (Eu) 202/775 da União Europeia. In: ATHAYDE, Amanda; SEGALOVISH, Daniel; ANDRADE, Gabriel (Orgs.). *Comércio internacional e concorrência*. Volume IV. Brasília: Faculdade de Direito – UnB, 2022. Disponível em: <https://www.amandaathayde.com.br/livros-organizados>. Acesso em: 7 abr. 2022.

SANCHES, Ana Luiza. O sistema de defesa comercial no novo governo brasileiro no contexto das guerras comerciais. *Revista de Direito do Comércio Internacional*, n. 1. 2019. Disponível em: < https://enlaw.com.br/revista/576/ler?page=229>. Acesso em: 27 jun. 2022.

SAYEG, Fernanda Manzano. A necessidade de aprimoramento da avaliação de interesse público em casos de defesa comercial. Editora WebAdvocacy. www.webadvocacy.com.br, n. 2, Brasília, 26 de maio, 2021. Disponível em: <https://webadvocacy.com.br/wp--content/uploads/2021/05/a-avaliac%CC%A7a%CC%83o-de-interesse- pu%CC%81blico-no-brasil.pdf>. Acesso em: 10 jun. 2022.

Referências

SDCOMMecum. Consolidação das normas de defesa comercial e interesse público no Brasil. Ministério da Economia, 2022. Disponível em: <https://www.gov.br/produtivida-de-e-comercio-exterior/pt-br/assuntos/comercio-exterior/defesa-comercial-e-inte-resse-publico/arquivos/guias/copy2_of_SDCOMMECUM_VERSOFINAL.pdf>. Acesso em: 6 abr. 2022.

SEAE. Nota Técnica n. 001/2018-GMF/SPE/SEAE/MF, mercado de aços planos. Jan. 2018.

SEAE. Nota Técnica n. 105/2017-COGCR/SUCON/SEAE/MF, mercado de sal. Ago. 2017.

SEMINÁRIO INTERNACIONAL DE DEFESA DA CONCORRÊNCIA, 24ª, 2018, Campos do Jordão-SP. Instituto Brasileiro de Estudos de Concorrência, Consumo e Comércio Internacional (IBRAC), 2018, 62 p. Disponível em: <https://www.ibrac.org.br/UPLOADS/Eventos/383/Slides%20-%20Painel%209%20-%20Concorr%C3%AAncia%20e%20Defesa%20Comercial.pdf>. Acesso em: 10 jun. 2022.

SENSÊVE, Bernardo de Castro. *A efetividade das medidas antidumping*: a circunvenção. Brasília: Universidade de Brasília, 2013.

STAIBANO, Marina. Parâmetros para modulação/alteração de direitos com base em elementos de interesse público. In: ATHAYDE, Amanda; CINTRA DE MELO, Lílian (Orgs.). *Comércio internacional e concorrência*: desafios e perspectivas atuais – Volume III. Brasília: Faculdade de Direito – UnB, 2021. Disponível em: <https://www.amandaa-thayde.com.br/livros-organizados>. Acesso em: 7 abr. 2022.

SYKES, Alan O. The Fundamental Deficiencies of the Agreement on Safeguards: a reply to Professor Lee. *Journal of World Trade*, 2006(a), 979-996, p. 984.

SYKES, Alan O. *The WTO Agreement on Safeguards*: A Commentary. Oxford: Oxford University Press, 2006. p. 148.

TAVARES DE ARAÚJO, José (2002). Legal and Economic Interfaces Between Antidumping and Competition Policy. *World Competition*, Vol. 25, n. 2.

TED TALKS. Como o desenho ajuda você a pensar. 17 jan. 2019. Disponível em: <https://www.youtube.com/watch?v=ZqlTSCvP-Z0 >. Acesso em: 20 jun. 2022.

THORSTENSEN, Vera. *OMC – Organização Mundial do Comércio*: as regras do comércio iinternacional e a nova rodada de negociações multilaterais. 2. ed., 2001.

THORSTENSEN, Vera; CASTELAN, Daniel Ricardo; RAMOS, Daniel; MULLER, Carolina. *Nota Técnica* – A participação dos BICS na OMC: o exemplo da Rodada Doha. Brasília: Ipea, 2012. Disponível em: <http://repositorio.ipea.gov.br/bitstream/11058/5986/1/NT_n07_Participacao-BICS-OMC_Dinte_2012-mar.pdf>. Acesso em: 27 fev. 2024.

THORSTENSEN, Vera; SANCHEZ BADIN, Michelle Ratton; MÜLLER, Carolina; ELEOTERIO, Belisa. Acordos preferenciais de comércio: da multiplicação de novas regras aos mega-acordos comerciais. *Política Externa* (USP), v. 23, p. 151-179, 2014.

TN/RL/W/118, de 12 de junho de 2003. Disponível em: <https://docs.wto.org/dol2fe/Pages/SS/directdoc.aspx?filename=Q:/TN/RL/W118.pdf&Open=True>. Acesso em: 27 fev. 2024.

Curso de Defesa Comercial e Interesse Público no Brasil: teoria e prática

TÔRRES, Adelmar. O interesse público e as medidas antidumping: análise quantitativa da experiência brasileira (1995-2017). In: ATHAYDE, Amanda; GUIMARÃES, Marcelo; SILVEIRA, Paulo (Orgs.). *Comércio internacional e concorrência*: desafios e perspectivas atuais – Volume I. Brasília: Faculdade de Direito – UnB, 2018.

UNIÃO EUROPEIA. Aviso de início de processo antissubvenções relativo às importações de determinadas chapas e rolos de aço inoxidável laminados a quente originários da República Popular da China e da Indonésia, de 10 de outubro de 2019. Disponível em: <https://eur-lex.europa.eu/legal-content/PT/TXT/HTML/?uri=CELEX:52019X-C1010(03)&from=PT>. Acesso em: 21 jun. 2022.

UNIÃO EUROPEIA. Consolidated text: Regulation (EU) 2016/1037 of the European Parliament and of the Council of 8 June 2016 on protection against subsidised imports from countries not members of the European Union (codification).

UNIÃO EUROPEIA. Decisão de Execução (UE) 2020/1653 da Comissão, de 6 de novembro de 2020. Disponível em: <https://eur-lex.europa.eu/legal-content/PT/TXT/PDF/?uri=CELEX:32020D1653&from=EN>. Acesso em: 21 jun. 2022.

UNIÃO EUROPEIA. Regulamento de Execução (UE) 2020/776 da Comissão, de 12 de junho de 2020. Disponível em: <https://eur-lex.europa.eu/legal-content/PT/TXT/PDF/?uri=CELEX:32020R0776&from=EM>. Acesso em: 21 jun. 2022.

UNIÃO EUROPEIA. Regulamento de Execução (UE) 2020/870 da Comissão, de 24 de junho de 2020. Disponível em: <https://eur-lex.europa.eu/legal-content/PT/TXT/PDF/?uri=CELEX:32020R0870&from=EN>. Acesso em: 21 jun. 2022.

VIEIRA DE MELO, Letícia. *As interfaces entre direito antitruste e defesa comercial*: os conceitos de substitutibilidade e similaridade. Tese de Láurea – Universidade de São Paulo, São Paulo, 2021.

WORLD TRADE ORGANIZATION. Synthesis Paper on The Relationship of Trade and Competition Policy to Development and Economic Growth. 18 de setembro de 1998.

WT/DS241/R. Argentina – Definitive Anti-Dumping Duties on Poultry from Brazil – Report of the Panel.

WT/DS236/R. United states – preliminary determinations with respect to certain softwood lumber from Canada. Report of the Panel. Disponível em: <https://www.wto.org/english/tratop_e/cases_e/ds236_e.htm>. Acesso em: 15 mar. 2022.